현대 **아프리카**의 역사

A History of Modern Africa: 1800 to the Present
Copyright © 2010 Richard J. Reid.
All right reserved. Authorized translation from the English Language edition published by Blackwell Publishing Limited. Responsibility for accuracy of the translation rests solely with SAMCHEOLLI Publishing Co. and is not responsibility of Blackwell Publishing Limited. No part of this book maybe reproduced in any form without the written permission of original copyright holder, Blackwell Publishing Limited.
Korean translation copyright © 2013 SAMCHEOLLI Publishing Co.
Korean translation rights arranged with Blackwell Publishing Limited through EYA(Eric Yang Agency)

이 책의 한국어판 저작권은 에릭양 에이전시(EYA)를 통해
Blackwell Publishing Limited와 독점 계약한 삼천리에 있습니다.
저작권법에 따라 보호받는 저작물이므로 무단 전재와 복제를 금합니다.

대륙과 문명의 세계사 01
현대 아프리카의 역사

지은이 리처드 J. 리드
옮긴이 이석호
펴낸이 송병섭
펴낸곳 삼천리
등 록 제312-2008-121호
주 소 10578 경기 고양시 덕양구 오금1로 47 103호
전 화 02) 711-1197
팩 스 02) 6008-0436
이메일 bssong45@hanmail.net

1판 1쇄 2013년 12월 13일
1판 2쇄 2019년 06월 28일

값 35,000원
ISBN 978-89-94898-24-7 04930
ISBN 978-89-94898-23-0(세트)
한국어판 © 이석호 2013

대륙과 문명의 세계사
01

1800 TO THE PRESENT
A HISTORY OF MODERN AFRICA

현대 아프리카의 역사

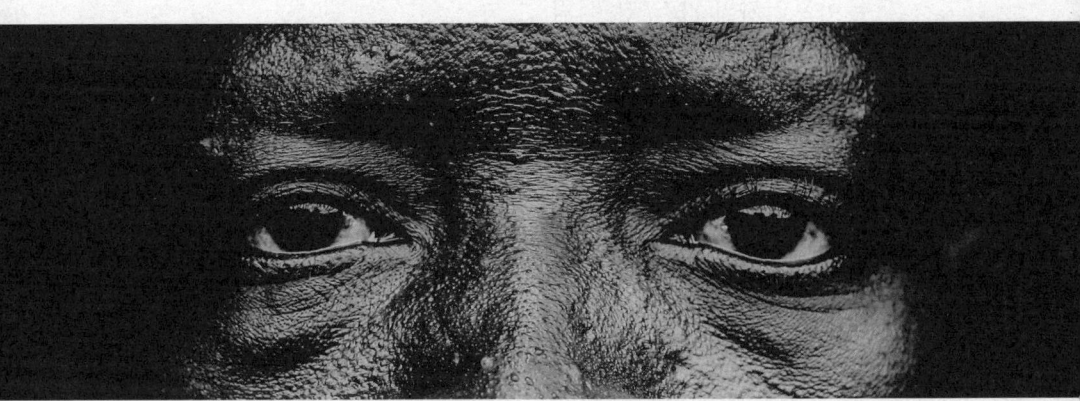

리처드 J. 리드 지음 | 이석호 옮김

삼천리

CONTENTS

서장 아프리카의 과거, 땅, 사람   9
    아프리카에 대한 뿌리 깊은 편견   17
    지형과 기후   24
    사람들   32

1부 19세기의 정치와 사회, 경제

1장 서쪽의 전환   대서양 아프리카의 노예무역과 '합법적인' 상업   51
    대서양 노예무역   53
    '불법적인' 거래: 19세기의 노예무역   60
    광물과 식물 자원: '합법적인' 상업   66
    삼림과 사바나 지역의 변화와 지속   73

2장 동쪽의 침입   동부 아프리카의 노예와 상아   87
    노예와 상아 무역   90
    해양 제국 잔지바르   98
    대호수 지역의 국가, 갈등, 무역   102
    동북부 아프리카의 국가, 갈등, 무역   116

3장 남쪽 변경   남부 아프리카의 식민지와 혁명   125
    전쟁과 혁명, 줄루의 패권   129
    케이프 식민지, 백인의 정착과 '원주민 문제'   136
    부어트레커, 내륙의 백인 공동체   142
    힘의 균형   144

A HISTORY OF MODERN AFRICA

2부 19세기의 아프리카와 이슬람

4장 이슬람 부흥운동과 반작용 북아프리카의 이슬람 155
정체성의 충돌과 사막의 형제애 155
지중해 세계의 무역과 갈등: 오스만제국과 유럽 158
마그레브 162
이집트 169

5장 지하드 서부 아프리카의 혁명 177
18세기 서부 아프리카의 이슬람 177
유목민 풀라니 181
선지자와 전사들 184

6장 동쪽의 이슬람 동부 아프리카의 이슬람 전선 193
스와힐리 이슬람 193
동아프리카 내륙의 이슬람 197
동북 아프리카의 기독교와 이슬람 199
나일 강 유역의 이슬람 203

3부 19세기의 아프리카와 유럽

7장 외로운 십자가 기독교의 선교 활동 219
　기독교 유럽의 상상과 선교사 219
　복음주의와 선교의 부활 223
　기독교의 영향과 아프리카 사회 228
　선교와 제국주의 238

8장 어슬렁거리는 백인들 유럽인들의 아프리카 탐험 245
　아프리카협회와 탐험가들 246
　헤게모니의 확대와 아프리카의 '발명' 253

9장 문명화 사업의 실체 아프리카 쟁탈전을 향하여 259
　제국주의 이론과 아프리카 261
　인종과 문화 267
　문명의 폭력과 정당화 273

4부 아프리카 쟁탈전과 저항

10장 적응하는 아프리카 사람들 정복과 분할 289
　'정복'의 의미 290
　창과 물, 격렬한 저항 299
　식민주의와 역사적인 '지식' 317
　식민주의와 정치적 '지식' 324

11장 흙의 제국과 동원 상품작물과 광산, 노동력 339
　상품작물 342
　백인 정착민 348
　산업과 노동 355
　군대 359
　노예와 노동 365

12장 밀림 속 전투와 다가오는 그림자 제1차 세계대전과 아프리카 369
　아프리카 대륙에서 벌어진 전쟁 370
　사회경제적인 충격 376
　아프리카, 베르사유, 국제연맹 378

5부 식민주의의 절정

13장 팍스 콜로니아 진보인가, 변화의 선언인가? 393
- 사회적 변화와 임박한 위기 393
- 가슴과 마음, 교육 399
- 환경과 의학의 영향 405

14장 시련의 시대 저항, 정체성, 경제공황 419
- 부족 만들기 419
- 이슬람 세계의 저항 426
- 구원과 저항, 아프리카의 교회 429
- 부족과 계급, 산업화 432
- 상품작물, 농촌의 위기와 농민반란 438
- 다른 목소리들 443

15장 타자들의 전쟁 제2차 세계대전과 아프리카 451
- 아프리카 대륙에서 벌어진 전쟁 451
- 정치사회적 변화 459

6부 제국의 와해

16장 뭍으로 올라온 고래 전후 세계와 식민 전략 477
- 전후의 아프리카와 국제 정세 479
- 경제정책과 전망 482
- 정치적 계획들 487

17장 국가 구상과 건설 민족주의자와 백인 정착민들 493
- '발명'의 뿌리 494
- 정치의식과 정당 497
- 압도적인 힘과 단호한 저항 510

18장 갈등과 화해 독립과 탈식민화의 길 521
- 논쟁과 붕괴: '헌법상의' 권력 이양 522
- 갈등과 대립, 폭력 536
- 제국주의의 종말, 수에즈에서 샤프빌까지 549

7부 제국주의의 유산과 미완의 과제

19장 시끌벅적한 집 냉전과 이데올로기 대립 565
- 아프리카와 국제정치 566
- 폭동과 개입 570

20장 불안정한 기반 독립 후의 산적한 문제들 577
- 경제와 사회 577
- 국가 건설과 정치 조직 589
- 정치적 안정과 이슬람 601
- 아프리카의 정치와 군부 608

21장 변화의 길목에서 오늘날의 아프리카 621
- 탈냉전과 아프리카 621
- '선정'과 '민중의 힘' 그리고 갈등 628
- 식량 문제와 기근 638
- 발전과 부채 643
- 사회적 변화, 교육과 보건 648

옮긴이 후기 655
그림과 지도 목록 659
참고문헌 665
찾아보기 687

서장

아프리카의 과거, 땅, 사람

　아프리카 대륙 전체의 이야기를 한 권의 역사책으로 서술한다는 건 가당치 않은 일인지도 모른다. 하지만 개별 역사가나 역사가 집단이 저마다 말하고자 하는 바를 특정한 형식을 빌려 본인들 뜻대로 서술하는 데에는 그럴 만한 까닭이 있다. 이 책을 쓴 목적은 핵심 쟁점을 가려낸 다음에 그것을 좀 더 큰 주제로 묶어 동일성과 차이를 일관되게 드러내는 데 있다. 아울러 인류의 보편사라는 큰 흐름에 동참한 개인들과 역사의 소용돌이를 놓치지 않으면서, 큰 틀에서 이루어지는 역사적 과정을 하나하나 확인해 보려고 한다.
　거대한 민중의 역사를 간략하게 서술하다 보면 역사적으로 실재한 수많은 인물들의 삶은 물론 개개인들이 실제로 살아온 모습 역시 지나치게 축소되기 마련이다. 안타깝지만 이런 한계는 어찌할 도리가 없다.

역사의 시간을 아무리 주의 깊게 배분한다고 해도 정녕 어쩔 수가 없는 노릇이다. 이 책도 예외는 아니다. 그럼에도 이 책이 진정으로 관심을 쏟는 대목은 아프리카 대륙과 아프리카 사람의 처지에서 정당성을 구현하는 일이다. 이러한 목적이 조금이라도 달성될 수 있다면, 지은이로서 크게 만족스럽지는 못하더라도 최소한의 안도감은 얻을 수 있을 것 같다.

본격적으로 서술해 나가기에 앞서, 이 책의 내용을 관통하는 주제 몇 가지를 함축적으로 또는 명시적으로 밝힐 필요를 느낀다. 한 가지 예를 들어 보자. 아프리카 대륙은 20세기 후반까지도 인구가 부족했다. 그런 탓에 여러 아프리카 사회와 국가는 인구를 늘리는 일에 관심을 기울였다. 아프리카에서 나타난 다양한 사상들이 다산성은 물론이고 황무지에서 문명을 개척하는 식의 창조 신화를 떠받들고, 나아가 자연에 대한 끊임없는 저항을 부추기는 것도 그 때문이다. 다산과 재생산 능력을 높이는 일은 일부다처제를 통해 해결했다. 이따금 노예제도 같은 사례에서 볼 수 있듯이, 사람의 머릿수를 통제하는 일이 사회조직을 구성해 가는 과정에서 땅을 통제하는 것보다 훨씬 의미가 컸다.

몇 가지 중요한 예외가 있긴 하지만, 땅은 사실상 아프리카 대륙에 널려 있었다. 이런 맥락에서 서아프리카의 역사를, 여성을 차지하기 위한 싸움으로 읽어 내는 방식이 전혀 터무니없는 것만도 아니다. 남성의 지위를 확고부동하게 지지해 준 쪽도 여성이고, 땅을 개간한 쪽도 여성이며, 장차 그런 일을 하게 될 아이들을 낳아 기른 쪽도 여성이기 때문이다. 아프리카 대륙 전체를 놓고 보면 여성을 둘러싸고 남성들 사이에서 세대 간 갈등이 불거지는 모습을 흔히 볼 수 있는데, 이런 현상은 결코 특별한 일이 아니다. 아프리카에서 결혼은 사적인 사건이라기보다는 각 혈통 사이의 동맹을 강화하는 공적인 행사였던 터라 여성을 교환하는 일은 사회적이고 정치적인 행위의 하나였다. 물론 여성의 지위는 각 집단의 사정에 따라 천차만별이었다. 신분이 낮아 착취를 당하는 여성에서부터 집단의 존경을 한 몸에 받으며 영향력을 행사하거나 경제적으로 독립된 여성에 이르기까지 참으로 다양한 여성들이 있었다.

요즘도 마찬가지이지만, 19세기에 아프리카 대륙을 지배하던 엘리트들이 직면한 가장 중요한 과제는 좀 더 많은 사람들을 통제하기에 편한 영구적인 통치 체제를 건설하는 일이었다. 특별히 사람 수가 적은 지역에서는 공동체의 안녕이 흔들렸고, 잠재적인 국가 지도자도 인구와 지리라는 '자연적' 한계 너머로 자신들의 통제력을 확장하는 능력을 보여 주지 못했다. 인구가 조밀하지 않은 지역의 거주민들은 불만스러운 태도로 지배 질서를 부정할 수도 있었지만, 그 질서의 힘이 미치지 않는 지역으로 이주함으로써 스스로 몰락을 자초하기도 했다. 임기응변적인 공동체 수준을 넘어서고자 하는 욕망을 가진 영토 국가들은, 좀 더 넓은 지역을 가로지르는 애국심을 어떻게 고취하고 또 특정 지역을 넘어서는 초지역적인 정체성을 어떻게 구현해야 하는가의 문제를 해결해야만 했다.

서아프리카 사바나 지역에서 나타난 여러 상황이 이런 문제를 잘 보여 준다. 서아프리카의 사바나 지역에서 등장한 국가와 제국들은 전통적으로 분절되고 지방주의의 특성을 강하게 띠고 있었다. 이 지역에는 수많은 지역 공동체와 소국, 즉 '카푸'(kafu)라고 불리는 작은 촌락들이 군집을 이루고 있었다. 카푸는 아프리카 정치의 지방주의를 잘 보여 주는 전형적인 개념이다. 아프리카의 제국 건설자들은 자신을 둘러싼 지역을 중심으로 정치 조직을 건립하고 그 조직을 군사력과 금권을 동원하여 통제했다. 다시 한 번 강조하지만, 이런 현상은 19세기뿐 아니라 나중에 식민주의 시기와 탈식민주의 시기에도 그대로 나타난다.

이 책을 쓰는 내내 특정 지방과 지역 또는 대륙 전체를 아우르는 아프리카의 정체성이 시시각각 다른 형태로 출현하는 점을 염두에 두었다. 이렇듯 다양한 정체성을 만들어 내는 동력이 무엇인지를 찾는 일에도 관심의 끈을 놓지 않았다. 이 책을 쓰기 위해 수많은 자료를 검토하는 가운데 아프리카의 여러 국가와 사회, 공동체들의 기원 신화를 알게 되었다. 이런 신화를 통해서 사회적 관계가 형성되었고, '위대한 왕국'과 '위대한 이야기' 또한 신화에 기반을 두고 있음을 알게 되었다.

아프리카의 국가와 사회들은 이따금 주변 환경에 맞추어 스스로를 정의했다. 자연에 대한 문명의 우위라는 개념은 지극히 일반적인 것이다. 이런 식의 역사 해석을 '엘리트주의' 역사 해석이라고 일컫는 것은 온당하다. 그러나 이런 해석은 대중 일반의 참여와 동의 그리고 그들의 지적·정서적 투자가 어떻게 국가나 사회를 만들어 내는지를 보여 주기도 한다는 점에서 의미가 크다. 지난 200년 동안의 아프리카 역사를 제대로 이해하기 위해서는 그 시간 동안 벌어진 급격한 변화와 더불어 지속적으로 진행된 변화 또한 차분하게 살펴보아야 한다. 18세기와 21세기 사이에는 극적인 단절도 있지만 지속되는 연속성도 있기 때문이다.

어떤 면에서 보면 식민주의란 '찰나'의 순간에 지나지 않는다. 물론 식민주의가 아프리카 대륙 전체에 다양한 영향을 끼친 것은 사실이나, 식민 지배는 사실 유럽의 것이기도 하고 아프리카의 것이기도 하다. 이 식민 지배를 일방적인 형식으로 이해하면 곤란하다. 아프리카인들은 이방인들의 지배를 받던 시기에 훨씬 더 효율적으로 자신들만의 사회를 만들어 냈다. 그 어떤 식민지 관료나 유럽의 정부도 할 수 없는 일이었다.

여느 사회와 마찬가지로 아프리카의 예술과 물질문화 속에는 아프리카 대륙의 사회적·정치적·경제적 변화가 잘 드러나 있다. 그러나 안타깝게도 이 주제는 이 책이 의도하는 바와 거리가 멀다. 그럼에도 이러한 미적인 노력들이 아프리카 사람들의 정치적·문화적 삶을 이해하는 데 좀 더 중요한 실마리를 제공하고 있다는 점에는 의문의 여지가 없다. 아프리카 사람들에게 예술은 산 자와 죽은 자를 이어 주는 촉매였다. 그래서 아주 빈번하게 정치적인 힘을 행사하기도 했다.

예술은 또한 풍작을 기원하는 수단이기도 했다. 가령 어떤 조각품은 입으로 말하는 것과 다를 바 없는 사회적이고 정치적인 촌평과 비평을 대신하기도 했다. 이집트의 예술과 건축물 또한 초자연적인 것과 사후 세계에 대한 믿음 덕분에 생겨났다. 주로 나일 강 유역을 따라 형성되었는데 누비아의 것이 특히 유명하다. 에티오피아의 고지대에서는 기독교가 예술의 성취도를 높이는 데 크게 기여했다. 아프리카 동부 연안과 서아프리카의 사바나 지역에서는 이슬람이 그런 역할을 했다. 아프리카의 장인들은 테라코타와 금, 구리, 놋쇠, 청동, 나무, 돌 같은 재료를 활용하여 작품을 만들었다. 그들은 작품을 통해 왕국의 형성과 자연에 대한 저항 그리고 풍요와 관련한 이야기들을 쏟아 냈다. 더 나아가 장인들은 미학적으로 유쾌하면서도 한편으로는 사회적·정치적 실용성까지 갖춘 물질문화를 생산해 내기도 했다. 이 과정에서 집단 간의 결속은 물론이고 집단 내의 위계질서를 강화하는 묘안을 내놓기도 했다.

특정한 형태의 예술 형식이 널리 퍼지게 된 데에는 정치적 격변과 상업의 발달에 따른 다양한 집단 사이의 상호교류 덕분이기도 하다. 여기서 정치적 격변이라 함은 노예무역이나 확산되는 대립 갈등을 배경으로 특정 인구가 대거 이동하게 된 경위를 가리킨다. 무역업자들은 재화뿐 아니라 문화도 수입했다. 이들이 예술품을 서로 교환하던 무역망은 무역이라는 제도와 마찬가지로 식민지 시기 이전부터 있었다. 아프리카인들은 이런저런 것들을 빌려 와서 자기들만의 것으로 삼았다. 아프리카 지역의 예술 형식에 중요한 영향을 끼치기로는 외지의 것도 만만치 않다.

스와힐리의 건축에서는 이슬람의 영향이 뚜렷이 나타난다. 특정 지역의 아프리카 예술 형식에는 유럽 식민주의의 영향이 드러나 있다.

19~20세기의 아프리카를 연구하는 과정에서 떠오르는 또 다른 핵심 쟁점 가운데 하나는 아프리카 대륙이 외부 세계 일반, 그중에서도 특히 유럽과 맺고 있는 관계를 밝히는 일이다. 산업화된 서유럽에 의해 체계적으로 '저개발'된 정도가 아프리카에서 대체 어느 정도였는지를 밝히는 일이 중요하다. 대개 대서양 노예무역이 본격적으로 시작된 이후, 좀 더 정확하게는 새로운 경제정책이 출현하는 19세기 중반부터 아프리카에 대한 착취가 체계적으로 이루어졌다고 알려져 있다. 그런 의미에서 일반적으로는 이 시기의 유럽을 '침략자'로 규정하는데, 과연 그것은 타당한 일일까? 어떤 측면에서 바라보느냐에 따라 그렇지 않을 수도 있다. 왜냐하면 아프리카는 1800년대 이전에도 이미 유럽과 장구한 역사적 관계를 맺고 있었기 때문이다. 물론 또 다른 측면에서 보면, 이 시기의 유럽은 침략자가 틀림없다. 적어도 1790년대부터는 그렇다. 1850년대를 전후해서는 더더욱 그렇다.

그렇다면 이슬람은 어떤가? 이슬람에 대해서도 똑같은 잣대를 들이댈 수 있을까? 여기서는 이슬람의 확산을 '침략'의 문제로 보느냐 아니면 '흡수'의 문제로 보느냐에 따라 다르다. 이처럼 기본적인 질문을 던져 보는 일이 중요한 까닭은, 이 과정에서 특정한 역사적 절차와 현상을 좀 더 체계적으로 파악하는 계기가 마련되기 때문이다. 이러한 점을 감안하여 이 책을 읽는 독자들은 아프리카에 대한 판단과 평가가 대체 얼마나 '외부자의 시각'에 따라 이루어지고 있는지를 한눈에 감식해 내야만 한다. 이 작업은 무척 중요한 일이다. 아프리카를 외부자의 시선으로 읽어 내는 일은 그동안 수없이 자행되어 왔고 지금도 다를 바가 없다. 다만 좀 더 승화된 형태를 띠거나 의식적인 형태를 띠고 있을 뿐이다. 그럼에도 아프리카가 문화적인 차원에서뿐 아니라 경제적으로 정치적으로 발전하는 데 외부자의 영향이 일말의 공헌을 하고 있다는 사실까지 부인하기는 힘들다. 19세기 이전까지 아프리카에 가장 커다란 영향을 끼친 이방인 세력은 바로 이슬람이었다. 이슬람은 이집트와 홍해를 거쳐 아프리카 대륙에 처음으로 출현한 뒤에 마그레브 지역으로 퍼져 나갔고, 이어 나일 강 유역을 따라 북부 및 중부 수단 지역으로 확산되어 갔다. 이슬람이 아프리카에서 가장 완벽하게 정착한 곳은 소말리아 평원과 오가덴 지역을 품고 있는 뿔 지역이었다. 북부 아프리카의 경우, 이슬람은 무역로를 따라 수단과 서아프리카로 확장되어 나갔다. 오늘날 이 지역에서 이슬람교가 지배적인 종교로 남아 있는 까닭도 이 때문이다. 사하라사막 이남의 동부 아프리카 지역도 크게 다르지 않다. 스와힐리 문명을 일으킨 주역도 이슬람이었다.

　요약하자면 이슬람은 아프리카 대륙의 한 줄기를, 역동적으로 팽창해 가던 이슬람 세계와 연동시킴으로써 아프리카의 문화와 사회를 형성하는 데 결정적인 공헌을 했다. 이슬람 덕분에 사하라사막을 가로질러 아프리카 대륙을 중동이나 아라비아반도, 인도양과 연결시키는 장거리 노예무역이 출현했다. 19세기 이전까지만 해도 유럽이 아프리카에 끼친 영향은 이슬람에 견주면 보잘것없었다. 특히 문화적·정치적 변화와 관련한 대목에서는 더욱 그랬다. 대표적인 예로 선교 활동은 15~16세기에 포르투갈인들이 주도했지만 별다른 성공을 거두지 못했다. 케이프 남부의 네덜란드인들이 지배한 식민지를 제외하면 성공한 백인 정착촌은 거의 없었다.

　유럽인들은 주로 해안가를 따라 무역 거점을 마련하고 방어용 성벽을 세우고는 대체로 그 안에 머물렀다. 그런데 유럽인들은 새로운 곡물들을 아메리카 대륙에서 가져와 아프리카에 소개했다. 그 뒤로 카사바와 옥수수, 땅콩, 담배 같은 작물이 아프리카 농업경제의 밑바탕이 되었다. 1800년대 이전에 유럽이 아프리카 대륙에 끼친 가장 강력한 영향은 대서양 노예무역을 통해 이루어졌다. 대서양 노예무역은 대체로 16세기 초에 시작해 17세기 또는 18세기에 이르러 정점에 이르렀다. 초기의 노예무역을 주도한 쪽은 포르투갈인들이었다. 하지만 이들은 얼마 지나지 않아 네덜란드와 덴마크, 프랑스, 영국인에게 차례로 앞자리를 내주어야만 했다. 후발 주자들은 수백만 아프리카인들을 대대적으로 아메리카 대륙에 송출했다. 이때 아메리카로 끌려간 노예의 숫자가 얼마나 되는지는 여전히 논쟁거리이다.

하지만 이 모든 과정이 일방적으로 진행된 것은 결코 아니었다. 이는 복잡다단하고 다층적인 상호작용으로 이루어진 일이었다. 서로 필요한 것들을 주고받는 과정에서 이루어진 일이었다. (기독교 이전의) 고대 이집트, 그리고 나일 강 상류 지역의 문화와 문명이 그리스에 끼친 영향은 막대한 것으로 누구도 부정할 수 없다. 유럽은 19세기와 20세기 내내 이집트를 나머지 아프리카 지역과 의도적으로 분리하려 했지만 별 소용이 없었다. 그 뒤 아프리카에 들어온 이슬람은 지역의 요구와 조건에 따라 진화해 나갔다. 이 세계적 종교는 아프리카에 맞게 변하거나 토착화함으로써 풍요로움을 더해 갔다. 유럽도 마찬가지로 대서양 노예무역 기간에 아프리카와의 관계를 통해 경제적·문화적 토대는 물론 정치적인 기초를 다른 방식으로 다져 나갈 수가 있었다.

그렇지만 이렇게 잠정적인 '외부' 영향에만 초점을 맞출 경우, 두 가지 우를 범할 수 있다. 하나는 역사적 상호작용의 과정을 지나치게 단순화하는 것이고, 다른 하나는 '내부의 역학관계'를 소홀히 할 수 있다는 점이다. 여기서 말하는 내부의 역학관계 안에는 '민중의 힘'과 사회적 구성물의 형성 과정, 경제적 독창성과 창의력 그리고 문화적·정치적 창조성 따위가 포함된다. 더 나아가 혁명의 전개 과정 또는 그것과 정반대로 같은 동전의 뒷면인 주어진 현상을 강화하고 좀 더 폭넓게 수용하는 행위까지도 포함된다. 이따금 대륙의 제왕들이 더 '나쁠 때도 있고' 내부의 조직이 작동하지 않을 때도 있다. 반대로 어떤 경우는 '외부적인' 것들이 더 '좋아' 그것을 수용할 때도 있는 법이다. 이런 현상은 그 어떤 민족, 그 어떤 문화권이라 해도 통용되는 역사적 진실이다.

물론 변화라고 하는 것은 지속적인 동시에 경험적인 것이다. 아프리카가 외부 세계에 의해서 대상화되는 방식을 검토하는 과정에서도 주의해야 할 것은, 역사란 그 자체를 대상화한다는 점이다. 과거를 연구하는 학문은 대상화하는 일을 훈련하는 것이라고 해도 과언이 아니다. 역사, 특히 19세기의 역사를 연구하다 보면 유럽의 자료들에 기댈 수밖에 없고 또 그것을 '대상화'할 수밖에 없는 순간을 만나게 된다. 그럴 때면 앞에서 한 제언을 명심하자.

아프리카에 대한 뿌리 깊은 편견

대학의 분과 학문으로서 아프리카사 연구는 그 전통이 상대적으로 짧다. 1960대 초만 해도 옥스퍼드대학의 어떤 학자는 아프리카의 과거사를 '별 볼일 없는 원시 부족들의 순환의 역사'라고 간단하게 치부해 버렸다.[1] 이러한 상황에서도 아프리카의 역사를 새로운 방법으로 연구하려는 시도는 끊임없이 발전을 거듭해 왔다.

아프리카를 지적인 '근대성'의 시각으로 바라보려는 시도가 그 가운

---

1) Huge Trevor-Roper, qouted in A. G. Hopkins, *An Economic History of West Africa* (Harlow, 1973), p. 32.

데 하나이다. 두 말할 나위 없이 아프리카인들은 오랫동안 자신의 역사를 스스로 만들어 낸 언어로 이해하려고 애써 왔다. 그렇지만 다행인지 불행인지 20세기 중반부터 유럽의 그리스로마식 역사 연구 방법론이 개발되면서 아프리카의 과거를 재구성하려는 시도는 복잡한 형태를 띠게 되었다.

1950~1960년대에 이르자 전문적인 역사가들과 사회과학자들은 서로 전문 영역이 다름에도 아프리카의 역사를 좀 더 진지한 태도로 연구하기 시작했다. 이들은 주로 나이지리아의 이바단대학과 가나대학 또는 탄자니아의 다르에스살람대학을 비롯한 아프리카의 대학에 몸담고 있던 학자들이었다. 이 시기가 대부분 아프리카 국가들이 유럽의 식민 지배로부터 독립을 쟁취하던 시점과 맞물려 있다는 점은 결코 우연이 아니다. 속속 새로운 국가들이 탄생하면서 아프리카의 과거를 좀 더 깊이 통찰할 필요성이 커져 가고 있었다. 독립을 쟁취한 아프리카의 여러 나라가 국민국가를 건설하는 과정에서 역사 연구는 필수불가결한 요소가 되고 있었다. '과거'라고 하는 것은 정치인과 게릴라 그리고 관료들을 비롯하여 장차 국정을 이끌어 가게 될 잠재적 유공자들까지도 늘 우려 먹고 심지어 남용하기까지도 하는 대상이었다. 시간이 지날수록 아프리카의 관료들조차 역사에 대한 흥미를 잃게 되면서 냉소적으로 변해 갔다.

그런데 1960년대에 '민족주의 역사학'이 새로운 연구 경향으로 강력하게 대두하게 되자, 세계를 인종차별주의 시각으로 읽어 대던 유럽중심주의 역사관이 심하게 흔들리기 시작했다. '민족주의 역사학'은 오늘날 우리가 '아프리카'라는 이름으로 알고 있는 지역의 수천만 민중과 공동체에 관한 역사적인 순례를 다시 구성하고 재해석하게 하는 데 커다란 공헌을 했다.

아프리카를 연구하는 역사가들은 전통적으로 다양한 자료를 활용해 왔다. 식민지 이전의 과거를 밝히는 데 사용 가능한 자료가 무엇인지를 명확히 하는 일이 무엇보다 중요하다. 아랍어를 사용하는 북부 아프리카와 에티오피아의 고원지대를 제외하면 문자로 된 기록물을 남긴 지역이 거의 없기 때문이다. 좀 더 긴 시차를 두고 벌어진 물질적·문화적 변화를 일목요연하게 살펴보려면 고고학적 접근이 필요하다. 사회적·경제적·정치적 변화를 분별하기 위해서는 특정 언어가 어떤 변화 과정을 거쳐서 어느 지역으로 확산되어 나갔는지를 살펴볼 필요가 있다. 역사가들은 이방인들이 쓴 기록물도 참고해 왔다. 중세 이후 아랍어를 구사하는 여행객이나 상인들이 쓴 기록물을 참고했고, 16세기 이후로는 유럽의 선교사와 상인, 탐험가들이 남긴 기록물을 참고했다.

20세기에 들어와 식민지 시대에 생산된 방대한 양의 기록물이 역사 연구의 새로운 장을 여는 데 크게 기여했다. 더 나아가 역사가들은 절대다수 아프리카의 지역 공동체들이 지니고 있는 특징 가운데 하나인 원주민들의 구전 전통과 역사를 채록하여 활용하기도 했다. 20세기에 채록된 여러 가지 증언들이 대표적이다. 분명한 것은 이런저런 개별 자료들이 나름의 장점과 단점을 동시에 지니고 있다는 점이다. 가령, 고고학과 언어학을 활용한 연구 방법론은 역사학자들에게 시간의 척도를 정확하게 사용하게 하기보다는 근사치에 가깝게 사용하도록 함으로써 추상적인 변화상만 감지하게 할 뿐이다. 집단에 따라 편차가 있긴 하지만, 이방인들이 남긴 기록물의 경우도 특유의 문화적·사회적 편견과 오해를 강화하는 측면이 있다. 원주민들의 구술사도 마찬가지로 시간의 흐름에 따른 변화와 왜곡에 노출될 가능성이 크다. 일반적으로 구술사는 대개 구술 주체가 소속된 특정한 혈통을 강조하거나 당대의 정치적인 상황만을 고려하는 경우가 많다. 물론 이러한 자료도 주의를 기울여 잘 활용하게 된다면 무궁무진한 가치를 뽑아낼 수가 있다. 아프리카의 과거를 새로운 방식으로 발굴하여 활용도를 높인 1950~1960년대의 연구가 대표적이다.

아프리카의 과거를 좀 더 체계적으로 재구성하려는 시도가 왜 이 시기 이전에는 없었을까? 이 책을 읽어 내려가다 보면 여러 대목에서 해답을 찾을 수 있을 것이다. 다만, 아프리카 대륙의 대다수 국가들이 유럽에 식민 지배를 당하던 20세기 초반까지만 해도, 아프리카에는 역사가 없다는 믿음이 지배적이었다는 정도만 언급해 두기로 하자. 이 '진리'는 식민 지배 기간 내내 변함없었다. 아프리카인들은 '원시적'이고 '야만적'이라서 정치와 문화, 기술의 측면에서 섬세함과 정교함이 떨어진다고 믿었던 것이다. 이 시기의 유럽인들은 거꾸로 자신의 문명에 대해서는 엄청난 우월감을 뿌리 깊이 간직하고 있었다. 그들은 서양 바깥의 세계를 황무지로 인식했다. 아프리카는 여러 가지 면에서 그들에게 '열등한' 지역으로 간주되었다. 이들은 '열등감'이라는 개념을 적극적으로 활용하여 식민 지배를 정당화했다.

유럽인들이 보기에 아프리카인들은 역사가 결핍되어 있는 것은 물론이고 생물학적으로 열등한 운명을 타고난지라, 유럽이 구원해 주지 않는다면 과거는 고사하고 미래가 무엇인지조차도 모를 참담한 족속이었던 것이다. 게다가 이슬람 지역이나 에티오피아의 고원지대를 제외하면 대다수의 아프리카 지역사회는 문자를 사용하지 않아 문맹이 많았다. 유럽인들은 문자와 기록이 없는 사람들은 역사를 가질 수 없다고 믿었다. 이런 관점에서 볼 때, 아프리카의 '역사'란 유럽이 아프리카의 엘리트들에게 문자를 소개한 이후, 즉 1880~1890년대부터 본격적으로 시작된다고 믿었던 것이다. 문자를 사용하던 무슬림들이나 에티오피아인들의 경우 문명이 시작된 시기가 좀 더 빠르고 문명의 수준이 좀 더 높다고 여겨지지만, 사실상 큰 차이는 없다. 태어나길 야만인으로 태어난 데다, 사용하는 문자 또한 반쪽짜리 문명을 드러내는 수단에 지나지 않기 때문이다.

이러한 생각들은 식민지 본국의 역사적 서사를 구축하는 데 한몫했을 뿐 아니라 식민지 이전의 아프리카 역사에 대한 유럽인들의 선입견을 강화하는 데에도 큰 역할을 했다. 림포포 강 북쪽에 있던 그레이트짐바브웨 같은 나라나 동부 및 북동부 아프리카 지역에서 위세를 떨친 왕국들처럼 역사적 증거가 버젓이 존재하는 경우에도, 유럽인들은 이들 국가와 아프리카인들이 아무런 관련이 없거나 이 국가들을 건설하는 데 참여한 특정 집단은 결코 아프리카 사람들이 아니라는 주장을 굽히지 않았다. 대개는 피부색이 좀 더 하얀 외부인의 영향을 받아 이들 국가의 문화가 형성될 수 있었다고 믿었다. 그 믿음에 따를 경우, 그레이트짐바브웨의 놀라운 석조 건축물은 신비스럽게도 사라져 버린 백인과 캅카스 혈통을 이어받은 에티오피아인들의 손을 빌려 태어난 꼴이 되는 것이다.

남아프리카공화국에서는 이와 같은 인종차별주의 가설이 정치적으로 심각한 결과를 불러온 경우가 많다. 악명 높은 20세기의 산물인 아파르트헤이트는 백인들이 지닌 특정한 믿음에 뿌리를 두고 있다. 백인 정착민들이 17세기에 '빈 땅'을 발견했고, 그 땅은 신이 자기들한테 특별히 하사한 것이며, 그곳에 살아가고 있던 '흑인'은 신이 만든 거대한 존재의 질서라는 관념으로 볼 때 짐승보다 결코 더 낫다고 할 수 없는 족속이라고 믿었다. 이러한 관념은 20세기 내내 영향을 주었다. 이 기간 동안 유럽인들은 자기들이 만든 문화적 프리즘을 통해 아프리카를 바라보았다. 아프리카 현대사를 연구하는 사람들에게 주어진 가장 커다란 도전 가운데 하나는, 이런 유럽인의 태도가 오늘날 이 시대에는 어떤 방식으로 변화를 겪게 되는지 검토해 보는 일이다.

사실 이러한 선입견이 어디에서 유래했는지를 분명하게 밝힌다는 것은 쉬운 일이 아니다. 일반적으로는 그 뿌리가 유럽 자체의 역사적인 발전 과정 속에 깊이 뿌리 내리고 있다고 생각된다. 그러나 대서양 노예무역을 통한 압축 성장이 아프리카를 인종차별주의 시선으로 바라보기 시작하던 시점과 묘하게 일치한다는 점에 주목할 필요가 있다.

15세기부터 19세기까지 아프리카인들은 더없이 '자연스러운' 노예로 인식되었다. 말하자면, 충분히 발전되지 않은 지역과 문화 속에서 자연 발생적으로 나타난 산물이었던 것이다. 따라서 '검다'는 말은 '서양인'이 생각하기에 저급함과 야만성의 다른 이름일 따름이었다. 이 점과 관련해서는 이 책의 앞부분에서 좀 더 자세하게 다룰 것이다. 그전에 한 가지 잠깐 짚고 넘어가고 싶은 대목이 있다. 18세기 내내 노예무역을 둘러싼 뜨거운 논쟁이 유럽의 시민들 사이에서 벌어지고 있었다는 점이다. 이 논쟁은 아프리카를 인식하는 유럽인들의 시각에 엄청난 영향을 끼쳤고, 이 영향은 몇 가지 방식으로 오늘날까지도 이어지고 있다. 노예폐지론자라고 일컫는 사람들은 노예무역을 반대했다. 한편 옹호론자들은 그 제도를 찬성했다. 하지만 아프리카에 대한 한 가지 기본적인 가설만큼은 이 두 집단이 공유하고 있었다. 옹호론자들은 아프리카를 야만적이고 후진적인 곳, 이른바 '살아 있는 지옥'과도 같은 곳이라고 규정했다. 그러므로 그렇게 저주 받은 환경 속에 갇혀 있는 아프리카 사람들을 데려다가 아메리카 대륙에 정착시키고 새로운 출발을 하도록 돕는 것은 축복에 가까운 일이었다고 주장했다. 한술 더 떠서 아프리카도 돌림병이나 전쟁을 통해 늘 노예를 생산했고, 이런 일을 멈춘 적이 없었다는 의견까지 내놓고 있었다.

반면에 노예폐지론자들은 아프리카가 야만적이고 후진적인 것은 맞지만, 그렇기 때문에 더더욱 유럽인들의 개입이 필요하다는 입장을 개진했다. 유럽인들의 개입을 통해 아프리카에 '세 가지 산물', 즉 기독교와 상업, 문명을 소개해야 한다고 주장했다. 노예무역은 폭력과 고통이 뒤따르기 때문에 아프리카인들을 노예무역업자들뿐 아니라 아프리카인들한테서도 구원해야 하는 것이 자신들의 의무라는 입장을 굽히지 않았다.

서로 반대되는 태도를 취하고 있던 이 두 집단이 공통으로 품고 있던 믿음의 내용은 바로 아프리카의 후진성이었다. 결국 이 두 집단의 차이는 해석의 차이였던 셈이다. 그러나 노예폐지론자의 입장이 상대적으로 좀 더 우세한 지위를 차지할 수 있었던 것은 두 가지 눈에 띄는 결과물 때문이었다. 하나는 덴마크와 영국을 필두로 해서 노예무역이 실제로 '폐지되었다'는 점 때문이었고, 다른 하나는 19세기 내내 아프리카를 바라보던 시대정신 덕분이었다. 19세기 말이 되면서 유럽인들은 유럽의 지배를 받지 않고는 아프리카가 경제적·정치적으로, 문화적으로 성숙해질 수 없다는 결론을 내렸다. 아프리카인들은 어린아이 같아서 부모 역할을 해줄 수 있는 유럽인들의 지도와 도움이 반드시 필요하다는 오만한 생각이었다. 이러한 생각은 적어도 식민 지배를 공식적으로 정당화하는 데 이바지했다.

이런 시대정신은 식민주의가 황혼녘으로 접어들고 아프리카의 여러 국가들이 연쇄적으로 독립하기 시작하던 20세기 중반에 심각한 도전에 직면하게 된다. 국민주권과 정치적 안정, 경제적 번영을 달성하기 위한 현재의 투쟁은 과거를 둘러싼 투쟁이기도 하다. 아프리카 학자들은 물론이고 새 세대의 서양 학자들도 문화적·역사적 왜곡을 제자리로 되돌려 놓으려고 애쓰기 시작했다. 이따금 냉소적인 반응도 나오고 눈앞이 막막할 때도 있겠지만, 이 투쟁은 멈추지 않고 계속되어야 한다.

오늘날 아프리카는 분명 탈식민화의 길을 따라 나아가는 과정에서 좌충우돌하고 있는 게 사실이다. 이른바 '선진국' 사람들이 18~19세기에 자신들의 선조가 하던 것과 똑같은 방식으로 문제의 '해결책'을 찾고 있는 것도 사실이다. 그렇기는 하지만 좀 더 깊은 아프리카의 역사를 두고 여태껏 지금보다 더 적절한 방식으로 사유된 적은 없었다. 지금 이 시대에도 아프리카에는 종족 간 갈등과 기근, 가뭄, 경제적 후진성과 비효율적인 관리 능력은 물론이고 정부의 부패와 정치적 탄압이 창궐하고 있다. 그럼에도 불구하고 아프리카식 발전 모델을 탐색하는 작업이 반드시 과거를 밝히는 일에서 시작되어야 한다는 선언은 아무리 강조해도 지나치지 않다.

지형과 기후

지구에서 두 번째로 큰 대륙, 아프리카는 지중해에서 희망봉에 이르기까지 지리적 특성과 기후가 무척 다양하다. 이 대륙의 역사를 제대로 연구하기 위해서는 이런 다양한 자연환경을 반드시 검토해야 한다. 인간의 역사라고 하는 것은 그들이 살아온 환경과 불가분의 관계를 맺고 있기 때문이다. 질병과 가난 그리고 척박한 토양 탓에 여러 지역에서 인간의 정착이 가로막힌 아프리카만큼 환경과 인류 역사의 관계를 적나라하게 보여 주는 대륙은 어디에도 없다. 아프리카 사람들의 역사는 대체로 이토록 잔혹한 환경에 적응하고 투쟁해 온 역사라고 해도 과언이 아니다.

아프리카에서 가장 심각한 질병 하나를 예로 들어 보자. 이른바 '수면병'이라는 질병이 있다. 체체파리가 옮기는 수면병은 열대우림 지역과 삼림 지역에 널리 퍼져 있다. 이 병은 가축에 의지하여 생계를 유지하는 집단에게 특히 큰 영향력을 끼친다. 수단 벨트(Sudanic belt)를 가로지르며 말과 소를 키우는 집단이 대표적인데, 이들에게는 수면병이 한 번 돌면 집단 전체가 마비되기에 이른다. 이 병은 한때 풀과 나무를 베어 낸 자리에 풀과 나무가 다시 자라나면서 발생한다. 이처럼 체체파리의 위협이 늘 도사리고 있는 지역에서는 그 위협을 감안한 국가 형태가 형성되기 마련이다. 이런 지역에서는 당연히 말을 사육하지 않는다. 아프리카의 사회경제적 변화를 이해하기 위해서는 이와 같은 질병의 역학 또한 고려해 봄직하다.

　외견상 아프리카는 뚜렷하고 균형 잡힌 해안선을 가지고 있는 것처럼 보인다. 하지만 수심이 깊은 만이나 반도를 낀 천혜의 항구는 상대적으로 많지 않다. 따라서 해안선을 끼고 이루어지는 해양 활동이 모래톱 때문에 쉽지 않다. 아프리카 사람들이 유럽인이나 아시아인과 달리 바다를 통한 모험과 탐험을 제대로 할 수 없었던 것도 이런 사정 때문이다. 지중해 해안 지대에 있던 사람들을 제외한다면, 일반적으로 아프리카 사람들이 다른 대륙과 좀 더 빈번하고 깊이 있게 접촉을 하게 된 것은 비교적 최근의 일이다. 그렇다고 기회가 있었음에도 아프리카 사회가 외부의 영향을 전혀 흡수하지 않았다는 뜻이 아니다. 곧 알게 되겠지만, 오히려 18~19세기까지만 해도 아프리카의 발전은 상대적으로 자족적인 차원에서 이루어졌다. 그것은 지형적인 불리함이 낮은 수준의 운송 기술을 만나면서 자연스럽게 나타난 결과였다. 이는 동시에 아프리카 문명이 발전이라든가 전망이라는 측면에서 볼 때 본질적으로 섬처럼 고립된 특성을 띨 수밖에 없었음을 의미하기도 한다.

　아프리카 대륙은 지리적 특성에 따라 크게 여덟 가지 영역으로 나눌 수 있다. 첫째, 지중해를 끼고 있는 북부 연안 지대가 있다. 좀 더 온화

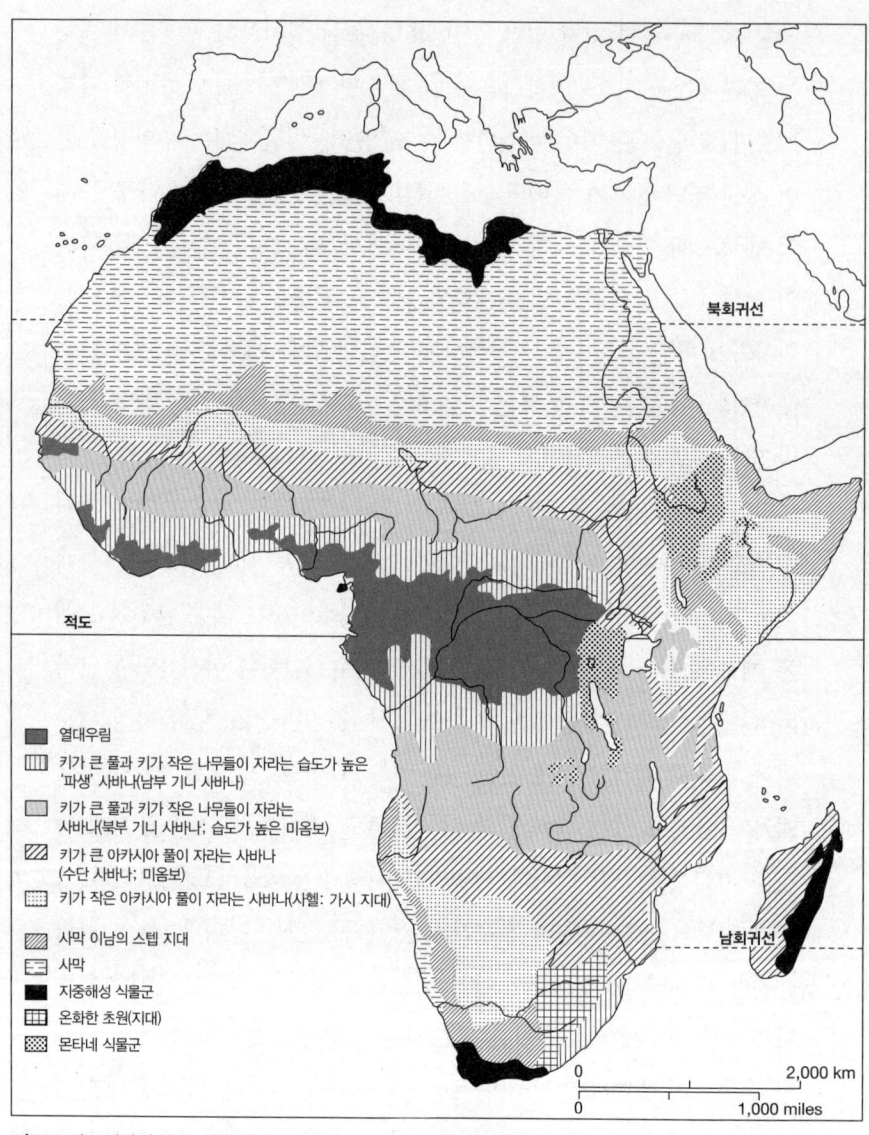

지도 1 아프리카의 주요 식물 분포도

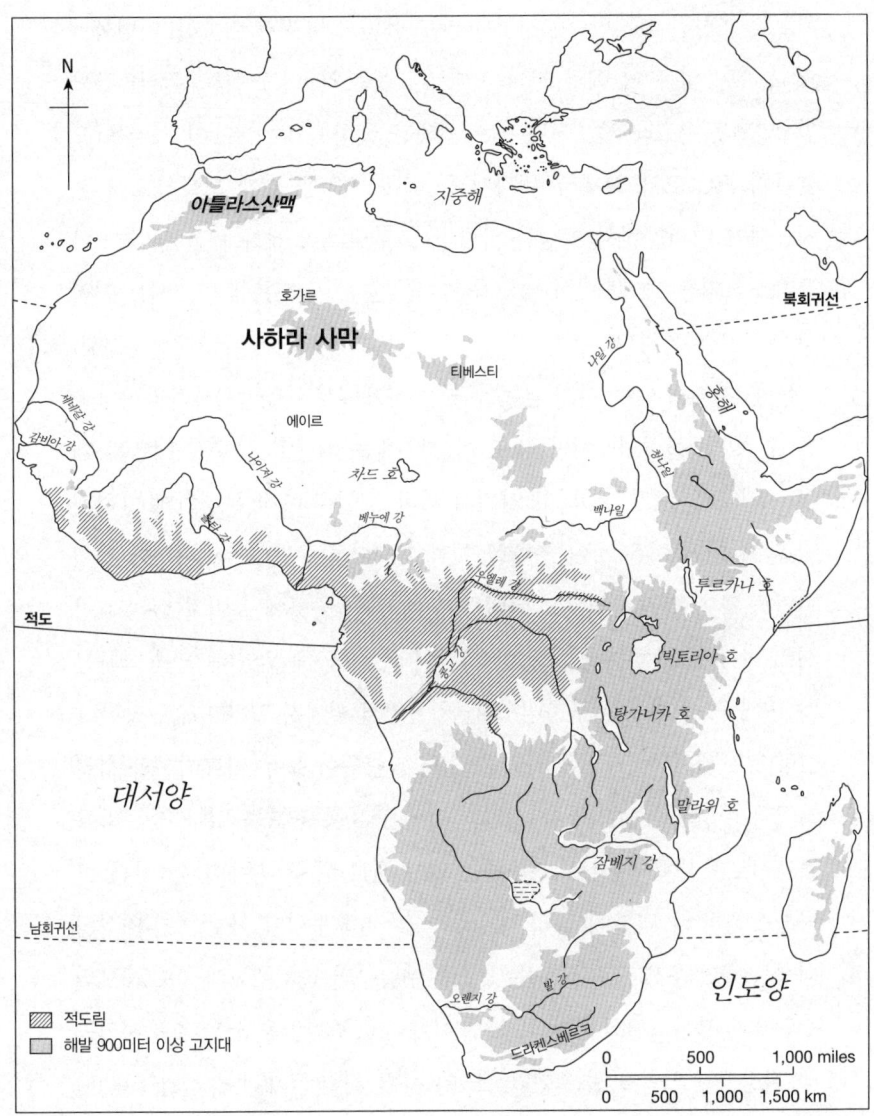

지도 2 아프리카의 지형

하고 건조하긴 하지만, 이 지역은 남부 유럽과 날씨가 비슷하다. 변화가 크고 폭이 넓은 이 해안 지대는 대륙 서북부의 '마그레브' 지역을 감싸 안고 있다. 마그레브는 아랍어로 '서쪽'을 뜻하는 말이다. 이 지역은 오늘날의 모로코와 알제리, 튀니지 등 북부 지역을 넓게 포괄하고 있다. 지중해와 대서양에서 발생한 바람이 모로코와 알제리에 걸쳐 있는 아틀라스산맥을 넘어오면서 습도가 높아지는데, 이 덕분에 마그레브 지역의 토양은 비옥하다.

둘째, 지중해 연안 지대 남쪽에 있는 세계에서 가장 큰 사하라사막을 들 수 있다. 선사시대에만 해도 이 지역에는 적당한 강우량 덕택에 꽤 많은 인구가 살고 있었다고 알려져 있다. 그런데 아직 분명하게 밝혀지지 않은 어떤 이유로 이 광대한 지역에는 이른바 '건조화' 과정이 진행되면서 땅이 말라붙었다고 한다. 때문에 사막 곳곳에 흩어져 있는 오아시스 지역 말고는 수백 년 동안 사람이 살 수 없게 되었다. 어떤 학자는 약 1만2천 년 전에 지구축이 약간 기울면서 벌어진 일이라고 주장한다. 그렇다고 해서 이 거대한 사막을 흔히 그렇듯이 북부 아프리카와 사하라사막 이남의 아프리카를 가르는 장애물로 볼 필요는 없다. 사하라를 가로지르며 남북이 서로 소통하는 일이 결코 쉬운 일은 아니었지만, 오아시스와 낙타 덕분에 낙타 대상들의 장거리 무역이 이루어졌다. 낙타 대상들이 사용해 오던 그 길은 아주 옛날부터 존재했는데, 마그레브의 주민들과 사하라사막 이남의 서부 아프리카 주민들을 서로 소통시키는 데 결정적인 역할을 수행했다. 또 이 사막 지역에 개간이 불가능한 땅만 있었던 것도 아니다. 아틀라스와 마찬가지로 호가르와 티베스티, 아이르 산맥에서 생성되는 충분한 습기 덕분에 이 지역에서도 경작이 가능했다.

셋째, 사하라와 인접한 나일 강 유역이 있다. 동북부 아프리카의 자연환경과 특성을 이해하는 데 핵심이 나일 강이다. 나일 강은 두 줄기의 서로 다른 강이 합류하여 형성된 강이다. 에티오피아 고원에서 발원한 청나일(Blue Nile)과 동아프리카의 빅토리아 호수에서 기원한 백나일(White Nile)이 그것이다. 이 두 강은 오늘날 수단의 수도인 하르툼에서 만나 사막을 굽이굽이 휘돌아 지중해로 흘러간다. 해마다 에티오피아 고원지대와 동아프리카의 호수에 내리는 빗물로 나일 강은 범람하게 되고, 고지대의 비탈에 있던 비옥한 토사가 저지대로 흘러내려 강 양쪽에 쌓이게 된다. 물길 양쪽으로 쌓인 토사 때문에 폭이 좁아진 나일 강은 세계에서 가장 비옥한 땅을 좌우로 거느린 채 유유히 흐르고 있다. 오밀조밀 엄청난 인구를 부양하기에 충분한 이 강이 바로 세계에서 가장 복잡다단하고 유구한 문명을 일으킨 주역이다. 뿐만 아니라 이 강 덕분에 북부의 아프리카인들과 사하라사막 이남의 아프리카인들이 서로 오가면서 교역을 할 수가 있었다.

넷째, 사하라사막의 서남쪽에 있는 지역을 들 수 있다. 이 지역은 원래 사막이었으나 대서양에서 불어오는 온화한 적도풍으로 인해 점차 초지로 변하고 있다. 이른바 '수단 벨트'라고 불리는 이 사바나 지역은 대륙 전체를 가로지르고 있다. 북아프리카의 아랍인들이 처음 사용한 '수단'이라는 말은 바로 이 지대를 가리키는데, 기본적으로 '흑인들의 땅'을 의미한다. 아랍인들은 '해안'을 뜻하는 '사헬'이라는 말도 들여왔는데, 사막이 변해서 초지로 바뀐 지대를 가리킨다. 다시 말해, 사막이 바다라고 치면 초지의 출발선이 해안가가 된다. 사하라사막과 해안 숲 사이에서 지금도 조금씩 확장되고 있는 수단 벨트는 이 지역 사람들의 역사에 거대한 영향을 끼치는 여러 강줄기 탓에 서로 끊기기도 한다. 나이지 강은 상류인 기니의 푸타잘론에서 발원하여 북쪽으로 방향을 튼 다음 사하라로 흘러간다. 사하라로 흘러들기 직전에는 남쪽으로 몸을 틀어 오늘날의 나이지리아로 흘러간 다음, 카메룬의 산악지대에서 발원한 베누에 강과 합류한다. 그런 다음 이 강은 나이저 삼각주처럼 미로 같은 샛강과 고만고만한 강들을 지나 대서양으로 흘러들어 간다. 나일 강과 마찬가지로 푸타잘론 고원에 내리는 비도 나이저 강을 범람시켜 북쪽으로 흘러가게 만든다. 그 덕분에 비옥해진 토양을 갖게 된 중앙 나이저 계곡으로 비교적 많은 사람들이 몰려들었고, 서아프리카 지역에서 가장 역사가 깊고 강력한 왕국을 건설할 수 있었다. 이보다 훨씬 서쪽에서는 세네갈 강이 비슷한 역할을 했다. 동쪽에서는 카메룬에서 발원한 강들 덕분에 차드 호수가 농경에 좋은 환경을 제공하면서 사하라사막 남부의 기후를 바꾸기 시작했다.

다섯째로 중서부 지역의 열대우림을 들 수가 있다. 이 지역은 광대한 사바나 지대의 남쪽에 펼쳐져 있으며, '베냉 협곡'(Benin Gap)이라는 지역을 제외하면 대부분의 서아프리카 연안을 포괄하고 있다. 이 지역은 내륙을 향해 다양한 길이로 뻗어 있으며 중부의 아프리카 분지를 둘러싼 거대 산림과 결합함으로써 세계에서 가장 커다란 열대림을 형성하고 있다.

여섯째로 에티오피아의 고원지대가 있다. 이 지대는 토양에 두텁고 풍성한 영양분을 제공하는 화산 물질로 뒤덮여 있다. 나일 강은 이 토양을 북쪽으로 끌고 가 이집트에 비옥한 토지를 선물했다. 이 지역은 강우량이 풍부하고 선선한 고지대이기 때문에 사람이 살기에 아주 좋은 여건이 마련되었다. 이 기름진 고지대는 자연스럽게 문명의 중심으로 떠올랐다. 이곳 고지대와 바다 사이에는 소말리아 평원이 이어진다. 그 평원은 너무 건조하고 뜨거워 유목민들이라면 모를까 많은 사람들이 정착해서 살기에는 그다지 적당하지 않은 지부티 그리고 에리트레아 연안으로 다시 이어진다.

일곱 번째, 한참 남쪽으로 내려가면 중동부 아프리카에 광대한 고원이 자리 잡고 있다. 이 고원의 가장 높은 지대를 달리는 루웬조리산맥은 아프리카 대륙의 한가운데에 있는 일종의 '척추'를 형성하고 있다. 이 산맥의 서쪽으로는 앞에서 말한 장대한 콩고 강과 열대우림이 펼쳐져 있다. 한편, 남쪽으로 내려가게 되면 이 산맥은 짐바브웨 강이 발원하는 사바나와 샤바 고원에 자리를 내주게 된다. 루웬조리산맥의 동쪽으로는 빅토리아, 탕가니카, 말라위 호를 비롯한 수많은 호수의 모태가 되는 동아프리카의 대호수(Great Lakes)가 펼쳐진다. 동부와 중부 아프리카에 있는 고원지대는 대부분 열대 관목들로 뒤덮여 있고 뜨겁고 건조하여 땅을 경작하기가 쉽지 않지만, 몇 가지 중요한 예외가 있기는 하다. 선선한 날씨와 비옥한 토지를 가진 케냐의 고원지대는 농사를 짓기에 아주 맞춤한 곳이다. 케냐와 탄자니아의 국경에 위치한 킬리만자로의 비탈과 오늘날의 말라위에 위치한 샤이어 고지대 또한 경작을 하기에 훌륭한 땅이다. 빅토리아, 쿄가, 키부 호 사이에 있는 지역, 즉 오늘날의 우간다와 르완다, 부룬디 역시 풍부한 강우량을 자랑하고 있어 정교한 정치 조직들이 형성될 수 있었다.

 끝으로 남부 아프리카에 펼쳐져 있는 드넓은 고원지대를 들 수가 있다. 이 지대는 좁고 긴 해안으로 인해 대양과 분리되어 있다. 남부 아프리카 또한 건조한 기후에 사방이 탁 트인 사바나 지역으로 풀과 덤불, 가시 잡목들로 뒤덮여 있다. 6월에서 8월에 이르는 겨울은 춥기까지 하다. 이 지역은 대륙의 북부 지역을 괴롭히는 말라리아와 체체파리로부터 안전한 지역이기도 하다. 가축을 사육하기에 이상적인 곳이긴 하지만, 대체로 인구가 밀집한 농경 사회를 충분히 부양할 만한 지역은 아니다. 오늘날의 콰줄루나탈 주가 자리 잡고 있는 동남부 지역이 다소 예외적인 구석을 지니고 있기는 하다.

사람들

　다양한 인간 집단이 진화를 거듭하듯이 그 집단들이 사용하던 언어와 문화 역시 시간이 흐름에 따라 독특함을 더해 갔다. 이들 집단들이 형질적으로 언어적으로 다양한 형식을 유지하며 출현하는 데 가장 큰 공헌을 한 것은 무엇보다도 환경의 다양성이다. 각 집단의 신체적 특성은 특별한 환경에 적응하는 과정에서 나타났는데, 이는 생존과 재생산 문제를 둘러싸고 저마다 다른 환경에서 다양한 조건과 필요가 생기고 수용하는 과정에서 형성되었다. 이는 또한 저마다 다른 환경과 기후에 대한 적응력의 차이를 반영하기도 한다. 뿐만 아니라 각기 다른 환경이 제공하는 영양분을 흡수하는 형식의 차이도 드러낸다.

　남부 아프리카의 코이산족과 북부의 지중해 아프리카인들 그리고 서부·중부·동부 아프리카의 열대림 주위에 살고 있는 아프리카인들의 차이가 바로 그런 차이에서 비롯된다. 이와 같은 신체적 차이를 19~20세기의 용어로 바꾼 것이 바로 '인종'이라는 개념이다. 물론 이 개념은 커다란 오류를 안고 있다. 유럽인들은 신체 또는 형질의 차이를 특정 인종의 '열등성'을 드러내는 지표로 활용했다. 나아가 그 특정 인종이 경제적·문화적·정치적으로 성취한 '문명'의 수준을 가늠하는 척도로 삼기도 했다. 특정 지역의 아프리카인들도 예외가 아니었다. 유럽인들은 '좀 더 밝은 피부색을 가진' 사람들일수록 좀 더 진보적인 정치제도와 발전된 기술력을 특정 지역에 소개했다고 믿었다. 그러나 실제 피부색 같은 물리적 차이라는 것은 '인종'과는 아무런 관련이 없다. 생물학적으로 인종은 오로지 하나뿐이고, 특정한 유전자 풀(pool)을 가진 집단은 '개체군'이라고 부른다.

　이런 물리적 다양성을 강화하는 데 이바지 한 것이 언어적 다양성이다. 최근에 이 분야에서 활발하게 이루어지고 있는 연구 성과들을 검토해 보면, 아프리카 대륙은 크게 네 가지 언어군으로 나눌 수 있다. 각각의 언어군은 공통의 조상들이 사용하던 언어를 핵심으로 하고 있는데, 이를 '원형어'(proto-language)라고 부른다.

이 네 가지 언어군 가운데 가장 규모가 큰 어족은 아프리카-아시아 어족으로, 서아시아 지역은 물론이고 아프리카 대륙의 거의 절반에 이르는 북쪽 지역이 여기에 속한다. 아프리카-아시아 어족은 에티오피아와 에리트레아의 언어, 북부 아프리카의 베르베르어는 물론이고 서부 아프리카의 하우사어 등 그 주변 지역의 언어까지 포괄한다. 히브리어는 물론이고 상대적으로 좀 더 최근에 아프리카와 깊은 관계를 맺고 있는 아랍어도 이 어족에 속한다. 서부 아프리카에 뿌리를 두고 있는 니제르-콩고 어족은 대륙의 나머지 절반인 남쪽 지역을 거의 포괄하고 있다. 이 어족 가운데 가장 중요한 어족이 반투 어족이다. 반투 어족은 열대 아프리카의 대부분 지역에서 사용되고 있다. 나일-사하라 어족은 사하라사막을 중심으로 산재해 있다. 니제르-콩고 어족 바깥에 있는 집단이 일부 사용하기도 하지만, 이 어족의 중심 집단은 단연 차드 호와 나일 강 사이에 살고 있는 집단들이다. 끝으로 아프리카 대륙의 언어 집단 가운데에서 가장 오래된 어족인 코이산 어족은 칼라하리사막으로 대표되는 남부 아프리카 지역에서 농경과 유목생활을 하던 수렵·채집인 어족을 일컫는다. 이들이 내는 소리 가운데 '흡착음'(click)이라는 아주 특별한 소리가 있는데, 이는 케냐와 탄자니아에 사는 일부 집단들한테서도 발견되는 특징이다.

일반적으로 아프리카-아시아 어족과 니제르-콩고 어족, 나일-사하라 어족은 농업의 정착 및 확산과 깊은 관련을 맺고 있다. 물론 이는 가축을 사육하는 문제와도 관련이 있다. 어떤 지역에서는 1천 년을 넘길 만큼 장시간에 걸쳐 지속된 이들 어족의 성장과 지배력은 식량을 훨씬 쉽게 구할 수 있는 기술력의 발전과 그에 따른 상대적인 인구 증가에 힘입은 바 크다. 그 결과로 코이산어를 구사하는 사람들은 주변부로 밀려나게 되었다.

지난 2천 년 동안 이어진 아프리카의 역사는 어찌 보면 본질적으로는 이런 사람들의 이동, 통합, 분화와 밀접한 관련을 맺고 있다. 북아프리카에 사는 아랍인들의 이주가 대표적이다. 아랍인들은 아라비아반도를 건너 처음에는 이집트로, 그 후 몇 세기 동안은 마그레브로, 그리고 마침내는 나일 강 유역으로 이주했다. 이들의 이주는 7세기에 전개된 이슬람의 발흥 직후부터 시작되었다. 마그레브의 경우에 10세기부터 13세기 사이에 걸쳐 '베두인'이라고 불리는 아랍의 유목민들이 이주해 오면서 이 지역의 '아랍화'가 진행되었다. 이들 가운데 해안을 따라 이주해 온 사람들은 바누 히랄(Banu Hilal)이라 불리고, 내륙을 관통해 이주해 온 사람들은 바누 술라임(Banu Sulaym)이라 불린다. 이들이 이주하는 과정에서 어느 정도 파괴가 뒤따랐기에 잔존하고 있던 농촌 공동체가 해체되어 버리기도 했다. 그런가 하면 아랍어는 물론이고 아랍의 문화, 나아가 이슬람교까지도 가지고 들어와 뒷날 베르베르인들의 공동체를 흡수하기도 했다. 북아프리카가 아랍어를 사용하는 지역으로 바뀌는 시기가 바로 이 무렵부터였다.

아랍인들은 서서히 나일 강 유역으로 방향을 틀어 올라가기도 했다. 이 지역의 '이슬람화'는 특히 14세기에 남쪽으로 이주해 온 아랍계 유목민들에게 큰 빚을 지고 있다. 그 뒤로 아랍인들은 중부 아프리카의 내륙으로 진출한 다음에 다르푸르를 지나 차드 호까지 나아갔다. 이러한 과정을 통해 이슬람교도 전파되었다. 이윽고 종족 간의 결혼과 같은 사회적이고 문화적인 통합 과정도 거치게 되었다. 이 과정에서 한때 이동을 중시하던 아랍 집단이 정착하게 되면서 마침내 '아프리카화'되기에 이르렀다. 과거의 집단은 이러한 방식으로 변화 과정을 밟게 되었고, 결국은 새로운 집단과 문화가 도래하기에 이르렀다.

 이와 비슷한 과정이 사하라사막 이남의 아프리카에서도 발견된다. 이는 반투어를 구사하는 사람들의 점진적인 이주와 관련이 있다. 이들은 오늘날의 나이지리아와 카메룬 국경에서 이주를 시작해 동부와 중부 그리고 마침내 남부 아프리카 전역으로 퍼지게 되었다. 반투인들이 정착하기 전에 이 지역은 주로 코이산어나 그와 유사한 언어를 사용하는 사람들이 활동하던 주무대였다. 그 증거는 아프리카 대륙의 남단을 살펴보면 금방 알 수 있다. 오랜 세월이 흐르는 동안 수단의 동부 지대에 살던 사람들, 특히 나일 강 상류 지역에 살던 사람들은 경제적 제도의 차이로 서로 갈라져 나와 일부가 서쪽으로 이주하기 시작했다. 수단 동부 지대에 남아 있던 사람들은 유목민이나 목축업자가 되었고, 서쪽으로 이주한 아프리카인들은 거의 대부분 농업에 종사하게 되면서 좀 더 안정된 생활양식을 수용하게 되었다. 물론 예외는 있다. 여전히 유목 생활을 이어 가면서 북부 아프리카 집단들과 교류하던 풀라니족이 대표적이다. 농업을 중시하던 서부 아프리카인들은 목축과 유목을 중시하던 사람들보다 규모도 더 크고 조밀한 인구 집단을 이룰 수 있었다. 반투인들의 팽창은 어느 정도 농업 기술의 발전은 물론이고 철기 사용 기술의 향상과 깊은 관련이 있었다.

 반투인의 팽창은 기원전 3000년 무렵 시작된 것으로 보인다. 이 시기에 농업은 반투인들이 원래 거주하던 땅에서는 이미 안정적인 단계로 접어들게 되고 그 뒤로 약 3천 년 동안 또는 그 이상 지속된 것으로 보인다. '북반투인'이라고 알려진 일부 집단은 카메룬에서 대호수까지 거대한 적도의 산림 끝을 따라 동쪽으로 이동한 것으로 알려져 있다.

바로 이들 집단 가운데 한쪽은 '동반투인', 또 다른 한쪽은 '서반투인'으로 나뉘게 된다. 기원전 1세기 중반이 되면 서반투인들은 남쪽으로 이동을 시작하여 중부의 콩고 분지는 물론이고 앙골라의 삼림 지역까지 진출하게 된다. 물론 동쪽으로 방향을 틀어 탕가니카 호와 잠베지 강으로 나아간 집단들도 있다.

기원 전 800년 무렵 동반투인들은 아프리카의 호수 지대에 다다랐다. 동시에 반투어 사용자들은 기원후 얼마 지나지 않아 오늘날의 말라위와 잠비아, 짐바브웨가 위치해 있는 중남부 아프리카 지역으로 진출했다. 사하라사막 이남의 아프리카를 개척한 이들은 누가 뭐라 해도 반투어를 사용하는 사람들이었다. 이들은 여러 면에서 이 넓은 지역의 진정한 개척자이자 이곳에 안정적인 농업을 도입한 주역이라고 생각된다. 반투인들이 이룩한 또 다른 공헌 가운데 하나는 대서양 노예무역으로 중앙 및 북부 아메리카인들에게 부족해진 노동력을 제공해 주었다는 점이다. 엄밀한 의미에서 이들은 대서양 노예무역의 가해자이자 피해자이기도 했다. 아프리카 대륙 전역에 걸쳐 이루어진 인구 이동은 대륙 바깥에서 들어온 이주자와 원주민 사이에 벌어진 복잡다단한 소통과 교류를 포괄하고 있다. 그중에서도 특히 정착하여 식량을 생산할 줄 알았던 집단은 지역적으로 독특한 사회와 문화를 건설하는 데 중요한 토대를 마련했다. 그 덕분에 좀 더 규모가 큰 인구 집단이 생겨날 수 있었을 뿐 아니라 좀 더 선진적인 기술적 진보를 이룩할 수 있었다.

일반적인 역사의 관점에 따르면, 내용이 복잡한 물질문명은 대개 도시화와 경제적 전문화 그리고 사회적 계층화를 수반한다. 이 과정에서 비교적 조밀한 인구의 집중이 뒤따르게 마련이다. 아프리카 대륙에 결여되어 있다고 느끼는 부분이 바로 이 점이다. 그렇지만, 정치적 구조와 유용성 그리고 기술 형태의 사용과 관련해서는 나름대로 상당한 다양성을 확보하고 있다. 북부 아프리카와 사하라 이남 아프리카 사이에는 기술에서 중요한 편차가 존재하는데, 이점이 바로 그런 예가 될 수 있겠다. 에티오피아의 고원지대뿐 아니라 북부 아프리카 또한 쟁기 사용법에서 기술적으로 상대적인 우월성을 드러냈고, 그 덕분에 경작할 땅이 넓어진 것이 사실이다. 반면에 사하라 이남의 아프리카는 경작하는 주된 도구로 호미를 사용했다. 호미로는 주어진 시간에 넓은 땅을 경작할 수 없는 게 사실이지만, 특정한 목적에서는 호미가 상당히 유용한 측면이 있다. 사하라사막 이남의 아프리카에는 표층이 아주 얇은 토양을 가지고 있는 국가가 많다. 이런 땅은 쟁기로 갈아엎는다는 게 쉽지 않다. 표층이 얇은 땅을 쟁기로 경작할 경우, 그렇지 않아도 취약한 토양이 파괴되거나 침식되는 상황을 맞을 수가 있기 때문이다. 따라서 이런 생태적 특질을 가진 토양에는 호미가 제격인 셈이다. 물론 호미로는 생산력을 극대화시킬 수가 없고 그 용도도 북부 아프리카에서 쟁기가 수행하는 역할과 다르다. 그럼에도 식민지 관료들은 호미의 용도를 잘 이해하지 못했다. 사하라 이남에 살던 아프리카 농부들이 자급자족하거나 내다 팔 목적으로 다양한 형태의 작물들을 재배하는 데 성공했음에도 말이다.

  사하라사막을 둘러싸고 있는 양 지역이 지닌 또 다른 주요한 차이 가운데 하나는 운송 수단과 깊은 관련이 있다. 북부 아프리카인들은 운송 수단으로 바퀴가 달린 수레를 주로 이용했다. 바퀴 달린 수레는 사하라 이남의 아프리카 지역에서는 결코 찾아볼 수가 없다. 무엇보다 지형의 구조가 달랐기 때문이다. 게다가 대륙의 남부는 체체파리가 극성을 부리는 지역이라 수레를 끌 동물들이 턱없이 부족했다. 그러므로 다른 지역과 비교해 볼 때, 이 지역의 기술과 상업적인 발전은 특별한 형식을 띨 수밖에 없었다. 특별한 몇몇 지역을 제외하고는 기회라는 게 많지 않았기 때문이다. 사막과 사바나 지역에서는 낙타와 말을 운송 수단으로 사용했다. 하지만 나무가 울창하게 들어 찬 지역에서는 사람의 머리가 운송 수단을 대신했다. 모든 것을 머리에 이고 날랐다. 그런데 가치는 낮고 무게는 많이 나가는 물건의 경우 구태여 힘들게 머리에 이고 나를 필요가 없었다. 장거리 무역에서 가장 중요한 것은, 부피는 작지만 가치가 높은 황금이나 상아 같은 물건을 수송하는 일이다. 스스로가 수송자 역할을 하는 노예는 두 말할 나위 없이 중요한 무역 품목이었다.

낮은 생산성 또한 인구 문제와 연동되어 있다. 잘 알다시피 아프리카는 유난히 인구밀도가 낮다. 아프리카 대륙 전체에 걸쳐 사람이 부족하다. 서유럽이나 남아시아와 달리 아프리카에서 부족한 자원은 토지가 아니라 바로 노동력이었다. 이런 상황에서는 토지가 아니라 노동력을 관리하는 일이 고도로 중앙집권화된 사회구조를 지닌 지역의 성장에 견인차 노릇을 할 수 있다. 노동력을 바탕으로 할 때만이 부와 권력의 확보가 가능하기 때문이다. 아프리카의 농업은 자연의 순환을 따르므로 집약적이라기보다는 조방적이다. 인구의 성장이 제한적인 곳에서 문화와 이데올로기는 풍부한 생산력이라는 핵심적인 개념을 중심으로 발달하기 마련이다. 그러한 이데올로기에 의해 조직된 사회구조는 일부다처제와 노예제 같은 제도 위에 형성될 수밖에 없다. 이 두 제도 모두 생산력과 재생산력을 통제하는 일과 결부되어 있다. 이런 지역에서 아이들은 노동력과 집단의 영속성이라는 의미로 연결된다. 실제로 존재해 온 것이든 발명된 것이든 관계없이, 친족이라는 개념도 무척 중요하다. 이 개념이 없는 경우에는 어쩔 수 없이 강제력이 동원된다. 이런 의미에서 일반적으로 아프리카에는 대규모 토지를 소유한 지배층을 위해 돈도 거의 받지 않고 억지로 일해야만 하는 '땅을 가지지 못한 사람'은 없다고 보아도 무방하다. 저임금 강제 노동이라는 현상은 사실상 백인 정착민들한테 땅을 빼앗긴 수많은 사람들이 사방으로 흩어져 살 수밖에 없었던 식민지 시절에만 나타난다. 이런 맥락에서 보면, 대서양이나 사하라사막 그리고 홍해와 인도양을 넘나드는 장거리 노예무역으로 발생한 아프리카 노동력의 외부 유출은 대단히 파괴적인 결과를 불러올 수밖에 없었다.

끝으로 아프리카인들은 대륙 전체를 가로질러 다양성과 복잡성에 기초한 사회와 정치제도를 구축했다. 아프리카의 정치집단을 나누는 최소 단위로 사용하는 '부족'(tribe)이라는 개념은 사실 문제가 많다. 이 책 뒷부분에서 다루겠지만, 어떤 특수한 맥락에서는 이 개념이 나름대로 효율성을 가지고 있다는 점만은 지적해 두고 싶다. 물론 이 개념은 20세기가 만들어 낸 산물임에 틀림없다. 사실 아프리카 사회는 유목민을 중심으로 한 사회에서부터 중앙집권적이고 영토 중심적인 사회에 이르기까지 무척 다양하다. 뿐만 아니라 목축을 중심으로 하는 사회도 있고, 정착 생활에 기반을 두고 농업을 중심으로 살아가는 사회도 있다. 거칠지만 아프리카 사회는 대부분 이렇게 '씨족'(clan)을 중심으로 조직되어 있다고 말해도 과언이 아니다. 씨족이라는 개념 속에는 친족과 계보나 후손 개념 등이 포함되어 있다. 물론 씨족이라는 개념은 실제적이라기보다는 상상된 것에 가깝고 일반화시키기도 어렵다. 왜냐하면, 수많은 아프리카의 국가와 사회가 친족과는 아무런 관련 없이 탁월한 지도력을 발휘한 개인이나 특수한 정치적·기술적·정신적 재능을 지닌 집단과 제휴를 통해 탄생했기 때문이다. 이들 가운데 많은 아프리카 국가들은 공간적 의미의 주권을 가진 영토에 기반을 두고 있었다. 물론 토지가 많은 지역에서는 특히 융통성이 컸다. 식민주의 시기는 꽤 다양한 방식으로 오랜 세월 다채로운 변화를 이끌어 낼 수 있었을 아프리카인들의 능력에 상당히 부정적인 영향을 끼쳤다. 다시 한 번 강조하거니와, 변화는 19세기에는 물론이고 20세기까지도 계속되었다. 마찬가지로 21세기에도 계속될 것이다.

  이 책은 대체로 연대기 방식으로 구성되어 있다. 그리고 각 장은 일관된 주제로 묶여 있다. 1장부터 6장(1, 2부)까지는 지역별 특성에 초점을 맞추고 있고, 그 뒤부터는 아프리카 대륙 전체를 다루고 있다. 이 책은 전체가 7부로 구성되어 있는데, 각 부마다 특정 시기와 특정 주제를 다루고 있다. 특히 1부에서는 19세기 사하라사막 이남의 아프리카 사회와 정치 조직 그리고 경제를 다룬다. 같은 시기의 북아프리카와 이슬람도 다루고 아프리카와 유럽의 관계에 대해서도 살펴본다. 초기 식민주의 국가에 대해서는 말할 것도 없다. 휴전 시기의 경험도 들여다본다. 민족주의는 물론이고 저항과 탈식민화 과정에 대해서도 눈을 떼지 않을 것이다. 식민지 이후의 시기는 물론이고 지금 이 시대까지도 조감할 것이다. 각 부마다 들머리에 짧은 소개 글을 달아 다루고자 하는 중요한 사건과 주제가 무엇인지를 개괄할 것이다. 좀 더 상세하고 전문적인 주제를 이해하는 데 도움을 줄 것이다. 세부적인 연구 목록은 이 책의 맨 뒤에 붙여 둔다.

1부
19세기의 정치와 사회, 경제

여기에 소개할 무척 다양한 지역은 다소 폭넓은 주제로 상호 연결되어 있다. 지구적 수준의 상업 팽창과 급속하게 변화하는 아프리카의 정치 구조 및 사회적 관계, 그리고 이런 변화를 총괄하는 무력 충돌의 패턴 등을 살펴본다. 이런 주제들은 19세기에 진행된 아프리카의 발전을 이해하는 데 필수적이다. 장거리 교역과 해외무역에 따라 아프리카 사회와 정치 조직은 근본적인 변화를 겪게 된다. 장거리 무역은, 특정 지역에 국지적 생산과 교환의 기반을 두고 있던 비교적 단순한 농업 경제 아래에서는 딱히 필요하다고 할 수 없었던 부를 축적할 기회를 가져다주었다. 지구적 수준의 상업 팽창은 또한 한 사회를 위아래로 동시에 출렁이게 만드는 사회적 유동성과 결합하면서 정치권력의 균형을 무너뜨리기도 했다.

그런가 하면, 지배 엘리트들이 퍼뜨린 '사치스럽고' 특권적인 상품이 19세기에는 정치권력을 장악하는 데 가장 중요한 수단이 되기도 했다. 가령 다호메이 왕국(오늘날의 베냉―옮긴이)에서는 왕을 따르는 추종자들에게 그런 상품을 나누어 주는 일이 중요한 '연례행사' 가운데 하나였다. 부간다 왕국(오늘날의 우간다―옮긴이)에서도 왕은 정치권력의 중심에 다호메이와 유사한 후견인 제도와 분배 제도를 두고 있었다. 수입한 상품은 요모조모 실용적인 차원에서 쓸모가 많았다. 바닷가 근처에 살던 정치 엘리트와 상업 엘리트들은 수입한 상품을 북쪽에서 내려온 요루바인들의 말과 교환했다. 말하자면 상업적인 권력이 곧바로 군사적·정치적 권력으로 변모될 수 있었음을 의미한다. 이러한 방식으로 부를 축적한 사람들은 노동력을 구매할 수 있는 지위를 얻게 되었다. 아프리카에서 일반적으로 '권력'이라는 것은, 많은 사람들을 소유하고 있거나 그 사람들에게 영향력을 행사하고 있다는 것을 의미했다. 상업적인 권력은 노예나 아내 또는 부부까지 다 살 수 있는 권력으로 확장되기도 했다. 여자 노예들은 가문을 잇거나 정치적인 체제를 안정시키는 데 중요한 역할을 했다. 이렇듯 상업을 통해 축적한 부는 곧 정치적 권력으로 전환될 수 있었다. 이런 현상은 사회적 유동성이라는 측면에서 볼 때 대단히 급격한 변화를 가져왔다.

이런 주제는 아프리카에서 아주 흔한 현상이다. 그런데 동아프리카와 서아프리카는 어떤 면에서 보면 경험의 차이가 상당히 크다. 노예무역을 대표적인 사례로 꼽을 수 있다. 동아프리카에서는 기본적으로 노예무역이 19세기에 절정을 맞고 있었던 반면, 서아프리카에서는 그 무렵 노예무역이 쇠퇴하고 있었다. 서아프리카의 경우, 노예무역은 대단히 위계적이고 정치적이었으며 군사적인 복합체의 출현을 촉진해 왔다. 한편으로는 그 복합체의 출현에 의존하기도 했다. 노예무역을 주도한 엘리트 계급은 노예 자체를 통제하거나 노예무역을 통제함으로써 노예 수출입 무역을 독점할 수가 있었다. 전쟁은 정치적인 동시에 경제적인 행위였다. 국가의 입장에서 볼 때 전쟁은 일종의 투자였던 셈이다. 물론 전쟁에서 패배하거나 부상자가 속출할 경우에는 예기치 못한 결과가 나올 위험 부담도 안고 있었다. 그럼에도 대개 전쟁은 상당한 떡고물을 떨구었고, 엘리트 계급의 지배를 강화시켜 주었다. 노예제도의 폐지로 이러한 경향이 요동치게 된 시기가 바로 19세기였다.

1800년대와 1830년대 사이에 여러 주요 유럽 국가들이 노예무역을 폐지하는 정책에 동참했다. 물론 1860년대까지도 여전히 '불법적으로' 노예무역을 일삼던 나라들은 많았다. 그렇지만 이러한 행위에 동조하던 엘리트들은 인간을 사고파는 행위가 점차 사양길에 접어듦에 따라 치명타를 입기도 했다. 어떤 지역에서는 노예제 폐지가 아주 더디게 진행되었다. 원자재와 농업 생산물에 대한 이른바 '합법적인' 유통이 본격화되면서 노예제 폐지를 반대하던 엘리트들이 곤경에 처하기도 했다. 노예무역과 시장에 대한 장악력을 상실하게 된 엘리트들은 중차대한 정치적·경제적 특권들마저 상실하게 되었다. 그러자 소규모 상공인들이 나타나 '거물들'과 공개적인 경쟁을 벌이기 시작했다. 두 집단 모두 농업 생산으로 눈을 돌리기 시작했다. 어떤 지역에서는 권위를 상실한 지배 엘리트들이 정치권력을 동원하여 상대적으로 약해진 경제적 기반에 대해 보상을 받으려고 했다. 1862년에 나이저 삼각주 지역에 있던 구칼라바(Old Calabar)에서는 종려나무 기름을 사고파는 행위가 족장의 명으로 금지되었다. 이것은 적어도 독과점만큼은 반드시 지켜내야 한다는 취지에서 내린 조치였다. 19세기 다호메이에서는 종려나무 기름을 사고파는 상행위에 무거운 세금을 부과했다.

한편, 아프리카 대서양 연안의 국가나 집단들 내부에서는 노예 의존도가 심해짐에 따라 사회적 변화가 일어나기도 했다. 농업 생산력이 급속도로 팽창한 것이 그 직접적인 결과였다. 19세기에는 일반적으로 노예의 가격이 떨어지면서 지극히 평범한 생산자들까지도 노예를 구매할 수가 있었다. 그들은 농사를 짓거나 물건을 나르는 일에 노예를 부렸으며 군사적 용도는 물론이고, 심지어는 장차 무역업에 종사하게 될 예비 장사꾼으로까지 활용했다. 노예를 매매하는 일과 관련된 '합법적인' 상행위가 출현하면서 노예의 생활수준과 처우가 오히려 과거보다 더 악화되었다는 증거도 있다. 노예 가격이 상대적으로 저렴해지면서 노예주들이 이전보다 더 혹독한 방식으로 노예들을 부렸기 때문이다. 그렇지만 이런 상황은 노예들에게도 기회였다. 어떤 노예들은 부당한 처우에 대해 강력하게 항의를 하기도 했다. 합법적인 경제 시스템에 편입된 덕분에 좀 더 많은 노예들이 과거보다 훨씬 집단적인 힘을 행사할 수도 있었다. 19세기의 상업적 변화를 이해하는 데 무엇보다도 중요한 점은, 노예들 스스로 부를 축적할 수가 있었을 뿐 아니라, 자유까지도 돈으로 살 수 있었으며, 자신들만의 정치권력을 구축할 수도 있었다는 사실이다.

한편 대륙의 반대쪽에서는 군사독재가 진행되기도 했다. 그것은 점차 확장되어 가던 노예무역과 상아무역의 직접적인 산물이었다. 노예 창출의 원천이 된 전쟁으로 등장한 전사 우두머리는 전쟁 포로를 동원하여 고도로 사유화된 군대를 확보함으로써 사적인 권력을 구축해 갔다. 동아프리카에서 나타난 상업적인 확장은 권력의 중앙집권화를 불러왔다. 이런 현상은 다양한 유형의 무기나 명품 수입과 깊은 관련이 있었다. 시간이 갈수록 커져 가는 치안 불안과 폭력 수위의 상승은 상업적인 동시에 군사적 모험이 창출한 기회들과 더불어 전통적인 사회구조를 완전히 붕괴시켜 버렸다. 이어서 정치적인 변화가 뒤따랐다. 탄자니아 중부와 북부 지방을 비롯한 어떤 지역에서는 새로운 정체성이 출현하기도 했다. 그런가 하면, 부간다와 에티오피아의 고원지대에서는 정치적 변화가 기존의 정체성과 정치 구조를 강화하는 방향으로 전개되기도 했다.

아프리카 대륙의 양쪽 진영에서 공히 출현한 새로운 유형의 상업 형태는 기실 전쟁과 아주 밀접한 관련이 있었다. 19세기 아프리카에서 자행된 폭력은 대개 무역을 통제하려는 욕망 그리고 거기에서 파생될 잠재적 이익을 얻으려는 욕망에서 나온 것이다. 그 중심에 무기가 있었다. 아프리카 역사에서 19세기는 무엇보다 중상주의가 출현한 시대였다. 중상주의는 경제적 권력과 정치적 권력을 하나로 묶는 기능을 했다. 중상주의의 출현을 가장 단적으로 보여 주는 현상이 바로 전쟁이었다. 중상주의는 전쟁을 정책의 도구로 사용했다. 격렬한 전쟁으로 아프리카 대륙의 거의 모든 곳에서 엄청난 변화가 들끓었다. 한때 노예를 수출하던 대표적인 국가였던 오요(Oyo)의 요루바 왕국은 1820~1830년대에 몰락하고 말았다. 이 왕국이 무너지면서 요루바인들끼리 수십 년에 걸친 전쟁에 돌입했다. 무역의 거점을 서로 먼저 확보하기 위한 싸움인 동시에 북쪽에 있는 무슬림 세력을 내치고자 하는 싸움이었다. 이 전쟁으로 수많은 노예들이 '불법'으로 매매되기에 이르자 결국 영국이 개입하게 된다. 이 결과로 영국은 호반의 도시국가인 라고스를 병합해 버렸다. 한편, 훨씬 서쪽에 있던 다호메이는 강력한 군대를 유지하고 있었다. 이렇게 강력한 군대를 확보하기 위해서는 노예무역이 필수적이었다. 나아가 국가를 위계적인 구조로 유지하기 위해서는 군국주의도 필요했다. 이런 상황 속에서 권력을 실행하기 위해 전쟁은 불가피했고, 이로 인해 심각한 문화적 변화가 나타났다.

 동부 아프리카의 경우, 그다지 생명이 길지는 못했지만 대단히 역동적이고 팽창주의적인 중상주의 국가들과 군국주의 국가들이 무역망을 확장한다는 명목으로 자연스럽게 출현했다. 1870년대 미람보(Mirambo)와 니웅구-야-마웨(Nyungu-ya-Mawe)가 이끈 니암웨지와 킴부가 대표적이다. 이보다 북쪽에 있던 전통적인 왕국 부간다는 이 같은 상업적 기회를 공세적으로 장악했고, 19세기 내내 강력한 군사력을 동원하여 이 지역의 상업적 헤게모니를 유지할 수 있었다. 부간다 또한 다호메이와 마찬가지로 군국주의적인 성향을 정치구조나 문화적 틀을 갖추는 과정에서 좀 더 보편적인 방식으로 활용했다. 에티오피아의 고원지대에 자리 잡고 있던 '하베샤'(Habesha)의 정치 조직도 마찬가지였다. 그중에 가장 대표적인 쇼아와 티그레이는 지리적으로 전략적 요충지를 차지하고 있었던 터라 홍해와 아덴 만에 기반을 두고 있던 상업적 요충지들을 농락할 수가 있었다. 이들은 또 경제적 지배력을 확보하기 위한 수단으로 이따금 전쟁을 활용하기도 했다. 이런 과정들은 중앙집권적인 국가의 개념만 가지고는 설명이 불가능하다. 대표적인 사례

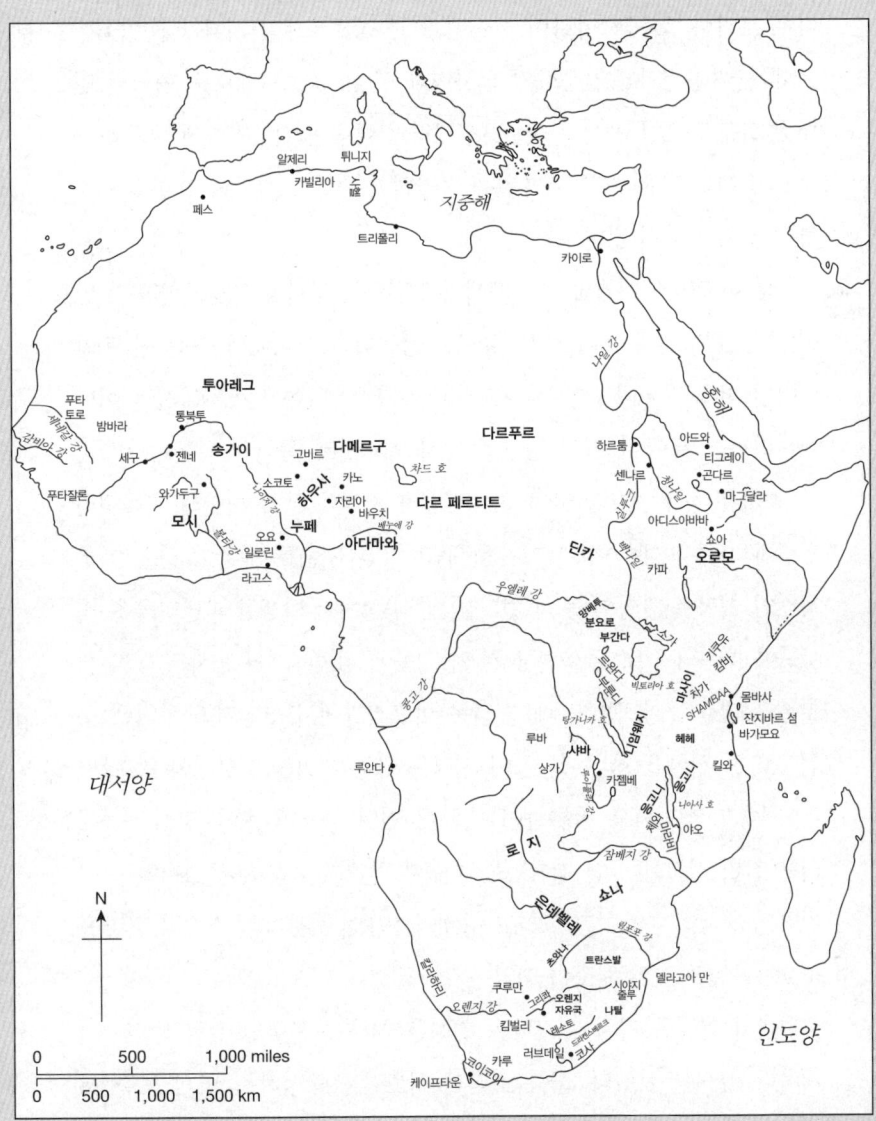

지도 3 19세기 아프리카의 주요 민족과 도시들

가 투르카나 호수와 마사이 사이에 있는 리프트밸리 지역이다. 이곳은 19세기 내내 좀 더 전문화된 군사력과 연령에 따른 새로운 형식의 연대 편성을 선보인 곳이다. 물론 이 지역의 경우는 기후변화에 순응하는 목초지 확보 같은 지역의 자원을 장악하기 위한 노력이 무역을 하고자 하는 욕망보다 더 컸다.

남부 아프리카 지역에서도 19세기에 격렬한 정치적·경제적 변화가 일어났다. 1820년대 들어 줄루 왕국은 응고니족 사이에서 수십 년 동안 이어진 전쟁을 끝내고 남부 아프리카 지역, 더 나아가 사하라사막 이남 아프리카를 통틀어 가장 강력한 군사 제국으로 등극하게 된다. 이 군사 제국은 동부 아프리카의 리프트밸리 지역과 달리 대단히 효율적인 연령에 따른 연대 편성에 기반을 두고 있었다. 줄루 제국이 일으킨 군사적인 혁명은 반향이 무척 컸다. 혁명 과정에서 발생한 피난민들은 빅토리아 호수의 남쪽 끝까지 쫓겨 가 그곳에 정치체제와 군사 편대의 새로운 모델을 소개하기도 했다. 남부 아프리카에서도 장거리 무역은 무척 중요한 역할을 했다. 물론 이 지역은 다른 지역들과 사정이 좀 달랐다. 케이프 식민지를 비롯하여 내륙에 있던 이른바 보어 '공화국들'에 터를 잡기 시작한 백인 정착민들의 수가 많았기 때문이다. 그리하여 이 지역은 영국인과 보어인 그리고 아프리카인들이 정치적·경제적 공간을 놓고 3파전을 펼치는 곳이 되었다.

위에서 언급한 정치 조직들은 전쟁을 대하는 문화적 접근 방식에서 저마다 차이를 보였다. 군사 조직과 지도력을 구성하는 방식 또한 서로 구별되었으며, 전쟁을 정책의 측면에서 활용하는 방식도 모두 달랐다. 항구적인 군대를 갖추고 있던 줄루 왕국과 리프트밸리 지역의 목축업 사회는 사실 예외적인 성격이 강한 지역이었다. 대다수의 아프리카 국가들은 필요하거나 꼭 그리 해야만 할 때를 제외하고는 군대를 소집하는 일이 거의 없는 한시적인 병영 체제를 유지하고 있었다. 부간다는 전문적인 정규군을 보유한 적이 없었다. 그럼에도 이 지역에는 군사 문화와 병영 문화의 풍토가 뿌리 깊게 박혀 있다. 미람보가 통치하던 국가는 총과 야망, 돈벌이를 향한 욕망으로 중무장한 젊은이들인 '루가루가'(ruga ruga)에 크게 의존했다. 이 젊은이들은 마약에 심각할 정도로 중독되어 있었다. 게다가 부간다는 날이 갈수록 총기 수입을 늘리고 있었다.

전쟁에서 총이 발휘하던 실제적 효과는 지역에 따라 다양한 편차를 보인다. 해안을 끼고 있는 서아프리카 국가들은 대규모로 총기를 수입하고 있었다. 동아프리카의 내륙 국가들도 마찬가지였다. 에티오피아의 경우, 테오드로스와 요한네스, 메넬리크로 이어지는 황제들이 대를 이어 엄청나게 많은 현대적 무기를 축적했다. 총기는 전쟁에 사용하는 데 머물지 않고 상업적, 사회적, 그리고 정치적 성공을 의미하기도 했다. 그렇지만 다시 한 번 강조하건대, 무기의 기능을 정확하게 이해하기 위해서는 지역적 특수성들을 간과해서는 안 된다. 서아프리카에서 총은 시간을 두고 또는 경험을 통해 아주 효과적으로 활용되었다. 에티오피아도 마찬가지였다. 하지만 부간다의 경우는 총이 소개된 게 기껏해야 19세기 후반이었다. 부간다인들에게 총은 오히려 군대의 힘을 약화시키는 무기로 작동했다. 총을 다루는 훈련이 되어 있지 않았을 뿐더러 총이 갖고 있는 실제 가치보다 상징적인 가치를 중시하는 잘못 때문이었다. 아프리카 대륙 전반에 걸쳐 총은 다루기 쉬운 무기가 아니었고 믿을 만하지도 않았으며, 심지어는 위험한 물건이었다. 이런 아프리카 사회는 19세기가 막을 내릴 무렵에 밀려든 유럽인들 면전에서 속수무책으로 무기력한 모습을 드러내기도 했다.

19세기 아프리카의 정치 조직과 사회, 경제의 역사는 정책의 중요한 수단이 된 전쟁과 더불어 정치적·경제적 구조를 다시 세우려던 투쟁과 상당히 밀접한 관계를 맺고 있다. 이러한 변화의 중심에는 해외무역이 있었다. 이는 나이저 삼각주처럼 자그마한 무역 국가에도 해당되는 말이다. 간다와 줄루 왕국처럼 중앙집권적인 중상주의 정책을 폈던 곳도 예외가 아니다. 서부와 동부 그리고 남부 아프리카의 경우, 유럽의 제국주의는 그 지역의 상업적·정치적 발전과 제휴를 맺고 있었다.

유럽인들은 기본적으로 아프리카가 내재적으로 불안정한 사회라는 믿음을 가지고 있었다. 그런데 그 믿음 이면에는 필요하다면 남의 영토를 강탈하는 것은 물론이고 강력한 무력을 동원해서라도 무질서를 바로 잡아 무역을 보호해야 한다는 생각이 자리 잡고 있었다. 유럽인들은 아프리카인들의 내부적인 무질서와 갈등 그리고 전쟁이 상업을 가로막는 방해물이라고 보았다. 그러면서도, 한편으로는 '불법적인' 노예무역을 19세기 내내 지속했다. 그런가 하면 나름대로 질서를 제대로 '구현한' 아프리카의 지도자들 또한 위험천만하고 불안정한 잠재적인 적으로 간주하여 제거의 대상으로 삼았다. 무역을 수행하기 위해서는 불가피하다는 명분을 내걸고 말이다. 이 주제와 관련해서는 3부에서 다시 살펴볼 것이다.

1장
서쪽의 전환
대서양 아프리카의 노예무역과 '합법적인' 상업

19세기의 아프리카 역사를 제대로 이해하려면 변화무쌍한 국제무역의 양상을 톺아보아야 한다. 여기서 명심해야 할 것은 당시 아프리카인들이 수행한 무역 경험이 결코 단일한 형태가 아니라는 점이다. 아프리카인들의 무역 경험은 지역에 따라 큰 차이를 보인다. 바다를 끼고 있는 서아프리카는 지구적 규모의 무역에 상대적으로 오랫동안 노출되어 있었던 관계로 상당히 발전된 경험을 가지고 있었다. 반면에 동부와 중부 아프리카의 내륙에 있던 국가들은 19세기에 들어서야 장거리 무역을 경험하고 그 범주에 포섭되었기 때문에 상대적으로 경험이 보잘것없었다. 사하라사막 이남 아프리카 국가들의 경우는 더더욱 다르다. 사하라사막 이남의 경우, 국제무역은 아프리카의 정치적, 경제적 그리고 사회적 발전에 지대한 영향을 끼쳤다. 새로운 형식의 정치 구조와 사회 체제가 어쩌면 국제무역 덕분에 형성되었다고도 말할 수 있다. 아프리카가 유럽과 맺은 상업적인 관계의 측면에서 볼 때, 19세기는 적어도 근대적인 아프리카의 경제사가 시작된 시기라고 할 수 있다. 아프리카가 유럽과 맺은 상업적 관계와 무역 양상의 본질을 잘 들여다보면, 왜 유럽이 19세기 마지막 10년 동안 아프리카를 분할하려고 결심하게 되었는지 가늠할 수가 있다. 이른바 아프리카 '쟁탈전'이라 부르는 복마전 뒤에는 상업적·경제적 이득을 취하려는 동기가 강력하게 작동하고 있음을 알 수가 있다.

아프리카는 1800년 이전부터 이미 수백 년 동안 지구적인 경제 체제에 포섭되어 있었다. 사하라 횡단 무역으로 서아프리카는 지중해나 유럽으로 연결될 수 있었다. 이는 아주 오랜 옛날부터 지중해 무역의 본거지로 핵심적인 구실을 해온 북아프리카를 통해 이루어졌다. 그런가 하면 아프리카 대륙의 동쪽에 있는 인도양에서는 대규모 상업 활동이 활발하게 이루어지고 있었다. 이를 통해 아프리카의 스와힐리 연안은 서아시아 및 중앙아시아와 연결되고 있었다. 가장 큰 변화를 불러온 것은 15세기 이래 지속되어 온 노예무역이다. 16세기 중반부터 시작된 대서양 횡단 무역은 특히 압권이었다. 이러한 노예무역 탓에 해안을 끼고 있던 서부와 중부 아프리카 및 아프리카의 고원지대는 서유럽이나 아메리카 대륙으로 연결될 수 있었다. 수백만 명이 넘는 아프리카인들이 이들 지역으로 강제로 수송되었다. 1800년에 이르면 다양한 형태의 무역 네트워크가 아프리카 대륙을 가로지르며 우림 지대와 삼림 지대, 사바나 지역과 사막 지대를 서로 연결시키기에 이른다. 그리하여 아프리카 대륙의 여러 국가들은 유럽과 아시아, 아메리카 대륙과 수백 년에 걸쳐 상업적인 관계를 경험하게 된다. 19세기에 이르러 이들 관계망의 폭이 더욱 넓어지면서 새로운 지역이 이 무역 네트워크 속으로 포섭되기에 이른다.

아프리카가 유럽과 맺은 근대적인 관계 가운데에서도 특히 중요한 부분은 대체로 대서양 지역에 집중되어 있다고 볼 수 있다. 여기서 대서양 지역은 세네갈에서 앙골라까지 펼쳐져 있는 지역을 말한다. 여러 가지 의미에서 대서양 아프리카 지역은 유럽인들에게 아프리카의 문화와 정치, 특히 경제와 관련하여 이런저런 자신들만의 사유를 펼쳐볼 수 있는 실험실과도 같은 곳이었다. 19세기에 발생한 대단히 문제적이면서도 영구적인 변화 가운데 이 지역을 능가하는 곳은 없다. 19세기는 여러 다양한 '변화'가 충만한 시기인데, 그중 가장 중요한 '변화'라고 한다면 대서양 아프리카 지역에서 노예무역이 이른바 '합법적인 상업'으로 이행해 간 사건을 꼽을 수가 있다. 어떤 변화도 홀로 갑작스럽게 일어나는 법은 없다. 수많은 아프리카인들뿐 아니라 유럽의 박애주의자들을 절망으로 몰아넣은 인간을 사고파는 행위는 1860년대까지 지속되었다. 이 시기의 노예무역이 15세기부터 19세기 초까지에 이루어지던 노예무역과 다른 점이라고 한다면 합법인가 불법인가의 차이였다. 19세기 중반 이후의 노예무역은 유럽의 여러 나라에서 '불법'으로 간주되었고, 심지어 '근대적인' 경제로 도약하는 데 해를 끼치는 것으로 여겨지기까지 했다.

대서양 노예무역

경제적 발전이라는 측면에서 볼 때, 대서양 아프리카의 여러 지역에서 이루어지던 노예무역은 황폐한 결과를 가져왔다. 어떤 지역에서는 노예무역으로 경제적인 성장과 경제적 토대의 다변화가 아예 멈춰서 버리기도 했다. 인구학적인 측면에서도 조직적인 인력 송출로 인해 인구수가 줄지는 않더라도 제자리걸음을 하는 지역이 많았다. 그럼에도 노예무역이 반드시 부정적인 결과만을 초래한 것은 아니었다. 아프리카는 끝내 살아남았기 때문이다. 불편한 진실이긴 하지만, 노예무역으로 숱한 이득을 챙긴 아프리카 사람들도 많다는 사실을 부정할 수는 없다. 노예제도와 노예 송출을 토대로 강력하고 역동적인 국가 체제를 사하라사막 이남에 성공적으로 건설한 경험을 가지고 있는 엘리트들이 대표적이다. 기실 노예제도는 아프리카의 오래된 유산이다. 이렇게 본다면 적어도 어떤 지역에서는 그 지역 바깥으로 노예를 팔아넘긴 일이 전혀 놀랄 만한 사건이 아니었다.

 대서양 노예무역이라는 맥락을 검토해 볼 때, 얼마나 많은 아프리카 흑인들이 노예로 끌려갔는지를 따지는 숫자 놀음은 오늘날까지도 대단히 민감한 쟁점이고 앞으로도 영원히 그럴 것이다. 분명한 것은 몇 가지 명백한 이유로 이 문제가 정치적인 사안이라고 감히 말할 수 있다는 점이다. 그렇다고 소심하게 특정한 수치를 제출하지 말자고 주장하는 것은 결코 아니다. 특히, 노예무역과 같은 일반적인 역사를 다룰 경우에 수치를 제시하는 일이 중요하다. 17세기에는 평균적으로 한 해에 2만 명의 노예가 거래되었다. 노예무역이 절정에 다다른 18세기에는 해마다 5만~10만 명에 이르는 노예들이 아메리카 대륙으로 끌려갔다. 이 숫자가 19세기에는 다소 줄어들게 된다. 기록에 따르면, 모두 합해 적어도 1천만 명이 넘는 노예가 아메리카 대륙을 밟은 것으로 확인된다. 여기에 한 가지 더 보태야 할 것이 있다. 대서양을 건너는 항해 도중에 숨을 거둔 노예 수가 약 2백만 명에 이른다는 사실이다. 이들까지 합하면 약 1천2백만 명의 노예가 아프리카 바깥으로 끌려간 셈이다. 하지만 많은 역사학자들이 이구동성으로 주장하는 바는 노예의 거래량이 엄청난 규모로 이루어졌다는 점이다. 기록조차 제대로 관리되지 않았던 사실을 감안한다면 실제로 거래된 노예 수는 앞서 언급한 1천2백만 명을 훨씬 뛰어넘을 것이다. 오늘날의 서부 나이지리아 '노예해안'은 17세기 후반부터 19세기 중엽까지 노예를 수급하던 근거지였다. 또 오늘날의 앙골라 지역은 16세기부터 19세기까지 노예를 송출하던 곳으로 악명이 높은 곳이었다.

18세기 말이 되면 장거리 대서양 상업 체계와 대륙 내부의 상업 체계는 아프리카 국가들을 정치사회적으로, 경제적으로 완전히 탈바꿈시킨다. 노예를 송출하건 그 밖의 재화를 수출하건, 장거리 무역을 하던 여러 아프리카 국가들은 본질적으로 국가가 없는 상태 또는 중앙집권적이지 않은 상태에 있었다. 오늘날의 나이지리아 동남부에 위치한 이보족 사회가 대표적이다. 그러나 대개 이런 무역에 관여하면서 국가들은 중앙집권적이고 중상주의적인 국가 형태를 취하는 방향으로 변모하게 된다. 이들 국가는 정치적 권력과 경제적 힘을 결합하고, 상대적으로 작고 국가 체계를 갖추지 않은 지역들을 볼모로 영토 확장을 꾀하는 특징이 있었다. 이런 특징은 정치 엘리트들이 상권을 장악하거나, 거꾸로 무역업자들이 정치권력을 장악하는 형태로 이어졌다. 15~18세기에 서부와 중부 아프리카 불모지에는 병영국가가 여럿 출현했다. 이곳의 소수 정예 집단은 수입한 무기들을 가지고 다수의 군중을 통제할 수가 있었다. 노예무역이 넓은 의미에서 폭력의 수위를 높인 것은 사실이다. 노예를 차지하기 위한 계산된 싸움이 잦았고, 때때로 이런 싸움은 무지막지해서 상대적으로 취약한 집단을 조직적으로 절멸시키는 지경까지 이르게 했다.

오늘날의 앙골라 지역을 살펴보면 그 증거를 확인할 수가 있다. 이 지역에서는 한때 은동고(Ndongo)와 룬다(Lunda)라고 불리던 제국이 중부 아프리카를 가로지르며 노예를 둘러 싼 쟁탈전을 벌였다. 이 쟁탈전은 19세기까지 이어졌다. 앙골라는 유럽의 무역업자들, 특히 포르투갈

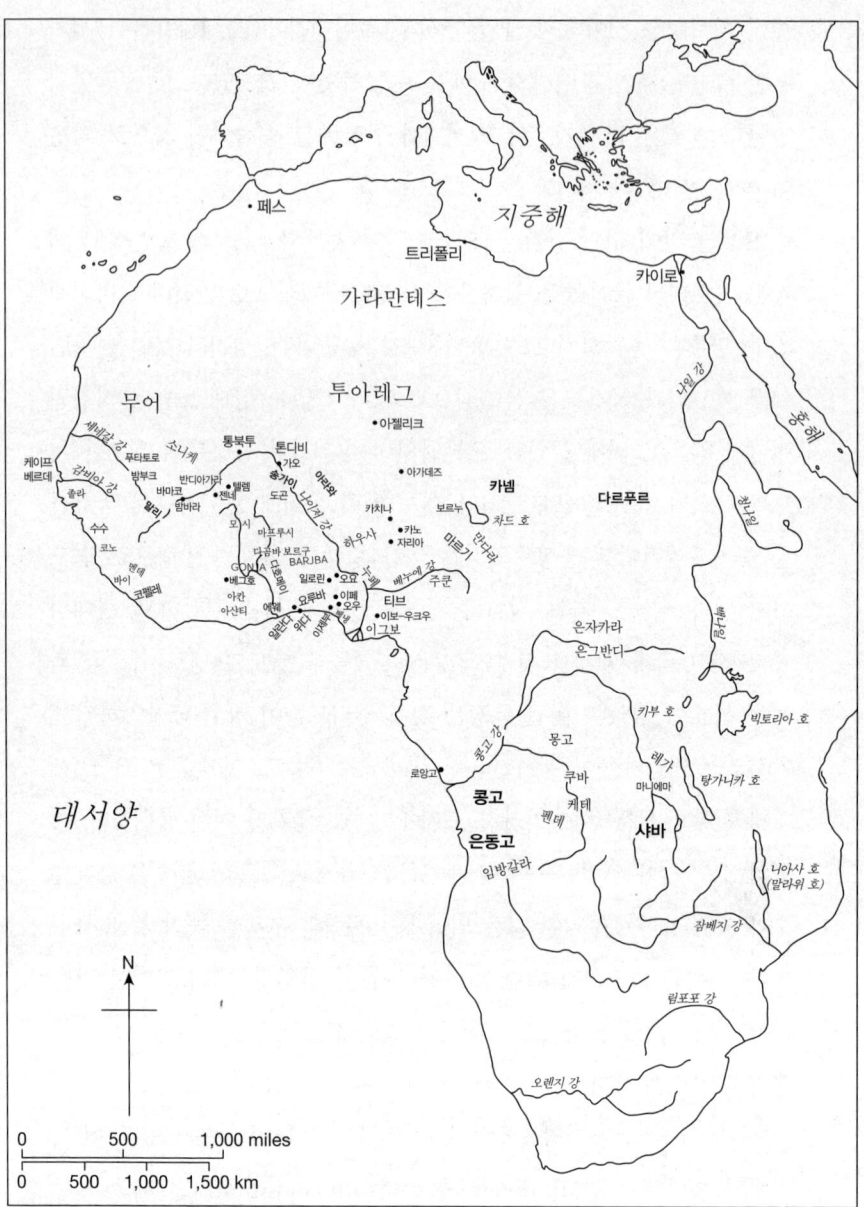

지도 4 19세기의 대서양 쪽 아프리카

인들이 노예 확보를 위해서 직접 뛰어들지 않은 몇 안 되는 지역 가운데 한 곳이다. 덕분에 루안다와 주변 고원지대는 상대적으로 안정성을 확보할 수 있었다. 18세기 중반에 이르면 한 해에 1만여 명의 노예들이 루안다 항구를 통해 이역만리로 송출되었다. 이들 노예는 국가가 형성되고 팽창하는 과정에서 갖가지 이유로 벌어진 전쟁의 부산물이기도 했다. 예를 들면 베냉 왕국은 군사적으로 팽창 일로를 걷던 15세기에 노예를 직접 잡아 포르투갈인들에게 팔아넘기기도 했다. 팽창 과정이 마무리되자 베냉은 더 이상 노예를 팔지 않았다. 하지만 18세기에 들어서면서 국가가 해체의 위기를 맞게 되자, 다시 노예무역을 일삼게 된다. 비슷한 사례가 오요와 다호메이, 아샨티 같은 지역에서 17~18세기에 계속되었다. 전쟁을 통해 국가의 팽창을 꾀하던 이들 국가는 해안지대에 노예들을 공급했다. 주로 지배 엘리트들은 이런 과정을 주도하면서 부를 축적할 수 있었다.

그런데 아프리카인의 관점에서 노예무역을 둘러싼 '논리'를 잘 살펴보면 그것이 얼마나 터무니없는 것인지를 금방 알 수 있다. 인구의 증가를 초미의 관심사로 두고 있던 아프리카의 지도층들에게 사람을 사고 파는 행위가 담고 있는 의미는 명확했다. 노예를 판 사람들은 주로 권력자들이었다. 이들은 노예를 팔아 다른 재화를 구입했고, 그 재화를 활용하여 자신들을 따르는 사람들을 늘려 갔다. 사람을 얻기 위해 사람을 팔았던 셈이다. 이렇게 보면 분명코 개인의 이득은 집단의 이해관계와 분리되어 있었다.

노예무역이 끼친 영향을 둘러싸고 논의해 볼 수 있는 또 다른 논점 가운데 하나는 인구문제와 자생적인 경제성장 문제이다. 인구의 의미는 아주 각별한 구석이 있는데, 이유는 아프리카 대륙의 핵심적인 사안 가운데 하나가 인구를 어떻게 늘릴 것인가 하는 문제와 결부되어 있었기 때문이다. 노예무역이 아프리카의 잠재적 생산력을 심각하게 훼손했다는 점은 부인할 수 없는 진실이다. 노동력이 외부로 빠져나가면서 그 가치가 절하되었기 때문이다. 노예의 연령은 대체로 젊은 축에 속했으며, 해당 사회의 생산력을 담당하던 주춧돌이었다. 그럼에도 노예무역이 인구의 증감과 관련해 정확하게 어느 정도 영향을 끼쳤는지를 파악하는 일은 현실적으로 불가능하다. 노예무역이 시작되던 시기에 대서양 아프리카 지역에 살던 인구수를 정확하게 알 수가 없을 뿐더러, 당시의 일반적인 인구 증가 속도는 물론이고 노예제도가 시행되지 않았을 경우의 증가 속도조차 알 수 없기 때문이다. 그런 의미에서 노예제도가 인구의 증감에 어떤 영향을 미쳤는가를 둘러싸고 벌어지는 주장들은 일반적인 인상론 수준을 넘을 수가 없다. 그중에서 가장 일반적으로 받아들여지고 있는 주장이 있다. 오늘날의 앙골라 지역이 노예무역으로 인구수가 급격히 감소했다는 주장이다. 노예해안이나 그 주변의 고원지대처럼 노예무역에 관여한 다른 지역들까지도 적어도 인구가 아주 느리게 성장하는 부정적 경험을 했다는 주장도 있다.

   결론적으로, 대서양 아프리카 지역은 노예무역으로 인해 하등의 경제적 '발전' 효과를 누릴 수 없었다. 물론 대서양을 횡단하는 이 무역 시스템 덕분에 토착 경제가 성장함으로써 이득을 누린 지역도 있다. 18세기에 직물 산업에서 호황을 누린 이보와 아샨티 지역이 대표적이다. 특수한 금속을 수입해서 철기와 금속 관련 산업의 꽃을 피운 베냉이나 브라질로 옷감을 성공적으로 수출한 요루바 지역도 마찬가지다. 18세기 후반만을 놓고 볼 경우, 수입한 물품들 덕분에 해당 지역의 토착 공예 산업과 직물 산업, 금속 산업이 어느 정도로 피해를 입었는지 그 점만을 굳이 부각시킬 필요는 없다. 앙골라 연안의 경우 토착 의류 산업은 거의 파괴될 지경에 이르렀다. 세네갈의 경우 토착 제철 산업이 수입

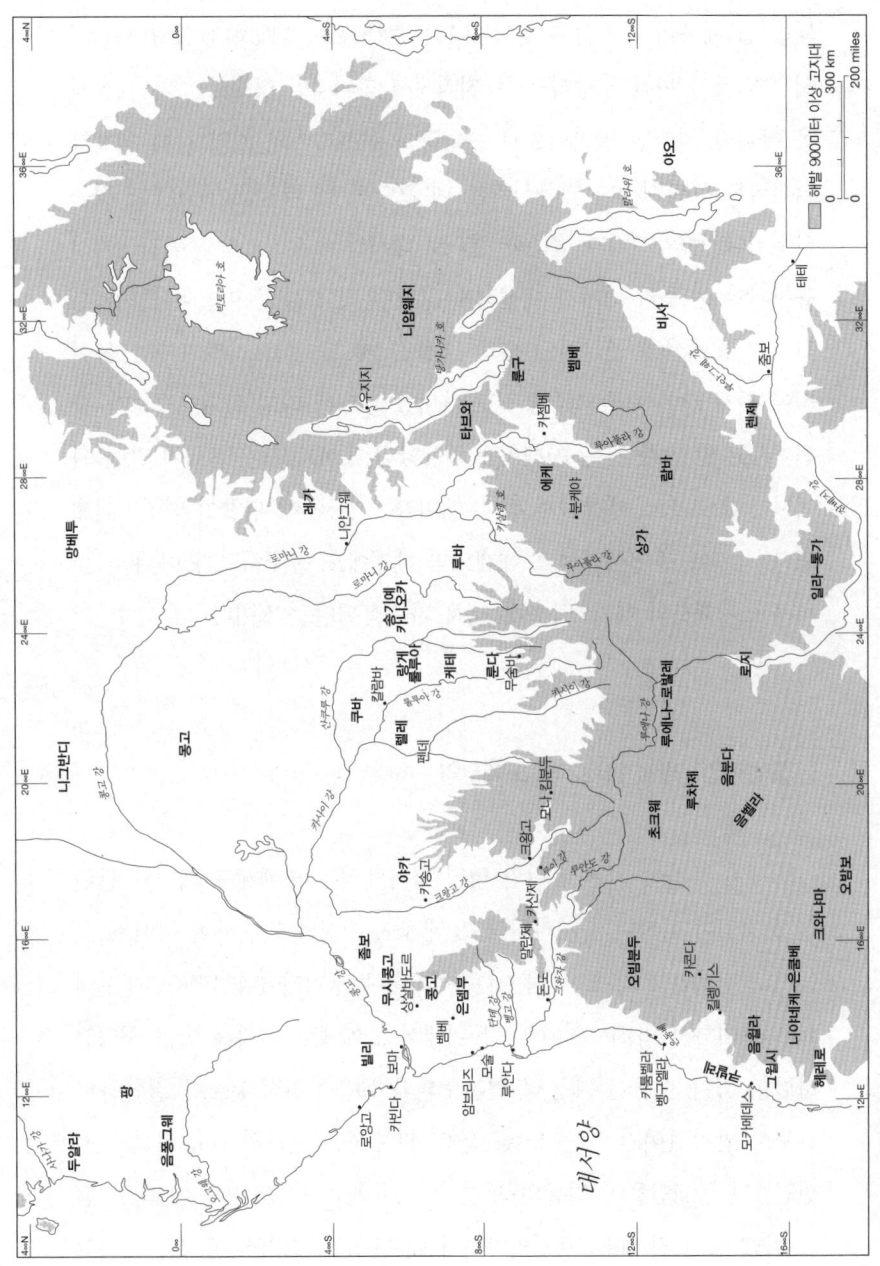

지도 5 19세기의 중앙아프리카

되는 철 때문에 완전히 붕괴되었다는 증거 또한 명백하다. 그렇다고 해서 수입품이 끼친 영향이 모든 지역에서 파괴적인 형태로만 나타난 것은 아니다. 하지만 일반적으로 수입품이 아프리카의 지역 경제 체제를 혁신적으로 바꾸거나 변화시키는 데 그다지 큰 역할을 못했다는 것은 사실이다. 해외 지역과 접촉한 결과로 대서양 아프리카의 고원지대에서 유지되어 온 무역 체제가 개선되지 않았던 것도 사실이다. 대서양을 횡단하는 노예선에 공급하던 몇몇 작물을 빼고는 아프리카의 농산물이 눈에 띄게 많이 수출되었던 것도 아니었다. 뒤에 다시 살펴보겠지만, 발전이라고 할 만한 것은 19세기에 일어났다. 노예제도는 18세기 말이 되어서야 초고조로 팽창하게 된다. 재미있는 것은, 이 팽창이 역설적이게도 19세기에 들어서면서 노예제도의 폐지에도 불구하고가 아니라, 오히려 노예제도의 폐지 '덕분에' 더욱 가속화된다는 점이다.

'불법적인' 거래: 19세기의 노예무역

18세기 후반이 되면 유럽의 몇몇 국가에서는 노예제도 폐지와 관련한 움직임이 나타나기 시작한다. 노예제도 폐지와 관련하여 어떤 요소들이 결정적인 동기가 되었는지는 여전히 논쟁거리이다. 1770년대부터 1800년대까지 박애주의의 바탕 위에서 노예제도 폐지를 이끈 저명인사들이 있다. 이들은 계몽적 인본주의와 복음주의적 분노를 결합하여 도무지 받아들이기 힘든 노예무역의 잔혹성을 전파하였다. 유럽의 지성인들과 종교인들이 인류의 보편적인 권리인 자유와 평등에 대한 믿음 아래 뭉친 것이다. 그런 의미에서 이 '운동'은 교회적 특성을 지니고 있었다. 이 운동으로 인해 심각하게 반종교적인 이른바 '계몽적인' 사람들과 복음주의적 충동이나 기독교적인 양심에 가책을 받은 이들이 한데 모였다. 기독교 교회의 관점에서 볼 때, 이 운동은 복음주의의 부활과 그에 따른 아프리카 선교 활동의 급속한 성장을 알리는 신호탄과도 같았다. 이 문제는 7장에서 살펴볼 것이다.

박애주의 입장에서 노예제도 폐지를 주창한 사람 가운데 그랑빌 샤프(Granville Sharp, 1735~1813)와 윌리엄 윌버포스(William Wilberforce, 1759~1833) 같은 인물이 있다. 특히 윌버포스는 1787~1788년에 노예제 폐지 운동을 대규모 대중운동의 수준으로 펼치기도 했다. 조사이어 웨지우드(Josiah Wedgwood, 1730~1795) 같은 자선사업가는 메달을 제작하여 그 속에 노예를 그리고는 "나는 인간도 형제도 아니란 말인가?"라는 표어를 새겨 넣기도 했다. 몇 안 되지만 아프리카인들도 이런 박애주의 운동에 참여했다. 그런 사람들 가운데 1790년대에 가장 강력한 영향력을 행사한 인물이 바로 올라우다 에퀴아노(Olaudah Equiano)였다. 그가 쓴 글과 대중연설은 대단한 파괴력을 지니고 있었다. 한때 노예였지만 돈을 주고 자유인 신분을 획득한 에퀴아노는 영국에서 교육을 받은 뒤에 노예제 폐지 운동에 참여하여 중요한 역할을 했다. 물론 그가 노예제도와 관련하여 주장한 내용들 가운데 일부가 최근에는 그 진정성을 의심 받기도 한다. 그럼에도 에퀴아노의 대중적 면모를 미루어 보건대, 그가 남긴 자서전《흥미로운 이야기》는 노예폐지 운동의 가치를 양식 있는 기독교인들에게 노출시키는 것과 관련하여 당대의 중차대한 주장들을 여러 가지 형태로 담고 있다.[2]

노예제 폐지 운동과는 별개로 노예무역을 둘러싸고 지속적으로 벌어진 논쟁의 결과 가운데 하나는 아프리카를 대상화하는 일이었다. 기

---

2) Olaudah Equiano, ed. V. Carretta, *The Interesting Narrative and Other Writings* (London, 1995).

실 노예무역 자체를 두고는 딱히 할 말도 없으면서 이 무역의 호불호를 놓고 설왕설래하던 사람들은 자기들의 발밑에 엎드려 있는 아프리카를 상상적 실체로서 대상화했다(물론 에퀴아노 같은 이들은 달랐다). 그들은 아프리카를 하나의 '물건'이나 쟁점 또는 골치 아픈 문제로 취급함으로써 당대의 시대정신을 이타주의 방식으로 또는 정치적으로 활용하려고 했다. 이러한 사람들은 결코 소수가 아니었고, '아프리카'는 이러한 과정을 밟으며 제3자의 염려와 기획 속에서 발명되고 있었다. 그 과정은 19세기를 넘어 심지어는 20세기 내내 여세를 떨칠 동력을 마련해 가고 있었다. 차차 살펴보게 되겠지만, 노예무역을 둘러싼 논쟁이 대중적으로 탄력을 얻어 가던 시기인 1780년대 런던에서 아프리카협회(African Association)가 창립되었다. 이 협회가 공식적으로 천명한 활동 목적은 아프리카 대륙으로 하여금 노예무역에서 손을 떼게 하는 일이었다. 그리고 상업망을 다각화하여 해당 국가들의 상호 이익과 발전은 물론 문명적인 관계를 구축하는 일이었다. 이를 통해 아프리카의 '발전'을 꾀하는 것은 물론이고, 그 대륙에 관한 지식을 함양함으로써 영국의 상업적 이익을 극대화하는 것이었다.

아프리카협회는 유럽과 아프리카가 경제적 관계를 다른 방식으로 수정한다면 눈에 보이는 소득을 이끌어 낼 수 있다고 주장했다. 이와 같은 '박애주의' 주장은 일반적인 수준에서는 대단히 감동적이었다. 그러나 경제적인 생각을 전환하여 노예제도에 기초한 경제 체제를 고수할 경우에 얻을 수 있는 이득을 포기함으로써 무역 제도의 유연성을 확보하는 일이 생각처럼 쉽지는 않았다. 한편 노예들의 저항이 오랫동안 수많은 투자자들을 불편하게 하기도 했다. 선상 반란이 가장 흔한 사례였다. 가장 유명한 노예 반란이 1791년에 아이티 섬에서 투생 루베르튀르(Toussaint l'Ouverture)의 주도로 일어났다.

그런가 하면 1790년대 초부터 1815년까지 유럽을 뒤흔든 혁명과 나폴레옹 전쟁으로 국제무역이 위축되기도 했다. 오대양 육대주를 누비던 바닷길이 크게 축소되었다. 거기에는 아프리카를 아메리카 대륙으로 연결하는 노선도 포함되어 있었다. 그 뒤로 노예무역은 지난날의 '영광'을 회복하지 못했다. 절대다수의 서유럽 경제인들 사이에서 노예노동은 더 이상 황금 알을 낳는 사업이 아니라는 인식이 팽배했다. 미래의 경제는 자유로운 임금노동에 바탕을 둔 산업화된 경제 체제를 통해서만 의미 있는 성장이 가능하다고 본 것이다. 노예노동에 기초한 카리브 해의 사탕수수 농장이 18세기 후반에 이르면 이미 보잘것없는 이윤율을 보이기 시작했다. 국내의 제조업에 대한 투자는 날이 갈수록 급성장했다. 영국이 특히 그랬는데, 이런 현상은 그동안 해외에서 시행되던 노예노동에 기초한 대규모 농장에 더 이상 투자를 하지 않게 되었음을 의미했다. 물론 이러한 경향이 단번에 전 세계에 수용된 것은 아니다. 미국만 해도 노예노동이 1860년대까지 존속되고 있었고 브라질의 경우도 다를 바 없었다. 브라질은 19세기까지도 '불법적'으로 대규모 노예를 수입하던 최대의 노예 수입국이었다. 영국에서도 노예제도는 여전히 1830년대까지는 합법적이었다.

그러나 머지않아 유럽의 주요 국가들이 노예제도를 폐지함으로써 경제적으로 정치적으로 새로운 변화가 나타나게 되었다. 그 때문에 '1800년대'는 새로운 개념이 폭포수처럼 흘러내리는 상징적인 시대가 되었다. 이 시기에는 아프리카를 둘러싼 경제적인 사고에도 커다란 변화가 일기 시작했다. 아프리카를 원자재의 보고로 인식하기 시작했고, 단순히 노예노동의 원천을 넘어 완제품을 내다팔 수 있는 시장으로 바라보게 되었다. 북반구의 산업화는 '열대지방'에서 생산되는 식물성 기름과 고무 덕택에 속도를 높여 갔다. 한편 노예무역을 통해 초기 자본을 축적한 유럽의 제조업자들에게는 자신들이 만든 싸구려 물건들을 내다팔 해외시장이 절실했다.

17~18세기에 가장 거대한 노예 수출입국이던 덴마크와 영국은 자국민들이 노예무역에 참여하는 것을 금지한 최초의 국가였다. 덴마크는 1803년, 영국은 1807년에 각각 노예무역을 금지하는 훈령을 선포했다. 그 뒤를 이어 1808년에 미국, 1814년에 네덜란드 그리고 1817년에 프랑스가 노예무역을 금지했다. 물론, 프랑스는 노예제 폐지 문제를 혁명이 일어난 다음 해인 1790년에 이미 만지작거린 이력이 있는 나라였다. 1815년 열린 빈 회의에서 절대다수의 유럽 국가들은 노예무역이 반드시 철폐되어야 한다는 의견에 대체로 동의했다. 적도 이북에서만 그 무역을 중단시켜야 한다고 주장한 포르투갈만 생각이 달랐다. 1830년대에 이르면 대부분의 유럽 국가들은 노예무역을 불법으로 규정했지만, 이를 실제로 강제하는 데에는 여러 가지 어려움이 따랐다.

대서양 노예무역은 그 뒤로도 쉽게 사라지지 않고 19세기까지 지속되었다. 서아프리카의 해안 국가들이 대표적이다. 그중 다호메이 같은 나라는 노예무역을 경제와 정치 행위의 핵심이라고 보아 쉽게 포기하려고 하지 않았다. 주변에 많은 전선을 펼치고 있었던 요루바 또한 그랬다. 곧 살펴보겠지만, 이들은 수많은 아프리카인들을 포로로 붙잡아 팔아넘겼다. 오늘날 앙골라가 있는 중부 아프리카 또한 노예를 수출하는 일에 깊숙이 관여했다. 앙골라는 노예제도에 관한 한 초창기의 열정을 끝까지 버리지 않았다. 19세기 노예들의 주요 목적지는 라틴아메리카였는데, 그보다 훨씬 더 북쪽으로 가는 경우도 있었다. 대서양 노예무역은 결국 19세기에 서서히 쇠락의 길을 걷다가, 1870~1880년대에 완전히 자취를 감추었다. 노예제도에 반기를 들고 아프리카 쪽 대서양을 순찰하던 영국 해상대의 노력이 큰 역할을 했다. 그렇지만 어느 정도 과장된 측면도 있다. 궁극적으로 노예무역의 종말은 19세기 중엽부터 줄어들기 시작한 아메리카 대륙의 노예 수요와 '합법적인' 상업 행위가 확장되어 간 영향이 컸다.

유럽의 정치가와 인본주의자, 박애주의자들이 하나같이 범하고 있던 근본적인 오판 가운데 하나는 노예제도와 '합법적인' 상업 행위는 서로 공존할 수 없다는 생각이었다. 하지만 그 둘은 사실상 오랫동안 공존했다. 한편, 아프리카의 통치자들은 노예무역이 자국의 정치적·사회적 구성물 속에 깊이 뿌리박고 있는 만큼 노예제를 근절하는 게 불가능하다고 호소했다. 말하자면, 사회적·정치적 변혁을 동반되지 않고서는 노예무역을 중단하는 일이 쉽지 않다고 판단했던 것이다.

다호메이의 국왕 게조(Gezo)는 1848년에 영국의 한 관료에게 현실적으로 군대를 유지하기 위해서는 노예무역을 포기할 수가 없다고 말했다. 게조는 만약 자신이 '국민들의 정서'를 완전히 바꾸는 데 실패한다면, 다호메이는 무정부나 혁명 상태로 돌입할 것이고 '자신은 권좌에서 축출될 것'이라고 주장했다.[3] 물론 이런 주장이 솔직하지 않은 것일 수도 있다. 유럽이 다호메이에서 노예무역을 폐지함으로써 노린 것은 사실 단순했다. 노예무역을 완벽하게 장악한 채 그것을 통해 특권을 유지하고 있던 지배층의 이익을 약화시키는 게 목적은 아니었다. 그 지역의 농민들에게 종려나무 기름을 생산하도록 고무하려는 것도 아니었고, 그들에게 수지맞는 해외시장을 소개하려고 한 것은 더더욱 아니었다. 그저 대서양 연안을 끼고 있는 나라들의 노예무역을 억제하고 '합법적인' 생산의 복음을 널리 전파함으로써 이 지역에 있는 여러 국가의 정치에 깊이 관여하고 싶은 욕망이 있었을 뿐이었다. 1840~1850년대에

---

3) C. Newbury, *The Western Slave Coast and its Rulers*(Oxford, 1961), p. 51.

고집불통의 통치자로 악명이 높던 게조가 바로 그 욕망의 피해자였다. 게조는 그 무렵 영국 외무부가 깊은 관심을 가지고 관찰하던 대상이었다. 노예무역을 중지하라는 유럽의 요구를 거부하거나 노예무역을 중지할 수 있는 능력의 부재는 곧장 외교 문제로 떠올랐고, 이로 인해 정치적인 압력이 가중되었다.

그 밖의 지역에서도 영국은 무력이나 압력을 사용하여 아프리카의 통치자들이 노예제 폐지론을 받아들이게 만들었다. 영국은 포를 장착한 함선이 상업에 우호적인 조건을 창출할 수 있다는 점을 잘 알고 있었다. 하지만 그것은 영국의 공식적인 외교적 통제력이 환영 받을 수 없는 방식으로 확장되고 있음을 의미했다. 라고스가 대표적이었다. 지속적으로 노예를 수출하던 도시국가 요루바도 예외가 아니었다. 결국 요루바는 1851년 영국 함포의 공격을 받았고 1861년에는 끝내 합병되고 말았다. 이렇듯 대서양 아프리카 지역에 대한 유럽인들의 높은 관심이 결국에는 정치적·군사적인 개입으로 귀결되었다고 해도 과언이 아니다. 초기에는 매우 제한적이었지만 시간이 지나면서 유럽의 개입은 아프리카 분할의 밑바탕이 되었다.

광물과 식물 자원: '합법적인' 상업

'합법적인' 상업은 점차 사람을 사고파는 행위를 대체해 갔다. 이런 상업을 통해 유럽은 서부와 중부 아프리카에서 생산되는 원자재와 천연자원, 농작물 거래에 합법적으로 개입할 수 있었다. 그런데 이런 개입은 경제적인 차원을 넘어서는 문제였을 뿐 아니라 도덕적이고도 정치적인 함의를 띤 문제였다. 아프리카의 '근대화'와 관련하여 최근에 벌어진 논쟁과도 깊은 관련이 있는 문제이다. 이는 산업화를 이루어 가던 시절 유럽에 노예무역 못지않게 엄청난 경제적 이권을 가져다준 사업이기 때문이다. 물론 박애주의자들이 바라던 바대로 아프리카의 경제적·사회적 발전을 이끌기도 했다. 대서양 연안에 포진해 있는 국가 가운데 상당히 많은 아프리카 국가들은 고원지대에 있던 국가들과는 달리 야자유이랄지, 땅콩, 고무 같은 상품을 수출하는 일에 적극적으로 참여했다. 그러나 때가 전환기였던 고로 많은 아프리카 국가들은 '적응하는 과정에서 위기'를 맞기도 했다. 사회경제적 조건이나 정치적인 구조가 노예를 붙잡아 팔아넘기는 데 알맞게 편제되어 있던 국가들은 물론이고, 주기적인 군사 작전을 벌여 전쟁 포로를 잡아들이는 군사적 기풍을 가지고 있던 국가들은 새로운 변화를 받아들여서 농산물을 수출하는 분위기를 익히는 데 꽤나 애를 먹었다.

  노예무역의 시대는 중앙집권적인 정치·경제 제도의 중심에 전사 엘리트 계층을 앉혀 놓고 권력을 강화하는 시절이었다. 이들 지배 계층이 바야흐로 '합법적인' 상업의 시대에 적응해야 하는 위기를 맞고 있었던 것이다. 이제 합법적인 상업 활동으로 얻을 수 있는 이윤을 통제하거나 독점하는 일이 생각보다 쉽지 않게 되었다. 새로운 경제 제도는 특성상 이들 지배층의 내부적인 권력 기반을 허물 공산이 컸다. 그럼에도 많은 아프리카 국가들은 성공적으로 이 전환기를 넘겼다. 과거의 전사 엘리트들은 새로운 경제 현실에 적응하면서 새로운 방식으로 사회를 통제하는 법을 익혀 나갔다. 그러나 식민주의가 도래하는 시기까지가 그들에게 주어진 마지막 시간이었다. 한편, 심각한 사회적·정치적 변화를 경험한 지역들도 많았다. 그 와중에 몰락해 버린 국가도 있었다. 이런 지역에서는 해외무역에 손을 댄 새로운 집단이 등장하여 정치권력을 잡으려고 시도하기도 했다. 분명한 것은, 다른 지역과 비교해 볼 때 대서양 아프리카 지역은 19세기부터 식민주의 시기까지 농업 생산물을 비롯한 원료를 해외로 수출하는 일과 관련해 좀 더 다양하게 경험할 기회를 확보했다는 사실이다.

식물성 기름, 그중에서도 특히 야자유는 그 수요가 산업화의 속도에 맞추어 빠르게 성장해 갔다. 예를 들어 영국의 야자유 수요는 1770년대 이후로 꾸준한 성장세를 보였다. 영국은 시에라리온에서 나이저 삼각주에 이르기까지 서부 해안의 삼림을 끼고 펼쳐져 있는 아프리카 국가들에서 야자유를 수입했다. 야자유가 생산되는 지역의 북쪽인 세네갈과 감비아 지역에서는 특산품 땅콩이 재배되고 있었다. 골드코스트에 자리 잡고 있던 오늘날의 나이지리아 남부와 세네갈 지역에서는 면화를 재배하여 수출했다. 1860년대 미국에서 벌어진 남북전쟁으로 완전히 붕괴되어 버린 세계적인 면화 공급의 위기를 틈타 확실하게 돈을 벌어들일 수가 있었다. 고무도 그 중요성을 높여 갔다. 고무에 대한 수요는 애초에 유럽의 직물 업체로 한정되어 있었지만 나중에 자동차 타이어 제조업체들이 달려들면서 수요가 늘어났다. 생고무는 19세기 중엽부터 서부와 중부 아프리카의 주요 수출 원자재였다. 중부 아프리카의 고무 무역은 물론이고 상아 무역에 이르기까지 전반적으로 무역을 주도하기에 유리한 전략적 지위를 차지하고 있는 민족들도 있었다. 초크웨족과 오빔분두족은 생산자뿐 아니라 중개자로서도 손색이 없었다. 초크웨는 특히 상업 활동에 노예노동을 무지막지하게 활용했다. 코코아를 재배하는 곳도 있었다. 처음에는 해안에서 멀리 떨어진 섬에서 키우다가 19세기 말에는 육지에서 키웠다. 그런가 하면 대서양 연안의 중부 아프리카는 밀랍 수출에 주력하기도 했다.

특히 해안 지대는 합법적인 상업을 통해 적지 않은 이득을 얻을 수 있었다. 상업은 그 자체로 사회적이고 경제적인 행위였기에 정치적인 변화가 뒤따르게 마련이다. 노예는 스스로 걸어갈 수 있기 때문에 내륙에서 해안 지대로 노예를 이동시키는 데는 상대적으로 비용이 적게 들었다. 그러나 비교적 부피가 큰 반면에 값은 별로 나가지 않는 땅콩이나 야자유 따위를 산지에서 운반해 오는 데는 비용이 많이 들었다. 그 때문에 작물 생산은 대개 해안을 끼고 이루어졌다. 그래야만 최대한의 이윤을 남길 수 있기 때문이었다. 이와 같은 경제적·지리적 불균형이 오래 이어진 결과 사람들은 내륙에서 해안가로 옮겨가게 되었다. 그런 까닭에 서아프리카의 내륙 지역이 국제적인 경제 네트워크에 전면적으로 편입된 것은 식민주의 기간뿐이었다고 할 수 있다. 그때 가서야 비로소 이 지역에 처음으로 철도가 가설되고 나중에 도로도 건설되었기 때문이다.

그럼에도 기본적인 생산 기술은 변한 게 없었다. 합법적인 상업의 확장이라고 해봐야 좀 더 넓은 땅을 경작하는 게 고작이었고, 좀 더 많은 노동력을 사용하는 것이 전부였다. 사실 서아프리카에서는 노동력이 늘 부족했다. 가령 야자유 같은 작물은 생산 과정에서부터 시장으로 운송하기까지 상당한 일손이 필요했다. 따라서 그 결과는, 유럽의 박애주의자의 눈으로 볼 때 역설적이게도 그 지역의 노예노동에 더 많이 기대는 방식으로 나타났다. 특히 대서양 아프리카 지역에서 여성 노예의 수가 급속도로 늘어났다. 이른바 '합법적인' 생산에 대한 수요를 충족시키기 위해서 노예가 필요했던 셈이다. 여성 노예들은 집안에서 먹을거리를 생산하는 일에도 동원되었다. 콩고와 앙골라 지역의 경우, 젊은 인력의 손실은 성비의 불균형을 불러오기도 했다. 수백 년 동안 노예무역에 개입한 결과가 가져온 당연한 결과였다. 결국 콩고와 앙골라에는 지역 인구라고 해봐야 겨우 대를 이을 정도의 인구밖에 남아 있지 않게 되었다. 그러나 노예 수출이 줄어들면서 인구의 증가가 회복세를 보였다. 그러자 이번에는 식량 문제가 떠올랐다. 이 때문에 가내노예들을 동원하여 식량 생산을 확충하는 일에 나설 수밖에 없었다. 19세기 미국에서도 비슷한 현상이 나타났다. 면화 수요가 늘어나자 남부의 여러 지역이 노예노동에 대한 의존도를 훨씬 빠르게 높여 갈 수밖에 없었다. 유럽의 박애주의자들은 '합법적인' 상업 탓에 대서양 아프리카 지역에서 오히려 노예노동이 늘어나고 있다는 불편한 진실을 깨닫게 되었다. 이들은 뒷날 그 이유를 후진적이고 야만적인 아프리카 사회 탓으로 돌리기도 했다. 아프리카가 유럽과 맺고 있던 경제적 관계에 대해서는 털끝만큼도 고민하지 않은 채 말이다.

그렇지만, 노예 소유주의 처지에서 보면 수출은 과거와 비교도 되지 않을 만큼 많은 참여의 기회를 제공했다. 넓은 의미에서 노예무역은 독점적 지위를 확보하고 있던 대규모 주체에 의해 조직되었다. 노예 판매상과 '공급자'에게 엘리트 기업인은 그다지 필요 없었다. 오히려 노예를 사고파는 데 가장 적합한 지위에 있던 인물은 정치적·군사적인 엘리트들이었다. 노예는 주로 전쟁을 통해서 확보된 집단이기 때문이었다. 따라서 노예주는 정치적 권위를 행사하는 데 가장 핵심적인 주체였다. 이른바 '전사 엘리트'는 대서양 아프리카 지역에서 발달한 집단으로 중앙집권적인 정치 지도력을 발휘하고 있었다. 합법적인 상업이라는 것이 중앙집권적인 정치적·군사적 권력을 그다지 선호하지 않았다는 애기의 진실 여부는 알 수가 없다. 주로 국가를 단위로 이루어지는 노예무역에 비해, 합법적인 상업은 소규모로 이루어지는 경우가 많았다. 말하자면 조그만 땅과 노동력을 제공해 줄 가족이 있는 사람들이라면 누구라도 수출무역에 참여할 수 있었다. 물론 이들도 가내노예, 특히 여성 노예들의 도움을 필요로 하긴 했다. 그런가 하면 19세기에는 자유민 여성들도 소규모 상업 행위에 참여할 수 있었다. 서부 아프리카의 전사 엘리트들은 자신들의 정치적·경제적 독점이 취약해지고 수입까지 줄어드는 상황을 눈 뜨고 쳐다볼 수밖에 없었다. 그렇게 되자 다른 형태로 권력의 주머니를 꿰차고, 확장된 수출무역에 접근할 방도를 찾아 나설 수밖에 없었다. 그 결과로 찾아낸 방도가 무기류와 '사치품'을 공급함으로써 이득을 취하는 일이었다. 19세기 내내 아프리카 여러 지역에서 사회정치적인 변화와 붕괴가 꼬리에 꼬리를 물었다.

전반적으로 '합법적인' 무역은 그 수요가 다소 시들해지는 19세기 중반까지는 꾸준히 증가하는 추세를 보였다. 어떤 지역에서는 급속한 증가세를 보이기도 했다. 그러나 1870년대와 1890년대 사이에 이른바 '대공황'이 발발하면서 가격이 붕괴되었다. 그럼에도, 아프리카의 생산자들은 19세기 초부터 1870년대까지 상대적으로 우호적인 무역 환경 속에서 어느 정도 경제적 권력을 누릴 수 있었다. 그러다가 1870~1880년대 들어 가격이 붕괴되자 유럽인과 아프리카인들 사이에는 눈에 띌 정도로 긴장이 싹트기 시작했다. 아프리카인들이 유럽인들에게 자비를 구걸해야만 하는 상황이 펼쳐졌다. 결국 상업적 적대감으로 인해 유럽인들은 서부 아프리카를 분할하기에 이르렀다. 유럽이 추구한 것은 지나치게 강력한 아프리카의 상업 군주들로부터 자신들의 상업적 이익을 보호하는 것이었다. 그 결과 19세기가 진행되면서 유럽인과 아프리카인의 관계에는 갖가지 문제가 발생하게 된다. 이는 '새로운' 상업에 따른 변화무쌍한 경제구조가 일으킨 직접적인 결과와 깊은 관련이 있다.

무역 조건이 아프리카의 생산자들에게 적어도 19세기 초반까지는 우호적이었다 할지라도, 새로운 상업 제도의 효과는 장기적인 측면에서 아프리카보다는 유럽에게 좀 더 강력한 경제적 권력을 선사했다. 지구적 규모의 경제 시스템에 편입된 대서양 아프리카는 결국 주기적으로 수요와 가격이 통제할 수 없는 수준으로 요동치는 상황에 종속되기에 이르렀다. 빚이 늘어남에도 불구하고, 아프리카의 생산자들은 유럽 상인들이 빌려주는 부채에 의존하게 되었다. 그 빚을 상환하는 과정에서 때때로 폭력이 동원되기도 했다. 유럽인들은 무역의 흐름상 걸림돌이 된다고 판단하여 아프리카의 중개상인들을 제거하고자 했다. 지나치게 영향력이 크고 탐욕스러울 뿐 아니라 이익을 실현하는 과정에 도움이 되지 않는다고 생각했던 것이다. 19세기 후반에 이르면 유럽의 무역업자들은 조금씩 정부의 공식적인 지원을 받아 가며 해안 지대를 넘어 고원으로 진출해 갔다. 그리하여 아프리카의 중개인을 거치지 않고 그곳 생산자들과 직접 거래를 트기도 했다. 가장 효과적인 방법은 강을 이용하는 것이었다. 이곳저곳 배를 댈 수 있는 곳이 많은 나이저 강이 영국의 상업적 목적에 부합하는 지역으로 주목을 끌었다. 이러한 무역 행위는 노예무역을 반대하는 태도를 취하면서 유럽이 대서양 아프리카의 정치 조직과 경제 내부에 개입하게 되는 계기를 마련했다. 이런 과정을 거치면서 유럽은 1880년대가 되면 이 지역을 실질적으로 분할하게 되었다.

궁극적으로 '합법적인' 상업은 아프리카가 경제적으로 성장하는 데 아무런 도움도 주지 않았다. 19세기 초반에 여러 가지 무역 형태가 아프리카와 유럽 사이에 출현했는데, 사실 이 시기의 무역 형태가 오늘날까지도 이어지고 있다. 아프리카에서 근대적 의미의 경제사가 시작된 때도 바로 이 무렵이었다. '저개발'의 시대이기도 했다. 합법적인 상업은 완제품보다는 원자재를 수출하는 데 관심을 두고 있었다. 그런 의미에서 아프리카 대륙은 유럽과 더불어 지구적 규모의 무역 네트워크를 구축해 가는 과정에서 평등한 동반자 대접을 받지 못했다.

크게 세 가지 점에서 설명할 수 있겠다. 첫째는 가내노예가 늘어나면서 개개인이 누릴 수 있는 자유의 수준이 하락했다. 자유민의 노동이건 노예의 노동이건 상관없이, 노동 그 자체가 내부적인 발전을 꾀하고 다각화하는 데 이바지했다기보다는 오로지 수출무역에만 종속되어 있었다. 둘째, 유럽에서 들여온 수입품이 아프리카의 지역 경제를 강화했다기보다는 장기적으로 오히려 약화시키는 역할을 했다는 점이다. 유럽에서 들여온 물품들은 한두 가지가 아니었지만 그중에서 가장 보편적인 품목은 의복과 갖가지 공산품, 술, 무기류 따위였다. 마지막으로는 성공적인 수출 시스템을 갖춘 아프리카 국가들의 독립성이 무역 상대국인 유럽의 간섭 때문에 좌절되고 말았다는 점이다. 상업이 궁극적으로는 정복의 수단이 된 셈이다.

삼림과 사바나 지역의 변화와 지속

한 시대가 상업의 시대에서 다음 시대로 넘어가던 전환기에 그 변화는 다양한 형태로 나타났다. 오요의 '왕'(alafin)들은 18세기 내내 노예제를 등에 업고 번성했다. 온갖 팽창주의 전쟁은 해안 지대에서 팔리던 전쟁 포로와 제국 내부에 유지되고 있던 잉여를 의미했다. 오요 제국은 노예들을 총기류와 의복, 금속, 심지어 화폐를 대신하던 조개껍질 등과 교환하여 북쪽에서 말을 사들였다. 그러나 1790년대에 이르러 상업활동이 위축되면서 그간 노예무역에 지나치게 의존했다는 점이 명백하게 드러났다. 노예제도를 옹호하는 이들에게 보상이 될 만한 것도 남아 있는 게 별반 없었다. 세금이 오르자 왕실의 권위가 추락하게 되고, 1800년대 초에는 지역에서 여러 차례 변란이 일어나기도 했다. 오요와 콩고처럼 거대한 제국은 어느 정도 상업적 변화로 결국 붕괴되고, 해안의 삼림 지대와 사바나 지대에는 새로운 국가와 집단이 출현하기에 이르렀다. 나이저 삼각주의 소규모 무역 국가에서는 '왕족'의 피를 물려받은 강력한 상인들이 나타났다. 콩고 강에서 사업을 하던 티오(Tio) 무역업자들이 대표적이었다. 이들에게는 왕권이 실제적인 권력처럼 영화로운 것으로서, 지역 상인이면서 추장을 맡은 이들이 그 권력을 집행했다. 한편 다호메이와 아샨티 같은 중앙집권 국가들은 19세기까지 또는 그 이후까지도 아무런 변화 없이 노예무역을 이어 갔다. 하지만 민족적 정체성과 잠재되어 있는 군사 문화나 군주제 등을 둘러싸고 나라 안팎에서 이어지는 위협 때문에 새로운 환경에 적응해야만 했다.

  수많은 요루바족은 오요 제국의 울타리 안에서 통일된 형태로 19세기를 맞았다. 하지만 제국은 붕괴될 위기를 맞고 있었다. 내부의 분열과 왕권의 약화로 정치력이 크게 쇠락하고 있었을 뿐 아니라 노예제 폐지로 경제적으로도 위태로운 상황에 처해 있었다. 해안 지대에 있던 유럽인 구매자들의 씨가 마르자 북쪽에 있는 상인들의 말과 맞바꿀 물건을 구할 수가 없었다. 그러던 와중에 1804년에 북쪽 지역에 살던 하우사와 풀라니가 이슬람 성전(jihad)을 일으켰는데, 이것이 제국의 존립에 커다란 위기를 불러왔다. 이 문제는 5장에서 좀 더 자세히 살펴보도록 하자. 오요 제국의 몰락과 관련해 크게 두 가지 의견이 있다. 하나는 오요 제국이 이미 돌이킬 수 없는 지경으로 몰락의 길을 걷고 있었는데, 엎친 데 덮친 격으로 무슬림 혁명이 일어났다는 설명이다. 다른 하나는 무슬림 혁명이 일어나지 않았더라면 제국이 붕괴하지 않았을 것이라는 입장이다. 두 주장 가운데 무슬림 혁명이 지난 200년 동안 베냉 협곡(Benin Gap)과 남부의 사바나 지역을 지배해 오던 정치 조직을 일거에 무너뜨리는 데 큰 공헌을 했다는 사실을 부정하는 사람은 없다. 한 가지 예를 들어 보자. 1817년에 오요 제국 북쪽의 일로린 지역에서 봉기가 일어났다. 풀라니의 지하드주의자들이 사주한 이 봉기로 오요 제국은 급속한 붕괴의 길을 걷게 되었다. 뿐만 아니라 19세기 내내 요루바마저 집어삼킬 수 있을 만한 전쟁을 여러 차례 일으키는 동기를 제공하기도 했다. 무슬림 세력은 오요 제국의 남쪽 깊숙이까지 꾸준히 밀고 내려왔다.

오요의 심장부와 일로린 지역에서 갈등의 골이 깊어지자, 한편으로는 오우(Owu) 다른 한편에서는 이페(Ife)와 이제부(Ijebu) 지역에서 전쟁이 발발했다. 이 전쟁은 이 지역의 상권 장악을 놓고 벌어진 것이었다. 이 전쟁으로 수많은 이재민이 발생했고 지역의 안정성이 파괴되었다. 이들은 그 뒤로도 노략질을 일삼으며 더 넓은 지역까지 황폐하게 만들었다. 오요와 일로린 사이의 전쟁은 1830년대에 절정에 이르렀고 한때 오요의 수도였던 도시가 짓밟혀 완전히 파괴되었다. 제국의 애처로운 후계자인 '새로운 오요'가 남쪽에 있던 삼림 지대를 본거지 삼아 등장했지만, 요루바의 정치에 어떤 형태로도 영향력을 미칠 수가 없었다.

오요 제국의 쇠망이 권력의 공백을 가져오게 되자, 그 자리를 놓고 요루바의 여러 세력이 서로 격렬하게 경합을 벌였다. 여기에는 북쪽에서 물밀 듯이 내려오는 무슬림 세력으로부터 요루발란드를 보전하기 위한 경쟁도 포함되어 있었다. 주로 네 세력들이 경합을 벌였다. 서쪽에서 다호메이와 충돌이 잦았던 이자예(Ijaye)가 그 가운데 하나였다. 이자예는 과거 지배자인 오요 제국의 붕괴를 틈타 요루바 영토를 잠식해 들어오던 다호메이와 일전을 벌였다. 이자예 남쪽에 있던 이바단은 두 번째 세력으로 강력한 군사력을 바탕으로 풀라니와 맞서 싸웠다. 세 번째 세력으로 아베오쿠타에 수도를 두고 있던 에그바(Egba) 역시 다호메이와 전쟁을 치르고 있었다. 전쟁은 해안 지대로 가는 접근로를 장악하여 필요한 화력을 얻기 위해 불가피한 것이었다. 끝으로 라고스의 북쪽

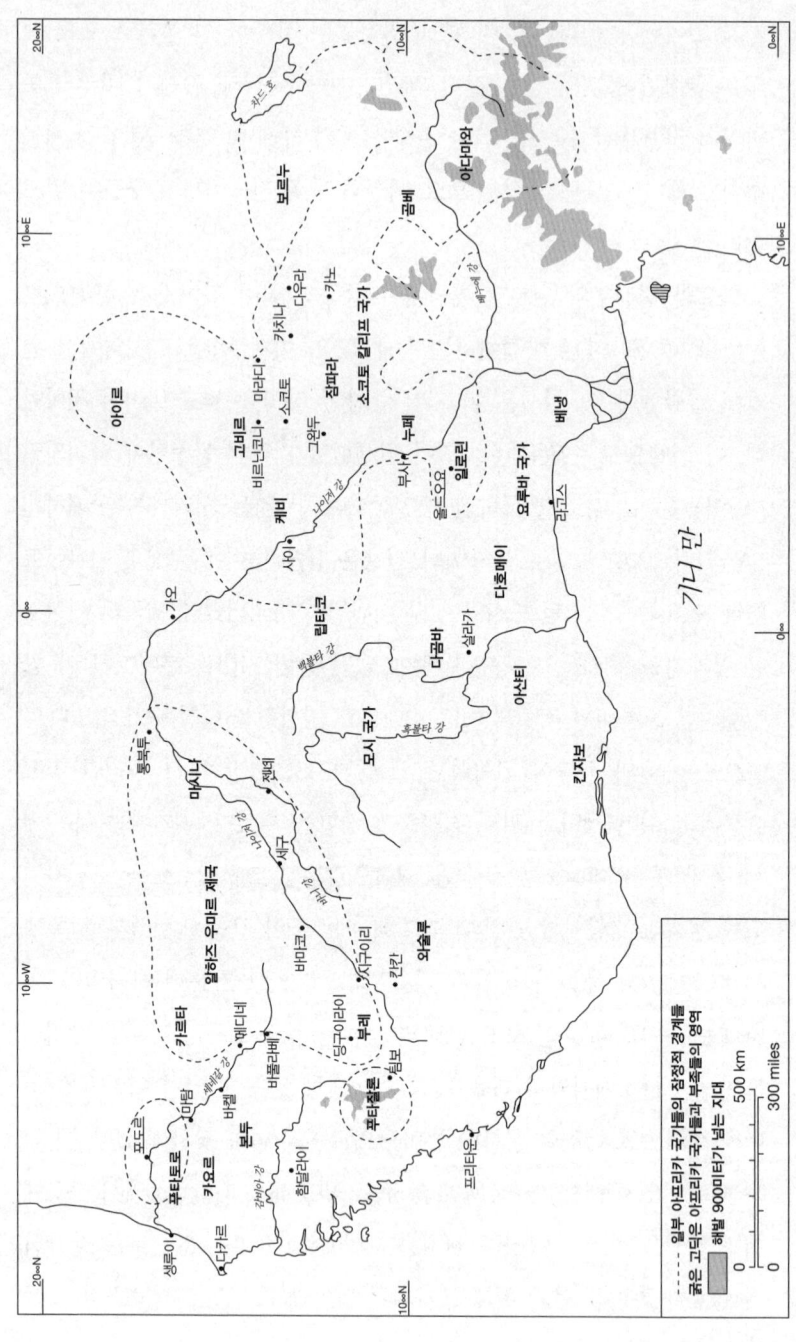

지도 6 1865년 무렵의 서아프리카

해안에 가까이 있는 이제부라는 세력이 있었다. 북쪽으로 가는 무기류를 중개해 주는 사업을 독점하고 있던 이제부 세력은 전쟁의 희생자들을 팔아넘기는 '불법적인' 노예무역에 깊이 관여하고 있었다. 1861년 영국이 라고스를 병합하게 된 이유도 그 때문이었다.

요루바는 외부의 침입자와도 맞서 싸웠지만 내부에서도 서로 격렬하게 전투를 벌였다. 내전은 크게 두 국면으로 나뉜다. 1830년대 후반부터 1878년 사이에 이바단은 요루바 세력 가운데 가장 강력한 세력으로 떠올랐다. 에그바는 물론이고 이자예와도 치른 기나긴 전쟁의 결과였다. 이자예는 1860년대 초에 거의 완전히 붕괴되었다. 이바단은 영국의 지지를 받기도 했다. 이바단은 정치적·상업적 안정화의 기회를 가장 잘 활용했다. 내전의 두 번째 국면은 1878년부터 1893년 사이에 나타났다. 요루바의 몇몇 세력들은 이바단의 독주를 견제하기 위해 서로 제휴하게 된다. 그렇지만 적대관계가 양쪽 집단에 득이 될 게 없다는 판단이 내려지자 상호 영구적인 정착촌을 건설하자는 내용을 놓고 1886년에 협상을 시작했다. 그러나 갈등이 다시 불거지자 외교력은 온데간데없이 사라지고 말았다. 1892~1893년에 여전히 라고스에 근거지를 두고 있던 영국이 개입하여 적대 세력들 간의 화해를 주도했다.

요루발란드에서 벌어진 전쟁은 몇 가지 차원에서 급속한 변화를 수반했다. 이는 아프리카 대륙의 다른 지역에서 벌어진 전쟁의 영향과 관련하여 시사하는 바가 크다. 먼저 인구에 변화가 나타났다. 풀라니가 일로린 남쪽으로 진격하면서 수많은 사람들이 대거 이동을 했다. 사람들은 시야가 탁 트인 사바나에서 남쪽의 삼림 지역으로 이동했다. 말을 탄 사람들로부터 스스로를 보호해야 할 필요가 있을 때마다 이들이 취했던 전략이다. 그렇지만 이번에는 영구적인 이동이 이루어졌고 그 때문에 도시가 커졌다. 기존의 도시 규모가 커졌을 뿐 아니라 성처럼 생긴 새로운 도시가 생겨나기도 했다. 동시에 오늘날의 나이지리아 서남부에 해당하는 해안을 끼고 노예무역이 급속도로 늘어났다. 그동안 이루어지던 노예 수출과는 전혀 양상이 달랐다. 18세기까지만 해도 요루바 사회에서 노예는 그 수가 많지 않았다. 가장 큰 이유는 오요가 북쪽에서 잡아 온 노예들을 거의 독점하고 있었기 때문이었다. 노예 송출은 요루바 지역과 가까운 곳에서 주로 이루어졌다. 동쪽으로는 나이저 삼각주, 서쪽으로는 다호메이와 아샨티가 그런 지역이었다. 그러나 이슬람 성전의 결과 등극한 소코토 왕은 북쪽의 노예 공급을 전면 차단했다. 반면에 요루바인들은 오요 왕국의 붕괴로 인해 노예를 좀 더 조직적으로 축적할 수 있었다. 전쟁은 요루바인들에게 대단히 매력적인 사업이었다. 물론 부작용도 많았다. 소코토가 일로린 지역으로 세력을 확장하면서 이루어진 이슬람의 전파가 그런 부작용 가운데 하나였다. 그 뒤로 계속해서 벌어진 전쟁 때문에 군사적인 혁명이 끊이지 않았다. 총포류 사용은 아주 흔한 일이 되었고 직업군인들도 등장했다. 이는 좀 더 조직적인 군사 훈련과 복잡다단한 전술과 전략의 개발을 요구했다.

19세기가 끝나갈 무렵, 영국은 이러한 전쟁을 빌미 삼아 개입의 기회를 엿보고 있었다. 요루바의 상황은 영국의 의도에 완벽하게 맞아떨어졌다. 요루바는 전쟁으로 구원과 생존이 절실한 사람들을 양산함으로써 영국에 개입의 명분을 제공했다. 전쟁으로 고통을 받고 있던 사람들은 영국만이 할 수 있었던 구원과 생존을 요구했다. 선교사들은 이미 해안 지대를 중심으로 영국 문화를 상당히 전파해 놓고 있었다. 이러한 기반 위에서 선교사들은, 집을 잃고 자신을 방어할 능력이 없는 사람들의 영혼을 불러 모으고 있었다. 선교사들은 해안 지대에 있는 특정 집단을 대상으로 정부의 자세가 무엇인지를 가르치고 있었고, 동시에 영국 정부의 개입을 위해 로비를 벌이고 있었다. 1890년대 초 영국 정부는 선교사들의 부름에 응답했고, 지역의 경쟁자들은 식민주의라는 실험실 속에서 일정한 역할을 수행하게 되었다.

선교사들은 다호메이를 표적으로 삼아 악의 근원이라고 선전했다. 19세기 초에 다호메이는 대단히 역동적으로 팽창해 가고 있었다. 18세기 초부터 오래 지속되고 있던 오요 왕국과 종속 관계를 청산했을 뿐 아니라 요루바의 영토를 잠식할 수 있는 잠재력을 갖추어 가고 있었다. 다호메이의 영토 침탈은 그 목적이 경제적 요인과 밀접한 관련이 있었다. 다호메이는 늦어도 17세기 말부터 노예를 소유할 수 있었음은 물론이고 노예를 수출하는 일이 가능한 국가로 정평이 나 있었다. 노예는 내수 경제를 촉진시키는 차원에서 폭넓게 활용되고 있었다. 노예는 수출의 대상이기도 했고 왕이나 조상들을 기념하기 위한 제례 의식의 희생물이 되기도 했다. 그런 차원에서 노예제도는 다호메이의 경제와 정치, 사회제도의 중심을 차지하고 있었다. 그 결과로 나타난 것이 뿌리 깊은 군사 문화였다. 노예 송출의 대가로 확보한 무기를 끝없이 사용하던 군부를 보면 잘 알 수 있다. 다호메이 왕국은 전통적으로 북쪽과 서쪽을 급습하여 노예를 수급했는데, 오요 왕국이 붕괴되고 요루바가 실세로 등장을 하게 되자 이제는 동쪽으로 인간 사냥이 확대되었다. 이런 변화는 다호메이의 북쪽과 서쪽에서 진행된 인구 감소에 따른 필연적 전략이었다. 19세기에 대서양 연안에서 '불법적으로' 노예를 수출하던 가장 대표적인 국가가 바로 다호메이 왕국이었다. 게조 왕이 통치하던 1810년부터 1850년대까지 다호메이 왕국은 대서양 연안에서 노예를 사들이던 브라질 사람들을 비롯한 무역업자들과 거래를 통해 팽창 전쟁의 비용을 충당했다. 동시에 다른 지역에서 '합법적인' 무역을 장려하던 영국의 강력한 압력을 거부했다. 그러나 1850~1860년대에 노예 무역이 눈에 띄게 쇠퇴의 징후를 드러내자 다호메이는 어쩔 수 없이 대

그림 1 전환기 다호메이 왕국의 게조 왕(1856년)

안을 모색할 수밖에 없는 처지에 놓이게 되었다. 이들이 찾아낸 대안은 야자유를 생산하는 일이었는데, 역설적이게도 19세기 후반에 급속히 늘어난 노예노동에 의존할 수밖에 없는 상황이었다. 주변 국가와 상업 경쟁이 치열해지면서 이 지역의 갈등은 좀 더 첨예해지고 있었다. 이 지역을 정치적으로 경제적으로 지배하는 데 필수적인 총포류와 화약류를 손에 넣기 위해서는 해안 지대로 접근하기 쉬운 위치를 독점해야 했다. 위치 확보를 위해 주변 국가들은 너나 할 것 없이 치열한 경쟁을 벌이고 있었다.

1840년대 초에 다호메이와 에그바 사이에 벌어진 전쟁은 주요 무역로를 놓고 선점 경쟁을 벌이는 과정에서 발생했다. 다호메이의 군대는 1851년과 1864년 두 차례에 걸쳐 에그바의 수도 아베오쿠타 정벌에 나섰으나 실패하고 말았다. 아베오쿠타에 근거지를 두고 있던 선교사들이 에그바 편에 서서 효과적인 로비를 벌임으로써 영국인들의 윤리적이고 물질적인 지지를 이끌어 내는 데 성공했기 때문이다. 이런 상황에서도 1890년대 중반 프랑스가 쳐들어오기 직전까지 다호메이는 이 지역에서 강력한 영향력을 행사했다.

또 하나의 강력한 영토 국가 아샨티는 고도로 중앙집권적인 행정부를 보유하고 있었으며 18세기 내내 상업의 기회를 효과적으로 활용하고 있었다. 오요와 마찬가지로 아샨티 또한 영토 확장 전쟁을 벌이면서 노예를 수출하긴 했지만 결코 노예무역에 의존하지는 않았다. 아샨티는 농업과 금 생산을 통해서 부를 축적하고 있었다. 19세기에는 두 정치 엘리트 집단이 경쟁을 벌이게 된다. '제국주의' 집단은 군사적인 행위를 통해서 부를 축적하자는 입장을 취하고 있었던 반면, '평화' 집단은 같은 목적을 상업 활동을 통해서 이룩하자는 주장을 폈다. 1820년대에 이르러 해안 지역을 따라 이루어지던 노예무역이 급격히 쇠퇴하면서 '평화' 집단이 권력의 핵심을 독점하게 되었다. 그 결과 19세기 중반에 이르면 '합법적인' 무역을 옹호하던 부유한 상인 집단이 국가의 부름을 받게 되었다. 북쪽에 위치한 사바나와 사막 지대를 대서양 무역 체제로 연결시키는 무역망을 장악한 아샨티는 오랫동안 성공적인 상업 국가의 면모를 갖추고 있었다. 이때부터 아샨티는 다호메이처럼 무기류를 확보할 수가 있었다. 노예무역이 고사했음에도 총포류는 영토 확장에 필수 도구로 활용되고 있었다. 19세기에 이르러 중앙집권적 통제가 느슨해진 틈을 타 여러 지역에서 반란이 유행처럼 일어나게 되는데, 그런 반란을 진압하는 데도 총포류는 꼭 필요했다.

남쪽으로는 해안을 따라 판테(Fante)라는 세력이 자리를 잡고 있었는데, 아샨티에게는 이들이 눈엣가시 같은 존재였다. 왕국 내에서 반란을 선동하는 것은 물론이고 아샨티가 '골드코스트'를 따라 도열한 유럽의 무역 전초기지로 접근하는 것을 차단하고 있었기 때문이다. 게다가 판테 세력은 영국과 동맹 관계에 있었다. 그 무렵 영국은 과거에 다호메이에게 그랬던 것처럼 아샨티를 압박하고 있었다. 판테가 보기에 아샨티는 야만적이고 전제적이면서 노예를 매매하는 나쁜 제국이었다. 따라서 판테는 그 세력에 맞서 스스로를 방어하지 않으면 안 되었다. 19세기에 들어서면서 영국은 해안 지대에 식민지를 확보하는 일에 더 이상 흥미를 느끼지 않았다. 자국의 상업적 이익을 보호해야 한다는 명목으로 내정에 좀 더 많은 관심을 쏟아야만 할 처지에 놓이게 되었기 때문이다.

영국령이 된 골드코스트 지역은 '파충류 제국주의'의 전형이 되었다. 이 용어는 유럽의 행정부들이 자신도 모르는 사이에 아프리카의 지역 정치에 빨려 들어가 야금야금 제국주의를 실현해 가는 과정을 일컫는다. 영국은 19세기 내내 아샨티와 여러 차례 전쟁을 치렀다. 이 전쟁은 주로 아샨티가 해안 지대에 있는 세력들을 공격하면서 발발했다. 사실 영국 정부는 1820년대와 마찬가지로 해안 지대에 있는 요새로까지 자국의 책임 영역을 확장하고 싶어 하지 않았다. 비록 길지는 않았지만 식민 통치의 경험에 비추어 볼 때, 그처럼 책임 영역을 확장하게 되면 비용이 제법 들어가고 문제도 숱하게 발생한다는 사실을 잘 알고 있기 때문이었다. 19세기 후반에 들어오면서 영국은 아샨티를 적대적으로 대했다. 급기야 1873~1874년에 아샨티 정복에 성공한 이후 영국은 공식적으로 무역을 안정시킨다는 명목으로 판테 세력을 합병하고, 그곳에 골드코스트 식민지를 건설했다. 영국은 나중에 아샨티에서 잠시 철수하기도 하지만, 1890년대에 다시 돌아와 좀 더 영구적인 기지를 건설하는 데 박차를 가했다.

그림 2 아샨티 왕국의 수도 쿠마시(1820년대)

다호메이와 아샨티는 고도로 군사화된 중앙집권적인 영토 국가의 전형으로서 팽창주의 외교정책을 채택하고 있었다. 이런 방향은 실제로 상업적인 이해득실을 따져서 밀고 간 정책이었다. 그러나 나이저 삼각주와 이른바 '오일 강'(Oil River) 지역에서는 좀 더 작은 국가들이 출현하여 서쪽의 상대적으로 거대한 정치 조직과 달리 주로 해외무역에 많은 공을 쏟았다. 보니(Bonny)와 칼라바(Calabar) 그리고 19세기에 출현한 오포보(Opobo)를 비롯한 여러 국가들이 나이저 강어귀를 따라 포진해 있었다. 이들은 무역을 하기에 좋은 '집촌'(集村) 구조를 이루고 있었고, 이것이 사회적·상업적 조직의 기본 단위 구실을 했다. 각 집단은 저마다 유럽 상인들에게 접근하는 독자적인 상업적·정치적 영향력을 지니고 있었고, 이 영향력이 미치는 자기들만의 비공식 영역을 유지하고 있었다. 19세기 초에는 노예가 중요한 거래 대상이었고 후에는 야자유가 그 자리를 대신했다. 이 삼각주 지역은 이곳에서 사업을 하던 유

1장 서쪽의 전환 83

럽의 무역회사, 그중에서도 특히 영국의 회사들에게는 '기름'이라는 말과 동의어로 쓰였다. 상업 활동으로 촉진된 사회적 유동성은 한편으로 사회적 불안정의 요인이 되었다. 과거의 노예들은 무역업자의 지위를 획득한 뒤에 그에 걸맞은 사회정치적인 지위와 부의 분배를 요구하기도 했다. 부는 반란을 불러일으키기도 했다. 이런 일은 19세기 중반부터 삼각주 지역에서 노상 벌어지던 일이었다. 그중에서도 가장 극적인 사건은 보니 집단이 이주해 와서 1869년에 오포보에 새로운 국가를 세운 일이었다. 나이지리아의 야자유는 유럽의 기계류에 윤활 작용을 했고, 유럽의 산업화를 가속화했다. 한편, 삼각주 국가들은 노예무역에서 '합법적인' 상업으로 이행을 성공적으로 이루어 냈다. 그러나 자신들이 통제할 수 없었던 대외적 발전이라는 측면에서는 취약성을 드러냈다. 1850년대부터 등장한 말라리아 치료제 키니네와 증기선 덕택에 유럽인들은 나이저 강에 좀 더 쉽게 접근할 수 있게 되었다. 그리하여 유럽인들은 더 이상 삼각주 지역의 무역 국가들에 의존할 필요가 없게 되었고 삼각주 세력의 상업적 힘은 약화될 수밖에 없었다. 설상가상으로 1860년대 초반부터 야자유의 국제 가격이 하락세를 면치 못하고 있었다. 그런데 야자유를 대체할 만한 좀 더 값싼 대체물은 19세기 중반을 넘어서면서 전 세계 곳곳에서 발견되었다.

다른 지역에서도 마찬가지겠지만, 나이저 삼각주 지역 국가들의 경험은 대서양 아프리카 지역의 역사를 연구하는 데 가장 중요한 주제 가운데 하나임에 틀림없다. 아프리카는 지구적 차원의 상업 네트워크 속으로 포섭되어 가면서 오히려 점점 무력감을 드러냈다. 아프리카 사람들은 해외무역을 하는 과정에서 주어진 기회를 때로는 공격적일 만큼 역동적으로, 또 때로는 창의적으로 대응했다. 이것은 부정할 수 없는 사실이다. 그뿐 아니라 아프리카의 수출품은 유럽과 아메리카 대륙의 경제성장과 문화적 발달에 지대한 공헌을 했다. 그것이 인간 노동의 형태였든, 나중에 나타나게 되지만 농작물과 원료의 형태를 띠고 있건 마찬가지다. 하지만 아프리카 사람들은 불행하게도 날이 갈수록 19세기 내내 자신들이 온 힘을 바쳐 투자한 제도를 장악하는 힘을 잃고 있었다. 변화를 주도하는 권력이 아프리카 대륙의 바깥에 있었기 때문이다. 그 결과 실제적인 이득도 아프리카인들이 기대하는 방향과는 다른 쪽으로 흘러갔다. 그것은 지구 차원에서 나타난 지역 간 불균형과 불평등의 결과였고, 무엇보다 남과 북의 경제력 편차에 뿌리를 두고 있다. 19세기 말이 되면서 그런 현상은 더욱 더 심해졌다. 경제력 편차 탓에 정치는 물론 문화적인 오해도 뒤따랐다.

이 모든 과정을 명백하게 보여 준 것이 바로 식민주의 침략이었다. 유럽과 아프리카의 관계에는 식민 통치 과정에서 몇 가지 극적인 변화가 나타났다. 이 변화의 핵심은 19세기 초에 맹아를 드러냈고, 20세기를 지나 그 너머의 시기까지도 여전히 같은 모습으로 남아 있다.

2장
동쪽의 침입
동부 아프리카의 노예와 상아

대서양 아프리카가 다양한 변화를 겪고 있던 시기에 대륙의 반대쪽에서는 조금은 다른 역사가 진행되었다. 18세기 후반부터 동부 아프리카 내륙에는 스와힐리의 해양 도시국가들을 축으로 인도양과 아라비아반도 그리고 페르시아 만을 가로지르는 국제무역의 고리가 형성되고 있었다. 같은 시기에 대서양 노예무역이 시들해지고 있었던 반면에, 동부 아프리카의 노예와 상아 무역은 급속도로 팽창하고 있었다. 이들 무역이 급속도로 팽창하는 데 견인차 노릇을 한 세력은 지역의 경제 시스템을 장악하고 있던 잔지바르의 술탄이었다. 잔지바르의 술탄은 19세기 내내 케냐와 탄자니아 해안 지대의 상권을 장악하고 있었다. 상아와 노예의 중개자 역할은 물론이고 자신들이 소유한 향신료 농장에 노예를 공급하는 일도 도맡아 했던 잔지바르 술탄의 영향력은 주로 해안가를 중심으로 퍼져 있었다. 19세기 초반에 이르자 잔지바르의 상인 카라반들은 노예와 상아를 찾아 내륙으로까지 영역을 확장하기 시작했다. 1840년대에 이르면 탕가니카와 빅토리아 호수까지 그 세력을 뻗치게 되고, 그중 어떤 세력은 좀 더 깊숙한 내륙으로 치고 들어가 콩고 동쪽의 우림지대까지 진출하게 되었다. 그곳에서 그들은 무역과 전쟁을 느슨한 형태로 병행하는 상업 '제국'을 건설했다. 수많은 아프리카 국가들이 이토록 급속도로 진행되는 상업적 팽창의 한 가운데에 서 있었다. 사실 이러한 상업적 팽창은 이 상업 '제국'들이 없었다면 불가능했을 것이다.

상업적 팽창의 영향을 가장 많이 받은 세력 가운데 하나가 빅토리아 호수 북쪽에 있던 부간다 왕국이었다. 부간다 왕국은 아랍 상인들의 전진기지 역할을 했을 뿐 아니라 노예와 상아의 주요 공급책 역할도 수행했다. 탄자니아의 중북부에 있던 니암웨지 사람들도 상업적 팽창의 영향을 받았다. 이들은 카라반의 짐꾼과 안내자 그리고 무역업자를 자처하고 나섰다. 케냐의 남쪽 중앙에 있던 캄바(Kamba) 사람들도 점점 가치가 높아지고 있던 무역로를 따라 중개업을 활발하게 펼쳤다. 중동부 아프리카의 상업은 19세기 내내 인도양과 서아시아 그리고 동아시아의 무역 네트워크에 연계되어 있었다. 1869년에는 수에즈운하가 개통되면서 상업 활동은 유럽으로 방향을 바꾸게 되었다.

동아프리카 국가들도 서부 및 중부 아프리카 국가들과 마찬가지로 무역의 영향을 크게 받았다. 대서양 아프리카 국가들 사이에서 일반적으로 전사 엘리트들이 쇠퇴하던 시기에, 동부 아프리카 국가들은 전사 엘리트의 출현을 목격하고 있었다. 그들은 무역로를 통제함으로써 상업적인 이득을 추구한 카리스마가 넘치는 통치자였으며 군사 국가의 형태를 띠고 있었다. 무역이 활발해짐에 따라 기존의 지배 엘리트들은 물론이고 사회적인 형태까지도 변화를 겪게 되었다. 폭력과 불안, 혼란을 부추기는 상업의 본질적 특성은 중동부 아프리카 내륙 전체를 가로질러 번져 갔다. 그중에서도 남부 탄자니아와 말라위, 모잠비크의 야오(Yao) 사람들은 노예를 급습하는 사람들로 악명이 높았다. 18~19세기에 복잡한 무역 네트워크가 출현했음에도 불구하고, 대체로 중동부 아프리카 내륙은 서아프리카에 비해 상업적으로 발달의 수준이 낮았다. 낮은 인구밀도 탓에 대서양 쪽 아프리카에서 나타나는 정교한 상업 제도가 구축될 수가 없었다. 물론 이른바 호수 지대에 몇 군데 예외가 있긴 했다. 그럼에도 장거리 무역에 대해서는 아프리카의 거의 전 지역에 걸쳐 대단히 활발하게 반응했고 중개무역의 형태로 발전했다. 상대적으로 고대의 국가들은 물론이고 좀 더 새로운 시대에 출현한 국가들의 경우에도 그랬다.

무역은 북쪽 지방에서도 중요했다. 홍해 무역이 19세기에 급속하게 팽창함에 따라 에티오피아 지역이 유럽과 아라비아 그리고 남부 아시아에 좀 더 가깝게 연결되었다. 총포류가 정치적인 힘을 결정하는 데 점차 중요한 역할을 맡게 되었다. 이는 18세기 후반 이래로 중앙 및 북부 에티오피아(아비시니아)가 점차 중요한 지역으로 부상하게 되었음을 뜻했다. 특히 마사와와 제일라 지역을 통한 상업 활동으로 경제적 이득이 생김에 따라 고원지대에 분포한 몇몇 국가들 사이에 경쟁이 치열해지기도 했다. 이 지역에서는 1770~1850년대에 통일을 이룩한 고원지대의 기독교 제국이 유일한 이상 국가였다. 중앙집권 국가가 해체되자 몇몇 정치 조직들이 땅과 자원, 상업의 기회를 찾아 이리저리 헤매고 있었다. 그 사이에 남쪽으로부터 압력이 거세지기 시작했다. 오로모가 평원지대로 밀고 들어와 정치적·군사적으로 권력자의 지위에 오르게 되었다. 그럼에도 나머지 여러 세력들은 에티오피아의 문화와 사회에 동화되고 밀었다. 1850년대가 되어서야 잔악무도한 무력을 동원한 테오드로스가 일종의 통일을 이룩하게 되었다. 테오드로스는 자신이 통치하던 세월의 대부분을 전쟁터에서 보냈다. 그럼에도 좀 더 규모가 크고 안정된 제국의 토대를 건설했고, 그 제국은 1870~1890년대에 꾸준히 성장했다. 테오드로스의 제국은 요하네스와 메넬리크 두 후계자에게 승계된다.

노예와 상아 무역

동부 아프리카의 노예무역은 수백 년 동안 이어져 왔지만 본격화된 것은 1780년대 이후부터였다. 여기에는 몇 가지 요인이 있다. 우선 그 무렵 러시아 제국이 팽창함에 따라 그 지역에서 무슬림 지역으로 노예 공급이 제대로 이루어지지 못했다. 무슬림 세력은 노예의 공급 기지로서 아직 그 가능성이 충분히 검증되지 않은 동아프리카로 눈을 돌렸다. 게다가 인도양의 프랑스령 섬 지역에서 설탕과 커피를 재배하던 농장에서는 점점 더 많은 노예가 필요했다. 이 농장들은 1770년대부터 확장을 꾀하기 시작했다. 그 뒤 19세기 초가 되면 브라질의 노예 수요가 급증하기 시작하게 된다. 대서양 해안을 끼고 있던 과거의 노예 공급 기지는 위축된 반면에, 브라질의 농장들은 팽창을 거듭하고 있었다. 그리하여 브라질의 노예 매매업자들은 대서양 남쪽에서 인도양 쪽으로 좀 더 긴 여정을 감행하여 모잠비크와 잠베지 강 유역까지 가서 노예들을 구매해야만 했다.

두 번째 요인으로는 새로운 작물의 출현을 들 수가 있다. 새로운 작물은 잔지바르에서뿐 아니라 좀 더 북쪽에 있는 펨바 섬에서도 재배되고 있었다. 그 섬을 지배하고 있던 아랍 통치자들이 소유한 향신료 농장들은 인도의 자본을 등에 업고 본토에서 노예를 들여왔다. 이러한 이

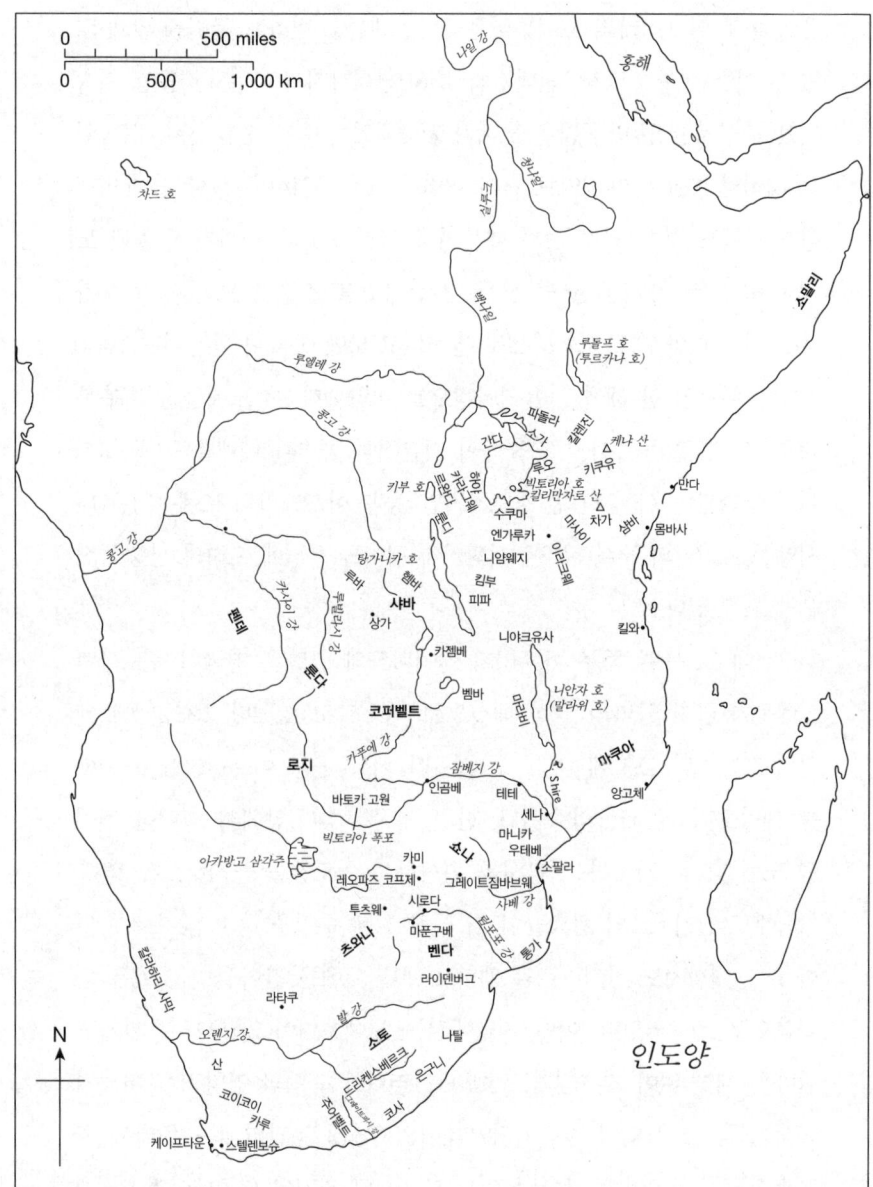

지도 7 19세기의 동부 및 남부 아프리카

유로 동부 아프리카의 노예무역은 좀 더 새롭고 변화된 국면을 맞게 되었고, 이런 상황은 1780년대부터 1880년대까지 100여 년 동안 지속되었다. 하지만 얼마나 많은 노예가 거래되었는지 그 수를 알아내는 일은 대서양 아프리카 지역보다 더 어렵다. 노예무역이 특성상 '불법'인데다가 기록도 남아 있지 않기 때문이다. 그러나 1800년까지 송출된 노예의 수는 한 해에 6천 명 선을 넘지 않았을 것으로 보인다. 그 수가 1820년대에 약 2만~3만 명으로 늘어나고 노예 송출이 한창이던 1860년대에 이르면 한 해에 7만 명가량으로 비약했다. 이 노예들은 대부분 대호수와 콩고 동쪽까지 진출하여 기습적인 공격과 매매를 통해 내륙에서 끌려왔다. 다시 한 번 강조하지만, 동부 아프리카의 노예무역은 대서양 아프리카의 노예무역이 쇠퇴기에 접어들 무렵에 오히려 상승곡선을 긋고 있었다.

그런데 그 무렵 동부 아프리카 잔지바르의 술탄은 영국이 주도하던 노예무역 금지 압박의 핵심 대상으로 떠오르고 있었다. 1822년에 체결된 모레스비 조약에 따라 오만은 더 이상 동부 아프리카에서 노예를 데려오지 않기로 약속했다. 한편 영국은 대서양에서 그랬던 것처럼 노예제도를 감시하는 함대를 편성하여 인도양을 순시하도록 했다. 그럼에도 잔지바르의 관료들이 더 이상 노예 수입을 하지 않기로 합의한 1873년까지도 잔지바르와 펨바로 보낼 노예를 잡아들이는 일은 합법적으로 실행되었다. 어떤 지역에서는 노예무역이 20세기 초까지도 별다른 제약 없이 지속되기도 했다. 그러다가 유럽의 영향력이 거세지면서 결국 그 사업이 중단되되었다. 1880년대 부간다에는 무테사 왕(Kabaka Mutesa)이 등장하여, 30년도 더 된 과거에 다호메이의 왕 게조를 연상시키는 충격적인 발언을 했다. 무테사는 1881년에 선교사들을 향해 이렇게 외쳤다. "만약 영국 여왕이 잔지바르의 사이드 바르가

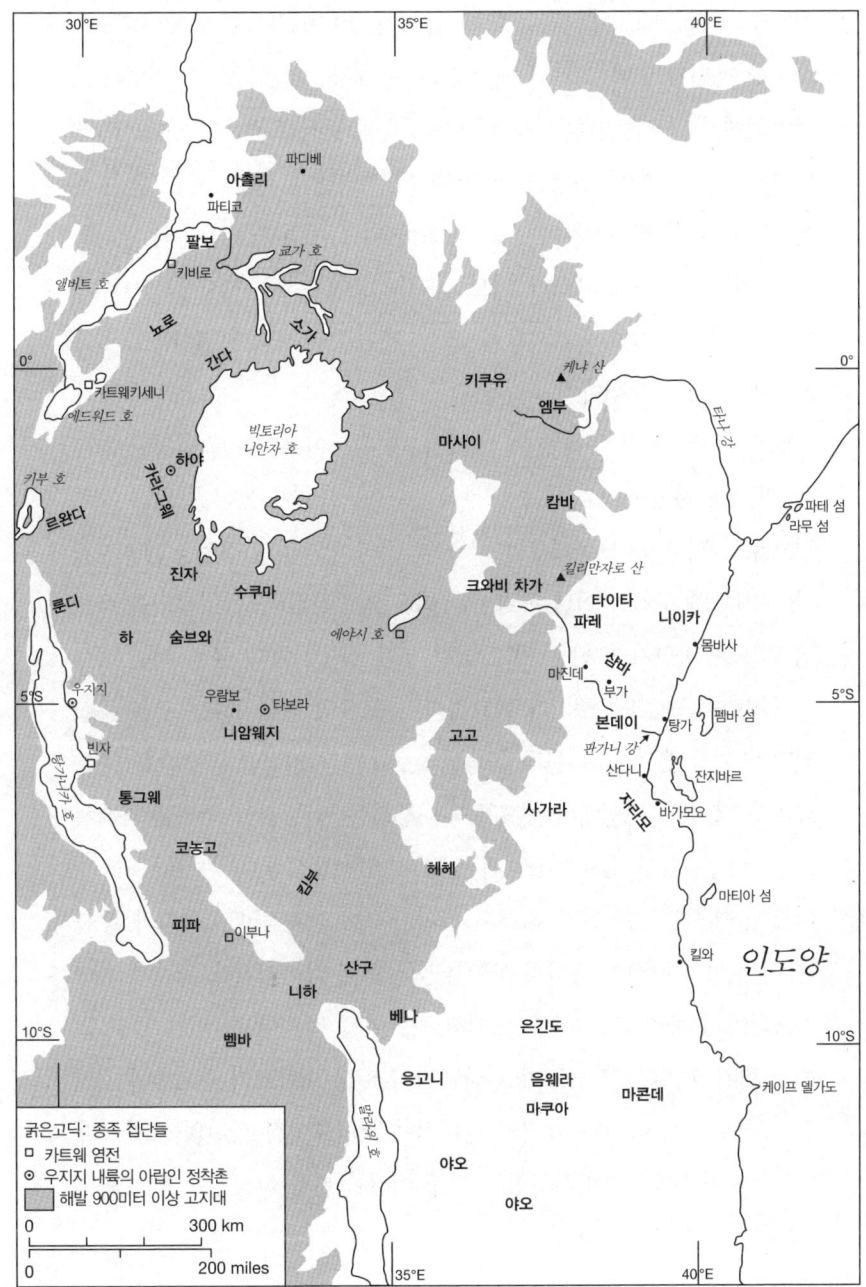

지도 8 1870년 무렵의 동아프리카

시(Sayyid Barghash)를 돕듯 나를 돕고자 한다면, 나 또한 노예제도를 폐지할 용의가 있다. 그러나 내가 모시는 추장들과 백성들의 권력이 노예무역에서 나오는 만큼 나로서는 그것을 중단시킬 권한이 없다." 1883년에도 그는 비슷한 생각을 한 차례 더 피력했다. "내가 과연 무슨 일을 할 수 있단 말인가? …… 그 망할 놈의 노예업자들이 우리 백성들을 지배하고 있는데 말이다. 나도 한때는 노예무역을 지지했지만, 이제 내 힘으로는 도저히 중지시킬 수 없는 차원으로 사태가 접어들고 있는 게 아닌가 싶어 두렵다."[4]

노예무역의 가파른 상승은 19세기 내내 동아프리카에 엄청난 영향을 끼쳤다. 전반적으로 대륙 내부에 전쟁의 강도가 높아진 데다 폭력적으로 바뀌어 간 노예제도는 이 지역 여러 국가의 안정성을 파괴시켰다. 무기류의 수입은 이런 폭력성을 더욱 악화시켰다. 무기 수입을 주도한 이들은 바닷가에 진을 치고 있던 노예 상인이었다. 물론 이런 식으로 일반화하는 데는 주의가 필요하다. 총포류의 위력이라는 것은 사실 전쟁의 와중에 적에게 신체적인 상해보다는 심리적인 공포감을 주는 효과가 더 컸다. 그럼에도 총포류의 대중화는 '전통적인' 권위를 파괴하고 새로운 형식의 군사 지도력과 정치 지배력을 성장시키는 데 크게 기여했다. 대서양 아프리카 지역과 마찬가지로 잠재적인 노동력의 송출은 이 지역의 사회적·경제적 상황을 심각하게 악화시켰다. 그런가 하면 아프리카의 무역업자들에게 노예제도는 부를 축적할 수 있는 둘도 없는 기회가 되었다. 그 규모가 니암웨지의 추장 미람보가 주도했던 것처럼 대규모이건, 아니면 납치의 형태처럼 소규모이건 상관없이 말이다. 니암웨지와 야오, 캄바 사람들은 모두 이러한 기회를 쌍수를 들고 환영

---

4) R. J. Reid, *Political Power in Pre-Colonial Buganda*(Oxford, 2002), p. 169.

했다. 이들은 무역업자로, 중개상으로, 짐꾼으로 이 일에 동참하는 것을 마다하지 않았다. 가장 급격한 사회적·정치적 변화를 겪은 이들은 니암웨지 사람들이었다. 이들은 경제적 불평등이 비약적으로 확대됨과 동시에 구시대의 정치체제가 몰락하는 장면을 지켜보았다. 여러 지역에서 구시대를 지탱하고 있던 체제가 무너져 내렸다. 야심 가득한 젊은이들이 농사짓는 일을 기피하고 장사나 전쟁을 인생의 지표로 삼았다.

상아는 18세기 후반부터 수요가 증가했다. 인도가 가장 큰 상아 시장이었다. 동아프리카의 상아는 유럽과 북아메리카에서 인기가 높았다. 19세기가 되면 유럽에서는 무역이 더욱 중요한 사업으로 부상했다. 1869년에 개통한 수에즈운하의 영향 덕택이었다. 그렇지만 어떤 학자는 운하의 개통을 '쓸데없는 수순'이라고 논박했다. 시간이 갈수록 공급이 위축되었기 때문이다. 해가 거듭될수록 늘어나는 수요를 감당하기 위해서 더 많은 코끼리가 살육당해야 했다. 그런가 하면 코끼리 사냥꾼들은 더 많은 상아를 확보하기 위해 중부 아프리카 내륙으로 좀 더 깊숙이 들어가야 했다.

아프리카 대륙으로 반입된 물품들은 전반적으로 큰 차이가 없었다. 그럼에도 불구하고, 대서양 아프리카와 동부 아프리카는 경제적 발전을 둘러싸고 격차가 크게 벌어졌다. 한 역사학자가 언급한 바대로, 동부 아프리카의 노예와 상아 수출은 "갈 때까지 갔다."[5] 그렇다고 수출이 이 지역의 장기적인 경제 발전에 장애물이 된 것은 아니었다. '코끼리 사냥꾼 전위부대'가 내륙으로 좀 더 깊숙이 전진하면 할수록 상아의 수는 점점 더 줄어들었다. 한편 이 지역이 유럽의 영향권 아래에 들어가게 되자 수출 품목으로서 노예는 더 이상 장래성이 없어졌다. 19세

---

5) A. D. Roberts, "Nyamwezi Trade" in R. Gray & D. Birmingham(eds.), *Pre-Colonial African Trade*(London, 1970), p. 73.

기가 저물어 가면서 중동부 아프리카는 경제적으로 과거와 급격한 단절을 경험하게 된다. 이제 노예와 상아를 포기하는 대신 농산물을 수출해야 했다. 농산물 수출은 이른바 '합법적인' 상업의 전형으로 대륙의 반대편에서는 이미 오래전부터 시행되고 있던 터였다. 농산물을 수출하는 일은 새롭게 출현한 식민 정부가 갑작스레 도입한 일이었다. 상대적으로 손쉽게 상아를 수송하기 위해서는 거대한 카라반 조직이 필요했다. 수백 년 동안 바다를 통해 세계경제에 참여했던 해양 국가들과 달리, 동부 아프리카의 내륙 국가들이 지구적 경제 네트워크에 연결되기 위해서는 오로지 철도를 건설하는 길밖에 없었다.

에티오피아에서 노예무역은 갈수록 영역이 좁아지고 황폐해져 갔다. 17~18세기에 정치적 중력의 중심이 북쪽으로 옮겨갔음에도 불구하고, 암하라와 티그레이인들은 여전히 해안가에 있던 마사와를 통해 해마다 1만여 명에 이르는 노예를 송출했다. 고원지대에 살던 사람들은 때때로 자신들의 카라반을 동원해 물건들을 날랐다. 그러나 고원지대 사람들이 무더운 해안 저지대를 따라 이동하는 일에 열의를 보이지 않게 되자 이 무역은 대단히 독특한 상인 계급, 그중에서도 특히 무슬림의 손아귀에 들어가게 되었다. 19세기의 노예들 가운데에는 고원지대 출신의 노예들도 있었는데 이들은 비싼 가격에 머나먼 아라비아반도로 팔려 나갔다. 그렇지만 점차 더 많은 전쟁 포로들이 서부 에티오피아의 저지대와 동부 수단에서 잡혀 왔다. 사람들은 이들을 '샹칼라'(Shankalla)라고 부르며 얕잡아보았다. 노예들은 주로 아라비아반도와 페르시아 만, 중동 지역까지 팔려 나갔다. 노예 말고도 황금과 상아, 동물 가죽과 향신료 따위가 에티오피아 지역에서 수출되었다. 에티오피아인들은 이 물품들을 주로 총포류와 바꿨다. 그렇지만 중동부 아프리카에서와 달리, 총포류는 전반적으로 암하라와 티그레이 정치 엘리트들

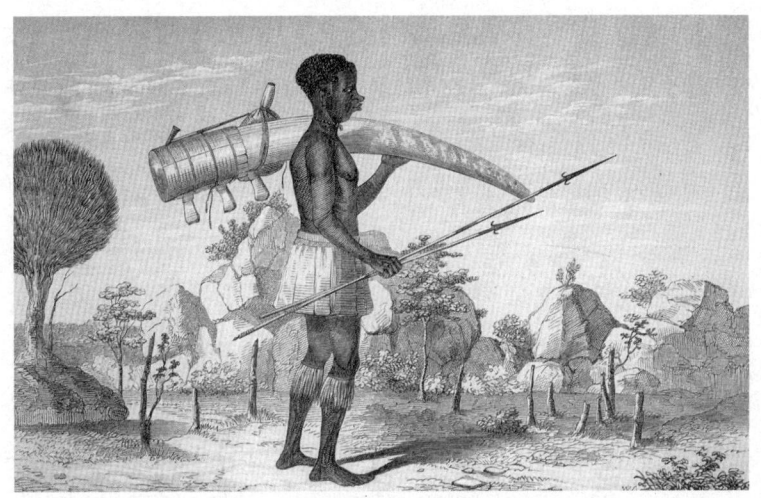

그림 3 동아프리카의 상아 운반자(19세기 중엽)

의 권력을 강화시켜 주었다. 이들은 상업적인 독점력을 여전히 유지하고 있었고, 해안과 평원 지대를 가로지르는 무역로까지 장악하고 있었다. 그러나 19세기에 들어 상업이 좀 더 활발해지면서 이전보다 더 강력하게 국가에 도전장을 내미는 집단들이 출현하게 되었다. 테오드로스와 그 뒤를 이어 요한네스가 에티오피아를 통일했지만, 범법 행위와 반란은 훨씬 더 창궐하게 되었다.

호수에 기반을 두고 있던 동아프리카 국가들과 에티오피아 고원지대의 국가들은 공히 하나의 문제에 직면했다. 그것은 세계경제 네트워크에 편입되기 위해서는 적대관계에 있던 해안 공동체와 교섭을 해야 한다는 문제였다. 19세기에 에티오피아 황제들은 홍해 해안에 대한 지배권을 주장할 수 있었다. 상상력을 동원하여 과거를 조작하면 가능한 일이었지만, 이집트인들을 대리인으로 내세워 마사와를 지배하고 있던 오스만제국이 문제였다. 이집트인들은 그 무역을 중단시키거나 통제할 힘을 가지고 있었다. 19세기 후반 들어 점점 더 소외감을 느끼기 시작한 지배 엘리트들은 총포류를 확보할 다른 수단을 찾고 있었다. 쇼아(Shoa)의 왕 메넬리크는 지부티를 통해 유럽과 무역을 했다. 황제 요한네스는 마사와에서 자신을 종교적으로 괴롭히던 세력의 요구를 들어줄 수밖에 없었다. 무슬림 구매자들과 힘겨루기를 하던 기독교 정교 세력이 바로 그들이었다. 한편 무테사와 미람보까지도 잔지바르의 위압적인 태도에 점차 굴복해 가고 있었다. 그렇게 하지 않으면 총포류와 화약류, 의복 등을 구할 수 없었기 때문이다. 세계경제에 무난히 참여하기 위해서는 무력과 허세뿐 아니라 타협이나 외교력도 필요하다는 사실을 미람보는 잘 알고 있었다. 잔지바르의 상인들은 니암웨지의 경우와 달리, 짐짓 무관심한 척하는 것이 자신들에게 유리하다는 점을 잘 알고 있었다.

해양 제국 잔지바르

동아프리카 연안은 대서양 연안에 위치한 여느 나라들과 마찬가지로 유구한 국제 상업의 역사를 가지고 있었다. 그 연안을 따라 외부 세계와 교역이 시작된 시점을 거슬러 올라가면 적어도 몇 백 년, 아니 약 1천 년 정도는 족히 거슬러 올라갈 수 있다. 인도양에서 주기적으로 발생하는 계절풍 탓에 인접한 삼각지대가 계절에 따른 하나의 이동 경로로 묶이게 되었다. 인도와 아라비아, 동아프리카가 그 목적지였다. 오늘날의 케냐와 탄자니아 그리고 모잠비크와 잠베지 강가에 위치해 있던 중동부 아프리카 지역에서는 상아와 황금, 노예들이 송출되었다. 특히 잠베지 강 근처에 있던 나라들에서는 노예 거래가 고대부터 이어져 왔지만, 18세기 후반에 이르러 규모가 크게 위축되었다. 고대부터 이어 오

그림 4 상업의 개척자들. 참모들과 함께한 잔지바르의 술탄(1870~1888) 사이드 바르가시

던 상업 덕분에 해안을 따라 스와힐리 문명이 형성될 수 있었고, 동시에 거대한 해양 도시들의 기초를 닦을 수 있었다. 이렇게 탄생한 대표적인 도시가 모가디슈와 몸바사였다. 이 두 도시는 아프리카와 아라비아 그리고 이슬람 문화를 결합시킨 최초의 도시였다. 그 특징은 대단히 높은 수준의 건축물에 잘 나타났다. 이 도시들은 상당한 부를 누리기도 했다. 그러나 15세기 말에 포르투갈인들이 도착하면서 이른바 '황금

시대'가 막을 내렸다. 포르투갈인들은 스와힐리 연안 지대를 공격하여 대부분 복속시켰다. 이 과정에서 이 지역 주민들에게 생명 줄과도 같은 풍성한 상업망이 거의 모두 파괴되었다. 물론 그 후로도 인도와 아라비아를 잇는 무역은 지속되었지만, 그 규모는 이루 말할 수 없을 정도로 위축되었다.

그렇지만 포르투갈의 정복은 그리 오래 지속되지 않았다. 17세기 말엽에 오만의 함대가 내려와 대부분의 해양도시에서 포르투갈인들을 축출해 버렸기 때문이다. 상대적으로 남쪽에 있던 모잠비크 해안 지대는 예외였다. 바로 이 시기부터 스와힐리 해안은 오만 술탄의 지배를 다소 느슨한 형태로 받게 되었다. 오만의 술탄은 18세기 말엽에 이르러서야 좀 더 강력하게 이 지역에 대한 지배력을 강화했다. 그것은 이 시대에 다시 한 번 부활의 조짐을 보이던 인도양 무역을 통해 부를 축적해 보고자 하는 전략에 따른 것이었다. 이때 오만이 팽창의 기지로 삼은 곳은 잔지바르 섬이었다. 활력이 넘치던 군주 술탄 세이드 사이드(Seyyid Said)는 1830년대에 오만의 수도를 아예 잔지바르로 영원히 옮기려고 구상했다. 그가 통치하는 시기에 오만과 잔지바르의 결합이 미치는 영향력은 놀라울 정도로 커져 그 영역이 해안을 넘어 내륙으로까지 뻗쳤다. 그는 내륙으로 경제적 침투와 착취를 원활하게 하기 위해서 지역 상인들은 물론 새로 온 상업 이민자 조직들을 규합했다. 그리고 1840년대 말에 잔지바르의 카라반들을 빅토리아와 탕가니카 호수 지역으로 보냈다. 하지만 1856년에 세이드 사이드가 사망하자 왕국은 크게 둘로 갈라지게 되었다. 오만과 잔지바르가 내용이나 형식의 모든 면에서 완전히 서로 다른 조직으로 나뉘게 된 것이었다. 잔지바르 정부는 오늘날의 케냐와 탄자니아에 이르는 해안을 따라 이루어지는 동아프리카 무역망을 완전히 장악했다. 이를 통해 잔지바르는 1880년대까지 동아프

그림 5 노예 반란을 진압하는 장면. 1870년 무렵 동아프리카 니안그웨 지역에서 발생한 마녜마 여성 대학살

리카 상업의 주빈 노릇을 톡톡히 했다. 1880년대 들어 유럽은 이 지역을 분할하여 잔지바르의 지배력과 '존재 이유'를 완벽하게 거세했다.

19세기 초까지만 해도 잔지바르와 오만의 상인들은 아프리카의 중개인에 기대어 주로 해안 지대에서만 활동했다. 이들 가운데 가장 성공한 사람들이 오늘날의 중서부 탄자니아에 살던 니암웨지였다. 그러나 모험심이 강한 해안 지대 상인들이 무역로를 따라 내륙으로 들어가는 것은 시간 문제였다. 돈이 많은 해안 지대의 상인들은 서쪽으로 수백 킬로미터를 이동하는 카라반들을 재정적으로 후원했다. 이들 카라반은 수백 명에 이르는 조직으로 아프리카인들을 짐꾼이나 안내원으로 고용했다. 안전 문제는 주로 아랍에서 제조된 총포류에 의존했다. 1830년대부터 1850년대까지 아랍 상인들은 탕가니카 호수에 위치한 우지지 왕국의 우냔엠베 궁정이 있는 타보레와 부간다의 수도 그리고 빅토리아 호수 북단에 영구적인 물자 집산지를 건설했다.

이들 가운데 가장 큰 성공을 거둔 무역상은 악명 높은 '티푸 팁'

2장 동쪽의 침입 101

(Tippu Tip)이었다. 이 이름은 그가 사용하던 소총과 관련이 있었다. 티푸 팁은 1860년대부터 오늘날의 탄자니아와 콩고에 속하는 방대한 지역을 관할했다. 그는 특정 지역을 기습한 뒤에 물건을 파는 전략을 사용하여, 오래 지속되지는 않았지만 상당한 영향력으로 넓은 지역을 지배했다. 티푸 팁은 여러 지역에 자신의 영향력을 정치적으로 부각시키는 데 일가견이 있었다. 일반적인 의미의 침투는 본질적으로는 상업적인 측면을 띠게 마련이었다. 그러나 19세기 후반 아랍 상인들은 아프리카 통치자들에게 정치적인 영향력을 행사하여 상업적인 이득을 확보하는 쪽으로 방향을 선회했다. 얼핏 보면 중앙집권에서 탈피하는 데 성공한 것처럼 보였지만, 자세히 들여다보면 대단히 강력한 정치제도가 아랍 상인들을 철저하게 감독하고 있었음을 알 수가 있다. 어떤 측면에서 보면, 해안 지대의 모험가들을 가장 느슨하게 통제한 세력이 잔지바르였다. 티푸 팁을 비롯한 모험가들은 기실 대단히 자율적인 존재들이었다. 정도의 차이는 있지만, 이들은 아프리카 내륙으로 해양 문화와 이슬람을 전파했다. 대단히 이질적인 스와힐리 문명의 영향을 받은 의복과 건축, 언어가 이들을 통해 말라위와 탕가니카 그리고 빅토리아 호수로 둘러싸인 광대한 지역으로 전파되어 나갔다.

대호수 지역의 국가, 갈등, 무역

대호수(Great Lakes) 지역, 그중에서도 특히 탕가니카, 빅토리아, 에드워드, 알버트 호수가 있는 북쪽은 사하라사막 이남에서 가장 복합적인 문명을 꽃피운 지역이다. 부간다, 부뇨로, 토로와 앙콜레, 르완다, 부룬디 왕국은 19세기 이전에 이미 자기들만의 국가적 뿌리를 갖고 있었고 기본적인 특성을 공유하고 있었다. 이 왕국들은 적당한 강우량과 비옥한 토질을 가지고 있었기 때문에 다른 사하라 이남의 아프리카 국가에서는 찾아보기 힘든 높은 인구밀도를 보유하고 있었다. 이들은 정치문화적인 측면에서도 공통점이 많았다. 강력하고 중앙집권적인 왕권이 그중 하나였다. 이러한 왕권은 상징적이고 제의적인 차원에서 매우 중요한 의미를 가지고 있었다. 호수 지역의 왕들은 왕실에서 직접 승인한 지방의 족장들을 지배했다. 왕족과 더불어 족장의 계보가 출현하기 전까지만 해도, 왕과 족장의 지위는 이룩한 공적이나 국가에 대한 충성도에 따라 부여되었다. 그런 의미에서 왕은 대개 확실한 후계자를 두고 있지 않았다. 왕과 같은 혈통을 지닌 사람들은 감금되거나 죽음을 면치 못했다. 따라서 왕위 계승을 둘러싸고 때때로 격렬한 싸움이 일어났다. 남부나 서부 아프리카와 달리 동부 아프리카에서는 여성들이 상대적으로 높은 경제적·문화적 지위를 누렸다. 국면에 따라 차이가 있긴 했지만, 이 지역 대부분의 왕국에서는 통치권을 장악하고 있던 왕조가 외부에서 이주해 온 집단에게 왕권을 세습했다. 외부에서 이주해 온 닐로트족이 대표적인 집단으로, 이들은 15세기에서 17세기 사이에 나타나 이 지역을 통치하고 있던 기존의 왕조들을 회유하거나 접수했다. 왕권의 신성한 지위를 천명하는 왕국들도 있었다. 고도로 복잡하고 지적인 구전 전통이 이러한 특권적인 지위를 중심으로 발전해 나갔다. 그래서 지배계급과 왕족의 혈통이 완벽하게 분리되었다. 그런가 하면 특권 그 자체는 정교한 세법과 공물 제도 등을 통해 유지되었다.

역시 이민자였던 목축 집단들이 이와 같은 제도를 르완다와 부룬디에 안착시켰다. 르완다와 부룬디에서는 반투어를 사용하는 이 목축 집단을 투치라고 불렀고, 앙콜레에서는 히마라고 불렀다. 이 지역의 투치들은 르완다와 부룬디에서는 후투라고 부르고 앙콜레에서는 이루라고 부르는 사람들의 후원자 노릇을 했다. 투치와 후투, 이 두 집단은 실제 문화와 경제에 서로 엄청난 영향을 주고받았다. 가축을 돌보는 일은 고상한 활동으로 간주되어 좀 더 높은 지위를 부여받았다. 이런 사회경제적 정체성이 '부족'으로 변모하는 과정은 20세기 초에 이르러서야 이루어졌다.

북쪽의 호수 지역을 지배하던 왕국은 부간다와 부뇨로였다. 이 두 왕국은 서로 떼려야 뗄 수 없는 역사를 공유했고 격렬하게 싸우기도 했지만 한편으로 친밀한 관계를 유지하기도 했다. 15세기에 키타라 국가를 전신으로 해서 발전한 부뇨로는 이 지역의 맹주 역할을 자임했는데, 그 영향력은 17~18세기까지 이어졌다. 그러나 강력한 팽창주의 정책을 펼친 부간다가 이 지역의 새로운 강자로 등장하면서 부뇨로의 영향력은 줄어들게 되었다. 부간다는 습도가 높고 땅이 비옥해서 비교적 많은 사람들이 모여 농사를 지으며 살았다. 복합적이고 경쟁력 있는 왕국 부간다는 세속적인 왕인 카바카가 통치하던 시절에는 왕국의 주요 관직을 직접 임명할 정도로 권력을 행사하기도 했다. 부간다는 이 지역의 경제적 자원을 통제하기 위해 중상주의 외교 정책을 표방했다. 부간다는 또한 고도로 선진화된 군사 문화를 가지고 있었다. 전쟁은 이 지역에서 상업과 경제, 영토의 지배권을 장악하는 데 가장 중요한 정책 수단이었다. 19세기 초반에 이르러 빅토리아 호수의 북서쪽 지역을 완전히 장악한 부간다는 당대의 온갖 새로운 도전에 맞설 만큼 강력한 지위를 확보하게 되었다. 이 시기에 부뇨로는 정치적 내분으로 힘이 점차 약화되다가 18세기에 이르면 영토도 지속적으로 상실하게 되었다. 그러다가 1860~1870년대에 이르러 잠시 부활의 조짐을 보이기도 했다.

한편 토양이 기름지고 강수량이 아주 적절한 탕가니카 호수 북쪽 지역에서 르완다와 부룬디가 출현했다. 마찬가지로 군사 국가였던 르완다와 부룬디는 18세기와 19세기에 공격적인 팽창 정책을 성공적으로 감행했다. 물론 지역에 따라 서로 다른 정치제도가 공존했다. 중앙집권적 군사 국가인 부간다의 동쪽에서는 다소 느슨한 형태의 연방제가 자그마한 세력들을 중심으로 형성되었다. 소가(Soga)가 대표적이었다. 마찬가지로 부간다와 부뇨로의 북쪽에서는 상대적으로 규모가 작고 때로는 '국가 없는' 사회가 탄생하기도 했다. 이곳 사람들은 서로 어울려 살면서 점차 확장되어 가는 정치체제에 맞추어 매우 유동적인 전선을 유지했다.

19세기에 여러 국가는 전쟁과 무역의 이름으로 서로 얽히고설켜 있었다. 부간다는 이웃 국가들과 실용적인 관계를 형성하여 가능하다면 무역과 경제적인 영향력을 키우는 데 힘을 쏟되, 왕국이 '비공식적으로' 제국의 영토를 확장할 필요가 있을 때는 가차 없이 전쟁을 벌이기도 했다. 거듭되는 전쟁에도 불구하고 부간다는 동쪽으로는 부뇨로와 소가, 서쪽으로는 목축 국가들, 그리고 남쪽으로는 좀 더 작은 국가들과 건전한 경제 관계를 구축하고 있었다. 그렇지만 이 지역에서 국가 간 관계는 다소 전투적이고 긴장감도 높았으며 때로는 격렬한 충돌이 뒤따랐다. 해안을 중심으로 장거리 무역을 하던 세력이 팽창했기 때문이었다. 팽창하던 세력의 상업망을 장악한 왕국은 잔지바르였다. 잔지바르는 이 지역의 무역과 이득을 통제함으로써 호수 지역에 위치한 세력들과 관계를 증진하고자 했다. 한편 이 지역의 무역은 대서양 아프리카의 경우와 마찬가지로 1840년대부터 줄곧 주요한 사회적·정치적 결과를 가져왔다. 앞서 살펴본 국가들은 대부분 이러한 무역을 집행하고 싶어 했다. 르완다와 부룬디만이 예외적으로 19세기 내내 그런 유혹을 강력하게 거부했다. 르완다와 부룬디는 외부 세력을 적대시하면서 스스로 고립을 자초한 세력으로 유명하다.

호수 지역에서 나타난 괄목할 만한 발전이 정치적인 중앙집권화와 영토 국가로서의 선점 효과와 깊은 관련이 있다면, 그 반대의 사례는 중동부 아프리카 지역에서 찾아볼 수 있다. 오늘날의 케냐와 탄자니아 지역에서는 19세기 중반까지만 해도 중앙집권적인 호수 주변 국가의 모델이 없었다. 심지어는 19세기까지 종족적인 정체성조차 무르익지 않았다. 광대한 중동부 아프리카 지역은 토양이 얇고 강우량이 들쭉날쭉해서 농사를 짓는 일이 결코 쉽지 않았다. 특히, 19세기 말까지도 이 지역은 영토를 식민화하는 데 전력을 다하고 있었다. 호수 지역과 달리 이 지역은 정착이 제대로 이루어지지 않아 인구밀도가 무척 낮았다. 이런 현상은 1800년 이전에 이미 도시의 꼴을 갖추고 있던 부간다나 부뇨로와는 상당히 다른 모습이었다. 그럴듯한 국가의 형태를 갖출 만한 조건이 여러 지역에서 아직 형성되지 않고 있었다. 소규모로 집단을 이루어 살기를 좋아하던 사람들은 토양이 황폐해지거나 정치적인 변란이 발생하면 살고 있던 곳을 미련 없이 떠났다. 따라서 18세기에 탄자니아를 중심으로 작은 세력이 출현했다고는 하지만, 매우 유동적이었고 끊임없이 부유하는 세력들일 뿐이었다.

19세기에 들어 해안 지대의 상업망이 내륙으로 침투해 들어옴에 따라 새로운 압박이 생겨나기 시작했다. 그 결과 곳곳에서 새로운 형태의 정치 조직이 등장했다. 이들은 새로운 도전에 맞닥뜨려 그 도전을 기회로 바꾸고자 했다. 과거 그 어느 때보다 더 강력한 사적 권력을 지닌 군사 지도자들이 나타나 새로운 정치 구조를 만들고자 했다. 니얌웨지와 킴부에서 가장 전형적인 형태가 나타났다. 케냐의 사정도 비슷했다. 케냐의 경우에는 19세기 이전까지만 해도 사실상 국가라고 할 만한 구성체가 존재하지 않았다. 마사이를 포함하여 케냐 내륙과 탄자니아 북부에 있던 닐로트 목축민들은 연령에 따라 부대 조직을 꾸리고 있었다.

이 조직은 그 어떤 중앙집권 조직이나 절대적인 개인 권력보다 더 큰 영향력을 행사하고 있었다. 닐로트 주변에는 캄바와 키쿠유를 비롯한 좀 더 작은 규모의 농촌 공동체가 무리를 이루고 있었다. 캄바와 키쿠유는 토지와 물을 놓고 마사이와 겨루기도 했지만, 종족 간 결혼을 장려했고 서로 교역을 하면서 문화적인 영향도 주고받았다. 그러나 19세기에 접어들면서 이 지역의 여러 세력들은 탄자니아와 비슷한 경험을 하게 된다. 즉, 새로운 형태의 사회적·정치적 구조가 좀 더 강력하고 중앙집권적인 지도력 아래에서 출현하게 되었던 것이다. 니암웨지와 마찬가지로 캄바 역시 지구적 무역 네트워크의 적극적인 일원이 되었다.

지역의 상인 정신과 유동적인 정체성을 가장 극적으로 보여 준 집단은 니암웨지였다. 19세기 중반 들어 상업이나 정치적으로 강력한 그 무엇을 보여 주기 전까지만 해도, 니암웨지는 이른바 '민족'이라는 정체성을 가지고 있지 않았다. 문화론이나 언어학의 용어로 정의하면, 이 메마른 땅에서 곡물을 재배하던 농부들은 그저 느슨한 연대감을 지닌 사람들이다. 이들은 점차 확대되고 있던 상업의 기회와 농지를 찾아 탄자니아의 북서부로 이동해 들어갔다. 해안 지역이나 그 주변에 살아가던 사람들은 서쪽에서 온 이 사람들을 '새로운 달에서 온 사람들'이라고 불렀다. 19세기가 밝아올 무렵 니암웨지는 거대한 무역로를 개척하게 되는데, 이는 빅토리아 호수 북쪽 끝에 있는 부간다와 남쪽의 카탕가 그리고 해안을 끼고 있던 잔지바르를 연결할 정도로 거대했다. 이들은 해안의 무역업자들이 카라반을 이끌고 아프리카 내륙으로 침투해 들어오던 19세기 중반 무렵까지 이 상업망을 지배했다. 해안 지대의 무역업자들한테 상권을 빼앗긴 니암웨지인들은 결국 부유한 아랍과 인도 상인들의 짐꾼으로 전락하고 말았다. 새로운 이주자들과의 전쟁은 불가피했다. 특히 거대한 해안 지대의 카라반들이 내륙으로 치고 들어오자 식량 공급 같은 문제를 둘러싸고 지역 공동체 안에서 긴장이 팽팽해지기 시작했다. 더구나 1840~1850년대에는 상업적인 고속도로가 지나가는 지역을 관할하던 추장들이 세금을 부과하자 이를 놓고 큰 적대감이 일기도 했다.

갈등이 심해지자 해안 지역의 상인들은 니암웨지의 정치에 좀 더 직접적으로 간섭했다. 이 지역의 정치는 특성상 파편화되어 있었기에 해안 지역의 상인들은 종족 간 분리를 획책하며 정치적 소수자의 입장을 두둔했다. 정치적 소수자들은 상대적으로 잘 무장된 후원자의 호의를 감히 거부할 수 없었다. 아랍은 총포류 소유와 상업적인 이득을 약속하며 이 지역의 권력투쟁에 개입했고, 특정 집단이 통치하는 지역 내에서 강력한 권력을 행사했다. 우난엠베가 대표적인 경우였는데, 1860년대 초에 호수 지대와 해양 지대를 잇는 고속도로 위에서 내전이 벌어지자 중무장한 아랍 군인들이 즉각 개입했다. 이 내전에서 상인-모험가 집단은 처음에는 특정 세력을 지지하다가 이내 지지 대상을 바꿔 버렸다. 좀 더 큰 이득이 어디에서 나오느냐에 따라 지지 대상이 쉽사리 바뀐 것이다. 이 과정에서 아랍 집단은 유격대식 군 조직 형태를 갖추고 있던 타보라(Tabora)를 손아귀에 넣을 수 있었다. 상업의 변화가 일으킨 바람은 이 지역에 사회정치적인 파괴와 재건이라는 문제를 던졌다. 그 때문에 1870년대에 들어 지역 내에서 전쟁이 극심해졌다.

이런 와중에 대단히 폭력적인 새로운 요소가 남쪽에서 유입되었다. 남부 아프리카에서 벌어진 정치적·군사적 사건의 영향이었다. 1850년대 남쪽에서 벌어진 줄루 혁명을 피해 달아난 응고니 집단이 오늘날의 탄자니아 지역으로 잠입해 들어왔다. 이들은 기존의 전쟁이나 국가의 형태를 전복하고 새로운 전쟁과 국가의 형식을 도입했다. 응고니 집단은 광대한 지역을 공격하여 약탈한 것으로 먹고 살았는데, 시간이 흐르면서 일부 세력은 좀 더 안정적으로 정착을 하기도 했다. 1850년대 우지지가 공격을 받았던 반면에 응고니는 1860년대와 1870년대 중반에 탄자니아 중부를 지나 다양한 지역으로 퍼져 나갔다. 그러나 1850~1860년대에 들어서면서 응고니는 군사적인 기풍에 따라 전쟁에서 패배한 피정복민을 서로 섞고 융합하여 하나의 거대한 조직으로 재탄생시켰다. 오늘날 응고니는 바로 이렇게 새롭게 재탄생한 집단을 일컫는다. 이렇게 강력한 집단으로 재탄생한 응고니가 접근해 오자 어떤 집단은 뿔뿔이 흩어졌고, 어떤 집단은 흡수되고 말았다. 살아남기 위해 응고니에 동화되는 쪽을 선택한 집단은 이민자들처럼 전투적인 집단이 되었다. 당시 응고니를 모방한 집단들은 이 지역에 정치 구조와 군사적 측면에서 혁명적인 변화를 불러일으켰다. 상업적·사회적 변화를 동반한 새로운 세력이 해안 쪽에서 진입해 들어오자 새로운 형태의 폭력적인 권력이 등장하기도 했다. 1850~1890년대에 나타난 이런 변화는 참으로 파괴적인 결과를 낳았다.

　수위가 한층 높아진 폭력과 선염병처럼 빈지던 불안감이 이 지역을 사로잡았다. 마리화나를 입에 물고 중무장한 채 약탈거리와 모험을 찾아 이리저리 헤매고 다니던 젊은이들 때문이었다. 19세기 후반 들어 가장 중요한 사회적 현상을 하나만 꼽으라면 단연 이런 광경이었다. 이 젊은이들은 곧 사회적·정치적·경제적 변화의 원인이자 결과였으며 구시대 질서의 몰락과 새로운 시대의 출현을 알리는 징후였다. 사람들은 이 젊은이들을 일컬어 '루가루가'라고 불렀다. 문제가 많은 이 말은 젊고, 결혼을 하지 않은, '전문적인' 군인을 일컫는 말이어서 사태를 훨씬 심각한 것처럼 묘사한 과장되고 위악적인 용어였다. 루가루가는 본디 숲속에서 약탈을 일삼으며 먹고사는 좀도둑 같은 이들을 지칭하는 용어였다. 루가루가 가운데 어떤 이는 스스로를 장사하는 카라반이나 이리

그림 6 니암웨지의 국가 건설자 미람보(1880년대 초)

저리 떠도는 해안가의 상인과 같은 부류라고 생각했다. 여하튼 루가루가는 1870~1880년대에 거의 권력의 진공 상태나 마찬가지였던 아프리카 내륙을 지배하던 군사 국가를 출현시키는 데 중추적인 역할을 담당했다.

새롭게 출현한 국가들 가운데 가장 대표적인 국가가 니암웨지의 추장 미람보가 세운 나라였다. 1840년 무렵 태어난 미람보는 젊은 시절 해안을 따라 떠도는 카라반 짐꾼으로 보내다가 타보라의 북서부에 있던 조그만 집단의 우두머리가 되었다. 그는 형제들과 힘을 합쳐 루가루가 군대를 창설하고 자신의 정치적·군사적 기반을 확장해 나갔다. 이 과정에서 어느 정도 응고니의 영향을 받았음에 틀림없다. 1860년대 말부터 무력으로 주변의 세력들을 합병하여 하나의 강력한 통일국가를 창립한 그는, 그 국가의 한가운데에 '우람보'라는 도시를 건설했다. 공물로 받은 상아와 가축을 모아 북부의 호수 지대를 가로지르는 무역로를 장악했고 강력해진 상업적 권력을 총포류를 구입하는 데 활용했다. 미람보는 탁월한 인물이었다. 우난엠베와 우지지 그리고 빅토리아 호수를 잇는 삼각지대를 국가의 영토로 삼았다. 이 국가는 순전히 미람보의 창조물이었다. 그는 때때로 군대를 단독으로 이끌기도 했으며 아프리카 내륙을 통일하려는 야심도 가지고 있었다. 그가 휘두른 무력이 외부인의 시선으로 보면 무법의 시대에나 나타날 법한 것으로 치부되기 쉬우나 건설적이면서도 창조적인 구석이 있었던 게 사실이었다. 그는 여럿으로 분할된 고만고만한 왕국들보다는 이들을 하나로 합쳐 좀 더 강력한 커다란 왕국을 건설하고자 했다. 그래야만 아랍 상인들은 물론이고 잔지바르의 술탄과 장차 해안 지대에 나타날 유럽 세력들의 커져 가는 힘을 견제할 수 있다고 믿었다. 이러한 목적을 달성하기 위해서 그는 지역의 맹주들과 제휴도 마다하지 않았다. 부간다의 무테사가 눈에 띄는 인물이었다. 우냔엠베의 아랍인들에게 위협적인 존재였던 무테사는 1870년대의 대부분과 1880년대 초반을 그들과 싸우며 보냈다. 미람보 '제국'의 힘은 동시에 최대의 약점이기도 했다. 미람보 개인에게만 지나치게 의존하고 있었기 때문이다. 1884년에 그가 죽자 내부적인 단결 부족이 약점으로 여실히 드러났다. 미람보를 이은 음판도샬로는 통치 능력이 없는 인물로 드러났다. 1880년대 말 독일의 침략이 임박한 시점에 이르자 이 제국은 건국할 때 그랬던 것처럼 순식간에 흔적도 없이 사라지게 된다.

미람보의 이력이 무척 화려하다고는 하지만 유일무이한 것은 아니었다. 물론 동부 아프리카의 정치적 미래에 대한 그의 식견은 탁월했다. 또 다른 니암웨지의 지도자인 음시리는 1860~1870년대에 탕가니카 호수 남서쪽에 가렝간제(Garenganze)라는 상업 군사 국가를 세워 아프리카 동부와 남부 및 중부 아프리카를 연결하는 무역망을 통제하고자 했다. 미람보가 통치하던 제국의 동남부에 있던 킴부에서는 니웅구-야-마웨가 출현하여 다소 느슨한 통제력을 발휘하며 유명한 동시대 인물들과 거의 같은 방식으로 통치를 시작했다. 이러한 국가들은 그 시대가 선사한 기회를 창의적이고 역동적이며, 격렬한 방식으로 반응하는 과정에서 생성된 나라들이었다. 그러나 이들이 발휘한 창의성이란 것은 정치적이라기보다는 어느 정도 범죄적인 특성에 뿌리를 두고 있었다. 이 국가들 내부에 늘 존재하고 있던 불안의 원인도 바로 여기에서 비롯했다. 건립을 도운 세력들도 이 국가들이 장기적으로는 내부의 불안정을 극복하지 못할 것이라고 보았다. 특히 아버지 세대들의 가치 체계와 행동 양식을 기꺼이 거부할 준비가 되어 있던 젊은 세대가 있었다. 이 젊은 세대들은 새로운 형태의 사회와 정치, 경제적 욕망에 따라 움직이는 세대였다. 지도자 개인이 통제할 수 있는 충성도는 제한적이었다. 그런가 하면 안정적인 국가 체계를 갖춘다고 해서 거대한 집단의 충성도가 높아진다는 보장도 없었다. 미람보는 자신이 벌인 전쟁에 역사적 의미를 부여함으로써 수도 우람보를 정치적으로 좀 더 의미 있는 유산으로 남기고자 했다. 그러나 줄루의 샤카가 그랬던 것처럼 궁극적으로는 실패로 돌아갔다. 새로운 국가의 존재 이유가 상업의 자유와 군사적 모험주의였기 때문이다. 이 두 가지 명분은 유럽이 아프리카에서 새로운 강자로 떠오르던 시기와 어울리지 않았다. 그럼에도 아프리카인들이 지구적 경제에 편입하려고 애를 쓰던 모습이나 새로운 형식의 정치적 구조를 만들어 내려던 모습을 봐서는, 식민 통치가 시작될 때 어떤 결과가 나올지 짐작할 수 있었다.

새로운 아프리카 국가들이 출현하는 동안에 해양에서 무역을 하던 세력들은 탕가니카 호수를 지나 콩고 동쪽으로 침투해 들어갔다. 1860~1870년대를 거치면서 이들 해안 세력은 열대우림 지역과 무역을 하거나 전쟁을 벌이면서 영향력을 키워 갔다. 상아와 노예사냥은 여러 지역을 황폐하게 만들었다. 아랍인들은 사분오열된 집단을 미끼로 삼고, 기존 세력의 정치적 권한이 약화된 틈을 타서 무장 노예와 포로들을 데리고 사적인 군대를 만들었다. 그리하여 탕가니카 호수의 서쪽 지역은 폭력에 휩싸이게 되었다. 물론 '티푸 팁'이라고 알려진 하메드 빈 무함마드(Hamed bin Muhammad)처럼 가장 강력한 약탈자들이 활동하는 가운데서도 어느 정도 질서는 유지되었다. 티푸 팁은 당시 가장 살벌한 카라반 상인을 대표하는 인물이었다. 1830년대에 잔지바르에서 아랍인과 아프리카인 부모 사이에 태어난 티푸 팁은 1860년대에 타보레에 근거지를 두고 있다가 1870년대에 상아가 풍부한 콩고 동쪽의 테텔라 지역으로 자리를 옮겼다. 그는 무력으로 상당한 영향력을 확대한 다음에 잔지바르의 동쪽까지 상아를 가득 실은 카라반을 보냈다. 그러기 위해서는 미람보의 영토를 반드시 통과해야만 했는데 다행스럽게도 미람보와 우호적인 관계를 유지하고 있었다. 티푸 팁은 상업적·군사적 힘을 등에 업고 부자가 되었지만, 벨기에가 콩고를 분단시키면서 권세가 약화된 끝에 잔지바르로 망명하게 된다.

티푸 팁이 활동하던 지역에는 대규모 중앙집권 국가가 없었기 때문에 자신의 의지대로 여러 나라를 복속시킬 수가 있었다. 티푸 팁은 미람보를 무척 존경했다. 이는 강력한 정치체제를 장악하고 있던 인물에게는 그가 얼마나 조심스럽게 접근했는지를 잘 보여 준다. 한편 다른 지역에서는 아랍의 무역상인들이 우냔옘베나 콩고 동부에서 겪은 것과는 질적으로 다른 경험을 하고 있었다. 1860년대에 케냐의 내륙에서는 마사이와 키쿠유, 난디(Nandi)가 아랍 카라반들의 침투를 성공적으로 막아내고 있었다. 아랍의 카라반들은 캄바 중개인들을 건너뛰고자 했다. 아프리카 내륙의 마사이를 무시무시한 집단의 전형으로 만든 것은 사실 이들 아프리카 상인들이 스와힐리의 상인들을 겁주려고 한 일이었다.

빅토리아 호수 주변의 아랍 상인들은 카라그웨에 어느 정도 정치적 영향력을 행사할 수가 있었지만, 호수의 북쪽은 상황이 달랐다. 그곳에는 부간다 왕국이 있었다. 아랍 상인들은 1844년이 되어서야 부간다 왕국과 첫 접촉을 하게 되었다. 간다(Ganda)의 관점에서 볼 때 그들은 이곳에서 성공적으로 사업을 수행하고 있었다. 그들은 간다 당국의 주도면밀한 감독을 받으며 거주 구역이 있는 수도에만 머무를 수가 있었다. 그들은 일반적으로 부간다 안쪽으로 들어가거나 그 너머로 나아갈 수가 없었다. 그럴 필요가 있을 경우에는 간다 안내원이 동행했다. 순나(Suna, 재위 1830~1857)와 무테사(재위 1857~1884), 두 지도자는 노예와 상아를 적절하게 거래하여 총포류와 의복을 비롯한 갖가지 상품과 교

그림 7 부간다 왕국의 카바카 무테사(1870년대 후반)

환했다. 교환된 상품들은 고도로 경쟁적인 상업과 군사 문화를 가지고 있던 부간다에 꼭 필요한 물건들이었다. 수입산 면제품은 엘리트들의 패션을 완전히 바꾸어 놓았을 뿐 아니라 변화무쌍한 사회경제적 욕망을 반영했다. 총포류는 군사기지로 재빨리 흘러들어 갔다. 무테사는 총포류의 잠재력을 특히 잘 알고 있었다. 빅토리아 호수 지역을 둘러싼 무역 통제권을 놓고 벌어진 경쟁은 간다로 하여금 상업적인 이득을 취하기 위해 어쩔 수 없이 군사적인 수단을 사용하게 만들었다. 노예사냥은 군대의 역할 가운데 매우 중요한 의미가 있었는데, 그 때문에 부뇨로와 부소가 그리고 서쪽에 있던 몇몇 주변 국가와 갈등이 불거지게 되었다.

니암웨지의 경우와 마찬가지로, 간다가 상업의 기회를 맞아 보인 반응은 무척 역동적이고 공격적이었다. 그런데 1870년대에 이르러 군대가 영토에 대해 지나친 야심을 보임으로써 오히려 역효과를 내게 되었다. 간다의 군사적인 기풍이 그 왕국의 한가운데에서 벌어진 정치적인 긴장 탓에 약해졌기 때문이다. 외지에서 들여온 신앙 문제를 놓고 벌인 세대 간 갈등도 그중 하나였다. 그런가 하면 제대로 훈련을 받지 못한 군인들이 총포류를 남용하게 되면서 왕국의 군사력이 오히려 떨어지는 측면도 있었다. 1840~1850년대 이래 간다는 호수를 남북으로 가로지를 수 있는 카누 함대를 만들어 호수 지역의 상권을 장악하고자 했다. 1870년대까지 이 지역 최대의 노예 수출국은 부간다였다. 부간다의 '해군'은 그야말로 놀라웠다. 그러나 간다 왕국은 무테사가 바라던 바대로 외부의 정치적·경제적 환경에 자신을 뚜렷하게 각인시키는 데까지는 이르지 못했다. 1880년대 말에 무테사가 경험이 보잘것없는 젊은 음왕가에게 왕위를 이양하자 부간다는 내부적으로 정치와 종교적인 긴장으로 골머리를 썩이게 되었다. 새롭게 떠오르기 시작한 부뇨로와도 심각한 갈등을 겪게 되었다. 결국 간다는 영국과 손을 잡고 주변 지역을 식민화시키고는 나라 이름을 '우간다'로 바꾸었다. 미래의 식민지 영토에 사용될 이름이었다.

동북부 아프리카의 국가, 갈등, 무역

17~18세기에 기독교 왕국은 정치적 중력의 중심을 계속 북쪽으로 옮겨가 곤다르에 영구적인 수도를 세웠다. 이 과정에서 티그레이 지역은 완전한 국가로 통합되었다. 홍해 지역에서 무역이 확장됨에 따라 오늘날 에티오피아의 중심이 북쪽으로 이동하게 되었다. 한편 오로모가 이주해 옴에 따라 남쪽 지역으로부터 압력이 가중되었다. 고원지대로 이동한 오로모는 그 지역의 정치와 경제 그리고 문화적 맹주가 되어 '하베샤' 사회의 본성을 완전히 뒤바꾸어 놓았다. 무슬림이 많았지

만 기독교 정교를 채택한 이들도 많았다. 기독교 정교는 암하라와 티그레이 문명의 초석을 놓았다. 이 두 문명은 암하라 문화로 흡수되어 깊은 영향을 미쳤다. 어떤 오로모 집단은 쇼아와 동쪽 단층애 지역의 하베샤 정치체제에 반하는 자기들만의 국가를 세우기도 했다. 시간이 지나면서 일부 오모로는 암하라 중에서도 상당한 정치적·군사적 권력을 휘두르는 지위를 확보하게 되었다.

18세기 후반에 이르러 취약하기 이를 데 없었던 제국의 중앙권력이 붕괴되자 솔로몬의 후예를 자처하던 통치자들은 명맥만 남게 되었다. 솔로몬의 후예들이라는 명칭은 계보학적 전통에 따른 것으로 이들은 스스로를 솔로몬 왕의 적자들이라고 주장했다. 그리고 이것은 제국 이데올로기의 중심적인 신화가 되었다. 1760~1770년대에 발생한 정치적 분열은 기실 몇 세기 전부터 시작된 과정의 정점에 지나지 않았다. 고대 악숨 왕국이 몰락한 이후로 오늘날의 북부 에티오피아와 중부 에리트레아에서는 상업적·군사적 권력이 기원후 1세기부터 8세기까지 출현하여 팽창과 모순의 시기를 지나고 있었다. 정치적·군사적 권력은 언제나 특정 지역에 뿌리를 내리고 있었다. 자치 지역은 물론이고 여러 공국들과 독립적인 지위를 유지하고 있던 왕국들조차도 솔로몬의 후예라는 신화와 실제 권력을 장악하고 있던 집단에게 정기적으로 공물을 상납했다.

암하라 말로 제메네 메사핀트(Zemene Mesafint), 즉 '왕자들의 시대'라 불리던 1770년대부터 1850년대까지 이 지역의 토후 세력들은 솔로몬의 중앙정부로부터 완벽한 독립성을 띠게 되었다. 그 후 이들은 이 지역의 무역과 자원 그리고 중앙 권력의 기호와 상징을 놓고 서로 갈등을 벌이게 되었다. 이제 막 잎이 돋기 시작하던 장거리 무역을 장악하기에 지정학적으로 좋은 위치에 있던 티그레이가 에티오피아의 북쪽 지

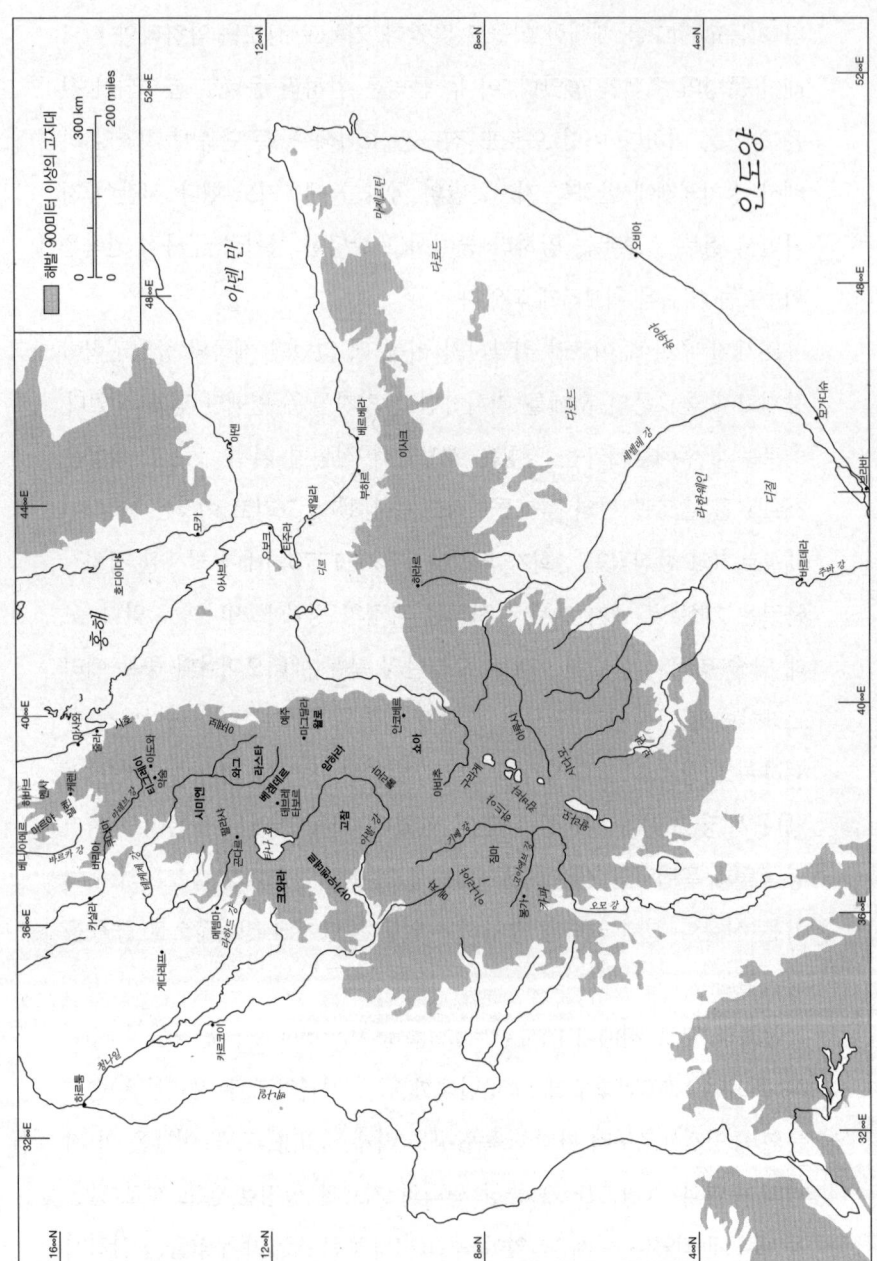

지도 9 19세기의 뿔 지역 아프리카

역에서 중추적인 세력으로 성장해서 18세기 말 미카엘 왕자가 통치하던 시기의 곤다르에 통제력을 행사했다. 19세기 초반 이후로는 북쪽으로 세력을 확장하여 에리트레아의 고원지대를 지나 해안 지대까지 진출하기도 했다. 티그레이가 상당한 양의 화력을 축적하고 있는 동안에, 쇼아 왕국은 남쪽 지역에서 19세기 초에 영토를 재탈환하려고 침략해 온 오로모와 전쟁을 벌이고 있었다. 그 몇 십 년 동안에 쇼아는 살레 셀라시에(Sahle Selassie)의 주도로 이 지역의 상권을 장악했다. 동시에 암하라는 뒷날 에티오피아 제국이 되는 나라의 주춧돌을 놓았다.

격심한 지역주의는 암하라 영토의 끝에 붙어 있던 콰라 지역 출신인 카사(Kassa) 왕자의 출현과 더불어 막을 내렸다. 1840년에 카사는 영적인 지도자로 명성을 쌓기 시작했다. 하여 그가 이끄는 군대는 그 지역의 지배 엘리트들을 일거에 접수할 수 있는 수준으로 확장되었다. 후에 테오드로스로 이름을 바꾼 그는 다소 의심스럽지만 솔로몬의 후예임을 자처했다. 1850년대 초부터 몇 차례의 전투를 치른 후 1855년에 스스로를 황제라 칭했다. 그해는 제메네 메사핀트가 종식된 해였다. 테오드로스는 중북부 에티오피아 전체를 통일했다. 지난 세기에 이룩했던 그 어떤 통일보다도 더 대단한 것이었다. 순전히 무력만으로 통일을 이루었기에 그가 통치하던 지역에서는 항시 반란이 끊이지 않았다. 그렇지만, 테오드로스는 몇 년 안에 토지세를 정상화한 것은 물론이고, 지나치게 강력해진 정교회를 통제함과 동시에 자신의 군대를 좀 더 전문적으로 훈련시키는 데 많은 공을 쏟았다. 북아프리카의 다른 지도자들과 달리, 에티오피아를 산업 국가이자 상업 국가로 탈바꿈하는 데도 많은 노력을 기울였다. 이는 유럽이 어떤 과정을 통해서 '강건한' 지역이 되었는가에 대한 이해를 기초로 한 것이었다. 이러한 목적을 달성하기 위해 그는 유럽의 전문가 집단을 초청하여 군대를 '현대화'하는 데 활용했다. 이를 위해 그는 유럽의 화기를 수입하려 했지만 성공하지 못했다. 대외 정책을 집행하는 과정에서도 그의 시야는 매우 폭이 넓었다. 물론 국내 정책에 비해 비현실적인 점들도 눈에 띄었다. 그는 자신이 통치하는 나라와 힘이 엇비슷한 유럽의 여러 나라들과 종교적·상업적·정치적 제휴를 맺고자 했다. 테오드로스는 이집트와 오스만제국을 포섭한 이슬람을 에티오피아 기독교 왕국의 오랜 적으로 규정했다. 그리고 무엇보다도 에리트레아의 해안 지대를 에티오피아에 돌려줄 것을 요구했다. 뿐만 아니라 그는 자신의 솔로몬 혈통을 앞세워 예루살렘을 회복하고자 했다. 그는 예루살렘이 무슬림의 손아귀에 들어간 것을 매우 애석하게 생각했다.

1860년대 초에는 분개한 성직자들이 사주한 민란이 여기저기에서 일어났다. 그중 북쪽에서 벌어진 민란이 가장 거셌다. 이 지역에서 테오드로스는 티그레이와 에리트레아 고원지대에 대한 통제력을 거의 상실한 상태였다. 폭력이 꼬리에 꼬리를 물고 이어졌고 테오드로스는 잔혹하게 반란을 진압했다. 그러나 진압의 강도가 잔혹하면 잔혹할수록 반란은 더욱 가열차게 전국으로 퍼져 나갔다. 특히 농민들은 대단히 포악한 황제의 군대에 아주 적대적이었다. 1866년부터 1867년 사이에 점차 안정감을 잃어 가던 테오드로스는 여러 정치적 난적들을 만나게 되는데, 그중 하나가 쇼아의 왕인 젊은 메넬리크였다. 이때 테오드로스에게는 고원지대의 동쪽 끝에 붙어 있는 마그달라(Magdala)라는 '요새'밖에 남아 있지 않았다. 그러나 그를 궁극적으로 파멸시킨 힘은 내부의 민란이 아니라 외세의 개입이었다. 1860년대 중반에 그는 적당한 때에 답장을 하지 않았다는 이유로 빅토리아 여왕에게 수모와 모욕을 당했다. 화가 난 그는 영국인을 포함한 유럽인 몇 명을 사슬에 묶어 상황이 바뀔 때까지 감옥에 가두었다.

1867년과 1868년 사이에 영국 정부는 결국 군대를 파견했다. 이는 당시로서는 엄청나게 많은 비용인 약 9백만 파운드가 들었다. 영국 군대는 에리트레아 해안 지대에 있는 줄라 만에 상륙해 고원지대로 치고 들어가 테오드로스의 군대를 격파했다. 황제는 적군의 포로가 되기보다는 자살을 선택했다. 영국은 원정을 감행하면서 테오드로스 황제에게 적들이 많다는 사실을 활용했다. 그들은 티그레이 영토를 이용하기로 했다. 티그레이는 영국에게 잠재적으로 적대적이긴 했다. 그러나 라스 카사(Ras Kassa)라는 통치자의 협력을 끌어내는 데 아무런 문제가 없었다. 라스 카사는 후에 솔로몬의 왕좌를 차지하고자 했다. 영국군은 유럽의 인질들을 풀어 준 다음에 테오드로스의 막내아들인 알레마유(Alemayu)를 볼모로 데리고 재빨리 철수했다. 영국의 럭비 학교에서 원하지 않던 교육을 받던 중 알레마유는 1879년 정체불명의 이유로 사망하게 된다.

잠깐의 휴지기와 지역 간에 벌어진 권력 투쟁기를 거친 후 티그레이의 라스 카사는 1872년 에티오피아의 황제 요한네스 4세로 등극했다. 그는 황제의 자리에 오르자마자 테오드로스의 뒤를 이어 제국을 통일하고 영토를 확장하는 일에 매진했다. 그렇지만 그는 테오드로스와 달리 군사력만을 믿지 않고 외교력을 강화했으며, 지역의 엘리트 가족 간의 결혼을 장려했다. 아주 오래된 전통을 활용해 정치적 안정을 꾀하려 했던 것이다. 그는 이 결혼 전통을 부활시켜 메넬리크 가문과 제휴를 이끌어 내고자 했다. 제국의 왕좌를 꿈꾸고 있던 메넬리크는 때를 기다리고 있었다. 요한네스는 이런 묘책들을 활용해 내부의 정치적 안정은 꾀할 수 있었다. 그러나 해안 지대에 출현한 이집트인들 때문에 그의 대외 노선은 곤란을 겪고 있었다. 요한네스는 오늘날의 에리트레아와 그 주변의 해안 지대를 영토적으로 점유하고 있었다. 이 영토를 매개로 그는 이집트와 다소 불편하면서도 상징적인 관계를 맺고 있었다. 1880년대 중반에 이집트는 결국 영국과의 관계 때문에 이 지역에서 철수를 해야 했다. 그러자 아사브(Assab)라는 해안 지대에 이미 전초기지를 두고 있던 이탈리아인들이 그 자리를 재빠르게 대신했다. 기실 요한네스의 유일한 근심거리는 그의 충직한 심복인 라스 알룰라(Ras Alula)가 지키고 있던 북부 전선이었는데, 또 하나가 늘게 되었다. 수단의 마디스트(Mahdist, 수단의 이슬람 원리주의자—옮긴이)들이 북서쪽에 세운 나라였다. 그곳에서 봉기가 일어났기 때문이다. 요한네스는 1889년에 마디스트들과 교전을 벌이다가 결국 숨을 거두었다.

요한네스가 예기치 않게 죽게 되자 에티오피아 제국 내에서 티그레이의 독점적 지위도 막을 내리게 되었다. 이후로 티그레이는 약 100여 동안 이 독점적 지위를 회복하지 못했다. 티그레이의 몰락과 더불어 권력은 자연스럽게 쇼아의 왕인 메넬리크에게 양도되었다. 1889년부터 1906년까지 그는 현대적인 에티오피아를 건국하는 데 힘을 쏟았다. 1906년에 그는 중풍에 걸려 다리를 절게 되지만 1913년 사망하는 시기까지 권좌를 지켰다. 그는 보위에 오르자마자 해안 지대에 대한 영토적 점유권을 즉시 철회하고 에리트레아를 이탈리아에게 이양했다. 심지어는 1896년에 벌어졌던 아드와(Adwa) 전투에서 준비가 철저하지 못했던 이탈리아를 상대로 압도적인 승리를 거두었음에도 불구하고, 그는 전임자들과 달리 에리트레아를 접수할 욕심을 내지 않았다. 그가 아드와 전투에서 거둔 승리는 유럽이 아프리카를 분할하던 시기에 벌어진 전투 가운데 아프리카의 지도자가 유럽을 상대로 싸운 전투에서 거둔 유일한 승리였다. 아드와 전투의 승리로 인해 그는 북부 전선을 안정시킬 수 있었고, 유럽으로부터 에티오피아의 국가 주권을 인정받을 수 있었다. 이를 통해 메넬리크는 자신의 조국을 아프리카의 다른 국가들이 당하고 있던 식민지 경험에서 제외시킬 수 있었다. 뿐만 아니라 남쪽과 동쪽으로 경작할 토지를 넓게 확보하는 데 공력을 집중해 이웃한 지역을 점령하고 있던 유럽의 식민 제국들로부터 영토적 권위도 인정받았다. 그 무렵 암하라의 지배력은 남쪽으로는 토질이 좋은 오로모의 땅은 물론이고 소말리의 오가덴 지역까지 미쳤다.

메넬리크는 이 새로운 제국을 전략적인 유격대 군대를 통해 관리했고, 영토를 통제하는 권력을 주의 깊게 분배함으로써 권력의 안정을 꾀했다. 그는 여러 모로 테오드로스와 닮은 구석이 많았다. 그러나 좀 더 성공적으로 '현대적인' 에티오피아를 건설하기 위해 그는 철도는 물론이고 현대적인 수도를 아디스아바바에 건설했다. 그리고 이곳에 은행 제도와 통신 기반 시설 등을 구축했다. 그는 유럽인들을 고문으로 초대하기도 하고, 에티오피아인들을 유럽으로 유학시키기도 했다. 메넬리크의 새로운 국가는 시골과는 다른 도시적인 창조물에 가까웠다. 유럽의 대사관들이 처음으로 생긴 곳도 아디스아바바였다. 이는 유럽이 아프리카의 국가적 주권을 인정한다는 신호탄이었다. 유럽의 지배력이 조금씩 밀려들어 오던 시기에 동부 아프리카는 물론이고, 그 지역을 넘어 이와 같은 놀라운 업적을 이룩한 정치적 집단은 어디에서도 찾아볼 수가 없었다.

3장

남쪽 변경
남부 아프리카의 식민지와 혁명

　19세기의 남부 아프리카도 같은 시기의 '대서양 아프리카'나 '인도양 아프리카' 지역에서 벌어지던 일을 경험했다. 상업망을 확장하고 지역 경제가 세계경제에 편입되어 가는 가운데 유럽의 영향력이 갈수록 커졌다는 점도 비슷했다. 그런데 아주 커다란 차이가 하나 있었다. 그것은 유럽이 남부 아프리카의 경우 단순히 상업적인 이유만으로 그곳에 주둔하지 않았다는 점이다. 이는 남부 아프리카의 현대사를 규정하는 문제를 둘러싸고도 핵심적인 쟁점이 되고 있다. 백인들은 희망봉을 비롯하여 기후가 온후한 주변 지역에 장사를 할 목적이 아니라 정착할 목적으로 찾아왔다. 그러다가 결국 그들은 내륙의 고원지대로도 이동을 하게 되었는데, 그 놀라운 목초지는 체체파리로부터도 자유로웠다. 이곳에서 그들은, 19세기 사하라사막 이남에 위치한 아프리카 국가들 가운데에서 가장 역동적으로 확장해 나가던 아프리카 집단들을 만나게 되었다. 백인 정착민들은 당연히 이들 아프리카 집단들과 협력 및 갈등 관계를 형성했다. 그러나 바깥의 식민지가 지역 내의 정치적·군사적 혁명과 상호작용을 일으키면서 백인들은 림포포 강 남쪽 지역의 흑인들과 갈등을 겪게 되었다.

가축은 19세기 이전 잠베지 강 이남에 있던 아프리카 사회에서 국가의 성장과 존립, 부의 창조에 핵심적인 요소였다. 가축을 소유하고 있다는 것은 곧 정치적인 권력을 잡고 있다는 것을 의미했다. 동시에 초기 지방 권력의 기반을 세우는 데 필요한 물질적인 토대를 제공할 능력이 있음을 의미했다. 이 지역의 집단들은 일부다처제와 여성들의 노동력에 극단적으로 의존하는 경제제도를 유지하고 있었다. 특히 농사를 짓는 곳에서는 더욱 그랬다.

사방이 탁 트인 건조한 초지가 많은 오늘날의 보츠와나에서 초기 권력 집단이 출현했다. 이 집단은 언덕 위에 모여 살면서 목축과 경작을 겸하고 있었다. 그레이트짐바브웨 또한 이와 유사한 사회·경제 제도를 공유했다. 쇼나 왕국인 그레이트짐바브웨는 돌로 만든 건축물로 유명했다. '짐바브웨'라는 단어도 쇼나 말로 '돌로 만든 장소'라는 뜻이었다. 이 석조 건축물의 정점은 15세기 초까지 거슬러 올라간다. 그레이트짐바브웨가 번영을 이루게 된 것은 금광 사업 덕분이었다. 이는 10세기부터 18세기 사이에 평원지대에서 이루어지던 가장 핵심적인 사업이었다. 그레이트짐바브웨는 장차 짐바브웨의 이주자들이 건설한 무타파(Mutapa)에 자리를 내주게 된다. 무타파는 황금과 지역의 무역망을 잘 활용할 줄 알았다. 이들은 이 무역망을 통해 중남부 아프리카 세력들을 인도양과 연결시킬 수가 있었다. 스와힐리 국가 또한 내륙의 평원지대에서 채굴되고 있던 금의 덕을 톡톡히 보았다. 금을 통해 국가의 재정적 기반을 세울 수 있었기 때문이다. 금은 동시에 포르투갈인들의 욕심을 자극해 16세기 내내 잠베지 계곡을 장악하려던 시도를 멈추지 않게 했다. 이들의 시도는 결국 질병과 무타파의 저항에 부딪혀 좌절되고 말았다.

동남부의 저지대는 19세기 내내 이 지역의 정치적인 발전소였다. 아프리카의 국가적 관점에서 볼 때는 그랬다. 1700년대 이전까지 반투어 집단에 속하는 응고니어 사용자들은 스스로를 작은 집단으로 조직하는 경향이 강했다. 이는 분명 영토를 중심으로 한 정치 행태였다. 이 지역에 산재해 있던 수많은 언덕들이 계곡을 중심으로 분리되었다. 이 계곡을 따라 상대적으로 높은 강우량을 보이던 평원지대의 강물이 인도양으로 흘러갔다. 이 지역에는 다양한 형태의 목축 및 농업 자원이 풍부했다. 그 덕분에 소규모의 가족 집단들이 서로 독립적으로 존재하면서 느슨한 연대를 형성하고 있다가 필요에 따라 좀 더 큰 형태의 권력 집단으로 재구성되기도 했다. 이웃하고 있던 코이산 집단들이 대표적인 사례로, 이들은 여러 집단이 하나로 합쳐져 좀 더 큰 규모의 권력 집단을 형성했다. 그런데 특별하게도 북부 지역의 응고니는 18세기에 의미심장한 변화를 겪었다.

1700년 무렵 이후로 여러 응고니 권력 집단들은 세력을 확장하는 과정에서 좀 더 작은 규모의 권력 집단들을 흡수해 버렸다. 정치적인 측면에서 이러한 팽창의 원인이 무엇이었는지를 규명하는 일은 생각해 볼 문제이지만, 분명한 것은 이 과정이 부족한 자원을 서로 차지하려고 극심한 경쟁을 벌이는 가운데 벌어졌다는 점이다. 평년과 달리 아주 비가 많이 내린 해에 포르투갈인들이 이 지역으로 옥수수를 가지고 왔다. 그 덕분에 인구가 크게 증가했고 동시에 좀 더 많은 땅이 문명을 일구어 나갈 수 있었다. 목장의 질이 개선되자 가축의 규모도 달라졌다. 상업의 팽창 또한 해안에서 출현한 포르투갈인들 덕분에 동부 아프리카에서와 마찬가지로 국가를 형성하는 힘으로 작동했다. 그 어느 때보다도 부유하고 안정적일 뿐 아니라, 좀 더 대중적인 권력이 인도양으로

가는 황금 알을 낳는 무역로를 장악하고자 했다. 특히 상아 수출을 둘러싼 다툼은 해안 지대에 가까이 있던 사냥터를 장악하기 위한 경쟁을 한껏 드높였다.

  18세기가 다가오면서 경쟁은 강화되고 정치적인 규모도 확대되었다. 이는 영토의 확장을 꾀하던 집단들 사이에 군사주의가 증가하고 있었음을 의미했다. 오랫동안 응고니 사회의 핵심 역할을 하던 연령별 시스템이 좀 더 중요한 임무를 수행하게 되었다. 청소년기, 실제 전쟁을 수행하는 성년기, 그리고 노년기로 지위에 따라 각기 다른 임무를 부여하던 체계를 하나로 통합함으로써 사회 전체를 좀 더 효과적인 하나의 군사 집단으로 조직할 수 있었다. 이를 통해 좀 더 확장된 사회가 요구하는 목적을 공격적으로 추구할 수 있었다. 18세기 말에 북부의 응고니는 점차적으로 중앙집권적인 권력을 구축해 가던 세 부류의 지배적인 집단으로 합병이 되었다. 소부자(Sobhuza) 추장의 지배를 받던 응과네(Ngwane)와 즈위데(Zwide)의 통제 아래 있던 은드완드웨(Ndwandwe) 그리고 딩기스와요(Dingiswayo)의 치하에 있던 음테트와(Mthethwa)가 그들이었다. 하지만 이들 세 집단이 불편하지만 간신히 유지하던 권력의 균형은 18세기가 접어들 무렵 산산조각이 나고 말았다. 한편, 그렇게 많이 오던 비가 더 이상 내리지 않게 되자 가뭄과 기근이 재빠르게 그 자리를 대신했다. 그러자 물이 잘 도는 목초지와 농사를 짓기에 좋은 땅과 같은 자원을 장악하는 일이 생존의 필수적인 조건이 되었다. 그래서 19세기 초에는 이런저런 갈등이 좀 더 첨예해졌다. 응고니끼리 벌인 전쟁으로 인해 극적인 형태의 정치적·군사적 혁명이 발생하게 되었고, 이는 남부 아프리카의 내륙과 그 너머로 심각한 반향을 일으키며 퍼져 나갔다.

전쟁과 혁명, 줄루의 패권

오늘날의 문학과 유럽인들의 대중적 상상력이나 학문 정신 그리고 텔레비전과 영화는 줄루 왕국의 탄생과, 특히 그 왕국의 유명한 지도자이자 어떤 의미에서는 시조가 되는 샤카를 둘러싸고 많은 이야기를 전하고 있다. 앞으로 살펴보게 되겠지만, 유럽이 제공한 19세기의 줄루 역사는 이와 같은 뜨거운 매혹을 정당화하는 데 동원된 바가 컸다. 뿐만 아니라 샤카의 정치적이고 군사적인 천재성을 부각시키기 위해 샤카의 개인사를 조작한 측면도 없지 않았다. 그렇지만, 반드시 명심해야 할 것이 있다. 그것은 응고니의 혁명은 18세기에 시작되었고, 그때는 줄루가 거대한 정치적 변화의 일부, 그중에서도 별로 중요하지 않은 일부의 변화만을 소화해 낼 수 있었던 때였다는 점이다. 샤카가 개인적으로 창조한 것이나 다름없는 줄루 왕국은 연령대별로 연대를 편성한 것에서부터 새로운 전투 대형을 도입한 것, 그리고 새로운 무기와 정치적 규모에 변화를 가져온 것 등에 이르기까지 실로 많은 변화를 창달했다. 이를 통해 샤카와 줄루 왕국은 깜짝 놀랄 만한 성과를 이룩해 냈다. 그렇지만 이 성과들이 줄루 그 자체를 혁신하는 데까지는 나아가지 않았다.

또 한 가지 중요한 점은 19세기 초에 남부 아프리카에서 벌어진 사건들을 다시 볼 필요가 있다는 점이다. 논쟁적인 측면이 많기 때문이다. 한 가지 예를 들어 보자. 남부 아프리카 내륙을 집어삼킨 일련의 전쟁과 그 결과들을 코사어로는 '음페카네'(mfecane), 즉 '절망과 굶주림'이라고 부르고, 소토 어로는 '디파콰네'(difaqane), 즉 '뿔뿔이 흩어짐'이라고 부른다. 그런데 이는 식민주의, 나아가 아파르트헤이트 국가를 정당화할 생각을 가지고 있던 유럽인들에 의해서 의도적으로 과장된 측면이 있다. 그럼에도 불구하고 이와 관련한 역사적 의견들을 모아 보면 음페카네가 결국 줄루 왕국의 출현을 도왔고, 이는 음테트와와 은드완드웨 그리고 응과네와 같은 동남부의 저지대에 있던 응고니 왕국들로부터 기원한 것이라는 쪽으로 중지가 모아지고 있다. 이는 또한 빈약한 자원 탓에 영구적인 전쟁 상태에 돌입할 수밖에 없었던 지역의 사정을 반영하기도 했다. 이러한 이유 때문에 상대적으로 규모가 작은 권력 집단을 흡수하여 좀 더 중앙집권적이고 군사 중심적인 왕권을 강화하는 일은 어쩌면 당연했다.

음페카네는 1816년부터 1819년 사이에 절정에 이르렀다. 이 시기는 소부자의 응과네가 북쪽으로 쫓겨났던 시기였다. 그 후 은드완드웨와 음테트와 간에 전쟁이 벌어졌고 은드완드웨가 음테트와의 지도자 딩기스와요의 죽음을 틈타 전쟁의 승기를 잡아가던 때였다. 그러나 딩기스와요 군의 사령관이자 조그만 줄루 집단 출신인 샤카가 등장해 여러 차례 벌어진 전투에서 은드완드웨를 물리치고 이 지역의 통제권을 장악했다. 샤카는 다른 응고니 집단도 차례로 물리쳐 이들을 북쪽으로 쫓아냈다. 이 당시 샤카에게 쫓기던 패잔병들이 중남부와 동부 아프리카 전역으로 퍼져 나갔다. 은데벨레의 지도자였던 음질리카지(Mzilikazi)는 림포포 강을 넘어 오늘날의 짐바브웨에 정착을 했고, 나머지 다른 집단들은 잠베지 강을 넘어 오늘날의 말라위 지역으로 피신했다. 문화와 군사 조직 면에서 체와(Chewa)에 커다란 영향을 미친 집단이 바로 이들이었다.

1840년대와 1850년대에 멀리 탄자니아 북쪽까지 도망간 집단들도 있었다. 이들은 탕가니카와 빅토리아 호수 지역까지 나아가 이 지역에 엄청난 변화와 파괴의 바람을 일으켰다. 이 집단들은 가는 곳마다 문제를 일으켰는데, 대표적인 것이 노예사냥이었다. 이들은 노예사냥에 매우 적극적이어서 림포포 강과 대호수 주변에 이미 정착하고 있던 사람들과 마찰을 일으켰다. 남쪽에서 벌어진 줄루와의 전쟁을 피해 북쪽으로 이주한 응고니 집단은 새로운 형태의 국가 체제와 전쟁 수행 방식 등을 새로운 지역에 소개했다. 이는 음페카네가 벌어진 지 몇 십 년도 지나지 않아서 이루어진 일이었다. 그 밖의 국가 및 사회들은 줄루의 위협을 피해 자체적인 방어를 목적으로 구축된 것이었다. 모쇼에쇼에(Moshoeshoe)가 이끌던 소토가 가장 대표적이었다. 모쇼에쇼에는 오늘날의 레소토에 해당하는 산악 지대에 요새를 건설하여 수많은 도망자 집단들을 끌어들였다. 그의 외교력은 가히 잠언과도 같았다. 그는 이웃한 추장들과 혼인 동맹을 맺고 동시에 영국과 보어인들 사이를 왔다 갔다 하면서 나라의 독립을 유지했다.

줄루의 중요성은 실제적인 인구 숫자와는 아무런 관련이 없었다. 적어도 초기에는 그랬다. 그러나 1819년 샤카가 고도로 중앙집권화된 국가의 수장으로 등극하여 이 지역의 지배 세력이 되면서 사정은 달라졌다. 이는 1879년 영국의 손에 샤카의 왕국이 몰락할 때까지 계속되었다. 그렇지만, 영국에게 정복을 당한 이후에도 줄루는 대단히 강력한 '국가적' 정체성을 식민지 시기와 그 이후까지도 줄곧 이어 갔다. 다시 한 번 강조하지만, 줄루의 등장은 수십 년 전에 이미 시작된 정치적·군사적 혁명을 지속시켜 주거나 상승시켜 주는 힘으로 작동했다. 이를 통해 새로운 형태의 정치 조직이 탄생될 수 있었다. 줄루 왕국은 이 지역에 존재하던 기존의 어떤 왕국보다도 규모가 더 컸다. 샤카는 친족 체계를 뛰어넘어 정치적·군사적 힘에 기초한 새로운 정체성을 건설함은 물론이고 영토적인 통일까지도 이룩해 냈다. 줄루는 동시에 대단히 응집력이 강하고 공격적인 팽창주의 국가를 이룩했다. 샤카는 주변 지역으로 자신의 군대를 보내 공물을 수집하고 종국에는 그 이웃 집단들을 자신의 왕국으로 온전하게 흡수했다. 새로 정복한 지역은 샤카가 임명한 추장들에게 돌아갔다. 일정한 기준을 통과한 젊은이들은 군에 입대하는 영장을 받았다. 샤카에게 끝까지 저항을 멈추지 않았던 지역은 완전히 소멸되거나 아니면 줄루 군대의 화가 미치지 않는 곳으로 도피해야 했다. 응드완드웨와 음테트와 군대를 기반으로 하여 시도한 군 개혁은 고도로 정예화되고 잘 훈련된 영구적인 부대를 조직하는 것으로 이어졌다. 길이가 짧아 손에 쥐고 죽창처럼 찌르기 쉬운 창을 도입하기도 했다. 이는 전투 때 창을 던지는 것보다 훨씬 효과적이었다. 이른바 '소뿔' 작전이라 부르는 것과 더불어 빠르고 기습적인 공격법을 개발하기도 했다. 소뿔 작전이라는 것은 적을 옆에서 제압하는 기술을 일컫는다. 제도는 고도로 중앙집권적이었고, 샤카는 역동적인 부대를 직접 통솔했다. 이 부대는 경제적으로도 매우 유용했다. 젊은 남자들은 목축과 상아 채집에 그리고 부인네들은 나라를 먹여 살릴 경작에 매달릴 수 있었기 때문이다. 나라를 위해 봉사하는 군대식 마을이 왕국의 전역에 퍼져 있었다. 결혼할 나이가 된 특정한 집단만이 마을을 떠날 수 있었다. 한때 전사였던 이들은 마을 어디에든 정착해 농사를 지을 수 있었다.

요약하자면 이렇다. 줄루의 군사 제도는 좀 더 커다란 '민족적 정체성'을 심어 주었다. 과거에 하던 방식대로 지역 중심적이고 친족 중심적인 충성도를 고려하지 않았다. 이를 통해 좀 더 명확한 줄루 의식을 함양할 수 있었다. 이는 최소한 초기 단계에서는 샤카를 제의적으로 숭배하는 모양으로 전개되었다. 샤카가 권위주의적인 지도자였다는 것은 분명하다. 잔인한 구석도 많았다. 그는 자신이 살아온 방식과 비슷한 방식으로 죽었다. 1828년에 선동을 일으킨 이복동생 딩가네한테 살해되었다. 물론 딩가네가 직접 죽인 것은 아니었다. 딩가네는 샤카의 뒤를

그림 8 탁월한 아프리카인, 줄루의 왕 샤카(1816~1828년 무렵)

이어 왕위에 올랐다. 통상적인 견해에 따르면, 샤카는 극도의 정신적 불안에 시달렸다고 한다. 정기적으로 대량학살을 자행했는데, 그때 죽은 혼백들이 나타나 그를 공포에 사로잡히게 했다고 한다. 모든 권력이 그의 수중에 있었으므로, 그를 제거할 수 있는 유일한 방법은 암살뿐이었다고 한다.

음페카네와 줄루 왕국의 출현은 다양한 방식으로 해석되어 왔다. 음페카네는 왜 발생했고, 왜 그런 방식으로 밖에 진행될 수 없었는가라는 질문은 상당히 어려운 질문이다. 이 지역은 늘 격심한 갈등 속에 빠져 있었다는 주장의 상당 부분이 실은 인종차별주의자들이 차후에 나타날 백인의 지배를 정당화하기 위해서 만들어 낸 것이기 때문이다. 혹자는 18세기 후반과 19세기 초반에 나타난 전쟁의 양상을 비롯하여 줄루 국가의 출현이 유럽이 끼친 영향과 깊은 관계가 있다고 주장하기도 했다. 다시 말해, 아프리카인들이 유럽식 지배 모델과 전쟁 모델을 모방했다는 것이다. 이와 같은 인종차별주의적인 가설은 일고의 가치도 없다. 즈위데, 딩기스와요 그리고 샤카 같은 지도자들이 어떤 형태로든지 유럽식 모델에 노출이 되었거나 영향을 받았다는 뚜렷한 증거가 없기 때문이다. 해안 지대의 포르투갈인들이 그런 모델을 제공했다는 설도 있는데, 이는 어불성설이다. 이 가설이 얼토당토하지 않은 이유는 아프리카인들의 힘만으로 그처럼 광대한 정치적 규모의 확장과 군사 조직의 혁명적 개편이 이루어졌다는 사실이 기본적으로 설득력이 없기 때문이다.

또 다른 형태의 좀 더 진지한 해석도 있는데, 땅과 상업을 서로 차지하기 위한 경쟁이 극심했기 때문에 전쟁의 빈도가 높았다는 주장이 그것이다. 인구의 증가와 그로 인한 토지의 부족 때문에 목초지와 가축에 대한 경쟁이 심해졌고, 이 상황은 가뭄으로 인해 더욱 악화되었다는 것이다. 무역의 역할을 지나치게 강조할 필요는 없지만, 음페카네는 상아와 노예무역의 역할을 제대로 이해하지 않고서는 정확히 그 의미를 파악하기가 쉽지 않다. 사실 무역은 응고니의 경우 니암웨지나 요루바와 달리 그다지 활발하지 않았다. 무역의 중요성은 18세기 말이 되어서야 인식되기 시작했다. 다른 아프리카 국가들이 증명하듯이, 19세기가 되어서야 세계 무역이라는 것이 중요하게 부상하고 그것을 독점하고자 하는 시도들도 나타났다.

끝으로 샤카처럼 보기 드물게 개인적인 능력이 출중한 사람들이 있었는데, 이들의 역할도 반드시 인정받아야 한다. 기실 동시대 유럽인들은 음페카네를 둘러싼 많은 것을 샤카 개인의 탓으로 돌렸다. 18세기 말과 19세기 초에 발생한 사건들은 반드시 장기적인 사회경제적 맥락 속에서 이해되어야 한다. 샤카 개인의 공헌은 결코 작지 않았다. 종국에는 정신이 불안정한 상태에 빠지고 말았지만, 영리하고 기회주의적이었던 그는 놀라운 상상력을 동원해 국가를 건설하고 이전에는 결코 존재한 바가 없었던 정체성을 형성했다. 그렇지만 그를 둘러싼 소문들은 대체로 악의적인 구석이 많은데, 이는 그의 사후 몇 십 년 사이에 모닥불을 펴놓고 희희낙락하던 유럽인들에게 오락거리를 제공하려던 측면이 컸다. 그를 둘러싼 소문들이란 그가 나이를 먹는 것을 두려워했다거나, 어머니에 대한 집착이 강했다거나, 결혼도 하지 않을 정도로 성적으로 문제가 있었다는 이야기들이었다.

샤카의 업적은 그의 사후에 나타난 문제들을 보건대 훨씬 극적인 측면이 많다. 그의 후계자인 딩가네(재위 1828~1840)와 음판데(Mpande, 재위 1840~1872)는 정치적으로 상당히 변해 버린 환경과 맞서 싸워야만 했다. 특히, 딩가네에게는 샤카와 견주어 군사적인 정교함과 지도력이 많이 부족했다. 물론 이 문제는 백인 정착민들의 진출 문제와 함께 사유할 필요가 있다. 1830년대 말에 백인 정착민들은 줄루인들에게 가장 심각한 문제였다. 케이프 식민지 방향에서 내륙의 평원지대로 보어인들이 진입해 왔는데, 이들에게는 힘과 자신감이 넘쳤다. 충돌은 불가피했다.

케이프 식민지, 백인의 정착과 '원주민 문제'

남부 아프리카의 근대사는 아프리카인과 유럽인 사이에 벌어진 갈등의 역사라고 해도 과언이 아니다. 20세기에 들어 주도권을 장악한 유럽인들은 오랜 기간 동안 이 지역의 과거사를 왜곡했다. 남부 아프리카의 역사를 '백인의 시각'으로 윤색한 경우가 대표적이다. 그들은 최초의 네덜란드계 백인 정착민들이 오늘날의 남아프리카에 발을 들여놓기 시작한 17세기 무렵에 이르러, 반투어를 쓰고 철기를 사용하던 농부들이 이주해 왔다고 주장했다. 이 가설에 따른다면, 유럽인들이 상륙할 당시 이 지역은 '빈 땅'이나 다름없었다는 말이 된다. 유럽인들은 이 지역에 사람이라고는 손에 꼽을 만큼 얼마 되지 않는 코이산들만 살고 있었다고 주장했다. 또 그들은 이 코이산들을 경멸스런 어투로 '부시먼' 또는 '호텐토트'라고 불렀다. 역사적으로는 올바르지 않지만 정치적으로는 편리한 이 '빈 땅' 가설을 이용하여 백인 소수자들은 이 광대한 지역에 대한 자신들의 권위를 정당화했다. 그러나 차차 보게 되겠지만, 최초의 유럽 백인 정착민들이 상륙을 할 즈음에 이 지역에는 이미 여러 아프리카 국가와 사회들이 존재하고 있었다. 나미비아의 오밤보(Ovambo)와 헤레로(Herero)를 비롯하여 남부 나미비아 및 서남부 케이프의 코이산, 중부 고원지대의 소토(Sotho)와 츠와나(Tswana), 그리고 동남부 지역의 응고니어를 쓰는 이들이 대표적이다.

　남부 아프리카에 백인이 정착한 시기는 17세기 중반까지 거슬러 올라간다. 네덜란드의 동인도회사는 당시 테이블베이(Table Bay)에 소규모 임시 기지를 건설했다. 그 이후로 약 150년 동안 보어인(네덜란드 말로 '농부'를 가리킨다)들은 그들만의 독자적인 정체성과 언어, 문화를 형성해 나갔다. 이들은 후에 '아프리카너'(Afrikaners)라고 불리게 된다. 아프리카너들 가운데에서도 특히 초기에 정착을 시도한 사람들은 무척 거칠고 독립적인 정신이 강한 칼뱅주의자들이었다. 이들은 뒷날 영국의 지배에 저항하는 선봉에 서기도 했다. 뿐만 아니라 케이프 식민지라고 불리던 케이프타운 지역 주변을 장악하여 자신들의 땅이라고 선포한 뒤로 아주 독특한 인종적·종교적 이데올로기를 만들어 내기도 했다. 이들은 처음에는 코이산들에게 먹을 것은 물론이고 마실 물까지 구입할 정도로 친화적이었다.

　그러나 시간이 지나면서 가축들이 풀을 뜯을 땅을 둘러싸고 전반적으로 아프리카 사람들과 갈등을 겪게 되었다. 보어인들은 '정복자의 권리'를 원칙으로 내세우며 그 땅을 소유하고자 했다. 이런 갈등은 17세기 후반과 18세기 초반 들어 더욱 잦아졌다. 더 많은 보어인들이 질 좋은 목초지를 찾아 동쪽 내륙으로 진입해 들어왔기 때문이다. 보어인들은 군사적으로 우월한 지위에 있었다. 한편, 지나가는 배가 퍼트린 천연두 같은 전염병 탓에 코이산들은 보어인 농장을 습격하는 사냥꾼이 되거나 보어인들의 진입로와 멀리 떨어진 북쪽으로 피신해 그곳에다 자신들만의 독립적인 사회를 다시 세워야만 했다. 독립적인 사회를 특별히 선호한 이들은 코이 혈통과 유럽 혈통이 섞인 사람들이었다. 대개 코이산인들은 유럽인 집단 안에서 계급적 지위가 낮았던 터라 주로 보어인들의 가축을 지켜 주는 일을 했다. 사냥꾼이나 하인으로 일하는 사람들도 많았다. 이들은 식민지 사회의 구성원이었지만 결코 시민의 지위를 획득한 적이 없었다.

네덜란드가 케이프 식민지를 통치하던 시절에는 인종 간 관계가 상당히 유연했다. 그러나 시간이 갈수록 그 관계가 경직되어 18세기가 되면 최악의 상태에 이르렀다. 인종 간 분류 체계가 엄격하지는 않았지만, 강력한 위계질서와 피부색에 따른 상대적 특권이 인정되고 있었다. 대개 인종차별주의는 자원을 놓고 최전선에서 경쟁을 벌이던 유럽인들과 아프리카인들의 갈등에서 비롯되었다. 한편, 식민지 내부의 계급적 지위는 피부색이나 직업군과 관련되어 있었다. 가령, '혼혈' 혈통을 가진 노예들은 일반적으로 기술직 노동자로 분류되어 어느 정도 책임 있는 자리를 차지할 수 있었다. 특별한 기술이 필요 없는 자리는 주로 아프리카인들이나 인도네시아에서 수입해 온 노예들에게 떨어졌다. 노예들 가운데에서도 가장 비천한 아프리카 노예들은 가장 험한 막노동을 해야 했다. 이런 구조는 18세기 말부터 줄곧 체계화되어 왔다. 케이프 식민지의 사회와 문화는 노예제도에 큰 영향을 받았다. 노예제도를 규정한 것은 인종이었다. 장차 나타날 남아프리카의 국가와 사회적 틀을 규정하는 데 크게 기여한 것도 바로 인종이었다.

케이프 식민지는 1795년까지 네덜란드의 지배를 받았다. 프랑스에서 혁명전쟁이 발발하던 시기에 영국은 케이프 식민지를 접수했고 1806년부터 케이프 식민지는 영국의 지배를 받게 되었다. 1820년대 이후로 네덜란드계 정착민들은 영국의 이민자들과 어울리게 되는데, 이 두 백인 집단들은 서로 다른 문화적 가치와 언어 그리고 식민지에 대한 전망을 둘러싸고 극심한 갈등을 벌였다. 식민지의 중앙정부에 대한 보어인들의 적대감은 1795년부터 이미 싹트고 있었다. 보어인들은 식민지 통치 시기의 마지막 주부터 몇 차례에 걸쳐 소규모 반란을 일으켰는데,

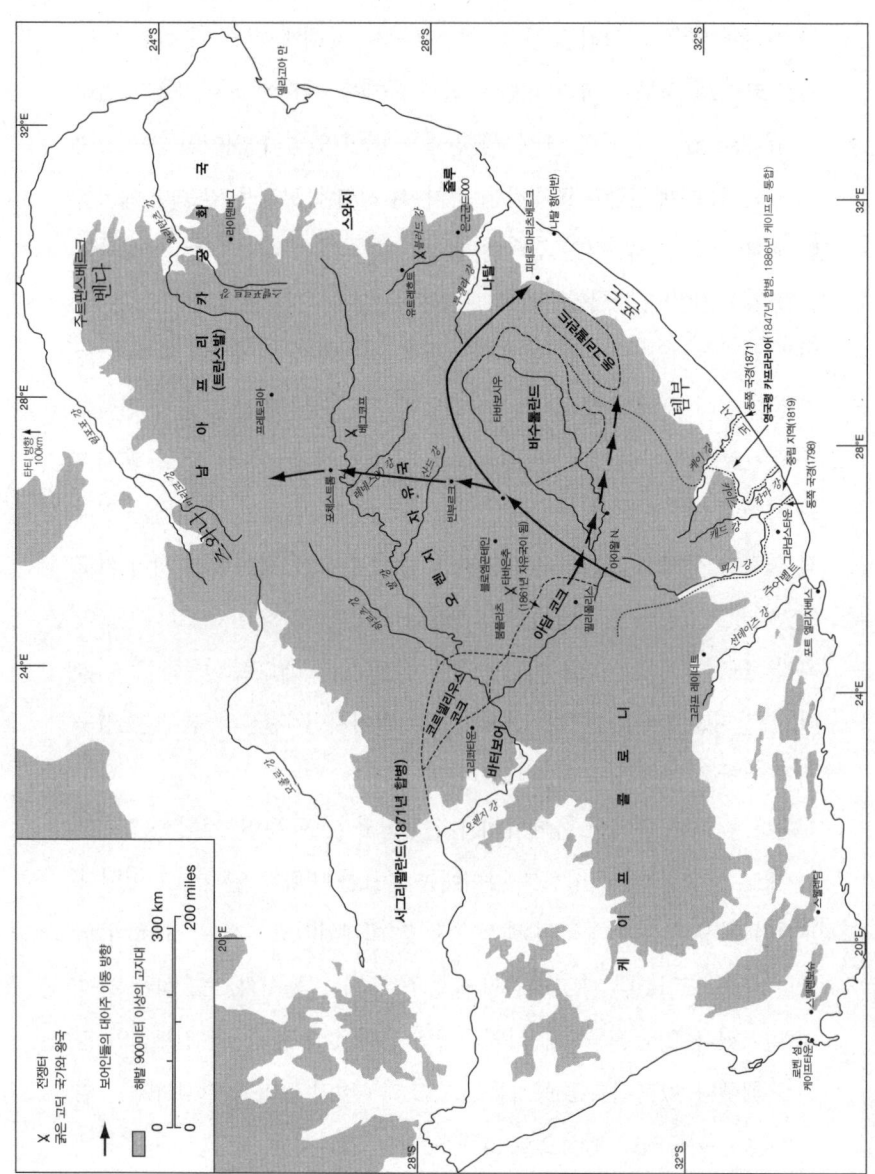

지도 10 19세기의 남부 아프리카

1799년에 영국에 의해 모두 진압되었다. 두 차례에 걸친 이 반란의 동기는 케이프 정부가 땅과 신변의 안전 문제를 둘러싼 보어인들의 염려를 제대로 헤아리지 못한다는 불만과 관련이 있었다. 보어인들이 느끼고 있던 심한 배신감과 고립감은 장차 이 지역에 드리울 암운을 예고했다. 분명한 것은 두 백인 집단이 벌이던 갈등의 뿌리가 영국 행정부에 있었다는 점이다. 보어인들의 적개심은 좀 더 극적인 형태로 더 넓은 지역에서 발현되었다. 한편, 식민지의 동부 전선에서 벌어지던 팽창과 정착은 여전히 미해결 상태로 남아 있었다. 백인 정착민들은 점차 전선을 동쪽으로 이동하여 코사인(Xhosa)들을 압박했다. 상대적으로 폐쇄적인 사회구조와 많은 가축을 소유하고 있던 코사인들이, 초기에는 경제적 협력과 사회적 교류의 상대였지만 날이 갈수록 장애물이 되어 가고 있었다. 1770년대 들어 갈등이 극에 다다랐다. 보어인들은 코사인들이 가장 중요한 목초지라고 여기는 주어벨트(Zuurveld)로 이동해 들어왔다. 그렇지만 18~19세기에 산발적으로 벌어지던 '전선의 전투'는 영구적인 정착을 실현하는 데 실패했다.

내륙 깊숙한 곳에서 음페카네가 진행되고 있던 동안, 보어 정착민들과 새로 등장한 영국 행정부 사이에는 중요한 변화가 일어나고 있었다. 보어인 행정 관료가 영국인 행정 관료로 대체되었고, 영국은 교육과 법률 제도를 도입했다. 아프리카인 노동력 문제를 둘러싸고도 심한 갈등이 벌어졌다. 영국은 아프리카인들의 노동력에 대해 좀 더 진보적인 정책을 취했다. 아프리카 노동자들에게도 기본적인 권리를 인정하자는 입장이었다. 이를테면 법적으로 효력을 갖는 계약서를 작성할 권리와 계약을 위반한 고용인을 법정에 고발할 권리를 부여하자는 것이었다. 이는 대다수 보어인들에게 충격으로 다가갔다. 이들은 오랫동안 아프리카인들을 사적으로 소유하는 노예 정도로 취급해 왔기 때문이다. 먹고 사는 문제가 해결되지 않은 가난한 백인들에게 이 문제는 더욱 심각한 것으로 느껴졌다. 이들에게 아프리카인들은 박멸되어야 할 해충과 같은 존재로 자신들의 시야 밖으로 쫓아버려야 할 대상이었다. 백인들은 코이산들을 그렇게 내쫓았다. 케이프에 있던 영국인들은 도시를 중심으로 이리저리 옮겨 다니던 사람들로, '원주민'에 대해 '교양 있고' 또 '진보적인' 관점을 가지고 있었다. 그렇지만 전선의 삶에 대해서는 아는 바가 많지 않았다. 게다가 영국 정부는 토지를 사적으로 소유할 수 있는 제도를 도입했다. 그 결과 이전에 실행되던 토지 임대 제도가 사라질 위기에 놓이게 되었다. 수많은 보어인들은 토지 임대 제도에 따라 정부로부터 토지를 빌려 사용하고 있었다. 따라서 돈이 많은 소수를 제외하면 대다수의 보어인들은 영어를 사용하는 제국의 둔감한 관료들이 도입한 새로운 법제 아래서는 땅을 소유하기 어렵게 되었다.

행정 당국 차원에서 장기적인 포석을 깔고 진행되던 개입과 달리, 선교사들은 케이프를 대단한 잠재력을 가진 곳으로 인식했다. 따라서 영국인 선교사들은 보어인 공동체를 더욱 더 소외시키고 탄압을 받던 코이산들을 보호하는 한편, 지역 농민들에게 선교 사역지에서 농사를 짓게 했고 법정 투쟁도 마다하지 않았다. 선교사들은 아프리카의 대의명분을 장려하는 문제에 관해서도 정부에 큰 영향력을 끼쳤다. 이런 활동은 노동의 영역에서 아주 특별한 빛을 발했다. 1834년에 보어인들이 현실을 인식하던 방식과 경제적 필요에 가장 큰 타격을 입힌 사건이 벌어졌다. 영국 행정부가 케이프 식민지에 노예제도를 폐지할 것을 명령했기 때문이다. 이는 다시 한 번 식민지 경제 체제를 이용해 근근이 먹고 살던 가난한 백인 농부들에게 최악의 재난이 되었다. 자유민 신분의 노동자에게 비싼 임금을 지불하면서 노동력을 살 만한 여유가 없었기 때문이다. '가난한 백인' 문제는 장차 남아프리카 사회의 특성을 형성하는 데 결정적인 역할을 하게 된다.

이즈음 수많은 보어인들은 식민지의 전선에서 벌어지던 복잡한 상황을 피해 북쪽으로 이주할 상황을 엿보고 있었다. 영국의 압제를 피해 이른바 '아프리카 내륙'으로 들어가고자 했다. 이스턴케이프 지역에 있던 사람들은 정부에 로비를 하여 그 지역에 살던 코사인들을 내쫓고 그곳에 보어인들의 정착촌을 건설하고자 했다. 영국은 식민지 내의 보어인 문제에 대해 적극적으로 개입할 의사가 있었다. 그렇지만, 땅이 부족하다는 등 코사인들이 자꾸 도둑질을 한다는 등 이런저런 불만을 늘어놓는 사람들을 도울 의사는 별로 없었다. 돈이 많이 들어가는 전쟁에 개입하고 싶지 않았기 때문이다. 군사 작전이 성공할 경우, 행정부의 확장에 따라 반드시 치러야 할 골치 아픈 문제를 피하고 싶기도 했다. 그 결과로 땅에 굶주린 보어인들은 자발적으로 전선을 넘어 목초지와 정치적 자유를 찾아 내륙으로 떠나야만 했다.

부어트레커, 내륙의 백인 공동체

1830년대 중후반에 수천 명에 이르는 보어인 가족들이 북쪽으로 이주를 시작했다. 이른바 '대이주'(Great Trek)로 잘 알려져 있는 이 과정은 모든 이주자가 하나로 똘똘 뭉쳐 이루어 낸 일종의 신화에 가까운 사건이다. 이것은 또한 '대탈출'의 일환으로 뒷날 급부상하는 아프리카너 민족주의의 초석이 되기도 했다. 이 과정은 노래와 시 그리고 기억의 형식을 빌려 나중에도 계속 되살아났다. 사실 대이주는 서로 연결되지 않는 몇 가지 이주일 뿐이었다. 서로 동떨어진 수백여 집단들이 서로 다른 방향으로 뿔뿔이 흩어졌을 뿐이다. 이들을 묶어 준 유일한 정서는 영국에 대한 적개심과 땅에 대한 욕망뿐이었다. 1830~1840년대의 '부어트레커'(내륙으로 경작할 땅을 찾아 대규모로 이주한 보어인—옮긴이) 들은 주로 이스턴케이프 출신이었다. 이들의 이주는 이후 남부 아프리카 내륙에 영구적인 백인 정착촌을 건설하게 되는 계기가 되었다. 이들이 여러 지역에 세운 '보어 공화국들'의 위치는 아프리카 인구 집단의 영향을 많이 받았다. 가령, 보어인들은 초기 정착지로 음페카네의 혼란을 피해 원주민들이 달아난 지역을 선택했다. 하지만 잠시뿐이었다. 어떤 지역에서는 보어인들이 아프리카인들과 협력을 하기도 했다. 가령, 발(Vaal) 강이 흐르는 지역에서는 로롱(Rolong) 집단이 은데벨레와 적대관계에 있는 보어인들을 잘 무장한 동맹군으로 조심스럽게 받아들였다. 보어인들과 로롱은 마침내 1837년에 공동 작전을 펴서 은데벨레를 공격했다. 그에 따라 은데벨레는 림포포 강 북쪽으로 달아나야 했다. 발 강 유역에 자리를 잡게 되어 자신감과 세력이 커진 보어인들은 로롱과 츠와나로부터 노동력과 공물을 받아 낼 수 있었다.

북쪽과 동쪽에 흩어져 있던 소규모의 보어인들은 스와지와 줄루처럼 좀 더 강력한 국가나 집단들 사이에 끼어 노심초사하며 살고 있었다. 보어인들에게 이들의 존재는 매력적인 목초지를 습득하는 데 커다란 걸림돌이었다. 보어와 줄루의 관계는 애초부터 삐그덕거렸다. 이런 상황은 백인 정착민들에게 평화롭게 함께 살자고 했던 딩가네의 초기 의지에 반하는 것이었다. 평화롭게 공존하기 어렵다는 것을 알았는지 그는 1838년에 보어인들을 공격했다. 수많은 보어인들이 그 자리에서 죽었다. 많은 아프리카 지도자들이 그랬듯이, 딩가네는 곧 백인들이 가져온 신무기의 위력을 실감하게 되었다. 백인들은 이합집산 과정을 거친 뒤에 다시 무장을 하여, 이른바 '블러드 강 전투'(Battle of Blood River)라 불리는 싸움에서 줄루를 물리쳤다. 강에 흐르는 피는 물론 아프리카인들의 피를 의미했다. 그럼에도 줄루 왕국의 끄트머리에 조그맣게 붙어 있던 보어 '공화국'의 실제적인 힘을 결코 과장해서는 안 된다. 줄루와 불필요한 충돌을 피하기 위해, 내키지 않았지만 보어인들은 줄루에 대한 존중심을 보이면서 남쪽으로 내려가 나탈 '공화국'을 건설했다. 줄루는 보어인들과 초기에 갈등을 벌이면서 흔들린 이후에 내분까지 겹쳐 딩가네가 불행하게 죽게 되었고, 음판데가 그의 뒤를 이었다. 그렇지만, 음판데의 치세에 위력을 회복한 줄루는 다시금 19세기 후반까지 이 지역에서 백인들의 지배를 견제하는 데 혁혁한 공헌을 했다.

힘의 균형

케이프 식민지 밖으로 이주한 보어인들은 영국인들에게 과제를 안겼다. 고집스런 이들을 그냥 놔두어야 하는가, 아니면 부분적으로나마 통제를 해야만 하는가, 그것도 아니면 감시라도 해야 하는가. 처음에 영국인들은 통제가 필요하다고 판단했다. 그에 따라 1843년에 나탈을 병합했고, 이어 1848년에는 이웃한 오렌지 강 지역을 통합했다. 나탈을 병합함으로써 보어인들의 이주는 더욱 촉진되었다. 그렇지만 이런 병합 작전에는 비용이 많이 들었을 뿐 아니라 그 내용이나 목적도 그다지 실용적이지 않았다. 따라서 영국은 1850년대 중반에 보어인들이 세운 '트란스발 공화국'과 '오렌지자유공화국'의 독립을 승인했다. 보어인들은 고원지대로 팽창을 계속해 이윽고 소토 왕국과 맞서게 되었다. 보어인들은 소토와 싸우기는 했지만, 줄루처럼 골치 아픈 존재는 아니라고 판단했다. 1850~1860년대에 연이어 벌어진 전쟁으로 소토 왕국의 영토는 상당히 축소되었다. 소토 왕국은 결국 영국에 보호를 요청했고 영국은 이를 수용했다. 이를 통해 소토 왕국은 완전히 절멸될 위기를 면할 수 있었다.

영국은 남쪽의 코사와 해묵은 전쟁을 다시 벌이고 있었다. 1850년대가 되자 두 집단의 경계가 전통적인 코사 영토의 안쪽까지 상당히 밀고 들어가게 되었고, 코사인들은 주로 은신처 같은 곳에 터를 잡고 살았다. 이런 상황은 뒷날 백인들이 남부 아프리카를 지배하게 되는 데 결정적인 역할을 했다. 수많은 코사인들은 케이프 식민지에 산재해 있던 백인 농장에서 일할 수밖에 없는 상황에 놓이게 되었다. 나탈에 살던 아프리카인들도 비슷한 과정을 겪고 있었다. 아프리카인 농부들은 백인 농장의 소작농으로 임대료를 지불하거나 소출의 일부를 헌납해야만 했다. 보어인들이 차지한 고원지대의 아프리카인들은 농사를 짓거나 가축을 기를 수 있었지만, 그 대가로 백인 주인들을 위해 무보수 노동력을 제공해야만 했다.

그러나 1860년대에 이르면서 남부 아프리카의 아프리카인들과 유럽인들 사이에 어느 정도 정치적·경제적 균형이 이루어졌다. 백인들의 정착은 속도를 더해 여러 지역에서 공세적으로 이루어졌다. 보어인들은 음페카네로 인해 사람들이 빠져나간 지역이나 힘이 떨어진 지역을 공략하여 정착하는 데 성공했다. 어떤 지역에서는 강력한 아프리카 국가들과 집단들이 유럽인들의 침투를 성공적으로 막아 내기도 했다. 이들은 농사를 짓거나 가축을 길러 겨우 입에 풀칠을 하던 취약한 백인 전위 집단을 공포에 떨게 만들기도 했다. 아프리카인들과 무역을 하던 백인 사업가들도 공포에 떨기는 마찬가지였다. 아프리카인들은 수지맞는 내륙 무역의 품목으로 총포류를 수입하고 동물 가죽과 상아 따위를 수출했다. 아프리카인들은 무척 강력한 무력을 유지하고 있었다. 영국의 상인들은 무역이 저지당하지 않는 한, 특정한 아프리카 국가들을 대상으로 내정간섭을 할 필요도 욕망도 느끼지 않았다. 영국 정부는 영토를 확장하는 일에 관심이 별로 없었다. 그것이 아프리카인들의 영토이건 보어인들의 영토이건 상관이 없었다. 오히려 꼭 필요한 경우가 아니면 영토 확장을 경계했다. 1870년대 초에 오렌지 강 북쪽에서 다이아몬드가 발견되기 전까지 그리고 1880년대 중반에 트란스발에서 금을 발견하기 전까지는 이런 태도가 유지되었다. 다이아몬드와 금이 발견됨에 따라 힘의 균형이 일거에 무너졌고, 이는 남부 아프리카의 역사를 획기적으로 바꾸게 된다. 다이아몬드와 금의 발견으로 경제적 혁명이 일어나면서 아프리카의 자급자족 경제는 완전히 붕괴되고 19세기 말에 이르러 자본주의 경제를 창조해 내게 되었다. 동시에 아프리카인들의 정치적인 독립도 적어도 단기적으로는 파괴하게 되었다.

2부

19세기의 아프리카와 이슬람

이슬람은 아프리카의 역사를 이해하는 데 더없이 중요한 요소이다. 아프리카 대륙의 과거를 형성하는 데 영향을 끼친 외부 요인들 가운데에서, 이슬람은 적어도 유럽의 개입이 강화되기 시작하던 19세기까지 가장 중요한 역할을 했다. 아프리카 역사에서 가장 급격한 변화는 비교적 최근에 벌어졌는데, 대개는 기독교 유럽과 상호작용을 통한 것이었다. 이는 식민 지배를 통해 정점에 이르렀다. 하지만 이슬람은 그 이전에 이미 넓은 아프리카 여러 지역을 바꾸어 놓고 있었다. 시간이 흐르면서 이슬람은 아프리카인들이 유럽의 팽창을 저지하는 데 주춧돌 역할을 하게 되었다. 넓은 아프리카 지역이 기독교보다는 이미 이슬람화되어 있었기 때문이다. 북아프리카는 수천 년 동안 이슬람 지역이었다. 이 오랜 과정은 서서히 이루어졌다. 7~8세기에 무슬림들이 이 지역을 정복한 이래 주요 집단들의 개종이 이루어졌고, 아울러 마그레브 지역으로 아랍계 민족이 대거 이주하기 시작했다. 서아프리카 또한 압도적으로 무슬림 인구가 많았다. 이런 상황은 사하라사막을 가로질러 남북을 연결시키는 상업 네트워크 덕분이었다. 8~9세기에 극적으로 팽창한 상업 네트워크는 이슬람이 사하라사막을 가로질러 사바나 지역으로 전파되는 데 효과적인 역할을 했다. 그리하여 사바나 지대에 살던 도시 엘리트들도 이슬람을 수용하게 된다.

한편, 오늘날의 동부와 남부 아프리카에서는 기독교 세력이 압도적으로 강했다. 물론 이곳에서도 이슬람은 스와힐리라는 이름의 아주 독특한 동아프리카의 해양 문명을 일으키는 데 근본적인 공헌을 했다. 동북부 아프리카 지역에서 아주 중요한 역할을 수행한 스와힐리 문명은 아프리카와 이슬람 그리고 아랍의 영향을 서로 결합했다. 소말리아와 에티오피아, 에리트레아의 무슬림들이 북아프리카는 물론이고 아라비아반도와 밀접한 관계를 형성해 왔기 때문이다. 요컨대 이슬람 문명은 아프리카 대륙에서 기독교 문명만큼이나 중요했다. 아니, 어쩌면 더 중요하다고 볼 수도 있다. 현대에 들어 아프리카 자체의 문명을 구축하는 측면에서는 특히 그렇다. 아프리카의 무슬림들은 아프리카 대륙을 넘어선 지구적 차원의 문명에 속해 있었다. 그들은 오스만제국, 페르시아 그리고 인도 문명과 상업적·문화적 관계를 맺고 있었다. 아프리카의 무슬림들은 지구촌의 일원으로서 정치의식을 새롭게 만들어 낼 만한 갖가지 정보를 서로 교환했다. 이런 정보 교환은 하지(hajj) 기간 동안 메카로 가는 순례 등을 이용해 이루어졌다. 무슬림들은 전 세계 다른 지역의 발전상에 대해서도 잘 알고 있었다. 이들이 19세기 초에 벌어진 유럽 제국주의의 팽창에 저항적인 태도를 보인 것도 유럽이 다른 지역에서 펼친 행동의 결과를 잘 알고 있었기 때문이다. 인도의 무슬림 세력을 복속시킨 행위도 그런 사례 가운데 하나였다.

넓은 의미에서는 이슬람의 성장과 기독교의 성장이 역사적으로 평행선을 달리고 있는 것처럼 보이지만, 이들이 초기 단계에서 보인 행보에는 중요한 차이점이 있다. 이 차이점은 시간이 갈수록 중요한 의미를 띠었다. 세속적인 지도력과 종교적 지도력으로 나뉜 기독교는 유럽에서 중세 이후로 정치적 중요성을 상실해 갔다. 하지만 이슬람의 경우는 달랐다. 이슬람은 신앙과 정치를 하나로 통일했다. 정치 문제와 종교적인 문제 사이에 어떠한 차별성도 존재하지 않았다. 기독교는 출발 자체가 이미 '실패'의 조건을 가지고 있었다. 로마에 의해 조직적인 박해를 당했기 때문에 초기 기독교도들의 교회는 지하로 잠적할 수밖에 없었다. 그 때문에 권력이 분산되었고, 정치와 국가에 대한 관심을 제대로 발현할 수가 없었다. 그러나 이슬람은 처음부터 성공을 거두었다. 정치적 권력을 장악하자마자 정복 전쟁을 벌였고 몇 십 년도 지나지 않아 제국을 건설할 수 있었다.

무슬림 지도자들이 고민한 것은 정치적인 권위를 어떻게 세울 것인가 하는 문제였다. 그 결과로 이슬람법과 정부 그리고 조세 체계와 재산 소유권 문제 등이 정신적인 문제와 분리할 수 없는 것으로 인식되었다. 반면에 기독교의 관점에서 볼 때, 이러한 문제는 모두 세속적인 것으로 치부되었다. 또 한 가지 주목할 만한 것은 기독교와 달리 이슬람에는 종교적인 위계질서가 없다는 점이다. 이슬람에서는 정치 지도자가 교회의 목사가 수행할 법한 일을 했다. 물론 이슬람 내에도 특별한 지위를 요구하는 집단이 있다. 울라마처럼 이슬람 율법을 해석하고 적용하는 일을 맡아서 처리하는 집단이 대표적이다. 신과 좀 더 친밀한 관계를 구축하기 위해서 명상과 신체 단련을 주로 하는 신비주의자이면서 금욕주의자인 수피 같은 집단도 있다. 아프리카에서 수피 간의 형제애는 이슬람을 전파하고 이를 아프리카의 토착 환경에 맞게 적용하는 데 아주 중요한 역할을 했다.

그러나 17세기 이후로 이슬람 세계는 정체와 쇠퇴기를 맞게 되는데, 이는 박애주의적인 서유럽의 학문 정신 때문이었다. 서유럽의 관점에서 볼 때, 이슬람법은 융통성이 없고 보수적인 것이었다. 또 법을 적용하는 과정에서 선례가 언제나 독립적인 판단보다 앞섰다. 15세기에서 17세기 사이에 근대 초기에 해당되는 세 가지 위대한 이슬람 문명이 출현했다. 오스만제국과 사파비드(Safavid) 그리고 무굴제국의 문명은 이 시기에 전성기를 구가하고 있었는데, 적어도 당대 서유럽의 문명과 대등하거나 월등하게 앞서 있다. 논쟁의 여지가 많은 발언이기는 하지만, 17세기 이후 이슬람은 정치·사회·경제 영역에서 '발전'을 이끌어 내지 못했다. 그렇다고 쇠퇴의 분위기를 지나치게 강조할 필요는 없다. 여러 학자들이 입을 모으는 것이 있다. 이슬람 체제가 내재적으로 정체될 수밖에 없다는 생각은 유럽중심주의적 발상에서 비롯된 것이라는 생각이다. 유럽

중심주의적 발상은 유럽에서 막 싹트기 시작한 문화적 오만감에서 비롯한 역사적 왜곡을 일으킨다는 것이다.

그럼에도 명확한 사실 하나는, 18~19세기 이슬람의 역사는 세 가지 거대한 그러나 서로 연관성이 있는 주제로 묶을 수 있다는 점이다. 첫째로, 점차 산업화되어 가던 기독교 유럽이 기술력과 군사력을 이용해 강력한 도전을 제기했다는 점이다. 사실 산업화를 등에 업고 추동된 제국주의 시대는 유럽의 식민주의 세력들이 대다수 이슬람 세계를 정복하면서 정점에 이르렀다. 이러한 역사적 과정은 오늘날까지도 이어지고 있다. 유럽과 러시아의 지배력 또는 영향력은 19세기에 들어오면서 중앙아시아와 인도, 중동과 북아프리카 지역으로 확장되었다. 그리고 그보다 앞선 200년 동안 유럽의 팽창은 점차 무슬림들의 근거지를 끊임없이 위협했다. 그중에서도 나폴레옹의 이집트 정벌은 무슬림들에게 심각한 충격을 안겨 주었다. 러시아는 크림전쟁 이후 흑해 지역으로 영향력을 확대해 나갔다.

두 번째 주제는 무슬림들이 유럽의 팽창에 어떻게 대응했는지를 잘 보여 주었다. 18세기와 19세기에 일어난 이슬람 부흥운동은 무슬림 세계를 완전히 휩쓸었다. 무슬림들은 이 운동을 통해 '순수하면서' 동시에 '근본적인' 이슬람을 회복해 이슬람법인 '샤리아'를 엄격하게 부활시키고자 했다. 이러한 관점에서 주목할 만한 점은 초기 이슬람의 역사, 그중에서도 특히 무함마드의 역사는 수많은 무슬림 세대들에게 도전과 저항 그리고 혁명적 변화에 대한 모델을 제공했다는 점이다. 이따금 부흥운동은 메시아주의적인 성격을 띠면서 곧 구세주 '마디'(Mahdi)가 나타나 지상에 순수한 이슬람을 회복하게 될 것임을 예고하는 차원으로까지 전개되기도 했다. 마디즘은 시아파 이슬람과 밀접한 관련이 있었다. 역사적으로 시아파는 초기 칼리프에 대해 대단히 비판적인 태도를 보이고 있었다. 그들의 이름을 딴 알리(Ali)가 무함마드의 마지막 직계손임에도 불구하고 661년에 우마이야드(Umayyad)에게 숙청을 당하고 결국 암살을 당했다고 믿었기 때문이다. 이런저런 부흥운동들은 이와 같은 수사를 동원해 순순한 이슬람법 내부의 혁신이나 일탈은 근본적으로 잘못된 것이라고 주장했다. 그들은 종종 폭력적인 방식으로 이른바 지하드(jihad)라고 불리는 무장투쟁을 일삼기도 했다. 이 성전에서 대개 그들의 적은 동료 무슬림들이었다. 그들은 이따금 동료 무슬림들을 무신론자나 마찬가지라고 비난했다. 기독교인들과 '배교자들'도 그들의 적이었다. 그런가 하면 여러 무슬림 사회들은 서유럽의 도전에 제대로 대응하기 위해 현대화와 세속화에 힘을 쏟기도 했다. 이런 노력은 유럽식 모델과 경쟁을 벌여 보려는 의지를 반영하고 있었다. 이런 대응 방식은 종종 이슬람을 공적인 삶으로 환원시키기도 했고, 유럽 양식의 헌법과 입법, 교육, 조세 체계를 수용하도록 만들기도 했다. 요컨대 이런 맥락 속에서 아프리카의 이슬람을 이해하는 것이 중요하다.

사실 19세기 활발했던 부흥운동은 18세기에 뿌리를 두고 있었고 기원은 아프리카의 대륙 너머에 있었다. 가령 아라비아의 경우, 무함마드 이븐 아브드 알-와하브(Muhammad ibn 'Abd al-Wahhab, 1703~1792)는 이슬람법의 엄격한 적용을 믿던 신앙인이었다. 무함마드 이븐 사우드(Muhammad ibn Saud)라는 지역 촌장과 동맹을 맺은 뒤로 와하비 운동은 순수한 이슬람의 회복을 설파했다. 인도에서는 18세기 초에 샤 왈리 알라(Shah Wali Allah, 1703~1762) 같은 인물의 출현과 함께 무굴 제국의 권력 붕괴가 나타났다. 강력한 부흥운동의 사상 체계를 세운 샤 왈리 알라는 순수한 이슬람과 코란 그리고 이슬람 전통에 대한 학습의 중요성을 부르짖었다. 서아프리카의 사바나 지대에 살던 풀라니는 지하드를 통해 권력을 잡은 이래로 일련의 개혁주의 이슬람 운동을 배후의 힘으로 삼았다. 이러한 사례 가운데 가장 극적인 사례는 아마도 오늘날의 북부 나이지리아에 해당되는 우트만 단 포디오(Uthman dan Fodio)일 것이다. 이 사례는 뒤에서 다시 자세하게 살펴볼 것이다. 하지만 간과해서는 안 되는 점은 이러한 부흥운동이 모두 유럽 세력에 대한 저항만을 목적으로 한 것은 아니라는 것이다.

유럽의 제국주의가 문제를 제기하기 전부터 이슬람 내부에서도 지속적인 개혁 전통이 있었다는 사실을 잊어서는 안 된다. 아라비아와 서아프리카가 그러한 전통을 보여 주는 전형적인 지역이다. 국가와 사회에 대한 도덕적인 쇄신을 목적으로 했던 이슬람 부흥운동은 이슬람 자체만큼이나 오래 된 것이다. 그럼에도 18세기 중반 이후 부흥운동이나 세속적인 근대화의 형식으로 변화에 대한 요구가 그토록 강력했다는 것은 무슬림 집단들이 유럽의 침투를 효과적으로 막아 내지 못했다는 사실을 반증한다. 서유럽의 제국주의와 몇몇 토착 정권의 근대화 정책은 대중적인 부흥운동의 지도자들을 새로운 시각으로 바라볼 수 있게 했다. 이들 지도자들 가운데에는 기존의 형제애에 호소한 사람들도 있었고, 순전히 자신의 개성에 따라 조직을 만든 사람들도 있었다. 그러나 이들 모두의 공통된 관심사는 임박한 구원과 정화 그리고 성스러운 법의 회복 또는 메시아의 출현과 같은 메시지를 동원하여 반외세·반정부 세력을 하나로 규합하는 것이었다.

4장

이슬람 부흥운동과 반작용
북아프리카의 이슬람

정체성의 충돌과 사막의 형제애

19세기 이전 북부 아프리카에서는 유목민 집단과 정착민 집단 사이에 활발한 상호작용이 이어지고 있었다. 그런가 하면 두 집단 간에 갈등과 반목, 그에 따른 이주 또한 극심했다. 그리하여 대부분의 지역에서 거대한 인구 변화가 찾아왔다. 인구 변화의 과정에는 평화로운 공존과 격렬한 대립이 함께 나타났다. 거기에는 이슬람 국가의 특성과 관련한 변화도 포함되어 있다. 이슬람 국가들은 이 시기에 일련의 이행 과정을 거치게 된 정치 지도자들이 최초의 칼리파가 제시한 모델을 모방하려는 시도를 멈추지 않았던 '초기 국면'으로부터 권력과 야망이 제한되는 새로운 국면으로 전환하게 된다. 통치자들은 점차 특정한 종족 집단과 파당 또는 특정 사회계급에서만 출현하여 그들의 이익을 대변했다. 무슬림 국가들은 이제 더 이상 종교적인 지도력과 세속적인 지도력을 구분하지 않았다. 오히려 수피들은 정치 지도자들과 제휴하여 종교 권력을 장악해 나갔다. 무엇보다도 이슬람은 정치적인 무기가 되어 더 거대한 물질적인 목적을 달성하는 데 필요한 이데올로기적 배경을 제공했다. 가령 이슬람은 베르베르 집단에 오랫동안 일종의 형제애를 표현해 왔다. 이슬람은 베르베르인들이 서아프리카에서와 마찬가지로 유목 집단은 물론이고 무역업자들과도 활발하게 접촉을 할 것을 장려했다. 동시에 이슬람은 공통된 목표 의식을 제공함으로써 이들이 사하라 이남의 사헬 지대에 사는 이슬람을 믿지 않는 농부들과 영토 분쟁을 벌일 때 일체감을 느낄 수 있도록 도움을 주기도 했다. 북아프리카를 관통하는 정치적 형식을 한 마디로 정의하면 파편화와 지방 세력의 절대적 우위였다.

이런저런 부흥운동과 근본주의 운동은 근대에 들어서면서 아라비아와 아프리카의 사막 그리고 사바나 지대에서 출현했다. 앞에서 살펴보았듯이, 와하비 운동은 세상을 정화하겠다는 대의를 내걸고 1750년대부터 줄곧 오스만제국의 지배에 도전장을 내밀었다. 이는 예언자 무함마드 시대 이후로 나타난 진부한 악습을 없애기 위한 전쟁이었다. 북아프리카 리비아에서는 사이드 무함마드 이븐 알리 알-사누시(Sayyid Muhammad ibn Ali as-Senussi, 1787~1859)가 등장하여 좀 더 평화로운 방법으로 신앙을 쇄신할 것을 촉구했다. 사막에 기반을 두고 살아가는 집단들을 규합함으로써 좀 더 확장된 형제애를 구축하는 일 따위가 그런 것이었다.

리비아에서 근대화를 추진하던 오스만 정부와 사누시 집단의 관계는, 알제리에서 비슷한 관계를 형성하려고 노력하던 카디리야(Qadiriyya) 교단과 프랑스인의 관계보다 훨씬 더 평화로웠다. 카디리야는 아브드 알-카디르('Abd al-Qadir)의 지도력 아래에서 순수한 이슬람의 가치를 복권시킨다는 기치를 내걸고 반식민주의 투쟁을 이끌었다. 아브드 알-카디르는 사막의 여러 부족들을 부대로 편성하여 개혁주의 군대를 창설했다. 동시에 그는 경건함과 권위를 숭상하는 수피 제도를 적극적으로 활용했다. 수피즘은 수단에서도 중요한 역할을 수행했다. 수단에서 이집트의 지배를 공격적으로 근대화하려던 시도는 이집트의 행정부를 장악하고 있던 터키어를 사용하던 엘리트 집단에게 극렬한 저항감을 불러일으켰다. 무함마드 아마드 이븐 압달라(Muhammad Ahmad ibn 'Abdallah)라는 수피는 1881년에 자신을 약속된 선지자 마디라고 천명한 뒤에 추종자들을 동원해 이집트인들을 축출하고자 했다. 마디스트들이 이런 봉기를 일으킨 배경에는 다양한 동기가 있지만, 분명한 것은 카리스마 넘치는 마디라는 인물이 그 중심에 있었다는 점이다. 이 문제는 6장에서 좀 더 살펴보도록 하자.

한편 사막의 부족민들이 주축이 되어 일으킨 이런 운동들은 19세기에 나타난 여러 운동 가운데에서도 가장 극단적인 형태를 띤 이슬람식 군사 운동이었다. 그 밖에도 온갖 대중적인 집단과 조직이 창궐했다. 그 중에는 이슬람 세계에서 도시를 중심으로 활동하던 새로운 수피즘 세력으로서 과거의 전통을 대변하던 종교 세력이 있었다. 19세기에 이슬람을 관통하는 가장 중요한 주제는 지역주의였다. 지역주의를 기반으로 하면서도 이슬람 세계를 가로지르는 사상은 항구적으로 교환되었다. 서로 유사한 의례와 제의를 공유하는 과정에서 이슬람 세계는 결국 하나라는 생각도 공고해졌다. 그러나 이 시기 이슬람은 지역의 사정과 필요에 맞춰 스스로를 변별해서 표현하려는 시도를 멈추지 않았다. 19세기의 지하드는 인구밀도가 낮거나 변방에 있던 무슬림 세계에서 주로 벌어졌는데, 그 영향력이 이들 집단을 넘어 바깥 세계로 퍼져 나가지는 않았다.

지중해 세계의 무역과 갈등: 오스만제국과 유럽

오스만튀르크가 1517년에 맘루크 왕조를 정벌함으로써 이집트 지역은 서아시아 제국의 영토로 편입되었다. 이것이 최초의 정벌은 아니었다. 이 사건의 중요성은 그 뒤 300년 동안 서서히 드러나게 된다. 오스만튀르크는 16세기의 이집트를 남쪽으로 내려가기 위한 기지로 사용했다. 나일 강 유역을 통해 오늘날의 수단 지역인 누비아로 들어가거나 홍해 지역으로 들어갈 수 있었다. 그런 의미에서 이집트는 근대 세계에서 이른바 '문명 충돌'이 가장 먼저 일어난 곳이라고 말할 수 있다. 오스만이 홍해로 진출한 것은 그 무렵 인도양으로 진출하던 포르투갈을 견제하기 위한 것이었다. 오스만은 동시에 오늘날의 에리트레아 지역인 해안에 위치한 마사와를 지배하게 되는데, 이는 남쪽에서 준동하던 불량한 세력들과 대적하기 위한 것이었다. 그럼에도 이집트는 오스만제국 안에서 상당한 자치권을 확보할 수 있었다.

맘루크의 귀족들은 17~18세기에 점차적으로 우월한 지위를 다시 확보해 갔다. 이 강력한 귀족 가문의 우두머리는 '베이'(bey)라는 직분을 얻었다. 한편, '파샤'(pasha)라고 부르는 총독의 자리는 튀르크인이 맡았고 이스탄불에서 직접 임명했다. 이들은 제국으로부터 직접 임명을 받았음에도, 18세기 내내 독자적인 왕조를 수립하고는 이스탄불과 본질적으로 다른 통치를 이어 갔다. 18세기 말 이집트는 이름뿐인 오스만제국의 영토에 속해 있었다. 여러 가지 면에서 이집트 근대사의 시작을 알린 사건은 1798년에 일어난 나폴레옹의 이집트 침공이었다. 나폴레옹 군대는 1801년에 오스만제국과 영국군의 연합 공격을 받고 물러나게 된다. 이 사건으로 이집트를 둘러싸고 형성된 영국과 프랑스의 라이벌 관계는 19세기 후반에 이 지역의 역사를 지배하게 되었다.

한편, 서쪽에서는 16세기를 지배한 최대의 관심사가 기독교 에스파냐와 오스만제국 간의 서지중해를 둘러싼 경쟁이었다. 15세기 말에 에스파냐는 본토에서 마지막 무슬림을 내쫓고 나서 내친 김에 북아프리카의 해안 지대를 따라 늘어서 있던 주요 항구들을 장악했다. 그렇지만, 오스만제국의 군대가 서지중해로 항해하던 기독교 선박들을 여러 차례 공격하면서 이 항구들의 주인은 몇 차례나 바뀌게 된다. 1560~1570년대에 오스만의 해군이 레판토에서 무참히 패배하면서 이스탄불의 해상 장악력이 급속히 떨어지기는 했지만, 오스만은 다시 힘을 내어 리비아와 튀니지, 알제리를 수복했다. 그리하여 마그레브 지역은 유럽의 제국주의 세력이 팽창하기 시작한 19세기까지 이슬람 세계에 속하게 된다.

그러나 오늘날의 알제리와 튀니지, 리비아의 해안 지대와 평원 지대가 명목상으로 오스만제국의 영토에 속하긴 했지만, 실제로 이스탄불의 영향력은 보잘것없었다. 사하라사막을 가로지르는 무역으로 이득을 챙기던 군사정부는 주로 해양 도시를 거점으로 자율적인 발전을 이룩했다. 마그레브의 서쪽 지역에도 모로코라는 독립국가가 출현하기에 이르렀다. 모로코는 16세기 초반에 과거 아랍 유목민들이 힘을 합쳐 세운 나라였다. 모로코의 출현은 북서부 아프리카 쪽으로 세력을 확장하던 오스만제국을 견제할 수 있었다는 측면에서 대단히 의미심장한 사건이었다. 나아가 대서양 쪽에 위치한 항구에서 포르투갈 세력도 무찌를 수 있었다. 절정기의 모로코는, 비록 짧은 기간이기는 했지만, 아마드 알-만수르(Ahmad al-Mansur)의 지휘 아래 서아프리카 사바나 지역의 거대 제국 송가이까지 굴복을 시킬 수가 있었다. 왕조 간의 갈등과 내부의 권력투쟁에도 불구하고, 모로코는 19세기 초까지 통일 국가를 유지했다. 물론 이 시기에 중앙정부의 통제력은 도심과 대서양 쪽 항구들로 제한되어 있었다.

17세기 후반 이후로 문제도 많았지만, 19세기 초까지 가장 강력한 이슬람 국가는 단연 오스만제국이었다. 18세기 초에는 실용적이고 지적이며 문화적인 르네상스가 일어나기도 했다. 한편으로 이 시기는 오스만제국의 역사에서 권력과 영토의 상실이 나타났고 19세기가 되면 제국이 점진적으로 해체되기 시작했다. 제국의 해체가 북아프리카에서만 일어난 것은 아니었다. 오스만제국은 이 시기에 북아프리카의 몇몇 지역을 유럽에게 내주어야만 했다. 1830년대에 정착을 시작한 프랑스에게 알제리를 내준 이래, 1881년에 다시 튀니지를 빼앗겼다. 1882년에는 영국에 이집트를, 1911년 이탈리아에 리비아를, 1912년에는 프랑스와 에스파냐에게 모로코를 내주어야만 했다. 따라서 19세기를 맞이한 오스만의 통치자들이 직면한 과제는 공적인 삶 속으로 이슬람의 역할을 환원하는 개혁을 실현하는 일이었다. 오스만이 정치와 법, 교육제도를 서구화하면서 교육과 법의 영역에서 전통적인 힘을 발휘하던 울라마의 권위도 크게 줄어들었다. 나아가 나중에 폐지하기는 했지만 서구식 헌법을 도입하기도 했다.

그럼에도 종교 법정과 학교는 이러한 '근대화'의 파고 속에서도 꿋꿋하게 제자리를 지켰다. 그 결과 19세기에는 두 부류의 대립하는 조직과 엘리트들이 나타나게 되었다. 이른바 무슬림 '전통주의자들'과, 세속적인 정부와 사회만이 제국의 미래를 약속할 수 있다고 믿는 세력들 간의 적대가 그것이었다. 세속화 과정은 늘 중앙에서부터 시작되었다. 무슬림들 속의 기독교인들처럼, 서구적인 형식을 띠고 있으면서 종교적 소수파였던 이들은 이슬람을 공적인 삶으로만 국한하는 세속화 절차를 환영했다. 반면에 무슬림은 이러한 정부의 정책에 비판적일 수밖에 없었다. 이들은 정부가 채택한 근대화 전략이 궁극적으로 유럽이 지중해

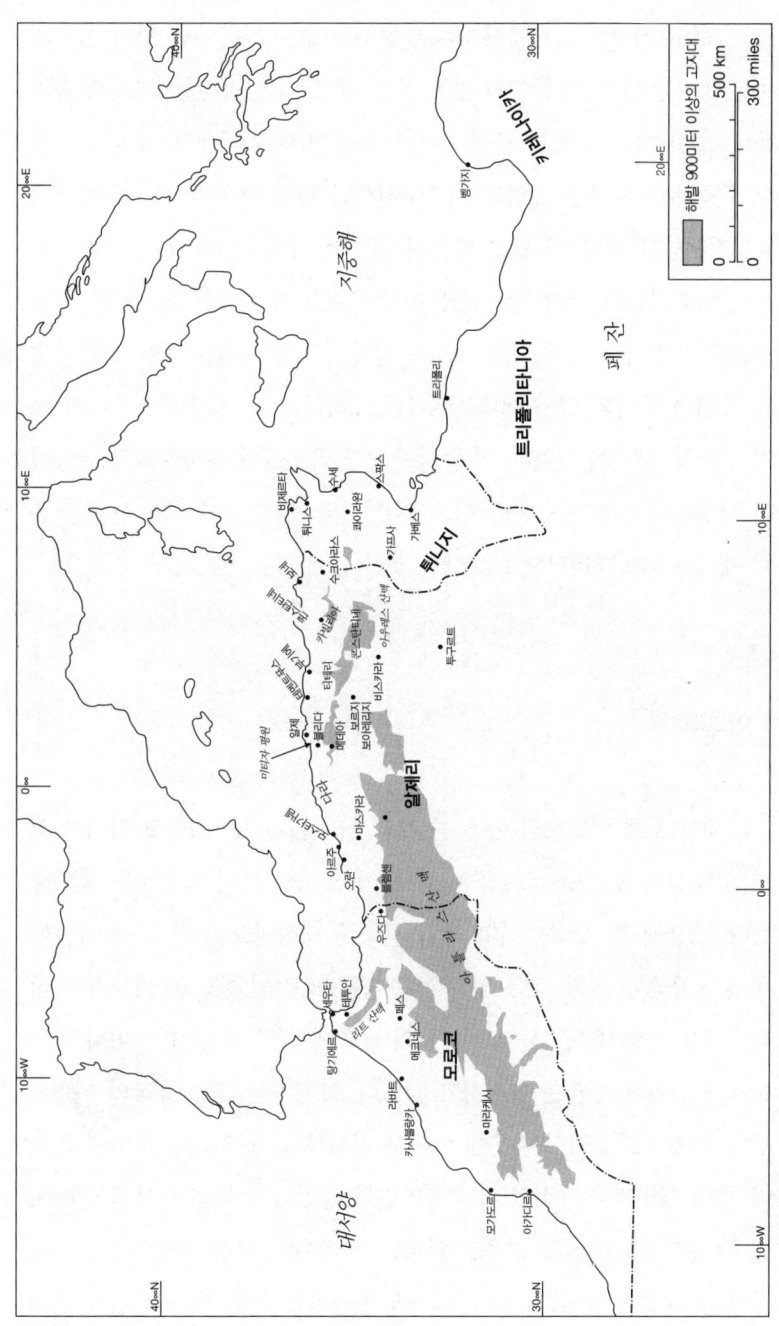

지도 11 19세기의 북부 아프리카

로, 그리고 러시아가 중앙아시아로 침투해 들어오는 것을 막아내는 데 하등의 도움이 되지 않는다는 사실을 잘 알고 있었다. 19세기 무슬림들을 골치 아프게 만든 근본적인 모순이 바로 여기에 도사리고 있었다. 근대화의 모델인 유럽과 식민주의적인 유럽 사이의 편차가 이들의 골칫거리였다. 바로 이 모순 때문에 정치적 자유주의와 세속주의의 힘이 무력화되었다. 그와 같은 힘들이 종국에는 유럽 제국의 공격성으로 연결되고 만다는 인식 때문이었다. 결과적으로 유럽에 대한 저항운동은 유럽의 문화와 정치 이데올로기를 드러내 놓고 지지하던 국내의 특정 집단을 향하게 되었다. 이들 때문에 외국인들의 제국주의적 야망이 더 활성화되고 있다는 판단 때문이었다. 말하자면 '세속적인 정부'를 유럽 제국주의의 대리인으로 보았던 것이다.

마그레브

19세기 초에 이집트의 서쪽, 즉 트리폴리와 튀니스 그리고 알제에 있던 명목상의 오스만 국가들은 점차 이스탄불로부터 독립성을 확대해 갔다. 그중에 모로코는 이미 독립 왕조를 형성하고 있었다. 이 국가들은 동지중해와 뿌리 깊은 역사적 관계를 맺고 있었을 뿐 아니라 사하라사막을 가로지르는 무역로를 통해 남쪽에 있던 사막 및 사바나 국가들과도 긴밀한 관계를 유지하고 있었다. 그렇지만 유럽 제국의 위협이 점차 거세지고 있었기 때문에 이들은 점차 북쪽을 주시할 수밖에 없었다. 특히 영국과 프랑스의 위협이 만만치 않았다. 대륙의 서북쪽 끝에서는 에스파냐가 야심을 키우고 있었는데, 위협이 가장 극적으로 드러난 곳이 알제였다. 알제는 16~17세기에 전성기를 누린 이후로 점차 감소

추세를 보이던 서지중해 해적의 본거지였다. 알제의 해적선은 서지중해에서 유럽 선박들을 자주 공격했다.

아주 거만하게 해적질과 불량한 행위를 일삼던 알제의 지도자 후세인의 작태를 빌미로 프랑스는 1830년에 알제를 공격했다. 그러나 사실 이 공격은 깃발뿐인 본토의 왕조를 지지할 목적으로 감행한 행동이었다. 알제와 오란은 순식간에 프랑스의 수중에 떨어졌다. 1832년에 프랑스 군대는 동쪽에 있던 본은 물론이고 좁은 해안선까지 장악했다. 해안 도시의 주민들은 프랑스가 자신들을 산악 지대 주민들로부터 보호해 주기를 기대하며 오히려 프랑스를 지지했다. 프랑스와 프랑스를 지지한 주민들에게 주적은 카디리야의 지도자 아브드 알-카디르였다. 그는 지하드의 깃발 아래 해안 지대를 정복한 이교도들과 맞서 싸울 것을 독려하면서 내륙에 있던 집단들을 뛰어난 통솔력을 발휘해 하나로 잘 통합했다. 역설적이기는 하지만, 1830년대에 남쪽 고지대로 진출한 프랑스가 급기야 1841년에는 알제를 조직적으로 정벌하러 나선 일도 아브드 알-카디르의 탁월한 존재감 때문이었는지 모른다. 이어지는 전쟁은 이루 말할 수 없을 정도로 참혹하고 잔인했다. 시민들이 대량학살을 당했고 적대적인 두 세력 사이에 피비린내 나는 전투가 이어졌다. 결국 1847년에 아브드 알-카디르가 체포되었지만 카디리야의 저항은 1870년대까지 이어졌다. 아브드 알-카디르는 처음에 프랑스로 망명했다가 이후 다마스쿠스로 옮겼다. 19세기 후반에 들어서도 전투는 카빌리아 같은 지역에서 끊임없이 벌어졌다.

이 정벌로 인해 알제리는 거대한 백인 정착 지대가 되어 1840년대에 이미 정착민이 10만 명을 넘었다. 이들은 주로 해안 지대에 살았다. 식민 행정부의 관점에서 볼 때, 그들의 신변을 보호하기가 내륙보다는 해안 지대가 좋다고 판단했기 때문이다. 본디 해안 지대에 살던 원주민들은 식민 행정부가 지정한 지역으로 쫓겨나게 되었다. 백인 정착촌의 확장은 19세기 말까지 이어졌다. 1880년대에 정착민 수는 에스파냐인과 이탈리아인을 포함하여 35만 명을 넘겼다. 에스파냐 사람들과 이탈리아 사람들은 대체로 가난한 농부들로 대부분 프랑스계 알제리인들과 더불어 살았다. 이들 가운데에는 작은 토지를 버리고 도시로 흘러 들어간 사람들도 많았다. 사하라 남쪽에 위치한 백인 정착촌들이 대개 그렇듯이 대규모 자본을 가지고 있던 플랜테이션들만 사업적인 성공을 거둘 수 있었다. 실제로 프랑스 정부도 원주민 엘리트들을 대거 등용하여 지역을 장악했다. 이런 정책은 오스만의 제도를 그대로 따른 것이었다. 알제리는 프랑스인들에게 고향을 떠올리게 만들기도 했다. 결국 시간이 지날수록 프랑스의 일부처럼 변질되어 버린 알제리는 나라 안팎으로 프랑스 정치에서 점차 중요한 지위로 떠오르게 된다.

프랑스의 정복은 이 지역에서 여러 가지 결과를 낳았다. 섭정을 하던 이웃 튀니스에게만 영향을 끼친 것이 아니었다. 튀니스는 알제리 사건을 지켜보면서 영국 측에 보호를 요청할 필요를 더 강렬하게 느끼게 되었다. 영국은 섭정에 호의적이었다. 튀니스의 통치자들이 이미 근대화에 대한 관심을 보이고 있었던 데다가 중부 지중해 지역에 출몰하던 해적 떼까지 소탕해 놓은 상태였다. 1830년대 후반에 영국은 튀니지를 보호령으로 선포함으로써 서쪽으로는 프랑스를, 동쪽으로는 오스만제국을 견제했다. 그 결과 튀니지는 북아프리카의 이슬람 국가들 가운데 가장 개혁적인 성향을 띠게 되었다. 1840년대에 노예제도를 폐지한 것은 물론이고 1850년대 후반부터 1860년대 초까지 헌법을 근대화하는 조치를 단행하기도 했다.

유럽이 튀니지에 끼친 영향력은 막대했는데, 주로 영국과 프랑스라는 강력한 외교적 존재들을 통해서 이루어졌다. 여기에 부유한 유럽의 무역 집단이 가세했다. 이들은 교육을 잘 받은 튀니지의 중산층들과 공유하는 바가 많았던 까닭에 그들을 위해 헌법을 개혁하는 일에 앞장섰다. 하지만 새 헌법은 눈속임에 지나지 않았다. 1860~1870년대 들어 영국의 지위가 상대적으로 취약해지자 프랑스는 기회를 틈타 튀니지를 좀 더 적극적으로 장악하기 시작했다. 이런 조치는 북아프리카에 조금씩 관심을 키우던 이탈리아를 견제하려던 방책이었다. 1881년 프랑스가 튀니지를 장악할 즈음에 내륙 '원주민들'의 불안을 공식적인 명분으로 내걸고 아프리카 '쟁탈전'의 길을 닦기 시작했다. 북부 이슬람 지대의 분할은 유럽의 헤게모니를 단적으로 드러낸 사건이었다. 영국이 이집트를 정벌한 사건도 마찬가지였다.

19세기 초에 영국은 오스만제국에 저항하던 트리폴리의 파샤(총독) 유수프 카라만리(Yusuf Karamanli)를 지원했다. 카라만리는 1790년대 이집트에서 영국이 프랑스와 경쟁을 벌일 때 영국을 도와준 바 있었고 그 대가로 이번에는 영국이 그를 지지했던 것이다. 1790년대에 그는 페잔까지 통치할 수가 있었다. 아울러 보르누와 소코토의 술탄들을 비롯하여 남쪽에 있던 국가들과의 연결망을 폭넓게 확대할 수 있었다. 그런가 하면 영국이 배후에 있었음에도 여전히 트리폴리는 지중해 연안에서 노예를 밀매하던 가장 중요한 지역이었을 뿐 아니라 사하라를 종단하는 장거리 무역의 종점이기도 했다. 1830년에 유수프 카라만리가 죽자 내전이 발발했고 1840년대 초에 오스만이 다시 이 지역을 수복하게 되었다. 그러나 페잔과 키레나이카 그리고 중부 사하라 지역은 물론이고 한참 남쪽에 있던 와다이, 보르누에 이르기까지 상당한 정도의 안정감을 회복시켜 준 인물은 사누시야(Sanusiyya)를 새로 건국한 무함마드 알-사누시였다. 알-사누시야는 이 지역 전체에 퍼져 한때 서로 적대하던 세력들을 모두 불러 모아 순수한 형식의 이슬람을 수용하게 만들었다. 이런 활약은 매우 성공적이어서 트리폴리에 있던 오스만의 관료들조차도 이 법을 따를 수밖에 없었다. 그렇게 하지 않을 경우, 광대한 오늘날의 리비아 내륙 지대에서 평화로운 삶을 영위할 수가 없었다. 사누시의 상인들도 확고한 노예 상인들이어서 이 지역에서 노예무역을 뿌리 뽑는 일은 무척 어려운 일이었다. 이런 까닭에 노예무역은 20세기까지도 이 지역에 널리 퍼져 있었다. 나중에 이탈리아가 트리폴리와 키레나이카를, 프랑스가 적도의 중앙아프리카를 정벌하고 나서야 이 지역의 노예무역은 종식될 수 있었다. 이탈리아의 정벌이 공식적으로 끝난 것은 1911~1912년이지만, 사누시야는 1930년대까지 이탈리아에 맞서 격렬한 저항을 결코 멈추지 않았다.

마그레브 국가들 가운데에서 오스만이 명목상으로든 아니면 그 밖의 다른 이유로든 행정적 간섭의 대상으로 삼지 않은 유일한 국가가 모로코였다. 모로코는 고집스럽게 유럽의 지배에 저항하며 유럽 상인들의 활동을 제한했다. 모로코의 쇄국정책은 19세기 초에 술탄 마울라이 술라이만(Mawlai Sulaiman)이 주도했다. 그는 유럽의 수많은 외교관들이 동원되어 시도한 노예무역을 둘러싼 대화를 전면 거부했다. 그런데 이 지역에서 일어난 사건으로 인해 왕국에 커다란 변화가 생겼다. 술탄 아브드 알-라흐만('Abd ar-Rahman)의 통치 아래 있던 모로코인들은 아브드 알-카디르가 알제리에서 프랑스에 맞서 싸울 때 그를 지지했다. 여기에 자극을 받은 프랑스인들이 1845년에 모로코를 침공한 사건이 발생했다. 알제리에 발을 깊숙이 담그고 있었던 터라 프랑스는 모로코에까지 너무 복잡하게 개입할 수가 없었다. 그 와중에 에스파냐라는 새로운 적수가 출현했다. 멜릴라와 세우타 항구를 손아귀에 넣은 에스파냐는 이 항구들을 적대적인 원주민들이 지속적으로 집적대고 있다고 생떼를 썼다(완전히 틀린 주장은 아니었다). 에스파냐는 군대를 보내 모로

그림 9 나폴레옹 군대의 이집트 침공(1850년 무렵)

코인들을 완전히 제압했다. 1860년에 모로코인들은 결국 에스파냐에 두둑한 배상금을 지불하기로 하고 전쟁을 끝냈다. 이 사건이 모로코로서는 독립의 종말을 의미했다. 배상금을 지불하기 위해서는 영국한테 돈을 빌려야 했는데, 이는 영국에게 모로코의 상업을 어느 정도 통제할 수 있는 권한을 부여해야 하는 것을 의미했기 때문이다. 모로코 왕국이 직면한 또 다른 문제는 시민들에게 국가의 권위를 행사할 수 있는 능력이 부재했다는 점이다. 에스파냐와의 갈등도 이런 문제 때문에 일어났고, 19세기 내내 왕국의 안정 기조가 흔들린 것도 이 때문이었다. 1873~1894년 모로코는 술탄 마울라이 알-하산(Mawlai al-Hassan)의 지도력 아래에서 외연을 확장할 수 있었다. 하산은 충성심이 없고 반항적이기까지 한 집단을 정복함으로써 북부 모리타니아와 아틀라스산맥이 있는 지역을 발아래 둘 수 있었다. 이어지는 전쟁을 통해 모로코는 더욱 강해졌다.

유럽의 영향력과 식민주의자들의 지배가 왕국을 전방위로 압박해 오긴 했지만, 모로코는 20세기 초반까지 상당한 정도의 자율성과 안정성을 유지할 수 있었다. 1912년이 되어서야 모로코는 끝내 유럽의 지배 아래에 떨어지게 되어, 에스파냐와 프랑스 두 세력이 양분하게 되었다.

19세기가 진행되는 동안 마그레브는 유럽의 군사 지배와 식민주의적 정복, 외교적 압력에 종속되고 말았다. 오스만제국도 점차 세력이 약해지더니 결국 해체되고 말았다. 지중해의 몇몇 지역에서는 유럽화가 진행되었는데, 그 형태는 군대 구조와 경제·정치제도의 개혁, '근대화'의 모습으로 나타났다. 그러나 사하라와 그 주변 지역에서는 전혀 다른 결과가 나타나기도 했다. 좀 더 과격한 군사주의와 근본주의 이슬람으로의 귀환이 그것이었다. 다시 한 번 강조하지만, 북아프리카의 이슬람 지역을 유럽이 통제하는 일은 쉽지 않았다. 카디리야와 사누시야가 대표적인 지역이었다. 유럽의 군사력과 정치적 지배가 강력한 지역에서조차 19세기 말이 되면 20세기 이슬람 민족주의 운동의 맹아가 될 씨앗이 뿌리를 내리게 되었다. 그리고 가장 격렬한 문명의 충돌이 이집트에서 벌어졌다.

이집트

1798년 프랑스의 침략이 있을 무렵 이집트에는 급격인 변화가 일어나 맘루크의 귀족 정권이 붕괴되고 새로운 정치·군사 제도가 출현했다. 이 과정에서 마케도니아 출신인 무함마드 알리(Muhammad Ali, 1769~1849)가 등장했다. 1801년에 프랑스인들을 축출한 오스만 군대의 장교 무함마드 알리는 거침이 없고, 먼 미래를 내다볼 줄 알며, 재능이 탁월한 지도자이자 행정가였다. 충성심이 강한 알바니아 군인들을 이끌고 있던 그는 1805년에 카이로에서 가장 강력한 군사 지도자가 되었고, 이듬해에는 오스만의 술탄에 의해 이집트 총독으로 임명되었다. 술탄은 그가 오스만제국을 위해 이집트를 다시 정벌했다고 생각했지만 그것은 오산이었다. 여러 형태의 저항 탓에 시작은 그다지 순탄하지 않았지만, 무함마드 알리는 자신만의 군사 왕조를 창립하고 말 그대로 이스탄불로부터 독립을 쟁취했다. 유럽의 자문관들을 고용한 그는 거대한 군대를 창설하여 홍해 지역에서 세력을 떨치던 와하비에 대항하여 싸웠다. 무함마드 알리는 물론 그의 후계자들이 이집트에 구현한 금욕주의적인 이슬람이 근대국가와는 어울리지 않았기 때문이다.

와하비와 맞서 싸우기 시작하고 몇 해 지나지 않아 무함마드 알리는 히자즈 지역에서 와하비 세력을 완전히 몰아내고 오스만 통치자들에게는 둘도 없이 소중한 이슬람의 성지를 회복했다. 이집트인들은 홍해까지 세력을 확장했다. 1846년에 이스탄불은 수아킨과 마사와 항구를 이집트에 임대했다. 대규모 군대를 유지하는 일이 국가 재정에 큰 부담이 되자 무함마드 알리는 이집트의 경제와 산업 기반을 개혁하기 시작했다. 그것은 조세 체계를 확대하고 면화 생산을 강화하는 방향으로 나타났다. 관개 시스템을 효과적으로 확대함에 따라 19세기에 면화 생산이 크게 성장했다. 워낙 개혁적인 데다가 유럽식 행정과 교육 체제에 매혹된 터라 무함마드 알리는 기술학교들을 세우고 엘리트들을 선발하여 유럽으로 유학을 보내기도 했다. 또한 유럽의 기술력을 수입하여 무기 제조나 의복 생산과 같은 부문에서 산업혁명의 토대를 마련하고자 했다. 행정부는 개혁적인 군 관료들이 지배했다.

한편, 그는 남쪽으로 수단 지역도 눈여겨보았다. 1820년대 초에 이집트 군은 몇 차례 전쟁을 통해 술탄 푼지(Funj)를 제압한 것은 물론이고 맘루크의 마지막 잔존 세력들까지 완전히 소탕했다. 1824년에 이집트는 수도를 백나일과 청나일이 만나는 하르툼에 건설했다. 그 뒤 몇 십 년 동안 좀 더 남쪽으로 전진하여 코르도판과 누바산맥을 손아귀에 넣었다. 한편 하르툼에 기반을 두고 있던 상인들은 1860~1870년대에 동아프리카의 호수 지대까지 진출했다. 이집트의 수단 통치는 1880년대 마디스트 혁명으로 종말을 맞았다. 이 사건에 관해서는 6장에서 다시 살펴볼 것이다. 중요한 것은 수단과 홍해에 대한 이집트의 지배로 무역의 범위가 확장되었다는 사실이다. 수많은 사람들이 나일 강을 따라 진행되던 노예와 상아 무역을 통해 부를 축적할 수 있었다. 이는 무역망이 수단 남부는 물론이고 홍해 동쪽으로도 확장되는 계기가 되었다. 홍해 동쪽에서 진행된 무역은 유럽이 인도와 동아시아로 가는 길을 개

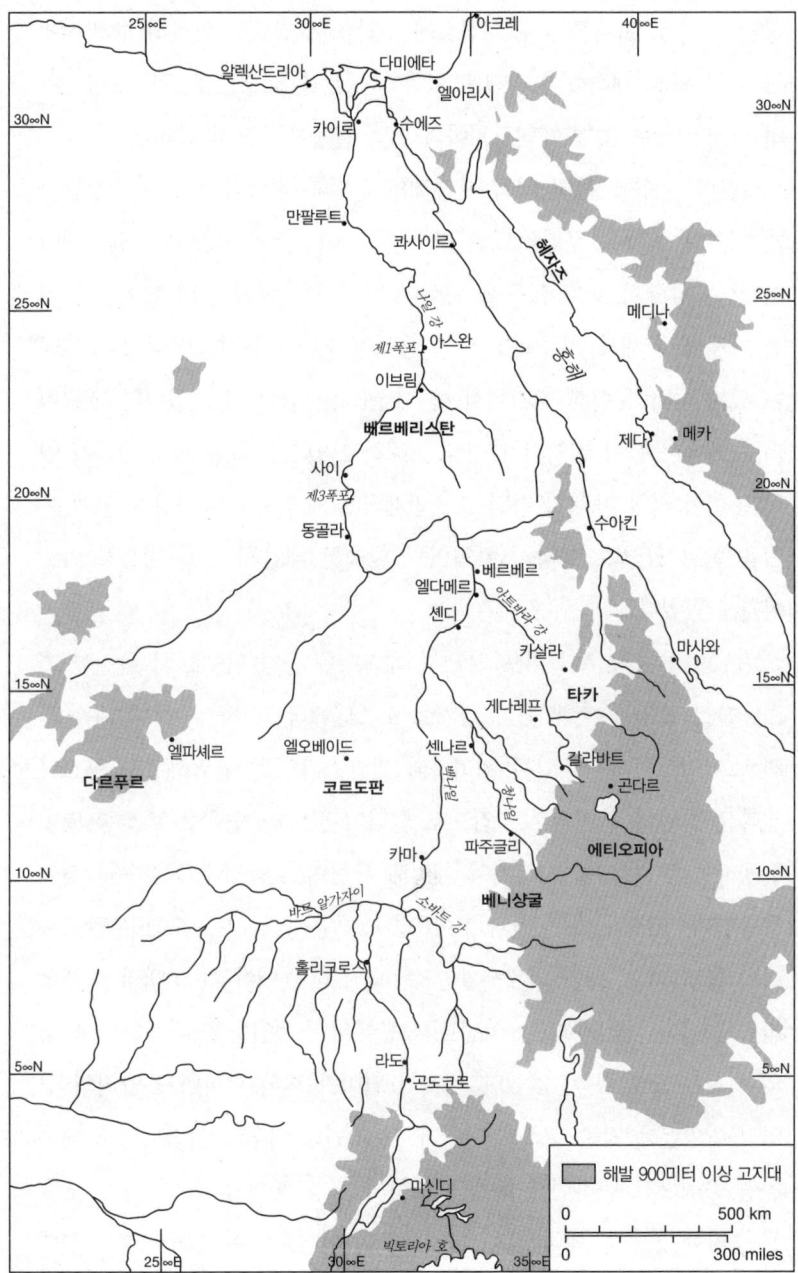

지도 12 1800년 무렵의 이집트와 나일 강 유역

척할 때 주로 활용되었다. 이집트는 수단으로 영토를 확장하는 과정에서 다른 확장 세력들과 일전을 벌여야만 했다. 테오드로스와 요한네스의 치세 아래에 있던 에티오피아와 벌인 전쟁이 대표적이었다.

시간이 갈수록 특히 영국은 홍해의 상업과 전략적 중요성을 절감하게 되었다. 이것은 무함마드 알리가 세운 이집트의 독립성을 훼손해야만 하는 상황이 오고 있음을 뜻했다. 무함마드 알리는 바로 이러한 이유 때문에 홍해와 지중해를 잇는 운하를 개발하는 데 반대했다. 그러나 그는 이미 유럽의 처지에서 볼 때 커다란 짐이 되고 있었다. 권력이 너무 센데다가 이 지역의 안정을 저해하고 있었기 때문이다. 게다가 영국은 힘이 점점 약해져 가던 오스만제국을 보호하고 유지하는 일에 온 힘을 쏟고 있었다. 영국이 무함마드 알리를 제압해야 할 이유가 바로 여기에 있었다.

1830년대 초에 무함마드 알리는 레반트를 공격했는데, 이 사건이 이스탄불을 불안에 떨게 했다. 급기야 오스만제국은 1839년에 군대를 파견해 이집트의 손에 있던 시리아와 팔레스타인을 구원하고자 했으나 결과는 술탄의 참패와 모멸감으로 끝나고 말았다. 영국을 비롯한 몇몇 동맹국들은 바로 이 시점에서 개입해 무함마드 알리에게 철수할 것을 종용했다. 1830년대 후반과 1840년대 초반에 알리는 오히려 날개를 더욱 활짝 펴고 20만 명에서 1만8천 명으로 줄여야 할 군대의 숫자를 더욱 늘렸다. 게다가 그는 이집트 시장에서 유럽인들을 배제하는 독점의 원칙을 굽힐 뜻이 없었다. 이것이 빌미가 되어 무함마드 알리의 상업적 야망은 종말을 고하게 되었다. 1840년대 이후로 이집트의 경제는 농업 중심으로 변하면서 유럽의 영향과 경영 체계에 좀 더 크게 노출될 수밖에 없었다. 왜냐하면 그가 창출한 이집트는 부분적으로만 '현대적'이기 때문이었다. 유럽은 이 '동양의 전제군주'를 줄곧 견제하면서 호시탐탐 제거할 기회를 노리고 있었다. 이는 북아프리카의 이슬람 지역에서도 똑같은 형태로 반복되었던 것으로, 결국 이슬람 세력 내부의 균열로 귀결되었다.

무함마드 알리는 1849년에 사망했다. 그의 뒤를 이은 후계자들, 즉 아바스 1세(재위 1849~1854)와 무함마드 사이드(재위 1854~1863)는 유럽을 어떻게 다루어야 하는지 그리고 유럽이 추구하는 것이 무엇인지를 명확히 깨닫고 있지 못했다. 아바스는 유럽과 유럽의 사상들을 두려워했던 반면에, 무함마드 사이드는 자신의 주변에 있던 유럽인 고문관들의 영향을 크게 받았다. 어떤 경우에도 유럽의 영향력이 확대되는 것을 막을 재간은 없었다. 그 결과 수많은 유럽인들이 19세기 중반에 이집트에 터를 잡고 살게 되었다. 특히 '케디베'(Khedive)라는 과거 페르시아의 작위를 사용하던 이스마일(Ismail, 재위 1863~1879) 치세에는 유럽의 영향력이 극대화되었다.

유럽에서 교육을 받은 이스마일은 조부의 꿈을 쫓아 이집트를 근대화하고 산업화하고자 했다. 수에즈운하의 건설이 시작된 것은 1859년이었지만, 그것이 마무리 된 것은 이스마일의 치세인 1869년이었다. 이스마일은 철도를 건설하고 전신을 비롯한 현대적인 통신 시설도 설치했으며 도시도 다시 건설했다. 그의 꿈은 카이로를 프랑스 파리처럼 만드는 것이었다. 이 모든 일을 수행하기 위해서는 엄청나게 많은 자본이 필요했고 유럽이 그 돈을 빌려주었다. 그 때문에 이스마일 정부는 엄청난 이자를 부담해야 했고, 유럽의 정치가들과 채권자들은 그 기회를 틈타 이집트의 내정에 간섭을 하고자 했다. 외부의 자금을 끌어들여 그렇게 급속하게 이룬 '근대화'는 1960~1970년대에 수많은 아프리카 국가들이 맞이한 결과와 비슷한 최후를 맞았다. '근대화'가 환기하는 유럽식 관념이 여러 모로 토착적인 것과 길항하면서 값비싼 대가를 치러

그림 10 19세기 중반의 카이로

야 했던 것이다. 1875년에 이스마일은 수에즈운하에 걸려 있던 자신의 주식을 팔아 산더미처럼 쌓여 가던 빚을 청산해야만 했다. 하지만 주식을 팔아도 안도의 순간은 잠시뿐이었고, 결국 그로부터 채 10년도 지나지 않아 이집트 정부는 파산에 이르게 된다. 한편 영국은 찰스 고든 장군을 이집트인들에게 수단의 총독이라고 속여 임명했다. 그 지역의 노예무역을 뿌리 뽑고 싶었기 때문이다. 1879년에 결국 이스마일 정부는 붕괴했고 이집트의 재정을 감독하기 위해 곧 유럽의 전문가들이 도착했다. 그리하여 이스마일의 후계자로 임명된 그의 아들 타우피크(Khedive Tawfiq)는 국가의 주권을 상당 부분 빼앗기고 자유를 구속받아야만 했다.

이집트는 세속적인 정부가 목표로 하는 가장 극적인 몇 가지 사례를 보여 주었다. 유럽의 식민주의를 앞장서서 도와주는 역할을 했다. 그러자 1881년에 아마드 우라비 파샤(Ahmad Urabi Pasha)가 반란을 일으켰다. 아마드 우라비 파샤는 군 장교이자 행정 관료로 이집트 정부에 외세의 경제적·문화적 영향력이 확대되는 것을 반기지 않았다. 알렉산드리아에서 반란이 일어나자 영국 정부는 1882년에 군을 파견해 무력으로 진압했다. 우라비 파샤의 군대는 패배했고 파샤는 해외로 망명을 떠나야만 했다. 사실 영국 정부도 이집트에 남고 싶은 생각은 없었다. 그저 문제가 많은 인물을 제거하여 영국에 호의적이고 믿을 만한 정권을 출범시킨 다음에 철수할 속셈이었다. 그러나 이집트가 나락으로 떨어지자 영국은 품고 있던 계획을 포기할 수밖에 없었다. 이집트를 장악하는 과정에서 영국은 프랑스를 철저하게 배제시켰다. 프랑스는 이집트에 재정적인 관심이 많았으나, 자국 내의 정치적 문제 탓에 제대로 관심을 기울일 수가 없었다. 영국은 이슬람 세계에 커다란 충격을 안겼다. 영국이 이집트에서 취한 행동은 차후에 아프리카 대륙을 유럽이 분할하는 과정에 결정적인 동기를 제공했다.

영국이 카이로를 장악하고 있던 사이에 남쪽으로 수천 킬로미터 떨어진 수단에서 장차 이 지역을 집어삼킬 여러 가지 사건들이 연이어 발생했다. 마디스트 운동이 대표적인 것이었다. 이 운동으로 비록 짧은 순간이긴 했지만, 영국과 이집트가 결합된 행정부는 수단에서 축출되고 만다. 그렇게 태어난 정부는 영국을 한동안 거부했다. 이 주제와 관련해서는 6장에서 다시 다루기로 한다.

5장

지하드
서부 아프리카의 혁명

18세기 서부 아프리카의 이슬람

이슬람이 사하라사막을 가로지르는 무역을 통해 서아프리카에 소개된 것은 19세기를 기준으로 정확히 1천 년 전이었다. 베르베르 상인들은 사하라사막을 건너 서부 사바나 지역의 국가나 정착촌이 있는 곳으로 이슬람을 전파했다. 그 지역의 지배 계층과 도시 거주민들 그리고 상인들은 시골 사람들보다 앞서 이슬람 신앙을 받아들였다. 이 지역에서 최초의 개종자들이 출현한 시기는 9세기 초였다. 사하라사막 이남에 거주하던 상인들에게 이슬람이 가져다준 가장 큰 선물은 문자였다. 또한 사막의 남북에 흩어져 살던 사람들에게 형제애와 협동심을 심어주기도 했다. 그래서 이 시기에는 마그레브와 사바나 지역 사이에 문화적·경제적 교류가 활발하게 벌어졌다. 서아프리카 내부의 국가들끼리도 활발하게 교류했다. 사하라사막 남쪽 끝에서 살다가 개종을 한 상인들은 상업과 종교의 경계를 남쪽으로 밀어붙였다. 무역과 교류에 따른 이주를 통해 이 지역의 전략적인 요충지에 무슬림들의 정착촌이 건설될 수 있었다.

개종한 통치자들과 상인들은 이슬람에 대해 절충적인 태도를 취했다. 이들은 이슬람을 현존하던 서아프리카의 전통 종교와 잘 어울리는 형태로 수용했다. 그 무렵 이 지역에서는 전통 종교가 막강한 영향력을 행사하고 있었다. 가령 이 지역의 전통 종교는 창조주 신의 존재를 인정했다. 이런 특성은 이슬람의 일원론과 잘 어울렸다. 물론 지역민들이 숭상하던 창조주들은 물리적인 세계에 직접 개입하는 신들이라기보다는 기능적인 측면이 강한 조물주의 의미가 컸다. 지역 종교의 또 다른 특징은 조상신을 숭배하는 전통이었다. 사람들은 조상신을 특정한 가문과 종족 집단을 보호하는 수호신이라고 믿었다. 지역민들은 절대적인 권위를 지니고 있긴 하지만 마술과 주술을 일삼는다고 여겨지는 무당의 존재도 믿었다. 여하튼 수많은 아프리카인들에게 개종을 둘러싸고 '지적인 이론'이 무성했는데 그 내용은 이렇다. 창조주 신은 바깥 세계와 관계를 맺고 있는 존재로 바깥 세계가 별 볼일 없는 세계라면 신 또한 그리 중요한 존재가 아니라는 논리였다. 그러나 사하라사막 이북의 거주민들과 무역이 늘어나면서 이른바 바깥 세계가 지역 국가와 사회에 촉수를 뻗쳐오자 일원론과 창조주 신에 대한 관심이 늘어나기 시작했다. 결국 서부 아프리카인들의 세계관은 이슬람으로 개종함으로써 새로운 면모를 보이게 되었다. 이런 현상은 좀 더 나중에 나타나는 기독교로의 개종과도 같은 맥락을 띤다.

9세기부터 11세기까지 아프리카에서는 황금에 대한 수요가 높았다. 가나 왕국은 물론이고 이슬람 지역도 마찬가지였다. 11세기에 가나의 수도에는 '무슬림 거주 구역'이 있었다. 가나의 통치자들이 무슬림들을 비서로 채용하는 일은 다반사였다. 가나 왕국은 1070년대가 되면 완전히 무슬림화되는데, 이런 과정이 자발적이었는지 아니면 아랍의 문헌들이 기록하듯이 알모라비드의 원정에 따른 것인지는 명확하지 않다. 뒷날 가나의 뒤를 이어 서아프리카 사바나 지역의 맹주로 등극하게 되는 말리 제국도 14세기 초반에 이르면 무슬림 국가로 변모하게 된다. 하지만 주민의 절대 다수는 여전히 전통 종교를 믿고 있었다. 서아프리카의 통치자들이 어느 정도로 이슬람을 전파했는지, 이들이 아랍어 문헌에 나오는 대로 '훌륭한 무슬림'이었는지 여부는 정권의 성격에 따라 다르다. 말리의 만사 무사(Mansa Musa, 1312~1337)는 메카를 순례했고 이슬람식 교육제도를 확립했으며, 가오에 이슬람 사원을 건립했다. 만사 무사는 북아프리카에 학자들을 보냈고, 그들 가운데 일부가 귀국해서는 통북투에 배움의 전당을 세웠다. 송가이의 무함마드 투레(Muhammad Ture)는 열렬한 이슬람 추종자로 모시족에 맞서 '지하드'(성전)를 전개했다. 또 '하지'(성지 순례)를 다녀온 후에는 스스로 서아프리카 '수단 벨트'에서 무함마드의 후계자를 자처했다. 물론 이슬람에 대해 호의적이지 않은 태도를 보인 통치자들도 많았다. 송가이의 정복 영웅인 '대왕' 손니 알리(Sonni Ali, 1464~1492)가 대표적인 인물이다.

송가이가 몰락하고 10년도 안 되어 종교적·경제적 연계망이 서아프리카의 사바나 지대 전역으로 퍼져 나갔다. 법률적 전문성과 통찰력을 갖춘 인물들을 중심으로 학연이 형성되었는데, 이것이 기적에 대한 믿음을 포함한 이슬람 신앙을 널리 전파하고 정치적 매개물을 제공하는 데 중요한 역할을 수행했다. 쿤타(Kunta) 가문이 대표적이었다. 16세기부터 18세기까지 모리타니아와 세네감비아 사이에서 세력을 떨치기 시작한 쿤타 가문은 보르누와 하우살란드, 니제르 중부에 중요한 식민지를 건설했다. 쿤타를 통해 카디리야형제단 또한 이 지역에 자리를 잡을 수 있었다. 더 남쪽의 삼림 지대에서는 무역업자들과 농부들을 중심으로 한 또 다른 무슬림 공동체가 세를 구축했다. '왕가라'(Wangara)라고 알려져 있는 디울라인들은 상업망과 친족 간의 연대를 통해 무역로를 중심으로 공동체를 건설한 다음에 이슬람을 믿지 않는 사람들과 혼인을 통해 이슬람을 전파했다. 이들은 원래부터 무슬림 선교사들이었다. 그러나 서아프리카의 무슬림들이 모두 개종 의지를 가지고 있었던 것은 아니다. 어떤 지역에서는 이슬람이 엘리트 정치인들에게 강력한 영향력을 행사하여 무슬림들로 하여금 좀 더 넓은 사회적 외연을 구축하도록 부추겼다. 볼타 강의 서쪽에 있던 곤자 왕국과 다곰바 왕국이 대표적이었다. 반면에 또 어떤 지역에서는 이슬람의 정치적 중요성과 상관없이 비교적 소규모 공동체를 유지하고 있던 무슬림들도 있었다. 아샨티가 대표적인 경우였다. 아샨티의 수도 쿠마시에서는 소규모 무슬림 공동체 구성원들이 통역관이나 고문관, 외교관으로 일했지만 나머지 다른 구성원들을 개종시키려 하거나 그들과 한배를 타려는 노력은 기울이지 않았다.

  엘리트 정치인들이 개종을 하면서 이슬람식 학습이 새로운 전통으로 자리 잡아 가게 되었다. 통북투 같은 도시에서는 15세기부터 아랍어를 기반으로 한 토착적인 학습 전통이 나타나기 시작했다. 통북투는 서아프리카의 사바나 지대에서 가장 중요한 상업과 교육의 중심지였다. 하지만 이 지역에서 무슬림들은 소수자일 뿐이었고 주로 상업에 종사하거나 법률 관련 일을 맡았다. 그런 의미에서 이슬람교는 도심을 벗어나서는 좀체 찾아볼 수가 없는 도시의 종교라고 할 수 있었다. 이슬람법의 핵심인 샤리아 또한 강제성을 띠지 않았다. 그러나 18~19세기에 이르면 이슬람을 정화하고 샤리아를 강제화하자는 운동이 서아프리카 일대를 휘몰아치게 된다. 무슬림들은 지하드를 통해 이 목적을 달성하고

자 했다. 이들이 천명한 지하드는 과거 그 어느 때보다도 더 열정적으로 이슬람을 껴안은 농민들의 지지 덕분에 큰 성공을 거두었다. 이런 성공은 이름만 무슬림인 부패하고 나태한 엘리트 정치인들에 대한 농민들의 도전 덕분에 가능한 것이었다. 앞에서 살펴보았듯이 이와 비슷한 운동이 사하라 북부에서도 일어났다. 이 두 지역을 관통하는 공통의 관심사는 샤리아 법의 강제화와 의무를 게을리하는 '이교도' 무슬림에 대한 처벌 그리고 이슬람 정신의 부활을 통한 강력한 형제애의 발동 등이었다. 어떤 이는 북아프리카 사람들의 이러한 움직임이 남쪽의 아프리카에도 영향을 끼쳤다고 주장하기도 한다. 그러나 남쪽의 사막과 사바나만이 지니는 독특한 환경이 있고, 그것이 서아프리카에서 일어난 이슬람 부흥운동의 성격을 독립적인 것으로 만들어 내고 있다고 보는 것이 좀 더 타당한 것 같다. 이런 상황을 가장 잘 보여 주는 결정적인 사건이 1804년에 하우살란드에서 일어난 지하드였다. 1852년에 투콜로르에서 벌어진 폭동도 마찬가지였다. 이 두 사건은 모두 과거에 푸타잘론(1725~1750년)과 푸타토로(1769~1776)에서 벌어진 지하드의 영향을 받았다. 이 사건들은 모두 어느 정도 차이는 있지만, 서아프리카에서 이슬람 부흥운동을 전파하는 역할을 감당해 온 유목민 풀라니와 동맹을 맺고 있던 정주민 무슬림들과 깊은 관련을 맺고 있다.

유목민 풀라니

17세기 초반까지 북부 삼림 지대의 거개를 차지하고 있던 서아프리카 사바나는 거의 모든 지역이 적어도 명목상으로는 무슬림 영역이었다. 이 지역에 이슬람이 널리 퍼진 것은 무역 때문만이 아니라 몇 세기에 걸쳐 이루어진 사람들의 이주도 크게 한몫했다. 다양한 사람들이 이주해 옴으로써 서로 다른 문화가 교류하게 되었고, 재화는 물론 사상까지도 서로 뒤섞이게 되었다.

사람들이 이주한 데는 가뭄과 흉년 그리고 정치적인 격변과 탄압 등 여러 가지 이유가 있었다. 이 지역에서 자행되던 노예무역도 인구 변화는 물론이고 한 지역에서 다른 지역으로 문화와 사람을 실어 나르는 동기가 되었다. 장기적으로 볼 때 인구의 이동을 가져온 가장 중요한 이유는 '풀베'(Fulbe)라고 불리는 풀라니의 이동이었다. 세네갈 중부 지역에서 발원한 풀라니는 유목민으로 수백 년에 걸쳐 동쪽으로 서서히 이동해 나갔다. 이들은 기후변화에 취약했기 때문에 더 나은 목초지를 찾아 사바나를 지나 서서히 동쪽으로 이동을 계속해 갔다. 17세기에 이르면 이들은 세네갈과 니제르 사이에 있던 거의 대부분의 지역으로 퍼져 나갔다. 그리고 19세기 초가 되면 오늘날의 북부 나이지리아에 해당하는 지역을 차지하게 된다.

풀라니에게 주목할 만한 점은 자신들만의 독특한 언어와 문화 그리고 경제 체제를 간직하고 있다는 것이다. 심지어 이들은 외부인들에게 적대적인 태도를 보이면서 목초지는 물론이고, 무역을 할 권리까지도 내어주기를 저어한 농민 집단들의 영향력 아래에서도 자신들만의 문화를 유지했다. 이러한 고립감 때문에 어쩌면 이슬람을 좀 더 쉽게 수용했을는지도 모른다. 잠재적인 적들로 둘러싸인 이들에게 이슬람이 공통의 목표와 보호막을 제공했기 때문이다. 뿐만 아니라 이슬람은 풀라니에게 대안적인 형태의 정부 모델과 신앙 체계도 마련해 주었다. 이를 통해 이들은 무슬림이 되라고 강요는 하지만 샤리아는 명백하게 거부하는 폭압적인 농경적 성향의 통치자들과 맞서 싸울 수 있었다. 풀라니는 이동을 통해 무슬림 상인들은 물론이고 투아레그 같은 다른 무슬림들과도 접촉을 확장해 나갈 수 있었다. 분명한 것은 18세기 초에 이르면 거의 대다수의 풀라니가 무슬림이 된다는 사실이다. 그리고 여러 무슬림 학자 가운데 탁월한 학자들을 배출하기도 했다. 선구적인 무슬림 학자들 가운데 일부는 이슬람교를 믿지 않는 사람들을 대상으로 지하드를 전개해야 한다고 설교하기도 했다. 이들의 설교는 18~19세기에 몇몇 이슬람 혁명을 선도하는 데 가교 역할을 하기도 했다. 18세기 초중반에 벌어진 푸타잘론과 푸타토로의 지하드에 영감을 준 것도 바로 이들이었다.

풀라니의 적들 가운데에는 하우사가 있었다. 하우사는 사하라 남부의 유목민들과 나이지리아 북부 사바나 지대의 농민들이 결합하여 일으킨 집단이었다. 하우사의 경제적 토대는 농업이었지만 제조업과 상업의 뒷받침도 받았다. 이들도 사하라사막을 횡단하는 무슬림 상인들과 밀접한 관계를 맺고 있었다. 다른 종족과 마찬가지로 하우사도 무역을 통해 이슬람을 만났다. 14세기에 들어와 하우사의 도시 엘리트들은 무슬림이 되었다. 그 뒤로 수백 년 동안 수많은 소작농들이 개종한 무슬림들과 대립함에 따라 하우살란드는 개별적인 도시국가들로 사분오열 갈라지게 되었다. 하우사의 분열은 지배 엘리트들이 농민들한테 과도한 세금을 책정한 데 발발한 것으로 이는 계급 간 갈등의 불씨가 되었다. 한편 통치자들은 동료 무슬림들을 불법으로 붙잡아 노예로 팔아넘기는 일에 날이 갈수록 의존도를 높여 갔다. 하우사의 무슬림 소작농들이 보기에 통치자들은 부패하고 폭압적이며 이슬람법을 전혀 지키지 않는 무뢰한이었다. 19세기 초에 이르면 결국 이들은 풀라니와 손을 잡고 '성전'을 일으켜 이 지역을 장악하게 된다.

선지자와 전사들

19세기 초에 이르면 서아프리카의 사바나 전역에 걸쳐 선지자의 삶에 바탕을 두고 이슬람을 정화하려는 의지로 고무된 무슬림 성직자 네트워크가 출현하게 된다. 이들은 이슬람이 지역 종교와 공존하는 것이 불가능하다고 보았다. 수많은 이들이 메카 순례를 다녀온 터라 메시아에 대한 열정에 부풀어 있었다.

풀라니 출신으로 1754년에 태어나 1817년에 죽은 우트만 단 포디오는 일찍이 이슬람 학문에 깊이 몰두해 있었다. 어린 우트만은 1770년대부터 고비르 지역에서 설교를 하기 시작했다. 그가 설파한 설교의 핵심은 샤리아를 강화해야 한다는 것이었다. 그는 겉으로만 무슬림일 뿐 정치적으로는 나날이 포악해져 가는 통치 엘리트들을 강력하게 비판하기에 이르렀다. 우트만의 설교를 듣고 감화를 받은 사람들이 주변에 모여들었는데, 이것이 고비르 지역의 위정자들에게는 큰 부담을 주었다. 하여 그들은 우트만의 행동에 제제를 가했다. 그의 명성은 이내 하우살란드까지 퍼져 나갔다. 부패와 부정 그리고 신을 믿지 않는 정부를 강도 높게 비판했기 때문이다. 결국 절충주의 입장을 가지고 있던 무리들조차도 우트만의 추종자가 되었다. 나중에 다시 살펴보겠지만, 이들은 기실 이슬람의 순수성을 회복하는 일에 그다지 큰 관심이 없었다. 이들의 주요 관심사는 주로 정치적이고 종족적인 질서를 새롭게 창조하는 데 집중되어 있었다. 그럼에도 많은 이들은 우트만을 이슬람 근본주의를 구해 내어 회복할 힘을 가진 마디(Mahdi)라고 믿었다. 물론 우트만 스스로 적어도 말년에는 그런 태도를 보이지 않았다. 그렇지만, 그는 스스로가 기적을 일으키는 능력을 가지고 있다는 점을 부정하지는 않았다. 그는 불법적으로 세금을 징수하는 관리를 비판했고, 동료 무슬림들을 노예로 잡아가는 행위를 용납하지 않았다. 다신론에 대한 믿음을 허용하지 않았을 뿐 아니라 이단적인 의식을 비롯한 사회적인 관행을 질타했다.

공식적인 박해가 가속화되자 결국 우트만은 고비르를 떠나며 이교도 정부의 손아귀에서 벗어나는 행위, 즉 히즈라(hijra)를 몸소 실천했다. 이후 선지자 무함마드가 몸소 보여 준 선례에 따라 1804년에 지하드가 발발했다. 1810년 무렵에 카치나와 카노, 고비르를 비롯한 대부분의 하우사 국가들이 무슬림 세력권에 들어가게 되었다. 이 무슬림 세력들 속에는 집권 세력에 불만을 품고 있던 하우사인들도 포함되어 있었다. 결국 우트만과 그의 제자들이 이 지역을 실질적으로 지배하게 되었다. 지하드는 멀리 동쪽의 누페에서 남쪽의 차드 호수를 지나 해안가 삼림지대에 위치한 요루바 영역까지 이어졌다. 몇 해 지나지 않아 오늘날의 북부 나이지리아와 북부 카메룬을 가로지르는 지역에 새로운 제국 하나가 등장했다. 이 제국은 신을 믿지 않는 자들과 벌인 전쟁을 기반으로 형성된 제국이었다. 소코토 칼리파테(Sokoto Caliphate)라는 이 제국은 19세기 서부 아프리카에서 가장 거대한 정치체제를 구축한 이래 유럽의 식민주의가 본격화될 때가지 이 지역의 맹주를 자처했다. 정계에서 은퇴한 우트만은 남은 생을 사원에서 보냈다. 그의 대를 이어 남동생 압둘라히(Abdullahi)와 아들인 무함마드 벨로(Muhammad Bello)가 정권을 장악했다. 이들은 혁명을 더 한층 강하게 밀고 나갔기 때문에 주변 국가에서 수차례 폭동이 일어났다. 또한 오요 제국의 북쪽에 있던 일로린을 정벌하고 요루바 본토 깊숙이 이슬람을 전파했다. 한편, 이슬람은 하우살란드에 새로운 활력을 불어넣었다. 물론 하우살란드인들이 진정으로 신앙 문제 때문에 혁명에 참가한 것인지는 아직 분명하지 않다.

소코토의 출현은 사바나 지대 전역에 걸쳐 새로운 영감의 원천이 되었다. 이는 보르누, 마시나와 같이 새롭게 활력을 얻은 이슬람을 토대로 국가를 세우는 과정에 깊은 영향을 주었다. 소코토는 특히 투콜로르(Tukolor)의 탄생에 가장 지대한 영감을 제공했다. 여기서도 풀라니와 관계를 맺고 있던 사람들이 불만을 점화하는 데 가장 큰 매개 역할을 수행했다. 그리고 이 지역에서 대중적인 운동을 이끌고 있던 지도자 알-하지 우마르 탈(al-Hajj Umar Tal, 1794~1864)도 한몫 거들었다. 탁월한 학자인 우마르 탈은 메카를 순례한 후 소코토에서 시간을 보내고 있었다. 그는 이교도와 허울뿐인 무슬림들을 강경하게 비판했다. 서아프리카에 새로 결성된 형제단 티자니야(Tijaniyya)를 이끌게 된 우마르는, 우트만이 고비르에서 겪은 것처럼 지역 관료들과 마찰을 빚게 되었다. 티자니야는 우마르가 1830년대에 소코토에서 결성한 집단이었다. 지배 엘리트들에 대한 지역 민중들의 불만을 견인하기 위해서 우마르는 땅을 잃고 떠도는 자들과 소외된 자들을 이슬람 깃발 아래로 끌어들였다. 마침내 그는 1852년에 세네갈 강 상류에서 지하드를 선포했다. 해안 지대에 주둔하고 있던 프랑스인들이 서쪽을 주시하고 있던 틈을 타서, 우마르는 세네갈 내륙을 빠른 속도로 장악한 다음에 동쪽으로 세력을 확장해 나갔다. 이 와중에 마시나와 전쟁을 치르기도 했는데, 적들은 이 전쟁을 정당하지 않다고 비난했다. 동료 무슬림들과 치른 전쟁이었기 때문이다. 그 결과 투콜로르는 소코토보다 버티는 힘이 약하다는 점이 증명되었다.

우마르는 1864년에 적군의 손에 죽고 만다. 그의 사망을 계기로 소코토 '제국'은 심각한 내분을 겪게 되고 결국에는 내전으로 이어지게 되었다. 그럼에도 우마르 혁명의 종교적 영향력은 조금도 줄어들지 않았다. 소코토와 마찬가지로 그리 오래 존속하지 못했던 투콜로르 또한 그 지역에 프랑스군이 침략해 들어올 때까지 서부의 사바나 지대를 이슬람을 통해 혁신하는 일에 많은 공력을 집중했다. 우마르의 추종자들은 오늘날의 말리 서쪽에까지 이르는 지역인 함달라히에 국가를 세웠는데, 1893년 프랑스에 의해 붕괴되었다.

지하드에 대한 해석을 놓고는 다양한 설명이 나왔다. 지하드를 순수하게 종교적인 개혁과 연결시키는 이들이 있는가 하면, 뿌리 깊은 종족 간 갈등이 표면에 드러난 것으로 보는 이들도 있었다. 또 어떤 이들은 지하드를 정치적·경제적 억압에 대한 저항으로 보기도 했다. 물론 지하드를 영적인 해석과 결부시키는 일은, 이 운동을 이끈 지도자들과 그 행적을 낱낱이 기록한 필경사들이 '공식적으로' 제출한 견해에 지나지 않는다. 이들은 이슬람이 지하드라고 하는 합법적인 폭력을 통해 정화되었다고 주장한다. 하지만 '지하드'라는 용어를 이러한 맥락으로만 파악하게 되면 여러 가지 문제가 발생한다. 이론적으로만 본다면, 폭압적인 '이교도'나 무슬림이 아닌 자들의 통치에 대한 저항은 모든 무슬림들의 의무 사항이 된다. 그러나 서부 아프리카의 사바나 지역에서 벌어진 저항운동은 샤리아를 준수하지 않는다고 여겨지는 동료 무슬림들을 대상으로 발발한 경우가 많다. 이런 경우 그 지역에서 벌어진 지하드가 진정으로 적법한 것이었는지 여부를 묻는 일은 쉽지 않다. 앞서 언급했듯이, 동료 무슬림들을 겨냥한 지하드였기 때문이다. 대표적인 예가 바로 티자니야였다. 티자니야는 말 그대로 '이교도' 또는 배교자들을 대상으로 한 운동이 아니었다. 따라서 이런 저항의 배후에 이슬람 '부흥운동'만 있다고 보는 시각은 문제를 안고 있다. 이런 관점에 설 경우 보이지 않는 진실이 많기 때문이다.

사실 이런 지하드는 종족 간 갈등의 문제로 볼 수 있는 경우가 많다. 하우살란드의 경우 이런 시각은 대체로 옳다. 우트만의 저항을 지지한 여러 지도 세력은 유목민인 풀라니였다. 풀라니는 주로 농경 생활을 하면서 점차 도시화되어 가던 하우사에게 억압당하고 있다고 믿고 있었다. 풀라니인 가운데 신실한 무슬림이 많았던 것은 사실이지만 꼭 그런 것만도 아니었다. 신실한 무슬림이 아니었던 풀라니인들은 기실 종교적인 열정보다는 종족 간의 단합을 목적으로 지하드를 지지했다. 종족적 '의식화'가 더 중요했던 것이다. 이러한 측면에서 볼 때, 지하드에 대한 사회적·경제적 해석에도 주목할 필요가 있다. 투콜로르와 하우살란드의 저항에는 공통점이 있다. 도덕적·종교적 사상뿐 아니라 정치적·경제적 문제를 둘러싸고 나타나던 대중 일반의 불만을 효과적으로 이끌어 내고 있다는 점이다. 가장 탁월하다고 할 만한 것은 단연코 세금 문제를 둘러싼 불만을 극대화하고 있다는 점이다. 특히 '장갈리'(jangali)라고 불리는 가축세는 풀라니에게 가장 골치 아픈 문제였다. 풀라니가 보기에 이 가축세는 대단히 잔악하고 불법적이며 이슬람답지 않았다. 노예제도도 눈엣가시 같은 것이었지만, 통치 엘리트들은 보란 듯이 노예제도를 시행하고 있었다. 동료 무슬림들을 노예로 삼는 일이 법적으로 금지되어 있었음에도 하우사인들은 개의치 않았다. '지하드'는 결국 이와 같은 사회·경제적인 억압 때문에 발발하게 되었던 것이다. 지하드를 계기로 유목민들과 농경민들 사이에 갈등이 표면화되었고, 이런 갈등은 지역의 자원을 확보하고 통제하는 차원의 경쟁으로 이어졌다. 분명한 것은 18~19세기에 벌어진 다양한 저항운동의 배후에는 이른바 '이해관계의 제휴'라고 할 만한 복합적인 요소들이 결합되어 있다는 점이다.

특정 개인이나 집단의 동기가 무엇이었든지 간에 이슬람은 서아프리카의 사바나 지대에 있던 여러 국가와 사회에 깊숙이 뿌리를 내리게 되었다. 19세기 말에 가면 18세기 중엽 때보다 더 많은 서아프리카인들이 무슬림으로 개종하게 된다. 유럽이 식민주의 침략의 보폭을 조절하던 1870~1890년대에 이르면 이슬람은 아프리카의 여러 지역에서 과거 그 어느 때보다 더 확고한 단합과 저항의 의지를 제공하게 된다. 1870년대와 1890년대 사이에 프랑스는 세네갈을 통해 사바나 지역으로 침투해 들어갔고, 영국은 나이지리아 해안을 통해 북쪽의 삼림 지대로 세력을 확장해 나갔다. 이와 같은 유럽의 이교도들에 맞서 가장 조직적이고 체계적인 저항을 펼친 세력이 바로 무슬림들이었다. 적어도 이론상 이들은 이슬람교를 믿지 않는 세력에게 항복을 하기보다는 싸움을 택하는 것이 명예롭다고 생각했다. 이렇듯 이슬람은 특정 지역의 언어와 종족을 뛰어넘는 통일성을 부여했다. 물론 유럽의 제국주의에 대한 저항이 그다지 큰 효과를 거두었던 것은 아니다. 그 이유는 종파 및 동료 무슬림들 간의 갈등 때문이었다. 그 사이에 유럽인들은 무슬림 권력자들에게 식민지 체제를 수용하면 상당한 정도의 자치를 인정하겠다는 유화정책을 쓰면서 이슬람의 잠재적인 위협을 지속적으로 거세해 나갔다. 이런 유화책을 가장 모범적으로 보여 주는 사례가 북부 나이지리아에서 영국이 펼친 정책이었다. 영국은 소코토 칼리파테를 무력으로 제압한 후에 풀라니와 하우사의 위정자들을 대리인으로 내세워 이곳 주민들과 일상적으로 부딪히게 될지도 모를 행정적인 갈등들을 피해 갔다.

 소코토를 통해 하우살란드는 완전히 이슬람 세계의 일원이 되었다. 칼리파테는 이슬람의 행정과 무슬림 법관들 그리고 이슬람 세법과 토지 임차법의 지배를 받았다. 이슬람을 믿지 않은 사람들을 개종시키기 위해 이슬람 사원과 학교가 건립되었고, 이슬람을 연구하는 풍토가 진작되었다. 소코토의 학자들은 주로 카디리야와 관련되어 있었고, 얼마 지나지 않아 티자니야와도 깊은 관계를 맺게 되었다. 수피즘도 널리 전파되고 있었다. 제국은 여러 토후국(emirate)으로 분할되어 칼리프의 중앙 권력에 충성을 다하고 있었다. 우마르와 그의 후계자들이 함달라히에 세운 국가 또한 이슬람의 관행을 성문화하면서 이교도들의 의식을 금지했다. 그러나 주로 약탈 전쟁을 일삼던 이 국가의 경제력은 소코토보다 훨씬 약했다. 이 국가의 주요 수입원은 노예 수출이었다. 초기에는 지하드에 크게 고무되었지만 시간이 지나면서 일반적 의미의 폭력이 역병처럼 번졌다. 우마르가 사망할 즈음에는 세네감비아 지역에서 월로프인들을 중심으로 지하드가 일어났다. 이는 대단히 폭력적인 양상을 띠었다. 무슬림이 아닌 사람들을 대상으로 한 파괴와 노예화가 극성을 부렸지만, 상당히 많은 월로프인들이 무슬림으로 개종했다.

19세기 초에 동남쪽에서는 토론과 코냔에서 종교적인 무력시위가 벌어졌다. 이 시위를 이끈 모리-울레 시세(Mori-Ule Sise)는 1845년에 사망했지만, 그의 대의는 사모리 투레(Samori Ture)로 계승되었다. 사모리 투레는 왕가라 가문 출신으로 1860년대와 1870년대를 거치면서 대규모 사조직을 결성했다. 이 조직을 활용하여 여러 지역을 자신의 손아귀에 넣었지만 투레가 세운 국가는 다분히 군사적인 성향이 강했다. 군 관료가 행정부를 관리했으며 군을 통해 무기류와 군마들을 수입했다. 필요한 재원은 노예를 팔아 충당했다. 1880년대가 되면 투레는 이슬람 질서를 강화하기 위해 이슬람법을 강제하고 무슬림 학풍을 제도화하게 된다. 지역 경제를 활성화하는 일에 역점을 두었기 때문에 거기에서 큰 이득을 본 왕가라 일족이 투레를 전폭적으로 지지했다. 하지만 이런저런 저항이 잇따르자 그는 재빨리 자신이 벌인 일련의 무슬림 정책들을 철회하고 군사적·정치적 통합에 몰두했다. 프랑스의 침입이 임박했던 시점이라 그는 1890년대 내내 동쪽으로 이동을 할 수밖에 없었다. 사모리 투레는 결국 프랑스에게 패배를 당하고 망명을 떠나게 된다.

사모리 투레는 19세기 최후의 위대한 무슬림 군사 지도자이자 국가 건설자였다. 지하드의 깃발 아래 다양한 사회의 이해 집단이 다시 하나로 뭉치게 된 것은 19세기가 저물어 갈 무렵이었다. 신학자들을 비롯하여 교사, 피억압 종족, 심지어 착취당하던 농민들까지도 지하드의 이름으로 대동단결했다. 이해관계가 다른 사람들이 하나로 묶였던 데는 여러 가지 동기가 작동했다. 지역적인 차원의 투쟁을 이끌어 내는 측면에서는 이슬람이 가장 중요한 매개가 되었다. 또 좀 더 규모가 크고 군사적이면서 동시에 팽창주의적인 국가를 만들어 내는 데에도 이슬람의 역할은 지대했다. 이러한 국가들 가운데 상당수가 도덕적·영적인 개혁과 혁신은 물론이고 사하라를 가로지르고 대서양을 횡단하는 노예무역에도 깊이 관여했다.

같은 시기에 서부 아프리카의 여러 지역에서는 이슬람의 '혁신'(rejuvenation)이 일어났다. 이 지역에서 이슬람의 혁신은 더 이상 낯선 사건이 아니었다. 새로운 지역으로 무슬림들이 퍼져 나가 그 지역 주민들을 무슬림으로 만든 일도 마찬가지였다. 이 지역을 강타한 메시아주의 운동들은 이슬람력으로 13세기 되는 시점, 즉 19세기에 이르면 이슬람의 순수성이 회복되고 이슬람을 믿지 않는 세계가 신 앞에 무릎을 꿇고 개종을 약속하게 될 것이라고 주장했다. 사실 이슬람 부흥운동을 강력하게 촉진한 동기의 일부는 이슬람을 믿지 않는 세계의 팽창, 즉 유럽 제국주의의 출현과 밀접한 관련이 있다. 문제는 이교도 유럽인들의 정복이 아니었다. 유럽과의 교류가 그보다 훨씬 더 복잡한 상황을 연출해 냈다.

6장

동쪽의 이슬람
동부 아프리카의 이슬람 전선

스와힐리 이슬람

스와힐리는 문화와 문명, 언어까지 모두 포괄하는 용어로, 오늘날의 소말리아에서 모잠비크에 이르는 인도양 연안을 따라 아프리카와 아라비아의 요소가 결합되어 나타난 현상을 일컫는다. 이슬람의 출현과 빠른 확산은 인도양 무역에 커다란 자양분을 제공했다. 남부 아라비아와 페르시아 만에서 온 최초의 무슬림 집단은 8세기에 동아프리카 해안의 북쪽 지역에 정착하면서 아프리카 원주민들과 결혼을 했다. 지배 엘리트들이라고 해서 예외는 아니었다. 이들의 결합으로 아프리카의 해안지대는 팽창하던 무슬림 세계와 만나 무역망을 확충할 수 있었다. 모가디슈와 바라와 그리고 라무 섬에 정착촌이 건설되었는데, 이는 아프리카의 상아와 황금에 대한 수요가 급증하면서 자연스럽게 나타난 현상이었다. 무슬림 이주자들의 인구는 이어지는 9세기에 더 늘어났다.

스와힐리 문명은 이와 같은 역동적인 상호작용을 통해서 출현했다. 스와힐리라는 말은 '바닷가 사람들'이라는 의미를 내포하고 있는데, 본디 해안을 뜻하는 아랍어에서 유래한 것이다. 언어학적으로 이 용어는 아프리카의 반투어에 뿌리를 두고 있으나 아랍어와 섞여 있다. 이 언어가 맨 처음 출현한 곳은 아마도 오늘날의 케냐에 속하는 타누 계곡 지대, 즉 라무 섬이 아닐까 싶다. 시간이 지나면서 스와힐리는 아랍 문자를 차용하여 문자어로 발전했다. 그러나 10세기부터 14세기까지 통용되던 '스와힐리'라는 말에는 이보다 훨씬 특별한 의미가 포함되어 있었다. 거기에는 해안 문화가 좀 더 뚜렷하게 담겨 있었다. 종교로서 이슬람은 일련의 상업적인 도시국가들을 중심으로 전파되었다. 무슬림 이주자들은 끊임없이 남쪽으로 이동하여 잔지바르와 마피아, 펨바, 킬와 같은 곳에 정착촌을 건설했다. 이러한 정착촌들은 대부분 아프리카 본토에서 멀리 떨어지지 않은 곳에 있는 섬들이다. 이들 정착촌에서 출현한 건축물은 구조적으로 아프리카와 아랍의 스타일이 혼합되어 있다. 돌로 지은 무슬림 사원을 비롯하여 주택이든 왕궁이든 모두 이런 특징을 지니고 있다. 스와힐리의 물질문화는 동부 아프리카 해안에서만 나타나는 예술적 특징들을 잘 보여 주고 있었다. 새로운 도시와 '시라지'(Shirazi)라고 알려진 새로운 왕조가 확산되고 있었다. 이 왕조는 페르시아 만에서 출현한 시라즈(Shiraz) 왕조를 염두에 둔 것으로, 무슬림 이주자들은 자신들의 뿌리를 페르시아 왕조에 두고 있었다.

  13세기에 이르면 북쪽의 모가디슈와 남쪽에 위치한 소팔라 사이에 무려 40곳이 넘는 스와힐리 도시들이 출현하게 된다. 모가디슈를 비롯하여 몸바사와 말린디, 잔지바르, 킬와 같은 규모가 큰 도시들은 무역을 통해 상당한 부를 축적하고 있었다. 이 도시들은 응집력이 강한 자치도시들로서 독립적인 술탄의 지배를 받았다. 이슬람교는 주로 지배 엘리트들이 믿었다. 보통의 도시민들은 무슬림이었지만, 거개의 아프리카인들은 아직 무슬림이 아니었다.

해안 지대에 살던 토착민들은 물질적인 세계와 도덕적인 세계, 그리고 자연적인 것과 초자연적인 것은 하나라는 세계관과 종교관을 갖고 있었다. 이는 도덕적인 행위는 반드시 물리적 결과물을 수반한다는 것을 뜻한다. 여기서 가장 중요한 것은 조상들의 영혼이었다. 조상들의 영혼, 즉 조상신은 그럴듯한 사회적인 담론과 도덕적인 행위를 매개하는 중개자였다. 그런가 하면 자연의 영혼, 즉 자연신은 사악한 기운과 더불어 일상적인 삶에서 중요한 역할을 했다. 해안가의 정착촌은 하나하나가 모두 영적인 차원에서 소우주를 반영하고 있었다. 다시 말해, 정착촌마다 각기 다른 영적 특성과 수호신을 지닌 도덕적이고 종교적인 우주가 축소된 형태로 반영되어 있었다. 이는 한 정착촌에서 다른 정착촌으로 이주를 할 때 우주관 자체가 바뀌는 것을 의미했다. 그렇지만 도시 거주자들은 좀 더 넓은 세계를 관계망으로 활동하고 있던 터라, 인도양을 사이에 두고 양 대륙을 연결하는 상업망 속에 깊이 침윤되어 있었다. 언어와 조상, 직업적 배경이 서로 다른 수많은 사람들이 공존하는 대우주 속에 살고 있던 그들에게, 한 지역만의 신앙 체계를 강요하는 일은 속이 좁은 처사였다. 그들에게는 좀 더 보편적인 신앙 체계가 필요했다. 서아프리카인들과 마찬가지로, 동아프리카의 도시민들이 이슬람을 신앙 체계로 선택한 이유가 바로 이 때문이었다. 이를 통해 그들은 인도양 주변에 흩어져 살던 사람들의 행위와 담론 체계를 동일한 하나의 신앙 체계로 통일할 수가 있었다.

이슬람이 스와힐리 사회에 끼친 영향을 한마디로 평가하기는 쉽지 않다. 그러나 한 가지 명확한 것은 12~13세기 이전까지는 돌로 지은 무슬림 사원이 무슬림들의 주거지에 출현하지 않았다는 점이다. 서아프리카의 사바나 지역에서와 마찬가지로, 개종도 무역을 활성화하기 위해서 이슬람법과 관습을 따르고자 한 상인 계층을 중심으로 이루어졌다. 말하자면, 이슬람은 해외무역을 수월하게 하는 데 필요한 수단은 물론이고 지역적인 충성도를 넘어서는 정체성까지 제공했다. 또 한 가지 중요한 사실은 소우주와 대우주가 서로 배타적이지 않았다는 점이다. 사람들은 이 두 세계를 넘나드는 일이 잦았다. 코란의 이름으로 원주민들의 영혼은 위안을 받았고 악령으로부터도 보호받았다. 두 가지 신앙 체계가 서로 유기적으로 공존했던 것이다. 이와 같은 역동적인 종합의 원리를 기반으로 하여 스와힐리 문명이 탄생했다.

다른 지역에서와 마찬가지로, 이슬람은 동아프리카 해안에서도 곧 유럽의 도전에 직면하게 되었다. 포르투갈 함대는 희망봉을 돌아 1498년에 스와힐리 해안의 남쪽 끝에 처음으로 출현했다. 이 지역을 우연히 발견한 포르투갈은 마침 인도와 수지맞는 장사를 하고 있던 무슬림 세력을 제압하는 일을 핵심적인 임무로 삼게 되었다. 따라서 스와힐리 무역을 장악하는 일이 그들에게는 중요한 의미를 띠게 되었다. 그들은 거룩한 기독교인들의 전쟁이라는 이름으로 해안 지대의 정착촌을 공격하여 항복을 요구했다. 스와힐리인들이 강력하게 저항했지만, 결국 그 저항은 16세기에 잦아들게 되었다. 포르투갈인들의 정복 과정이 가장 극적으로 펼쳐진 사례는 1599년에 몸바사에 건설한 포트지저스(Fort Jejus)에서 찾아볼 수 있다. 포트지저스 성은 포르투갈인들이 동아프리카를 장악했다는 것을 상징적으로 드러낸 표식이었다. 하지만 2장에서도 살펴보았듯이, 17세기 말이 되면 포르투갈인들은 장악했던 해안 지대의 요새를 모두 빼앗기게 된다. 그리하여 잔지바르를 중심으로 한 새로운 상업 제국이 출현하게 되었다. 18세기와 19세기에는 이슬람이 동아프리카 내륙까지 점진적으로 팽창하게 된다.

동아프리카 내륙의 이슬람

19세기 초에 이루어진 잔지바르 술탄의 상업적인 팽창은 이슬람이 동부 아프리카 내륙으로 침투해 들어가는 데 결정적인 공헌을 했다. 그렇지만 그 팽창은 아프리카 대륙의 서쪽 지역에서 벌어진 과정보다는 덜 체계적이었다. 목적과 맥락이 달랐기 때문이다. 이슬람을 가장 적극적으로 받아들인 지역은 부간다였다. 1840년대에 최초의 해양 상인이 출현하자, 부간다 왕국은 의복과 총포류는 물론이고 신앙 자체까지 받아들였다. 이슬람이 상업적인 측면에서는 물론이고 정치적으로도 유용했기 때문이다. 특히 카바카 무테사(Kabaka Mutesa)는 이슬람을 국가의 종교로 받아들여 토착 종교를 영적으로 매개하는 일에 활용하고자 했다. 그는 1860년대 후반에 스스로 무슬림으로 개종한 후에 다른 사람들도 그 뒤를 따르게 했다. 하지만 그의 개종에는 진정성이 부족했다. 그런 그가 1870년대 말에 이슬람을 원칙으로 내세우고 자신의 권위에 도전하는 일군의 젊은 추장들을 처단한 사건이 벌어졌다. 간다(Ganda) 또한 같은 이유로 수입한 종교를 활용했다. 무테사는 결국 스스로 모든 종교에 흥미가 있다고 천명하면서 기독교와 이슬람 사이에 균형을 추구했다. 그렇지만 기독교뿐 아니라 이슬람의 영향 또한 간다의 정치집단들에게 극심한 불안을 가져다주었다. 그 불안은 1880년대 말에 외국에서 수입한 신앙과의 제휴를 두고 결국 내부 집단 간의 내전으로 드러났다.

훨씬 남쪽에서 오랫동안 해양 문화를 받아들이며 살아가던 야오 무역업자들은 19세기 후반 들어 이슬람을 수용했다. 이를 통해 이슬람은 탄자니아의 오지까지 침투해 들어갈 수가 있었다. 상업과 모험에 매료되어 여기저기 떠돌던 탄자니아의 젊은이들은 이슬람을 통해 전통적인 사회적·정치적 제약을 벗어 버리고자 했다. 하지만 내륙으로 깊이 들어간 이슬람은 쉽게 자리를 잡지 못했다. 스와힐리어를 구사하는 상인들이 건설한 타보라나 우지지 같은 상업적인 전선에서만 안착을 할 수가 있었다. 이곳을 지나던 유럽 순례자들은 해안가에서 활동하던 스와힐리 상인들을 보며 참된 이슬람을 욕되게 하는 사람들이라 여겼다. 아프리카의 추장들조차도 상업적인 이유로 교류하기는 했지만, 이들에게 특별한 관심을 보이지는 않았다. 그럼에도 이들은 콩고 동쪽 열대우림은 물론이고 탕가니카 호수 연안에 위치한 중부 탄자니아까지 큰 영향을 미치고 있었다. 분명한 것은 이슬람을 가장 잘 대변하는 것이 상업적인 잔지바르의 술탄만이 아니라는 점이다. 이슬람은 오히려 지역 엘리트들과 결혼동맹, 동료 의식의 축적 그리고 한편으로는 무역 또 다른 한편으로는 전쟁을 통해 강력한 관계망을 구축해 나갔다. 무역과 전쟁을 동시에 활용하는 무슬림들은 아프리카의 대호수 지대마저 개척할 수 있었다.

  무슬림들은 고립된 개종자들을 포괄하고 새로운 지역에 새로운 신앙을 소개하는 방식으로 자신들이 정착한 지역에 지워지지 않는 흔적들을 남겼다. 이슬람이 남긴 대표적인 흔적 가운데 하나가 약제였다. 이슬람 약제는 대중적으로 수요가 컸다. 내륙으로 이동하던 해안 지대의 무역업자들이 보여 준 '마법적인' 지식에 대한 수요도 마찬가지였다. 이런 과정을 거쳐 19세기 후반에 들어서면 스와힐리어는 오늘날의 남부 우간다와 탄자니아, 콩고 동부, 말라위, 북부 모잠비크 지역을 아우르는 공식어로 채택되었다.

  그런가 하면, 전반적으로 동아프리카 내륙에 이슬람이 끼친 영향은 19세기의 서아프리카보다 훨씬 미미했다. 물론 이런 비교가 적절하지 않을 수도 있다. 서쪽의 사바나 지역에 전파된 이슬람은 훨씬 오래

된 것이기 때문이다. 부간다와 니아사 호 주변 지역은 아마도 동아프리카의 무슬림들이 가장 밀집해 살던 곳일 것이다. 장거리 무역에 종사하던 추장들은 자발적으로 무슬림이 되거나 아니면 최소한 그런 흉내라도 냈다. 한편 이슬람은 19세기 후반에 전쟁과 노예제도로 삶의 뿌리를 상실하고 갈 곳을 잃은 사람들을 정착시키는 역할도 했다. 좀 더 범박하게 말하자면, 이슬람은 20세기 초부터 급속하게 성장하여 주요 신앙으로 자리매김하면서 여러 지역에서 기독교와 경합을 벌였다.

동북 아프리카의 기독교와 이슬람

아프리카 대륙에 최초로 무슬림이 출현한 곳은 에리트레아 해안이다. 문제는 그때가 언제인가 하는 점이다. 아프리카 대륙에 처음으로 이슬람 사원이 세워진 곳은 마사와였다. 이 사원은 620~630년대에 혁명으로 어지럽던 난국을 피해 마사와로 피신한 예언자 무함마드의 가족들이 세운 것으로 알려져 있다. 홍해는 동북 아프리카와 아라비아반도 그리고 중동이 서로 소통하고 교류하는 데 가장 이상적인 천해의 창구였다. 그러나 10세기 무렵에 제일라 항구가 개항하면서 이슬람은 오늘날의 소말리아와 지부티 그리고 에티오피아와 에리트레아 같은 지역으로 소말리아 해안을 따라 전파되었다. 어떤 이들은 이 과정을 이 지역에서 벌어질 기독교와 이슬람의 근원적 충돌로 인식하기도 한다. 이 두 종교 간의 헤게모니 투쟁은 오늘날까지도 끊이지 않고 있다. 이 지역의 역사를 살펴보면 확실히 종교적 갈등이 많았던 것을 알 수 있다. 이슬람이 팽창하면서 주기적으로 에티오피아와 에리트레아의 고원지대에 전파되어 있던 기독교와 갈등을 빚었기 때문이다. 하지만 이 점을 지나치게 과장할 필요는 없다. 서로 상생과 공존을 위한 시도들도 많이 이루어졌기 때문이다. 특히 상업적인 분야에서는 그랬다. 이 지역 역사의 많은 부분들은 식민지 이전 시기에 이곳을 떠돌던 유럽의 순례자들과 선교사들이 퍼트린 이슬람에 대한 편견 탓에 크게 왜곡되었다.

가령 중세 유럽의 포르투갈인들은 '프레스터 존의 왕국'을 찾는 일에 심한 강박증을 보였다. 그 왕국은 기독교 왕국으로 '동양'에 있으며 사나운 무슬림들에게 포위당해 있다고 알려져 있었다. 앞에서도 살펴보았듯이, 에티오피아는 이 이야기를 의도적으로 활용하여 기독교를 통해 자국의 이미지를 구축했다. 즉 유라시아의 중심에서 벗어난 고원지대에 하나 또는 여러 왕국들을 건설했는데, 무슬림들이 자꾸 성문을 두드리며 괴롭히고 있다는 인상을 심어 준 것이다. 여러 층위에서 기독교는 이곳 고원지대의 상상력을 폭넓게 장악하고 있었다. 뿐만 아니라 이 지역의 기독교 공동체를 '제2의 이스라엘'로 간주하면서 무슬림을 비롯한 이교도 등 외부의 적들로부터 자국의 신앙을 보호해야 한다는 논리도 펴고 있었다. 이런 생각은 아프리카의 미학적 전통 가운데에서도 가장 역동적인 면모를 보인 에티오피아 예술에 심대한 영향을 주었다. 에티오피아의 그림들에는 주로 사악한 적에 맞서 싸우는 기독교인들의 투쟁이 표현되어 있다. 동시에 성인 같은 에티오피아인들의 모습과 그들의 영적·정치적 지도자들도 묘사했다. 이런 생각은 19세기에 자주 등장했는데, '에티오피아'를 '폭풍우가 치는 무슬림의 바다 위에 떠 있는 기독교의 섬,' 따라서 특별히 주목할 만한 곳으로 인식하던 때였기 때문이다. 20세기에 하일레 셀라시에 황제도 에티오피아를 사악한 무슬림 세계의 문턱에 서 있는 서유럽 기독교의 친구라고 묘사했다.

쇼안(Shoan)에 기반을 두고 있던 기독교 왕국은 16세기에 조직이 잘 된 무슬림들의 지속적인 공격을 성공적으로 방어하며 살아남았다. 어느 정도는 포르투갈 머스킷 소총수들의 개입 덕분이었다. 기독교 교회를 방어하는 데는 성공했지만 갈등이 길어진 탓에 에티오피아는 약해졌고, 이를 틈타 오로모 유목민들이 살던 남쪽의 고원지대로 이슬람이 진출할 수 있었다. 쿠시어를 사용하던 오로모인들은 옛 문헌에서는 '갈라'(Galla)라고 불리었는데, 투르카나 호수의 동북쪽 초원지대에서 온 사람들을 가리킨다. 이들은 환경이 좀 더 좋은 목초지를 찾아 16세기 말에 오늘날의 에티오피아 지역 남쪽으로 진출했고 하라르 고원지대로도 이주했다. 그 과정에서 수많은 사람들이 기독교와 이슬람으로 개종했다. 오로모 무슬림들은 종종 당대 문학에서 기독교도들이 차지하고 있던 '에티오피아 성'을 호시탐탐 노리던 야만적인 무리로 묘사되곤 했다. 그들은 쇼아와 아파르 지역으로 이동하여 하라르 지역을 별다른 의미도 없는 무슬림들의 거주지로 만들기도 했다.

 17세기 중엽에 하라르의 술탄은 수단에 있던 술탄 푼지(Funj)와 상업이나 정치적인 접촉은 물론이고 뿔 지역 및 홍해 지역으로 무역망을 개척함으로써 지역의 권력을 장악했다. 하라르의 술탄은 19세기 중반까지 권력을 유지하고 있다가 메넬리크의 기독교 제국이 팽창할 때 거기에 결국 흡수되고 말았다. 오로모의 진출은 공교롭게도, 홍해 끝에 붙어 하베샤 왕국의 정치적 중력의 중심부로 활약하던 암하라의 이동을 부분적으로 도왔다. 마사와에서 오스만튀르크와 상업적으로 접촉하던 암하라는 곤다르에 영구적인 수도를 건설했다. 17세기에 그들은 노예무역에 깊숙이 개입하여 마사와를 통해 한 해에 무려 1만 명에 달하는 노예를 송출했다. 그렇지만 18세기에 에티오피아 고원지대에 있던 중앙집권 국가가 붕괴하면서 왕국의 통일성은 이름만 남게 되었다. 그 사이에 오로모는 에티오피아의 심장부로 확장을 꾀할 수 있었다.

 한편 홍해로 무역망을 확장하는 일은, 중부와 북부의 에티오피아 고원지대에서 지베르티(jiberti)라고 불리던 독특한 계급을 형성하던 무슬림 상인들에게 커다란 이득을 안겨 주었다. 이러한 방식으로 오늘날의 에티오피아 지역에서는 무슬림과 기독교도가 협력과 갈등을 거듭했다. 그러나 19세기 후반에 오면 기독교도였던 하베샤 통치자들이 성전이라는 명분을 활용하여 유럽 정부의 지지를 이끌어 냈다. 그 사이에 기독교와 이슬람의 적대적 관계는 이집트의 수단 진출 같은 방식으로 에리트레아 해안과 오지를 따라 북쪽으로 올라갔다.

상업뿐 아니라 수피즘 또한 이슬람이 이 지역에 퍼지는 데 한몫 거들었다. 가령 카디리야는 오래전에 정착하고 있던 하라르 방향에서 팽창을 시작하여 19세기 내내 소말리아와 에리트레아로 나아갔다. 에리트레아의 경우도 마찬가지였다. 19세기에 벌어진 미르가니야(Mirghaniyya) 같은 개혁운동이 대표적이었다. 미르가니야 개혁운동은 정착과 종족 간 결혼을 통해서 좀 더 폭넓은 개종을 선도하고 정치적인 계보를 흡수하려는 시도였다. 이러한 목적으로 소말리인들 사이에서 성행한 것이 살리히야(Salihiyya)와 아흐마디야(Ahmadiyya)였다. 소말리인들은 적어도 자기네들 구역에서만큼은 이슬람 전선을 확장하는 일이 오로모인들만큼이나 중요했고, 이와 같은 이주 과정은 수백 년이 걸렸다. 17~18세기에 소말리아의 무슬림 집단은 오가덴은 물론이고 북쪽으로는 제일라와 베르베라, 남쪽으로는 모가디슈 사이에 있던 뿔 지역의 해안을 점령했다. 그들은 케냐 북쪽으로도 치고 들어갔다. 19세기에는 종족 간 제휴와 영적 연대를 통해서 동북 아프리카의 거대한 빈 공간을 지배하던 오로모 근방의 이슬람 인구들을 규합했다. 19세기 말과 20세기 초에 이탈리아와 영국의 식민 세력이 잠입해 들어오자, 소말리인들은 리비아의 무슬림형제단과 마찬가지로 이단자들에 맞서 강력하게 저항했다.

1840~1860년대에 공격성이 더 강화된 이집트인들은 수단 남부와 오늘날의 에리트레아 저지대에 거점을 마련했고, 기독교도들의 고원지대까지 장악해 들어가기도 했다. 이들은 타크루르에는 행정 기지를, 케렌에는 군사 요새를 건설함으로써 에티오피아인들에게 직접적인 위협을 가했다. 그것은 이집트가 오스만 정부한테서 임대한 에리트레아 해안 지대의 마사와를 자신의 손아귀에 완전히 종속을 시킨 것과 맞먹는 수준의 위협이었다. 고원지대의 기독교도들과 무역을 이어 갈 필요가 있던 사람들은 종교적으로나 정치적으로 적이나 마찬가지였다. 에티오피아는 이러한 상황을 통해 자기들만의 집단주의를 만들어 냈다. 그러나 에티오피아인들에게 영적인 동지로 인식되던 유럽의 강대국들이 무관심한 태도를 보이자 커다란 실망감에 빠지게 되었다. 1880년대 중반에 영국은 이집트인들에게 케렌과 마사와에서 철수하라고 명령했다. 그러나 요한네스 황제가 거부함으로써 영국의 지위를 이탈리아인들이 차지하게 되었다. 1880년대 말에 이르러 이탈리아는 에리트레아를 식민지로 만드는 일에 착수했고, 그 결과 이 지역의 무슬림들과 북부 고원지대의 기독교도들 모두 1890년대에 이탈리아의 지배를 받게 되었다.

나일 강 유역의 이슬람

이슬람은 1800년대 이전부터 이미 수백 년에 걸쳐 이집트의 남부로 밀고 내려가 나일 강 유역과 오늘날의 수단 지역으로 전파되어 나갔다. 이 지역에서 출현한 국가들 가운데 가장 강력한 왕국은 푼지 왕국이었다. 그러나 푼지 왕국은 신성함과는 거리가 먼 왕권에 바탕을 두고 있었기 때문에 이슬람이 점차 중요한 대안으로 부상하고 있었다.

파키(faqi)라고 알려진 무슬림 성자들은 정치적 개입의 문제뿐 아니라 나일 강 유역 중부에 살던 많은 사람들에게 이슬람을 신앙으로 전파하는 데 결정적으로 공헌한 부류의 집단들을 하나로 통합했다. 기적을 실행하는 사람들이라고 하여 존경을 한 몸에 받고 있던 파키들은 이슬람법 학자이자 코란의 해석자였으며, 다양한 학파와 학교의 창립자이기도 했다. 이들은 동시에 15세기부터 18세기까지 샤드힐리야와 카디리야 그리고 마흐두비야와 수단 등을 통해서 널리 전파된 수피형제단에 속하기도 했다.

무슬림의 영향력은 푼지 왕국이 내분으로 균열이 일어나던 18세기 들어 좀 더 커졌다. 통치자들과 분리되고 주기적인 폭력과 공격적이면서 통제 불가능한 상업에 노출이 되어 있던 좀 더 많은 사람들은 시간이 갈수록 파키를 구세주 또는 안내자로 받아들이게 되었다. 푼지 왕국은 1820년대에 결국 이집트인들에 의해 멸망하게 된다. 이슬람은 다른 지역에서도 성장일로를 걸었다. 가령 서쪽으로 오늘날의 다르푸르 지역을 통치했던 술탄은 17세기 후반에 새로운 왕조를 열면서 이슬람에 뿌리를 두었고, 이를 통해 선택적이긴 하지만 샤리아 법을 전면적으로 실시하기도 했다. 뿐만 아니라 이슬람교를 왕족의 신앙으로 격상시켜 사원 건축을 장려하기도 했다. 특히 1786년부터 1801년까지 통치했던 아브드 알-라흐만 알-라시드(Abd al-Rahman al-Rashid)는 18세기 후반에 다르푸르를 지역의 맹주로 내세웠다. 그는 무슬림 성자들을 전면에 내세움으로써 과거의 행정 엘리트들을 대체했다. 여러 가지 면에서 다르푸르는 서쪽의 사바나와 나일 강 유역의 사막 그리고 이집트를 연결하는 거대한 교차로 역할을 했다. 이 교차로는 상업적이면서 동시에 신앙의 교차로였다. 따라서 무역업자들과 수피들이 모두 18~19세기에 술탄의 보호를 받았다.

수단의 이슬람은 매우 독특한 형태를 띠고 있었다. 그러나 19세기에 이집트인들이 이 지역으로 밀려 들어오면서 묘한 긴장관계가 형성되었다. 1820년대에 하르툼을 수도로 정했다. 점차 공격적인 성향을 띠기 시작한 상업과 군사, 종교가 남부 수단은 물론이고 상 나일과 적도 지역까지 밀고 들어왔기 때문이다. 급기야 1870년대 중반에 바르알가잘과 다르푸르 지역까지 침투해 들어오기도 했다. 이집트인들은 자신들의 형제 집단과 성자, 교사들을 대동했다. 심지어 1870년대에는 고든 장군이라는 기독교인을 데려오기도 했다. 이 영국인은 무슬림 상인들의 관행인 노예무역을 뿌리 뽑으라는 명령을 받고 수단의 총독으로 임명된 사람이었다.

이집트의 침공으로 토착민 성자들이 우스운 꼴을 당하자 수단 내부에서는 개혁주의 성향을 가진 수피형제단이 세력을 확장해 나갔다. 이들의 인기는 18세기 말까지 이어졌고, 19세기에 들어서면서 수피즘은 반이집트 전선의 도구가 되었다. 그중 가장 강력한 것이 19세기 초에 아흐마드 알-타이브 이븐 알-바시르(Ahmad al-Tayyib ibn al-Bashir)가 수단에 소개한 사마니야(Sammaniyya)였다. 사마니야는 날이 갈수록 토착 집단 사이에서 영향력을 더해 갔지만, 정치 엘리트들과는 거리를 두었다. 1880년대를 대표하는 마디스트 저항운동의 지도자인 무함마드 아흐마드를 배출한 집단이 바로 사마니야였다. 또 다른 개혁주의 성향의 교사 집단으로는 19세기 초에 무함마드 알-마흐드후브(Muhammad al-Majdhub)가 소개한 집단이 있다. 그는 이집트의 통치에 저항하는 군사적인 저항을 독려했다. 그밖에도 카트미야(Khatmiyya)처럼 이집트 행정부를 위해서 일하기는 했지만, 다른 방식으로 정치적인 영향력을 떨친 집단도 있었다.

그런가 하면 이집트의 통치에 강력하게 저항한 집단들이 있었다. 나

그림 11 영국군에 패배한 마디스트 전사들(옴두르만, 1898)

일 강 서쪽에 있던 유목민 집단 가운데 특히 바카라(Baqqara)가 격렬하게 저항했다. 아랍어를 사용하던 코르도판과 누바산맥의 유목민들도 마찬가지였다. 이들은 줄곧 이집트의 개입을 못마땅하게 여겼다. 특히 이집트인들의 조세 제도를 극도로 혐오했다. 그러나 이들의 저항은 나일 강변에 살던 아랍계 주민들한테까지는 직접적인 영향을 주지 못했다. 아랍계 주민들은 이 저항이 성공을 거둘 수 있을지 확신할 수가 없었고 명분도 약하다고 판단했기 때문이다. 저항의 명분을 제공한 사람은 사마니야의 교사, 즉 셰이크(sheikh)인 무함마드 아흐마드였다. 그는 1881년에 스스로 마디, 즉 구세주를 자칭하고 이슬람을 회복하여 순수한 국가를 건설하겠다고 약속했다. 그는 샤리아를 선포했고 예언자의 삶을 따라 살 것을 강권했다. 그가 이끈 바카라 군대는 1882~1883년에 하르툼 서쪽의 대부분 지역을 장악했다. 아흐마드는 이 운동을 통해 강변에 살던 아랍인들과 영국인들에게 분명한 메시지를 전달했다. 영국의 대응은 너무 늦었고 그 결과 하르툼을 장악하는 일과 1885년에 벌어진 찰스 고든의 죽음을 막을 수가 없었다.

  1881년부터 1885년까지 마디스트들은 이슬람 혁명을 전파하기 위해서 정복 전쟁을 벌였다. 그렇지만, 마디 사후에 그 자리를 계승한 군사령관 출신으로 칼리파 작위를 가지고 있던 압달라히(Abdallahi)는 좀 더 세속적인 국가를 만들어 영국인들과 이집트인들을 해안 지대에 묶어 두었다. 바야흐로 '아프리카 쟁탈전'이 무르익기 시작하던 때였다. 중앙집권적인 군사정부는 칼리파의 행정부를 새로운 국가로 규정했다. 한편 그는 이슬람법을 표준화하고 토착주의를 뿌리 뽑는 것을 근본적인 정책으로 내걸고 실천하고 있었다. 마디스트들은 북쪽의 영국과 전선을 맞대면서 1880년대 말부터 1890년대까지 에티오피아의 북부 전선을 계속 압박해 나갔다. 1898년이 되어서야 마침내 영국은 엄청난 비용을 지불한 끝에 하르툼 근처의 옴두르만에서 마디스트 세력을 몰아내고 수단을 다시 정복할 수 있었다. 다르푸르는 초기에는 자치 지역이었으나, 1916년이 채 되기도 전에 영국은 그 지역을 편법으로 활용해 술탄을 공동 통치의 대상이던 수단으로 보냈다.

군사적인 패배에도 불구하고 마디스트들의 대중적인 지지는 식을 줄 몰랐다. 이들의 인기는 좁디좁은 지역 또는 '부족' 수준의 관심을 뛰어넘어 뒷날 북쪽 지역에서 출현하는 수단 민족주의의 뿌리가 되었다. 19세기 후반에서 20세기 초까지 이슬람 아프리카 국가들 내에서 마디스트들의 인기는 상상을 초월했다. 리비아와 소말리아, 이집트와 서쪽의 마그레브에서 출현한 사누시야가 대표적이다. 상당히 오랫동안 진척된 반제국주의 저항운동은 강력한 영향력을 행사하던 수피즘과 전투적인 형제 집단이 결합되어 탄생한 것으로, 오늘날의 민족주의가 유럽의 식민주의와 맞서 싸우는 가운데 나타난 하나의 형식이라고 볼 수 있다. 기독교와 이슬람은 오랫동안 공존과 갈등의 이야기를 함께 써 왔다. 19세기 말에 벌어진 이슬람 세계의 굴복은 기독교와 이슬람의 관계가 새로운 국면으로 접어들게 되었음을 말해 준다.

3부
19세기의 아프리카와 유럽

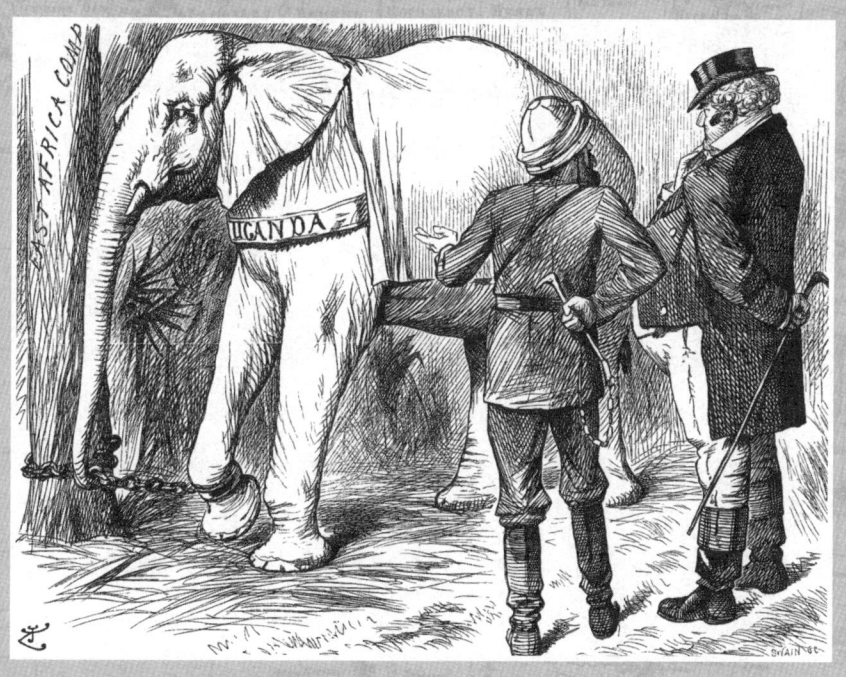

아프리카와 유럽은 아주 오랫동안 복잡한 관계를 맺어 왔다. 두 대륙은 경제적으로뿐 아니라 문화적 차원에서도 서로 깊은 영향을 주고받았고 서로 오해하기도 했다. 이런 관계는 19세기에 유럽의 몇몇 나라들이 주도한 아프리카 분할로 이어졌다. '식민주의 기간'은 여러 모로 아프리카와 유럽이 쌓아 온 오랜 관계를 왜곡시켰다. 유럽이 세계를 '구세계'와 '신세계'로 나눈 것에서 알 수 있듯이, 아프리카의 광대한 토지는 아메리카 대륙과 달리 유럽과 오랜 관계를 유지해 오고 있었다. 특히 북아프리카는 남부 유럽과 아주 오랫동안 상업적·문화적 관계를 형성하고 있었다. 사하라사막 이남의 아프리카가 유럽과 맺고 있던 관계 또한 15세기 이전까지만 해도 그다지 활발한 편은 아니었지만, 시간이 갈수록 그 중요성을 더해 가고 있었다.

유럽이 아프리카를 대상으로 만들어 낸 현대적인 인식의 시작은 대서양 노예무역 시점으로 거슬러 올라간다. 18세기 후반부터 노예무역을 옹호하던 사람들과 인본주의 입장에서 노예제도 폐지를 주장하던 사람들은 공통적으로 한 가지 생각을 가지고 있었다. 아프리카는 진보와 문명이 비켜 간 야만과 저주의 땅으로 구원을 기다리고 있다는 생각이다. 노예무역을 지지하던 사람들이 인간을 거래하던 그 무역을 수용한 까닭이 있었다. 어차피 아프리카는 야만의 운명을 타고 났기 때문에 노예무역을 통해 아프리카인들을 아메리카 대륙으로 송출하는 일이 끔찍한 삶에서 벗어날 기회를 주는 것이나 마찬가지라고 생각했다. 그 경우 노예무역 업자들은 끝없는 전쟁이 만들어 낸 잉여인간들을 구매하는 셈이었다. 아울러 그대로 놔두었다면 야만적인 관습 때문에 죽어버렸을지도 모를 개인들을 구원하는 사업이기도 했다. 노예폐지론자들의 입장에서 볼 때, 아프리카는 스스로를 구원하는 것은 물론이고 '근대화'하기 위해서 그리고 기독교 문명의 혜택 속으로 들어가기 위해서 유럽의 힘이 필요했다.

이 두 가지 견해는 아프리카와 아프리카 사회를 인종주의 관점으로 독해한 것에 기초하고 있었다. 말하자면, 아프리카인은 어린아이들처럼 유치하다는 생각과 18세기 이래 유럽 대중들의 관심을 끌어 온 신체적 특징을 가지고 인종의 우열을 나누던 사이비 과학에 기대고 있었던 것이다. 노예무역이 진행되던 시기에, 또는 그 직접적인 결과로 출현한 인종차별주의는 19세기 이후 더욱 강화되었다. 19세기 초에 노예무역 폐지를 둘러싸고 다시 등장한 수사는 세기말 아프리카 '쟁탈전'이 자행되던 시기에 다시 되풀이되었다.

우리는 앞 장에서 노예무역을 대체한 '합법적인' 상업 덕분에 유럽인들의 아프리카 대륙에 대한 관심이 좀 더 높아질 수 있었다는 점을 확인했다. 이어질 두 장에서는 두 가지 문제를 집중적으로 검토할 것이다. 아프리카 대륙에 대한 유럽의 관심이 컸던 건 분명한 사실인데, 그 뿌리 가운데 하나는 노예제 폐지와 관련이 있다는 점이고, 다른 하나는 상업적인 '합법성'과 연관되어 있다는 점이다. 무엇보다 18세기의 유럽과 북아메리카는 복음주의의 부활을 목격했다. 갈수록 세속화되어 가던 서구의 교회가 '과학'과 '이성' 양쪽에서 공격을 받게 되자 일종의 자구책으로 내놓은 대안이었다. 복음주의 부활 운동의 핵심은 강력한 선교 충동을 일으켜 전 세계 구석구석으로 나아가 하나님의 복음을 전파한다는 사명이었다. 특별히 '이교도들'과 야만적인 사람들에게 복음을 전파하고자 했다. 이런 교회 운동은 특히 인본주의적인 관점에서 노예폐지론을 옹호하던 운동과 밀접하게 연대하면서 악을 물리치는 것을 목적으로 하고 있었다. 물론 그 악의 정체는 노예제도였다. 노예폐지론을 옹호하던 사람들 가운데 거개는 기독교인이었다. 이들은 노예제를 폐지하는 일과 복음을 전파하는 일이 서로 얽혀 있다는 점을 주목했

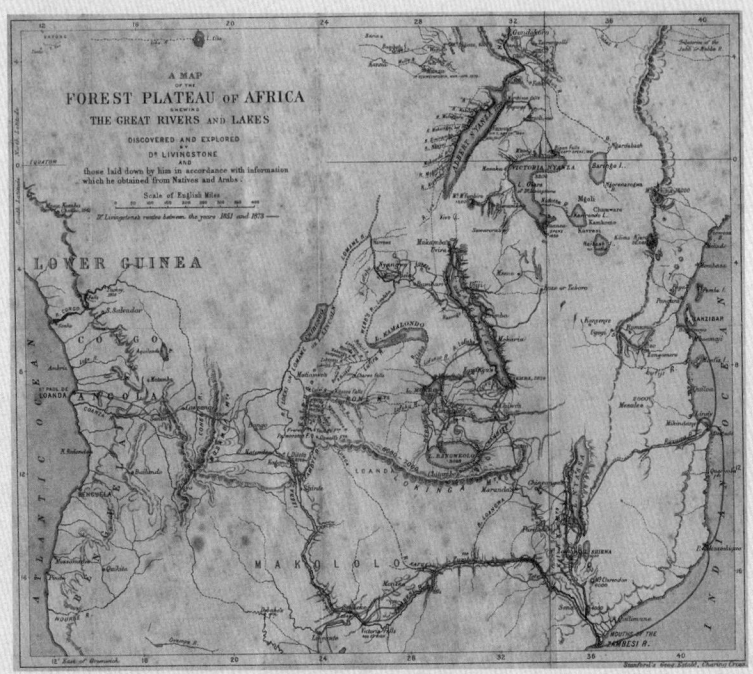

그림 12 리빙스턴이 아프리카를 탐험한 루트를 보여 주는 지도(1851~1873). From the Wikimedia Commons

다. 그래서 이들에게 아프리카가 선교 행위의 목표가 되는 것은 당연했다. 19세기 후반에는 프로테스탄트 중심의 복음 전파 운동에 몇몇 가톨릭 단체들이 참여하기도 했다.

게다가 유럽은 날이 갈수록 아프리카를 '탐색'할 필요에 사로잡히게 되었다. 유럽이 사하라 이남의 아프리카와 경제적 관계를 구축하는 데 이바지한 노예무역은 기실 아프리카에 관한 폭넓은 지식을 필요로 하지 않았다. 그 때문에 유럽인들은 그럴 능력이 있었음에도, 굳이 해안 지대를 벗어나 내륙으로 들어갈 필요를 느끼지 않았다. 심지어 노예를 어디서 데려오는지조차 알 필요가 없었다. 그렇지만, 19세기에 접어들면서 펼쳐진 '새로운' 상업적 환경은 아프리카에 대한 과학적 흥미를 불러일으켰다. 대륙 안에 내장되어 있던 엄청난 부존자원과 생산성, 지리적 특성과 기후, 그리고 인구 때문이었다. 대륙이 보유하고 있던 엄청난 경제적 잠재력을 활용하고자 하는 욕망 때문에 아프리카에 대한 유럽인들의 관심이 높아진 것이다. 그리하여 유럽은 19세기 초부터 상업적인 동기를 가지고 아프리카 대륙을 탐험하기 시작했다. 이러한 탐험 행위는 이따금 과학적 탐구 정신이라는 탈을 쓰거나 그 정신과 결합했다. 여러 저명한 단체들은 '지식'을 찾는다는 미명 아래 대륙의 내부를 탐험하려던 조직들을 재정적으로 지원했다. 물론 순수하게 과학적 목적으로 수행한 탐험도 있었지만, 상업적 목적을 염두에 두지 않은 탐험은 거의 없었다. 19세기에 진행된 탐험은 주로 아프리카의 여러 강을 조사했다. 탐험가들은 나이저 강과 콩고 강, 나일 강과 잠베지 강을 따라 이동하면서 주로 상업적 이득의 잠재성을 꼼꼼히 따졌다. 이러한 과정을 통해서 탐험가들은 자신들이 둘러본 지역의 주민들, 권력의 요충지, 생산물, 무역망 등에 관해 엄청난 자료들을 취합했다. 물론 이 자료를 전부 신뢰할 수는 없었다.

중요한 것은 선교 행위와 탐험이 서로 세세하게 얽혀 있었다는 점이다. 탐험가들 중 절대다수는 선교사들이었다. 그들은 과학 지식과 상업 지식을 앞세우면서도 동시에 거기서 예수의 정신을 찾고자 했다. 선교 행위와 탐험, 이 둘은 그야말로 불가분의 관계를 이루고 있었다. 한편 내륙의 기독교 개종자들은 상업적인 발전만을 지지했다. 남부와 동부 아프리카를 탐험한 데이비드 리빙스턴(David Livingstone)은 그 시대의 가장 유명한 '탐험 선교사'로 인상적인 지리상의 '발견'을 이루어 냈다. 그는 이 '발견'을 간취해 내는 데 필요한 육체적인 인내의 모범을 보여 주었다. 그러나 아프리카인들을 개종자로 만들어 내는 능력은 그다지 놀랄 만한 것은 아니었다. 탐험은 그 자체로 선교 행위의 새로운 영역을 만들어 냈다. 성경이 과학적·상업적 탐험의 시대에 동참했음은 두말할 나위도 없다.

유럽의 선교사들과 탐험가들이 아프리카에서 식민주의를 전개하는 데 어느 정도나 공헌했는지 여부는 논쟁의 대상이다. 분명한 것은 수많은 선교사와 탐험가들이 식민주의적 정복을 가능하게 한 정치적이고 도덕적인 틀을 만드는 데 이바지했다는 사실이다. 어떤 이들은 노골적으로 식민주의를 지지했다. 19세기가 진행되면서 자국 정부로부터 암묵적으로 또는 공식적으로 지원받은 사람들도 많았다. 선교사들은 특히 정치적인 개입도 마다하지 않고 자국 정부를 압박하여 자신들의 '문명화' 사업을 공식적으로 지지하게 만들었다. 이 같은 유형의 대중적 압박이 19세기의 마지막 10년 동안에 크게 유행했다. 아프리카를 문명화해야 한다는 믿음이 유럽인들에게 일종의 사명감처럼 번져 가고 있었다. 조지프 러디어드 키플링(Joseph Rudyard Kipling)은 이런 사명감을 '백인의 짐'이라고 했다. 그렇다고 유럽 정부들이 선교사들의 로비만을 등에 업고 아프리카 상황에 개입한 것은 아니었다. 잠재적인 상업적 기회와 유럽 내의 경쟁 세력을 축출하고자 하는 전략적 선택 등도 한몫 단단히 했다. 이 문제는 9장에서 좀 더 살펴보기로 하자. 선교사들과 여행가들이 제시한 아프리카 이미지는 정치가들은 물론이고 일반 대중들에게까지 무척 강력한 인상을 남겨 19세기 아프리카에 대한 대중적 인식을 형성하는 데 가장 큰 영향을 끼쳤다.

탐험가들의 경우는 약간 달랐다. 이들은 본질적으로는 정부가 주관하는 회사의 상업적 대리인으로 아프리카 대륙의 경제적 잠재력을 파악하기 위해 내륙으로 들어가는 인물들로 인식되고 있었다. 벨기에 국왕 레오폴 2세의 재정적 지원을 받고 콩고 저지대를 탐사했던 헨리 모턴 스탠리(Henry Morton Stanley)가 가장 널리 알려져 있다. 이러한 측면에서 유럽인들, 특히 선교사들은 문화제국주의의 첨병이라고 볼 수 있다. 그들이 아프리카에서 벌인 수많은 사업 속에는 유럽 문명의 우월성에 대한 암묵적인 전제가 깊게 깔려 있었다. 그들은 아프리카의 문화와 종교, 사회를 악마가 만들어 낸 성과로 치부하거나 야만적인 이단자들의 생산물이라고 폄하했다. 또 아프리카인들을 본질적으로 열등한 인종으로 업신여겼다. 이런 인식은 장차 나타나게 될 유럽의 식민 통치에 근간이 되었다.

앞에서도 강조했듯이, 중요한 것은 19세기가 끝나 가는 마지막 20년 이전까지 유럽이 아프리카에 끼친 영향을 지나치게 과장하지 않는 일이다. 선교사들은 늘 그래 왔듯이 소규모로 집단을 꾸려 일을 했다. 아프리카의 통치자들은 선교사들이 지역 발전에 도움이 된다는 판단 아래 그들의 활동을 묵인했다. 탐험가들은 이따금 원주민들한테서 심한 적대감과 미온적인 경멸감 따위를 맛보기도 하고 때로는 놀림감이 되기도 했지만, 심각한 위협 세력으로 취급받은 적은 별로 없었다. 오히려 상업이나 다른 목적으로 착취를 당한 경우가 많았다. 1880년대 이전까지만 해도 아프리카의 유럽인들은 대단히 취약했다. 아프리카 사회에 어떤 종류의 영향도 끼치지 못하면서 그저 지나가는 미미한 개인들에 불과했다. 이 시대의 유럽인들은 주로 아프리카의 해안 지대에 머물러 있었다. 프랑스인들은 알제리와 세네갈에, 영국인들은 시에라리온과 골드코스트(오늘날의 가나―옮긴이)에, 그리고 포르투갈인들은 앙골라와 모잠비크에 주로 모여 있었다. 유독 남부 아프리카에만 비교적 많은 백인 식민주의자들이 정착하고 있었다. 바로 이런 이유 때문에 19세기 말에 유럽의 아프리카 정복이 불가피했다는 가정은 큰 오해를 불러일으킬 수가 있다.

19세기에 아프리카 정복과 같은 시나리오를 그릴 수 있었던 유럽 국가는 거의 없었다. 당시에 유럽이 취한 아프리카에 대한 공식적인 정책은 오히려 우유부단했고, 이른바 '제국주의적 야심'을 달성하기 위해 필요 이상의 비용을 지불하기를 꺼렸던 쪽에 가까웠다. 대표적으로 영국은 골드코스트와 케이프 식민지로 진출하기를 주저했다. 세네갈에 머물고 있던 프랑스도 마찬가지였다. 아프리카 대륙의 두 맹주인 영국과 프랑스 모두 해당 지역을 식민지로 소유할 필요성은 물론이고 그 가치에 대해서도 그다지 큰 확신을 가지고 있지 못했다. 그러므로 선교나 탐험 행위가 아프리카에 대한 유럽의 높아 가던 관심을 반영하기는 했지만, 그 자체가 대륙과 대륙을 잇는 제국주의적 야심의 형식을 띠고 있던 것은 아니었다.

그런데 19세기가 끝나기 약 25년 전에 넓은 의미에서 '정복'이 실제로 나타났다. 정복의 배후에서 작동하던 가장 중요한 동기는, '합법적인' 상업과 이익만 취할 수 있다면 아프리카의 사회와 경제에 좀 더 직접적으로 개입할 필요가 있다는 믿음이었다. 19세기 초까지만 해도 '합법적인' 상업은 아프리카에 안정과 평화를 가져다줄 것이라는 믿음이 팽배했다. 다소 느슨한 개념으로 번역한 '자유무역'의 원칙을 지킨다면, 아프리카에 정치적으로 개입하지 않고서도 그곳을 경제적으로 활용할 수 있다고 생각했다. 그러나 시간이 지나면서 이런 생각은 사실과 다른 것으로 판명되었다. 무역을 자유롭게 수행하는 것은 물론이고 자원을 충분히 약탈하기 위해서라도, 그리고 아프리카가 안정적인 시장을 조직하여 유럽 상품을 소비하게 만들고 투자된 자본을 보호하게 만들기 위해서라도 정치적 통제가 꼭 필요하다는 결론에 다다랐다. 이런 생각은 인종주의적인 사고방식과 결합하여 아프리카인들은 미숙하고 비합리적이며 스스로 현대화할 능력이 모자란다는 편견을 낳았다. 전쟁으로 찢기고 피비린내 나는 사분오열된 왕국과 사회를 안정화시킬 능력이 없다는 생각도 팽배했다.

 이른바 아프리카 쟁탈전이라고 부르는 사건은 생각보다 초기부터 훨씬 복잡한 모양새를 띠고 있었다. 1870년대부터 1900년대까지 유럽 제국들은 아프리카 대륙을 여러 차례 침공했다. 이는 산업과 기술에서 우위를 바탕으로 이루어진 것이었다. 아프리카의 처지에서 볼 때, 19세기에 격차가 가장 크게 보인 분야가 바로 군사 분야였다. 따라서 아프리카 대륙을 굴복시키고자 하는 욕망이, 그것을 실현할 능력의 출현으로 말미암아 현실화된 것은 당연한 귀결이었다. 아프리카 쟁탈전을 둘러싼 갖가지 이야기들이 아프리카를 유럽 내부에서 벌어진 권력투쟁의 희생양으로 묘사하고 있다. 유럽 내부의 권력투쟁은 아프리카와 아시아 여러 지역을 먹잇감으로 놓고 벌어졌다. 산업 국가들 간의 경제적 경쟁은 원자재와 안정된 시장을 확보하려는 차원으로 전개되었다. 유럽 세력 간에 벌어진 정치적인 경쟁의식과 국제적인 자존심 싸움이 아프리카 영토를 확보하는 형태로 나타났다. '정복'의 형태는 다양했다. 하지만 정복이라는 용어는 그 자체로 상당한 문제를 안고 있다. 19세기 말에 벌어진 아프리카를 정치적으로 경제적으로 '다시 만드는 일'은 물질적 사기이자 협상의 문제였다. 아프리카인들 또한 아프리카를 '발명'하는 과정에 적극적으로 관여했다. 그 결과로 나타난 식민주의는 유럽의 화력에 아프리카인들의 창조성이 더해져서 나온 결과물이었다.

7장

외로운 십자가
기독교의 선교 활동

기독교 유럽의 상상과 선교사

사하라사막 이남에서 선교 사업을 시작한 최초의 유럽인은 포르투갈인이었다. 포르투갈은 15~16세기에 에티오피아와 콩고 왕국으로 선교사들을 파견했다. 모잠비크 항 주변 지역은 초기 기독교 선교 활동의 근거지가 되었다. 이와 같은 선교 사업은 포르투갈이 해외로 팽창해 나가는 일과 연동되어 있었고 반이슬람 기치를 내건 십자군의 정서를 대변했다. 이런 정서는 중세 후기에 유럽이 세계를 바라보던 관점을 반영하고 있었다. 포르투갈은 먼 곳에 있는 동맹 세력을 찾고 있었다.

중세 후기 유럽에는 무슬림과 이교도들에게 포위당한 위대한 기독교 왕국이 '동방' 어딘가에 존재하고 있다는 전설이 파다하게 퍼져 있었다. 이 왕국은 사람들의 상상력 속에서 막강한 힘을 발휘하고 있었다. 풍요롭고 강력하며 신비한 이 왕국은 무엇보다 포르투갈이 이슬람과 맞서 싸우는 데 든든한 잠재적 지원군 구실을 했다. 유럽인들은 당대의 여러 자료에서 '사제 왕'(priest king)으로 묘사되고 있는 '프레스터 존'이라는 위대한 왕을 찾아 우방으로 만들 마음의 준비를 하고 있었다. 게다가 이른바 '동방'(Orient)이라고 일컬어지던 곳에는 기독교 왕국이 하나 있었다. 하지만 그 왕국은 포르투갈인들이 상상하던 인도에 있지 않은 것으로 판명 났다. 그 왕국이 '에티오피아'라고 생각하게 되었고, 16세기 초 포르투갈인 선교사들이 에티오피아에 도착했다. 선교사들은 실망을 금치 못했다. 상상과 달리 왕국이 너무 후진적이고 가난에 찌들어 있을 뿐 아니라, 군대도 격식을 제대로 갖추고 있지 못했으며, 주민들 또한 게으르고 뒤떨어진 느낌을 주었기 때문이다. 심지어 그곳의 기독교 정교인 콥트교 또한 그 종교를 처음으로 접한 열정적인 프란체스코 선교사들의 한숨을 자아내기에 충분했다. 심하게 부패하고 미신에 가까운 형태를 띠고 있었기 때문이다. 게다가 사제는 숲 속에 은둔한 채로 거칠고 야만적인 환경에서 살고 있었던 터라 하나님이나 로마와는 관련이 없었다. 그럼에도 콥트교는 적어도 형태상으로는 기독교였다. 포르투갈인들은 이 종교를 원래의 형태로 돌려놓겠다는 생각으로 1540년에 이 지역에 군사 개입을 감행했다. 이 무렵 그 왕국은 남쪽의 무슬림 군대에게 침략당하고 있었다.

비슷한 시기에 그들의 형제들이 대서양 해안 지대에서 멀지 않은 곳에 있던 콩고 왕궁에 도착했다. 포르투갈은 16세기 초에 콩고 왕국과 외교 관계를 수립했다. 토질이 좋은 농지를 많이 가지고 있었을 뿐 아니라 주변의 넓은 지역에서 공물을 받던 이 부유한 제국에게 좋은 인상을 받았기 때문이다. 콩고의 엘리트들은 포르투갈에게 병사는 물론, 교사와 장인들도 보내 달라고 요청했다. 그러나 이런 외교적 접촉으로 왕국 내의 통치 계급이 크게 분열되면서 분파 세력들이 생겨나게 되었다. 이 세력들 가운데에서 한쪽은 포르투갈과의 외교 관계를 지지했고, 다른 한쪽은 그들을 축출하는 쪽을 선택했다. 주도권을 잡은 쪽은 외교 관계를 지지하는 세력이었다. 몇 년 지나서는 에티오피아에서도 똑같은 일이 벌어졌다. 그러자 포르투갈은 화친을 주장하던 세력에게 머스켓 소총수들을 빌려 주었다. 한편 콩고 왕국에서는 기독교로 개종한 새로운 왕 알퐁소(1506~1543)가 등장하여 포르투갈 왕 및 교황과 교류하기 시작했다. 알퐁소는 다음 세기에 나타난 여러 지도자들과 마찬가지로 기독교의 정치적 잠재력을 인식하고는 그 새로운 신앙을 이용하여 자신의 권력을 강화했을 뿐 아니라 토착 종교 지도자들을 견제했다. 그는 자신의 권력을 강화하기 위해 왕실 숭배를 강화했는데, 그것은 독이 든 성배나 마찬가지였다. 16~17세기에 이르러 왕권이 포르투갈의 지원에 지나치게 의존하게 되면서 왕국의 권위는 정당성을 상실했고 사분오열되기에 이르렀다. 그러는 와중에 기독교는 토착민들 사이에 좀체 뿌리를 내리지 못하고 있었다. 토착민들이 기독교를 적대적인 외부 세력의 전형으로 인식하고 있었기 때문이다.

  17세기 초 예수회 선교사들은 아비시니아(고대 에티오피아를 일컫는 말—옮긴이)의 황제를 가톨릭으로 개종시키려 했다. 이런 시도는 내부의 심한 저항을 불러와 결국 피비린내 나는 내전으로 이어졌다. 내전에 참여한 이들은 구세력과 새로운 세력, 에티오피아 교회를 지지하는 파와 새로운 형식의 기독교를 지지하는 파로 나뉘었다. 만약 에티오피아인들이 '프랑크어'로 유럽인을 가리키는 '페렌지'(ferenjis) 신앙을 경멸했거나 거기서 어떤 참신한 인상도 받지 못했다는 인상을 풍겼다면, 아마도 19세기 유럽 사회에서 이 왕국은 신화와 신기한 오해 덩어리로 왜곡되었을 것이다. 프레스터 존의 신화와 '에티오피아'에 대한 성서적 고전적인 지식, 그리고 그 왕국이 적어도 형태는 기독교 왕국이었다는 사실이 서로 결합되면서 유럽인들을 매혹하고 집요하게 끌어당겼다. 유럽인들이 보기에, 에티오피아인들은 문화적·물리적 환경의 피해자이지만 굴하지 않고 신비한 격세유전의 기독교를 만들어 내면서 놀랍게도 이슬람의 코앞에서 저항을 멈추지 않은 사람들이었던 것이다. 지금은 그 위엄이 다소 추락하긴 했는데, 아마도 사제 같은 왕에게 받은 인상 때문이었을 것이다. '에티오피아'는 이렇게 기독교 유럽의 상상력 속에서 특별한 지위를 부여받고 있었다. 문제가 없는 것은 아니지만, 개선될 수 있는 대상으로 보였던 것이다. 그곳의 기독교가 선교사들을 실망시킨 것은 사실이지만, 아프리카 대륙의 역사적·문화적 특수성을 반영하고 있었기 때문에 어떤 면에서는 존중의 대상이 될 만한 가치도 있었다. 그것이 없었다면 어떤 것이 '진화한' 형식의 기독교인지도 몰랐을 테니까 말이다.

영국의 선교사들은 18세기 중후반에 들어서야 모습을 드러내기 시작했다. 그 무렵 가톨릭의 영향력은 포르투갈이 지배하고 있던 앙골라와 모잠비크를 제외하고는 거의 모든 지역에서 약화되고 있었다. 프로테스탄트 교회들은 선교 활동에 새로운 자극을 주고 있었던 데 반해, 로마 가톨릭은 1860년대 후반에 알제 본부에서 프랑스의 백인 신부들이 주도한 경쟁에 뒤늦게 합류했다. 로마 가톨릭 선교사들은 가봉과 세네갈 그리고 나중에 남부 나이지리아에서 적극적인 활동을 펼쳤다. 개신교가 두각을 나타내게 된 배경에는 1799년에 창립된 성공회선교회(CMS)를 비롯하여 런던선교회와 웨슬리언감리교선교회 같은 조직들이 있었다. 성공회선교회가 아프리카에서 선교 활동을 통해 끼친 공헌은 같은 시기 왕립지리학회가 전 세계의 오지를 탐험하면서 일구어 낸 영향력에 맞먹었다. 그러나 탐험은 그런 대로 성공적이었지만, 선교 활동은 한두 가지 주목할 만한 예외를 제외하고는 19세기 초까지 전반적인 실패로 끝났다. 아프리카의 토착민들을 개종시키고자 하는 의지가 강렬했음에도, 사실상 선교사들은 19세기 중반 이전까지만 해도 사하라 사막 이남 지역에서는 거의 성공을 거두지 못했다. 선교사들은 스스로를 신이 떠난 어두운 광야를 헤매는 사람들이라고 여겼다. 악마가 가장 높은 자리를 차지하고 있고 빛이 스며들 틈조차 허락되지 않는 광야 말이다.

복음주의와 선교의 부활

18세기 후반에 서유럽과 북아메리카를 휩쓸던 복음주의의 부활은 인본주의적인 노예폐지 운동과 밀접한 관계를 맺고 있었다. 복음주의의 시선은 중국과 인도뿐 아니라 아프리카를 향하고 있었다. 아프리카는 그들에게 기독교 선교 사업을 무르익게 만들 마당처럼 보였다. 선교 사업의 내용에는 이교도들을 개종시키고 훌륭한 설교를 통해 노예제도를 비롯하여 그 밖에 사회 문화적으로 정서적인 저항감을 불러일으키는 악행을 저지르지 못하게 하는 일들이 포함되어 있었다. 기독교는 유럽의 문화적 가치와 밀접하게 연관되어 있었고, 그 관계는 19세기에 더욱 강고해졌다. 그 뼈대는 유럽식 의복을 착용하고 엄격한 청교도의 도덕률을 따르는 데 있었다. 춤추는 행위와 술 마시는 행위, 비종교적인 노래를 부르는 행위와 혼외정사는 금지해야만 했다. 이것은 결과적으로 거대한 아프리카의 사회와 문화 일반을 거부하는 행위로 연결되었다. 특히 조롱의 대상이 된 것은 일부다처제라는 관습이었다. 선교사들은 기독교 문명 사업의 개척자였다. 윌리엄 윌버포스와 조사이어 웨지우드 같은 복음주의에 기초한 박애주의자들은 '국내용' 선교사라는 의미에서 자국의 최전선에서 노예무역에 대항한 의미 있는 싸움을 벌였다. 선교사들은 스스로를 때때로 '합법적인' 무역의 개척자로 간주하면서 대중들의 머릿속에 기독교를 건강한 상업 행위와 연결시키는 일을 하는 사람이라는 인식을 심어 주었다. 그들은 상업(Commerce)과 기독교(Christianity), 문명(Civilization)이라는 이른바 '3C'를 아프리카에 소개했다. 선교사 단체들은 그 자체로 계몽의 세속화에 대한 강력하고 생생한 반응이었다. 말하자면 하나님을 당대의 정치와 사회의 중심으로 복귀시키는 것이었다. 영국의 경우 그런 제국주의적인 책임감의 중심을 의미했다.

19세기에는 하나님의 이름으로 아프리카에서 또는 아프리카를 둘러싸고 여러 가지 일이 벌어졌다. '기독교적인 양심'이라는 말은 아프리카를 대상으로 한 영국의 정책 핵심에서 늘 회자되었는데, 일종의 '대중적 수사'에 가까운 것이었다. 따라서 항상 강력한 정치적 결정력을 수반하는 것은 아니었다. 정치가들은 영국이 군사적으로 경제적으로 힘 있는 기독교 국가이므로 늘 감당해야 할 책임감이 있다고 생각했다. 선교사들은 종종 제국의 기획을 대리하던 사람들로 여겨졌다. 그들은 영국이 팽창하는 길의 최전선에 서서 비공식적인 영향력을 행사했고, 하나님을 부정하고 미신을 믿는 몹시 후진적인 사회를 '현대화시키는' 싸움에 앞장섰다. 영국 행정부가 정책을 입안하는 과정에서도 선교사들에게 크게 의존했다. 1780년대부터 '자유의 도시'라고 불리던 시에라리온의 사례는 행정부와 선교사들의 이익이 어떻게 결합하고 있는지를 보여 준다.

시에라리온은 영국 왕 조지의 실험 대상이었다. 그는 인본주의적인 형제애라는 관념을 이곳에서 구현해 보고자 했다. 1장에서 살펴보았듯이 이런 생각은 노예폐지론자들이 늘 품고 있던 신념이기도 했다. 이 새로운 나라는 과거의 노예들이 자유와 희망 속에서 새로운 삶을 새롭게 시작할 수 있도록 하려고 창조된 곳이었다. 이곳에서 지난날 노예였던 이들은 새로운 기술을 습득했고, 자발적으로 투사한 자유로운 노동의 열매가 이익이 되어 나타나는 모습을 지켜보았다. 이러한 의미에서 시에라리온은 '합법적인' 상업의 전파를 위한 마당으로 간주될 필요가 있었다. 동시에 이곳은 완벽한 복음의 공간을 대변했다. 선교 사업이 가장 큰 성공을 거둔 곳은 터전을 잃은 사람들, 삶의 뿌리가 뽑힌 사람들, 그리고 상처를 입은 사람들이 많이 모여 있는 곳이었다. 그런 면에서 시에라리온은 안성맞춤이었다. 시에라리온의 첫 정착 집단은 영국에서 왔다. 19세기 초반부터는 노예 신분에서 해방된 이들이 영국 해군 선박을 타고 프리타운에 도착하여 기독교도 농부들의 대열에 합류했다. 그럼에도 시에라리온이라는 식민지를 에워싸고 있던 분위기는 좀체 나아지지 않았다. 실제로 근거가 희박하고 지나치게 순진한 희망만이 떠돌고 있었다. 이런 분위기 속에서 영국은 이곳에 영구적인 식민지를 건설했고, 과거의 노예들로 구성된 역동적인 원주민 집단들은 이어지는 몇십 년 동안 꾸준한 발전을 이룩해 나갔다.

1820년대에는 프리타운의 사례와 비슷하게 자유민 신분을 획득한 노예들을 위한 정착 사업이 미국의 주도 아래 라이베리아에서 시행되었다. 라이베리아는 1847년에 독립을 이룩했다. 프랑스도 비슷한 사업을 1849년에 오늘날의 가봉에 해당하는 리브레빌(Libreville)에서 시행했다. 중요한 것은 시에라리온이 프랑스의 세네갈처럼 '동화'라는 개념을 체현하고 있었다는 점이다. 프랑스는 세네갈의 해안 지대에 1650년대부터 프랑스인과 아프리카인이 한데 모여 사는 도시를 건설했다. 동화란 '원주민'이 영국의 문화와 상업적인 체계, 무엇보다도 기독교라는 신앙과 접촉을 통해서 영국인이 되거나, 말 그대로 영국의 문화에 온전히 통합된다는 관념을 의미했다. 입고 말하는 것은 물론 행동거지까지 교육과 세례, 문화적 동화를 통해 계몽함으로써 그 어두운 대륙에서 새 아프리카인을 만들어 내겠다는 뜻이었다. 올라우다 에퀴아노(Olaudah Equiano, 도망 노예 출신 작가로 19세기에 자서전을 남겼다―옮긴이)는 영국이 시행한 시에라리온 기획의 대표적인 인물로서 그 개념을 구현한 인물이었다. 프리타운은 조그만 영국의 소도시를 연상시키는 방식으로 설계되었다. 2층짜리 집들과 학교, 교회는 물론이고 길가에 늘어선 가로수까지 영국의 도시를 그대로 모방하고 있었다. 1827년에 영국성공회가 설립한 푸라베이대학은 차원 높은 영국 문화를 소개하는 창구 구실을 했다. 그 뒤 반세기가 지난 1876년에 그 대학은 영국 본토의 더럼 대학과 통합되면서 졸업생들은 영국 학위를 받게 된다.

동화, 다시 말해 '까만 영국인'을 만들어 내는 일은 적어도 얼마 동안은 영국이 벌인 문명화 사업의 궁극적인 목적이었다. 물론 정치적·문화적 배경은 달랐지만, 같은 시기에 영국은 인도에서도 비슷한 사업을 진행했다. 이런 실험의 밑바닥에는 백인 문명의 우월함에 대한 신념이 뿌리 내리고 있었다. 원주민들에게는 복종만 강요되었고, 그들이 무언가 거부한다는 것은 상상하기조차 쉽지 않았다. 한편으로 동화는 '원주민'에 대한 새로운 관심의 표현이었다. '원주민 인종'과 '예속민'에 대한 처우는 더 이상 무관심한 대상이 아니었다. 그것은 아프리카에서 진행되는 진보적인 사업의 표식과도 같은 것이었다. 토머스 벅스턴(Thomas Buxton, 1786~1845)이라는 복음주의자는 1830년대 말에 이렇게 썼다.

합법적인 상업이 확대되면 노예제도는 근절될 것이다. 땅에서 일하는 노동자인 인간의 가치가 무역 대상인 인간의 가치보다 우월하다는 사실이 자명해질 것이기 때문이다. 지혜롭고 공평무사한 원칙 아래 상업이 시행되기만 한다면, 문명과 평화 그리고 기독교 전파의 선구자 또는 조력자가 될 것이다. 신세계의 노예시장에 노예를 공급해야 하기 때문에 서로가 서로를 잡아먹지 못해서 안달이 난 무식하고 전투적이며 이교도적인 부족들에게 말이다. 예속민들의 이러한 입장을 잘 고려하면서, 상인들과 박애주의자들 그리고 애국자와 기독교도들은 단합해야 한다.[6]

이렇듯 고상한 열정을 바탕으로 벅스턴은 1839년에 아프리카문명협회(African Civilization Society)를 결성했다. 다소 염려가 없진 않았지만 영국 정부는 그를 지지했다. 정치와 인본주의의 득실을 따져 본 뒤 영국 정부는 벅스턴이 나이저 강을 탐험하도록 재정적인 지원을 아끼지 않았다. 영국은 그런 사업을 통해 자국 정부에게 우호적인 태도를 가지고 있는 추장들이 누구인지 알아 내고자 했다. 나아가 그들과 접촉하여 동맹을 맺고 농사를 짓고 상업적으로 정착이 가능한 곳이 어딘지를 알아보고자 했다. 1841년에 서아프리카를 향해 출발한 탐험대는 끔찍한 파국을 맞았다. 대원의 3분의 1이 열병으로 사망함에 따라 모든 계획을 포기할 수밖에 없었기 때문이다. 아프리카문명협회도 곧 해체되고 말았다. 인도주의적인 사업도 비슷한 낭패를 보았지만 회복 불능의 상태는 아니었다. 인도주의는 이어지는 행정부에서도 꾸준히 영향력을 행사했고 정치인들에게 동정적인 여론을 환기시켰다. 이러한 문제를 너무 감정적으로 처리하면 안 된다는 것이 정치인들의 생각이었다. 1830~1840년대에는 영국 외무부 장관을, 1855~1858년에는 수상을, 그 뒤 1859~1865년 다시 한 번 수상을 지낸 파머스턴 경(Lord Palmerston)이 그러한 분위기를 주도했다. 여기서 중요한 원칙이 수립되

---

6) T. F. Buxton. *The African Slave Trade and its Remedy*(London, 1967). p. 306.

었다. 바로 아프리카 분할을 목적으로 하는 원칙이었다. 인도주의 사업이 정부의 공식적인 지지를 얻으려면 한 가지는 투명해야 했다. 상업적인 것이든 전략적인 것이든 반드시 영국의 국익이 실현되어야만 한다는 점이었다.

파머스턴은 그 시대의 기풍을 만들어 내는 데 크게 공헌했다. 그는 불법적인 노예무역을 뿌리 뽑는 일에 혼신의 노력을 기했다. 그는 "영국의 도덕적인 무게감과 정치적인 영향력"을 극대화하는 것을 자신의 과업으로 삼았다. 그리하여 재임 기간에 라고스를 병합했다. 파머스턴에게 무역은 문명화의 다른 이름이었고 무역을 발전시키는 일은 정치적 도덕적 무게감을 회복하는 수단이었다. 그는 상업을 위한 상업의 힘을 신뢰했다. 그러나 스스로 말했듯이, 무역은 '기분 좋은 느낌만을 줄 뿐이었다.'[7] 하지만 다른 대안이 없었다. 무역을 통해야만 상업적·정치적 틀이 좀 더 발전할 수 있었기 때문이다. 무역을 통해 동맹과 제휴가 가능해지고 도덕적인 진보가 영향력을 끼칠 수 있으며, 영국의 무한한 권력이 최대치와 최고치의 선으로 극대화될 수가 있었다. 선교사들은 19세기에 제국의 도덕적 경계선을 지키고 있었다. 그것은 참으로 어렵고 외로운 전선이었다.

기독교의 영향과 아프리카 사회

19세기의 아프리카에는 다양한 선교사들이 있었지만, 그중에서 두 가지 유형이 두드러졌다. 하나는 타협을 모르고 큰 소리로 복음을 전

---

7) F. R. Flournoy, *British Policy Towards Morocco in the Age of Palmerston 1830~1856* (London, 1935), pp. 69-70.

파하는 인물로서, 치렁치렁한 검은 색 예복을 두르고 열대의 태양 아래 붉은 얼굴로 돌아다니면서 야만적인 주변의 환경에 대해 이런저런 불평을 늘어놓다가 죽어 가는 유형이었다. 다른 하나는 원주민 사회에 동화되어 원주민의 권리와 문화를 옹호하고 보호했을 뿐 아니라 원주민 문화의 약점을 알면서도 그들의 언어를 배우고 자신의 헌신을 알아주지 않는 식민 행정부를 옆에서 가시처럼 찌르는 아주 독립적인 유형이었다. 하지만 이런 선교사들만 있었던 것은 아니다. 19세기의 선교사들에게는 좀 더 다양한 '유형들'이 있었고, 그런 다양성 때문에 기독교가 끼친 영향도 다양했다.

아프리카의 종교와 정치 조직은 기독교 신학에 대해 고집스러울 정도로 저항적이었다. 여기에는 여러가지 이유가 있었는데, 개종처럼 판단하기 힘든 '사적인' 배경을 가지고 있는 경우도 있었고, 아프리카 사회의 좀 더 공적이면서 문화적인 삶과 관련된 경우도 있었다. 특별한 상황을 제외하면 아프리카 원주민들이 '집단적으로' 개종하는 경우는 없었다. 특히 19세기에는 그렇게 집단으로 개종을 해야 할 특별한 상황이 존재하지도 않았다. 그렇다고 선교사들 측에서 그런 상황을 만들어 낸 것도 아니었다. 토착 종교와, 그것이 초자연적인 존재와 맺고 있는 관계를 장악하고 있던 엘리트 정치인들에게 기독교는 자신들의 권위에 도전하는 명백한 위협이었다. 그것은 이슬람이 다른 아프리카 지역에서 일삼았던 위협적 도전과 다를 바 없었다. 이런 위협은 왕과 추장은 물론이고 사제와 영매들한테도 마찬가지로 인식되었다. 순수 신학적인 측면에서 볼 때, 일원론에 기초하고 있는 기독교의 근본 원리는 여러 면에서 다신교 사회와 어울리지 않았다. 다양한 아프리카의 종교에도 '창조주 신'은 존재하고 있었다. 그러나 이 존재는 늘 일상과 동떨어져 멀리 있었기 때문에 사람들의 실제적인 관심과는 거리가 멀었다. 따라서 사람들은 좀 더 기능적인 신들에게 친화력을 드러냈고, 그것이 강우와 다산, 전쟁 따위를 주관하는 신들에 대한 관심으로 드러났다. 이렇게 다신교 세계관을 가지고 있던 아프리카인들이 다른 신들은 절대 용납하지 않는 전지전능한 유일신 개념을 쉽게 수용할 수가 없었다. 그런 의미에서 유일신 개념은 그들에게 파괴적일 뿐 아니라 위험한 것이었다.

그렇지만 한 역사인류학자가 지적한 것처럼, 아프리카인들의 이런 종교적 태도는 특정 지역에 유럽인들과 외국인들이 대거 출현하면서 변화하기 시작했다. 이는 19세기에 아프리카인들의 세계관을 바꾸는 데 결정적인 공헌을 했다.[8] 아프리카의 '지적 전통'을 잘 들여다보면, 절대다수 아프리카의 종교에는 창조주 신 개념이 '외부 세계' 및 대우주와 연동되어 있음을 쉽게 발견할 수 있다. 이와 관련해서는 이슬람을 다룬 5장에서 이미 설명한 바 있다. 상대적으로 고립되어 있고 규모가 크지 않은 집단에서 살고 있는 아프리카인들에게 이러한 '외부 세계'와 대우주 개념은 사람들의 실제적인 삶과 유리되어 있었다. 그런 가운데 다소 멀게 느껴지던 '외부 세계'가 점점 확장되어 가던 해외무역과 유럽의 선교사 및 탐험가들, 나아가 군인과 식민 관료들의 형태를 띠며 가까이 다가오자, 창조주 신은 좀 더 명확한 개념으로 느껴지게 되었다. 이런 변화의 시기에 아프리카인들은 이슬람과 기독교 같은 좀 더 지구적인 규모의 일원론 신앙을 수용하는 데 열린 태도를 보이게 되었다.

선교사들은 이슬람이 아프리카에서 그토록 많은 지역을 장악하고 있다는 사실을 개탄했다. 특히 서아프리카와 동아프리카에서 그들은 무슬림들보다 다소 늦은 19세기에 도착했다. 선교사들은 아프리카인들이 타고나길 원시적이고 후진적이어서 세속화된 무슬림 신앙에 경도되

---

8) R. Horton, "African Conversion," *Africa*, 41(1971); J. D. Y. Peel, "Conversion and tradition in two African societies: Ijebu and Buganda," *Past and Present* 77(1977).

었다고 보았다. 그렇다면 기독교가 이슬람을 어떻게 잠식해 갈 것인가 하는 문제가 남는다. 아프리카인들은 대부분 기독교에 친화적이지 않았다. 여러 세대에 걸쳐 선교사들이 보여 준 것처럼 기독교의 가르침이 이슬람보다 더 아프리카 문화에 적대적이었기 때문이다. 가장 눈에 띄는 사례 가운데 하나가 일부다처제를 혐오한 빅토리아 시대의 선교사들이었다. 이슬람은 사실 일부다처제를 그다지 문제 삼지 않았다. 그런데 선교사들은 아프리카인들이 노래를 부르고 춤추며 북을 두드리는 모습을 사탄의 행위로 보았다. 또 아프리카인들의 성적인 방종과 음탕함을 보고 경악을 금치 못했다. 이슬람은 그보다 좀 더 적응력이 강했다. 적어도 이슬람을 신앙으로 받아들인 아프리카인들에게는 그랬다.

어떤 형태로든 기독교를 수용한 곳에서는 토착 종교와 어떻게 결합할 것인가 하는 문제가 남았다. 아프리카인들은 이슬람을 통해 그랬던 것처럼, 기독교 의식의 일부를 취해 현존하는 관습 속으로 흡수하려고 했다. 물론 기독교 자체에 관심을 보인 사람들도 있었지만, 어느 정도가 순수한 '영적' 관심이었고 또 어느 정도가 정치적·경제적 관심이었는지를 평가하기는 쉽지 않았다. 어느 쪽이건 아프리카인들은 좀 더 넓은 세계를 늘 받아들일 준비를 하고 있었다. 이런 모습을 단적으로 보여주는 사례가 코사인들이었다. 코사인들은 19세기 중반에 종말론과 관련 있는 아주 급진적인 기독교 사상을 받아들였다. 1857년에 코사인 선지자들은, 지역사회를 다시 살리고 유럽인들을 완전히 내쫓고 싶으면 가지고 있던 가축들을 모두 죽이라는 일종의 신탁을 내렸다. 수인성 전염병이 퍼지는 것을 막고 유럽인들의 잠입을 막기 위해서 도축할 가축을 고르는 일이 시행되었지만, 불행하게도 이 일로 코사인들의 힘은 약화되었다. 이 틈을 타서 케이프의 식민지 행정부는 새로운 영토를 별다른 어려움 없이 접수할 수 있었다. 한편 기독교는 문자의 혜택을 제공하기도 했다. 많은 지배 엘리트들은 문자를 습득하고자 했다. 이슬람도 그 것은 마찬가지였다. 그런가 하면 선교사들을 이득이 많은 상업망을 대신 관리하는 사람이라고 인식했기 때문에 토착민 통치자들은 그들을 활용하고자 했다. 심지어 일부 선교사들 가운데에는 실제로 갖가지 상품과 총포류를 거래한 사람들도 있었다. 특히 임기를 마치고 귀국하던 선교사들 가운데에는 엄청난 양의 무역 상품을 가지고 돌아가면 왕궁에서 깊은 신뢰와 감사를 보일 것이라고 굳게 믿은 사람들도 있었다. 이런 과정에서 선교사들은 무슬림 무역업자들을 속임수와 사기의 대명사로 묘사한 반면에, 기독교도들은 '합법적인' 무역을 하는 공정하고 정직한 사람들로 재현했다. 선교를 주관하는 본부의 입장에서도 경제적으로 자립해야 했기 때문에, 상업 활동은 무척 중요한 의미가 있었다. 때로는 친절하고 관대한 추장들이 나서 늘 성경을 들고 다니던 손님들에게 먹을거리를 비롯한 필수품을 챙겨 주는 경우도 있었다. 그렇지 않은 경우에 선교사들은 스스로를 방어하는 일은 물론이고 자기 집을 짓는 일과 시장에서 물건을 사고파는 일까지 모두 스스로 알아서 해야만 했다.

    사회적 약자들을 위해서 기독교는 어느 정도 보호망을 제공하기도 했다. 선교원 건물은 전쟁 때 피난처 역할을 하며 어떤 노예들에게는 숨을 장소로 자유와 구원을 제공하기도 했다. 그러나 영국의 성공회 목사들이 보기에 모순된 사례도 많았다. 부간다에 살던 프랑스 백인 신부들은 지역 내부의 노예무역에 직접 관여하여 대부분이 어린이들인 포로들을 개종시켜 노예로 팔아넘기기까지 했다. 요루바인에게도 비슷한 일이 자주 발생했다. 요루바인이 살던 곳은 1840~1850년대에 선교 활동가들의 주요 무대였다. 요루바인을 개종시키는 데 사용한 가장 중요한 전략은 '원주민' 개종자들을 활용하여 그들이 풀뿌리 선교 활동을 펼치도록 돕는 일이었다.

필립 콰크(Philip Quaque)는 1741년에 골드코스트에서 태어나 영국으로 건너가 영국 교회가 수여하는 목회자 자격증을 딴 최초의 아프리카인이었다. 콰크는 1766년에 귀국하여 복음을 설파했고 그의 뒤를 이어 많은 이들이 그런 활동을 펼쳤다. 특히 시에라리온의 노예 출신들이 적극적이어서 서아프리카의 여러 지역으로 퍼져 나가 말씀을 전파했다. 이들 가운데에서 가장 대표적인 인물은 19세기 후반에 출현한 새뮤얼 크로더(Samuel Crowther)였다. 콰크와 그를 따른 많은 이들이 부딪친 문제는 백인 선교사들과 마찬가지로 사람들이 자신의 설교를 듣고 싶어 하지 않는다는 점이었다. 원주민들은 그들을 백인 선교사들과 전혀 '다른' 인물로 보지 않았고 그들이 전하는 복음도 전혀 낯선 것으로 보지 않았다. 이들이 설교의 대상으로 삼았던 아프리카인들의 눈에 이들은 오히려 문화적으로 뿌리 뽑힌 희한한 사람으로 비쳤을 따름이었다.

그럼에도 불구하고, 시에라리온은 앞에서 언급한 것처럼 18세기와 19세기에 선교사들이 남긴 대표적인 '성공 사례' 가운데 하나였다. 그것은 여러 가지 면에서 전혀 놀랄 만한 일이 아니었다. 노예 청중들을 확보하고 있었기 때문이다. 시에라리온의 기독교는 몇 가지 면에서 나중에 기독교의 '아프리카화'라고 불리던 내용을 선구적으로 구현했다. 또 다른 성공 사례는 남부 아프리카에서 나타났다. 그곳에서는 갈 곳을 잃고 탄압을 받던 케이프 식민지의 코이산을 비롯한 종족들이 기독교의 복음에 관심을 기울였다. 이곳에서도 선교 본부는 도덕적으로 다소 엄격했지만, 그들을 동정하고 피난처를 제공하는 구실을 했다. 1840년대에 로버트 모팻(Robert Moffat)이 대중적인 명성을 얻었던 곳도 바로 이 지역이었다. 이어서 그를 능가하는 인물인 데이비드 리빙스턴이 배출된 곳도 이 지역이었다. 리빙스턴은 빅토리아 시대가 낳은 불세출의 상징으로 복음주의 전파와 탐험 사업을 결합하여 아프리카 대륙을 '합법적인' 무역이 시행되는 공간으로 '개방할' 필요성을 제기한 인물이었다. 그는 1840년대부터 1870년대 초까지 남부 및 중부 아프리카를 두루 여행했다. 리빙스턴이 선교 사업을 좀 더 크게 확장할 필요성을 요청함으로써 선교 활동은 새로운 국면을 맞게 되었다. 1860년대에 창립한 '중앙아프리카를 위한 대학 선교회'(UMCA, Universities' Mission to Central Africa)가 이 과정을 주도했다. 이런 선교 사업의 새로운 국면이 아프리카를 분할하던 시기와 맞아떨어지면서 선교사들은 그런 시도에 큰 힘을 보태게 되었다. 물론 선교사들이 드러내 놓고 제국주의의 대리인 노릇을 한 것은 아니다. 하지만 유럽이 아프리카 지역에 영향력을 확대하고 문화적 침투를 감행하는 과정에서 선교사들이 앞장 선 사실만은 부정할 수가 없다. 이들은 때로는 묵인하거나 특정 정부의 정책을 지지하는 방식으로 유럽의 아프리카 진출을 도왔다.

특히 리빙스턴은 복음주의적 신념을 과학적 호기심과 결합했다. 그는 중부와 남부 아프리카에서 세월을 보내면서 그 지역의 지도를 그리고, 콩고 강 수계의 시원과 지류들을 탐사했으며 원주민들을 자세하게 관찰했다. 그렇게 함으로써 빅토리아 시대의 인본주의적인 양심을 구현했고 노예무역에 반대했으며, 영국의 젊은이들에게 선교 사업에 뛰어들어 청춘을 바칠 것을 권유했다. 아프리카의 노예무역을 '세계의 아물지 않은 상처'라고 묘사함으로써, 영국인들이 아프리카 대륙을 고통과 끔찍한 후진성, 죄와 야만의 공간으로 생각하게 만들기도 했다. 그는 유럽의 아프리카 '쟁탈전'이 본격화할 때까지 살지는 못했다. 하지만 그가 남긴 수사와 도덕적 문맥들은 영국이 결국에는 아프리카 대륙을 '인도주의적으로 정복'하게 하는 데 크게 기여했다. 리빙스턴은 빅토리아 시대의 상징적 인물이었고 어떤 면에서 그가 남긴 유산은 서양 세계에 큰 영향을 끼쳤다. 그는 1873년에 탕가니카 호수의 서쪽 지역에서 사망했는데, 죽자마자 아프리카를 위해 헌신한 가장 화려한 '순교자'로 떠올랐다. 문자 그대로 평생을 아프리카 대륙의 진보와 구원을 위해 헌신한 인물로 예찬된 것이다. 그를 둘러싸고 횡횡하던 빅토리아 시대의 가장 그럴듯한 이야기가 있다. 리빙스턴의 하인이었던 수시와 추마가 그의 심장을 적출하여 그가 사망한 곳 근처에 자라던 나무 밑에 묻었다는 이야기였다. 그들은 리빙스턴의 시신에서 내장을 빼 내고 방부 처리하여 시신과 그가 남긴 유품을 들고 잔지바르를 거쳐 영국으로 가져가 웨스트민스터 성당에 안치했다고 알려졌다. 수시와 추마는 잠시 환대를 받았고, 리빙스턴이 남긴 마지막 일기는 친구 호레이스 월러(Horace Waller)에게 전달되었고 빠르게 편집 과정을 거쳐 1874년에 출판되었다.

이러한 측면에서 볼 때, '우간다' 이야기는 이 시대의 역동성을 놀라울 정도로 잘 보여 주고 있다. 스와힐리어로 '우간다'라고 불리는 부간다 왕국은 19세기가 끝나 갈 무렵 한 유명한 재판의 소재가 되면서 대중의 상상력을 사로잡았다. 1876년 초에 스스로를 리빙스턴의 후계자라고 자처하던 당대의 저명한 탐험가 헨리 모턴 스탠리(Henry Morton Stanley, 1841~1904)는 런던에서 발행되던 《데일리텔레그래프》에 편지 한 통을 보냈다. 그 편지에 그는 자신이 한때 머문 적이 있는 부간다 왕국에 선교사를 파견해 달라는 내용을 썼다. 그곳에는 아주 지적이고 재미있는 통치자가 하나 있는데, 백성들에게 구원의 메시지를 외치면서 자신들을 둘러싸고 있는 어둠에서 벗어나는 길을 모색하고 있다고 했다. 기독교 사업을 무르익게 만들 수 있는 곳이 바로 그곳이라고 강조했다. 스탠리가 말하던 통치자는 바로 카바카 무테사였다. 카바카 무테사는 실제로 스탠리가 들고 다니던 성경에 큰 관심을 보였다. 과거에는 존 스피크(John Speke, 1827~1864)의 성경에 관심을 보인 적도 있었다. 1875년에 스탠리가 출현하던 무렵 무테사는 명목상으로는 무슬림이었다. 스탠리의 편지에 곧바로 답장이 왔다. 특별한 목적을 담고 있었기 때문이다. 1877년에 최초의 성공회 선교사들은 부간다 왕국에 도착하여 그 왕국이 이슬람과 이교도의 영향권 밖으로 벗어나도록 도왔다. 그곳에 있던 선교 기지의 초창기 구성원이면서 뒷날 그곳에서 평생을 선교 활동에 바치게 되는 인물이 바로 스콧 알렉산더 맥케이(Scot Alexander Mackay)였다. 그는 대단히 뛰어난 장인답게 아주 실용적인 인물이었고 카톨릭과 한 치의 타협도 없었다. 그는 지역 주민들의 정서에 둔감했을 뿐 아니라 이슬람과 영매 또는 이교도 신들의 지배를 받고 있던 궁정에 대고 노골적인 불만을 터트리기도 했다. 맥케이와 동료들이 지니고 있던 불만을 1879년 부간다에 도착한 프랑스 가톨릭회의의 백인 신부들은 어렵지 않게 이해할 수가 있었다. 그리고 얼마 지나지 않아 아주 낯 뜨거운 광경이 벌어졌다. 가톨릭과 개신교가 카바카의 면전에서 서로 자기 종교가 옳고 상대방 종교는 그르다며 상대를 헐뜯었다. 간다인들에게 이런 장면은 아주 우스꽝스러운 사건이었다.

    가톨릭과 개신교는 모두 간다 사회의 엘리트들을 개종시키는 데 성공을 거두고 있었다. 물론 이미 무슬림이 되었거나 곧 무슬림이 될 추장들도 많았지만, 부간다 왕국의 많은 추장늘이 가톨릭 신도나 개신교도가 되었다. 그러나 기독교로 개종했음에도 많은 사람들이 여전히 자신들의 전통 신앙을 굳건히 지키고 있었다. 그래서 선교사들은 이들이 진정으로 개종한 것이 맞는지 의구심을 품기도 했다. 부간다 왕국의 상층부 정치 계급은 자녀들을 선교 본부에 보내 글을 읽고 쓰는 법을 배우게 했을 뿐 아니라 세례까지 받게 했다. 무테사도 자신의 궁정 신하들과 차세대 추장들을 같은 목적으로 그곳에 보냈다. 무테사는 무척 현명하고 독자적으로 사유하던 인물로 1870년대 말과 1880년대 초에 여러 집단들을 골고루 활용했다. 그 결과로 성공회선교회와 백인 신부 단체, 무슬림 무역업자들과 영매들 모두 저마다 궁정을 강력하게 장악하고 있다는 믿음을 주었다. 그는 기실 그 어느 편에도 속해 있지 않았지만, 선교사들을 독려해 그들에게도 희망을 주었다. 하지만 그가 기독교의 신에 대해 진지한 관심을 가지고 있었다는 사실 만큼은 부정하기 어렵다. 그의 후원 덕분에 기독교 신앙이 그를 따르던 추장들 사이에 전파되었기 때문이다. 물론 자신의 왕국을 드나들던 새로운 세력들을 통제하는 데 무테사가 얼마나 성공했는지를 밝히는 일은 여전히 논쟁거리이다.

부간다 왕국의 우주는 바뀌고 있었다. 과거의 이슬람이 그랬듯이 기독교 추종자들이 늘어나고 있었다. 기독교는 사회정치적 기회는 물론 문맹에서 벗어나고 장사를 할 수 있는 기회도 제공했기 때문이다. 그러나 기독교는 기존의 정치와 도덕 질서를 위협하는 세력으로 비치기도 했다. 1884년에 무테사가 사망하자 맥케이는 유럽식 관을 만드는 과정을 감독했다. 무테사의 뒤를 이어 그의 아들 음왕가(Mwanga)가 권좌에 올랐다. 음왕가는 어렸을 때 성공회 선교 본부를 자주 방문한 인물이었다. 그러나 카바카와 마찬가지로 선교사들과 간다인 개종자들을 핍박하기도 했다. 개종한 간다인들 가운데에는 사형에 처해진 이들이 많았다. 이들의 순교는 간다의 명예로운 전통에 속했다. 물론 그것이 새로운 신앙에 영향을 받았던 것은 사실이었다. 선교사들의 삶은 몹시 고달팠지만, 맥케이 같은 고집 센 이들은 결코 떠날 생각은 하지 않았다. 음왕가는 변화의 기로에서 갈피를 잡지 못하고 있었다. 그는 기독교도들을 박해했는데, 그 일은 마치 음왕가의 영혼이 자신이 주관하던 왕국의 미래와 한 판 싸움을 벌이고 있는 것처럼 보였다. 1885년에 제임스 해닝턴 주교(Bishop James Hannington, 1847~1885)가 니안자 선교의 책임자로 임명이 되어 오늘날의 케냐에 해당하는 '동쪽' 길을 타고 부간다로 넘어갈 생각이었다. 그는 출발하기 직전에 간다인들은 그 동쪽 길을 타고 오는 행위를 '전통적으로' 적대적인 행위라고 인식하니 조심하라는 충고를 들었다. 그 충고를 무시한 주교는 결국 왕국의 동쪽 변방에서 간다인들의 손에 목숨을 잃었다. 성공회선교회와 아프리카인 선교사들이 좀 더 폭넓게 활동을 하게 된 것도 조금만 조심했더라면 쉽게 피할 수도 있었던 바로 그 순교 때문이었다. 그렇지만 해닝턴의 죽음은 간다 사회에서 막 나타나고 있던 극심한 긴장의 정체가 무엇이었는지를 명확하게 보여 주었다. 그것은 새로운 이방인 세력을 기꺼이 수용하려던 집단과 지평선 너머 먼 곳에서 물밀 듯이 밀려오던 세력에 대해 공포감을 느끼던 집단 간의 갈등이었다.

선교와 제국주의

1860~1870년대 들어 선교 사업은 새로운 자극을 받게 되었다. 다음 장에서 살펴보게 되겠지만, 이 시기의 탐험은 제국의 팽창과 유럽의 영향력 확대에 그다지 큰 공헌을 하지 못했다. 반면에 선교사들의 역할은 날이 갈수록 확대되고 있었다. 19세기 중반에 영국 수상인 파머스턴은 정책의 틀을 하나 제시했다. 그 무렵 영국은 전 세계에 대해 도덕적인 책임감과 문명 세계의 기독교적 양심을 대표하고 있었다. 그러나 도덕적인 이유로 남의 나라 일에 개입을 하게 될 때라도, 그 일이 전략적이고 상업적으로 영국의 이익에 결부되지 않으면 안 된다는 틀이었다. 그러므로 선교사들을 반드시 제국주의 기획의 일부로 볼 필요도 없고, 또 '기독교적 양심'이라는 것을 영국의 정책 결정을 좌우하는 유일무이

한 가치로 볼 필요도 없었다. 물론 '새로운 제국주의' 시대를 표방한 19세기 후반 영국이 전 세계로 팽창을 거듭해 나가는 과정에서 선교사들이 담당한 역할을 떠올리는 일이 자연스러운 것은 어쩔 수가 없다. 기독교적 양심과 도덕적 책임이라는 말은 영국의 자기 이미지를 반영했다. 동시에 그 수사는 대도시의 기독교적 충동을 대변했다. 그런가 하면 일반 시민들도 여론을 만들어 가고 정치적 결정을 내리는 데 커다란 영향력을 끼쳤다. 리빙스턴의 순교는 빅토리아 후기 '암흑의 대륙'에 대한 사람들의 상상력을 화석화했다. 그의 순교를 계기로 자국의 도덕적 운명을 제대로 실현하기 위해서 영국은 성경과 국기를 동시에 전파해야 한다고 생각했다. 19세기가 끝나 갈 무렵에 나타난 기독교 박애주의가 주창한 내용이 바로 이런 것이었다. 남의 나라 일에 간섭을 하려고 하는데 전략적이고 상업적인 동기가 명확하지 않을 경우 영국은 도덕적 책임을 지지 않아도 되는가? 구원을 간절하게 기다리고 있는 어둠 속의 야만인들을 그저 모른 체해야 한단 말인가?

이런 물음은 19세기 중엽 아프리카에서 활동하던 기독교 선교의 초상이 어떠했는지를 잘 보여 준다. 선교사들은 앞에서 언급한 지역 너머로는 영향력을 쉽사리 확장하지 못하고 있었고 수많은 선교사들이 대의를 위해 죽었다. 그들이 악의 무리를 물리치기 위해 고투하던 지역에 널리 퍼져 있던 것은 전쟁과 재난이었다. 1860년대에 영국성공회는 다시 수세에 몰렸다. 다윈의 《종의 기원》이 출판되었기 때문이다. 이 책이 출판되자 비판적인 물음이 줄을 이었고 그 시대의 정치적·인종적 태도가 바뀌기 시작했다. 이를 계기로 아프리카가 좀 더 면밀한 심문의 대상이 되자 선교사들은 다시금 스스로를 팽창의 전선으로 내몰았다.

일이 생각대로 착착 진행되지 않자 좌절감을 느끼던 선교사들은 아프리카 사회를 변화시키는 데 도움을 달라고 고국에 요청했다. 기독교를 전파하기 수월하게 아프리카 사회를 바꾸고 싶었던 것이다. 그들은 자국 정부에 주로 군사적·정치적 보호를 요청했고, 정부는 그런 보호가 넓은 의미에서 전략적 또는 상업적 이득과 결부될 때에만 지원에 응했다. 영국 선교사들이 가장 활발하게 선교 활동을 펼친 지역은 오늘날의 말라위에 해당하는 니아사 호수 부근이었다. 그 지역은 어떤 면에서 리빙스턴의 유산을 대변하고 있는 곳이었다. 이 지역에서 강력한 세를 떨치던 노예무역업자들을 쫓아내기 위해서 영국은 이 지역 정세에 개입할 기회를 노리고 있었다. 이러한 개입을 둘러싸고 1880년대 들어 '기독교와 상업'이라는 주제가 논쟁의 대상이 되었다. 1889년에 영국은 마침내 이 지역을 보호령으로 선포했다. 동쪽에서 조금씩 세력을 확장해 오던 포르투갈을 견제하기 위한 전략이었다. 그러나 선교사들이 수행한 작업은 인본주의적인 의제들을 둘러싸고 상당히 강력한 논쟁을 불러일으켰다.

가령 영국의 선교사들은 남부 아프리카에서 제국의 권력을 적극적으로 선전했다. 그들은 츠와나(Tswana)의 추장들을 부추겨 영국 정부로 하여금 츠와나를 보호령으로 선포하게 만들었다. 보어인들을 견제하기 위한 것이었다. 은데벨레인(Ndebele)들의 경우에는 1888년에 한 선교사가 외교력으로 해석을 잘못하여 로벵굴라(Lobengula)라는 왕으로 하여금 조약에 서명을 하게 만들었다. 그 조약에는 왕이 자신의 영토를 세실 로즈(Cecil Rhodes)에게 이양한다는 내용이 담겨 있었다. 로벵굴라 왕을 이토록 형편없이 대접하고서도 아무런 문제가 없었던 이유는 해당 선교사가 그 왕을 기독교의 전파에 방해가 되는 야만인의 수장으로 묘사했기 때문이다.

해닝턴 주교의 죽음으로 영국은 분노했다. 그 사건으로 '우간다'는 잘 알려져 있듯이 영국에서 유명한 소송의 대상이 되었다. 간다 사회로 잠

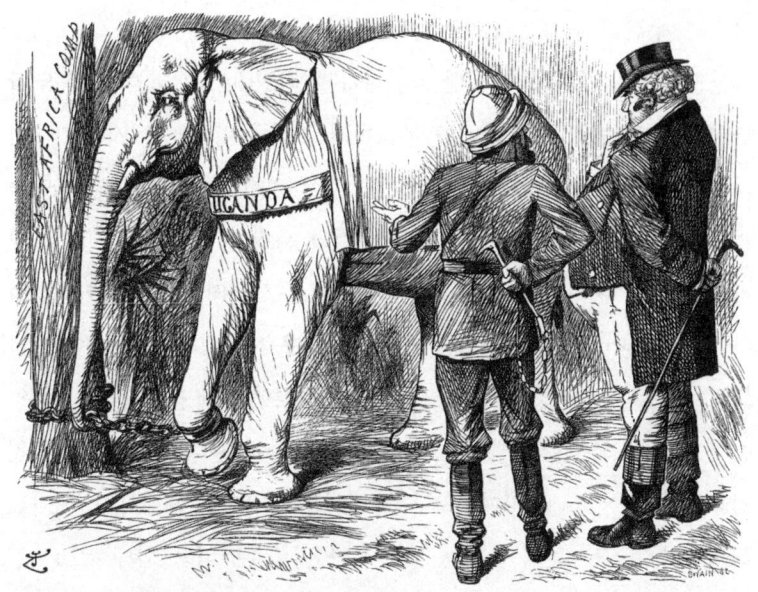
그림 13 코끼리를 팔려고 흥정하는 우간다인과 동아프리카회사 직원. *Punch*(1892)

입해 들어간 선교사들은 성공회선교회는 물론이고 인본주의를 내세운 다양한 집단들로 하여금 이 지역에 영국 정부가 개입을 할 수 있도록 로비를 벌이게 만들었다. 로비는 아주 시급한 일이었다. 부간다 왕국이 1888년에 외지에서 들어온 개신교와 가톨릭, 이슬람 가운데 어떤 신앙을 선택하는가에 따라 여러 파당으로 나뉠 공산이 컸기 때문이다. 기독교적 양심과 이른바 상업적 잠재력의 결합이라는 명분은 부간다에 대영제국동아프리카회사(IBEAC, Imperial British East Africa Company) 같은 준국가기관의 설립을 재촉했다. 부간다 왕국이 지리적으로 나일 강의 어귀에 있다는 점도 그 기관의 설립을 재촉하는 데 한몫 단단히 했다. 그 무렵 영국은 특정 지역을 좀 더 넓은 지정학적 상황에서 바라보는 경향이 있었다. 결국 동아프리카회사는 1890년대에 재정적으로 파산을 맞았다. 그리고 그다지 내키지는 않았지만, 1894년에 로즈베리

정부는 '우간다'를 보호령으로 선포했다.

  선교사들은 제국주의가 팽창해 나가는 과정에서 개척자 같은 역할을 수행했다. 제국주의 지배가 본격화되기 전에 많은 영토가 이미 '기독교화'되었다는 사실이 이를 방증한다. 1890년대 초중반에 영국 대중들의 상상력을 사로잡았던 이른바 '우간다 문제'는 파머스턴 이래로 영국 정부가 꾸준히 추진해 온 이른바 문명화 사업의 모범 사례가 되었다. 그렇게 영국은 다른 지역의 사정에 개입을 시도했다. 그 시대에 발간되던 유명한 주간지 《펀치》에 실린 삽화를 보면 영국인들이 느끼던 일종의 도덕적 의무감을 엿볼 수 있다. 그 삽화에는 대단히 가부장적인 인물인 존 불(John Bull)이 아주 염려스러운 표정으로 사생아인 한 아프리카 아이를 고아원에 맡기는 장면이 나온다. 부간다는 상대적으로 진일보한 아프리카 문명을 이룩한 곳일 뿐 아니라 도덕적으로 수용할 만한 곳으로 대중들의 상상력을 사로잡고 있었다. 이런 분위기에서 영국은 이 지역을 발판으로 삼아 도덕회복 운동을 펼치기에 좋다고 생각했다. 말하자면, 제국주의적 통제의 도구로 삼기에 아주 유용했던 것이다.

  이 과정에서 선교사들의 역할은 무척 중요했다. 특히 대륙의 반대편에 있던 요루바인들에게 선교사들은 지대한 역할을 했다. 그들은 노예무역이 야만성을 뿌리 뽑고 이 시역에서 벌어지고 있는 그칠 줄 모르는 전쟁을 종식시키기 위해서라도 영국 정부가 개입할 수 있도록 다리를 놓았다. 앞 장에서 보았듯이, 에그바를 약탈하고 꽤 많은 선교사들이 이미 자리를 잡고 있던 아베오쿠타를 공격했다. '불법적으로' 인간을 거래하던 다호메이를 불안과 폭력의 근원으로 묘사한 것도 선교사들이었다. 부간다의 선교사들은 영국의 양심처럼 일했다. 영국이 최종적으로 이 지역에 대한 공식 통치를 결정하는 데 선교사들의 역할이 그다지 크지 않았다 하더라도, 영국 정부가 선교사들이 만들어 낸 도덕적 기준을 근거로 이러한 결정을 내렸다는 사실을 반박하기는 쉽지 않다.

19세기 후반~20세기 초반의 아프리카를 둘러싸고 여러 가지 이미지가 만들어졌다. 이 과정에서 선교사들이 했던 역할은 결코 작다고 할 수 없다. 리빙스턴과 맥케이, 메리 킹슬리(Mary Kingsley) 같은 선교사들이 남긴 출판물의 영향력이 대단했다. 해외에서 활약하던 십자군 같은 기독교인의 정신은 리빙스턴 같은 이들의 순교로 이어졌다. 이런저런 종교 단체들이 어려운 시기를 보내는 와중에도 나름의 활약을 펼칠 수 있었던 것도 대중적 평판 때문이었다. 선교사들은 대중적 평판을 등에 업고 국회에 로비를 벌여 필요할 때마다 여론을 환기시킬 수 있었다. 뿐만 아니라 당대의 탐험 문학과 마찬가지로, 선교사들의 저작은 역사가들에게 그들이 활동했던 사회를 재구성하는 데 도움이 되는 일차 자료가 되었다. 동시에 선교사들이 남긴 저작물은 인종에 관한 내국인들의 관점을 들여다볼 수 있는 자료이기도 했다. 아울러 그 무렵 점점 더 경색되고 있던 인종에 대한 일반적인 시각을 반영하기도 했다.

니제르 교구 출신으로 서아프리카에서 처음으로 주교가 된 새뮤얼 크로더는 19세기 말이 되자 자신이 수행하던 역할을 영국인에게 넘겨주었다. 그 뒤로 1950년대까지 아프리카인들한테는 어떤 보직도 주어지지 않았다. 선교사들은 과연 '흑인종'에게도 개선의 여지가 있는가 하는 문제를 토론에 부쳤다. 이 문제가 선교사 담론의 핵심이었다. 수많은 사람들이 이 문제에 대해 비관적인 입장을 보였다. 세례를 받은 그렇게 많은 아프리카인들조차도 겉으로만 종교인인 척했을 뿐 영적으로 개선되었다는 확실한 증거를 조금도 보여 주지 않았기 때문이다. 따라서 19세기 후반에 오면 이 문제가 본격적으로 제기되긴 하지만, 아프리카인들의 영적인 개선은 오로지 정치적이고 군사적인 수단을 통해서만 가능하다는 결론에 도달하게 되었다. 온전한 무게를 담은 제국의 권력만

이 복음을 전파할 수 있다고 믿었던 것이다. 물론 제국의 기획에 도전하거나 제국의 폭력을 비난한 선교사들도 많이 있었다.

선교사들이 남긴 저작은 아프리카에 대한 '지식'을 향상시켰다. 그것은 아시아나 태평양 지역에서도 마찬가지였다. 재미있는 사실은 선교사 본인들도 정작 그다지 충분한 교육을 받지 못했다는 점이다. 선교사들은 여러 가지 측면에서 문화인류학과 역사학의 선구자 역할을 자처했다. 그들의 활약은 그 어떤 유럽인들도 감히 진행하지 못한 방식 가운데 하나였다. 현지에 들어가 현지인들과 더불어 일하고 살면서 그 지역의 관습과 문화, 역사에 관해 훌륭하고 다양한 자료들을 취합하는 일이었다. 어떤 이들은 성경을 원주민 언어로 번역하는 과정에서 처음으로 접하게 된 원주민의 글을 배워 능수능란하게 구사할 수 있는 수준에 이르기도 했다. 그들은 원주민의 역사와 전통을 기록하면서 해당 원주민의 지식 체계를 규범화하기도 했다. 선교사들이 아프리카에 대한 유럽인들의 지식을 향상시켰다는 말을 좀 더 정확하게 표현하면, 아프리카 대륙에 대한 유럽인들의 인식을 좀 더 명료하게 했다는 뜻이 된다. 다시 말해서 선교사들이 아프리카에 새로운 정체성을 출현시키는 데 도움을 주었다는 의미가 되기도 했다. 아프리카의 새로운 정체성은 여러 지역에서 이미 수용되고 있던 지식 풀을 새롭게 만들어 내는 과정에서 출현했다. 선교사들은 원주민 전통을 기록하는 과정을 통해서 해당 지역의 엘리트들에게 문자라는 새로운 권력을 이용해 과거를 바라보는 특정한 시각을 정당화하고 영속화하도록 독려했다. 말하자면, 원주민 언어에 개입함으로써 이전에는 그 누구도 동의하지 않았거나 아주 느슨한 형태로 겨우 유지되던 '원주민 부족'의 정체성을 발명했던 셈이다.

8장
어슬렁거리는 백인들
유럽인들의 아프리카 탐험

만약 아프리카라는 실체가 존재하기만 했다면, 18세기까지만 해도 '아프리카'는 유라시아 세계에서 가장 매혹적인 지역이었다. 기독교가 출현할 무렵 그리스와 로마의 무역업자들이 지중해와 대륙의 끝자락에 있는 홍해 주변을 잠식해 들어간 이후로 아프리카는 그들의 상상력 속에서 희미하게 나타나기 시작했다. 그러나 북부와 동북부 아프리카 지역 너머에 있던 그 거대한 대륙은 늘 신비로움에 싸여 있었다. 그런 관념은 유럽에서 무려 중세 후기까지 이어질 정도로 오랜 세월 지속되었다. 서아프리카에 대한 묘사가 나오기 시작하는 당대의 에스파냐 지도를 보면 아프리카를 '황금의 땅'으로 그리고 있다. 아프리카에 대한 인식이 전혀 없던 시공간은 신화와 놀라운 이야기들로 채워 넣었다. 15세기에 북부와 서부, 중부 아프리카의 대서양 연안을 탐험한 포르투갈인들이 선구적인 역할을 했다. 그들의 임무는 경제적인 욕망과 종교적인 열망을 결합하는 일이었다. 이런 활동은 뒷날 십자군 정신으로 무장하여 아프리카로 항해를 감행하는 행위의 본보기가 되었다. 16~17세기에 노예무역이 팽창하면서 포르투갈의 뒤를 이어 프랑스와 덴마크, 네덜란드, 영국이 합류했다. 이들도 마찬가지로 종교적 측면과 경제적 동기를 결합했다. 이들의 항해를 통해 아프리카에 대한 인식이 노예무역과 연동되면서 아프리카의 국가와 사회에 대한 이미지는 유럽인들에게 대단히 부정적인 모습을 띠게 된다. 이런 이미지는 노예무역이 쇠퇴한 뒤로도 변함이 없었고, 오히려 시간이 갈수록 더 강화되기까지 했다. 유럽인들이 해안 지대에 구축한 요새를 넘어 내륙으로 진출하게 되면서 아프리카의 이미지는 더욱 부정적으로 재생산되었다.

아프리카협회와 탐험가들

'계몽' 시대 이후로 아프리카에 대한 과학적·지적·상업적 관심이 고양되었다. 그런 호기심을 부추긴 것은 기술의 진보였다. 부분적으로 아프리카에 대한 흥미는 18세기 후반부터 점증하던 노예무역을 둘러싼 논쟁과 깊은 관련이 있었다. 노예무역을 둘러싼 논쟁은 1788년 런던에 있던 '아프리카의 내륙을 알리는 협회,' 약칭 아프리카협회(African Association)라는 기관이 주도했다. 이 기관은 18세기 후반과 19세기 초반에 우후죽순처럼 창궐하던 과학적이고 지적인 조직 가운데 하나였다. 이와 유사한 기관으로 벵골아시아협회(Bengal Asiatic Society, 1784)와 개중 가장 유명한 왕립지리학회(1830) 등이 있었다. 이러한 학회들은 인종학과 지리학, 식물학, 민속학 등과 같은 학문에 조예가 깊은 사람들이 삼삼오오 모여서 만든 학회였다. 아프리카협회의 창립자는 조지프 뱅크스 경이었다. 그는 박식하고 탁월한 식물학자로 제임스 쿡 선장을 따라 협회 창립 20여 년 전에 세계일주를 한 인물이었다. 아프리카협회는 여러 가지 면에서 '계몽주의' 시대를 구현하고 있었다. 협회는 여러 목적을 가지고 창립되었는데, 그중 가장 각별한 것이 아프리카의 무역을 '다각화'하여 인간 말고 다른 재화의 거래를 독려하며, 그러한 과정을 통해서 아프리카 대륙의 천연자원을 활용하는 것이었다. 그 밖에도 협회는 소문으로만 듣던 황금이 풍부한 통북투(오늘날의 말리 지역―옮긴이)가 어디에 있는지 찾아보고자 했다.

아프리카협회의 목적은 놀라울 정도로 합리적이었다. 과학적 탐구와 인본주의적 태도를 부끄럽지 않은 방식으로 상업적 이득과 결부시키고 있었기 때문이다. 이러한 이득의 동맹을 빅토리아 시대의 영국인들은 뒷날 놀라운 규모로 발전시켰다. 이익의 동맹은 동시에 19세기에 유럽이 비유럽 지역에 접근할 때 가장 기본적인 기준으로 삼았던 내용이기도 했다. 아프리카협회를 움직인 기본 가설은, 아프리카는 역동적인 외부 세력의 개입을 통해 반드시 '발전'을 해야만 한다는 생각이었다. 그 방법이 아니고는 아프리카가 발전을 이룩할 도리가 없다고 보았던 것이다. 노예무역에 반대하는 세력이 급증했다고 해서 유럽이 아프리카 내정에 간섭하는 일이 줄어든 것은 결코 아니었다. 오히려 그 반대였다. 유럽은 아프리카에 일말의 책임감을 느끼고 있었다.

영국의 책임감은 각별했다. 영국은 누가 시키지도 않았는데 스스로 나서 아프리카가 천연 작물을 수출하는 일을 적극적으로 도왔다. 그렇게 하면 노예무역이 종국에는 사라질 것이라고 생각했기 때문이다. 자연히 아프리카를 좀 더 잘 이해할 필요가 생겼고, 이는 '합법적인' 상업으로 연결되었다. 노예제도와 달리, 새로운 상업 제도는 강을 중심으로 하는 운송 체제와 원자재에 대한 지식뿐 아니라 유럽 상품을 소비할 만한 시장을 필요로 했다. 19세기의 탐험가들이 원정을 통해 살펴보려던 것들이 바로 이런 것들이었다.

　18세기 후반의 여일한 주제는 아프리카의 '발전 가능성'이었다. 이 문제는 시간이 갈수록 논쟁의 대상이 되었다. 왜냐하면 모든 이들이 아프리카가 외부의 개입 여부에 상관없이 발전할 수 있으리라고 믿었던 것은 아니었기 때문이다. 노예무역을 둘러싼 논쟁을 문맥으로 가지고 보면 이 점은 좀 더 확연해진다. 가령 노예무역을 옹호하던 사람들은, 아프리카는 원초적으로 후진적이라 아무리 노력을 해도 주어진 상황을 바꿀 도리가 없다고 주장했다. 다소 추상적이긴 하지만, 여기서 문제가 되는 또 다른 중요한 개념 중의 하나는 아프리카의 '내부'였다. 유럽인들은 아프리카를 희한한 모양으로 꽉 닫힌 실체로 간주했다. 이는 아프리카는 열릴 가능성을 가지고 있고, 동시에 그 속으로 빛이 비집고 들어갈 자리가 있음을 의미했다. 이 논리는 그럴 듯해 보였다. 그러나 그 내용을 정확히 간파하기 위해서는 그 시대의 정신인 과학을 동원해 아프리카의 '내부'를 좀 더 주도면밀하게 살펴보아야만 했다.

　의학적 실험의 대상으로서 아프리카의 이미지는 19세기에 계발되었다. 탐험가들은 '동맥'에 해당하는 강을 따라 가면서 아프리카의 '심장'을 탐문했다. 아프리카는 질병이 만연한 대륙이었다. 이는 사실이기도 했고 공상에 가까운 것이기도 했다. 절룩거리는 듯한 문화와 집단 그리고 정치적인 관습을 가진 지역들도 많았다. 리빙스턴을 비롯한 여러 선교사들은 아프리카를 마치 환자처럼 취급하면서 검진과 진단 그리고 그에 따른 처방을 받을 필요가 있는 대륙으로 규정했다. 그런 의미에서 아프리카협회는 이 거대한 미지의 '구세계'를 새로운 방식으로 알고 싶어 하는 욕망을 대변했다. 이 협회가 만든 선언문을 따르자면 무지란 그와 같은 계몽의 시대에 부끄러움의 소치였다. 따라서 이러한 과정을 통해서 출현한 부는 '지금까지 야만성과 일관된 저주에 시달려 오던' 사람들에게 이익과 진보를 동시에 가져다줄 수도 있다고 그 협회의 사무총장이던 헨리 뷰포이(Henry Beaufoy)는 말했다.[9]

그 뒤로 몇 십 년 동안 많은 이들이 아프리카 사람들 속으로 모험을 감행했다. 이러한 모험을 직접적으로 주도한 단체는 19세기 영국의 왕립지리학회였는데, 어느 모로 보나 아프리카협회의 적자로 보였다. 1830년대와 1880년대 사이에 벌어진 아프리카 원정은 대중들의 관심을 단숨에 휘어잡았다. 그 원정이 대변하던 것은 일종의 개척자 정신이었고, 상업적·과학적 지식의 적용이었으며, 이제 막 싹트기 시작한 인종주의의 개막이었고, 동시에 제국주의적 팽창의 한 원형이었다. 원정의 초점을 강에만 맞출 경우, 영국 해군의 참여는 원정에서 탁월한 성과를 낳았다. 그러나 원정의 초점을 1850년대 이후의 내지 탐험으로 맞출 경우에는 이야기가 달라진다. 해군의 개입이 줄어드는 대신에 왕립지리학회의 비중이 커지기 때문이다. 왕립지리학회는 빅토리아 시대에 진행된 원정의 대부분을 배후에서 조종했다. 지질학자인 로더릭 머치슨(Roderick Murchison) 경이 그 학회의 책임을 맡아 열정적이고 애국적인 지도력을 발휘했다. 그는 원정이 영국의 국가적 이익에 봉사해야 한다는 생각이 철저한 사람이었다. 그렇기 때문에 공적 자금으로 원정을 지원해야 한다고 주장했다. 아울러 그는 과학과 제국은 분리가 불가능한 대상이라고 믿어 의심치 않았다. 머치슨은 1871년에 세상을 떠나기까지 30여 년 동안 거의 모든 원정을 주관했다. 그는 정부로부터 많은 지원을 끌어내어 빅토리아 시대에 진행되었던 세 가지 핵심적인 원정 사업을 모두 성공적으로 수행했다. 그는 원정대라면 공히 누구라도 제공해야만 했던 바다 너머로 떠나는 모험과 드라마를 빅토리아 시

---

9) R. Hallett, "The European Approach to the Interior of Africa in the Eighteenth Century," *Journal of African History*, 4:2(1963), p. 203.

대의 대중들에게 성공적으로 선사했다. 뿐만 아니라 과학적 탐색과 지적 모색의 즐거움도 제공했다. 원료와 잠재적 시장의 위치를 알려주는 방식으로 상업적 이익을 극대화하는 즐거움도 덤으로 던져 주었다. 왕립지리학회는 제국주의 및 인본주의의 수사를 과학과 결합한 대표적 기관이었다.

유럽의 원정대보다 몇 세기 앞서 출현한 집단이 아랍의 원정대였다. 유럽이 중세를 지나는 동안 아랍의 상인들과 원정대들은 북부와 서부 그리고 동부 아프리카를 주유하면서 대단히 중요한 일차 자료들을 많이 남겼다. 유럽은 15세기가 되어서야 겨우 아프리카 대륙의 끝자락만을 탐사할 수 있었을 뿐이다. 초기 원정대의 절대다수는 선교사들이었다. 이들은 16세기에 콩고와 에티오피아에 상륙했다. 이른바 '직업적' 혹은 전문적 원정대라고 불릴 만한 사람들은 서서히 출현을 했는데, 18세기 말엽이 되어서야 두각을 나타내기 시작했다. 1770년대에 에티오피아와 수단에서 나일 강의 수원을 찾아 다녔던 제임스 브루스(James Bruce)가 대표적인 인물이었다. 그의 뒤를 이어 일군의 탐험가들이 나이저 강의 길이와 모양새를 알아보기 위해 서아프리카를 돌아다녔다. 아프리카협회의 후원을 받던 멍고 파크(Mungo Park)는 1790년대와 1800년대 초에 나이저 강을 처음부터 끝까지 탐사하고 1806년에 귀향하던 도중에 사망했다. 통북투를 찾아낸 인물이 바로 그였다. 몇 해 뒤인 1827년에 르네 카이에(Rene Caillie)도 그 전설의 도시에 입성했다. 그러나 사람들은 르네가 묘사한 도시의 실체를 믿지 않았다. 딕슨 데넘과 휴 클래퍼턴, 월터 우드니는 1820년대 초에 트리폴리 남쪽으로 원정을 떠나 1824년에 위대한 서아프리카의 칼리파가 지배하던 나라의 수도 소코토에 도착했다. 그러나 사하라사막을 가로지르는 길은 멀기도 할 뿐 아니라 위험천만한 일로 인식되었다. 그래서 서아프리카의 해안이 출발지로 인기가 높았다. 클래퍼턴과 리처드 랜더는 1825년과 1827년 사이에 바다그리 무역항을 출발해 카노까지 여행을 했다. 클래퍼턴은 원정 중에 사망했고, 랜더와 그의 형제인 존은 부사(Bussa)를 지나 1830년에 나이저 강 입구에 도착했다. 유럽의 상인들은 나이저 강이 군데군데 항해가 가능한 곳이라는 소식을 듣고 무척 기뻐했다. 유럽의 제조업자들과 금융업자들의 탐욕을 불러 일으켰기 때문이다. 1850년대 초에 하인리히 바스(Heinrich Barth) 박사는 독일인임에도 영국의 후원으로 서아프리카의 사바나를 가로질러 나이저 강의 만곡부를 조사하는, 경비가 무척 많이 들어가는 원정을 떠났다. 그 지역의 상업적 잠재력을 평가해 보기 위한 원정이었다. 바스는 그의 선배 클래퍼턴처럼 트리폴리를 '아프리카의 출입구' 삼아 사하라사막 남쪽으로 내려갔다.

　원정대의 원정을 가로막는 가장 큰 걸림돌은 말라리아였다. 1841년에 영국 행정부는 상업적인 기회를 염탐할 목적으로 나이저 강을 탐사하는 원정대를 보냈는데, 이들 중 50여 명이 원정 도중에 사망했다. 사인은 주로 말라리아였다. 영국 정부는 결국 이 기획을 중도에 포기하고 말았다. 말라리아 모기는 1850년대까지 유럽인들의 대륙 침투를 저지했다. 말라리아 치료제인 키니네가 시판되는 1850년대에 들어서야 유럽인들의 원정 속도에 가속도가 붙기 시작했다. 이를 가장 전형적으로 보여 주는 사례가 영국 정부의 후원으로 1854년에 나이저 강을 탐사한 윌리엄 밸포어 바이키(William Balfour Baikie) 박사였다. 그가 원정을 다녀오고 얼마 지나지 않아 영국의 증기선들이 나이저 강을 수놓았다. 1850년대와 1870년대 사이에 나일 강과 잠베지 강, 콩고 강을 탐사한 바 있던 유럽에서 이른바 지리적 '발견'을 선도하던 집단이 나이저 강 탐사 길에 나섰다. 아프리카의 강들에 대한 순수한 과학적 호기심이 상업적인 이해와 결합하는 순간이었다. 남부 아프리카의 경우에는 원정대의 선봉을 자처한 이들이 선교사들이었다. 대표적인 인물이 로버트 모팻으로 1840년대에 오늘날의 보츠와나를 탐험했다. 그의 사위가 바로 데이비드 리빙스턴으로 그 시대에 이 분야에서 발군의 업적을 남겼다. 리빙스턴은 이미 1850년대 중반에 루안다를 지나 잠베지 강의 입구까지 아프리카 대륙을 횡단했다. 같은 시기에 리처드 버턴과 존 스피크는 탕가니카 호수를 탐험했다. 한편, 스피크와 제임스 그랜트는 후에 백나일의 수원을 빅토리아 호수의 북쪽 끝자락에서 발견했고, 배를 타고 하르툼으로 거슬러 올라갈 수 있는 가능성을 제시했다. 리빙스턴은 1858년에서 1864년 사이에 잠베지 강과 샤이어(Shire) 강의 원류를 시작부터 끝까지 추적했다. 그는 말년을 콩고 강의 지류를 조사하는 일에 바쳤다. 1870년대 중반에 인도양에서 대서양에 이르는 아프리카 지역을 횡단한 인물도 있었다. 버니 로바트 캐머런(Verney Lovatt Cameron)이 그 주인공이었다. 조지프 톰슨은 오늘날의 케냐 지역을 탐사했다. 빅토리아 시대의 원정 문화를 대표하는 상징적인 인물 가운데 한 사람인 헨리 모턴 스탠리는 의식적으로 리빙스턴이 했던 일을 이어받아 아프리카 대륙을 동서로 횡단하면서 루알라바 강과 콩고 강의 원류를 조사했다. 벨기에 국왕 레오폴 2세의 후원으로 이루어진 스탠리의 원정은 유럽 열강들 간의 아프리카 쟁탈전이 벌어지기 직전에 콩고 강의 상업적 잠재력을 확인해 주는 꼴이 되었다. 스탠리는 1880년대 말에 아프리카로 다시 돌아가 콩고 북쪽의 열대우림과 우간다를 지나, 적들에게 포위되어 있던 이집트령 적도를 통치하던 에민 파샤를 '구출하기'까지 했다. 이러한 원정은 대체로 특수한 목적을 가지고 수행되었는데, 가공이 되지 않은 자료나 상업적 기회와 관련된 정보를 수집하고, 원주민들의 인구 집단과 자원 그리고 원주민들이 세운 국가와 사회 등을 조사하는 일이었다. 이런 활동의 근간에는 '합법적인' 상업이 놓여 있었는데, 이를 성공적으로 수행하기 위해서는 18세기 노예무역 때보다 규모가 훨씬 방대한 지식이 필요했다. 그런 맥락에서 원정은 그 시대의 새로운 기준으로 떠오른 경제 원칙을 강렬하게 자극하는 원동력이었다. 원정은 지식을 위한 지식을 추구하는 데서 멈추지 않았다. 물론 지식을 목적으로 한 원정도 많았지만 대다수의 원정은 어떤 특수한 목적을 실현하기 위한 수단으로서 지식을 추구했다.

헤게모니의 확대와 아프리카의 '발명'

아프리카 대륙을 여행했던 수많은 탐험가들은 방대한 자료를 남겼다. 그 자료는 그 자체로 역사가들에게 여러 가지 문제를 안겼다. 역사가들은 전적으로 그 자료를 바탕으로 연구의 대상인 특정 집단이 식민지 이전 시기에는 어떤 모습이었는지 재구성해야 했다. 그렇게 하기 위해서 역사가들은 맥락을 중시해야만 했다. 어떤 의미에서 역사가들은 순수하게 자료에만 의존하는 행위와 그 자료를 문맥으로 활용하는 행위 사이의 긴장을 해결할 수가 없었다. 많은 경우, 유럽의 탐험가들이 남긴 자료는 특정한 시기에 특정한 공간을 다룬 유일한 자료인 경우가 많았다. 그러한 자료들은 여러 가지 특성상 의도적이건 그렇지 않건 오해를 불러일으킬 소지를 여럿 가지고 있기도 했다. 이러한 오해의 과정을 통해서 이 자료들은 문자적 차원의 헤게모니를 장악하게 되었고, 이를 통해 아프리카를 '발명'하는 데 공헌했다. 19세기에 진행된 원정은 문화적인 오만을 표현하는 하나의 수단에 지나지 않았다. 이는 '발견'이라는 개념 속에서 명료하게 드러났다.

19세기가 생산한 아프리카에 대한 사유 가운데 가장 전형적인 것은 아프리카 대륙은 '발견'되기 위해서 그곳에 존재하고 있었다는 생각이었다. 많은 문건들은 유럽인들이 어떤 과정을 거쳐 아프리카의 호수와 강, 폭포, 산을 '발견'하게 되었는지를 끊임없이 재생산하고 있었다. 아프리카의 이러한 지형들은 유럽인의 상상력 속에서 대단히 거칠고 개발이 되지 않은 풍광으로 연동되었다. 그래서 아프리카인들은 매우 후진적이고 배경으로만 등장하는 인물들일 뿐이며, 주변 환경을 고려할 줄 모르는 무식하고 둔감한 거주자일 뿐이라는 고정관념을 만들어 냈다. 아프리카인들은 자신들의 풍광을 스스로 '발견'하는 사람들이 아니라 우연히 그곳의 일부로 존재할 뿐인 사람들로 여겨졌다. 그들은 인본주의가 무엇인지도 모르는 사람들일 뿐 아니라, 이상할 정도로 지리에 집착하는 백인들을 야유하기도 하는 사람들일 뿐이었다. 이는 아프리카인들의 유전적 무지를 발명해 내는 데 큰 공헌을 했다. 동시에 아프리카인들은 황야를 건너가는 백인들의 길잡이이자 백인 원정대의 카라반을 지키는 무장 경호원이기도 하며, 통역을 돕고 물건을 나르며 먹을거리와 물을 공수하고, 백인들이 심심할 때는 가끔 말 상대가 되어 주기도 하는 그런 하찮은 인물로 간주되기도 했다. 유럽인들이 아프리카인들에게 호의를 보일 때도 있었지만 주인에게 충성심을 보일 때와 신실한 서비스를 제공할 때뿐이었다. 아프리카인들은 아름다운 외형을 지닌 원시적인 땅에 태어나 그 땅 외에는 아무 것도 모르는 일차원적인 인간들이라 이야기를 할 줄 모르는 사람들로 묘사되었던 것이다.

그럼에도 불구하고, 많은 탐험가들은 직접 품을 팔아 돌아다닌 지역의 역사를 기술했다. 이렇게 목적이 분명한 자료들이 역사가들에게는 단순한 목격자의 신분으로 남긴 자료들보다 더한 곤혹감을 주었다. 제임스 브루스가 남긴 방대한 자료들 가운데 두 번째 책이 대표적이다.

이 책은 왕들에 관한 연대기와 성직자들의 원고 그리고 지위가 높은 사람들과 나누었던 대화에 기초해 에티오피아의 역사를 기록한 책이었다. 많은 사람들이 그의 뒤를 이었다. 그들은 방문했던 지역들 가운데 주목을 받을 만한 가치가 있다고 여겨지는 곳을 대상으로 그곳의 역사를 재구성하는 일에 착수했다. 이 주제는 10장에서 좀 더 자세히 다룰 것이다. 왜냐하면 역사를 다시 쓰는 문제는 초기 식민 국가를 정초하는 데 대단히 핵심적인 역할을 수행했기 때문이다.

유럽인들이 지식을 축적한 이유는 원주민들에게 힘을 과시하고 싶은 욕망 때문이었다. 로버트 스태퍼드(Robert Stafford)는 이렇게 말했다. '스스로의 운명을 통제할 수 있는 원주민의 능력은 증기선이나 총알, 굴욕적인 조약뿐 아니라 지도 제작을 돕는 자나 박물관에서 일하는 사람 등에 의해 완전히 사라질 것이다.'[10] 아프리카의 통치자들조차도 이러한 사실을 제대로 인지하고 있지 못했다. 유럽인들이 아프리카의 자연과 강의 흐름 그리고 산악의 지형 등을 조사한다고 할 때, 이를 의심의 눈초리로 바라본 아프리카인들은 꽤 많았다. 19세기에 접어들어 특정 지역의 해안가를 중심으로 유럽인들의 출현이 눈에 띄게 늘어나는 것을 보게 되자 유럽인들에 대한 아프리카인들의 의심 또한 그에 발맞추어 커지게 되었다. 아프리카인들 가운데에는 백인들이 자신들이 살고 있는 땅을 '집어삼키기' 위해서 나타났다고 생각하는 사람들도 있었다. 그 우려가 사실로 드러나 처음에는 혈혈단신이었던 탐험가들이 나중에는 무장한 무리들을 대동하고 나타나기도 했다. 앞을 내다보는 선지자의 능력을 보였던 것이다.

원정대들은 스스로를 유럽의 문명과 문명화 의무를 구현하는 개척자

---

10) R. Stafford, "Scientific exploration and empire," in A. Porter(ed.), *Oxford History of the British Empire. Vol III: the nineteenth century*(Oxford, 1999), p. 302.

들로 바라보는 경우가 많았다. 물론 이런 시각은 대부분 자기최면에 가까운 것이었다. 스탠리는 1870년대에 영국과 미국의 국기를 동시에 내걸고 중부 아프리카를 탐험했다. 탐험 도중에 그의 잔인성이 알려지자 영국의 외무부는 수차례 전문을 보내 영국 국기를 게양하지 말라고 권유했다. 그렇지만 스탠리는 자신이 기독교도의 의무를 다하고 있다는 생각으로 오히려 영국 정부에게 선교사를 부간다에 파견해 달라고 요청했다. 스페크도 비슷한 유형의 인물이었다. 그는 자신을 영국의 외교 사절로 간주하면서 카바카 무테사와 성경은 물론이고 영국 군대의 힘에 대해 오랜 시간 토론을 벌이기도 했다. 이슬람을 찬미했던 버턴은 아프리카의 문화와 사회를 철저하게 깔본 인물로 '아프리카의 상황'을 개선한다는 명목으로 유럽의 개입을 촉구하기도 했다. 이들이 글로 남긴 자료들은 아프리카를 바라보던 유럽의 시각을 보여 준다는 점에서 의미가 크다.

빅토리아 시대의 지리적 질서가 아프리카에도 영향을 끼쳐 아프리카 대륙이 좀 더 넓은 공간적·도덕적 세계 속에 노출됨에 따라 아프리카의 국가와 사회는 좀 더 다양한 종류의 혐오와 비난의 대상으로 묘사되었다. 물론 상대적으로 좀 더 높은 수준의 문명을 유지했던 소수 아프리카 왕국에 대해서는 일말의 경이감을 유지하는 유럽인들도 있었다. 원정대가 남긴 아프리카의 삶에 대한 세세한 기록들은 유럽인들의 대중적인 견해와 정치적인 견해를 조직하는 데 핵심적인 구실을 했다. 이를 대변하는 가장 전형적인 사례가 빅토리아 시대의 여행기 문학에 대한 폭발적인 시장 수요였다. 영국의 대중들은 야만인들과 그들의 야비하고 잔혹한 행동 그리고 그들의 식인 행위와 인간 제물 및 성적 방종 따위가 담긴 이야기를 목마르게 기다렸다.

1880년대 후반에 이르면 아프리카 원정의 황금시대는 막을 내리게 된다. 어떤 측면에서 보면 원정대의 부지런함 탓이 크다. 19세기 중엽에 이미 너무 많은 이야기들을 소진해 버려 새로운 이야깃거리가 사라져 버렸기 때문이다. 그 이후로 그들은 같은 이야기를 동어반복할 수밖에 없었다. 그러나 그보다 더 중요한 요인은 사양길에 접어들던 식민 팽창의 시대와 관련되어 있었다. 무력 침략의 시대에 원정대는 더 이상 필요하지 않았다. 무력 팽창의 시대가 필요로 하는 대상은 제국주의 전선을 힘으로 밀고 나가는 식민 관료들과 군 장교들뿐이었다. 이러한 시대에는 식민 관료들과 군 장교들이 원정대의 역할을 수행했다. 1880~1890년대에 아프리카 왕들의 궁정에 식민 행정부가 식민 관료들을 외교사절로 파견했다. 그럼에도 한 가지 분명한 것이 있다. 제국주의적 모험은 물론이고 아프리카에 대한 유럽인들의 대중적 이미지 구축 그리고 아프리카의 과거를 좀 더 지속적이고 고정적인 방식으로 형성하는 데 가장 기본적인 역할을 한 주인공은 바로 이들 원정대들이라는 사실이다.

9장

문명화 사업의 실체
아프리카 쟁탈전을 향하여

아프리카 쟁탈전을 이른바 불연속의 관점으로 보려는 유혹은 항상 있었다. 이러한 관점은 결단코 근거가 없다. 1870년대부터 1890년대 후반까지 유럽은 아프리카라는 거대한 지역을 아무런 주의 조처도 취하지 않고 급작스럽고 돌발적인 방식으로 분할했다. 1870년대 말까지만 해도 아프리카인들은 아프리카 대륙의 대부분을 스스로 통치하고 있었다. 물론 당시는 유럽의 경제적 영향력이 특정 지역을 중심으로 확장되고 있던 때였다. 하지만 그로부터 채 20년도 지나지 않아 아프리카 대륙은 에티오피아와 라이베리아만을 제외하면 모두 유럽 제국의 식민 지배를 받게 되었다. 아프리카 쟁탈전이라는 드라마는 그야말로 극적이었다.

1880년 무렵만 해도 해안 지대나 호수 주변 지대를 넘어 영향력을 확장하던 '외부 세력'이라고는 눈을 씻고 찾아봐도 찾아볼 수가 없었다. 물론 두 가지 예외가 있긴 했다. 남아프리카의 영국인이나 보어인들 그리고 알제리의 프랑스인들이었다. 그 무렵 포르투갈인들은 앙골라와 모잠비크라는 해양 '제국'을 벗어나지 못하고 있었다. 마찬가지로 프랑스도 세네갈과 코트디부아르, 가봉을 벗어나지 못하고 있었다. 영국은 아주 미약하게 상업적인 영향력을 미치던 감비아를 비롯하여 골드코스트와 라고스, 시에라리온에 관심을 집중하고 있었다. 동부 아프리카의 경우도 마찬가지였다. 잔지바르의 통치자 술탄의 영향력은 주변 섬들과 해안가의 정착촌에 국한되어 있었다. 물론 술탄들이 보낸 카라반이 내륙을 들락날락거리고 있기는 했다.

그러므로 아프리카 쟁탈전을 주제의 측면에서 연속성과 결부시켜 보는 쪽이 좀 더 합당해 보인다. 아프리카 대륙을 분할하는 데 공헌했던 여러 가지 사상과 수사, 정책적 고려가 대체로 18세기 후반에 출현했기 때문이다. 이때는 노예무역이 폐지된 이후였고, 아프리카 사회를 경제적으로 정치적으로 '현대화'하자는 운동이 벌어지던 때였다. 19세기는 유럽인들의 도덕적·지적·문화적 태도가 좀 더 강경해지는 시기였다. 유럽인들은 이러한 태도를 바탕으로 침략을 감행했다. 물론 침략의 배경을 직접성이라는 측면에서 보자면 유럽 행정부의 판단에는 좀 더 다양한 전략과 상업적 결정 등이 참고되었을 것이다. 가령 '현장에 있던 사람들'이 잡언에 가까운 제언들도 참고했을 것이다. '제국의 최후'를 함께하던 군 장교들과 총독들, 행정가들의 이야기도 들었을 것이다. 하지만 이러한 결정들이 앞 장에서 서술한 것처럼 좀 더 장기적인 차원의 주제와 연관성을 맺고 있었다는 점을 잊지 말아야 한다. 아프리카 대륙에 대한 과학적 흥미가 그중 하나였다. 노예무역에 대한 반대 운동과 그 결과로 나타난 아프리카 사회의 경제적·정치적 '현대화'라는 담론도 그중 하나였다. 복음주의 운동과 그 결과로 나타난 군사 개입은 '기독교도의 양심'이라는 담론이 출현시킨 결과물이었다. 아프리카인들의 정치체제와 문화의 본질을 인종주의적으로 해석한 것도 같은 결과를 도출하는 데 한몫했다.

제국주의 이론과 아프리카

유럽의 아프리카 대륙 분할에 배경이 되는 여러 가지 요인이 있는데, 그 요인들을 둘러싸고 몇 십 년 동안 의견이 분분하다. 19세기의 제국주의 현상을 좀 더 폭넓게 바라보면 그중 몇 가지 해석에 주목할 필요가 생긴다. 한 가지 명확한 사실은 19세기 후반의 사건을 불연속성이 아닌 연속성의 차원에서 주목해야 한다는 점이다. 다른 한 가지는 1880년부터 1914년 사이에 벌어진 사건은 여러 가지 정황이 복잡하게 얽혀 있다는 점이다. 여기에는 유럽의 계몽주의와 대서양 노예무역이 포함된다. 유럽이 아프리카를 침략한 시기가 아프리카 안팎에서 정치적·경제적·문화적인 사정들이 복잡하게 전개되던 시점과 잘 맞아떨어진다는 점을 주목할 필요가 있다.

몇 가지 측면에서 다소 진부한 느낌이 들긴 하지만, 위의 사정을 설명하는 관점 가운데 가장 일반적인 관점은 19세기 후반에 아프리카 대륙 외부에서 벌어진 일에 주목하는 일이다. 이는 유럽 국가들 간의 경쟁 구도가 중요한 동력으로 작동하고 있었음을 의미한다. 유럽 국가들 사이에 나타난 경쟁이 별반 새로운 일은 아니었지만, 1870년대에 벌어진 독일의 통일이 새로운 변수로 등장하면서 유럽 내부에 새로운 긴장감을 높여 주었다. 나폴레옹의 패배와 유럽 의회의 등장으로 비교적 안정적으로 유지되던 지역 간 균형도 무너져 내렸다. 권력균형의 추가 왔다 갔다 하면서 유럽의 여러 국가들은 해외 영토를 제압해 자국의 국제적 지위를 강화하는 방향으로 정책을 선회하게 되었다. 이에 따라 아프리카에서는 '보상'이 논의되기 시작했다.

영국은 부상하던 독일의 세력에 맞서기 위해 '방어적인 제국주의'를 채택했다. 한편 프랑스는 1870년과 1871년에 벌어진 전쟁에서 비스마르크에게 패배한 이래 수십 년 동안은 바닥에 떨어진 국가의 체면을 다시 세우는 일에 집중했다. 독일과 직접 맞서기에는 힘이 모자라던 프랑스는 결국 제국주의를 부활의 발판으로 삼았다. 이러한 과정들이 진행되는 동안 독일은 비스마르크가 회의적인 태도를 분명하게 표명했음에도 유럽 내에서 새로운 힘의 균형을 맞추기 위해 아프리카의 영토를 필요로 했다. 역사학자 A. J. P. 테일러는 비스마르크를 외교의 제왕으로 묘사했다. 비스마르크는 이집트에 대한 영국과 프랑스의 라이벌 관계를 이용해 그 둘을 서로 불신하게 만들면서 유럽 내에서 독일의 지위를 강화한 인물이다.[11] 식민 제국 간의 분열은 해외에서도 되풀이되던 터라 유럽은 이 문제를 깊이 논의할 필요가 있었다. 해외에서 벌어지는 잦은 충돌로 식민 제국 간에는 대단히 복잡한 동맹 관계가 출현했다. 이 시기 아프리카의 제국은 유럽 정치에서 주요 관심사가 아니었다. 아프리카의 제국이 유럽의 관심을 끌 때는 오로지 그 제국 덕분에 유럽의 한 특정 세력이 유럽 내에서 자국의 입지를 강화할 수 있을 때뿐이었다.

식민지 확보 전쟁은 도미노 효과를 낳았다. 크기가 고만고만하고 안정감도 많이 떨어지던 유럽의 작은 국가들조차도 자국의 자존심을 세우거나 '위대한 국가'의 반열에 오르기 위한 방편으로 식민지 확보 전쟁에 나섰다. 영국과 프랑스는 주전 선수로 아프리카 대륙을 둘로 양분하

---

11) A. J. P. Taylor, in R. F. Bett(ed.) *The Scramble for Africa: Causes and Dimensions of Empire*(Lexington, MA, 1972), pp. 30ff.

다시피 했다. 그 밖에 큰 세력으로 포르투갈이 있었다. 포르투갈은 대륙의 양 쪽에 있던 오랜 전통의 해안 지대를 주로 장악하고 있었다. 한편 벨기에 국왕 레오폴 2세는 콩고 분지를 통제하고 있었다. 벨기에 정부는 이로부터 한참 지난 후에야 본격적으로 식민지 정복 사업을 벌였다. 사하라의 북쪽은 주로 에스파냐가 장악하고 있었다. 독일도 결국에는 동부와 서부, 남부에 식민지를 확보했다. 아프리카 쟁탈전에 비교적 뒤늦게 합류한 이탈리아는 끝내 제국으로 대접받지 못했다. 덴마크와 네덜란드는 식민지보다는 노예무역에 좀 더 큰 관심을 기울이다가 결국 경쟁에서 탈락했다. 그러고는 자신들이 소유하고 있던 해안 지대의 작은 섬들을 19세기에 영국에게 팔았다. 이처럼 서부와 중부 유럽에는 아프리카 쟁탈전에 참여하지 않을 경우 경쟁에서 밀려 소외될지도 모른다는 공포가 널리 퍼져 있었던 관계로 여러 정부들이 비합리적인 식민 팽창 전쟁에 맹목적으로 내몰렸다.

이 같은 정치적인 해석은 한계가 분명하다. 따라서 있는 그대로 볼 필요가 있다. 다시 말해, 상투적인 유럽중심주의가 관철되고 있는 사태로 주목할 필요가 있다는 뜻이다. 유럽에 의한 아프리카 분할을 해석하는 측면 또한 주로 유럽의 경제적 발전이라는 맥락에서만 해석되어 온 것이 사실이다. 그 근거는 이렇다. 19세기 들어 내내 산업적으로 우월한 지위를 차지하고 있던 영국은 1870~1880년대에 접어들면서 프랑스와 독일 그리고 미국의 도전을 받게 되었다. 그 이전까지만 해도 영국은 '자유무역'이라는 이름으로 세계에서 가장 값이 싼 공산품들을 생산하고 있었다. 나아가 강력한 해상 능력을 활용하여 먼 곳에 있는 시장에까지 생산한 물건을 내다 팔았다. 심각한 경쟁이 존재하지 않는다는 전제 하에서만 자유무역은 영국에게 큰 의미가 있었다. 그렇지만 서유럽과 북아메리카가 동시에 산업화되기 시작하면서 시장을 장악하기 위한 경쟁이 날이 갈수록 첨예해졌다. 1870년대 초에 시작되어 1890년대 중반까지 이어진 경제 침체와 극심한 경쟁으로 내수 시장이 위축되어 가자 유럽의 상인들은 직물과 병기, 총포류 등을 내다 팔 시장으로 아프리카를 포함한 해외시장에 눈독을 들이기 시작했다. 지구적 경쟁이 치열해지면서 자유무역은 자취를 감추고 보호주의가 그 자리를 차지하게 되었다. 다시 말해, 식민지 영토를 확보한 후에 유럽의 경쟁국들을 시장에서 축출하거나 아니면 무거운 세금을 부과하여 경쟁에서 탈락하게 만들자는 생각이 대두되었다.

그렇지만 이런 접근법의 문제점은 19세기 후반에 나타난 유럽의 해외 진출 규모에 비해 아프리카가 담당하던 수출의 비중이 너무 작다는 것이었다. 예를 들어 영국의 제조업자들만 해도 아프리카 시장에 앞서 '백인이 전통적으로 지배하던' 유럽 시장과 인도, 미국 그리고 라틴아메리카 시장에 더 큰 관심을 보였다. 물론 이 부분을 특별히 강조할 필요는 없다. 여기에서 중요한 것은 아프리카 시장을 다른 지역의 시장과 비교하는 것이 아니라 유럽이 아프리카 시장에 관심을 가지게 된 특수한 동기가 무엇이었는지를 궁구해 보는 일이기 때문이다. 유럽의 상인들은 아프리카 내륙이 부와 원료의 보고라는 점을 확신하고 있었다. 해양 지대에 위치한 열대우림 지역에서는 기름과 고무가, 남부 아프리카에서는 다이아몬드와 황금이 쏟아져 나왔기 때문이다. 유럽 국가들은 이러한 자원을 직접 통제할 능력과 권한이 자기들에게 있다고 믿었다. 유럽 국가들의 이러한 욕망은 아프리카의 잠재력에 대한 확신에 근거를 둔 것으로 가까운 미래에 '열대 아프리카'가 황금 알을 낳는 시장이 될 것이라는 믿음에 기초하고 있었다. 이와 같은 희망이 언제나 현실화된 것은 물론 아니다. 아무 것도 없는 한 뼘의 서부 사하라를 손아귀에 넣은 프랑스가 대표적이었다. 그럼에도 이와 같은 희망이 정책을 결정하는 데 중요한 역할을 했던 사실만큼은 부인할 수가 없다.

다시 한 번 강조하지만, 유럽의 아프리카 분할은 당대 아프리카인들과 유럽인들의 관계 속에서 파악되어야만 한다. 특히나 '합법적인' 상업이 그 배후에 있음을 직시해야만 한다. 유럽인들은 다른 지역은 몰라도 아프리카만큼은 직접 통치해야 한다고 생각했다. 그런 의미에서 아프리카는 중국이나 라틴아메리카와 달랐다. 수백 년 동안 유럽은 정치적 개입 없이 자신들이 필요로 하는 것들을 아프리카에서 조달했다. 그렇지만, 노예무역에 대한 점차적인 억압에서 시작하여 '합법적인' 상업의 발전에 이르기까지 상업적인 변화의 과정이 일어나면서 좀 더 잦은 개입이 나타났고, 이는 결국 아프리카인들로 하여금 자기 나라를 '현대화'하는 데 협조하라는 식의 군사적인 압력으로 귀결되었다.

로널드 로빈슨과 존 갤러거 같은 역사가들은 제국주의와 관련해 '주변부' 이론을 내놓은 바 있다. 기존의 '중심부' 이론과 중앙을 중심으로 하는 해석을 거부한 주변부 이론은, 영국이 이른바 '비공식적인' 제국을 유지하기 위해서 원주민 '부역자들'과 동업자들에게 얼마나 크게 의존하고 있었는지를 지적하고 있다.[12] 영국이 이러한 책략을 선호했던 이유는 경제성 때문이었다. 원주민 부역자들을 활용하면 돈이 별로 들지 않았던 것이다. 그런데 문제는 주변부에 있던 이러한 '부역자' 정부가 붕괴했을 때 나타났다. 이 경우 영국은 자국의 이익을 보호하기 위해서 어쩔 수 없이 해당 지역의 상황에 직접 개입해야만 했다. 이러한 관점에서 보자면 유럽은 아프리카 속으로 빨려들어 간 것이나 마찬가지였다. 이렇듯 야금야금 티 안 내고 진행되던 유럽의 제국주의는 어느새 군사적인 안전과 재정적인 탄력성을 확보해야 한다는 명분을 내걸고, 썩 내

---

12) R. Robinson and J. Gallagher, *Africa and the Victorians: The Official Mind of Imperialism*(London, 1961).

키는 일은 아니었지만 점진적이면서도 강력한 정치적 개입을 감행하게 되었다. 그럼에도 중요한 것은 1870년대 이전까지만 해도 아프리카에서 조직적인 제국주의는 사실상 존재하지 않았다는 점이다. 영국이건, 프랑스건, 아니면 포르투갈이건 한 정부가 다음 정부로 이양될 때 거기에는 제국주의와 관련된 어떤 종류의 전략적 일관성도 없었다. 오히려 저항과 심리적 흔들림, 상당한 정도의 감정적 절제가 있었다. 유럽 본토에 있던 행정부들조차도 일관성이 없었다. 영국이 대표적이었다. 글래드스턴(Gladstone)의 민주당 행정부는 원칙적으로 반제국주의 노선을 공공연하게 천명했음에도 불구하고, 1880년대 초반에 그 어떤 행정부보다 더 공격적인 팽창을 주도했다. 그 배경에는 경제적·문화적 측면과 관련하여 아프리카의 과거와 미래에 대한 대중들의 공감이 있었다. 아울러 아프리카의 새로운 미래를 어떻게 실현할 것인지를 두고 '희미하게나마' 전략적 고민이 숨어들어 있었다. 1870~1880년대에 접어들면 군사적인 개입 없이는 평화롭고 부드러운 형식의 경제적인 침투가 원천적으로 불가능하다는 결론에 도달했다. 유럽은 더 이상 '자유 시장'에 만족하지 못하게 되었다. 제국주의라는 이름으로만 제거할 수 있는 장애물이 생겨났기 때문이다.

    이러한 논의들을 바탕으로 하여 유럽의 인종주의가 탄생했다 거기에는 아프리카인들이 혼자 힘으로는 건실한 경제 발전을 이룩할 수 없다는 생각이 담겨 있었다. 원주민 사회의 무질서 탓에 무역과 투자가 위축되므로 강력하고 직접적인 해결책을 도모해야 한다는 생각도 내포되어 있었다. 세금 제도를 악용하여 무역 활동을 벌이는 과정에서 한몫 단단히 챙기려는 크고 작은 여러 국가들의 사례에서 보이듯, 아프리카의 정치체제는 본질적으로 분절화되어 있다는 문제도 제기되었다. 아프리카의 통치자들 가운데에서 어떤 이는 본인의 정치권력을 이용해 중개자 역할을 자처하면서 이득을 취하기도 했다. 유럽인들은 무역을 좀 더 부드럽게 진행하려면 이런 지도자들을 축출해야 한다는 데 중지를 모으고 있었다. 문화적으로도 정치적으로도 아프리카인들은 아프리카의 경제를 현대화하는 길 한가운데 서 있게 되었다.

인종과 문화

유럽의 침략과 관련하여 살펴보아야 할 가장 중요한 요소 가운데 하나는 인종주의 문제이다. 좀 더 정확히 말하면 아프리카 '인종들'에 대한 유럽인들의 태도 변화이다. 인종주의 문제는 일반인들의 담론에서는 생략되어 있다. 어느 정도는 그 주제가 내포하고 있는 혐오감 때문이다. 뿐만 아니라 제국주의는 주로 피부색의 차이에 따라 어떤 인종이 다른 인종보다 더 우수하다는 가설에 뿌리를 내리고 있다는 사실을 '인정'해야만 한다는 생각 때문이다. 그럼에도 이 주제를 그냥 보아 넘기는 일은 대단히 위험한 결과를 불러올 수도 있다. 인종주의라는 주제가 이 책이 아우르고 있는 시간대에 나타난 아프리카와 유럽의 역사적인 관계에서 핵심을 차지하고 있기 때문이다.

인종을 바라보는 유럽인들의 태도는 주로 19세기에 형성되었다. 시에라리온의 사례를 통해서 보았듯이, '원주민들'을 동화시키고 발전시킬 수 있다는 희망 섞인 기대감은 시간이 지남에 따라 환멸로 바뀌게 되었다. 그에 따라 원주민들의 '본성'과 타고난 지능, 변화의 능력에 대한 회의감이 팽배해졌다. 선교사들을 비롯하여 몇몇 인사들은 자신이 아프리카 현장에서 보았던 사람들을 더도 덜도 아닌 유럽인들의 '모사품'이라고 보았다. 유럽인들의 문화와 예절, 의복을 원초적이고도 우스

꽝스럽게 흉내 낸 사람들로 보았던 것이다. 대중들은 이러한 견해에 공감을 표했다. 1870년대에 아샨티와 전쟁을 벌인 영국군 총사령관 가넷 월슬리(Garnet Wolseley)와 이른바 '월슬리의 반지'라 불리던 그의 부관들은 이 견해를 좀 더 발전시켰다. 이들 '반지' 집단은 아샨티인들의 문화와 관습이 태생적으로 잔인하고 야만적이라고 주장했다. 이들은 한 걸음 더 나아가 '자연 상태'에 가까운 아샨티인들이 절반 쯤 서구화된 영국의 식민지인 골드코스트인들보다 더 잘 어울린다는 의견도 피력했다. 이들은 골드코스트인들을 무척이나 혐오했다. 이들이 아샨티인들을 선호한 이유는 아샨티인들에게는 최소한 '진실한' 면이 있기 때문이었다. 반지 집단은 아프리카인들에게 공을 들일 필요가 없다고 주장했다. 아무리 애를 써 봤자 밑 빠진 독에 물붓기라고 확신했다. 이 말은 아프리카인들을 아무리 '영국식'으로 동화시키려고 해봤자 불가능하다는 생각을 담고 있었다. 이들의 생각은 1900년대 초까지 아프리카에 대한 영국 군인들의 생각을 대표했다. 어찌 되었건 '원주민들'에게는 스스로를 발전시킬 의지가 없으며, 혹 그런 의지를 가지고 유럽 문명에 노출될 기회를 잡는다 해도 종국에는 그로 인한 발전에 감사할 마음을 가지고 있지 않을 것이라고 믿었다. 그 예로 이들은 뿌리 뽑기 쉽지 않은 노예무역을 거론했다. 개중에는 여전히 아프리카인들은 그내로 부면 원천적으로 '구제불능'이라고 생각하는 사람들도 있었다.

그럼에도 '합법적인' 상업에 대한 거부할 수 없는 욕망은 식을 줄을 몰랐다. 19세기 중반에 접어들면서 유럽인들은 시간이 지나면 '합법적인' 상업이 반드시 뿌리를 내리게 될 것이라 믿어 의심치 않았다. 아프리카인들도 언젠가는 야자유와 특정한 농산물을 재배하고 고무를 파는 등 상업적인 행위의 가치를 알게 될 것이라고 확신했다. 유럽인들이 기대했던 바대로 수많은 아프리카인들이 실제로 그랬다. 하지만 기대했던 것처럼 사태는 그렇게 빠르게 진행되지 않았다. 그러자 아프리카인들에게도 발전의 잠재력이 있을지도 모른다는 생각이 마력을 잃어 갔다. 그렇게 해서 오히려 문명화 사업에 대한 동기가 부여되기 시작했다. 동아프리카에서도 노예무역이 점차 확대되고 있었다. 유럽인들은 비난의 화살을 어둡고 외딴 대륙 내부로 돌렸다. 대륙의 내부는 너무 어두워서 기독교의 빛이 들어갈 수가 없으며, 그 때문에 신마저 저버린 사회들이 게걸스럽고 욕심 많은 무슬림 상인들의 손아귀에 들어가고 말았다고 주장했다. 유럽인들은 신이 버린 그 지역에서 이슬람과 이슬람을 수용한 그 무엇에 대항한 전쟁을 수행해야만 했다.

  이 모든 것들이 19세기에 인종에 대한 생각을 바꾸는 데 직접적으로 기여했다. 여기에는 서인도제도(근대 유럽인들의 지정학적 의도가 은폐되어 있어 정치적으로 공정하지 않은 말이다. 오늘날에는 카리브 지역이라고 쓴다—옮긴이)에 대한 특별한 주목이 있었지만, 넓은 의미에서 '유색인들'에 대한 사유가 반영되었다. 인종에 대한 사유를 바꾸는 데 박차를 가한 것은 19세기 중반에 집중적으로 벌어진 일련의 지구적 규모의 사건들이었다. 1857년부터 1858년까지 벌어진 인도인들의 투쟁과 1865년에 자메이카에서 발생한 저항운동 그리고 1860년대 초에 일어난 미국의 내전(남북전쟁) 등이 대표적이다. 이 사건들로 인해 원주민들의 배은망덕함이 수면 위로 떠올랐고, 그 결과 다른 '인종들'을 어떻게 다루어야 하는지가 유럽 통치자들에게 골칫거리로 떠올랐다. 링컨의 승리에도 불구하고, 제국주의적 맥락에서 '흑인종들'을 바라보는 관행은 계속되었다. 흑인종들을 여전히 구제불능의 야만인이자 금수, 무식한 존재로 바라보고 있었다는 말이다. 카리브 해와 인도 아대륙이 폭력에 노출되자 많은 사람들은 그 인종들을 다른 방식으로 다루어야만 한다는 생각에 공감을 표했다. '인종' 문제는 19세기 중반 유럽과 아메리카 대륙에서 가장 뜨거운 의제로 떠올랐다.

  1859년에 출간된 다윈의 《종의 기원》은 인종 과학과 관련해 여러 가지 중요한 사유를 선보였다. 물론 다윈 자신은 18세기 후반부터 이어져 내려오던 그 사유의 뿌리에 관한 논쟁에 거의 개입하지 않았다. 서유럽은 계몽주의라는 이름을 빌려 '고상한 야만인'이라는 개념을 창출했다. 이는 루소가 만든 개념으로 사악한 문명에 물들지 않고 자기 자신은 물론이고 자신을 둘러싼 환경과도 조화롭게 지내는 인간을 일컫는 말이었다. 이 개념과 연동하여 출현한 것이 인간의 구원 가능성에 대한 믿음이었다. '야만인'은 순수하기 때문에 교육을 통해 진보를 이룩해 낼 수 있다는 신념의 반영이었다. 그렇지만, '야만인'은 태생적으로 사악한 존재들이라 그대로 놔두면 죄를 짓고 타락의 구렁텅이에 빠지게 될 것이라고 주장하는 사람들도 있었다. '야만인'을 바라보는 이 두 가지 모델의 주창자들은 이와 관련성이 깊은 노예무역의 폐지를 둘러싼 논쟁에도 아주 깊숙하게 개입하면서 18세기 말에 새로운 형태의 과학 논쟁을 이끌었다. 인종 간 차이에 대한 논쟁이 종을 분류하는 좀 더 넓은 차원으로 넘어 가면서 육체적인 차이뿐 아니라 행동의 차이까지도 측정을 하려는 시도들이 이어졌다.

  이런 논쟁을 통해서 19세기에 나타난 것이 모노지니스트와 폴리지니스트(폴리진 또는 소유전자를 뜻한다. 다수가 같은 형질의 발현에 관계하는 유전자로 형질이 양적으로 계측된다—옮긴이)였다. 모노지니스트들은 성서에서 영감을 받은 자들로 인간은 모두 아담과 이브의 자식이라고 주장했다. 그러므로 인간은 피부색이나 신체의 특징 같은 형태의 차이에도 불구하고 누구나 공동의 기원을 갖는다는 입장을 견지했다. 그들은 인간들 사이에 나타나는 차이를 환경적인 요소로 설명했다. 유럽인들이 가장 사랑을 많이 받는 이유는 가장 선진적인 형식의 발전을 이루어 냈기 때문이라고 주장했다. 이런 유럽인들에 견주어 나머지 인종들은 운이 없었을 뿐이라고 설명했다. 이러한 사유는 그 축선을 따라가면, 열등한 인종들이라 할지라도 사회정치적이고 문화적인 환경이 바뀌면 개선될 수 있다는 믿음으로 연결되었다. 반면에 폴리지니스트들은 모든 인종은 저마다 다른 기원을 가지고 있다고 주장했다. 이 주장은 19세기의 정치적 현실과 맞아떨어지면서 '백인종'의 세계 지배를 당연한 것으로 받아들이게 만들었다. 이들은 공통된 기원이라는 것은 없기 때문에 서로 기원이 다른 종들을 교차 교배할 경우 종의 퇴화와 유전적 결함이 나타난다고 주장했다. 따라서 종적 순결성을 지키는 것만이 가장 강력한 힘의 원천이라고 생각했다. 폴리지니스트들이 보기에 '흑인종'은 기원의 차이 탓에 태어나길 열등하게 태어난 인종인 반면에, 모노지니스트들에게 그 열등함은 공동의 기원을 가지고 있었음에도 역사적이고 환경적인 요인들의 차이 때문에 어쩔 수 없이 불거진 것으로 읽혔던 것이다.

그렇다면 이와 같은 가장 느슨한 의미의 '과학적' 논쟁 때문에 인종적인 태도가 결정된 것일까, 아니면 거꾸로 인종적인 태도가 과학적인 논쟁을 낳은 것일까? 19세기에 벌어진 일련의 사회적이고 정치적인 사건들은 유럽인들로 하여금 인종에 대해 새로운 생각들을 갖게 만들었다. 그중 1860년대에 아메리카 대륙에서 벌어진 전쟁과 저항운동을 주목할 필요가 있다. 물론 시간이 지나면서 이보다 더 중요한 방식으로 전개된 사태들도 있었다. 원주민들이 기독교를 수용한 일, 유럽식 교육에 노출된 일, 유럽식 의상과 예절을 수용한 일이 대표적인 일이라고 볼 수 있다. 재미있는 것은 이 모든 행위들이 특별히 영국에서는 문명화 사업의 일환으로 초기에는 받아들여졌으나 나중에는 경멸의 대상으로 바뀌게 되었다는 점이다. 여하튼 원주민들이 유럽식 문화에 노출되면서 오히려 사회질서와 정치 질서를 위협하는 대상으로 여겨졌다. 아프리카인들은 유럽인들을 흉내 내기만 하는 끔찍한 '모사꾼들'인가 그렇지 않은가의 여부와 관계없이, 이제 통치자와 피통치자 사이의 중요한 사회적 거리감을 유지하기가 갈수록 어려워지게 되었다. 그러므로 '인종'을 규정할 새로운 해석이 특히 인도에서, 그 뒤에는 아프리카에서 필요했다. 이런 관점에서 볼 때, '인종'은 사회정치적인 변화가 만들어 낸 의도적인 구성물임에 틀림이 없었다.

유럽인들이 이와 같은 인종적 태도를 줄곧 유지했던 것은 아니다. 피부의 색깔과 언어 그리고 환경과 경제적 특성에 따른 차별은 19세기 아프리카에서 변함없이 이어졌다. 그렇다고 이 차이가 서로 호환이 가능한 것이 아니어서 어떤 형태의 통합이나 상호 소통도 허락하지 않는 그런 종류의 엄격한 차이는 아니었다. 따라서 '정체성'이라는 것은 종종 실용적인 문제로 치환되었다. '정체성'을 이토록 유연하게 이해하고 있었음에도, 아프리카인들은 '인종'과 문화라는 개념을 유럽인과 같은 방식으로 사용하면서 팽창과 토지 몰수, 복종 같은 행위를 정당화했다. 이와 같은 현상을 가장 두드러지게 보여 준 이들은 국가를 정초하던 지배 엘리트들이었다. 이들은 식민 행정부의 협조자가 되었다. 서부 사비니에서, 에티오피아의 고원지대에서, 동부 아프리카의 호수 지대에서 유럽인들이 창조한 '인종 간의 위계'라는 개념이 아프리카인들 스스로에게 더욱 큰 영향을 끼쳤다는 사실은 부인할 수가 없다. 기실 이 개념은 식민 통치가 시작되기 전에는 상상도 할 수 없었던 것으로 유럽인들이 특정한 방식으로 규범화한 것이었다.

이러한 관점에서 볼 때, 제국주의는 최소한 그리고 궁극적으로 인종 개념에 깊이 뿌리를 내리고 있었다. 19세기 후반의 제국주의는 이러한 개념들을 실행에 옮길 실천적인 능력을 가지고 있었다. 뿐만 아니라 이러한 개념들을 좀 더 우수하다고 판단되는 물질문화를 이용하여 실제로 적용시킬 수 있는 능력 또한 갖추고 있었다. 인종주의는 무엇보다도 특히 파괴의 매개물로서 무력을 수단으로 활용하는 일을 정당화했다. 따라서 인종차별주의라는 사유는 아프리카인들이 유치하고 비합리적이며 잔인하고 짐승 같다고 묘사하는 관행을 만들어 냈다. 동시에 아프리카의 정치와 문화를 본질적으로 흠결이 많고 내재적으로 불안정한 것으로 인식하게 만들었다. 그런 차원에서 아프리카의 '현대화'라는 말은 '원주민들'의 죽음과 그 죽음 위에 덧씌워진 '진보'라는 개념을 내포하는 그런 의미를 띠게 되었다. 원주민들은 '원주민들'이라는 말과 '진보'라는 이 두 가지 개념에 대해 할 말이 많을 것이다.

문명의 폭력과 정당화

19세기에는 아프리카 사회에 대한 군사적 개입의 필요성이 그 어느 때보다 강력하게 대두되고 있었다. 노예무역의 중지를 완강하게 거부하던 아프리카 국가와 집단이 여럿 상존하고 있었기 때문이다. 노예무역과 관련된 폭력을 인본주의적으로 또는 좀 더 구체적으로 말해 선교사의 입장에서 묘사한 것을 본 유럽의 정부들은 특단의 조처를 취하지 않을 도리가 없었다. 1850~1860년대에 요루바를 대상으로 취한 조처가 대표적이었다. 1861년에 벌어진 영국의 라고스 합병은 아프리카에서는 비교적 드문 직접적 군사 개입의 결과였다. 1880년대 이전까지만 해도 유럽은 아프리카에 군사적 개입을 거의 하지 않았다. 그런데 라고스 합병 사건은 필요하다면 유럽은 언제라도 '합법적인' 상업을 강제한다는 명목으로 군사적으로 개입할 준비가 모두 끝났음을 의미했다. 앞에서도 보았듯이, 아샨티와 다호메이는 전제적이고 야만적인 노예 국가로 간주되고 있었다. 특히 아샨티는 19세기 내내 여러 차례에 걸쳐 영국이 군사 개입을 고려하던 대상이었다. 특별히 노예무역 체제를 합법적인 상업 체제로 전환해야 한다는 내부적 압력에 직면하고 있던 아프리카 국가들은 몰락의 징후를 보이고 있었다. 몰락까지는 아니더라도 시민 봉기나 끝이 보이지 않는 갈등의 시기를 보내고 있던 나라들도 수두룩했다. 이런 나라들은 오히려 군사적 개입이나 다소 영구적인 식민 행정관 존속 체계를 어느 정도 바라기도 했다. 이렇게 해서 아프리카의 경제적 '현대화'는 외부의 도움이 없이는 불가능한 것처럼 보이게 되었다. 여기에 그 무렵 좀 더 경화되어 가던 인종적 태도가 결합되면서 아프리카 사회는 근본적으로 문제가 많고, 폭력적이며, 안정적이지 않고, 또 파편적인 성향이 강하다는 견해가 나타나게 되었다. 만약 약속했던 상업적 이득이 현실화되고, 또 이를 통해 아프리카가 자연 상태에 가까운 경제적 빈곤과 끝없는 사소한 다툼들로부터 벗어날 가능성을 보였다면, 어쩌면 좀 더 직접적인 군사 개입이 이루어졌을 공산이 컸다.

1898년에 프랑스에서 태어났지만, 영국에서 활동하던 시인인 힐레르 벨로크(Hilaire Belloc)는 자주 거론되는 두 줄짜리 시 한 편을 발표했다. 시는 '잉등하고 있던 제국주의' 시대의 초상을 이렇게 묘사한다.

무슨 일이 벌어지더라도 우리에겐
맥심 총이 있고, 그들에겐 그 총이 없다네.[13]

결국 히람 맥심이 발명한 속사 기관총으로 대변되는 '우리의' 기술은,

---

13) Hilaire Belloc, *The Modern Traveller*(London, 1898).

반란을 진압하고 예측 불가능한 어떤 사태가 발발하더라도 이를 저지할 수 있는 충분한 능력이 있음을 의미한다. 벨로크의 시에서 '그들'이란 아프리카인, 인도인, 동남아시아인은 물론이고, 태평양 군도인들, 즉 비유럽인들을 일컫는 말로 백인들의 제국에 종속될 수밖에 없는 운명을 타고난 사람들을 뜻한다. 이 두 집단이 맺고 있던 '관계'의 핵심에는 폭력이 도사리고 있다. 난해한 문제를 해결하는 것도 기관총이고, 관계의 본질을 희석시키는 것을 제거하는 것도 기관총이다.

이 시가 나온 이듬해에는 키플링이 등장하여 〈백인의 짐〉이라는 시를 발표했다. 이 시는 미국의 필리핀 정복을 염두에 두고 쓴 것이지만, 유럽의 제국주의와 그 제국이 져야 할 의무를 폭넓게 지칭하는 개념으로 사용되었다. '제국의 시인'인 키플링은 젊은이들을 선동해 '평화를 구하기 위한 야만적인 전쟁'에 나가 싸우도록 종용했다. 그는 그것을 '백인의 짐'이자 의무라고 규정했다. 키플링의 시에는 벨로크의 유쾌한 시에서는 찾아볼 수가 없는 짙은 어둠이 드리워져 있었다. 그 어둠의 정체는 바로 폭력이었다. 키플링은 '평화'와 질서를 이끌어 내기 위해서는 폭력이 불가피하다고 썼다.

> 당신이 새로 잡아온, 시무룩한 사람들
> 절반은 악마 같고 절반은 아이 같은.[14]

폭력을 통해 이룩한 평화와 문명 질서라는 개념은 19세기 후반에 진행된 아프리카에 대한 사유의 핵심이었다. 영국인들이 이때 가장 바라던 모습은 '팍스 브리타니카'(Pax Britannica)였다. 따라서 1890년대 후

---

14) Rudyard Kipling, "The White Man's Burden"(1899), in E. Boehmer(ed.), *Empire Writing: An Anthology of Colonial Literature 1870-1918*(Oxford, 1998), p. 273.

반~1900년대 초반에 식민지 총독을 지낸 조지프 체임벌린 경을 비롯한 수많은 이들에게 어떤 수단을 사용하여 목적을 달성할 것인가 하는 문제는 별로 중요하지 않았다. 물론 이들처럼 수단을 중시하지 않는 사람들에게 비판적인 태도를 보인 정치인들도 있었다. 주로 좌파 정치인들이 그랬다. 체임벌린은 '새로운 제국주의'라는 당대의 지배 이념을 가장 강력하게 옹호하던 인물이었다. 그는 제국주의 나라인 영국의 운명에 대해 비관적이고 우유부단하고 소심한 태도를 보이던 이른바 '쩨쩨한 영국인들'을 경멸했다. 1897년에 그가 한 연설을 한번 들어 보라.

이와 같은 문명화 사업을 수행하는 과정에서 나는 우리가 국가적 의무를 다할 수 있다고 믿습니다. …… 우리가 거둔 성공이 모든 면에서 완벽하다고 말하고 있는 것이 아닙니다. 우리가 동원한 수단이 그 어떤 비난도 초월한다고 말하고 있는 것이 아닙니다. 내가 말하고자 하는 것은 영국 여왕의 통치가 뿌리를 내리고 있고 그 위대한 팍스 브리타니카가 실행되고 있는 곳이라면 그 어디라도, 민중들이 좀 더 안전한 삶과 영화, 물질적인 번영을 누릴 수 있다는 점입니다.

이런 경우에 폭력은 불가피하다. 죽음으로 내몰린 사람들이 안타까울 뿐이다.

분명 …… 피를 봐야 할 것입니다. 수많은 원주민들이 목숨을 잃게 되기도 할 것입니다. 이들 나라들을 좀 더 질서 잡힌 나라로 만들기 위해 전쟁터에 나간 사람들의 소중한 목숨이 희생되기도 할 것입니다. 하지만 이 모든 게 우리가 달성해야만 하는 한 의무의 조건임을 결코 잊어서는 안 될 것입니다.

이러한 의무의 한 가운데 '흑인 독재자'가 버티고 서 있다면, 그는 반드시 제거되어야만 했다. 체임벌린은 이런 말도 했다. "물론 우리들 가운데에는 그 끔찍한 독재자를 옹호하는 사람도 극소수 있을 수 있습니다. 그 독재자의 피부가 검다 해도 말입니다." 그러나 체임벌린은 "따뜻한 난로 곁에 우아하게 앉아 …… 영국식 문명을 전 세계로 전파하는 방법을 비난하는 자"인 "몽상가에 가까운 박애주의자"에 대한 분노를 마음속 깊은 곳에 꽁꽁 숨겨두고 있었다. 그러다가 결국 체임벌린은 이런 발언을 하고 만다.

계란을 깨지 않고 오믈렛을 만들 수는 없습니다. 무력을 사용하지 않고 수백 년 동안 아프리카 내륙을 황폐화한 야만적인 관행과 노예제도 그리고 미신을 타파할 수는 없습니다. …… 만약 여러분들이 인본주의로 얻을 수 있는 이득을 그것 때문에 우리가 지불하지 않으면 안 될 값어치와 공정하게 비교하게 된다면, 나는 분명 여러분들이 모험의 결과를 선택하게 될 것임을 믿어 의심치 않습니다.[15]

제국주의를 변호하는 고전적인 발언이다. 이 발언은 갖가지 방식으로 20세기 내내 여러 사람들에 의해 되풀이되면서 오늘날까지 이어지고 있다.

물론 이와 같은 제국주의를 비판하는 사람들도 많다. 제2차 보어전쟁(1899~1902)에 나선 영국이 전쟁 중에 취한 작전 등을 보며 분노를 금치 못하던 사람들이 그랬다. 영국의 좌파들은 보어인들의 자기 결정

---

15) Joseph Chamberlain, "The True Conception of Empire," in E. Boehmer(ed.), *Empire Writing: An Anthology of Colonial Literature 1870-1918*(Oxford, 1998), pp. 213-214.

권을 강력하게 옹호했다. 이들은 '문명화 사업'의 명분이 심하게 훼손되었다고 생각했다. 보어인들의 경우 이렇게 특정한 형태의 동정론이 영국 사회 내에서 일었듯이, 이른바 무지하고 까막눈이라고 알려진 아프리카 추장들에 대한 처우도 일말의 공분을 불러일으켰다. 제국주의를 비판하던 이들은 아산티와 은데벨레에 대한 영국 측의 혹독한 처사가 문명이라는 이름에 걸맞지 않다고 비난했다.

런던의 페이비언협회 회원인 비어트리스 웨브는 영국이 제국을 건설하는 과정에서 보인 '지독한 이기심'을 개탄하면서 제국을 건설하는 데 참여했던 자들을 혹독하게 비판했다. 그는 영국의 제국 건설자들을 "전문적인 행정가나 솜씨 좋은 군인이 될 지식도 근면성도 갖추지 못한 자들"[16]이라고 비난했다. 제국주의를 가장 조목조목 비판하던 이론가 가운데 한 사람인 J. A. 홉슨은 영국의 권력은 도덕성을 결여하고 있다는 생각을 이어받아 1902년에 당대 유행하던 속물적 애국주의와 이른바 '유한계급'이라 불리던 사람들을 비판적으로 조감했다. 홉슨은 물론 '열등한 인종들'의 존재를 믿고 있었다. 하지만 그가 염려했던 것은 상대적으로 가난하고 약하고 발달이 덜 된 사람들을 짐승처럼 공격하던 영국이라는 나라의 모습에 관한 것뿐이었다.[17] 제국을 팽창시키는 과정에서 도입한 파괴의 수난은 시작부터 문명화 사업이라는 뜻을 저해하고 있었다.

그럼에도 수많은 이들은 발전과 질서, 문명의 세계화라는 필요성에 동의를 표했다. 체임벌린은 그것을 이룰 유일한 수단으로 폭력 또는 무력을 선택했다. 홉슨은 폭력이나 무력을 사용하면 진보의 기회가 애초부터 무산된다고 보았다. 이 두 사람은 수단에 관한 생각이 달랐다. 그

---

16) Beatrice Webb, ed. B. Drake & Cole, *Our Partnership*(London, 1948), pp. 194-195.
17) J. A. Hobson, *Imperialism: A Study*(London, 1938), Part II.

렇다고 목적에 대한 생각이 같았던 것도 아니다. 그렇지만 그 두 사람이 동의한 바는, 세상에는 좀 더 '후진적이고' 동시에 좀 더 '열등한' 인종이 존재하므로 그들을 구원해야 한다는 믿음이었다. 기술에는 죽음이 뒤따랐지만 진보도 수반했다. 앞으로 차차 보게 되겠지만, 아프리카 대륙을 통치하던 식민 행정관들이 가장 깊이 고민한 것도 바로 이 문제였다. 다시 말해, 어떤 방식으로 기술을 사용해야 암흑 속에 갇혀 있는 아프리카인들을 '발전'시키고 '현대화'시킬 수 있을 것인가를 고민했다는 얘기이다. 그렇지만 현실 속에서 '진보'라는 것은 그것보다 앞서 존재한 살육보다 훨씬 더 모호한 개념이었다.

4부
아프리카 쟁탈전과 저항

아프리카 '쟁탈전'은 그다지 조직적이지도 못했고, 때때로 해안에서 내륙 또는 그 너머로 무작정 돌진하는 모습도 보였다. 수없이 많은 군사적 진격과 개입이 외교적인 협상 과정을 통해 산발적인 작전으로 끝나기도 했다. 이러한 여러 모습이 모여 지구상에서 가장 희한한 영토를 지닌 국가들의 집합을 근대사 속에 탄생시켰다. 아프리카의 지도는 유럽의 여러 도시에서 완성되었다. 하지만 아프리카를 분할하는 과정에는 아프리카인과 유럽인들이 모두 참여했다. 아프리카인들의 도움 없이 유럽인들만으로는 그 넓은 대륙을 통치하는 일이 불가능했기 때문이다. 따라서 아프리카의 식민지 영토를 분할하는 과정에는 어쩔 수 없이 아프리카의 지성인과 정치인들의 독특한 아이디어와 노동력이 개입될 수밖에 없었다.

아프리카인들의 반응은 천차만별이었다. 이들은 대체로 하나의 목적을 가지고 있었지만 전술은 한 가지 이상을 가지고 있었다. 이른바 유럽의 '침략'을 자국의 목적을 달성하기 위한 수단으로 활용하는 집단도 있었다. 유럽이라는 헤게모니를 수단으로 활용하여 지역의 패권을 잡기 위한 전쟁에 돌입하기도 했다. 유럽의 식민주의에 맞서 무기를 들고 끝까지 저항하다 무더기로 전사한 집단들도 있다. 이 모든 반응들은 특정 지역이나 집단의 필요에 따른 것이었다. 말하자면 유럽의 침략을 기회로 인식한 집단들도 있었지만, 위기로 인식한 집단들도 많았던 것이다. 가령 이슬람을 믿던 집단은 저항이라는 기치를 내걸고 좀 더 분명하고 거대한 통합을 이룩해 낼 수 있었다. 북아프리카의 이슬람은 남부의 사바나 열대우림 지역이 제공할 수 있는 것보다 훨씬 더 큰 영토적·이데올로기적 통일성을 보여 주었다. 이를테면 리비아와 모로코는 대다수의 무장 저항 세력들이 항복하게 되는 제1차 세계대전이 끝나고 나서도 저항을 멈추지 않았다. 그러나 새로운 정치 상황을 구축하는 과정에서 아프리카인들이 끼친 공헌과 반응의 내용을 살피는 일은 그다지 중요한 것 같지 않다. 왜냐하면 식민지 구조와 정책을 만들어 내는 과정에 동원된 아프리카인들은 거의 전적으로 도구적 역할을 했을 뿐이기 때문이다. 반면에 식민지 정치와 경제 그리고 문화적 독단주의에 대한 아프리카인들의 반응은 지속적으로 전개되었다.

아프리카에 근대적인 국민국가의 주춧돌이 놓인 시기는 1900년대 초였다. 여러 지역에서 정치적 혼합물이 탄생했다. 아프리카계 유럽 조직이 대표적이다. '전통'과 역사, 중앙정치, 복종, 위계 같은 개념도 탄생했다. 식민 행정부의 양태는 지역에 따라 무척 다양했다. 남아프리카공화국과 알제리처럼 지역적 기반을 오래전에 다진 나라를 제외하면 1890~1900년대 세워진 식민 행정부들은 대체로 비슷한 유형의 새로운 문제들을 직면해야 했다. 영국과 프랑스, 포르투갈과 벨기에, 이탈리아는 한 가지 핵심적인 목적을 공유했다. 식민 종주국이라면 무릇 영토적 헤게모니를 장악해야 한다는 생각이었다. 그것은 특정 지역에서 실질적으로 정치적 주권을 행사할 권리의 소유하는 것을 의미했다. 이는 무력 사용과 관련해서도 법적인 독점권을 소유하는 효과를 지니고 있었다. 식민 종주국의 군사주의는 필연적인 것이기도 했다. 국가를 만들어 내는 과정에 필연적으로 폭력이 뒤따를 수밖에 없었기 때문이다. 아프리카인들로 구성된 식민지 군대는 새로운 영토의 안전을 지키는 일에 할애되었다. 따라서 폭력과 협박은 통치의 수단으로 활용되었다. 물론 식민지의 초석을 놓는 과정에서 초창기에 동원한 명백한 군사주의는 1920년대에 이르면 대부분의 지역에서 사라졌다. 뒤이어 나오는 것이 안정적인 정부를 유지할 필요성이었다. 그러나 무장 세력을 동원해 획득한 영토에서 안전한 행정부를 유지하는 일이란 쉬운 과제가 아니었다. 새로운 형태의 통치 전략이 필요했고 될 수 있으면 돈이 적게 들어야 했다. 다양한 형태의 통치 전략이 아프리카 전역에 출현했다. 어떤 지역에서는 간접 통치 방식을 선호했고, 좀 더 직접적인 형식의 행정부를 선호하는 지역도 있었다. 백인 정착촌으로 특별히 체계적으로 선택된 지역도 있었다.

식민 행정부는 자급자족이 가능한 세금 체계의 기초를 놓으려고 시도하기도 했다. 아프리카인들 또한 자기 몫을 담당해야만 했다. 많은 아프리카인들은 인두세가 부과되는 것을 보며 자신들이 주권을 상실했다는 사실을 처음으로 느낄 수 있었다. 세금 징수는 식민 행정부의 유지에 꼭 필요해서라기보다는 그 자체가 목적인 경우가 많았다. 경찰력은 오로지 세금 징수와 관련되는 경우도 많았다. 경찰력 강화의 목적도 납세의 의무를 게을리한 자를 체포하거나 재산을 압류하는 일과 관련되어 있었다. 경찰은 어디서나 눈에 띄는 가장 두려운 대상이었을 뿐 아니라 정복자의 표상이기도 했다. 인두세 외에도 관세가 부과되었다.

행정가들은 이제 막 싹트기 시작한 상업을 통해 수입을 만들어 내고자 했다. 그것은 시장경제의 팽창을 위해 아프리카인들의 노동자 풀을 구축하는 일과 관련되어 있었다. 그렇게 하기 위해서는 먼저 임금노동 체계를 구축해야만 했다. 동시에 상품작물과 광물의 생산량을 늘릴 필요가 있었다. 앞에서 이미 살펴보았듯이, 서아프리카의 해안 지대에는 18세기 말~19세기 초에 거래를 목적으로 한 농산물 시장이 상대적으로 잘 형성되어 있었다. 이런 상황 아래서 식민 종주국이 할 일은 종자를 제공하는 일과 이따금 격려를 해주는 일 뿐이었다. 문제는 이러한 환경이 구축되어 있지 않은 동아프리카와 같은 곳이었다. 이런 지역의 농부들이 특정 작물을 재배하게 만들기 위해서는 무력이 개입될 수밖에 없었다. 탕가니카의 독일인들이 무력을 사용한 전형적인 경우였다. 그곳 농민들은 영국이 지배하고 있던 우간다의 농민들에 비해 면화에 대한 관심이 상대적으로 낮았다. 이 문제는 다음 장에서 좀 더 구체적으로 살펴보기로 하자.

케냐처럼 백인 정착촌이 발달한 곳의 아프리카인들은 경제 노동시장에 강제로 편입될 수밖에 없었다. 이는 유럽인 농부들이 주도하는 경제를 살리기 위한 조치였다. 남부 아프리카의 경우도 비슷했다. 이 지역을 배회하던 이주 노동자들을 축으로 한 체계의 출현으로 광산 경제가 급속도로 발전할 수 있었기 때문이다. 물론 아프리카인들을 강제로 시장경제에 통합한 지역도 한둘이 아니었다. 그러한 강제력은 시장경제로의 자발적인 참여가 일종의 규범이 되던 1920년대 이후로는 차차 힘을 잃기 시작했다. 아프리카인들은 여러 지역에서 상품작물을 성공적으로 재배한 농부가 되었다. 더군다나 세금을 제대로 지불해야 했고, 가족을 먹여 살리기 위해서는 어쩔 수 없이 노동시장 속으로 진입해야만 했다.

바로 이것이 식민 종주국이 달성하고자 한 주된 목적이었다. 하지만 이런 목적은 제1차 세계대전을 전후한 시기까지는 이루어지지 않았다. 그런 의미에서 '세계대전'은 분명 아프리카를 분할하던 시기의 정점에 놓여 있었다. 몇 가지 예외를 제외하고는 군사적 안정을 비롯한 여러 시스템이 안정 국면으로 접어든 시기가 바로 이 때였기 때문이다. 그러나 시간이 흐르면서 공중보건이나 교육, '발전'의 확대 같은 공적인 장이 사라지는 시기가 오는데, 이를 주목할 필요가 있다. '문명화 사명'이라는 수사를 원칙적으로 따져 보자면, 식민 종주국은 이런 문제에 적극적으로 개입해야 했다. 영국과 프랑스는 특히 그래야만 했다. 그런데 실상은 반대였다. 식민 종주국은 오랫동안 아프리카인들의 삶에 소극적으로 대처했다. 1920년대까지 아프리카인들의 교육을 선교사의 손에 맡긴 것이 대표적인 사례이다. 영국령 아프리카에서 활약하던 성공회선교회나 프랑스령 아프리카에 있던 백인신부회 같은 선교학교가 주로 아프리카인들의 교육을 담당했다. 이러한 선교학교들은 식민 종주국의 행정 당국과 마찰을 빚는 경우가 많았다. 식민 종주국에서 운영하던 학교가 제 구실을 하기 시작한 시점은 제1차 세계대전과 제2차 세계대전 사이 기간이었다.

공중보건의 경우도 마찬가지였다. 공중보건의 경우 식민 행정 당국의 개입은 최소화되어 있었고, 선교 당국의 개입은 필요에 따라 이루어졌다. 선교 당국은 정신적·신체적 삶의 질을 높이고자 했다. 1920~1930년대가 되어서야 식민 행정 당국은 포괄적인 공중보건 제도를 마련할 수 있었다. 최소한 이러한 영역에서만큼은 단기적으로 아프리카 사회를 '바꾸는 데' 국가가 의미 있는 역할을 하지 못했다. 환경 측면에서도 마찬가지로 식민 제국의 침략은 몇몇 지역의 경우에 재앙으로 귀결되기도 했다. 그러나 그것은 식민 종주국의 행정부가 아프리카의 농업 기술을 '개선'하고 환경 재앙을 막을 목적으로 지방 농민들의 삶에 직접 개입을 하기 오래전에 벌어진 일이었다. 그러한 목적을 달성하기 위해 농림부를 만들었는데, 1930년대 이전에 여러 가지 방면에서 이미 그 효과가 나타나고 있었다.

식민 행정부와 관련해 고려해 볼 중요한 지점이 하나 있다. 그것은 식민 행정부기 아프리카 사회를 개선하는 데 어느 정도나 성공했느냐는 점이다. 식민주의가 아프리카의 사회와 정치, 문화에 진정 지울 수 없는 흔적을 남겼는가, 그렇지 않은가의 문제는 두고두고 논의해 볼 문제이다. 그렇지만 한 가지 명백한 것은 식민주의로 인해 아프리카 대륙이 국제적인 경제 네트워크에 포섭될 수 있었다는 점이다. 그 핵심은 식민 통치의 덕으로 이루어진 운송 수단의 혁명적 발전이다. 19세기까지만 해도 아프리카 짐꾼들은 짐을 머리에 이고 먼 거리를 이동했다. 이런 관행은 무겁거나 부피가 큰 데도 값이 나가지 않는 물건이라면 굳이 나를 필요가 없었음을 뜻했다. 식민 통치로 인해 아프리카 '내부의' 지역 경제 체제가 특정 상품을 중심으로 국제적인 수요에 노출이 됨에 따라 철도가 건설이 되었다. 또 1920년대부터는 운송비를 줄이고 국제시장을 좀 더 원활하게 돌리기 위해 도로가 건설이 되면서 운송수단이 혁명적으로 바뀌기 시작했다. 이러한 과정이 여러 지역에서 싹을 틔우기 시작했다. 이런 측면에서 본다면 식민주의는 대단히 형식적인 차원의 발전을 선사했다. 동시에 아프리카인들이 발전을 거듭하고 외부 세계와 관계를 맺을 수 있도록 새로운 수단을 마련한 측면도 있다. 그럼에도 식민 종주국의 행정부는 여전히 수많은 식민지인들의 삶에 의미 있는 영향을 주지 못했다. 20세기 초에 결국 현실적인 변화가 발생했다. 그것은 아프리카인들이 주도적으로 만들어 낸 산물이기도 하지만 식민 종주국의 행정부가 그 동안 투자한 것이 열매를 맺은 결과물이기도 하다.

10장
적응하는 아프리카 사람들
정복과 분할

한때 아프리카인들이 제국주의 세력에게 보인 반응을 '저항' 또는 '공모' 가운데 한쪽을 골라 간편하게 정의한 적이 있다. 아프리카인들이 제국주의 세력에 맞서 싸우다가 끝내는 군사력 앞에 무릎을 꿇거나, 저항을 해봐야 아무런 소용이 없다는 점을 깨닫고 유럽인들을 새로운 주인으로 받아들여 그들의 일을 돕게 된 정황을 일컫는 말이다. 이 같은 이분법은 '전면적인' 저항이냐, '간접적인' 저항이냐를 구분하는 것만큼이나 부질없는 일이다. '전면적인' 저항 또는 '간접적인' 저항이라는 용어는 1960년대에 새롭게 출현했다. 그것은 유럽인들의 침략에 대한 아프리카인들의 초기 저항을 그 후에 벌어진 반식민주의 투쟁과 구분하기 위해 도입한 개념이다.

하지만 제국주의에 대한 아프리카인들의 반응은 단순하지 않았다. 따라서 이 문제를 좀 더 총체적으로 보는 시각이 필요하다. 식민 군대에 대항하여 무기를 든 아프리카인 집단도 있었지만, 유럽의 정치적·문화적 규범을 수용한 뒤에 그것을 활용해 좀 더 섬세한 방식으로 '저항'을 이어 갔을 뿐 아니라 제국의 식민 제도를 자기 필요에 맞게 수정하고 적용한 세력도 많았기 때문이다. 심지어는 반식민주의 투쟁이라고 해도 '전면전'의 성격을 띤 경우는 거의 없었다. 오히려 외교적인 타협과 상호 이익을 도모하는 방식으로 진행되는 경우가 다반사였다. 반식민주의 투쟁은 지극히 정치적으로 그리고 경제적으로 위급한 상황에서만 벌어졌다.

'정복'의 의미

유럽의 아프리카 '침략'이 단 한 차례로 끝난 경우는 없었다. 조율도 되어 있지 않고 전체적인 연관성도 많이 떨어지는 단말마적 침략이 여러 차례 이어졌다. 물론 이런 발언의 배경에는 군사적인 관점이 숨어 있다. 아프리카 쟁탈전이 19세기에 상대적으로 수월하게 일어날 수 있었던 이유를 군사적인 관점에서 살펴보면 쉽게 답이 나오기 때문이다. 군사적 개입에 대한 욕구가 갑자기 커질 수 있었던 것은 군사력을 손에 쥐고 있을 때만 가능한 법이다. 만약 군사적인 개입이 처음부터 난항을 겪었다면, 아마도 그런 형식의 개입은 특정한 선을 넘지 않은 상태로 이루어졌을 공산이 크다. 그렇다면 아프리카는 그 무렵 중국이 겪은 것과 비슷한 유형의 경험을 하게 되었을 지도 모른다. 다시 말해, 아프리카 내지로는 상업적 영향력이 확장되고 해안 지대로는 상업망이 정착되는 수준에서 유럽과의 관계가 정리되었을 것이다. 그러나 이런저런 이유로 상대적으로 작은 규모의 군사력이 정복의 수단으로 등극하게 되었다. 무엇보다도 그다지 많은 자원과 자본이 들지 않기 때문이었다. 물론 몇 가지 중요한 예외가 있긴 했다. 대표적으로 영국은 1890년대 후반에 수단을 다시 정복했는데, 그 과정에서 막대한 돈을 지불했다. 1899년부터 1902년까지 트란스발에서 치른 제2차 보어전쟁 때도 적지 않은 돈을 지불해야만 했다. 영국은 제2차 보어전쟁 당시 무려 50만 명에 육박하는 군인을 참전시켰다. 물론 소규모 군대만으로도 손쉽게 장악할 수 있는 지역도 많았다. 이런 지역은 유럽인 장교 밑에서 복무하고 있던 아프리카 군인들을 조금만 동원해도 제압이 가능했다. 프랑스가 이런 일을 잘했다. 프랑스는 4천 명도 되지 않는 병사로 서부 사바나 일대를 모두 점령하는 데 성공했다.

  유럽과 아프리카의 기술 수준에 나타난 불균형이 가장 커다란 차이였다. 장기적인 시각으로 보자면, 유럽은 15세기 이후 세계적 차원에서 기술의 우위를 차지하고 있었다. 19세기에 이르면 유럽의 기술 수준은 대다수의 아프리카인과 아시아인들이 감당할 수 있는 차원을 훌쩍 넘어서 있었다. 그 결과 아프리카와 아시아는 유럽의 제국주의를 수용할 수밖에 없게 되었다. 특히 총포류와 같은 군사 무기에 관한 한 유럽의 기술 수준은 상상을 초월할 정도여서, 19세기가 끝나갈 무렵이 되면 유럽을 대적할 만한 지역이 지구상에서 모두 사라지게 되었다. 유럽 무기의 기술 수준을 대표하는 것으로 사거리의 확장과 명중률의 증대를 들 수 있다. 이는 후장식 소총과 속사 시스템을 갖춘 기관총이 등장하는 1860년대에 절정에 이르렀다. 이를 대표하는 무기가 바로 1880년대 말에 나온 맥심 기관총이었다. 후장식 소총과 맥심 총은 여러 전투에서 실로 결정적인 역할을 했다. 맨발이나 말을 타고 싸우던 아프리카 군인들은 근접한 거리에서 제대로 싸워 볼 기회도 잡지 못하고 모두 나가떨어졌다.

  물론 소총으로 무장한 집단도 많았다. 서부 해안 지대의 집단은 18

세기 말에 머스켓 소총을 사용했다. 에티오피아의 고원지대에서도 소총이 사용되었다. 19세기 후반의 탄자니아와 우간다 내륙에서도 갖가지 총포류가 전쟁에 동원되었다. 그렇지만 대개 아프리카인들은 총포류 사용 훈련을 제대로 받지 못했다. 그래서 총포류가 있다고 해도 쓸모가 없는 경우가 많았고 오히려 그 총을 사용하는 사람이 위험에 처하는 일이 다반사였다. 정확도가 떨어지는 것은 당연했다. 상대적으로 현대적인 총을 사용한 곳이라고는 에티오피아가 유일했다. 처음에는 쇼아의 왕으로, 나중에는 황제로 등극하게 된 메넬리크는 홍해의 남쪽 끝에 상업 근거지를 두고 있던 세력들로부터 온갖 현대식 무기를 사들였다. 그는 이 무기들을 사용하여 1896년에 벌어진 아드와(Adwa) 전투에서 이탈리아인들을 상대로 그 유명한 승리를 거둘 수 있었다. 이 패배를 계기로 유럽은 점차 아프리카인들에게 무기를 팔지 않기로 합의했고, 1880~1890년대를 지나면서 아프리카인들에게 무기를 판매하는 것을 법적으로 금지하는 일련의 법안들이 통과되었다. 그러나 이보다 훨씬 더 비극적인 것은 스스로 자신만의 무기를 제조할 능력을 갖춘 나라들이 아프리카에는 없었다는 사실이다. 물론 무기를 수리하거나 화약을 만드는 능력을 갖춘 국가들은 몇몇 있었다.

군 조직을 구성하고 훈련을 시키는 방식의 차이도 중요한 역할을 했다. 철저한 기술과 절도 있는 훈련이 바탕이 되어야 효과적으로 사용할 수 있는 것이 총포류이다. 유럽은 전문적인 군인 집단을 보유하고 있었던 것은 물론이고, 이들을 훈련시키고 조직화하는 우수한 전술을 가지고 있었다. 반면에 아프리카 군대에는 직업군인이라 부를 만한 사람들이 없었다. 필요에 따라 또는 그렇게 하고 싶을 때, 국가가 소집하면 나타나는 일종의 민병대가 전부였다. 몇 가지 예외를 제외하면, 아프리카 군인들은 밀도 높은 조직력을 갖춘 집단이 아니어서 집단적인 훈련보

그림 14 에티오피아인이 그린 아드와 전투 장면(1896년)

다는 개인의 전투력을 높이 샀다. 그렇기 때문에 좀 더 우수한 화력을 갖춘 유럽의 군인들은 상대적으로 작은 규모로도 규모가 훨씬 큰 아프리카 군대를 물리칠 수가 있었다. 한편 줄루는 1879년 1월에 준비가 전혀 안 된 영국 군인들에게 게릴라전을 벌여 성공적으로 물리쳤다. 그런데 몇 달 뒤에 진영을 재정비하고 제대로 공격을 감행한 영국군을 막기에는 역부족이었다. 다시 한 번 되풀이하지만, 이탈리아와 에티오피아 사이에서 벌어진 에드와 전투는 아주 특별한 경우였다. 이탈리아의 패배는 그들의 무능 탓이기도 하지만, 특별한 방식과 조직, 전술을 가지고 싸운 에티오피아인의 전략이 승리한 것이기도 하다.

어떤 지역에서는 유럽의 침략자들에 대항하여 게릴라전을 펴기도 했다. 탁 트인 지대에서 전면전을 벌이는 것보다 이러한 형태의 싸움을 전개하는 것이 더 유리했다. 철저한 계산에 따른 게릴라전과 달리 전면전을 치를 경우 유럽의 상대적 우월성을 극복하기가 쉽지 않았기 때문이다. 게릴라들 가운데에는 유럽의 군대를 몇 년 동안 한 자리에 묶어 둔 경우도 있었다. 이는 유럽인들에게 개입이 장기화될 경우 낮은 수준의 전쟁을 치르면서도 많은 자본과 자원이 소모될 것이라는 점을 깨닫게 하기 위함이었다. 그러나 아프리카의 많은 집단들은 게릴라 전법을 채택하지 않았다. 이런 종류의 전쟁이 가져다 줄 긴장과 특히 다음 장에서 다루게 될 환경적 재앙을 지역 경제가 견뎌 낼 수 없었기 때문이다. 1950~1960년대에 이르러서야 1880~1890년대에 벌어진 게릴라전에 영감을 받은 아프리카인들이 게릴라전을 부활시키게 되었다. 식민 종주국을 대상으로 아프리카 대륙이 벌인 전쟁의 형태 가운데 게릴라전만큼 효과적인 것은 없었다.

유럽인들의 관점에서 볼 때, 아프리카인들은 대단히 단속적이고 산만하며 조율도 되지 않은 전쟁을 치르는 것처럼 보였다. 따라서 아프리카인들의 저항이 애초부터 대단치 않을 것이라고 생각했다. 하지만 그것은 오산이었다. 유럽인들에게 '아프리카'는 실제로 존재하는 대륙이 아니었다. '아프리카'는 유럽인들의 머릿속에서만 존재했다. '아프리카인'도 마찬가지였다. 그러므로 '그들이' 대륙 전체와 지역 전체를 통합한 어떤 형태의 통일체를 갖춘 상태로 저항하리라는 생각은 있을 수가 없었다. '아프리카'와 '아프리카인'이라는 용어를 여기서는 편의상 19세기 문맥으로만 사용하기로 하자. 그렇지 않을 경우 이 용어의 의미가 사라지기 때문이다. 분명 아프리카인들보다 거대한 정치적·지리적 '시각'을 확보하고 있던 유럽인들은 아프리카 국가들과 세력들 간의 경쟁 관계를 이용하여 이 국가들을 분할할 수 있었다.

아프리카인들은 유럽인들의 출현에 대해 다양한 견해를 가지고 있었다. 유럽인들을 무역 상대자로 보는 이들도 있었고, 자기 지역의 구태의연한 정적을 제거하는 데 필요한 정치적 동지로 보는 이들도 있었다. 물론 유럽인들을 적으로 규정하던 세력들도 많았다. 특히 노예제도의 폐지와 관련해서는 유럽인들을 보호자나 해방자로 보는 시각도 많았다. 이 모든 시각들은 각 지역의 특수한 사정을 반영하고 있다. 좀 더 조직적이고 통일된 형태를 갖춘 저항은 무슬림 지역에서 활발하게 벌어졌다. 이슬람은 비이슬람 집단과 달리 통일성을 중요하게 여겼기 때문이다. 오늘날의 리비아 지역에 살던 사누시야(Sanusiyya)는 1930년대까지 이탈리아에 맞서 저항했다. 알제리의 내륙도 19~20세기 내내 프랑스의 통치권 밖에 있었다. 그러나 종파주의의 출현으로 결국 이슬람의 통일성이 깨지게 되었다. 프랑스 제국이라는 외부의 악마뿐 아니라 내부의 적을 대상으로 해서도 사막의 형제들이 싸움을 멈추지 않았기 때문이다.

아프리카 쟁탈전과 관련해서도, 정확하게 언제부터 시작되었는지를 밝히는 일은 큰 의미가 없다. 대략 말하자면 아마도 1870년대 중반부터 1880년대 초반까지 벌어진 일련의 사건이 발단이 되어 아프리카가 유럽의 통제 또는 영향을 받게 된 것이 아닐까 짐작할 뿐이다. 이 사건들이 본질적으로 모종의 연관성을 가지고 있는 것은 아니지만, 자세히 들여다보면 각 사건이 좀 더 커다란 현상의 부분들로 작동하고 있음을 알 수가 있다. 영국의 영향력은 골드코스트와 나이저 삼각주에서 강화되고 있었다. 벨기에의 국왕 레오폴 2세는 콩고 저지대에서 괜찮은 수익을 올리고 있었고, 프랑스는 세네갈 식민지를 확장하여 그곳의 백인 정착민 지대와 나이저 강 상류 계곡을 연결하는 철도를 건설하고 있었다. 콩고 저지대에 레오폴이 개입하자 영국과 프랑스는 다소 불편한 심기를 품게 되었다. 그러나 근본적으로 그 불편함의 원인은 영국과 프랑스 간에 나타난 경쟁 탓이었다. 영국과 프랑스는 서로 상대를 자국의 상업적인 지위를 위협하는 대상으로 규정하고 있었다.

1880년대가 저물면서 오스만이 지배하던 이집트에서 벌어진 사건

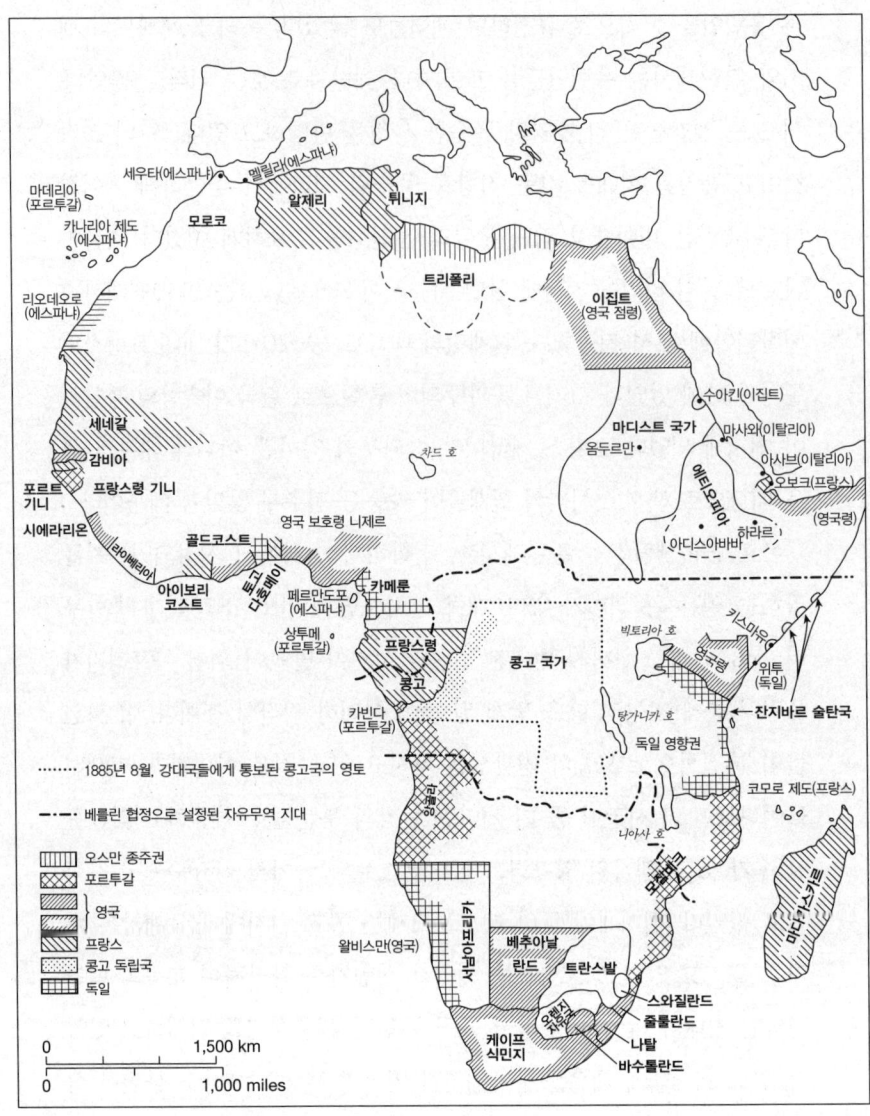

지도 13 1887년 무렵의 아프리카 분할 초기 국면

으로 영국과 프랑스 사이에 잠재되어 있던 경쟁의식이 깨어났다. 이집트의 재정을 통제하고 있던 세력은 영국과 프랑스의 투자자들이었지만 수에즈운하를 통제하고 있던 회사는 프랑스의 회사였다. 영국 정부는 1882년에 이집트에서 벌어진 민족주의 운동을 재빠르게 제압하고는 평소 저항운동이 끊이지 않던 지역으로까지 정치적 통제력을 노골적으로 확대했다. 이를 계기로 영국과 프랑스는 나일 강 유역을 사이에 두고 극심한 경쟁을 벌이게 되었다. 1896년에 영국과 프랑스의 무장 군인들이 처음으로 마주친 곳은 수단에 있는 파쇼다(Fashoda)라는 작은 마을이었다. 다행히 직접적인 대결은 겨우 피할 수 있었다. 하지만 북아프리카의 다른 지역은 달랐다. 이집트를 제외한 나머지 북아프리카 지역에서는 유럽의 두 라이벌인 영국과 프랑스가 끼친 비공식적인 영향력이 제국주의 형태로 전환되고 있었다. 튀니지가 대표적인 경우였다. 튀니지에 대한 이탈리아의 관심과 그로 인한 지역 주민들의 봉기 때문에 프랑스는 1881년에 튀니지를 무력으로 합병해 버렸다.

비스마르크는 아프리카의 쓸모에 대해 그다지 확신하지 않았다. 하지만 무엇보다도 그의 눈에 거슬렸던 것은 공정하게 자기 몫을 지불하지 않는 영국과 프랑스의 행태였다. 1880년대 초에는 독일의 개입이 중요한 변수로 작동했다. 결국 비스마르크는 1884년에 토고와 카메룬 그리고 서남부 아프리카(오늘날의 나미비아—옮긴이)를 보호령으로 선포했다. 동시에 이 노회한 정치가는 국제회의를 소집하여 모두가 두려워하던 일이 아프리카에서 현실로 벌어지고 있다고 주장했다.

1884년 말~ 1885년 초에 베를린에서 열린 '서아프리카회의'에는 여러 나라의 정부 수반과 대표 정치인들 그리고 관련 정당 관계자들이 참석하여 여러 의제를 놓고 논의했다. 그중에서도 가장 중요한 의제는 나이저와 콩고 강 일대에서 벌어지던 '자유무역'을 저해하는 요소에 관한 것이었다. 이에 따라 아프리카 대륙을 분할하는 문제와 관련해 국제적인 협조의 필요성이 대두되었다. 아프리카를 주제로 열었던 이 회의의 정치적 의미를 장기적으로 보면 매우 중요한 내용이 숨어 있음을 알 수 있다. 이 회의에서 결정된 정책은 두 가지였다. 먼저 콩고 분지에 대한 레오폴의 독점권이 인정되었다. 그 대가로 유럽의 무역업자들이 그 지역을 자유롭게 드나드는 것을 인정하기로 했다. 이렇게 해서 콩고자유국이 탄생했다. 그러나 이 국가의 영토는 사실상 레오폴의 사유지에 가까웠다. 때문에 지나친 정부의 간섭도 받지 않았고 사실상 자유로운 무역 지대에 속하지도 않았다. 둘째로, 유럽의 국가들이 특정 지역을 자기 영토라고 주장할 경우, 그러한 주장을 펴는 문제의 그 국가가 그 지역을 실효적으로 지배하고 있는지의 여부를 먼저 살피자는 주장이 제기되었다. 따라서 아프리카 영토의 실효적 지배와 관련해 가장 큰 책임을 져야 할 인물은 바로 비스마르크였다. 비스마르크가 이 주장을 편 이유는 영국을 견제하기 위한 것으로 오늘날의 탄자니아에 해당하는 지역을 두고 영국은 '영향력이 미치는 영역'을 자기 영토로 선포할 수 있도록 하자고 주장했기 때문이다. 영국은 탄자니아의 내륙을 오랫동안 자국의 '영향력이 미치는 영역'으로 간주하고 있었다. 그러나 1885년에 비스마르크는 독일의 대리인인 카를 페터스(Karl Peters)가 아프리카 추장들과 맺은 여러 가지 조약들을 기초로 하여 동아프리카의 이 방대한 지역을 독일의 보호령으로 선포했다. 말하자면 독일의 '실효적 지배'에 근거를 둔 선언이었던 셈이다.

대륙을 분할하는 문제도 오랜 시간이 걸렸다. 오랫동안 아프리카 국가들 간의 경계선은 그저 상상의 형태로 남아 있었다. 그러다가 1890년부터 1891년까지 지속된 일련의 조약들을 계기로 처음으로 좀 더 분명한 식민지의 경계선들이 확정되기 시작했다. 그러나 유럽이 '습득한' 대다수의 영토가 유럽인들에 의해 실효적인 '지배'를 당하고 있었던 것은 아니다. 유럽의 행정부에 의해 실질적인 '통치'를 받고 있지도 않았다. 이렇게 실질적으로 통치가 부재한 상태가 수년 동안 이어진 지역들도 있었다. 그렇지만, 절대다수 지역에서 유럽의 행정부는 초기에는 군사력의 지원을 받는 무역회사를 앞에 내세워 노골적인 통치의 욕망을 숨기고 있었다.

창과 물, 격렬한 저항

1880년대부터 제1차 세계대전 사이의 아프리카에서는 유럽의 침략에 맞선 강력한 저항이 한 세대 넘도록 이어졌다. 아프리카인들은 때와 장소를 달리해 지역 사정에 맞게 그리고 주둔하고 있던 유럽인들의 특성과 변화의 속도에 맞추어 저항을 시도했다. 기존의 역사가들은 아프리카인들의 저항을 '제1차'와 '제2차,' 이렇게 두 가지로 구분했다. 이른바 '제1차' 저항은 1870년대부터 1880년대까지 벌어졌다. 그리고 1890년대와 1900년대에 일련의 저항들이 연속적으로 벌어졌는데, 이를 '제2차' 저항이라고 불렀다. '제2차' 저항에는 로디지아(오늘날의 짐바브웨―옮긴이)의 쇼나와 은데벨레, 마다가스카르의 '붉은 숄,' 서남아프리카(오늘날의 나미비아―옮긴이)의 헤레로, 남아프리카의 줄루, 그리고 탕가니카의 '마지마지'(Maji Maji)가 속한다. 제1차 저항은 본질적으로 방어적인 성격을 띠고 있었다. 외세의 침략 앞에서 자국의 주권을 어떻게 지켜 낼 것인가를 염두에 둔 싸움을 진행했기 때문이다. 반면에, 제2차 저항은 공격적인 성향을 띠고 있다. 왜냐하면 제2차 저항은 이미 식민 통치가 정착된 곳에서 벌어졌기 때문이다. 제1차 저항을 이끈 세력은 식민지 이전 시기를 주름잡던 '구세대 엘리트들'이었다. 한편, 그 이후의 저항들을 이끈 이들은 '새로운' 세대였다. 제1차 저항이 세속적인 성격을 띠고 있었던 데 반해서, 제2차 저항은 대단히 강력한 정신적 차원을 품고 있었다. 두 저항은 분명 성격이 달랐지만 일반적인 차원에서 '제1차' 저항과 '제2차' 저항을 구분하는 것에는 큰 위험이 따른다. 왜냐하면 이따금 새로운 유형의 저항들이 과거에 이런 유형의 '저항들'이 한 번도 일어나지 않았던 곳에서 벌어진 사례도 많기 때문이다. 아울러 식민 세력과 치른 여러 차례의 전투들이 최소한 그러한 전투에 참여한 원주민들의 마음속에서 명백한 연속성을 가지고 있는 경우도 많았기 때문이다.

유럽인들은 종종 라이벌 관계를 맺고 있던 토착 세력들을 이용했다. 이는 프랑스가 1870년대 말에 세네갈 방향에서 서부 사바나 지역으로 진격을 하면서 활용한 전략이다. 프랑스의 제국주의자들에게 이 지역의 주적은 아마두 세쿠(Ahmadu Seku)와 사모리(Samori)의 지배를 각각 받고 있던 투콜로르와 만딩케 제국이었다. 이 두 제국은 서로 헤게모니를 장악하기 위한 경쟁을 극심하게 밀어붙이고 있었다. 이 와중에 투콜로르는 프랑스와 여러 가지 조약을 맺었다. 이렇게 하면 적어도 안전은 지킬 수 있다고 판단했기 때문이다. 그러나 프랑스는 조약을 파기하고 투콜로르 남쪽에 여러 요새를 건설했다. 그럼에도 아마두는 프랑스와의 평화로운 공존에 대한 희망을 버리지 않은 채, 1880년대 중반에 프랑스가 푸타 본두(Futa Bondu)와 전쟁을 벌일 때 프랑스를 도왔다. 그러나 세네갈의 군대는 1889년 투콜로르를 공격하여 1893년에 이 위대한 이슬람 국가를 복속시켰다.

프랑스는 이와 유사한 전략을 만딩케와의 관계에서도 사용했다. 이는 편의상 먼저 조약을 맺고, 후에 상황이 녹록치 않으면 그 조약을 파기하는 전략이었다. 사모리는 아마두에 비해 여러 면에서 만만치 않은 상대였다. 그는 휘하에 훈련이 잘된 3만 명의 정예 부대를 거느리고 있었다. 프랑스가 첫 침략을 감행한 1891년만 해도 사모리는 내부의 갈등 때문에 힘이 많이 쇠약해져 있었다. 그러나 그는 이내 세력을 회복하여 군사를 모은 후 수년에 걸쳐 프랑스에 대항하는 전선을 유지했다. 그는 프랑스의 진군을 늦추기 위해서 들판을 태우는 청야 작전을 펴기도 했는데, 이로 인해 그 지역의 농토가 황폐화되기도 했다. 결국 사모리는 1898년에 프랑스와 평화조약을 체결하게 되었다. 이슬람은 다시 한 번 서아프리카의 사바나 지역으로 진군하는 프랑스를 저지하기 위해 강력한 통일 조직을 갖추고는 오늘날의 차드 지역에 해당하는 곳에서 봉기한 라빈 이븐 파들 알라(Rabin ibn Fadl Allah)의 지도 아래 프랑스와 맞서 싸웠다. 응축적이면서 중앙집권적인 국가가, 프랑스의 입장에서 볼 때는, 오히려 상대하기가 편했다. 그 예는 다호메이를 통해서 볼 수가 있는데, 프랑스는 1893년에 다호메이를 아주 빠른 속도로 무너뜨렸다. 그 반대의 사례로는 코트디부아르를 들 수 있다. 프랑스는 1893년에 코트디부아르를 식민지로 선포했다. 그러나 숲 속 이곳저곳에 흩어져 있던 탈중앙집권적인 여러 집단들을 모두 복속하는 데까지 그 이후로 약 20년이 더 걸렸다. 영국도 비슷한 저항에 시달렸다. 나이지리아 남부의 숲 속에 자리 잡고 있던 이보 왕국이 가장 저항적이었다. 여러 집단들이 하나의 왕국을 구성하고 있던 이보 왕국은 1910년까지 영국의 보호령을 인정하지 않았다. 이와 같은 유형의 왕국을 정벌하기 위한 원정은 다분히 자가발전적인 성격을 지닐 수밖에 없었다. 자기만의 동기도 가지고 있어야만 했다.

  영국군은 1874년에 아샨티를 정복했다. 그러나 경제적인 이유로 이내 철수를 하고 말았다. 1890년대 중반에 이르러 아샨티가 다시 한 번 부활의 조짐을 보이자 이번에는 프랑스가 북쪽에서 내륙으로 진격해 들어왔다. 영국도 이에 질세라 다시 한 번 내륙으로 진격해 들어오며 이 지역을 보호령으로 선포했다. 그간 나름 충분히 힘을 비축한 아샨티 군은 다시 한 번 1900년에 영국군과 맞서 격렬한 전투를 벌였다. 그러나 봉기는 결국 진압되고 말았다. 그 이후로 영국은 골드코스트를 식민지로 선포했다. 오늘날의 나이지리아에 해당하는 해안 지대에까지 미치던 영국의 영향력은 날이 갈수록 확장되고 있었다. 1861년 이후로 라고스를 직접적인 통제 아래에 두었을 뿐 아니라, 1880년대 중반에는 국영아프리카회사라는 이름으로 나이저 삼각주 지역의 실질적인 무역권을 독점하기에 이르렀다. 베를린 회의에서 내려진 결정에 따라 영국은 델타 지역을 보호령으로 선포했다. 그리고 왕립나이저회사를 새로 설립하여 영국 정부를 대신해 나이저 강 남부를 통치하게 했다.

영국은 이 지역에서 여러 차례 군사 작전도 감행했는데, 자유로운 상업 활동에 지장을 초래한다고 여겨지는 말썽 많은 중개인들을 제거하기 위함이었다. 1890년대에 이르면 이 지역의 고원지대는 물론이고, 열대우림의 북쪽 끝 지역, 그리고 사바나 지역으로까지 군사작전은 확장되었다. 프랑스가 북쪽에 집착을 하는 동안에 영국은 토착 라이벌 세력들을 이용하서 그들을 각개격파해 나갔다. 1892년과 1893년 사이에는 요루바의 영토를 정복했고, 1897년에는 다호메이와 마찬가지로 상대적으로 빠른 속도로 중앙집권 국가인 베냉을 정벌했다. 이를 통해 영국은 정벌한 왕국의 가장 소중한 보물들을 노략질했다. 소코토의 칼리파가 비교적 오래 버텼는데, 그가 이끈 전쟁은 1900년부터 1903년까지 이어졌다.

문자 그대로 물리적 '정복'이 애초부터 이루어지지 않은 지역도 있었다. 그런 지역에서는 '정복' 대신 '조약'을 택했다. 아프리카 추장들은 이 조약을 화친의 약속으로 여겼으나 유럽인들은 이를 효과적인 점령의 증거라고 달리 해석했다. 프랑스의 탐험가인 드 브라자(de Brazza)도 같은 전략을 취했다. 그는 1880년에 티오(Tio)의 추장인 마코코(Makoko)와 화친을 약속하는 조약을 맺은 후 콩고 분지 일대를 프랑스의 영토로 만드는 작업에 착수했다. 결국 마코코는, 조약이 사기였음에도 나라의 주권을 프랑스에 양도해야만 했다. 그보다 훨씬 남쪽에서는 헨리 모턴 스탠리가 콩고 강을 따라 내려가면서 벨기에 국왕 레오폴 2세의 이익을 대변했다. 마코코가 드 브라자와 맺은 조약서에 서명을 했던 이유는 이를 통해 동맹을 구축함으로써 벨기에의 침투를 막을 수 있다는 계산 때문이었다. 역으로 베를린 회의에서 프랑스는 콩고 저지대의 북쪽 지역을 자국의 영토로 천명한 후에 드 브라자를 그 지역으로 보내 옷을 비롯해 많은 공산품과 술로 선물 공세를 펴서 가능하면 많은 추장들과 많은 조약을 맺게 했다. 모코코처럼 이러한 조약의 의미를 제대로 이해하지 못한 추장들은 많았다. 1880년대 말에 드 브라자는 세네갈의 군 병력을 동원하여 행정적이고 상업적인 실체를 드러내고자 했다. 아프리카인들은 거의 저항하지 않았다. 저항할 거리가 없었기 때문이다. 1890년대 초에 이르면 프랑스는 같은 방법을 동원해 동북쪽으로 진출했고 최소한 서류상이긴 하지만 가봉과 콩고 중부 그리고 우방기-차리(Ubangui-Chari) 등의 적도 일대를 식민화하는 데 성공했다. 그리고 열대우림 지대와 사바나 지대를 별 의미 없이 가르는 국경선을 없애 버렸다. 아프리카인들은 이를 전혀 눈치 채지 못하고 있다가 나중에 무역회사가 출현하자 급박하게 무장투쟁을 벌이기도 했다.

    프랑스가 적도 부근에서 영토를 갈무리하고 있는 동안, 스탠리는 남쪽에 있는 콩고 분지를 다니며 자신을 고용한 레오폴을 위해 콩고자유국을 창설하고 이를 베를린 회의에서 공식적으로 추인 받았다. 그 나라는 대서양에서부터 대호수 지역까지를 아우르는 거대한 한 개인의 제국으로서 희한한 모습을 띠고 있었다. 게다가 본질적으로 아주 폭력적인 제국이었다. 한편, 동쪽의 아랍 상인들은 잔지바르에서 떨어져 나갔다. 그 와중에 기회주의자인 티푸 팁은 동쪽 영토를 관리하는 책임자가 되었다. 이윤이 많이 남는 상아무역은 이제 동쪽이 아닌 서쪽으로 19세기 내내 흘러갔다. 여전히 수많은 아랍 상인들과 해안 지대의 무역업자들은 일반인 군대라는 용병의 지원을 받는 벨기에의 대군주들과 쉽게 화해하지 못했다. 그들은 자신들의 상업 활동을 저해하는 여러 제한 조치들에 대해 분한 감정을 가지고 있었다. 그들의 저항이 1890년대 초에 모두 진압이 되면서 헤게모니가 한 진영에서 다른 진영으로 넘어가는 시대가 도래했다. 잔지바르도 예전 같지가 않아 내부적으로 많은 문제를 안고 있었다.

영국이 지지하던 술탄의 위력도 1870년대 말이 되자 세력이 미약해졌고, 그 틈을 타서 1880년대 중반에 독일이 그 지역에서 힘을 키워가고 있었다. 드 브라자가 프랑스 정부를 대신해 서쪽 지역에서 하던 일을 카를 페터스가 비스마르크의 독일을 대신해 중동부 아프리카에서 하고 있었다. 그 결과로 독일은 1885년에 탕가니카를 보호령으로 선포하게 되었다. 영국과의 합의를 통해 독일은 영국령 동아프리카(케냐)에서 손을 떼고 탕가니카를 접수할 수 있었다. 뿐만 아니라 다른 지역에서는 사설 회사를 동원하여 독일 정부를 대신해 특정 지역의 영토를 관장하는 책임도 맡겼다. 대단히 폭력적인 행정이 이루어질 수밖에 없었다. 독일은 무력으로 우난옘베를 진압해야만 했지만, 과중한 세금과 노동에 대한 부담 때문에 전역에서 폭동이 일어났다. 1888년과 1889년에 해안 지대를 따라 스와힐리인들이 폭동을 일으켰는데, 독일 정부가 이 지역을 직접 관리하는 강화 조치를 취하면서 폭동이 잦아들었다. 남쪽의 헤헤(Hehe)는 1890년대 말까지 싸움을 계속했다. 한편, 북쪽의 경우 마사이가 일으킨 저항은 동북부 아프리카 쪽으로 번져 가던 소와 관련된 전염병 때문에 강력한 형태로 지속되지 못했다.

  독일이 가장 큰 도전에 직면하게 된 곳은 아프리카 대륙의 동남부 지역 쪽이었다. 식민 행정 당국이 수출용으로 면화를 강제로 재배하게 하자 1905년 7월에 마지마지 혁명이 발발했다. 농부들은 그간 공들여 키운 경작물을 농작물 재배와 관련해 가장 중요한 시기에 모두 폐기 처분해야만 했다. 그렇다고 면화를 키워 큰 재미를 본 것도 아니었다. 혁명은 급속도로 전국으로 번져 갔다. 사전에 미리 모의를 한 흔적은 물론 지도부나 집행부도 찾아볼 수 없었다. 혁명은 대단히 즉흥적으로 발발한 듯이 보였다. 제사장들이 내세운 종교 이데올로기는 그 지역 주민들을 하나로 단단히 묶어 초자연적인 힘이 유럽의 무기를 능히 이겨낼 수 있을 것이라는 믿음을 북돋워 주었다. '마지'라는 말은 마법의 물이라는 뜻으로 그것을 사람의 몸에 뿌리면 면역력이 생겨 독일군의 총알을 맞아도 끄떡없다고 믿었다. 영적인 세계에 대한 믿음은 원주민들을 전에 없이 똘똘 뭉치게 했고, 이 힘으로 혁명이 성공할 것이라는 믿음을 확고히 다질 수 있었다. 그러나 독일이 채 의식도 하기 전에 식민지 군대의 우월성이 눈에 띄게 드러나면서 마지의 초월적 능력에 대한 원주민들의 믿음도 약화되기 시작했다. 결국 1906년 내내 진행된 내부의 균열과 청야 작전을 편 독일군의 전략이 성공하면서 혁명 세력은 승기를 놓치게 되고, 그 이듬해에 완전 소멸되기에 이르렀다.

  혁명의 대가는 참혹했다. 2만6천 명이 넘는 아프리카인들이 목숨을 잃었고, 5만 명을 웃도는 사람들이 청야 작전으로 피폐화된 토지 때문에 먹을 것이 없어 굶어죽고 말았다. 혁명의 결과로 독일은 더 이상 다른 봉기를 자극할 만한 일을 자제하게 되었고, 토착 자원을 지역 발전

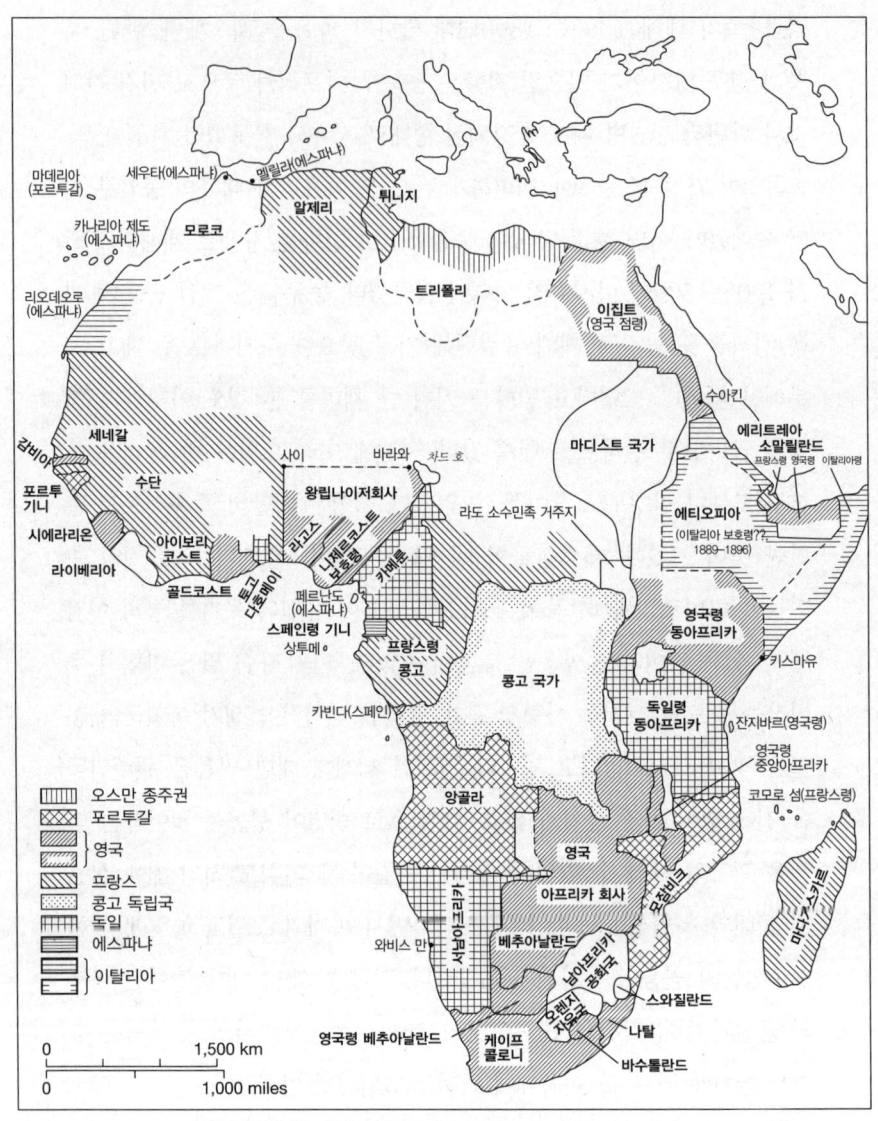

지도 14 1895년 무렵의 아프리카 분할 중기 국면

을 위한 용도로 사용했다. 선교학교와 병원 등을 활발히 보급하기도 했다. 과거 혁명 세력들이 장악하고 있던 지역에 살던 농부들은 자발적으로 다시 면화를 재배하기 시작했다. 이는 혁명의 근원이 면화 재배 그 자체에 있었던 것이 아니라 강제성에 있었음을 의미했다. 중요한 것은, 아주 짧은 기간이었지만 이 혁명으로 인해 종족적 배경이 다양한 사람들이 여러 지역에 걸쳐 반식민주의 투쟁을 주도할 가능성이 언제든지 재발할 수 있음을 알게 되었다는 점이다. 마지마지 혁명은 탕가니카의 차세대 민족주의자들에게 커다란 영감을 주었다.

주둔하고 있던 유럽인들의 존재가 전략적으로 도움이 된 곳도 여럿 있었다. 빅토리아 호수의 동쪽 끝자락에 위치하고 있던 대영제국동아프리카회사(IBEAC)는 부간다의 개신교 엘리트들에게 영향력을 끼치고 싶어 했다. 1890년대 초반까지만 해도 부간다는 힘이 약해질 대로 약해진 상태였다. 지위가 불안정한 음왕가(Mwanga)를 폐위시켰다가 다시 복위시키는 '종교전쟁'의 후과를 단단히 치르고 있었기 때문이다. 이때 젊고 패기가 만만한 프레더릭 루가드(Frederick Lugard)가 출현하여 자신의 지위를 확고히 하기 위해 영국의 도움을 절실하게 필요로 하던 음왕가와 결탁을 했다. 한편, 동아프리카회사는 1893년부터 1894년까지 재정적으로 어려움을 겪고 있었다. 그러자 영국 정부가 직접 나서 자국 내 여론을 호의적으로 만든 다음에 '우간다'를 보호령으로 선포했다. 1890년대에 들어서자 간다인들은 영국이 부뇨로와 토로 그리고 앙콜레와 같은 주변 왕국을 복속하는 데 정치적으로 군사적으로 협조를 아끼지 않았다. 뇨로(Nyoro)의 강력한 저항은 1890년대 후반까지 이어졌다. 그 와중에 음왕가 또한 자체적으로 혁명 세력을 정비해 영국에 저항하다 붙잡혀 그의 오랜 정적이었던 부뇨로의 카바레가(Kabarega)와 함께 결국 세이쉘로 추방당하고 말았다. 음왕가의 부활에도 불구하고, 부간다는 그 지역에서 가장 이상적인 제국주의의 조력자로 간주되고 있었다. 그 대가로 부간다는 보호령이라는 안전한 지위를 부여받고 있었다.

동아프리카회사는 뒷날 케냐가 되는 영국령 동아프리카(British East Africa)에서도 활발한 움직임을 보였다. 영국은 1895년에 케냐의 통치권마저 직접 관장했다. 한편, 탕가니카에서는 해안 지대의 스와힐리인들이 일제히 봉기해 '마즈루이 혁명'(Mazrui Rebellion)을 일으키며 몇 달 동안 영국에 대항해 싸웠다. 프랑스가 통치하고 있던 중앙아프리카의 경우 케냐 내륙과 달리 주목할 만한 저항의 조짐은 보이지 않았다. 유럽인들의 직접 통치가 의미하는 바를 제대로 깨닫고 있지 못했기 때문이다. 유럽인들의 직접 통치는 1900년대 초에 해안 지대에서 우간다까지 가는 철도가 깔리고 최초의 백인 정착민들이 입성을 하면서 그 의미가 분명해진다.

열대 아프리카의 경우는 정치적인 편집증과 상업적인 낙관주의 그리고 지정학적인 혼란이 서로 뒤얽혀 있었다. 한편, 남부 아프리카에서는 경제 문제가 지역 간 영토 분쟁의 핵심으로 부상하고 있었다. 이것은 여러 가지 측면에서 남부 아프리카만이 지니는 독특한 특징 가운데 하나였다. 남부 아프리카의 근대사를 규정하는 용어로 가장 적당한 것은 '광물 혁명'이라는 말이다. 케이프 식민지 북쪽에서 1869년부터 1871년 사이에 거대한 다이아몬드 광산이 발견되면서 그 말이 돌기 시작했다. 그 무렵 케이프 식민지는 독립적인 아프리카의 족장들이 다스리고 있었으나, 이웃한 보어 '공화국들'이 자기들 영토라고 주장하고 있었다. 이 지역의 주권을 두고 설왕설래 말이 많아지자 케이프 행정부는 끝내 그 땅을 자신의 영토로 편입시켜 버렸다. 이는 토지 문제를 다루는 법정의 결정에 따른 것으로 그 지역의 그리콰(Griqua) 추장이 그 땅의 합법적인 주인이라는 판결이 있었다. 그리콰 추장은 보어인들에게 그 땅을 보호령으로 선포해 달라고 요청했다. 그러자 영국이 재빨리 개입해 그 지역을 병합하고는 '서부 그리콸란드'(Griqualand West)라는 이름으로 그 지역을 명명했다. 영국 정치력의 후원에 힘입은 자본의 역할이 큰 역할을 담당했다. 초기에는 광부 개개인이 아프리카인들을 고용하여 일을 했지만, 1870년대 후반에 이르면 광산을 좀 더 효과적으로 개발하기 위한 기계류들이 필요해지는 시점에 이르게 되었다. 필요한 자본을 가지고 있는 회사만이 이러한 기계류를 공급할 수가 있게 되자, 그로부터 채 10년이 지나기도 전에 그 지역의 다이아몬드 광산 전체는 케이프 정부와 아주 밀접한 관계를 유지하던 드비어스(De Beers)라는 회사에 속하게 되었다. 이를 통해 현금 경제가 급속도로 빠르게 성장하자, 킴벌리 시는 재빠르게 농산물 시장을 제공했다. 이는 아프리카인 농부들에게도, 유럽인 농부들에게도 좋은 기회였다. 이 때문에 경작하기 좋은 땅을 두고 극심한 경쟁이 벌어지기 시작했다. 킴벌리가 미래의 발전을 꾀하기 위해서는 이주 노동자들의 팽창이 중요했다. 다행히 킴벌리에는 일을 찾아 몰려든 아프리카인들이 아주 많았다. 한 해에 5만 명에 가까운 이주 노동자들이 1870년대에 킴벌리 광산에 고용되었다.

19세기 중반에 겨우 이룩한 아프리카인들과 유럽인들 사이의 세력균형은 다시 산산조각이 나게 되었다. 영국이 남부 아프리카 연방을 창설했기 때문이다. 이 연방의 미래는 다이아몬드 때문에 독야청청했다. 연방을 창설한 가장 주된 이유는 잔존하던 아프리카 왕국들을 정리할 필요를 느꼈기 때문이다. 뿐만 아니라 유럽의 경쟁국들을 제거하기 위함이었다. 1877년과 1878년 사이에 코사인들은 18세기와 19세기 초에 그랬던 것처럼 격렬한 봉기를 일으켰다. 그러자 영국은 코사 영토, 그중에서도 특히 내륙의 영토를 더 이상 빼앗을 수가 없었다. 봉기의 결과로 코사인들에게는 넓은 면적의 '유보된' 토지가 할당되었다. 그러나 백인들의 헤게모니를 위협하는 가장 무서운 세력은 1872년 이후로 케츠와요(Cetshwayo)의 통치를 받고 있던 줄루였다. 영국은 19세기에 들어서면서 줄루 왕국을 효과적으로 파괴하고는 그 영토를 여러 부분으로 나누었다. 그 결과로 격렬한 종파주의가 발생했고, 이는 내전으로 이어졌다. 내전의 비극은 기근으로 귀결되었고, 1887년에 줄룰란드는 영국의 식민지가 되었다. 줄루는 1906년에 벌어진 밤바타(Bambatha) 폭동을 통해 다시 한 번 영국과 싸움을 벌이지만, 이번에는 이내 진압이 되고 말았다.

이 와중에 가장 큰 골칫거리는 보어인들이었다. 1877년에 영국은 줄루와의 잦은 전쟁으로 힘이 떨어져 있던 트란스발을 합병했다. 채 3년도 지나지 않아 보어인들은 영국의 '보호'가 더 이상 필요하지 않다고 주장하면서 국가의 주권을 상실한 일과 높은 세금에 대해 강한 거부감을 드러냈다. 결국 이들은 1880년에 반란을 일으켰다. 이는 한 해 전에 벌어진 줄루와의 전쟁으로 침체되어 있던 영국의 군사력을 더욱 약화시키는 계기가 되었다. 1881년에 영국은 트란스발에서 철수했다. 연방을 창설하는 데 드는 비용과 수고를 더 이상 감당할 엄두가 나지 않았기 때문이다.

그러나 1886년에 트란스발 중부에서 금이 발견되면서 사태는 걷잡을 수 없이 복잡해졌다. 금이 발견됨에 따라 부대 산업들도 덩달아 발전했다. 발전의 규모가 킴벌리 때와는 비교도 되지 않았다. 요하네스버그는 이내 사하라 이남의 아프리카 도시 가운데 가장 커다란 도시가 되었다. 1890년대 초에 금광은 채 몇 개 되지 않는 큰 회사의 손아귀에 장악되어 있었다. 정치적인 긴장감도 극적으로 높아져 갔다. 독일은 이미 이웃한 서남아프리카에 주둔을 하고 있었다. 영국도 이에 질세라 보어인들 때문에 자신들에게 보호령을 요청한 츠와나 왕국을 병합해 버렸다. 그리고 츠와나 왕국을 포함해 오늘날의 보츠와나에 해당하는 '베추아날란드'(Bechuanaland)를 1885년에 보호령으로 선포했다. 금을 발견한 이후로 영국은 독일과 트란스발의 보어인들이 지역적인 연대를 이룰 것을 우려해 그 둘의 관계를 분리시키는 일에 공력을 집중했다. 많은 수의 보어인들과 독일인들이 서로 간의 연대를 '자연스런 동맹'이라고 인식하고 있었기 때문이다. 트란스발 공화국의 크루거(Paul Kruger) 대통령은 거의 모든 금광을 손아귀에 쥐고 있던 외국인들에게 높은 세금을 부과했다. 게다가 외국인들에게는 온전한 형태의 참정권도 주지 않았다. 세실 로즈는 크루거 정부를 낙마시키고자 1895년 '제머슨 기습 작전'을 감행했지만 실패로 끝났다. 그로 인해 트란스발 내부에서는 영국에 대한 적개심이 불타오르게 되었다. 영국은 크루거로 하여금 영국에 유리한 개혁을 단행토록 압박하면서 외국인들에게도 참정권을 부여하라고 윽박질렀다. 이와 동시에 트란스발 국경으로는 대규모의 영국군을 결집시켰다.

결국 크루거는 1899년에 전쟁을 선포하게 되었고, 이는 20년 사이에 영국과 보어인이 부딪히는 두 번째로 커다란 전면전으로 확대되었다. 초기의 전선은 보어인들에게 유리하게 돌아갔다. 영국 측이 저지른 실수 때문이었다. 그렇지만, 50만 병력을 보강한 영국은 1900년도 중반에 보어인들의 주요 도시들을 장악하고는 그 주민들을 복속시킬 요량으로 청야 작전을 사용하면서 동시에 포로수용소를 건설했다. 보어인들은 결국 1902년에 평화조약을 체결해야만 했다. 그러나 '아프리카너' 민족주의의 불꽃은 영국인들의 잔인성 덕에 더욱 뜨겁게 불타올랐다. 영국은 뒤늦게나마 보어인들을 달래려 했으나 소용이 없었다. 그러다가 1910년에 이르러 보어인들이 세운 공화국들과 영국의 식민지가 하나로 결합해 남아프리카연합이 탄생했다. 백인 지배의 지속은 당연한 귀결이었다. 그러나 두 백인 집단들 간의 갈등도 커지면 커졌지 결코 줄어들지 않았다. 이는 아프리카인들에게도 도움이 되지 않았다.

광물의 발견은 제국주의자들의 탐욕을 부추겼다. 제국주의자들은 내륙으로 더 깊숙이 들어가면 더 많은 부를 축적하게 될 지도 모른다는 꿈을 꾸기 시작했다. 영국의 실업가인 세실 로즈는 이러한 꿈에 사로잡혀 있던 대표적인 인물이었다. 그는 당대에는 쇼나와 은데벨레인들에게 속해 있었지만 고대에는 짐바브웨 왕국에 속해 있던 림포포 강의 북쪽으로 가면 더 많은 황금이 있을 것이라 확신했다. 은데벨레 왕국의 로벵굴라(Lobengula) 왕은 속임수에 속아 자신의 영토를 로즈가 만든 영국남아프리카회사(BSAC, British South Africa Company)에 이양하는 각서에 서명을 하게 되었다. 로즈가 설립한 회사는 1890년대 초에 이 지역에 입성했다. 그 후에 이 지역을 식민지로 만드는 일에 착수했다. 로즈는 영국 정부의 지원을 등에 업고 이 지역을 자기 이름을 따서 로디지아로 명명했다. 로디지아는 나중에 남로디지아가 되었다. 1890년에는 최초의 무장 세력이 쇼나 지역을 점령하여 농장을 세웠다. 그러나 금에 대한 환상은 깨지고 말았다. 이들은 미친 듯이 금을 찾는 과정에서 이 지역에 고고학적으로 회복 불가능한 피해를 입히기도 했다. 1893년의 개척 농군들과 가장 심각한 갈등을 빚은 세력은 은데벨레였다. 1896~1897년에 쇼나와 은데벨레는 점령군에 대항하여 '치무렝가'(Chimurenga)라고 불리는 봉기를 일으켰다. 봉기의 목적은 백인 식민주의자들을 자신의 영토에서 몰아내는 것이었다. 그러나 케이프에서 지원군을 접수한 로즈는 그 봉기를 어렵지 않게 진압했다. 그럼에도 저항의 정신은 남아 있었다. 차세대 짐바브웨의 민족주의자들은 마지막지 정신을 이어받은 탕가니카 사람들처럼 치무렝가 정신을 역사적으로 기렸다.

영국남아프리카회사는 오늘날의 말라위를 종속시키는 데도 도구적 역할을 수행했다. 후에 니아살란드라고 명명되는 중앙아프리카는 1889년에 이곳에서 보호령으로 선포되었다. 모잠비크 쪽에 있던 포르투갈인들의 진입을 막기 위한 조치였다. 해리 존스턴(Harry Johnston)의 소규모 군대는 야오와 스와힐리, 체와 및 응고니와 1890년대에 여러 차례 충돌했다. 그는 이 충돌을 노예무역을 제거한다는 명분으로 정당화했지만, 이 지역에 있던 중요한 아프리카 공동체를 파괴하는 결과를 낳았다. 존스턴은 오늘날의 잠비아에 해당하는 북로디지아 지역에서도 남아프리카회사의 전매특허인 '회유 작전'을 지속적으로 펼쳤다. 그 결과로 그간 이 지역을 통치하고 있었으나 급작스럽게 상업적으로 고립이 되는 바람에 세력이 많이 약해져 있던 벰바를 손쉽게 제압할 수 있었다. 응고니는 이 지역에서 맥심 기관총의 위력을 경험해야 했다. 영국이 채택한 무력은 이 지역 어디서나 볼 수 있었다.

한편, 포르투갈인들은 아프리카인 용병을 활용하여 모잠비크에서 장악력을 확장해 가고 있었다. 이는 아프리카인들 간의 전쟁을 부추기는 것으로 포르투갈의 관료들에 의해 획책되었다. 포르투갈인들은 이를 포르투갈인들에 의한 '정복'으로 간주했다. 이러한 사태는 앙골라에서도 동일한 형태로 되풀이되었다. 차이가 있다면, 앙골라의 경우 무장투쟁이 격렬했다는 점이다. 포르투갈은 제1차 세계대전이 시작되고 나서야 앙골라를 완전히 평정했다고 선언할 수 있었다. 독일도 서남아프리카의 헤레로와 나마를 대상으로 참혹한 정복 전쟁을 치렀다. 승리를 거두기는 했지만, 그 승리는 목축 경제를 도탄에 빠지게 한 가축 전염병 탓이 컸다. 1904년에 봉기를 일으킨 헤레로는 1907년이 되어서야 대단히 끔찍하게 진압이 되었다.

가장 평균적인 통계에 따르면 아프리카 쟁탈전의 시기는 1900년대 초에 끝나는 것으로 나와 있다. 그러나 앙골라와 소말리아만 보더라도, 이들의 저항은 각각 제1차 세계대전과 1920년대가 되어서야 이른바 '평정'이 되었다. 영국령 소말릴란드의 경우에 사이드 무함마드 압딜레 하산은 1920년도에 자연사를 할 때까지 외적과의 싸움을 멈추지 않았다. 한편, 이탈리아는 자국령 소말리아 영토의 북쪽 지대를 1920년대 말까지 완전히 장악하지 못했다. 리비아 또한 1911년부터 제1차 세계대전이 벌어진 해까지 공식적인 이탈리아의 식민지 영토로 편입이 되지 않았다. 당시 트리폴리타니아와 키레나이카는 군사적으로 정복을 당했지만, 주지하다시피 리비아의 사누시야는 에리트레아 군이 포함된 이탈리아의 식민 군대를 1930년대까지 붙들어두고 있었다. 알제리의 사하라에 숨어 있던 카디리야도 수년 동안 프랑스와 맞서 싸웠다. 모로코도 에스파냐가 해안 지대인 북쪽을, 프랑스가 나머지를 분할 점령하게 되는 1912년이 되어서야 유럽의 손아귀에 들어갔다. 이는 독일을 견제하기 위한 것으로 유럽 열강들 간의 경쟁이 극심했음을 의미한다. 그러나 에스파냐와 프랑스, 이 두 유럽 세력에 대한 모로코인들의 저항은 1920년대까지도 지속되었다. 물론 프랑스에 대한 저항은 좀 더 오래 지속되었다. 아브드 알 키림(Abd al-Karim)은 1926년에 리프(Rif)에서 패배하여 항복할 때까지 에스파냐를 상대로 게릴라전을 이어 갔다. 프랑스는 1930년대 초까지도 모로코의 사하라 지역을 완전히 정복하지 못했다. 도심과 해안 지대 그리고 유럽인들의 정착촌 너머에 있던 사막 지대는 대체로 19세기에 이 지대를 장악하고 있던 세력들의 손아귀에 여전히 놓여 있었다.

결론적으로 말해, '저항'이라는 말은 대단히 문제가 많은 용어로 아프리카 전사들의 이미지를 단순화시키는 측면이 있다. 아프리카 전사들이 근대성을 향해 강한 자부심을 반영하는 그러나 무지몽매한 창을 겨누고 있는 모습으로 묘사되고 있기 때문이다. 아프리카인들의 폭력은 '고결'하지만 너무 야만적이고 유전적이어서, 결국 예견된 패배로 이어질 수밖에 없었던 것으로 묘사하기 때문이다. 그러나 아프리카인들의 '저항'에는 여러 가지 형식이 있었다. 이를 이해해야만 아프리카인들이 다양한 방식으로 상황에 적응을 했고 또 새로운 정치적 환경을 만들어 낼 수 있었다는 점을 수긍할 수가 있게 된다. 아프리카인들의 '저항'에는 수투와 츠와나 그리고 불로지의 레와니카(Lewanika) 왕이 요청했던 '보호령'도 포함이 된다. 이를 유럽중심주의적으로 해석하면 주권의 포기 또는 식민 세력의 우월성에 대한 인정으로 받아들이게 된다. 그러나 수투도, 츠와나도, 로지도 '보호령'을 이런 식으로 해석하지 않았다. 이들에게 '보호령'은 주권의 유지를 의미했다. 동시에 주권을 유지하는 데 필요한 놀라울 정도로 실용적인 수단을 의미했다. 아프리카의 통치자들은 이따금 '보호령'의 본질을 파악하는 데 실패하여 본의 아니게 종속 관계로 돌입한 경우가 적지 않았다. 물론 그들은 이 관계를 동등한 두 세력 간의 동맹으로 이해했다. 그러나 실상은 그렇지 않아 상호 간의 신뢰를 쌓을 수가 없었다. 따라서 일부 아프리카 국가들은 처음부터 싸움을 선택했다. 아프리카 쟁탈전이 벌어지던 초기에 유럽 주둔군의 공격성에 직면한 아프리카 국가들은 특히 이 선택을 존중했다. 그러나 이후에 전개된 사태를 통해 알 수 있듯이, '저항'과 '적응'은 넓은 의미에서 매우 복잡한 현상과 형태를 띠게 되었다. 이를 통해 '저항'의 형식은 폭력적이라고 보기에는 아주 미묘한 그리고 어떤 경우에는 섬세하기까지 한 면모를 지니고 있음을 알 수 있게 될 것이다.

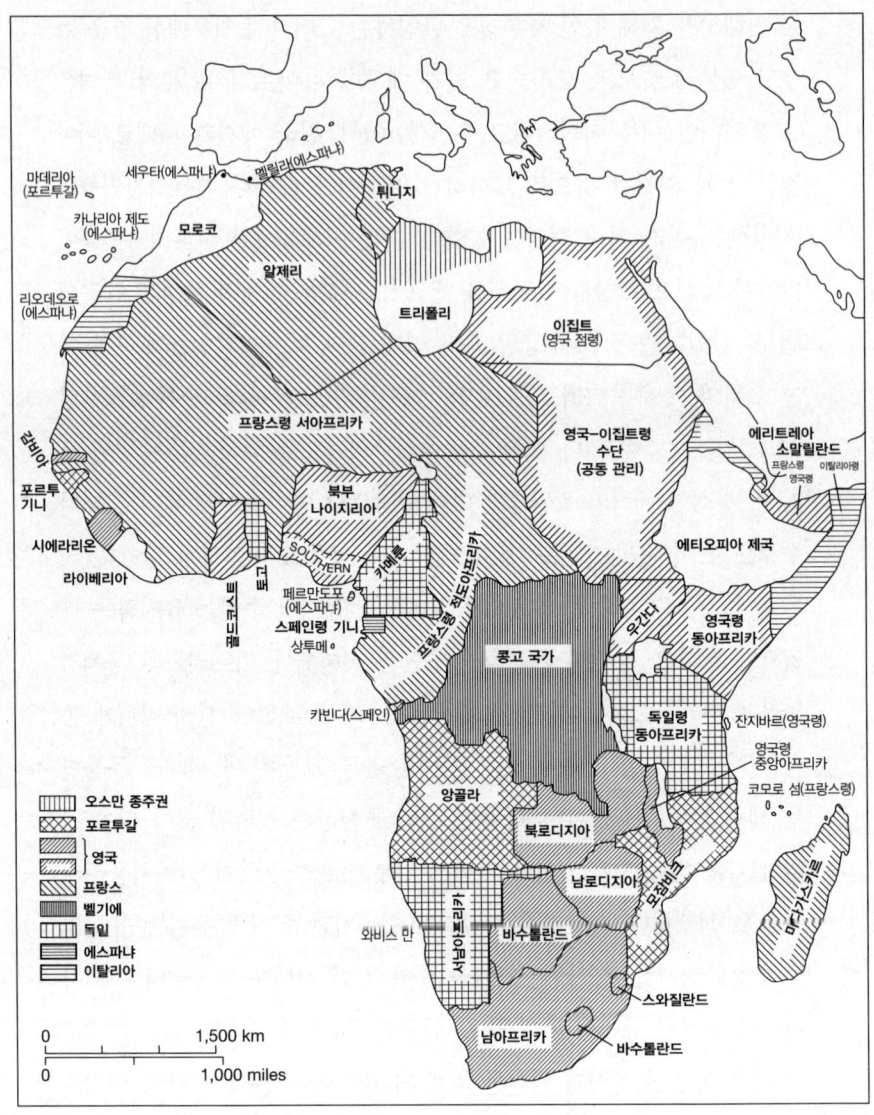

지도 15 1902년 무렵의 아프리카 분할 최종 국면

식민주의와 역사적인 '지식'

식민주의는 유럽과 아프리카의 극적인 관계를 심화하는 데 한몫했다. 이는 암묵적이건 명시적이건 아프리카에 관한 역사적 지식을 체계적으로 축적하거나 규범화하는 과정을 포괄하고 있었다. 유럽과 아프리카는 이를 모두 수용했다. 특히 유럽은 아프리카의 역사적 그리고 '인종적' 발전 과정을 이해하기 위해서는 좀 더 '과학적인' 방법론을 적용할 필요가 있다고 주장했다. 이것은 식민 체계를 구축하는 데 필연적이었다. 그리고 그 효과는 아프리카가 독립을 쟁취하는 것 이상의 의미를 지니고 있었다.

아프리카 사회를 역사화하려는 시도는 19세기 후반과 20세기 초반에만 해도 그다지 새로울 것이 없었다. 아프리카에 대한 유럽인들의 기록 전통에서 볼 때, 이는 오랜 전통이었기 때문이다. 유럽의 수많은 여행객들과 선교사들 그리고 책상 앞에서 지리를 연구하던 지리학자들은 모두 이런 방식으로 '인종학'을 생산했고, '부족'과 관습에 대한 기록물을 남겼으며, 전쟁과 위대한 지도자에 대한 역사를 남겼다. 제임스 브루스(James Bruce)가 이를 대표하는 인물이었다. 그는 18세기 말에 에티오피아에 대한 방대한 여행기를 남겼는데, 이 책이 이 지역의 역사를 연구하는 데 온전히 공헌하기를 바란다는 소망을 내비치기도 했다.[18] 한편, 대륙의 반대편에서는 노예무역업자인 아키발드 달젤(Archibald Dalzel)이 《다호메이의 역사》라는 책을 남겼다. 그는 이 책에서 노예무역을 지지하는 입장을 취하면서 다호메이 왕국이 지닌 내재적 야만성

---

18) J. Bruce, *Travels to Discover the Source of the Nile, in the Years 1768, 1769, 1770, 1771, 1772 and 1773*, 5 vols.(London, 1790).

을 재구성하는 역사책을 써야 할 필요성을 역설했다.[19] 특정한 명분을 정당화하거나 자기를 과시할 목적으로 쓴 이와 같은 '역사들'은 '역사적 사실'을 재현하거나 '절대적인 지식'을 생산하고자 하던 초기의 시도들을 대변했다.

19세기 중반에 이르러 유럽인들의 원정이 속도를 내게 되자 역사적인 서사도 덩달아 일반화되어 가기 시작했다. 동아프리카의 대호수 지역만큼 이런 현상이 극적으로 드러난 지역도 드물 것이다. 1860년대 초에 존 스피크는 동아프리카의 대호수 지역에서 그가 이른바 '전설적인 지역'이라 부르던 부간다와 그 주변 지역에 대한 최초의 왕조 계보를 남겼다. 스피크는 부간다 왕국이 북쪽에서 내려온 피부가 상대적으로 하얀 인종들의 침략에 의해 생겨난 국가라고 기술했다. 이는 이른바 '함족의 신화'라는 이름으로 알려져 있다. 국가 자체는 물론이고 이 지역에서 '문명'이라는 이름에 값할 만한 그 어떤 것도, 그 기원을 살펴보면 아프리카 대륙 바깥에 있었다는 것이다. 그 예로 부간다 왕국을 제시했다. 대단히 초보적인 수준이긴 하지만, 그는 이 지역의 역사를 기술하는 일종의 표본을 제시한 셈이었다.[20] 그로부터 몇 년 후에 스탠리는 부간다의 역사를 재구성하는 데 좀 더 많은 시간을 할애하여 스피크의 왕조 계보를 서른다섯 개의 왕조로 확장했다. 그는 이를 기술하는 과정에서 관습적인 허장성세를 드러냈다.[21] 그 이후로 좀 더 많은 기록이 뒤따랐다. 특히 1870~1880년대에 여러 선교사들과 여행객들은 저마다의 시각으로 많은 기록들을 남겼다. 서로 약간의 차이는 있었지만, 이들이 남긴 기록물들은 결국 '지식의 정설'로 인정되기에 이르렀다. 이

---

19) A. Dalzel, *The History of Dahomey*(London, 1793).
20) J. H. Speke, *Journal of the Discovery of the Source of the Nile*(Edinburgh, 1863).
21) H. M. Stanley, *Through the Dark Continent*, 2 Vols.(London, 1899).

를 통해 '부간다의 역사'도 꼴을 갖추기 시작했다. 1890년대 초에 성공회선교회 선교사인 로버트 애시(Robert Ashe)는 《우간다 연대기》[22]라는 이름으로 이 왕국에 대한 최초의 역사적 기록물을 생산했다.

아프리카의 엘리트들 또한 이러한 과정을 거치면서 상당한 정도의 통치력을 보유하게 되었다. 다양한 계보를 가진 정치집단들과 나름대로 중요한 역할을 한다고 믿었던 정치 인사들은 자신들만의 시각으로 부간다의 역사를 해석하면서 기회 있을 때마다 이를 두드러지게 내세웠다. 1890년대 초에 구술이 문자에게 자리를 내주게 되자, 그럴 만한 자리에 있던 추장들은 앞을 다투어 자신이 통치하고 있던 지역의 과거와 주요한 역사적 '진실'을 문자로 기록하기 시작했다. 이 과정에서 그들은 왕국의 현재에 대해 좀 더 핵심적인 권한을 행사할 수 있게 되었다. 문자에 대한 접근 여부는 권력을 의미했다. 왜냐하면 문자가 지배적인 서사와 절대적인 지혜의 길을 예비해 주고 있었기 때문이다. 지배적인 서사와 절대적인 지혜는 글로 쓰일 경우 부간다처럼 문자를 중시하는 사회에서 영원성과 정통성의 지위를 획득할 수 있었다.

문자의 권위를 가장 명확하게 드러낸 사례가 아폴로 카그와(Apolo Kagwa)의 경우였다. 식민 통치 시절 초기에 부간다의 요직을 맡고 있던 아폴로 카그와는 기독교로 개종한 뒤 선교사들과 총독의 절친한 친구가 되었다. 그는 1900년대 초기에 《부간다의 왕들》이라는 책을 출판했다. 그는 이 책에 간다의 과거와 관련해 자신이 선호하는 그러면서 동시에 지배적인 시각을 집중적으로 기록해 넣을 수가 있었다.[23] 그가 쓴 책은 여러 가지 면에서 성경과 비슷한 분위기를 풍겼다. 성경은 그 시대 부간다에서 출간된 책들 가운데에서 가장 중요한 텍스트로 엄청

---

22) R. P. Ashe, *Chronicles of Uganda*(London, 1894).
23) A. Kagwa(tr. & ed. M. S. M. Kiwanuka), *The Kings of Bugunda*(Nairobi, 1971).

난 영향력을 행사하고 있었다. 간다의 기독교도들은 성경을 '절대적인 진리'로 이해하고 있었다. 따라서 성경이 지닌 문자적이면서 문학적인 형식은 구술성을 가지고는 절대로 표현할 수 없는 절대적인 진리의 표현을 수월하게 하는 데 필수적이라고 생각하고 있었다. 카그와가 쓴 책은 형식적인 면에서도 성경의 형식을 따르고 있었다. 인류의 타락을 여성의 유혹에서 비롯한 것으로 기술한 창세기처럼 첫머리를 시작하는 것은 물론이고, 그 안의 계보학적인 내용도 구약성서를 읽는 듯한 분위기를 연출했다. 부간다 왕국의 흥망성쇠를 다룬 대목도 이스라엘인들의 승리와 시련을 다룬 방식과 유사하게 전개했다. 왕국이 추대하던 특별한 왕들과 왕자들에 대한 평가도 성경과 마찬가지로 도덕성과 정의로움에 기초하고 있었다.

카그와는 성경 내용을 잘 알고 있었다. 그는 동시에 부간다 왕국의 과거를 다른 방식으로 해석하는 경쟁자들이 영국의 지배 아래 있던 간다의 정치집단 내에 도사리고 있다는 사실도 잘 알고 있었다. 따라서 그가 쓴 《부간다의 왕들》이라는 책은 그의 경쟁자들을 부간다의 정치 현장에서 몰아내기 위한 목적을 띠고 있었음을 알 수 있다. 동시에 이것이 만인이 원하는 절대적 진리임을 명시하고 있음을 알 수 있다. 문자의 형식을 빌려 역사적 진실을 기록한 사례를 서아프리카에서 보자면 새뮤얼 존슨(Samuel Johnson) 목사가 쓴 두툼한 책 《요루바인의 역사》가 있다. 요루바인인 존슨 목사는 도덕적이고 역사적인 측면에 초점을 맞추면서 요루바인들의 역사와 그들이 당한 시련과 고난, 운명 등을 성서의 서사와 아주 유사한 방식으로 기술한 바 있다.[24]

카그와가 역사적 '지식'을 통해서 사멸한 간다 '왕국'의 의미를 새롭게

---

24) Rev. Samuel Johnson, *The History of the Yorubas* (London, 1921).

정의하고, 이를 통해 식민주의라는 새로운 틀로 권력의 균형을 맞춰보려는 시도를 하고 있었다면, 존슨은 초기 선교사들이 사용했던 혁신적인 방법론을 활용하여 요루바의 의미를 명료한 역사적 그리고 '민족적' 실체로 인정하고 있다. 문자 기록이 확장되고 성경을 토착어로 옮기는 작업들이 활발해지면서 '인종적' 또는 '민족적' 정체성은 언어를 중심으로 재편되었다. 존슨의 정의에 따를 경우, 요루바는 19세기 중반 이전까지는 존재하지 않았던 셈이 된다. 그럼에도 존슨이 남긴 요루바에 대한 역사적 기록은 근대 요루바의 정체성과 지위를 규정하는 데 가장 참고할 만한 진술로 기능했다. 다시 말해, 언어와 문자가 새로운 형태의 '지식'과 정체성 그리고 충성도 및 소속감을 생산하는 메커니즘으로 작동하게 되었다는 뜻이다.

맥락이 다소 다르기는 하지만 간다의 기독교도 가운데 특히 개신교도들은 영국이 자국의 '민족사'를 해석하는 방식을 전유하기도 했다. '저항'을 전통적인 의미에서 해석할 경우, 간다는 1897년에 카바카 음왕가가 짧지만 굵게 벌인 투쟁을 제외하고는 식민주의에 '저항'하지 않았다. 그럴 필요가 없었기 때문이다. 간다의 개신교도들은 역사적인 '지식'을 창조하고 조작하는 일을 우간다라는 보호령 안에서 자신들의 지위를 영속적으로 향상시키는 데 활용했다. '위대한 국가'의 역사를 조작해 내는 능력을 가지고 있던 그들은 그 지역에서 자신들이 차지하고 있던 지배적인 지위를 정당화하는 역사적인 서사를 계발하여 영국 측에 제공했다. 이를 통해 영국은 부간다를 이웃한 국가들 가운데에서 가장 중요한 지역으로 간주하게 되었다. 이는 부뇨로처럼 아직 식민화되지 않은 국가들을 상대적으로 낮게 평가했음을 뜻했다. 역사적인 '지식'은 현실적인 힘을 의미했다.

한편, 19세기 후반에 서아프리카의 아샨티는 위기를 맞이하고 있었다. 왕조 간의 갈등 때문이었는데, 이로 인해 많은 아샨티인들이 해안 지대에 있던 영국 영토로 피난을 갔다. 그곳에서 그들은 새로운 상업과 영국의 문화적 영향력 아래 노출되었다. 망명 중이던 아샨티인들은 영국을 자극해 1890년대에 왕국을 침략케 했다. 그 대가로 그들은 아샨티의 요직을 독점할 수 있게 되었다. 1900년 이후에 영국은 이들을 새로 정복한 영토를 통치하는 데 기용했다. 이들처럼 진보적이고 지적이며, 상업적인 욕망을 가지고 있던 개인들을 영국은 새로운 제국의 질서와 '이념적으로 화해한' 인물들로 간주하고 있었기 때문이다. 영국의 대영주들이 새로운 영토를 통치하는 과정에서 이들에게 지나칠 정도로 깊게 의존을 하고 있었다는 점은 명확했다. 그런 의미에서 아프리카인 추장들과 백인 대영주 사이의 관계는 후자의 무지에 기초하고 있었다고 보아도 과언이 아니다.

그런 '지식'이 지배하고 있던 시절에 아프리카에 대한 논의는 활발했다. 그것은 19세기 후반과 20세기 초반에 유럽인들의 욕망이나 필요에 따라 자극을 받은 측면도 있었다. 유럽인들은 아프리카의 과거 속에 내재되어 있는 듯 보이는 심연을 들여다보면서 그 속에서 의미를 찾아내고, 아프리카의 '상황'을 역사적인 맥락 속에서 이해하고자 했다. 어떤 의미에서 이것은 초기의 인정데들이 '거칠고' 또 '희한한' 아프리카의 풍광을 파악이 가능한 일종의 정보로 만들기 위해 산맥과 강들을 탐사하고 추적하고 호수를 항해한 뒤 이름을 붙이는 식의 노력들을 했던 것과 아주 유사하다고도 볼 수가 있었다. 이것은 성능이 월등하게 우수한 무기를 소유하고 있는 것과 같은 통제의 효과를 지니고 있었다. 그래서 1900년을 전후로 한 시기에는 역사학과 인류학, 인종학 등을 아프리카에 적용하는 진지한 시도들이 활발하게 진행되었다. 물론 유럽인들은 아프리카인들에게는 역사가 없다고 믿었다. 문자의 부재는 역사를 부재를 의미했기 때문이다. 이러한 이유 때문에 에티오피아는 특별한 경배의 대상이 되기도 했다. 아랍어를 사용하던 아프리카 북부 지역도 마찬가지였다. 에티오피아나 이집트 같은 문화적 예외들은, 실제로 나머지 아프리카 대륙과 분리된 상황일 때 좀 더 쉽게 이해가 되었다. 좀 더 일반화시켜서 말하자면, 아프리카인들은 '신화'와 '전설'을 가지고 있을 따름이었다. 유럽인들은 여기서 좀 더 섬세하게 다듬어야 할 대상을 골라내야만 했다.

유럽인들에게 이러한 방식으로 '이해'를 도모하는 일은 제국의 의무를 가운데 핵심적인 요소였다. 뿐만 아니라 풍광에 대한 지배를 통해 유럽의 우월성을 강화하는 하나의 방식이기도 했다. 물론 아프리카인들은 역설적이게도 이 과정을 좀 다르게 해석했다. 이러한 방식의 '이해'는 기능적인 측면에서도 매우 실용적이었다. 부간다의 연구 사례가 대표적이다. 르완다나 부룬디의 투치와 나이지리아의 요루바에 대한 연구 사례도 마찬가지였다. 유럽인들은 이들에 대한 연구를 통해 자신들의 '통치'를 대리할, 다시 말해 제국주의의 대리인 역할을 수행할 '선진적인' 집단을 선발했다. 식민주의의 기획은 이 집단이 없이는 결코 성공할 수가 없었다. 아프리카인들은 유럽의 이러한 요청을 역사를 가다듬고 그들 자신의 지식 기반을 조정하는 방식으로 수용했다. 지식은 상품작물과 마찬가지로 새로운 정치 시장의 요구에 따라 제공되었다. 그러므로 1880년대와 1920년대 사이의 시기는 정치적·사회적 변화가 심각하게 벌어진, '역사가 만들어지고 있던' 시기라고 보아도 무방할 것이다. 이 시기에 갈고 다듬어진 지식은 어떤 지역에서는 식민 국가의 꼴을 갖추는 데 사용되었고, 동시에 식민지 경험을 구축하는 데도 동원되었다.

식민주의와 정치적 '지식'

초기 식민 국가는 '원주민의 지식'에 주로 의존했다. 그리고 상당 부분 아프리카의 정치적 구조와 지도력의 방식 그리고 '전통'에 대한 인식을 중심으로 국가의 꼴을 갖추어 나갔다. 역사적 지식을 심화시키는 과정에서 아프리카의 지배 계층은 특정 지역에 대한 지배력과 위계에 대한 개념을 선도함으로써 새로운 정치적·사회적 현실에 용의주도하게 적응했다. 여러 가지 의미에서 이것은 재발명의 과정이었다. 물론 이러한 과정을 거친 역사와 조정이 모두 거짓이라고 주장하는 것은 아니다. 그럼에도 이 과정이 과거의 정체성과 기억을 다시 구성하고 있음은 분명한 사실이다.

식민 국가의 토대를 정초하는 과정에서 통치를 하는데 가장 적합한 수단으로는 일반적으로 지배 엘리트들과 '국가들' 그리고 토착적인 구조들이 손꼽힌다. 이 가운데 지배 엘리트들은 종종 식민지 기획의 '동반자' 구실을 하기도 했다. 그러므로 '원주민을 이해하는 일'은 안정적인 정치체제를 만들어 내는 데 필수적인 요소였다. 아프리카인들에게도 '유럽인들을 이해하는 일'은 새로운 질서 속에서 자신의 위치를 재정립하고 발전을 도모하는 데 필수적이었다.

영국이 낳은 가장 위대한 제국주의 정책의 실무자 프레더릭 루가드는 사하라 이남의 영토 중 가장 중요한 곳으로 알려진 두 지역, 우간다와 나이지리아를 만들어 내는 데 혁혁한 공을 세웠다. 1823년에 초판이 출간된 《영국령 열대 아프리카에서의 두 가지 책무》라는 제목의 책에서 그는 대영제국의 의무에 대해 고전적인 설명을 늘어놓았는데, 내용은 이렇다.

문명의 의무란 노예제도를 종식시키고, 법치를 세우며, 원주민들의 마음속에 개인적인 책임감과 자유, 정의에 대한 인식을 심어 주는 것입니다……. 그리고 무엇보다도 특히 교육제도를 통해 그러한 행복과 발전을 이룩할 수 있다는 것을 깨닫게 해주는 일입니다. 나는 장차 역사가 대영제국이 이렇게 위대한 책임감을 원주민들의 마음속에 심어 주는 일에 열과 성을 다한 점에 대해 높은 평가를 내릴 것이라고 믿어 의심치 않습니다. 왜냐하면 대영제국이 아닌 다른 제국의 지배 하에서라면 아프리카인들이 그런 정도의 자유와 불편부당한 정의 또는 인간적인 대접의 혜택을 받을 수 있다고 믿지 않기 때문입니다. 바로 이런 이유 때문에 나는 영국 제국과 그 제국이 아프리카에 베풀어야 할 의무에 대해 깊이 신봉하는 바입니다.[25]

이와 같은 '성공'의 중심에는 간접 통치 제도가 있었다. 본질적으로 이 제도는 폭력적인 방법으로건 평화를 통한 방법으로건 제국이 '정복'을 마친 후 그 질서에 동의하는 원주민 추장과 현존하는 위계질서를 활용하여 통치를 원활하게 하는 것을 목적으로 하고 있었다. 이런 차원에서 본다면, 간접 통치에는 별다른 새로움이 없다고 보아도 무방하다. 왜냐하면 시간과 공간을 불문하고 제국들이 대체로 선호하던 고대의 통치 방식을 그대로 답습하고 있기 때문이다. 그렇지만 영국의 경우는 다소 다르다. 강도가 다소 약하기는 하지만, 프랑스의 경우도 마찬가지다. 영국과 프랑스 모두 간접 통치를 일종의 정치철학의 수준으로 승화시키고 있기 때문이다. 뿐만 아니라 간접 통치를 문명화 사업의 핵심으로 강조하기도 했다. 영국은 간접 통치에 담겨 있는 융통성과 실용적

---

25) F. D. Lugard, *The Dual Mandate in British Tropical Africa*(Edinburgh & London, 1923), p. 5.

인 특성을 단순한 의미의 편법이 아닌 일종의 미덕으로 상찬했다. 모든 속국의 사회와 지방은 그 지역의 필요와 관습에 따라 통치되었다. 이러한 원칙의 적용이 부적절하거나 적용 자체가 불가능한 곳일 경우에는 식민주의가 그 제도를 수정하여 새로운 것을 도입했다. 이를 효과적으로 달성하기 위해서 '원주민들'의 마음속에 경외감과 전통에 대한 인식을 심어 주고, 이들을 유럽 문명의 영향력 앞에 노출시켰다. 원주민들에게 모든 것을 맡기거나 그들을 단순히 이 모든 과정의 일부로 간주하는 태도는 옳지 않았다. 물론 간접 통치 제도는 '원주민들' 자신에 대한 '지식'의 발전에 바탕을 두어야만 성공할 수가 있었다. 왜냐하면 그 제도는 당시 새롭게 부상하던 역사적 구성물에서 출현한 지식을 반영했기 때문이다. 그러나 이 모든 것은 '통치자'와 '피통치자'의 협력을 통하지 않고서는 불가능했다. 다시 말해, 쌍방의 관계에 기초를 두고 있었다는 뜻이다. 물론 이 쌍방은 서로 갈등하면서 이따금 서로가 서로를 받아들이기도, 밀어내기도 했다.

어떤 측면에서는 간접 통치가 인종 갈등의 핵심이기도 했다. 이는 19세기와 깊은 관계가 있는 것으로 이미 앞 장에서 언급한 바가 있다. 여기서 반드시 주목을 해야 할 개념이 있다. '동화'와 '제휴'라는 개념이다. 19세기 초의 동화주의자들은 아프리카 문화는 본질적으로 흠결이 많고 완전하지 않으며 후진적이어서 궁극적으로 신뢰할 수 없다고 주장했다. 그들은 상업과 기독교를 통해 아프리카인들이 구원을 받을 수 있을 것이라고 믿었다. 그리고 시에라리온을 시험대로 삼아 이 위대한 이론을 검증해 보고자 했다. 미약하지만 실험은 성공적이었다. '까만 영국인'이라고 부를 만한 식민지인이 탄생했기 때문이다. 까만 영국인을 대표하는 목사들은 이 지역에 복음을 널리 전파했다. 프랑스도 세네갈에서 비슷한 실험에 돌입했다. 1848년에 일어난 혁명 덕분에 아프리카인들도 프랑스의 시민이 될 수 있었고, 그에 따라 프랑스 의회에서 대표권을 확보할 수 있었다. 그것은 아프리카인들도 올바른 지도만 받으면 유럽의 문화에 동화될 수 있다는 믿음에 기초한 것이었다.

그렇지만, 19세기 후반부에 다다르면 영국과 프랑스 모두 '동화'의 입장을 버리고 '제휴' 쪽으로 방향을 선회하게 된다. 1860~1870년대에 인종에 대한 태도가 강화되는 쪽으로 진행되기 때문이다. '동화'보다 '제휴'의 입장을 지지하던 대표적인 인물은 리처드 버턴이었다. 그는 '유럽화된' 아프리카인들의 무능 때문에 절망했다. 유럽화된 아프리카인들이 할 줄 아는 것이란 게 고작 유럽의 문화를 따라하거나, 외형만을 흉내 내는 정도라고 주장했다. 이는 유럽의 문화를 궁극적으로는 조롱하는 것이나 다름없다고 믿었다. 한편, 세네갈의 아프리카인들도 시민이 아닌 '신민'이 되었다. 시민이 되는 특권은 해안 도시에 살던 소수 주민들에게만 주어졌다. 시에라리온의 실험도 결국에는 실패로 귀결되었다. 세네갈의 특정 엘리트가 프랑스의 고등교육을 받고 프랑스의 상층 문화로 편입됨으로써 발전을 도모할 수는 있었다. 그러나 극히 드물었고 대다수의 아프리카인들은 유럽의 문명에 동화되는 것이 불가능하다는 것을 암시하는 반면교사 구실을 했을 뿐이다. 유일한 대안은 제휴뿐이었다. 유럽인들과 아프리카인들 사이에 거리가 벌어지기 시작했다. 아프리카인들이 유럽인들을 아무리 따라잡으려 애를 써도 좁혀지지 않을 만큼 격차가 커졌다.

간접 통치에는 통치자와 피통치자의 거리를 제도화한다는 분명한 철학이 있었다. 하지만 이를 일반적인 원칙으로 삼아 모든 상황에 적용하는 것은 물론 불가능했다. 지역에 따라 복잡성과 편차가 달랐기 때문이다. 그래서 아프리카 대륙에는 다양한 형태의 간접 통치가 적용되었다. 영국은 북부 나이지리아의 하우사와 풀라니에게 간접 통치 방식을 적용했다. 1900년과 1903년 사이에 군사적인 수단을 동원하여 소코토의 칼리파를 제압한 뒤로 루가드는 상당한 권한을 해당 지역의 족장들에게 이양했다. 족장들은 자신들이 통일된 하나의 위계 조직의 일부일 뿐이며, 그 위계의 최상위 층에는 영국의 국왕이 자리하고 있음을 깨달았다. 이는 인도에서와 마찬가지로 몇몇 지역에서 일종의 왕실 '신화'로 이어졌다. 풀라니는 실제로 영국과의 관계를 그런 방식으로 이해했다. 풀라니는 비교적 늦은 19세기 초에 지하드를 통해 정치권력을 장악했다. 그리고 영국이라는 제국이 허락한 영역 안에서 정치력을 발휘함으로써 상대적으로 안정적인 지위를 누릴 수 있었다. 영국은 그 지역의 이슬람을 상당히 신사적으로 대접할 준비가 되어 있었다.

소코토의 칼리파는 두 가지 전략을 가지고 영국 측에 접근했다. 하나는 지배 엘리트들이 이슬람의 전례에 따르되 영국 측에 몸만 바치고 마음은 바치지 않는다는 전략이었다. 국가의 물리적인 독립이라는 것은 잠정적인 것으로 간주되었다. 소코토의 통치자들은 이슬람의 구심력을 그 다음에 나타날 세상을 위해 유지했다. 다른 하나는 좀 더 실용적인 전략이었다. 소코토의 풀라니 통치자들은 많은 민중들이 지닌 '마디'에 대한 믿음, 즉 구세주가 곧 나타나 순수한 이슬람 세계를 회복시켜 줄 것이리는 믿음에 대해 불안해하고 있었다. 그러나 19세기 초에 벌어진 소코토의 지하드는 반대의 결과를 가져왔다. 그럼에도 불구하고 마디, 즉 구세주에 대한 기대는 1900년대 초까지 꾸준히 앙등했다. 이는 이슬람을 믿는 다른 지역에서도 마찬가지였다. 영국은 결국 1906년에 마디스트들의 저항에 직면하게 되었다. 소코토의 지도자들은 이 저항을 탄압하기 위해 이교도들인 정복자들과 손을 잡아야만 했다. 영국은 정통 이슬람의 보존을 약속했고, 소코토의 엘리트들은 모처럼 서로에게 도움이 되는 화기애애한 분위기를 망치지 않도록 하기 위해 극단적인 상황이 출현하는 것을 강력하게 저지했다.

　북아프리카에 있던 유럽의 행정부들도 이슬람에 대해서는 불간섭주의로 일관했다. 그들은 기존의 토착 엘리트들을 활용해 통치를 수행했다. 그러나 19세기 후반에 접어들면서 이러한 전략은 무슬림 개혁주의자들과 민족주의 운동 세력들의 도전을 받게 되었다. 프랑스는 현존하던 정치제도를 활용하여 알제리의 해안 지대를 통치했다. 뿐만 아니라 동쪽에 있던 튀니지의 소수 중산층들까지 포섭했다. 이집트의 영국은 초기에 케디베 타우피크(Khedive Tawfiq, 재위 1879~1892)와 그의 아들인 아바스 힐미(Abbas Hilmi, 재위 1892~1914)의 궁정을 활용했다. 카이로의 총독 에블린 베어링 경(Sir Evelyn Baring)은 군사력을 동원해 민족주의적인 성향이 강한 아바스를 겁박하였지만, 민족주의자들의 저항은 그칠 줄 몰랐다. 리비아의 이탈리아인들 또한 지역을 '안정'시키기 위해서는 사누시 정권과 타협을 해야 했기 때문에 곤란을 겪고 있었다. 지역에 위원회를 두고 1920년대 초까지 그 위원회와 일정한 거리감을 유지해야 했다. 결국 타협은 어영부영 끝이 났고, 두 국가 간의 관계는 1920년대까지 적대적인 상태로 남았다.

　일반적으로 사하라 이남의 영국 관료들은 식민지 이곳저곳에 흩어져 살며 조정하기 힘든 분쟁들을 해결했다. 그들은 가장 높은 제국의 권위를 대변하면서 필요한 제도들이 문제없이 잘 굴러가는지 점검했다. 그들은 '식민지 재무부'를 설립하여 아프리카의 통치자들에게 세금을 징수하는 책임을 맡겼다. 아프리카의 통치자들은 세금을 징수하는 일을 하면서 자신들의 수입도 챙겼다. 가능한 한 '식민지인들'은 원주민 법정에서 정의를 구현하는 법을 배워야만 했다. 모든 제도는 '정통성'이라는 원칙의 지배를 받았다. 그들은 아프리카인 통치자들을 활용했다. 특정 지역의 주민들에게 아프리카인 통치자들은 합법적인 제왕이기 때문이

그림 15 우간다의 새 통치자 카바카, 다우디 츠와(캄팔라의 성당 앞에서, 1902년)

었다. 1902~1906년 사이에 북부 나이지리아에서 이런 일이 나타났다. 1906년부터 1914년까지는 이 제도가 나이지리아의 전 지역으로 확장되었고 영국이 지배하던 열대우림 지역 전체로 퍼져 나갔다. 그러나 과거에 대족장이 존재하지 않던 지역에 대족장 제도를 만들면서 문제가 발생했다. 이른바 '전통적인' 권한이라는 것을 발명하여 '정통성'이라는 개념을 위반했기 때문이다. 이를 예증하는 대표적인 사례가 나이지리아의 이보였다. 이보는 정복을 당할 때까지도 가장 탈중앙집권적인 집단이었다. 그럼에도 영국은 일종의 대추장 제도를 만들었다. 이보인들에게는 과거에는 찾아볼 수 없는 전무후무한 제도였다. 이보인들은 이 제도를 '합법적인' 것으로 인정하지 않았다. 아프리카인들은 이 제도가 그들에게 일종의 권위를 가지고 강제적으로 적용되자 이를 의심하고 또 거부했다. 북부 수단에서는 이 제도가 간단하게 무시되거나 현실적인 힘이 없는 것으로 간주되었다. 그로부터 얼마 후 탕가니카의 영국인들은 식민지 이전 시기의 탕가니카에 이와 유사한 제도가 있었는지 그 흔적을 찾으려 무척 애를 썼다. 아무런 증거도 찾아내지 못하자, 영국인들은 다시 그 추장 제도를 억지로 발명해 냈다. 아프리카인들은 영국이 발명한 권위적인 추장을 경멸 어린 시선으로 바라보았다. 이는 영국이 지식의 부재를 드러내고 있거나 필요한 '지식'을 창조하는 데 실패했음을 의미했다. 그 결과로 통치가 난항을 겪을 수밖에 없었다.

다른 지역에서도 간접 통치를 둘러싸고 갖가지 문제가 발발했다. 영국은 우간다 보호령 내에 19세기 부간다 왕국이 자랑하던 고도로 선진적인 행정 체계를 채택하고는 차후에 이를 부간다 너머 지역으로까지 확장했다. 부간다의 행정 체계를 인근 주민들에게로까지 확장하는 과정에서 헤게모니를 장악하고 있던 간다인들에 대한 비판적인 정서도 또한 전 지역으로 퍼져 나갔다. 르완다와 부룬디의 독일인들과 벨기에

그림 16 프레더릭 루가드 경과 북부 나이지리아의 추장들(런던 동물원, 1925년 무렵)

그림 17 아샨티의 왕과 골드코스트의 통치자(1935년)

인들도 식민지 이전 단계에서 후투와 투치가 맺고 있던 관계를 제대로 이해하지 못해 이를 너무 단순화하는 우를 범하고 말았다. 그 결과로 그들은 투치 왕조와 정치 엘리트들을 전과는 비교도 되지 않을 정도로 높은 위치에 배치했다. 그렇게 함으로써 벨기에인들은 돈이 들지 않으면서도 효과적인 간접 통치 체제를 구축할 수 있었다. 그러나 이 체제는 뒷날 나타날 무시무시한 재앙의 불씨를 안고 있었다. 그렇지만 케냐와 남로디지아 그리고 알제리와 남아프리카에서처럼 백인 정착촌을 확장할 필요가 있던 곳에서는 간접 통치 원칙이 설 자리가 없었다. 이는 유럽 행정부는 물론이고 백인 정착민들에게도 상상도 할 수 없는 일이었다. 특히 백인 정착민들은 아프리카인들의 노동력과 세금 그리고 자원을 좀 더 강력하게 통제할 것을 주문했다. 이는 각 지역의 정치적 발전 정도에 따라 행정 체계가 서로 얼마나 달라질 수 있는지를 잘 보여 주었다. 따라서 백인 정착촌이 활발한 곳에서는 '직접' 통치가 대세였다. 이곳의 식민주의자들은 간접 통치를 하게 되면 상당히 높은 수준의 권한이 원주민 추장에게 양도될 것임을 잘 알고 있었다. 프랑스도 서아프리카에서는 직접 통치에 어울리는 행정 제도를 선보였다. 이곳의 원주민 권력자들은 그들의 권한이 각 고을의 읍장들 때문에 축소되고 있는 실태를 목격해야만 했다. 프랑스의 행정가들은 지역 주민들을 활용해 새로운 정치 계급을 만들어 이들이 식민 당국에게 충성을 다하고 책임 있는 소통을 하기를 기대했다.

간접 통치 원칙을 강력하게 옹호한 루가드는 그 제도를 정치 철학의 수준으로 끌어올린 인물이었다. 여러 가지 측면에서 간접 통치는 제한적인 자원을 둘러싸고 되풀이되던 문제에 대한 대응책으로 나온 것이었다. 북부 나이지리아나 우간다, 르완다는 강력하고 체계적인 기성의 정치 기반을 갖추고 있었다. 간접 통치는 이런 지역을 재활용해 보고자 하는 욕망을 반영했다. 이런 지역에서는 간접 통치 제도를 적용하기가 상대적으로 수월했다. 토착 엘리트들은 이 과정에 적극적으로 참여하고 싶어 했다. 결국 전쟁의 먼지가 모두 가라앉자 유럽의 행정부와 토착 엘리트 사이에는 모종의 동반자 의식이 싹트기 시작했다. 북부 나이지리아의 풀라니는 지배 엘리트로서 다소 이질적인 면모를 띠고 있었다. 그들은 영국 정부에 협력하고자 하는 의지를 강렬하게 표출했는데, 이로 인해 지배 엘리트로서의 자의식마저 상실하고 말았다. 그 밖에도 우간다의 간다와 르완다 및 부룬디의 투치는 새로운 질서 속에서 자신들의 사회정치적인 지위를 강화할 기회를 명민하게 포착할 수 있었다. 영국은 1930년대에 이르면 간접 통치 제도를 영국령 중부 및 남부 아프리카 전역으로 확대하는데, 여기에는 북로디지아와 니아살란드, 스와질란드와 바수톨란드, 그리고 베추아날란드가 포함되었다.

간접 통치 제도는 좀 더 확장된 정치적·문화적 함의를 이미 내포하고 있었다. 시간이 지나면서 이 제도는 정치적으로 좀 더 의식화되었다. 뿐만 아니라 선교 교육을 받은 아프리카인 엘리트들과 권력을 공유하지 않아도 좋다는 생각에 일종의 정당성을 제공하기도 했다. 여하튼 새로운 아프리카인 엘리트들은 1920년대에 대거 출현했다. 이들은 식민 통치 세력의 지지자 또는 대리인 정도의 역할밖에 하지 않는 것처럼 보이던 '전통적인' 엘리트들과 경합을 벌였다. 영국인들의 관점에서 볼 때, 간접 통치는 구시대의 엘리트들을 아프리카 일반 민중들로부터 일정한 거리 밖으로 떨어뜨려 놓는 데 절묘한 역할을 수행했다. 구태의연한 종족의 전통에 깊이 매몰되어 있던 아프리카의 추장들을 흡수하는 데는 동화가 아닌 제휴가 좀 더 효과적이었기 때문이다. 같은 이유로 당국이 식민 행정의 산물이나 마찬가지인 '새로운 아프리카인 엘리트들'을 신뢰하기까지는 많은 시간이 필요했다. 간접 통치는 '부족의 정체성'을 오히려 강화했는데, 이와 관련해서는 뒤에서 다시 논의하기로 하자.

결국, '근대화'라는 것은 대단히 선별적으로만 적용되었을 뿐이다. 간접 통치는 '부족들'을 서로 이간질하고, 민족주의의 출현을 강제적으로 막아 냈다. 루가드 자신도 아프리카인들을 지나치게 급속도로 근대화하는 것에 대해 우려를 표현한 바 있다. '원주민'의 정신을 가지고는 빠른 변화와 새로운 사유의 유입에 제대로 대처할 수 없다고 믿었기 때문이다. 그는 '전통적인' 환경을 최대한 활용하자고 주장했다. 그러한 환경 속으로 근대성을 서서히 도입하자는 입장이었다. 14장에서 본격적으로 살펴보겠지만, '부족주의'는 식민 통치 기간의 후반부에 좀 더 안정적으로 정착되면서 각 지역의 민족주의가 성장하는 데 큰 걸림돌로 작동하게 된다. 그러나 19세기 후반과 20세기 초반의 유럽인들에게 부족주의는 위계와 가부장, 사회적 질서와 통제를 영속화하거나 강화하는 체제로 이해되었다. 유럽인들이 보기에, 아프리카인들은 누구나 이 체제를 자연스러운 것으로 '이해'하고 있었고, 그 안에서 자신의 위치를 확인하는 것처럼 보였다. 지역의 귀족들은 제국주의 기획의 하위 동반자처럼 인식되었다. 아프리카의 추장과 왕들은 계서제적 통치 체계의 일부였을 뿐이므로 그러한 의식을 받아들여야 했고 자신들의 지위에 만족해야만 했다. 그들은 즉위식과 작위 수여식, 생일, 결혼기념일 같은 행사 때 만인이 지켜보는 앞에서 공식적인 존경을 받는 포즈를 취하기도 했다.

우간다를 예로 한번 살펴보자. 영국은 우간다의 부도(Budo)라는 지역에 공립학교를 세웠다. 그 학교는 간다의 카바카들이 즉위식을 열었던 곳으로 캄팔라의 외곽에 위치하여 우간다 엘리트들의 자녀들을 교육시키고 있었다. 그 이후로 영국과 아프리카의 축제 의식을 결합한 간다 왕조의 즉위식은 이 학교의 강당에서 진행되었다. 다소 논쟁의 여지가 있긴 하지만, 바로 이런 방식으로 부간다의 왕위 제도는 영국과 아프리카의 발명품이 되었다. 과거에는 존재하지 않았던 서열과 경배라는 '전통적인' 제도 또한 남부 나이지리아와 탕가니카에서 이런 방식으로 창조되었다. 간접 통치는 무엇보다도 통치 제도의 발명과 지지, 정당화와 깊은 관련을 맺고 있었다. 이를 통해 문명화 사업과 식민 질서의 안정화라는 과제는 상대적으로 쉽게 달성될 수 있었다.

11장

흙의 제국과 동원
상품작물과 광산, 노동력

　식민주의의 핵심적인 목표는 식민지를 군사적으로 안정시키고 경제적으로 활성화시키는 것이었다. 이번 장에서는 식민 종주국이 식민 군대를 어떻게 조직했고 또 식민지를 어떻게 감독했는지를 살펴볼 것이다. 먼저 식민지의 경제체제가 어떻게 발전했는지를 살펴보자.

　식민지의 경제체제는 크게 세 가지 모델을 따라 발전했다. 첫째, 원주민들이 주도한 상품작물 경제를 따라 발전했다. 상품작물 경제는 아프리카 농업 생산자들의 손에 달려 있었다. 이 제도는 서부와 중부, 동부 아프리카의 너른 열대 지대를 관통하면서 발전해 나갔고, 지중해 지역에까지 이르렀다. 둘째, 백인 정착민들이 주도하던 상품작물 경제를 따라 발전했다. 대표적으로 케냐 같은 지역에서는 주로 백인 정착민들이 경제를 장악하고 있었고, 여기에서는 유럽의 자본이 후원하는 플랜테이션 시스템으로 조직되었다. 셋째, 광산 채굴의 결과로 부상한 '산업화된 도시 지역' 경제를 따라 발전했다. 이런 지역은 남부와 중부 아프리카에 퍼져 있었다.

아프리카 사회가 유럽의 상업 시스템에 노출되면 '자연스레' 발전하게 될 것이라는 믿음은 19세기 후반에 이르러 다소 주춤거렸다. 아프리카를 근대화시키기 위해서는 강제적으로라도 외부의 개입이 있어야 한다는 인식이 높아졌기 때문이다. 다시 말해, 물질적 진보를 수용하기에 수월한 구조로 내부의 정치구조를 변경해야만 한다는 것을 뜻했다. 이처럼 일종의 박애주의를 경제적 불합리성이라는 관점으로만 바라보면 곤란하다. 여기에는 실제로 서로 공유할 수 있는 이익이 많았다. 물론 제국의 무역과 산업에 '좋은' 방식으로 사업이 기획되기는 했다. 프레더릭 루가드는 사업가들에게 큰 부를 가져다줄 기회를 주는 이 기획에 대해 다음과 같이 말했다.

> 영국의 민주주의는 작금에 사회조직 자체를 크게 바꿀 만한 문제에 직면하고 있다. 해외에 있는 식민지가 영국의 경제 발전을 꾀하는 데 큰 도움이 될 것이다. 열대지방에서 나오는 생산물은 영국의 산업과 제조업 시장에 활력을 불어넣을 것이다. 민주주의라면 제국에 영향을 끼치는 누구나 다 아는 이해관계에 대해서 의문을 가져 마땅하다. 그것이 바로 제국의 적자이자 수혜자이기 때문이다.[26]

여기에서 핵심은 위의 내용이 아프리카 국가와 사회에는 해당되는 바가 없다는 사실이다. 아프리카를 물질적으로 발전시킬 책임과 상업적 기회가 영국 쪽에 있을 따름이다. 그리고 아프리카를 '달래기' 위해 폭력을 사용할 수밖에 없을 테고, 곧 식민 행정부가 출현하게 될 것이라

---

26) F. D. Lugard, *The Dual Mandate in British Tropical Africa*(Edinburgh and London, 1923), p. 7.

는 점이다.

아프리카의 환경을 '개선'하기 위한 기획은 19세기에 발전된 개념이다. 아프리카 대륙의 '지도'를 제작하고 아프리카의 경관을 도표로 표시하고 이해하는 일과 관련이 있었다. 가장 눈에 띄는 유럽 기술의 도입은 교통망을 건설하는 일이었다. 도로와 철도가 건설되면서 아프리카 내륙이 가슴을 '열기' 시작했고, 이렇게 기계화된 교통이 특정 지역에서는 대단한 권력으로 작동했다. 우간다 철도가 대표적이다. 우간다 철도에는 주목할 만한 공법이 적용되었다. 철도는 원주민들과 수입된 인도 노동자들의 노동력으로 1896년에 몸바사에서 첫 삽을 뜨면서 건설이 시작됐다. 1901년에 완공된 이 철도를 타고 첫 기차가 키수무를 지나 빅토리아 호수까지 달렸다. 이 철도를 건설하느라 해안 지대는 잘려 나갔고, 케냐의 고지대도 완전한 노출을 피할 수 없게 되었다. 그리하여 마침내 호수 내륙 지대를 인도양까지 연결하는 망을 갖추게 되었다. 이는 환경의 정복을 잘 보여 주는 사건으로 한두 세대 전까지만 해도 상상조차 할 수 없는 일이었다.

철도 건설은 남부와 중부 우간다에 큰 영향을 끼치며 면화 생산을 가능하게 만들었고, 중남부 케냐에도 영향을 미쳐 고원지대에서 요충지 역할을 하기 시작하던 나이로비를 그 지역에서 가장 큰 도시의 중심으로 만들었다. 철도가 나름의 몫을 본격적으로 감당하기 전부터 나이로비의 부상은 상공업의 가능성을 또렷하게 보여 주었다. 이미 1914년 이전부터, 장차 기업가가 되기를 꿈꾸는 사람들과 몸집이 큰 동물들을 사냥하고픈 사람들 그리고 새로운 곳에 정착을 하고자 하는 사람들을 모집하는 광고가 제작되었다.

상품작물

유럽의 식민주의가 경제적으로 가장 필요로 하던 것은 시장과 원료였다. 초기에는 여러 지역에서 주로 민간 회사가 시장과 원료를 개발하고 내륙을 '개방'할 책임을 졌다. 영국의 경우, 왕립나이저회사와 영국 남아프리카회사, 대영제국동아프리카회사가 대표적이다. 이 회사들은 싸구려 행정일도 도맡아 했지만, 그다지 효과적이지 않았다. 회사의 주요 관심사는 무역이었기 때문이다. 여러 회사가 미숙한 경영과 형편없는 행정 능력, 아프리카인들의 저항 때문에 도산했다. 결국 1920년대에 들어와 정부가 민간 사업자들을 대체했다. 그때까지 민간 회사들은 무력까지 동원하면서 사적인 이익만을 추구했다. 그러다 보니 제도가 엉망이 되었고 장기적인 투자는 꿈도 꾸지 못하는 상황이었다.

아프리카 대륙에서 가장 극심한 형태로 사리사욕의 희생양이 된 곳은 콩고자유국이었다. 이곳 중앙정부는 이른바 '빈 땅'이란 곳은 죄다 민간 회사에 분할하여 수익을 챙겼다. 1900년대 초 가장 큰 관심사는 생고무였다. 유럽과 미국에서 발흥하던 자동차 산업 때문이었다. 회사는 고무를 채취하기 위해 과거에 노예였지만 지금은 뿔뿔이 흩어진 무장 세력들을 고용해 원주민 집단을 겁박했다. 일하는 과정에 협력하지 않거나 자의적인 결정을 내린 원주민 집단과 마을은 철저하게 파괴될 정도로 실로 잔악무도했다. 조지프 콘래드의 소설 《암흑의 심장》을 보면 이런 상황을 거칠게나마 확인할 수 있다. 하지만 이런 시스템은 오래 지속될 수 없었다. 아프리카인들의 저항이 그칠 줄 몰랐고, 고무 가격이 추락을 거듭했으며, 거기에 국제적인 비난까지 겹치면서, 결국 식민지를 통치하는 방식에 변화를 모색하게 되었다. 당대의 기준으로 보아도 콩고의 사건은 참으로 부끄러운 일이었다. 결국 1908년에 레오폴

2세는 개인이 소유하고 있던 모든 권한을 벨기에 정부로 이양했다. 민간 회사가 사업하는 일은 막지 않되 사적인 권력을 남용하는 모습은 더 이상 보고 있지 않겠다는 뜻을 담고 있었다.

코트디부아르와 카메룬, 모잠비크에서도 콩고와 같은 착취와 강제 노동 사례가 발견된다. 일반적으로 열대지방에서 나는 생산물을 소유한 주체는 주로 아프리카의 농민 생산자였다. 식민 통치 초기에 생산은 매우 효과적이었다. 영국과 프랑스령 서아프리카 농민들은 수출용 상품 작물을 재배하도록 종용받았다. 성공적인 수출 작물은 여러 요인이 결합되어 생겨났다. 아프리카 사람들의 자발성과 외부 세계의 요구, 공공 기관의 지원, 그리고 농부들로 하여금 세금을 현금으로 내게 하는 세제 정비 등이 필요했다. 도로와 철도 같은 교통망을 건설할 필요도 있었다. 서아프리카의 해안 지대에는 19세기부터 이어 온 또렷한 연속성이 살아 있었다. '합법적인' 상업을 검토하면서 살펴보았듯이, 땅콩과 야자유는 19세기에 이 지역의 주요 수출품이었다. 땅콩과 야자유가 차지하던 주요 작물의 지위는 식민지 초기까지도 이어졌는데, 식민 지배가 본격화되면서 이런 작물의 재배 규모가 엄청난 수준으로 확대되었다. 작물의 종류도 다양해졌다. 1900년대 초부터 영국령 나이지리아에서는 철도 건설이 본격화되기 시작했다. 이를 위해 식민 행정 당국은 요루바인들을 설득해 코코아를 재배하게 했다. 하지만 새로운 교통망이 확충됨에 따라 실제로 이득을 본 세력은 북쪽에 있던 하우사 농부들이었다. 하우사 농부들은 시장 상황을 일일이 점검하고 여러 조건들을 고려하여 코코아가 아닌 땅콩을 재배했기 때문이다.

생산량도 눈부시게 높아졌다. 세네갈의 땅콩 생산량은 제1차 세계대전 직전까지 극적으로 팽창했다. 내륙을 해안과 연결하는 철도 덕택이었다. 농작물 생산과 관련하여 가장 큰 성공을 거둔 곳은 골드코스트였다. 골드코스트의 경우, 특히 아프리카인들의 자발성이 눈에 띄었다. 이곳의 주요 상품작물인 코코아는 1880년대에 이 지역에 소개된 이래 10년 동안 경작지가 확대되어 괄목할 만한 성장을 보였다. 1892년에 13톤 남짓 수출하던 것이 1914년에는 무려 4만 톤을 수출할 정도로 성장을 거듭했다. 골드코스트는 그 무렵 세계에서 제일가는 코코아 생산국이었다. 생산량의 확대는 아크라 지역을 중심으로 주변 지역까지 이어졌다. 수백만 명에 이르는 아콰핌(Akwapim) 소농들은 1970년대 초반까지 코코아 생산을 이어 갔다. 초기에는 식민 행정 당국이 농림부 직원을 동원하여 경작과 관련한 조언을 해주는 등 많은 역할을 했다. 그런데 1880년대에 아콰핌의 주목을 끈 작물을 처음 소개한 이들은 선교사들이었다. 지역의 자발성은 상상을 뛰어넘을 정도로 대단했다.

철도가 건설됨으로써 여러 상품작물의 생산이 다른 지역에서도 가능해졌다. 쿠마시에서 아크라까지 운행하는 골드코스트의 철도 체계는 1920년대 초입에 들어서서야 영향력을 발휘하기 시작했다. 아프리카의 코코아 생산자들이 엄청난 생산량을 기록하며 해안 지대의 구매자들에게 팔 목적으로 그 지역을 방문하던 무렵이었다. 경제적 성공과 재정적 압박은 서로 크게 상관이 없었다. 다른 지역에 비해 골드코스트의 경우에는 적어도 세금이 그리 부담스러운 수준이 아니었다. 코코아 사업이 성공하는 데 중요한 역할을 수행한 집단은 유럽의 무역 회사들이었다. 하지만 유럽인들보다 아프리카인들이 오히려 사업가다운 능력을 발휘했다. 유럽인들에게 코코아를 가져다준 이들은 아프리카인들이었다. 아콰핌은 19세기 내내 유럽의 무역업자들에게 생고무와 야자유를 팔아 왔기에 수출무역의 초보자가 아니었다. 하지만 19세기가 끝나갈 무렵 이런 물품의 가격이 하락하자 아콰핌은 새로운 발상을 통해 새로운 시장과 생산물을 찾기 시작했다. 상품작물을 재배하던 모든 이들은 식량 작물과 수출 작물의 경작 비율을 맞추어야만 했다. 이런 상황에 맞게 땅을 분할해야 했는데, 이는 줄기차게 일종의 압박으로 다가왔다. 이 압박은 글로벌 경제가 침체기를 맞던 시절에 크게 악화되었다. 그들이 코코아를 선택한 것은 장기적인 안목에 따른 것이었다. 코코아를 재배하려면 넓은 땅이 필요했다. 숲을 개간하는 데는 당연히 많은 노동력이 필요했고, 코코아나무가 완전히 자라는 데는 15년이나 걸렸다. 코코아를 재배하는 일이 미래에 대한 투자였던 셈이다. 아콰핌이 직면한 또 다른 문제는 밀도가 높은 그 지역의 인구 문제였다. 따라서 많은 개척 농부들이 인구밀도가 낮은 아킴(Akim) 지역으로 이주하고 서로 힘을 합쳐 아킴인들한테 토지를 구입해야만 했다. 초기에 아콰핌은 아녀자들과 집안의 미성년자 노동력까지도 활용했다. 그러다가 지역 주민들의 노동력을 끌어들여 농지를 개간하고, 코코아를 해안 지대로 날라야 할 때는 짐꾼들을 고용했다. 아콰핌 농부들은 자본가 농부 계급의 출현이 임박했음을 알려 준다.

골드코스트는 대서양 아프리카 지역이 대개 그렇듯이 식민지 이전 시기부터 식민지 시기까지 일정한 연속성을 띠고 있었다. 코코아 생산은 적어도 어느 정도는 골드코스트가 수출무역과 관련해 오랜 경험이 있음을 보여 준다. 이런 맥락에서 볼 때, 기존의 사회·경제체제에 변화를 일으키는 식민 국가는 그다지 달갑지 않았다. 한편 동부 아프리카의 경우는 사정이 달랐다. 동부 아프리카에는 식민화를 전후하여 심각한 경험의 단절이 나타났다. 단절은 19세기 후반과 20세기 초반에 사회경제적 혁명의 형태로 나타났다. 이는 19세기 후반까지도 제대로 발전하지 못하던 동부 아프리카의 상업적 농업 때문이었다. 동부 아프리카의 농업은 19세기 후반까지도 세계적 수준의 수출 역량을 갖추지 못하고 있었다. 정향을 비롯한 향신료의 주요 수출국이던 잔지바르는 예외였다. 해안 지대와 그에 인접한 내지의 몇몇 지역도 예외였다. 하지만 식민주의가 본격화된 이후로 상업의 전선이 곧 내륙으로까지 확대되었다. 커피를 주로 생산하던 킬리만자로 산 주위의 차가(Chagga)도 여기에 포섭되었다.

우간다는 급격한 이행의 본보기였다. 이를 통해 심오한 경제적 변화가 부간다 왕국에서 나타났다. 고도로 중앙집권적이고 위계적인 정치 체계를 갖추고 있던 부간다 왕국은 탈중심적이고 평등주의적인 골드코스트의 아콰핌과 좋은 대조를 보였다. 19세기 후반에 부간다의 수출 경제는 노예와 상아에 의존하고 있었다. 아랍 구매자들이 주요 고객이었다. 그러나 이러한 무역은 장기적으로 경제 발전에 도움이 되지 않았다. 1880~1890년대에 접어들면서 이 무역은 사양길에 접어들었지만, 얼마 지나지 않아 우간다는 주요 면화 생산국 반열에 올랐다. 골드코스트에서와 달리, 우간다에서는 식민 행정부가 변화를 주도했다. 우간다의 철도가 일등공신이었다. 철도의 출현으로 상품작물의 생산이 빅토리아 호수 근처에서도 가능해졌기 때문이다. 철도가 없었다면 상업적 농업은 꿈도 꾸지 못했을 것이다.

1902년부터 영국의 면화생산협회는 '면화'를 '복음'처럼 알리는 선전물을 영제국의 곳곳에 퍼트렸다. 이 협회는 우간다를 면화 생산의 최적지로 여겼다. 1904년 정부 차원의 공식적인 장려를 등에 업은 간다의 추장들이 면화 생산을 받아들였다. 그 배경에는 부간다의 사회적·문화적 가치가 배어들어 있었다. 간다 사회는 경쟁이 치열한 사회였고 여러 가지 면에서 능력주의 사회의 전형이었다. 승리한 개인만이 19세기 후반의 궁정, 즉 권력의 요직에 다가갈 수 있었다. 이런저런 기회는 늘 찾아왔다. 주로 개신교 엘리트였던 추장 세력들은 새로운 정치 질서에 속해 있었다. 그들은 매우 혁신적이고 정열적이라서 기독교와 상업 발전

사이의 끈끈한 관계를 수용할 줄 알았다. 지역을 돌아다니며 면화를 재배하라고 채근한 이들이 바로 이 추장들이었다. 소작농들은 긍정적인 반응을 보였다. 면화를 심으면 소작지의 가치가 올라가기 때문만은 결코 아니었다. 제1차 세계대전 당시까지만 해도 면화 생산은 남부 우간다에서 급격하게 팽창하며 상품작물의 또 다른 성공 신화를 만들어 내고 있었다. 비옥한 토지와 습도가 촉촉한 기후 덕분에 남부 우간다는 이윤이 많이 남는 상품작물과 더불어 바나나 같은 식량도 안정적으로 공급할 수가 있었다.

  면화는 이집트에서도 왕이었다. 영국은 19세기 후반에 이집트의 광대한 관개 시스템을 다시 설계하고 건설했다. 운하의 수위도 높이고 댐도 건설했다. 영국인 총독 크로머 경은 나일 강의 폭포를 잘 활용하면 이집트와 수단의 경제를 발전시킬 만큼 충분한 수입을 벌어들일 수가 있을 것이라고 확신했다. 특히 수단의 경우, 1898년에 결단 난 마디스트들의 패배에 때맞춰 새로운 경제적 가능성을 타진해 보기에 좋은 기회가 될 것이라고 생각했다. 이렇게 해서 이집트는 관개 사업을 통해 경작지를 크게 넓힐 수 있었다. 물론 토지가 지나치게 남용되는 바람에 부정적인 결과를 초래한 측면도 있었다. 그럼에도 영국 정부는 농산물의 생산량이 증가하자 이집트의 산업을 발전시킬 묘안을 짜게 되었다. 면화와 설탕, 담배를 재배하고 가공하면 정부와 좋은 관계를 맺고 있던 유럽의 투자가들에게 많은 수익을 안겨 줄 수 있으므로 수입을 창출할 수 있을 것이라고 보았다.

  남쪽에 있던 수단의 경우에는 민간 영역과 공적 영역의 자발적인 동반자 관계를 통해 게지라(Gezira) 지역의 거대한 관개 시설을 발전시킬 계획을 수립했다. 게지라 지역에서는 면화가 여전히 주요 작물이었다. 영국 정부의 역할은 관개 시설을 발전시키려는 계획을 격려하는 일

뿐이었다. 실질적인 재정은 수단 플랜테이션 연합체가 제공했고 원칙적으로 토지는 수단인들 것이었다. 그런데 현실적으로 영국 정부가 그 계약을 주도했으므로 토지의 주인은 개별 소작인들의 것이었다. 게지라의 면화는 큰 성공을 거두면서 일약 수단 경제의 엔진이 되었다. 수단 남부의 드넓은 지역에서 상업적 농업이 축출당한 사례와 대조적이었다. 그렇지만 다른 지역과 마찬가지로 수단도 단일 작물에 지나치게 의존하게 되면서 세계시장으로 편입하는 데 취약한 면을 드러내고 말았다. 그 결과는 대공황의 시기에 뚜렷하게 드러났다.

백인 정착민

아프리카 농부들이 생산과정을 장악하고 있지 못한 지역에서는 백인 정착민 집단이 식민 경제의 중심을 차지하고 있었다. 산업 지대와 마찬가지로, 백인 정착민 지역에서는 아프리카인들이 정치적으로 소외되어 있었다. 아프리카인들은 자신들이 결코 통제할 수 없는 경제 제도를 유지하는 데 필요한 값싼 노동력만 제공하는 역할에 만족해야 했다. 이 과정을 거치면서 그들은 자신들에게도 최소한의 근육은 있지 않은가 하고 인식하기에 이르렀다. 유럽인들이 정착하기에 가장 적합한 곳이라 여겨지던 우간다 같은 곳에서는 아프리카의 소작농들이 백인 정착민들을 해안 지대에 묶어 두는 데 성공했다. 소규모 경작지를 운영하고 있기는 했지만, 대단히 효율적으로 작물을 생산하던 아프리카인 소작농을 상대로 유럽 정착민들은 도무지 경쟁을 할 수가 없었다. 케냐나 남로디지아 같은 곳은 사정이 달랐다. 이곳의 백인 정착민들은 훌륭한 조직을 갖추고 있었고 식민 행정부의 보조금도 받고 있었다. 이러한 지역은 경제와 사회, 정치 발전이 위의 지역과 상이한 궤적을 밟았다.

케냐에서 백인 정착민은 특별한 존재였다. 이 정착민들의 의미를 특별하게 하는 데 몸바사에서 키수무까지 이어지는 철도가 다시 한 번 중차대한 역할을 했다. 철도 때문에 정치권력의 중심이 해안 지대에서 고원지대로 옮겨갔던 것이다. 철도는 그 주변을 중심으로 매우 독특한 사회를 만들어 내기도 했다. 이렇게 탄생한 대표적인 대도시가 바로 나이로비였다. 케냐의 철도는 영국 납세자들의 세금으로 건설되었다. 때문에 초기의 식민 행정 당국은 철도를 중심으로 한 지역의 경제를 살려 어떻게 해서든지 그 부담을 변제하고자 했다. 이를 달성하는 데 두 가지 염려가 뒤따랐다.

첫째, 케냐의 지리적 조건이 문제였다. 대부분의 지역이 건조한 사바나 환경에 놓여 있는 데다가 강우량도 부족하고 인구밀도도 무척 낮았다. 남쪽에 있던 리프트밸리와 그 주변의 고원지대는 예외였다. 그곳은 기온도 온화하고 강우량도 충분하여 유럽인들이 정착하기에 최적지로 평가되었다. 둘째, 지역 주민들의 사회정치적 조직을 고려해 볼 때, 케냐는 이웃 우간다와 여러모로 달랐다. 부간다 왕국은 중앙집권 왕조 체제를 갖추고 있으면서 기독교의 영향력을 '수용'하고 있었다. 게다가 간다의 추장들은 상품작물을 재배하는 농법을 개발하기 위해 스스로 상업적인 농업의 대리인을 자처하기도 했다. 그러나 케냐의 내륙에는 대체로 '무국적' 집단들이 띄엄띄엄 흩어져 살고 있었다. 따라서 사업을 함께할 만한 자연스런 중재자가 있을 턱이 없었고 변화를 주도할 대리인도 있을 리 만무했다. 더욱이 그 지역의 주요 원주민 세력이라 할 만한 마사이와 키쿠유, 루오인들 가운데에는 이웃한 우간다에 비해 목축업자들이 많았다. 케냐의 경제는 목축이 중심이었고 상대적으로 규모가 작은 농업이 그 뒤를 떠받치고 있었다. 그러므로 초창기의 행정가들은 이곳에서 소작농이 발전하리라고 전혀 예상하지 못했다. 그런 까닭에 1903년부터 정부는 백인 정착민들이 이곳에서 농사를 짓는 일을 격려하기 위해 정부 보조금을 지원했다. 초기에는 그야말로 규모도 크지 않았고 위험 요소도 곳곳에 도사리고 있었다. 그럼에도 제1차 세계대전이 발발할 무렵이 되자 작지만 의미 있는 정착촌이 이곳에서 출현했다. 정착민들이라고 해봐야 인종이 이렇게 저렇게 뒤섞인 한 무리의 집단에 불과했다. 이들은 대부분 아프리카너들이었다. 역설적이게도 대단히 공격적인 남아프리카의 영국 제국주의를 피해 새로운 삶을 찾아 이주해 온 자들이었다. 그러나 토지의 절대다수를 장악하고 있던 이들은 영국의 귀족들이었다. 이들은 토지 외에도 이 지역에 정치적 영향력을 행사하고 있었으며, 재정적인 후원을 주고받기도 했다. 몸집이 커다란 짐승을 사냥하는 사냥꾼 집단도 있었는데, 그들은 모험과 행상을 겸한 사람들이었다. 이런 다양한 배경을 가진 사람들이 모인 이 지역에서는 식민지 아프리카에서 가장 절충적이면서도 가장 역동적인 유럽인 집단이 탄생했다.

  초기 정착민들은 이 지역의 지배적인 집단이었던 키쿠유인들로부터 땅을 사들였다. 그러나 시간이 지나면서 정부는 키쿠유인의 땅을 강제로 빼앗아 백인 정착민들에게 양도했다. 나중에 '하얀 고원지대'라고 불리게 되는 토질이 가장 좋은 땅이었다. 이 땅을 유럽인들이 차지하게 되면서 아프리카 원주민들은 쫓겨나게 되었다. 백인 정착민 식민지와 다른 형태의 식민지 사이에는 근본적인 차이가 있었다. 그 차이가 바로 이 고원지대에서 구현되고 있었다. 아프리카인들은 정치적으로도 경제적으로도 주변부의 지위를 벗어나지 못했다. 백인 정착민의 경제가 아프리카인들의 노동력에 크게 의존하고 있었다 해도 달라지는 것은 없었다. 세금 압박 때문에 아프리카인들은 노동시장을 전전해야만 했다.

강제 노동도 아주 흔한 일이었다. 1914년 이전부터 시행된 강제 노동은 1920년대에 그 규모가 크게 확대되었다. 아프리카인들은 저항했지만 잔혹하게 진압되었다. 키쿠유인들과 기타 종족들은 모든 것을 빼앗겼고, 백인 정착민들의 목소리는 행정 영역에서 점차 커져 갔다. 물론 남로디지아의 백인들에 비하면 이는 새발의 피였다.

토질도 좋지 않고 시장에서 멀리 떨어진 곳에는 아프리카인들의 땅이 있었고 '무단 거주자들'도 출현했다. 그런가 하면 백인 정착민들은 실제로 농사를 짓고자 하는 땅보다 훨씬 큰 땅을 불하받았다. 아프리카인 무단 거주자들은 백인들의 대농장에 빌붙어 살면서 자급자족할 땅을 경작하며 살되, 그 대가로 백인 지주에게 연간 정해진 시간을 노력 봉사의 형태로 바쳐야만 했다. 수많은 무단 거주자들은 이렇게라도 사는 편이 토질도 좋지 않은 곳에서 농사를 짓고 사는 것보다 훨씬 더 낫다고 생각했다. 하여 그들은 유럽인 농부들에게 값싼 노동력을 제공했다. 식민지 초기 시절의 행정부는 백인 정착민 경제를 지탱하기 위해 금융을 비롯한 지원을 아끼지 않았다. 백인 농부들을 지원하는 농림부는 나날이 번창했다. 농림부는 백인 농부들에게 종자나 설비 등을 무상으로 제공했고 무료 상담도 진행했다. 은행은 초기 자금을 까다롭지 않게 융자해 주었고, 행정부는 철도 요금을 저렴하게 유지해 주었다. 그러나 아프리카인 농부들에게는 수출무역에 참여하지 못하도록 법적 강제력을 행사했다. 커피도 재배하지 못하게 했다. 아프리카인들이 할 수 있는 것이라고는 내수 시장을 놓고 서로 싸우는 일뿐이었다. 특히 대도시 나이로비의 팽창에 필요한 식료품 따위를 재배하는 이권을 둘러싸고 이전투구가 극심했다. 이런 상태는 백인 정착민 경제가 전반적으로 수익을 올릴 무렵까지 꽤 오래 지속되었다.

정착민 경제는 두 가지 노선으로 전개되었다. 첫째로 내수 시장을 겨

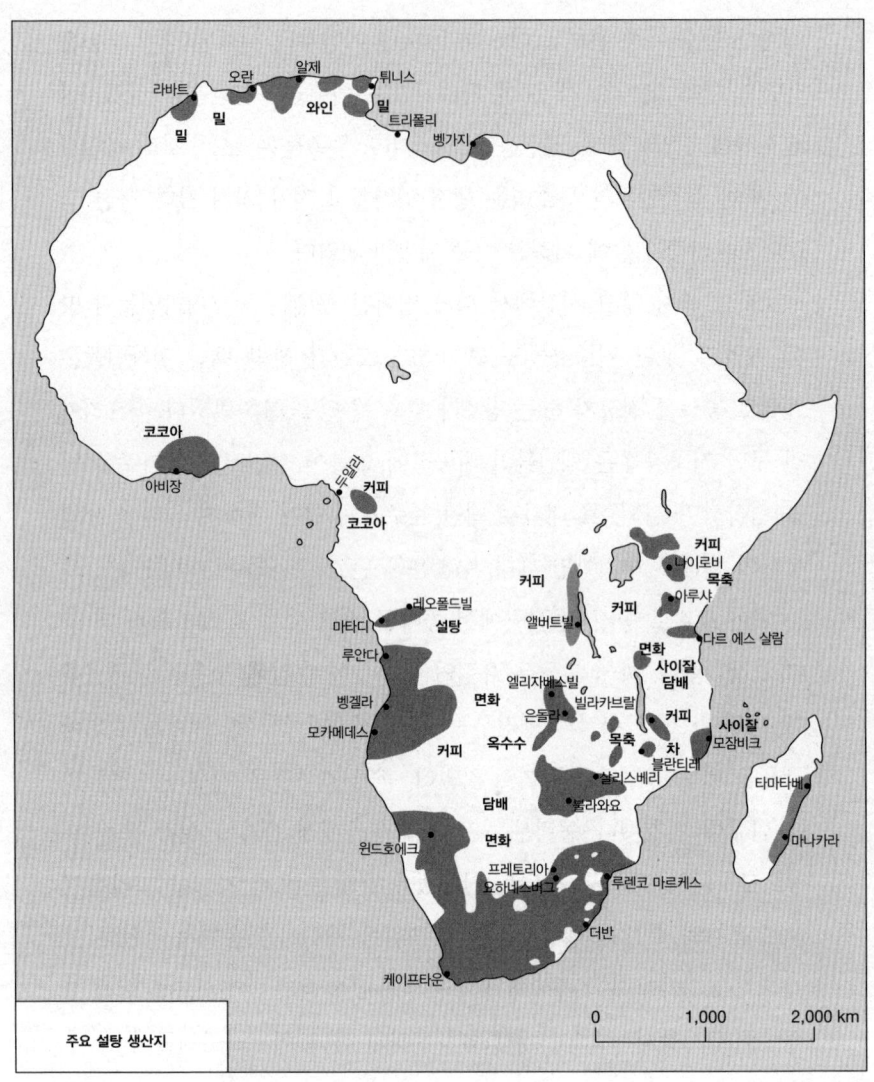

지도 16 식민 경제: 유럽인들이 농사를 짓던 지역

냥해 옥수수를 재배하면서 가축을 키우는 소규모 가족 농장이 있었다. 자급자족을 넘어서는 규모로 운영하지 않았기에 이런 부류는 본질적으로 기생적이었다. 국가로부터 좀 더 많은 지원금만을 바랐다. 이들에 비하면 소규모 농장을 운영하던 아프리카인들이 훨씬 효율적이었다. 식민 관료들의 입장에서는 잃을 게 없었다. 그렇지만 이런 작은 단위의 농장은 케냐 경제와 전혀 관련이 없었다. 케냐 경제는 주로 자본 집약적이면서도 정부 지원을 받지 않는 대규모 플랜테이션과 깊은 관련이 있었다. 이런 플랜테이션은 상업적인 농업과 관계가 있는 커피와 차 등을 수출 품목으로 재배했다.

한편, '제2의 화폐'라 불리던 황금에 대한 꿈이 남로디지아에서는 순식간에 기울어 갔다. 금이 채굴되긴 했지만 그 양이 남아프리카와는 비교도 되지 않았다. 금이 한 곳에 매장되어 있던 남아프리카와 달리 로디지아에서는 조그만 광맥에서 주로 발견되었다. 로디지아는 더 이상 금을 기반으로 한 사업을 강화할 수가 없었다. 그러나 세실 로즈의 선구적인 군대가 나타나 쇼나와 은데벨레가 일으킨 저항을 진압한 직후에 백인 농부들이 이곳으로 밀려들어 오면서 사정이 다소 달라지기 시작했다. 백인 농부들은 규모는 작지만 현지화된 금광 채굴 사업을 농업, 목축 등과 결합했다. 케냐에서와 마찬가지로 아프리카인들은 노동력만을 팔았고, 토지를 점유하는 일은 아프리카인들에게 하늘의 별 따기였다. 남로디지아는 오래도록 잘 나가는 남아프리카의 가난한 사촌 취급을 받았다. 그렇지만 정치적 야심이나 독립 정신에 관한 한, 남로디지아의 정착민들은 남아프리카의 정착민들에게 결코 뒤지지 않았다.

백인 권력은 영국이 임명한 총독의 감시 아래 이 지역이 자치권을 획득하는 1923년을 전후로 하여 단단해지기 시작했다. 이곳의 백인들에게는 정치적 자치권이 주어졌는데 이를 케냐의 백인들이 부러워할 정도였다. 1930년에는 토지분배법이 제정이 되었다. 이 법으로 수많은 아프리카인들이 750만 에이커 밖에 되지 않는 유휴지로 내몰려야만 했다. 반면에 백인 정착민들은 4천9백만 에이커에 이르는 최상급 토질의 땅을 차지했다. 이것이 미래의 정치적·사회경제적 발전에 끼치게 될 파장은 매우 컸다.

　규모 면에서 볼 때, 알제리에 살던 백인 정착민 규모는 남아프리카 다음으로 컸다. 콜롱(colons) 또는 피에 누아르(Pieds noirs)라 불리던 최초의 정착민들은 1830년대에 그곳에 도착했다. 1830년대 말에 2만5천 명가량이던 정착민의 수가 1890년대에 이르면 50만 명에 육박하게 된다. 이들은 주로 지중해 연안에 모여 살았는데, 주로 프랑스 남부 출신의 가난한 소작농들이었다. 가난을 피해 고향을 떠난 피에 누아르들은 새로운 곳에서 기회를 잡아 보고자 했다. 주로 자그마한 땅뙈기를 경작하여 먹고 살면서 늘 자급자족 수준을 넘어서는 경제를 꾸리고자 했다. 이탈리아와 에스파냐 출신의 정착민들도 많았다. 알제와 오란 같은 도시에는 특히 새로운 정착민들이 많았는데, 이들은 주로 시골에 있는 별 볼일 없는 땅을 버리고 상경한 사람들이었다. 이들이 모여들면서 콜롱 집단이 형성되게 되고, 점차 정치적 힘을 행사할 수 있게 되었다. 이들은 파리 의회에서 직접적인 대표권을 확보하게 되었고, 알제리 내부 문제에 대해서도 상당한 정도의 통제력을 인정받게 되었다. 콜롱의 정치적인 신분을 가장 잘 나타내는 말로 프랑스계 알제리인이라는 개념이 있는데, 이는 알제리에 대한 이들의 입장을 잘 말해 준다. 이들은 알제리를 프랑스의 해외 영토라고 여겼다. 그렇게 해야만 아랍과 베르베르인들에 대한 인종적·문화적 우월성을 유지할 수 있었기 때문이다. 알제리 원주민 인구 가운데에서도 해마다 일부는 프랑스 시민이 되거나 기타 시민권을 획득할 수 있는 권리를 주겠다는 프랑스의 제안을,

20세기 초까지 콜롱들은 한사코 거부했다. 이러한 과정을 거치면서 결국 프랑스가 국내외 정책을 입안하는 데서 알제리는 큰 부담으로 남게 되었다.

산업과 노동

남부 아프리카, 그중에서도 특히 남아프리카연합은 광업 경제가 행정부의 정치적 성격을 규정했다. 한편 이주 노동자 제도를 통해서는 남아프리카연합을 북로디지아와 남로디지아, 니아살란드, 심지어는 콩고 남부와도 연결시켰다. 북로디지아는 니아살란드와 마찬가지로 20세기 초 20년 동안 노동력의 주요 수출국이었지만, 1920년대에 접어들면서 세계 최대의 구리 생산국이 되었다. 앞에서도 보았듯이, 남로디지아는 농업과 소규모 금광에 기반을 둔 백인 정착민 경제를 구축하고 있었다. 제1차 세계대전 때까지만 해도 남아프리카는 전 세계 금 산출량의 40퍼센트를 생산하고 있었다. 당시 요하네스버그의 인구는 25만 명으로 사하라사막 이남에서 가장 큰 도시였다. 규모가 큰 다이아몬드 광산과 금광의 운영권은 대기업들이 장악하고 있었고 규모에 걸맞은 수익이 창출되었다. 유럽의 자본과 아프리카의 값싼 노동력이 결합되어 이룬 성과였다. 이를 통해 남아프리카의 노동력을 지속적으로 제공하는 일이 얼마나 중요한 일인지 명백해졌다. 20세기 내내 남아프리카에서 사회·경제정책의 틀을 유지하는 데 가장 중요하게 고려된 것도 값싼 노동력이었다. 20세기에 접어들 무렵 남아프리카에서는 인종 이데올로기가 강고해졌다. 남아프리카 인종주의의 뿌리는 19세기 또는 그 이전 시기와 연결되어 있었다. 이와 관련해서는 앞에서도 살펴본 바 있다.

제2차 보어전쟁 시기를 전후로 하여 금본위 산업이 가져다주던 수익이 다소 주춤거리자 아프리카인 노동력을 확보하기가 몹시 난감해졌다. 새로운 전략이 필요했다. 관련 회사들은 국제 노동시장을 기웃거렸고 1903년부터 1907년까지 약 6만 명의 중국인 노동자들이 편입되었다. 이들은 백인 노동자가 받는 평균 임금의 3분의 1도 안 되는 수준의 품삯을 받았다. 백인 노동자들은 신분의 위협을 느끼며 이른바 '유색인 차단막' 설치를 주장했다. 특정한 일자리는 백인들에게만 달라는 요청이었다. 1907년에 중국인들은 고향으로 돌아갔다. 금광 산업이 회복세를 보이자 실직과 납세에 대한 부담을 느끼고 있던 아프리카인들이 다시 금광으로 돌아왔다. 하지만 유색인 차단막은 그대로 남아 있었다.

한편, 국경 너머에서 노동력을 동원하는 제도가 계발되기 시작했다. 비트바테르슬란트 원주민 노동국은 국경을 넘나들며 노동력을 충원했다. 주로 북로디지아와 니아살란드의 시골 출신들이 많았다. 이주 노동자들은 수년 동안 광산업에 종사했다. 니아사, 바로체, 스와지, 수투, 츠와나인들은 자유자재로 국경을 넘나들며 노동력을 팔았다. 이들은 단기 계약을 맺어 번 돈을 시골집으로 송금했다. 하지만 이 제도가 정착되고 얼마 지나지 않는 동안에는 그렇게 할 수가 있었다. 근무 조건과 가내 노동자들을 위해 계발한 집단 병영 체제는 끔찍한 수준이었다. 남부와 중부 출신의 아프리카 노동자들은 거의 군대 조직 같은 분위기 속에서 노동을 해야만 했다. 병영과도 같은 집단 조직 속에 갇혀 있던 노동자들은 단기 계약만 맺을 수 있었다. 사용자 측에서 '민족의식' 또는 '노동자 계급의식'과 같은 것이 출현할까 우려했기 때문이다. 그러나 이 정책은 장기적으로는 실패로 끝났다. 이주 노동자들은 가족을 동반하지 않았기 때문에 낮은 독신자 임금을 받았다. 이들은 광산 소유주에게 유리한 잔혹한 법칙과 규율, 법의 지배를 받아야만 했다. 광산 소유주들은 사회적 통제와 경제적 성장, 이 모두를 완벽하게 장악하고 싶어 했다. 계약의 파기는 군에서 탈영을 하는 행위와도 같을 정도로 엄청난 처벌이 뒤따랐다. '자발적인' 동원이 제대로 실행되지 않는 지역에서는 '치바로'(chibaro)라는 강제 동원이 이루어졌다.

1920년대에 들어서면서 북로디지아에서 대규모 구리 광산이 개발되기 시작했다. '구리 지대'를 따라 여러 회사들이 난립하면서 남쪽에서 실행되던 정책을 똑같이 입안해 달라고 요구했다. 이에 따라 이주 노동자 무리가 형성되고 낮은 임금과 단기 계약 조건이 유지되었다. 기술력이 필요한 직업은 백인 노동자들에게만 할당되었다. 콩고 남부에 위치한 카탕가 지역의 구리 광산은 조건이 좀 나았다. 그곳에서는 아프리카인들에게도 장기 계약을 할 수 있게 해주었다. 기본적인 교육도 시켜주고 기술을 가르쳐 주기도 했고, 기술력이 필요한 지위를 개방하기도 했다. 초기 노동자들은 주로 북로디지아 출신이었으나, 1930년대에 주로 콩고와 르완다, 부룬디 출신의 노동 인구가 유입되었다. 결론적으로 지역 경제는 발전했지만, 역동적인 경제만큼이나 잔혹함과 착취의 정도도 상상을 초월했다. 이 지역의 경제 발전은 임금도 제대로 받지 못하면서 이리저리 떠돌며 정치적으로 탄압을 받던 아프리카인들의 노동력 덕분이었다. 시간이 지나면서 이주 노동자들은 프롤레타리아 정착민으로 바뀌게 되었다. 이와 관련해서는 다음 장에서 살펴볼 것이다. 정착민의 성격이 달라짐에 따라 좀 더 유기적이고 조직적인 저항이 출현하게 되었다. 이런 상황은 지역 경제에 끔찍한 피해로 돌아왔다. 단기 이주건 장기적으로 도시에 정착하건, 일을 할 수 있는 사람들이 마을을 빠져나가게 됨으로써 지역 경제가 침체되었기 때문이다.

소수 백인들의 협력과 산업적인 광산 시스템의 출현으로 남아프리카에서는 1900년대 초부터 토지의 부족 현상이 나타났다. 아프리카인들

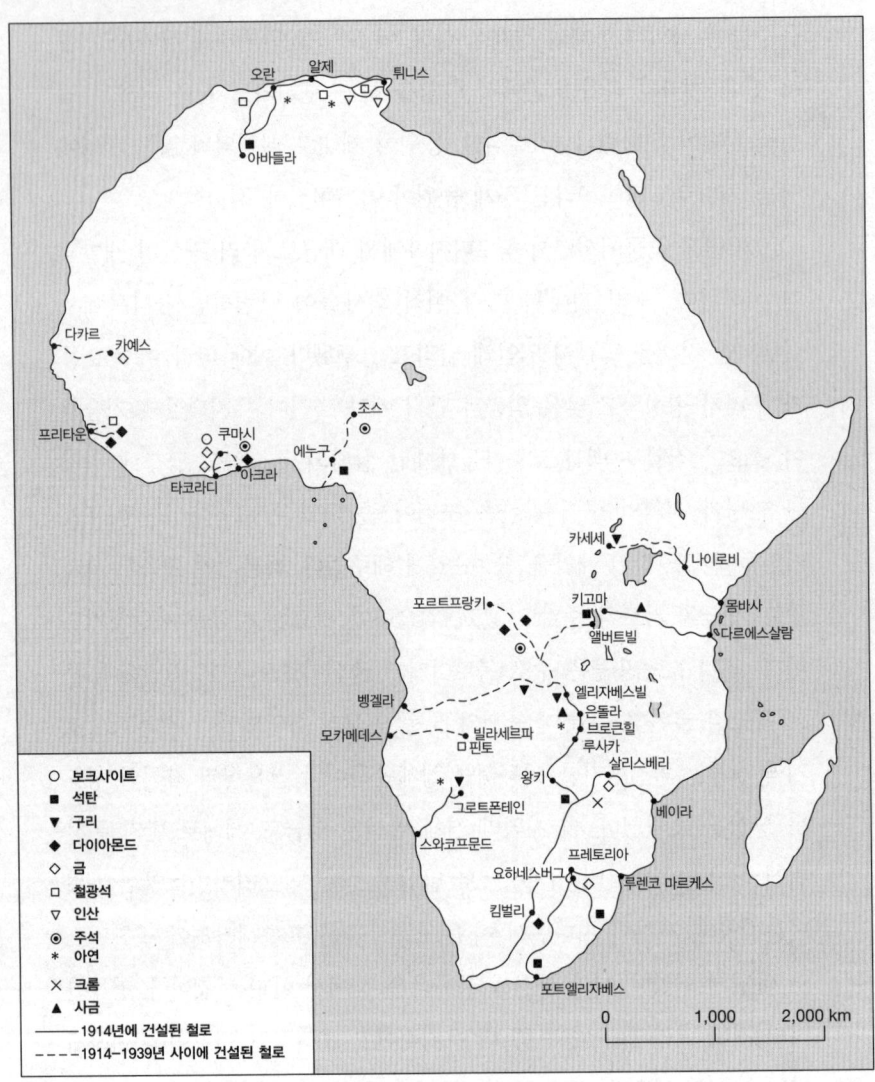

지도 17 식민 경제: 광물 채취와 철도

은 '지정된' 지역에서만 거주할 수 있었다. 백인들이 모여 살고 있는 곳이나 다른 도시로 이동할 경우에는 법에 따라 통행증을 가지고 다녀야 했다. 통행증에는 해당 원주민의 출신 '부족'과 고용 여부 등이 표기되어 있었다. 20세기에 접어들어 정치가 발전하게 되자 이들 지역에서는 심각한 투쟁이 전개되었다. 1910년에 남아프리카연합을 창설한 정부의 뒤를 이어 출범한 정부 또한 그 여세를 몰아 인종을 분리하는 법안을 제출했다. 이는 토지와 산업에 대한 백인 통제를 유지하려는 술책이었다. 1913년에 급기야 악명 높은 원주민 토지법이 제정되면서 아프리카인들에게는 7퍼센트의 땅만이 주어졌다. 더욱이 아프리카인들은 선거권마저 박탈당하게 되었다. 케이프 주에 있던 부동산을 소유하고 있었음에도 아프리카인 엘리트들은 1936년에 치러진 선거에서 투표권을 행사하지 못했다.

군대

아프리카인들을 굴종시키고 감독한 이들은 주로 아프리카인들이었다. 아프리카라는 거대한 대륙은 1880~1890년대에 식민 군대에 의해 '정복'을 당했다. 식민 군대는 소수 유럽인 장교를 축으로 그 휘하에 수많은 아프리카인 사병들로 구성되어 있었다. 이후 좀 더 많은 아프리카인들이 식민 군대에 입대를 했고, 1900년대 초부터 일정한 체계를 갖추기 시작했다. 이러한 과정을 거치면서 아프리카인들은 일종의 대변혁을 거치게 되었다. 공격적이고 전투적인 야만인이 새로운 질서를 수용하여 절도 있고 충직한 종으로 변하게 된 것이었다. 이런 변신은 유럽과 아프리카 관계의 발전을 둘러싸고 많은 것을 시사해 주었다. 요약하자면, 전투적이고 야만적이고 게으른 아프리카인들이 유럽 군대에 편입됨으로써 근사한 군인이자 진보의 화신으로 다시 태어나게 되었다는 것이다. 프레더릭 루가드는 아프리카인들이 무력, 오로지 무력밖에 모르는 인종이라는 점을 믿어 의심치 않았던 인물이었다. 《영국령 열대 아프리카에서의 두 가지 책무》라는 책에서 그가 유럽의 도덕적 권한을 강조하며 아프리카 대륙의 끊이지 않는 전쟁에 유럽이 개입해야 한다고 주장했던 이유도 그 때문이었다. 식민지 이전까지만 해도 아프리카인 병사들은 야만인에 가까운 취급을 받았다. 그런 측면에서 본다면 식민주의가 오히려 아프리카인들을 바라보는 시각과 관련해 새로운 질서와 각도를 제공한 측면도 있었다. 근본적으로 유럽의 군사주의는 차원이 높아서 유럽에서 일어난 전쟁은 좀 더 우아하고 고상한 측면이 있다고 보았던 것이다. 이 논리를 약간 비틀면 유럽의 군대에서 복무한 아프리카인들은 문명화 사업에 노출된 것이나 마찬가지였다. 이런 상황은 선교사의 발밑에 쪼그리고 앉아 있던 아프리카인들에게도 마찬가지였다.

원주민 모병제는 아프리카에서 기나긴 역사를 가지고 있다. 이는 아시아와 북아메리카에서도 마찬가지였다. 프랑스는 1857년부터 세네갈의 해안 지대에 주둔하고 있던 '티라이어 세네갈라이'(Tirailleurs Senegalais)라는 자국 군대에 원주민들을 편입시켰다. 영국도 19세기 초부터 감비아와 시에라리온 전초기지에 원주민 용병들을 수용했다. 골드코스트와 나이저 삼각주 지역에서도 아프리카인 민병대원들을 고용하여 무역 기지를 보호하는 일을 맡겼다. 이곳 주민들은 1800년대 초 또는 이보다 더 이른 시기부터 내륙에 살던 아프리카인들과 수위는 높지 않지만 빈번하게 충돌했다. 그래서 이런 사태를 미연에 방지하고자 민병대원들을 고용했던 것이다. 17세기에도 영국 상인들은 지역 주민들을 활용하여 무역 기지를 방어했다. 니제르 남부에서는 이것이 정식 군대로 발전해 '오일 강의 비정규군' 또는 '40인의 도적'이라는 이름으로 불렸다. 19세기에 이르면 유럽은 부침을 거듭하던 여러 국가들의 사회·정치적인 혼란과 약탈의 성격이 강한 노예제도를 이용할 줄 알게 된다.

1880년대와 1900년대 초에 아프리카 군대들이 여럿 창설이 되면서 아프리카 분할 과정에 참여하게 되었다. 이들 군대는 유럽인의 아프리카 제국을 통제하는 데에도 기여했다. 동시에 유럽 군대의 막강한 힘을 대변했고 질서의 수호자임을 자처했다. 그리고 가장 가시적이고 지속적으로 유럽에 의한 아프리카 정복 그 자체를 환기시켰다. 여러 인종이 섞여 있었고 훈련이 미흡한 무장 민병대원들은 좀 더 군사적이면서 공적인 역할을 수행했다. 영국령에서는 1897년에 왕립서아프리카전선부대(Royal West African Frontier Force)가 창설이 되어 나이지리아의 새로운 영토를 방어했다. 1896년에 창설된 서아프리카연대(West African Regiment)는 시에라리온에서 같은 역할을 수행했다. 동아프리카의 경우에는 여러 군대가 정벌과 시위 진압 그리고 노예무역을 견제하는 활동을 담당했는데, 군인들은 주로 인도에서 모병되었다. 시크교도들과 펀자브 지역의 무슬림들로 구성된 이들을 영국군 장교들은 2등급 인도 군인이라고 불렀다. 아프리카인들도 모병이 되었다. 초기에는 주로 수단 출신들이 많았지만 점차 그 영역이 확대되어 우간다와 케냐 출신들도 늘어났다. 1902년에는 여러 향토 부대가 킹스아프리칸라이플(King's African Rifles)로 합병되었다. 새로운 식민지는 자체적으로 군인들을 모집하고 군대를 유지할 책임이 있었다. 같은 시기에 독일은 자국의 동아프리카 영토에 슈츠부대(Schutztruppe)를 창설했다. 한편 동북 아프리카의 영국은 1880년대 초에 발생한 수단 폭동을 빌미로 이집트 군대를 개혁하고 있었다. 이와 동시에 1890년대 말에 영국-이집트 연합군은 수단에서 모병한 용병들을 활용하여 마디스트 국가를 패퇴시키기도 했다. 1920년대에는 수단의 수비대가 창설되었고 이를 모방한 군대들이 도처에서 생겨났다. 1914년에 원주민들의 저항을 억압할 목적으로 창설한 소말릴란드의 낙타 부대가 대표적이다.

모병 대상은 먼 곳에 살고 있던 원주민들이었다. 원칙적으로 '이방인' 집단을 활용하여 새로 획득한 영토의 주민을 다스리고 감독하기 위한 것이었다. 이러한 군대는 대체로 소규모였고 소수 유럽인 장교들의 지휘를 받았다. 재정적인 제약과 지역적인 불안 요소 탓에 대규모 군대를 유지할 필요는 없었다. 북부 나이지리아를 감독할 책임을 맡고 있던 루가드의 서아프리카전선부대 병력도 2,000~3,000명에 지나지 않았다. 이들은 100여 명도 되지 않는 유럽인 장교들의 휘하에 있었다. 그러나 니아살란드의 해리 존스턴이 창설한 소규모 군대에 견주면 이 정도도 큰 규모라고 할 수 있다. 해리 존스턴의 군대에는 채 100명이 안 되는 인도인 사병과 유럽인 장교들이 복무하고 있었다. 이렇듯 군사적인 통제는 여러 모로 불충분했다.

프랑스를 예로 들어 보자. 프랑스가 지배하던 서아프리카와 적도아프리카의 군인을 모두 합쳐도 그 수는 제1차 세계대전 전야까지 1만3천 명을 넘지 않았다. 영국의 경우도 사정은 크게 다르지 않았다. 1900년대 초까지 사하라사막 이남의 병사들을 모두 합쳐서 1만1천 명이 채 안 되는 군인들이 300여 명의 장교와 하사관들의 통제를 받고 있었다. 그러나 제1차 세계대전이 진행되는 동안 상황은 크게 달라져 수많은 사람들이 징집되었다. 이런 현상은 특히 프랑스 식민지에서 주목할 만했다. 대표적으로 티라이어 세네갈라이는 서부 전선에서 눈부신 전과를 올렸다. 식민 통치 초기에만 해도 군과 경찰 병력은 세금을 징수하거나 내부의 질서를 유지하는데 주로 동원되었지 외지를 방어하거나 공격하는 데는 활용되지 않았다. 제1, 2차 세계대전은 물론 예외였다. 세금을 좀 더 효과적으로 징수하는 일은 무척 중요한 일이었다. 그렇게 해야만 식민지를 자체적으로 운영할 수 있고 경찰과 군을 유지하는 데 드는 비용도 제대로 감당할 수 있었기 때문이다. 아프리카를 분할하던 시기부터 제1차 세계대전이 벌어지던 시기까지 유럽의 행정부는 지원금의 형식을 빌려 식민지의 경찰과 군을 지원했다. 하지만 1914년에 접어들어 군사 행정의 책임이 고스란히 식민지 관료들에게 전가되면서 이러한 지원금은 모두 끊기게 되었다. 그 이후로 원주민들을 '달래는' 책임을 모두 끝마친 군대는 몇 군데의 예외적인 사례를 제외하고는 모두 병영으로 돌아가거나 민간인에 의한 행정이 아직 완벽하게 정착이 되지 않은 골치 아픈 지역을 이따금 순찰하는 따위의 일에 복무했다.

대개의 경우 식민지 군과 경찰력의 본질은 정략적인 측면이 강했다. 지역에서 병력을 조달하는 것이 훨씬 경제적이었다. 초기의 식민 행정부는 엄격하게 제한된 예산을 가지고 운영되었기에 계산상으로도 그것이 훨씬 나았다. 원주민 부대를 창설하게 되면 전문적인 유럽 군대를 배치할 이유가 사라지게 되므로 돈이 적게 들었던 것이다. 전문적인 소수 정예 부대만 있으면 그만이었다. 영국의 경우 특히 그랬다. 19세기에 영국은 아프리카에서 수많은 전쟁을 치렀다. 그들은 전쟁을 치르던 와중에도 비용을 고민했다. 납세자의 세금으로 치르는 전쟁이라 특별한 경우가 아니면 지출이 과다한 전쟁은 하지 않았다. 그러나 어쩔 수 없이 큰돈을 지불해야 하는 경우도 있었다. 1867~1868년에 에티오피아의 테워드로스(Tewodros) 황제에게 인질로 잡혀 있던 영국인들을 구하기 위해 벌인 전쟁이 그랬다. 상대적으로 모병을 수월하게 하기 위해서 유럽인들은 난민을 활용했다. 선교사들도 같은 이유로 이들을 반겼다. 이들에게서 영혼을 발견했다고 믿었기 때문이다. 군복무를 하게 되면 안정적인 직장과 신분, 봉급은 물론이고 사회·경제적인 이득이 따랐다. 아프리카 쟁탈전이 벌어지던 기간에 유럽인들은 모병 대상 지역으로 노예들의 습격을 받은 곳과 가뭄이 든 곳, 초기 식민 전쟁으로 황폐화된 마을을 주목했다. 모병 책임을 맡은 유럽인 장교들에게 이런 지역은 더없이 좋은 먹잇감이었기 때문이다. 콩고자유국에 주둔하고 있던 벨기에의 포스 푸블리크(Force Publique)가 좋은 본보기였다. 벨기에군은 싼 값으로 실행에 옮긴 통치의 진수를 보여 주었다. 포스 푸블리크는 인종적으로 다양한 난민들과 전쟁 피해자들로 구성된 집단으로 잔혹할 정도로 착취를 일삼았다. 그 결과로 악의적인 소문이 퍼지기 시작했고, 그로 인해 레오폴 2세의 상업에 대한 기획은 물거품이 되고 말았다. 원주민들을 모병 대상으로 삼는 일은 특정한 원주민들의 '특징'을 유럽식으로 해석하는 차원에서도 중요한 의미가 있었다. 유럽인들은 왜 특정 지역의 원주민들이 군 복무에 적합한가라는 문제를 고민했다. 그들은 이를 원주민들의 '충성심'에 대한 이해 또는 사악한 문명에 물들지 않은 '순수함' 때문이라고도 생각했다. 무엇보다도 유럽인들의 관심을 끈 대상은 '전투적인' 원주민들이었다. 전투적이고 호전적이기는 하지만 잘 훈련시키면 국가를 위해 훌륭하게 봉사할 것이라고 믿었다.

'전투적인 인종들'이라는 개념은 원래는 인도에서 아프리카로 건너온 것이다. 그러므로 이 개념 안에는 사바나와 산악 지대에서 모병의 대상을 모색하는 것이 가장 이상적이라는 생각이 담겨 있었다. 그런 지대의 원주민들을 '사내답고' 전투적이라고 믿었기 때문이다. 그런가 하면, 해안가나 저지대에 살던 원주민들에게는 의심의 눈길을 보내는 것이 일반적이었다. 이들을 '사악한' 문명에 물들어 '여성적인' 성향이 깊게 배인 인종으로 치부했기 때문이다. 이에 따라 서아프리카의 영국과 프랑스는 북쪽 지대의 원주민들과 사바나 지대의 원주민들을 모병 대상으로 삼는 경향을 보였다. 물론 식민 정복의 초기 단계에서 동맹을 맺었던 협력자들이 모두 모병의 대상에 포함되었던 것은 아니다. 부간다를 예로 들어 보자. 간다는 영국이 보호령을 만드는 과정을 힘껏 도왔으나 식민 군대에 인력을 보내는 방식으로는 전혀 공헌하지 않았다. 우간다에서도 모병의 대상은 북쪽 지역의 원주민들이었다. 그중 아촐리(Acholi)를 비롯한 군소 집단들이 유명한데, 모두 콩고와 수단의 국경 부근에 살고 있었다. 케냐의 경우도 마찬가지였다. 캄바와 칼렌진 출신이 압도적으로 많았던 반면에, 이른바 '전투적'이라고 알려져 있던 마사이들은 거의 없었다. 식민 군대를 구성하던 그런 인종적 불균형은 뒤이어 출현하게 되는 국민 군대를 만드는 과정에서 부정적인 영향을 끼쳤다. 프랑스 본토의 군인들이 주로 배치된 알제리와 아프리카인들을 믿지 못해 무장할 기회조차 주지 않았던 남아프리카처럼 특정한 지역에서는 식민 군대의 구성원 가운데 백인들이 압도적으로 많았다.

노예와 노동

'문명화 사업'의 공인된 목적 가운데 하나는 노예무역의 마지막 가능성까지 분쇄하여 아프리카 대륙에서 노예제도의 관행을 종식시키는 것이었다. 19세기 초에 노예무역을 폐지했다고는 하지만 노예무역과 관련한 상업 활동 자체가 사라진 것은 아니었다. 마찬가지로 식민 통치가 시작되고 나서도 노예제도는 사라지지 않았다. 노예제도의 뿌리가 너무 깊어 아프리카 전역에 퍼져 있었기 때문이다. 한편으로는 노예제도를 폐지해 봐야 사회정치적 안정에 그다지 큰 득이 되지 않았기 때문이기도 하다. 식민 당국은 가내노예를 없애는 일을 아주 조심스럽게 진행했다. 노예 집단을 갑자기 해방시켰다가는 사회적·정치적 파장이 만만치 않은 것은 물론이고 그로 인해 지불해야 할 경제적인 비용도 적지 않을 것임을 잘 알고 있었기 때문이다. 식민 국가들이 초기에 의존한 경제체제의 기본은 사실 노예제도였다. 많은 지역에서 노예제도의 기반이 법적으로 인정되지 않았지만, 실제로는 노예들이 주인의 곁을 떠날 수 없게 만들었다. 그들에게 토지를 소유할 권한도 주지 않았을 뿐 아니라 '다시 정착'을 할 수 있도록 하등의 도움도 주지 않았다. 1897년 잔지바르에서는 정부 차원에서 노예제도는 불법이라고 천명했다. 그러나 과거의 노예들은 대농장에서 여전히 일을 했다. 이들이 여느 때와 마찬가지로 이 섬이 자랑하는 경제의 핵심이었기 때문이다. 북부 나이지리아에서 시행되던 간접 통치는 영국이 내정간섭을 꺼린다는 것을 의미했다. 이곳에서 노예제도는 노예가 자신의 자유를 돈을 주고 구매할 능력이 있는 경우에만 폐지될 수가 있었다. 따라서 노예제도는 1936년까지 지속되었다.

한편, 동부 아프리카 연안에서는 노예가 주인을 떠날 경우 노예주가 보상을 받았다. 물론 영국이 이런 정책을 모든 지역에서 실행한 것은 아니었다. 포르투갈의 식민지에서는 노예제도가 20세기까지 이어졌다. 포르투갈은 이 제도를 1878년에 이미 불법이라고 규정을 한 바 있었다. 에티오피아에서도 노예제도는 제2차 세계대전이 일어날 무렵까지 지속되었다. 물론 사회정치적인 배경은 다소 달랐다. 에티오피아에게는 독립적인 주권이 있었기 때문이다. 아프리카인 고용주와 지배 엘리트들은 '공짜' 노동을 노예의 대용으로 보았다. 이들에게 합법적인 차이란 의미가 없었다. 나이지리아나 골드코스트처럼 코코아를 재배하던 서아프리카에서는 노예노동이 상품작물 경제의 핵심이었다. 이런 노예제도가 점차 사라지면서 임노동에 기반을 두고 있던 노동력을 통제하던 엘리트들의 권력이 곳곳에서 약화되었다. 엘리트들은 다른 방식의 보상책을 강구했다.

마찬가지로 '자유'도 상대적이었다. 초기의 식민 당국은 군 병력과 경찰력을 도망 노예나 '자유민'의 신분을 획득한 노예로 확충했다. 수천, 수만의 과거 노예들이 강제 노동의 일부로 편입되면서 식민 경제의 초기 단계를 기능적으로 활성화시키는 데 크게 공헌했다. 프랑스의 서아프리카와 적도 지대가 대표적이었다. 남부와 중부 아프리카에서 과거의 노예들은 이주민 노동 제도 속으로 편입되었다. 좀 더 넓은 의미에서 확장되어 가던 현금 경제는 과거에 자유롭지 못한 신분이던 남자 노동자들에게 일자리를 얻을 기회가 찾아왔음을 의미했다. 따라서 그들은 서아프리카의 전역으로 상품작물 재배 지역을 찾아 떠나갔다. 남자들의 사정이 여자들보다 나았다. 여자들의 종속적인 지위는 노예의 지위에서 해방된 이후에도 별로 달라지지 않았다.

노예무역을 탄압하고 노예의 지위를 불법화하는 시도가 아프리카 전역에서 강화되기 시작했다. 그럼에도 노예제도는 20세기 중반까지도 사라지지 않았다. 노예제도를 대체한 노동의 형식조차도 잔혹하고 착취적이기는 마찬가지였다. 식민 통치가 시작되면서 새로운 형태의 사회·경제적인 기회가 변화를 몰고 오자 노예제도가 본격적으로 시들해지기 시작했다. 어느 정도는 인본주의적인 활동 덕분이었다. 1920년대에 영국이 시행하던 반노예제 활동과 원주민 보호단체의 활동 덕이 컸다. 이들의 활동으로 국가기구들이 노예제도를 규제하는 일에 좀 더 진지한 관심을 가지게 되면서 식민 당국에게 이 문제와 관련한 보고서를 정기적으로 올리도록 했다. 그러나 일반인들을 습격해 노예로 만드는 악습은 오늘날까지도 변두리 지역에서 계속되고 있다. 특히 사헬 지대와 사하라사막 지대에서 심하다. 뿐만 아니라 피해자에게는 아주 끔찍한 인신매매 또한 지하로 잠적해 여전히 활동 중이다.

12장

밀림 속 전투와 다가오는 그림자
제1차 세계대전과 아프리카

역사가들은 대개 시간을 연대기적으로 산뜻하게 나누는 것을 선호한다. 물론 이렇게 하면 편리하기는 하지만 인위적인 느낌을 주는 경우가 많다. 이런 방식으로 아프리카를 다룰 경우 상당한 문제가 발생할 수밖에 없다. 역사를 연대기적으로 나누는 방식은 유럽에서 비롯된 것이기 때문이다. 두 차례의 세계대전만 해도 그렇다. 유럽인들 간에 나타난 갈등으로 빚어진 것이었지만 그 전쟁은 아프리카의 근대사에서 희석된 것처럼 보인다. 이 두 차례의 전쟁이 분명 유럽인들끼리의 전쟁이었음에도 불구하고, 식민 세력들은 저마다 인력과 원자재 따위를 아프리카에서 조달하고자 했다. 그 때문에 아프리카의 몇몇 지역은 세계대전의 파고 속으로 고스란히 밀려들어 갈 수밖에 없었다. 초기에는 충격이 그다지 커 보이지 않았다. 어떤 지역에서는 1918년에 겪은 식민 행정부에 대한 경험이 1914년의 경험과 별반 차이가 나지 않았다. 그러나 사태를 좀 더 면밀하게 조사해 보면, 1914년부터 1918년까지 벌어진 전쟁(제1차 세계대전)과 1939년부터 1945년까지 이어진 전쟁(제2차 세계대전)으로 아프리카에 큰 변화를 일어났음을 알 수 있다. 단순히 아프리카를 지배하던 유럽 제국에 대한 일반인들의 생각이 바뀐 정도가 아니라 아프리카 사회 내부의 사회·정치적 집단들 내부에도 큰 변화가 일어났음을 의미했다. 학자들은 두 차례 벌어진 세계대전을 통해 식민 제국의 본성이 변하고 있음을 간파할 수 있었다. 제2차 세계대전에 관해서는 뒤에 살펴보기로 하고, 이 장에서는 제1차 세계대전에 대해서만 검토하기로 하자. 먼저, 제1차 세계대전이 발발한 시점의 특성을 살펴보자. 제1차 세계대전은 전쟁이 발발하기 전 20여 년 동안 벌어진 식민지인들의 저항과 도전을 대부분의 식민 제국들이 참혹하게 제압한 뒤 기반을 공고하게 다지는 과정에서 벌어졌다. 어떤 지역에서는 제1차 세계대전으로 아프리카 쟁탈전이 종식되기도 했다.

아프리카 대륙에서 벌어진 전쟁

1914년이 끝나갈 무렵에 동쪽과 서쪽의 프랑스군과 영국군은 각각 독일의 식민지였던 토고와 카메룬을 공격했다. 전쟁은 급속도로 벌어졌다. 독일과 연합군의 식민 관료들은 전보를 주고받으며 백인들끼리 서로 죽이는 참혹한 장면만은 '원주민들'에게 보여 주지 말자고 합의했다. 하지만 그 합의는 오래가지 않았다. 길고 폭이 좁은 토고의 영토에서는 모든 게 쉽게 마무리 되었지만, 카메룬에서 벌어진 전쟁은 1916년까지도 끝날 줄을 몰랐다. 전쟁은 식민지의 산지와 숲속으로까지 확장되었다. 독일령 서남아프리카의 방어 상황은 심각했다. 사실 냉정하게 말해 방어 자체가 불가능했다. 외부에서 어떤 공격도 감행해 오지 않을 것이라고 예단하는 바람에 국경선이라는 것을 만들어 놓은 적이 없었기 때문이다. 그 결과로 남아프리카가 이 지역을 손쉽게 손아귀에 넣을 수 있었다. 이는 두고두고 이 지역의 정치 상황에 장기적인 영향을 끼쳤다. 남아프리카가 이 지역을 그 뒤로 70여 년 동안 통치했기 때문이다.

전투가 가장 격렬했던 곳은 동부와 중부 아프리카 지역이었다. 전쟁의 결과는 그야말로 참혹했다. 전투가 벌어진 기간도 유럽에서 벌어진 전쟁 기간과 동일했다. 케냐와 모잠비크에 이르는 광대한 지대에서 영국과 프랑스, 남아프리카 군대는 독일군을 상대로 교전을 벌였다. 탕가니카가 연합군의 손에 넘어간 이후에도 독일은 저항을 멈추지 않았다. 독일군 사령관인 폰 레토브-포어베크(Von Lettow-Vorbeck)는 손수 친위대를 이끌고 포르투갈령 모잠비크와 니아살란드 그리고 동북부의 로디지아를 공격해 놀라운 전과를 거두었다. 그는 정규전과 게릴라전을 교묘히 섞어 전투를 진행함으로써 연합국을 이 지역에 몇 달, 나아가 몇 년을 붙잡아 두었다. 아프리카인 정규군과 탈영병들 그리고 소수의 독일군 장교들로 구성되어 있던 폰 레토브-포어베크 부대는 연합군에 못지않은 전투력을 유지하고 있었고 패배를 몰랐다. 폰 레토브-포어베크는 1918년 11월에 유럽에서 휴전이 선포되었다는 소식을 듣고서야 무기를 내려놓았다.

동아프리카에서 전투가 벌어졌을 때에는 75만~1백만 명에 이르는 아프리카인들이 강제로 끌려가 짐꾼으로 부역을 했다. 아프리카인들은 적군의 무거운 무기를 숲과 늪, 관목 숲과 산속으로 끌고 다니는 역할을 맡았다. 이 와중에 다섯 명 가운데 한 명꼴로 사망했다. 대부분이 병에 걸려 죽었다. 전투가 진행될수록 지역 경제는 가축과 작물, 젊은이들의 이탈로 황폐해져 갔다. 땅에 불을 놓는 청야(淸野) 전술이 아주 일반적으로 사용되었다. 적군과 아군 모두 이 전략을 선호했다. 독일은 과거의 경험을 살려 탕가니카와 서남아프리카에서 일어난 반란을 진압했다. 영국은 제2차 보어전쟁 때 주민들을 목표로 한 작전이 얼마나 효과적이었는지 결코 잊지 않았다. 그들은 마을을 모조리 불태웠고 처리할 수 없는 수확물도 모두 불에 태웠다. 만성적인 식량 부족 사태가 발생했다. 이는 갑작스레 나타난 기근과는 차원이 달랐다. 전투 때문에 직간접적으로 생긴 결과였다. 1916년부터 1918년까지 르완다가 처한 현실이 최악의 사례였다. 질병으로 짐꾼들이 죽었을 뿐 아니라 마을도 황폐해졌다. 1918~1919년에 서부와 중부, 동부 아프리카 일대를 휩쓴 전염병의 규모는 전무후무했다. 유럽이 진원지였던 그 병은 해안 지대 안쪽을 중심으로 급속도로 퍼졌다. 교통과 통신망을 따라 움직이던 군대와 보급 부대를 따라 박테리아가 퍼져 나갔다. 이루 헤아릴 수 없을 정도로 많은 주검들이 쏟아져 나왔지만, 유럽은 단지 몇 천 명이 죽었을 뿐이라고 결론을 내렸다.

한 세대 전에 벌어진 정복 전쟁 때만 해도 적군의 거의 대부분은 역설적이게도 아프리카인들이었다. 이들은 소수 유럽인 장교의 지휘를 받고 있었다. 남아프리카는 예외였다. 새로 창설된 노조에 아프리카 흑인들이 대거 참여하고 있었기 때문이다. 물론 이들에게는 무기를 소지할 권리가 제한되어 있었다. 백인들을 공격할까 두려워 내린 조처였다. 결국 몇 년 뒤 이웃한 서남아프리카의 독일인들이 보어인을 대리하게 되었다. 그 밖의 다른 지역에서도 징집은 체계적이었고 가혹했다. 영국은 서아프리카 식민지에서 용병을 모집하여 대륙의 반대편 전선에서 싸우게 했다. 하사관을 모집하던 프랑스는 해안가의 삼림 지대로부터 사바나 지역에 이르기까지, 이 마을 저 마을을 전전하며 군에 입대할 젊은이들을 끌어모았다. 이들 가운데 15만 명가량이 프랑스와 벨기에의 서부 전선에 배치되어 프랑스 병사를 대신하여 전사했다. 프랑스는 알제

그림 18 타자들의 전쟁에 참전한 아프리카 병사들(1915년)

리에서도 모병을 감행했다. 이들 가운데 약 3만 명이 전투 중에 사망했다. 생존자들의 경우, 유럽에서 겪은 전투 경험은 정치적으로 바뀌었다. 서아프리카 지역에서 군 병력을 확보하려던 프랑스 측의 공격적인 작전은 저항에 부딪쳤다. 어떤 지역에서는 곧바로 반란이 일어나기도 했다. 아프리카인들 사이에서 징집은 피로 대신 지불하는 '혈세'라는 소문이 퍼져 있었다. 한편, 지역 주민들의 무장투쟁을 제압하기 위해 프랑스가 펼친 군사작전으로 아프리카 쟁탈전이 종식되기도 했다. 이 같은 군사작전을 통해 프랑스는 1880~1890년대에 마름질을 시작했지만, 여전히 완벽하게 통제하지 못했던 서아프리카 일대를 종속시킬 수 있었다. 1915~1916년에 프랑스 행정부는 과거에 그다지 중요하다고 생각하지 않았던 추장들과 새로운 형식의 소통 채널을 마련하여 모병하는 과정에서 많은 도움을 받았다. 전쟁 같은 위급 상황은 통치 체제를 수정하는 측면에서도 큰 역할을 했다.

아프리카인들은 유럽인들의 전쟁에 참여하지 않겠다는 의사를 여러 가지 방식으로 표출했다. 가령 프랑스령 식민지에서는 아프리카 젊은이들이 종종 국경을 넘어 이웃 나라로 달아나 하사관 모집이 끝날 때까지 그곳에 숨어 있었다. 이처럼 징집을 거부하는 의미로 실행한 '저항적 도주'는 군복무를 피하려는 수단으로 선택한 자해보다 상대적으로 더 일반적이었다. 세금과 강제 노동을 피할 목적으로 '저항적 도주'를 선택하는 경우도 많았다. 아프리카인들이 보기에 징집은 세금 징수와 노동력 착취를 위해 식민 제국이 벌인 참기 힘든 속임수의 연속선상에 있었다. 따라서 프랑스군에 입대한 아프리카 병사들은 탈영을 하거나 명령에 쉽게 복종하지 않았다. 프랑스령 북아프리카 군인들이 특히 심했다.

징집에 반대하는 폭동도 여러 차례 발발했는데, 이는 19세기 후반 이래 쌓여 온 분노를 한꺼번에 폭발시키는 도화선이 되었다. 나이지리아에서는 영국에 반대하는 무장투쟁이 벌어졌고, 다호메이에서는 프랑스에 반대하는 저항운동이 일어났다. 모잠비크에서는 1917년에 바르웨(Barwe) 민족이 떨치고 일어나 포르투갈인들에 맞서 싸웠다. 프랑스가 통제하던 서아프리카의 사바나 지대와 북아프리카 지역에서 일련의 저항운동을 주도한 세력도 또한 이슬람 세력이었다. 투아레그 무슬림들은 1916~1917년에 니제르의 프랑스에 대항해 일련의 공격을 개시했다. 여기서는 오스만제국의 역할을 주목할 필요가 있다. 오스만제국은 1914년 후반에 독일 편을 들며 전쟁에 개입했다. 식민 세력에 맞서 지구적 규모의 지하드를 펼친 경험을 가지고 있던 오스만에게, 유럽 전쟁의 발발은 북아프리카를 중심으로 한 잃어버린 옛 영토를 회복할 기회가 왔음을 의미했다.

프랑스령 모로코에서는 아브드 알 말리크('Abd al-Malik)가 반식민주의 투쟁을 독려했고, 알제리에서는 징집에 반대하는 운동이 벌어졌다. 그중에서도 가장 조직적인 저항을 펼친 집단은 독일과 오스만제국한테서 재정적 지원과 군사적 후원까지 받던 사누시야였다. 리비아의 이탈리아인들도 마찬가지로 안전하지 않았다. 1915년 초에 이탈리아는 미수라타 지역에서 사누시야에게 대패를 당했다. 그해 늦게 사누시야는 공격 반경을 국경으로까지 확대해 이집트의 영국인들을 공격했다. 그렇지만, 1916년에 키레나이카에서 친영주의자인 사이드 이드리스 알-사누시(Sayyid Idris al-Sanusi)가 등극하자 리비아의 이탈리아인들과 휴전이 성사되었고, 이집트의 영국인들과도 평화로운 관계를 유지하는 전략이 채택되었다. 사누시야는 남쪽에서도 무척 분주하게 움직였다. 그들은 1916년에 프랑스령 사하라 지대를 공격했을 뿐 아니라 니제르에 대한 공세도 멈추지 않았다. 나이지리아만은 예외여서 이곳에서는 영국군의 지원으로 공세가 역전되었다.

전쟁이 발발하자 영국은 이집트를 강력하게 탄압하며 이 지역을 보호령으로 선포해 버렸다. 그러고는 이집트가 이스탄불과 맺고 있던 관계를 단절시켰다. 뿐만 아니라 케디베 아바스도 축출해 버리고는 일체의 정치 행위를 '민족주의적'인 것으로 간주해 저지했다. 수단의 영국인들은 사하라 북쪽의 복잡한 사건 망을 활용해 서쪽에 있던 다르푸르의 술탄에 대한 통제력을 강화했다. 다르푸르의 술탄은 1870년대 이래 자율적인 지위를 차지하고 있었다. 술탄인 알리 디나르가 1915년에 사누시야를 흠모하는 눈치를 보이자 바로 그 이듬해인 1916년에 수단을 통치하던 영국 총독 윈게이트(Wingate)는 다르푸르에 대한 공격을 감행해 곧 복속시켰다. 그러나 그는 수피 세력들과는 좋은 관계를 유지했는데, 정세가 불안정한 이 지역을 안정시키기 위한 전략의 일환이었다. 프랑스도 모로코와 알제리에서 마찬가지 전략을 선택했다. 이런 방식으로 이슬람이 지닌 잠재적 위협을 어느 정도 진정시킬 수 있었다.

호전적인 기독교도들도 아주 결정적인 역할을 수행했는데, 특히 니아살란드에서의 역할은 압권이었다. 1915년에 니아살란드에서는 존 칠렘브웨(John Chilembwe) 목사가 짧지만 맹렬한 저항운동을 이끌었다. 저항운동을 일으킨 핵심 동기는 아프리카인들을 대상으로 한 대규모 징집과 독일과의 초기 전투에서 잃은 수많은 목숨들이었다. 나이지리아와 코트디부아르, 북로디지아에서는 종말론적이면서 계시적인 기독교 운동이 지역을 중심으로 평화롭게 전개되기도 했다. 이 지역의 목사들은 임박한 세계의 종말과 예수의 재림 그리고 유럽 통치의 파국과 식민제국의 명령을 따르지 말아야 할 도덕적 필연성 등에 대해 일장연설을 늘어놓았다. 정치적·문화적 환경이 다소 다른 남아프리카에서는 1914년 10월에 일군의 아프리카너들이 벌 떼처럼 들고일어났다. 영국인들에 대한 증오와 독일인들에 대한 연민 때문에 발생한 봉기였다. 하지만 봉기는 곧 진압되었다. 도처에 존재하고 있던 아프리카인 공적들 때문이었다.

사회경제적인 충격

미성숙한 식민 경제는 전쟁으로 더욱 주춤거렸다. 경제적인 곤경이 대륙 전체를 뒤덮었고 사회 불안을 부추겼다. 서아프리카의 영국과 독일 식민지에서 한창 번창하고 있던 무역도 위축되었다. 수출 품목의 가격도 눈에 띄게 하락했다. 바야흐로 지구 경제가 위기의 징후를 보이고 있었다. 여러 식민 행정부들은 가격과 임금을 강력하게 통제했다. 유럽의 경제가 조금씩 전쟁 경제로 돌입하면서 1914년부터 1918년까지 특정한 원자재에 대한 수요가 급증하긴 했지만, 생산자와 임금노동자의 상황은 평균적으로 더욱 어려워졌다. 그렇지만 아프리카의 소비자들이 수입 품목을 사기 위해 지불해야 하는 가격은 전쟁 기간 동안 꾸준히 올랐다. 수백만 아프리카인들은 강제적인 징발과 강제 노동, 군복무 그리고 특정 작물의 강제 재배 등을 결합한 형식으로 전쟁이 제공하는 고통스런 사회적·경제적 환경을 감내해야 했다.

한편 제1차 세계대전으로 아프리카 대륙 전체에 걸쳐 식민 제도가 정착되는 계기가 마련되었다. 1920년대부터 본격화된 식민 제도의 골격은 제국의 책임 소재 아래에 있는 환경을 마음껏 통제하고 재구성하여 원하는 만큼 착취를 해도 좋은 구조를 유지하고 있었다. 그런 의미에서 전쟁은 식민 통치의 시기가 정점에 이르러 가장 높은 효율성과 가장 완벽한 문법을 구현하는 시점에 올랐음을 보여 주었다. 역사가인 빌 프로인트(Bill Freund)는 이렇게 지적했다.[27] 제1차 세계대전으로 인해 "가장 원시적인 세력을 가장 고도의 방식으로 통제할 수 있는 길이 열렸다." 마침내 정복의 시기는 끝나 가고 있었다. '통합'의 시대도 마찬가지였다. 1920년대 초부터 사병들은 막사를 고치기 시작했다. 시장의 힘이 바야흐로 속사 기관총보다 더 중요해지고 있었던 것이다. 공공연한 군사주의가 후퇴하게 되자 상업 경제가 식민지 사회를 규정하게 되었다.

그럼에도 불구하고, 전쟁 경험은 아프리카 사회와 집단 속에 지울 수 없는 인상을 남겼다. 유럽인들끼리 서로 죽이고 죽는 풍경을 목격한 아프리카인들은 결코 그 장면을 잊을 수가 없었다. 전쟁에 따른 고통을 감내해야 했던 사람들도 마찬가지였다. 그들은 식민 통치의 잔인한 이중성을 두 눈으로 똑똑히 지켜보았을 뿐 아니라 유럽 문명의 약점과

---

27) B. Freund, *The Making of Contemporary Africa*(Basingstoke, 1998), p. 112.

'인간성'의 심각한 오류도 발견하게 되었다. 이 같은 전쟁 경험을 통해 아프리카인들 사이에는 사이비 정치 조직과 단체들이 생겨나게 되었다. 이른바 '저항적 정체성'의 징후로 나타난 것들이었다. 정치화 과정과 식민 행정부의 현실이 대립하는 모습이 침략과 정복의 후유증으로 많은 이들에게 드러나기 시작했다. 전쟁은 이런 상황을 한 발짝 더 밀고 나갔다. 이는 소작농이나 일꾼들뿐 아니라 교육을 많이 받은 아프리카인들에게도 같은 형태로 나타났다. 교육을 많이 받은 아프리카인들은 군 복무 때문에 단기적으로 자리를 비운 유럽인들이 맡고 있던 행정직과 사무직을 짧게나마 대신할 수 있었다. 이 아프리카인들은 자신들의 사회적·정치적 지평이 다소 넓어지는 경험을 할 수 있었다. 이러한 경험을 통해 권력의 맛을 본 아프리카인들은 전후 세대에 가장 중요한 계급이 되었고, 간접 통치 방식을 지지하던 추장 계급에 환멸을 느끼게 되었다. 그들은 간접 통치 방식과 추장 계급 때문에 자신들이 정치적으로 책임 있는 자리에 오르지 못하고 고립된 지위에만 매몰되어 있을 수밖에 없었다는 사실을 차츰 깨달아 가고 있었다.

아프리카, 베르사유, 국제연맹

정치적 감각이 뛰어난 사람은 어디에나 있게 마련이다. 처음으로 세계적인 규모로 진행된 사건을 마주한 아프리카인들은 세계에서 자신들의 위치가 어디쯤에 있는지를 깨닫게 되었다. 베르사유 회의에 제출된 내용들 가운데 미국 대통령 우드로 윌슨(Woodrow Wilson)이 제기한 17개조 원칙과 후에 국제연맹의 규약이 되는 내용들은 정치적으로 적극성을 띠어 가던 아프리카인들의 주목을 끌게 되었다. 특히 영국령 서

아프리카인들의 정치적 감각이 높았다. 이들은 자국 정부 내에서 좀 더 큰 권한을 행사하고 싶어 했다. 남아프리카에서는 1912년에 남아프리카원주민민족회의(South African Native National Congress)가 창설되어 1923년에 아프리카민족회의(ANC, African National Congress)로 개명하게 된다. 아프리카민족회의의 구성원들은 조지 5세에게 베르사유 회의에 참가할 수 있는 대표권을 허락해 달라고 청원했다. 이러한 운동을 통해서 아프리카인들이 전시에 세운 공헌 정도가 드러나게 되었다. 이는 평화를 둘러싼 원칙 가운데 하나가 자결권과 억압으로부터의 자유를 천명할 권리를 확보하는 데 있음을 왕에게 상기시켜 주었다. 그렇지만, 영국 정부는 베르사유 회의에 아프리카인 대표부를 파견하는 일을 허락하지 않았다. 일이 잘못될 경우, 남아프리카연합의 내부 문제에 내정간섭을 하는 우를 범할 지도 모른다는 판단 때문이었다. 그럼에도 이 사건은 아프리카인들이 처한 곤경이 지구적인 규모로 크지만 아프리카인들에게는 십 수 년 전부터 선택의 여지가 많지 않았다는 점을 여실하게 드러내는 계기가 되었다. 이렇게 해서 아프리카인들의 저항적 정체성은 새로운 국면을 맞이하게 되었다.

  이 점이 가장 극명하게 드러난 곳이 이집트였다. 이집트의 민족주의자들은 시간이 지날수록 영국인들의 존재에 대해 거부감을 갖게 되었다. 주로 움마당(Umma party) 출신의 몇몇 선구적 민족주의자들은 폭력적인 대결보다 점진적이고 평화로운 정권 이양을 지지하고 있던 터라 윈게이트에게 청원을 했다. 영국과 협상을 벌여 이집트를 보호령에서 철회할 기회를 자신들에게 달라는 요청이었다. 처음에 영국은 청원자들에게 이집트의 대표성을 부여하는 데 회의적인 태도를 보였다. 그러나 청원자들은 사실상 와프드(Wafd)라는 이름으로 상당한 대중성을 확보하고 있었다. 그들은 와프드의 활동이 영국 정부 때문에 심각하게 위축되자 베르사유 회의 쪽에 직접 접촉하여 자신들의 입장을 설명했다. 영국은 사실 와프드의 높은 대중적 인기를 제대로 이해하지 못한 상태에서 와프드의 대표적인 민족주의자 사아드 자굴(Sa'ad Zaghlul)을 감옥에 가두어 버렸다. 이로 인해 1919년에 이집트 전역에서 격렬한 폭동이 일어났다. 영국 정부는 황급히 알렌비(Allenby) 장군을 이집트로 파견하여 폭동을 진압하게 했다. 알렌비 장군은 폭동을 진압한 뒤에 자굴을 석방했다. 감옥에서 풀려난 자굴은 와프드를 개혁하여 정식 정당으로 만들고 자신이 초대 회장을 맡았다. 자굴의 지도를 받던 와프드는 영국을 반대하는 반영 저항운동의 중심으로 떠올랐다. 그러다가 1920년대 초에 커다란 위기에 직면하게 되었다. 자결권을 둘러싼 전후의 담론들은 알제리와 튀니지에서도 민족주의 운동의 빌미를 제공했다. 유럽에서 정전이 선언되자마자 모로코의 리프에서 폭동이 일어났다. 아브드 알-카림('Abd al-Karim)이 주도한 폭동이었다. 한편 사누시야는 리비아의 이탈리아인들과 새로운 전선을 형성하고 있었다.

1919년에 베르사유를 수놓은 다양한 의제들 가운데에서 가장 중요한 의제는 패전국 독일이 점령하고 있던 식민지를 어떻게 처리할 것인가 하는 문제였다. 어떤 의미에서 식민지의 운명은 이미 결론이 난 것이나 마찬가지였다. 승리를 거머쥔 연합군이 해당 식민지를 직접 차지하는 것이었다. 식민지인들에게 자치를 허용하거나 식민지를 다시 패전국 독일에게 돌려주는 건 고려 사항이 아니었다. 영국과 프랑스는 토고를 분할해 지배하기로 결정했다. 영국은 토고의 서쪽 지역을 이웃한 골드코스트로 합병시켰고, 프랑스는 자기들의 몫을 독립국으로 남겨 두었다. 카메룬의 경우는 좀 달랐다. 프랑스가 영토의 80퍼센트를 차지했고, 영국이 나이지리아와 국경을 맞대고 있던 나머지 부분을 접수했다. 영국은 탕가니카의 책임권도 떠맡기로 했다. 상대적으로 작은 지역인 르완다와 부룬디는 벨기에가 차지했다. 이 두 지역은 벨리에령 콩고와 북동쪽에 국경을 맞대고 있었다. 남아프리카연합은 과거 독일의 식민지였던 서남아프리카를 접수했다.

하지만 시대는 바뀌어 광포한 제국주의의 시대가 저물어 갔다. 적어도 겉보기에는 그랬다. 1880~1890년대처럼 단순히 땅을 빼앗는 식의 팽창은 더 이상 통용되지 않았다. 베르사유조약에 따라 과거 독일의 식민지는 새로 창설한 국제연맹을 대신하여 유럽의 다양한 정부들이 대리 운영하기로 합의했다. 국제연맹이 표 나게 내세운 수사에 따를 경우, 아프리카 식민지들은 자치가 가능한 시점에 도달할 때까지, 그리하여 '원주민'의 권익이 지켜질 시점에 이를 때까지는 신탁통치를 받을 처지에 놓여 있었다. 그런 배경을 가지고 태어난 것이 위임통치 제도였다. 문제는 이 제도의 의지와 목적이 '참고'할 만한 대상을 가지고 있지 않았다는 점이다. 물론 최악의 상황이 벌어진다 해도 국제연맹의 최강자인 영국과 프랑스가 뒤를 받치고 있었으므로 큰 문제는 없었다. 국제연맹 의장은 때가 되면 정기적으로 여러 식민지에 조사단을 파견하여 그 지역의 '발전 상황'을 보고하도록 했다. 만약 위임통치 제도가 제때 도입되지 않았다면, 새로 등장한 식민지들도 다른 식민지들과 마찬가지 방식으로 통치되었을 공산이 컸다. 하지만 누가 봐도 새로운 기운이 맴돌고 있었다. 국제연맹이 정한 새로운 원칙도 마련되었다. 그 원칙에 따를 경우, '개발이 덜된' 지역의 주민들은 국제연맹이 정한 대로 운영이 되어야 했고 정치적·문화적 수준이 성숙할 때까지 세계가 기다려 주어야만 했다. 이것은 일종의 보호자 정신에 가까운 것으로 싸구려 제국주의와는 거리가 멀었다. 이런 시대의 요청은 1920~1930년대에 뿌리를 내리게 되었다. 이때는 '발전'과 '운영'이라는 개념을 둘러싸고 오늘날의 서유럽이 갖추고 있는 태도의 원형이 출현한 때였다.

5부

식민주의의 절정

제1차 세계대전 이후 식민주의 체제는 안정 국면에 접어들게 되었다. 이론이 정교해졌을 뿐 아니라 경제 체제도 좀 더 효율성을 갖추게 되었다. 19세기 후반과 20세기 초반의 어지러운 시국을 지나며 폭력에 눈을 뜨게 된 아프리카인들은 제1차 세계대전을 겪으면서 대부분의 지역에서 무장투쟁의 비효율성을 깨닫기 시작했다. 그 뒤로 무장투쟁은 1950~1960년대 이전까지 좀체 반복되지 않았다. 식민주의가 내장한 명백한 군사적인 차원이 실제로 다소 쇠퇴하게 된 것이다. 그러나 좀 더 넓은 의미로 정리하면 새로운 환경에 '적응'하게 된 것일 뿐이었다. 새로운 체제에 적응하는 방식은 실로 여러 가지였다. 저항하는 형식, 상황을 주도하는 형식, 그리고 자기를 표현하는 방식 또한 새로워졌다. 이는 새로운 정체성과 새로운 형식의 집단의식이 출현했음을 뜻한다. 과거의 집단의식은 '종족적' 뿌리와 민족적·언어적 바탕에 기댄 것이 많았다. 물론 이따금은 인종적이고 영토적인 경계를 초월하여 좀 더 넓은 사회·경제적 변화를 꾀한 경우도 없지는 않았다. 1920년대와 1940년대에는 근대의 정치적 현실과 정신적 혁신을 화해시키려던 이슬람이 새로운 생각과 노선을 선보였다. 물론 이들 가운데 일부는 19세기 후반 이집트에서 연원한 것이었다. 아프리카인들은 이러한 방식으로 새로운 체제에 적응해 나갔고, 이 과정을 통해 미묘하지만 대단히 중요한 방식으로 조금씩 체제를 바꾸어 나갔다. 이는 아프리카인들도 변화의 주체로서 중요한 역할을 담당했음을 의미한다. 식민 종주국만이 사회적 변화를 이끌어 낼 능력을 갖추고 있었다는 항간의 생각은 명백히 잘못된 것이다.

1920~1930년대까지 간접 통치의 한 축을 담당하던 추장들은 식민지 아프리카 전역에 분포되어 있었다. 이들은 봉급을 받던 관료로서 식민 체제의 행정적·이데올로기적 원칙들을 좌지우지했다. 나이지리아

와 우간다. 골드코스트의 추장들이 그랬듯이, 그들은 식민 통치의 대리인을 자처하며 세금을 징수하거나 법을 집행하는 역할을 수행했다. 이들은 또한 국가와 신민을 부드럽게 연결시켜 주는 책임을 능동적이고도 성실하게 수행했다. 그들은 공로를 인정받아 수여된 작위와 서훈, 훈장을 자랑스러워했다. 이들은 상대적으로 의무교육에 쉽게 노출되어 있던 터라 '진보'와 '발전' 같은 개념을 체득하는 과정에서 핵심적인 지위를 차지할 수 있었다. '진보'와 '발전'은 식민주의 수사학에서 매우 중요한 의미를 띠고 있었다. 그러나 의무교육이 확장되자 새로운 교육 엘리트들이 출현하게 되었다. 새롭게 출현한 엘리트들은 자신들이 사회적으로 정치적으로 소외되어 있다고 주장하며 구체제를 강하게 흔들었다.

1920년대에 일부 아프리카인들은 식민 통치가 진보의 기회를 제공했다고 믿었다. 식민 통치 덕분에 아프리카인들의 삶이 더 나아졌다고 확신했던 것이다. 이러한 해석을 따를 경우, 식민주의의 '의무'는 공명을 일으킨 것이고 제 값을 치른 것이었다. 기실 식민주의는 안전과 안정을 제공하고 있는 것처럼 보였다. 1920년대에 들어서자 일반적인 의미에서 폭력도 많이 줄어들었다. 1880~1890년대에 시작된 원주민 '달래기' 과정도 제1차 세계대전이 벌어질 무렵에 완결되었다. 수많은 무장 투쟁과 폭동이 거의 진압되었고, 강도 사건을 비롯한 범죄도 무시할 만한 수준으로 떨어졌다. 대신 '평화'가 아프리카 사회에 깃들기 시작했다. 그러자 상품작물을 거래하던 사업가들과 이주 노동자들 그리고 새로운 형태의 사회적 지위를 모색하는 사람들에게 경제적·사회적 기회가 열렸다. 어떤 이들에게 상업적인 농업은 상대적인 경제적 번영을 가져다주었다. 상품작물을 재배하여 한몫 단단히 잡은 집단들에게 이 번영은 의미가 컸다.

'팍스 콜로니아'(식민주의가 가져다 준 평화를 의미한다 — 옮긴이)로 인구도

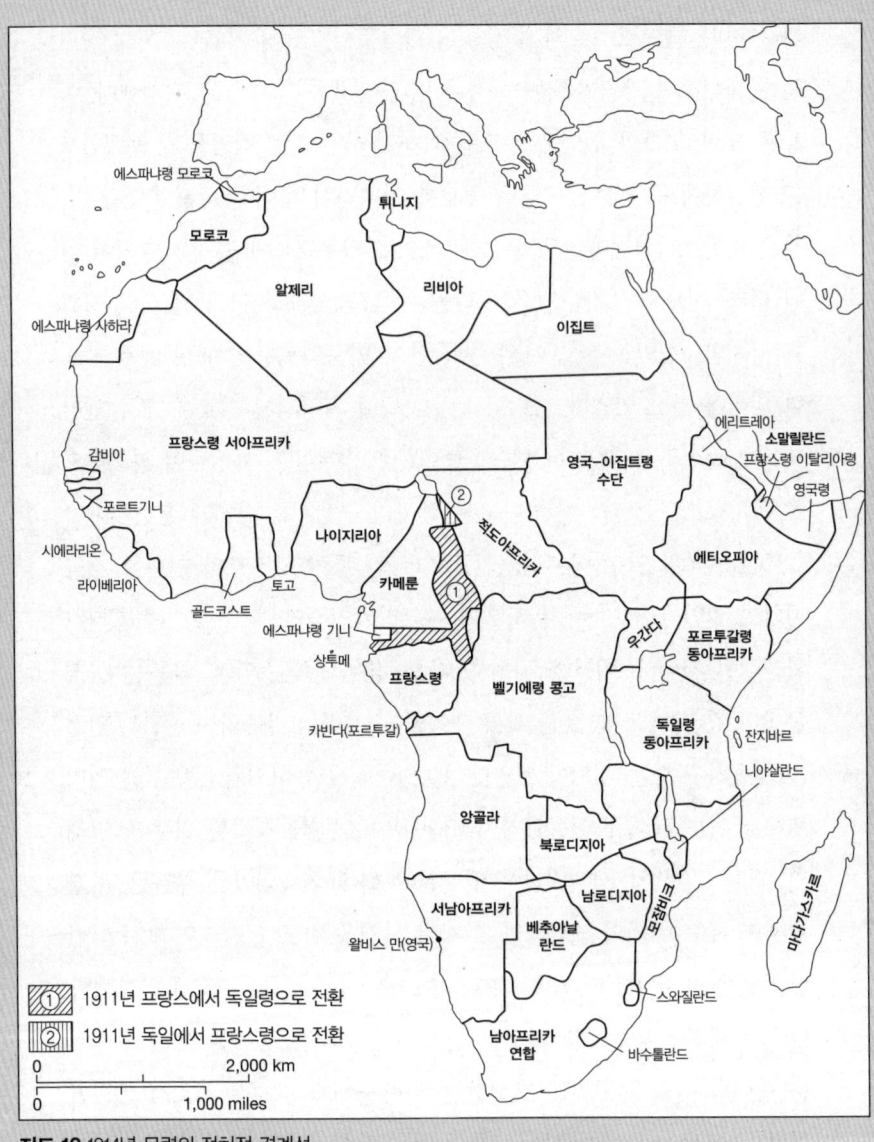

지도 18 1914년 무렵의 정치적 경계선

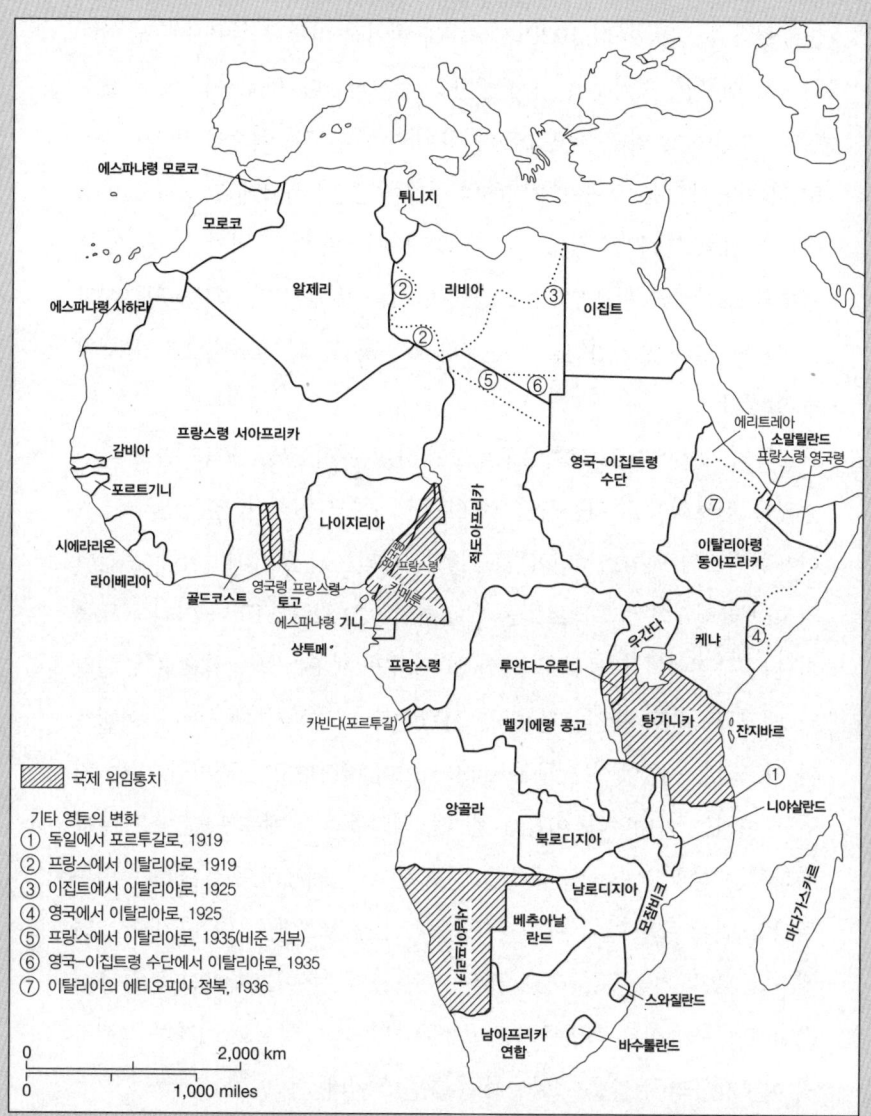

지도 19 1939년 무렵의 정치적 경계선

증가했다. 1890년부터 1920년 사이에 벌어진 약탈과 살육으로 줄어든 인구가 대부분 지역에서 다시 증가하기 시작했다. 바로 여기에 식민주의의 '양면성'이 있다. 식민주의는 한편으로 대규모 이주를 발생시켰을 뿐 아니라, 새로운 질병이나 기존의 질병을 좀 더 사납게 만들었고 환경적인 재앙도 불러일으켰다. 그런가 하면, 이러한 여러 위기를 관리하는 기술과 조직적인 힘을 가지고 있었다. 이를 통해 식민주의는 의학이라는 이름으로 아프리카인들의 신체와 영혼을 좀 더 효율적으로 통제할 수 있었다.

교육의 측면에서도 교회학교를 비롯하여 여러 고등 교육기관이 식민주의를 진보적이고 계몽적인 것으로 소개하고 있었다. 영국령의 경우, 니아살란드의 리빙스토니아학교와 시에라리온의 푸라베이대학, 우간다의 마케레레대학은 엘리트들을 양성하던 곳이었다. 그러나 이러한 교육기관은 부정적인 인물들도 양산했다. 식민 제도를 숙지함으로써 일말의 떡고물이라도 챙기고자 하는 사람들도 배출했기 때문이다. 이집트와 마그레브 지역에서는 물론 변화가 이미 나타나고 있었지만, 이들 지역도 예외는 아니었다. 이렇게 볼 때, 식민주의 체제는 뒷날 스스로를 배신하는 상황을 연출할 운명을 안고 있었다. 대표적으로 교육은 민주주의와 민족주의 앞에 아프리카인들을 노출시켰다. 다만 단기적 측면에서만 보면, 기술을 읽히고 글을 읽을 줄 아는 아프리카인 중산층이 출현했다는 사실은 식민주의를 문명과 계몽의 기획으로 이해한 식민주의 이론가들의 주장을 뒷받침하는 측면이 있다.

1930년대 들어서면 사태는 전 지구적으로 완전히 달라진다. 구시대의 엘리트들은 사회경제적인 변화의 현장에서 한발 물러나 있었다. 예를 들어 우간다와 골드코스트의 과거 엘리트는 자신들이 다스리고 있던 '지역민'의 이익을 지켜낼 수도 없고 의지도 없는 것으로 판명되었다.

게다가 이들은 점점 더 상업화되어 가던 소작농들과 팽창 일로에 있던 도시 인구의 주요 관심사와 고민거리를 제대로 대변할 수가 없었다. 1930년대에 들어서자 간접 통치 제도가 도전을 받기 시작했다. 이는 상대적으로 선진적인 교육을 받는 등 수혜를 입은 새로운 엘리트들의 출현 때문만은 아니었다. 바로 세계 대공황 때문이었다. 대공황이 가져다준 사회·경제적 어려움 때문에 사람들의 정치의식이 고도로 예민해졌고, 새로운 형식의 저항운동도 등장하게 되었다. 이는 간접 통치 제도에 대한 환멸로 이어졌다. 식민 행정부 안에서도 통치 태도 일반과 그 특수한 형태인 간접 통치 할 것 없이 1930년대부터 변화의 조짐을 보이기 시작했다. 여러 가지 측면에서 19세기 후반 이래 계속 건설 중이던 식민 사회가 완성된 시기는 제1차 세계대전과 제2차 세계대전 사이의 기간이었다. 식민 통치는 바로 이 시기에 절정에 달했다. 행정은 좀 더 복잡해지고 효과적으로 바뀌었으며 경험도 더욱 풍부해졌다. 그러나 이 시기 내내, 특히 대공황 시기에는 간접 통치 제도의 취약성이 드러나기 시작했다. 말하자면 건물에 금이 가기 시작했던 것이다. 실용적인 차원에서 식민 제도의 효율성을 둘러싸고 환멸이 크게 일었고, 이 제도를 떠받들던 철학마저 크게 흔들렸다. 그러자 식민 관료들은 방향성을 상실한 식민 제도의 본질과 그 제도가 안고 있던 잔인함, 그리고 이 제도로는 아프리카인들의 삶을 의미 있게 '향상'시킬 수 없다는 사실에 개탄하기 시작했다. 식민주의자들이 그렇게 목 놓아 외치던 '의무'가 비판적 심문을 당하게 되었던 것은 물론이고 즉각 거부되기까지 했던 것이다. 북아프리카의 영적인 운동과 민족주의 운동이 이런 움직임을 주도했다. 북아프리카인들은 이러한 운동을 통해 좀 더 심오한 역사적 경험을 기반으로 하여 유럽을 대할 수 있었다.

사태가 이렇게 돌아가자 식민 행정부는 아프리카 사회에 좀 더 강력하게 개입하기 시작했다. 국가의 영향력을 더 키우려는 시도도 벌였다. 적어도 사하라사막 이남의 아프리카에서 이런 변화는 사실이었다. 그런 반응을 보인 가장 중요한 이유는 바로 경제적인 이윤 때문이었다. 하지만 그런 시도 또한 곧 벽에 부딪쳤다. 결국에는 아프리카인들을 정치적으로 껴안아야 할 필요성을 깨달았기 때문이다. 그리고 장차 언젠가는 아프리카인들을 정부 요직에 앉혀야 하고, 그렇게 되면 이들이 결국 '자치'를 요구하게 될 터였다. 결론적으로 이 같은 기우는 애초에 생각했던 것보다 훨씬 빨리 현실이 되어 나타났다. 분명 이러한 절차의 뿌리는 1930년대 후반과 전쟁 기간에 놓여 있었다. 간접 통치는 시간이 지날수록 실용적 차원에서는 대표성이 떨어지고 고리타분하며, 게다가 대단히 보수적인 것으로 인식되었다. 더욱이 공황까지 겹치면서 그 제도를 지탱해 줄 세수가 악화되었고, 추장들의 봉급조차 제대로 지급할 수가 없었다. 공황으로 삶이 곤경에 처하자 식민주의의 사유에도 일대 변화가 일어났다. 최소한 영국과 프랑스의 경우에 이는 사실이었다. 물론 벨기에와 포르투갈, 이탈리아의 상황은 달랐다. 백인 정착민들이 많이 몰려 살던 지역도 달랐다.

  새로운 사유의 방향은 이런 것이었다. 국가는 국민들을 최대한 책임을 질 의무가 있다. 아프리카인들도 세계경제의 난장판 속에서 제대로 된 보호를 받아야 한다. 이러한 사유의 뒤를 이어 가부장적인 인본주의가 처방으로 등장했다. 사회적 안정을 도모하고 불안정성의 위협을 제거하기 위한 처방이었다. 국민들은 제도와 좀 더 안정적인 관계를 맺을 필요가 있었다. 왜냐하면 국가를 향한 높은 충성심과 좀 더 점진적이고 효과적인 생산성은 결국 함께 가야 하는 것이기 때문이다. 간접 통치를 지지하던 추장들은 점차 권력의 주변으로 밀려난 반면, 식민 행정부는 효율을 극대화하고 사회를 안정시킬 방도를 모색해야만 했다.

결국 식민 통치자들은 그간 오랫동안 여러모로 소외되어 있던 새로운 엘리트들을 흡수하는 방식으로 새로운 길을 내게 되었다. 바로 이러한 변화로 제2차 세계대전 또는 그 직후에 새로운 형식의 저항과 정체성에 대한 모색이 나타나게 되었다.

사하라사막의 남쪽과 북쪽에 있던 식민 정부들에게 세계대전은 그 자체로 상황을 바꿀 모종의 계기를 제공했다. 전쟁을 통해 북아프리카의 민족주의자들은 전쟁 전부터 이어 오고 있던 정치적인 투쟁을 강화할 수 있었다. 그리고 사하라사막 이남의 경우에는 온갖 정치적·경제적 불만을 좀 더 강력하게 조율된 형태로 표출할 수 있었다. 전쟁의 효과가 이런 방식으로 드러나면서 고난과 환란의 10년이 시작되었다. 그러다가 1945년이 되자 유럽과 아프리카의 관계가 새로운 국면에 접어들었다는 조짐이 명확하게 나타났다. 사하라사막을 경계로 두 지역은 저마다 서로 다른 서사를 가지고 있었다. 식민 지배자와 식민지인 사이에 새로운 대화가 필요했다. 1900년대 초 제국주의가 공고화된 이래 이런 국면은 처음이었다.

13장

팍스 콜로니아
진보인가, 변화의 선언인가?

사회적 변화와 임박한 위기

1920~1930년대에 소규모 농장을 운영하던 아프리카인 농부들이 열대 아프리카의 대다수 지역에서 상품작물의 생산을 주도하고 있었다. 세네갈과 나이지리아에서는 땅콩이 넘쳐났다. 특히 나이지리아에서는 야자유가 식민 경제의 중추적인 역할을 하고 있었다. 코트디부아르와 앙골라, 탕가니카, 우간다에서는 면화와 커피를 주로 생산했다. 이러한 지역의 아프리카인 생산자들은 식민 경제가 제공한 이런저런 기회를 효율적으로 활용했지만, 제도 문제만큼은 다소 모호한 상태로 남아 있었다. 특히 해외 가격이 산지의 가격보다 훨씬 높았던 호시절에는 아프리카 농부들에게 많은 이익이 떨어졌다.

철도는 식민 통치가 시작되던 초창기에 농촌을 혁명적으로 바꾸는 계기가 되었다. 1920~1930년대 사이에는 도로망이 확충되고 내연기관을 갖춘 차량이 도입되면서 소작농들이 생산한 작물을 보급하는 과정에도 큰 변화가 나타났다. 트럭들이 오지 곳곳을 누비고 다니자 그 전까지만 해도 세계의 무역망에서 소외되어 있던 지역으로 수많은 상업작물이 쏟아져 들어오기 시작했다. 시골 같은 변방에까지 상업적 기회가 확장되고 있음을 뜻했다. 도시의 시장은 번창했다. 주로 여성의 노동력에 기대고 있던 아프리카인 경작자들은 새로운 땅이 생기는 족족 그곳에 상품작물을 재배했다. 이런 농부들은 상업적 농작물의 경계선을 새로운 지역으로까지 확장시킨 개척자나 마찬가지였다. 군사적인 정복과 정치적 격변이 지나가고 1920년대에 접어들자 비교적 안정과 번영이 찾아왔다. 인구도 증가했다. 농업은 집약적인 형태로 다변화되었다. 여러 지역에서 인구밀도가 높아지자 압박이 거세졌다. 그러자 농부들은 식민지 이전 시기와 마찬가지로 새로운 땅을 찾아 이곳저곳을 다녔다. 식민 행정부 덕분에 과거와는 달리 이젠 훨씬 평화롭고 안전하게 이동할 수 있었다.

지역 주민들의 이동과 상업적 농업의 확산 그리고 새로운 기회를 찾아다니는 사업가들의 출현은 커다란 사회적 변화를 불러일으켰다. 이런 행위는 사회적 불안 요소가 되기도 했다. 19세기 후반과 20세기 초반의 서아프리카를 연구할 때 주목해야 할 주제 가운데 하나는 일거리를 찾아 내륙에서 해안 지대로 이동했던 사람들이다. 이동을 통해 새로운 공동체가 출현했다. 이들 중 일부 가족 공동체는 가족 구성원의 노동력에 기대어 자신들만의 땅을 개간했다. 이들은 가족들이 필요로 하는 것과 필요한 양만큼만 재배했다. 일거리를 찾아 내륙에서 해안으로 이동을 한 부류 가운데에는 '자본가 집단'도 있었다. 이들은 외부 시장을 겨냥하여 임금노동자를 고용해 농작물을 생산케 한 다음, 거기서 발생한 이익을 다시 투자하는 방식을 취하곤 했다. 이들로 인해 상업적 위계 관계가 나타나기도 했다. 그런 예가 골드코스트와 나이지리아에서 작물 생산을 지배하던 소수 아프리카인 사업가들이었다. 이 성공한 사업가들은 매우 강력한 권력을 행사했다.

한편 무르익은 자본주의는 19세기와 마찬가지로 몇 가지 요인 때문에 저항의 대상이 되기도 했다. 과거에는 상대적으로 가난한 집단일지라도 땅을 소유하여 경제적 독립성을 유지할 수가 있었다. 한편, 임금 노동자들은 수확한 작물의 양에 비례하여 임금이나 땅을 요구할 수 있었다. 코트디부아르에서는 이러한 요구가 가능했다. 1920년대에 코코아 생산이 급속도로 확장된 골드코스트의 경우도 마찬가지였다. 골드코스트에서는 수확한 작물을 공평하게 분배하는 제도가 오랜 관행으로 대중들 사이에 널리 자리 잡고 있었다. 이곳에서는 어떤 개인이나 가족이 어느 때고 코코아를 생산하는 특정 집단을 찾아가 대개 생산량의 3분의 1을 환급하는 조건으로 일정한 부지를 분양을 받은 뒤 코코아를 재배할 수 있었다. 이런 제도 아래에서 생산량은 늘어날지 모르지만 자본주의가 만개하기에는 역부족이었다.

식민지 관료이건 무역업자이건 상관없이, 날이 갈수록 정치적으로 강력해지고 경제적으로도 부유해지던 아프리카인 사업가들을 유럽인들은 적대적으로 대했다. 유럽인들에게는 늘 걱정거리가 있었다. 그것은 언젠가는 아프리카인 사업가들이 시장을 장악하게 될 지도 모른다는 불안감이었는데, 19세기에 겪은 경험에 뿌리를 두고 있었다. 식민 행정부는 간접 통치의 방식으로 투자한 '전통적인' 권력자들과 거래하는 것을 선호했다. 이는 영국이 통치하던 서아프리카에서 두드러졌다. 이런 방식을 전략적으로 채택한 나라들도 있었다. 프랑스와 벨기에가 그랬다. 식민 관료들은 새로운 경제 엘리트가 출현하여 정치적 영향력을 행사할까 노심초사했다. 새로운 경제 엘리트들은 식민 체제가 만들어 낸 산물임에 틀림이 없었고, 식민 통치가 불러온 사회경제적 환경에 대응하는 과정에서 출현했다. 이들에게 이 제도에 도전할 만한 지위와 권력이 점차 확보되고 있었다. 식민 체제를 건설한 자들은 이러한 원주민 엘리트의 권력을 축소할 필요가 있었고, 또 '전통적인' 권력의 틀 안으로 흡수할 필요를 느꼈다. 때마침 엘리트들과 기존의 추장들 사이에 갈등이 불거지고 있었다. 새로운 엘리트들이 추장의 권위에 도전을 해왔기 때문이다. 그런가 하면 소작농들과 간접 통치의 수호자인 추장들 사이에서도 갈등이 심심찮게 벌어졌다. 이 문제는 다음 장에서 좀 더 자세히 살펴보기로 하자.

케냐의 경우, 토지로부터의 소외와 인구 증가가 결합됨으로써 키쿠유와 마사이 집단에게 여러 가지 문제를 불러왔다. 1920~1930년대를 거치면서 아프리카인들은 경작할 땅이 점점 더 줄어들고 있음을 깨달았다. 많은 사람들이 집단 거주 지역으로 내몰렸다. 앞서 살펴보았듯이, 집단 거주 지역에는 잠시 머물다 갈 사람들을 위해 경작지가 마련되어 있었다. 그러나 1920년대 들어 유럽 정착민의 수가 늘어나면서 좀 더 넓은 경작지가 필요하게 되었다. 또 유럽 정착민들은 집단 거주 지역에 살던 아프리카인들의 노동력을 필요로 했다. 식민 행정부도 아프리카인들의 노동력을 확보하는 일에 좀 더 많은 공력을 집중했다. 이렇게 되자 집단 거주 지역에 살던 아프리카인들은 최소한 1년에 6개월 정도는 백인 농장주를 위해 일을 해야만 했다. 이러한 상황에서 아프리카인들을 구해 준 것이 대공황이었다. 상품작물에 대한 수요가 1930년대 들어 눈에 띄게 줄어들자 수많은 백인 정착민들이 파산했다. 이 가운데 많은 사람들이 토지와 집을 버리고 떠나온 곳으로 돌아갔다. 아프리카인들은 이 기회를 이용하여 버려진 농가를 차지하고, 자신들이 먹고 지역 시장에 내다 팔 농작물을 경작했다. 상업적 농작물을 재배한 것이 아니었기에 그들은 우간다나 탕가니카, 골드코스트의 소작농들과 달리 세계 대공황의 피해를 입지 않았다. 공황은 오래가지 않았다.

1940년대 중반이 되면 국제 수요가 다시 살아나기 시작하면서 새로운 백인 정착민들이 아프리카 땅을 밟았다. 그리하여 백인 정착민들의 영토가 확장되기 시작했다. 새로 등장한 백인 정착민들이 가장 먼저 한 일은 집단 거주 지역을 없애는 일이었다. 그 대신 그들은 영구적인 임금 노동 체제를 구축했다. 그 결과로 1940년대가 끝나갈 무렵에 사회적인 위기가 찾아왔다. 과거와는 비교도 되지 않을 정도로 많은 아프리카인들이 유럽인 농장주의 땅에서 쫓겨나 집단 거주 지역으로 들어가거나 일을 찾아 고원지대의 나이로비나 몸바사 같은 해안 도시를 떠돌아야만 했다. 땅을 소유하지 못한 가난뱅이들이나 기술 없는 이들 또는 기술을 배울 기회가 없어 백인의 농장이나 도심에서 막노동꾼으로 살아가던 이들은 거대한 조직을 형성하게 되었다. 이들은 이 조직을 기반으로 좀 더 정치화되고 급진화되면서 혁명적인 정치사상을 수용하게 되었다. 이들은 언제라도 변혁을 일으킬 준비가 되어 있었으며, 기존의 정치제도와 사회제도를 무너뜨릴 가능성이 있는 의제라면 그것이 무엇이든 주변에 몰려들었다. 이것이 바로 마우마우 혁명의 뿌리기 되었다. 이 문제는 뒤에서 좀 더 살펴보도록 하자.

아프리카인과 유럽인 사이에서만 긴장이 높아진 것은 아니었다. 키쿠유 집단 내부에서도 심각한 차별과 사회경제적인 차이가 발생하고 있었다. 이 차이는 케냐 현대사를 구축하는 과정에서 백인 정착민들의 존재 못지않게 중요한 동력으로 작용했다. 제1차 세계대전 이후 일부 키쿠유 집단은 새로운 사회경제적 환경 속에서 살아남기 위해 국내시장을 겨냥한 잉여 생산물을 내놓기 시작했다. 그러나 워낙 땅이 부족한데다 집단 거주 지역의 인구는 넘치고 전반적으로 노동력에 대한 수요도 높았던 때라 대부분의 키쿠유인들은 생존 경제 속으로 뛰어들 수밖에 없었다. 이들 가운데 극소수만이 운 좋게도 내수 시장이 제공한 기회를 잡을 수가 있었다. 이들은 집단 거주 지역의 주민들을 위한 잉여물을 생산함으로써 그러한 기회를 활용할 수가 있었다. 뿐만 아니라 이들은 식민 체제 내에서 누렸던 상대적으로 우월한 지위를 활용하기도 했다. 이 '개척 농군들'은 대개 선교 교육을 받은 사람들로 19세기까지 거슬러 올라가는 추장 가문의 혈통을 이어받고 있거나 본인이 직접 영국의 보호 아래 추장 역할을 하고 있었다. 이들은 토지와 노동력, 소박한 자본에 대해 상대적으로 우월한 접근성을 바탕으로 다른 키쿠유인들은 상상도 할 수 없는 경제적 기득권을 누릴 수 있었다. 이런 지위를 활용하여 나이로비가 팽창하면서 생긴 내수 시장을 장악할 수 있었고, 시내 중심에 음식물을 공급하는 유럽인들의 소규모 농장과도 경쟁을 벌일 수가 있었다. 그러나 상대적으로 부유해져만 가던 소수와 경작할 땅도 관리할 노동력도 상실해 가던 다수 사이의 간극이 벌어지면 벌어질수록 정치적 갈등의 골도 깊어져만 갔다. 1930년대에 이르면 이들 엘리트 집단은 식민 질서의 중심축이 되면서 경작할 땅도 없던 주변부 노동자들을 더 이상 정치적으로 대변하지 않았다. 이때가 되면 이들은 백인 정착민 국가의 권력에 맞서 어떻게 하면 자신들만의 이익을 수호할 수 있는가를 고민했다.

  1940년대 말에 이르면 도시 빈민과 땅을 소유하지 못한 빈농들을 중심으로 아프리카 케냐인들 사이에는 다양한 갈등이 증폭되기 시작했다. 이 문제를 해결하기 위해 마우마우 혁명의 전야에는 도시 빈민과 빈농들이 급진적이고 대중적인 지도자 조모 케냐타(Jomo Kenyatta)를 찾아가기도 했다. 급진적인 포퓰리즘의 수사를 사용하던 조모 케냐타는 실제로는 엘리트 계급에 속해 있으면서 기성 질서를 타파하는 문제에는 하등 관심이 없는 인물이었다. 결국 키쿠유의 엘리트들은 공공의 적이 되었을 뿐 아니라, 마우마우 혁명이 청산해야 할 대상이 되고 말았다. 따라서 잘 나가던 키쿠유인들도 백인 정착민들과 마찬가지로 그 체제의 오류를 단적으로 보여 주는 시금석이 되었다.

가슴과 마음, 교육

원칙적으로 문명화 사업의 핵심에는 아프리카인들을 교육시키는 문제가 자리 잡고 있었다. 아프리카 대륙을 통틀어 교육 정책은 다양했다. 아프리카의 발전을 이끌어 내려면 교육이 감당해야 할 역할을 찾는 일이 시급했다. 이 역할을 두고 식민 행정가들과 실제로 교육을 담당하고 있던 선교사들 사이에 의견 차이가 발생했다. 넓은 의미에서 식민 교육 정책은 교육 받은 아프리카인들을 유럽의 문화와 문명 속으로 흡수하자며 19세기 초에 활발하게 논의하던 '동화'보다는 '제휴' 쪽의 입장을 선호하는 방향으로 전개되었다. '동화' 쪽 입장을 따를 경우, 이를테면 '피부색이 검은 영국인' 또는 '피부색이 검은 프랑스인'을 탄생시킬 수 있었다. 하지만 간접 통치를 지지하는 사람들의 입장은 달랐다. 이들은 아프리카인들이 자기들만이 지닌 고유한 문화 전통과 배경을 참고할 수 있는 교육을 받기를 원했다. 교육을 '아프리카화'하여 '원주민들'을 특정한 틀 속에 편입시킨 다음, 이들을 일정한 수위까지만 문명 앞에 노출시키고자 했던 것이다. 이러한 제약 아래에서는 특정 소수만이 교육을 받을 수 있었다. 게다가 그 기회라는 것도 주로 초등학교 교육에 내몰릴 수밖에 없었다. 그뿐이 아니었다. 당시 교육과 관련한 권한을 사하라사막 이남의 경우 주로 복음주의를 내걸고 있던 선교사들이,

북쪽의 경우에는 무슬림 교사들이 장악하고 있었다. 이들은 여자아이들보다는 남자아이들을 피교육자로 선호했다. 그럼에도 절대다수의 아프리카인들에게는 어떤 형태로든 교육받을 기회가 거의 주어지지 않았다. 영국인들과 달리, 프랑스인과 포르투갈인들은 동화된 엘리트들을 교육시키는 일에 좀 더 큰 관심을 보였다. 식민 체제의 수혜자가 된 이들이 그 체제를 지켜 나갈 버팀목이 될 것이라 굳게 믿었기 때문이다. 이런 믿음은 어느 정도 적중했다.

아프리카의 일부 지역에서는 기독교 교육과 이슬람 교육이 서로 경합을 벌였다. 영국인 관료들은 불필요한 갈등을 피하기 위해 무슬림 지역에서 기독교 선교사들이 선교 활동을 벌이는 일을 제한했다. 이와 반대로 프랑스인들은 학교를 폐교 조치까지 하면서 코란을 가르치는 이슬람을 탄압했다. 앞에서 보았듯이, 이슬람 교육은 사하라 일대와 북부 아프리카에 걸쳐 유구한 교육의 역사를 자랑하고 있었다. 그러나 이집트와 마그레브 지역에 식민 통치가 출현하면서 유럽식 교육제도가 이 지역의 새로운 교육 형식으로 자리 잡게 되었다. 이 새 교육제도를 통해 새로운 계급의 북아프리카인들이 나타나게 되었고, 이들은 유럽의 언어와 문화를 빠르게 받아들였다.

1880년대부터 튀니지 학생들은 프랑스어를 유창하게 구사할 수 있게 되었다. 튀니지의 졸업생들은 식민 교육제도를 확대하라고 로비를 펼치기도 했다. 알제리의 상황은 크게 달랐다. 알제리에서는 수입된 프랑스의 제도가 소수 백인 정착민들만을 위해 기능했다. 리비아에서는 이탈리아의 교육제도가 이슬람의 문화나 반식민주의 투쟁을 선도했던 사누시야 제도와 경합을 벌였다. 그런가 하면 이집트의 영국인들은 확고한 태도를 가지고 있었다. 이집트 식민 행정부는 유럽식 학교를 졸업한 학생들뿐 아니라 겉모습도 유럽인인 데다가 이슬람 문화에 깊이 노출되지 않은 졸업생들만을 채용하겠다고 공언했다. 이집트에서는 남자 아이들은 물론이고 중산층 집안의 여자아이들까지도 교육을 받을 수 있었다.

사하라 이남의 경우에 식민 교육과 기독교 개종은 불가분의 관계를 맺고 있었다. 1900년대 이후 기독교로 개종한 아프리카인들은 대부분 학교에서 받은 교육의 영향으로 개종을 선택했다. 앞에서도 보았듯이, 기독교 선교 사업은 19세기 말과 20세기 초에 세를 떨치고 있었다. 기독교선교협회와 웨슬리언선교회, 런던선교회, 감리교선교회, 미국성서공회 모두 학교를 설립하는 일에 적극적이었다. 물론 이들이 설립한 학교에서 평등한 교육 기회를 제공한 것은 아니었다. 이들은 추장의 자녀를 비롯한 소수 엘리트들에게만 그러한 기회를 제공했다. 이들이 제공한 교육의 수혜를 입은 이들에게 그 충격은 엄청난 것이었다. 이런 교육에 노출되는 순간, 학생들의 삶은 돌이킬 수 없을 정도로 완벽하게 바뀌었다. 학생들은 기독교를 신앙으로 받아들이는 것 외에도 식민 당국이 가지고 있던 문명화의 속성에 점점 눈을 떠갔다. 아이들은 이 속성을 절대적인 진리처럼 받아들이며 글과 수를 깨치고 때때로 직업교육을 받기도 했다. 일부 역사가들은 이러한 선교학교를 두고 문화 제국주의의 명백한 전형이라고 비판하기도 했다. 그러나 아프리카를 발전시키고 현대화시키는 데 필연적인 수순이라고 인식한 역사가들도 많았다. 어느 쪽을 지지하든 상관없이 선교 교육은 식민 행정부를 뒷배로 두고 있었다. 선교 교육을 담당한 쪽과 식민 행정부가 갈등을 빚은 경우가 좀체 없었던 이유도 그 때문이다.

식민 행정부가 교육만을 특별한 의제로 주목했던 것은 아니다. 그들은 교육 문제를 기능적으로 바라보았다. 식민 관료들에게는 유럽 언어를 말하고 쓸 줄 알며, 심지어는 통역사와 서기 역할까지도 소화할 줄

아는 소수의 유식한 아프리카인들이 필요했다. 달리 말해 낮은 직급의 일을 감당할 수 있는 원주민 전문인이 필요했던 것이다. 식민 관료들에게 교육의 의미는 그 이상도 그 이하도 아니었다. 사회를 변혁시킬 힘으로써 교육을 강조했던 것은 더더욱 아니었다. 오히려 식민 행정부가 끝까지 은폐하고 싶었던 점은 바로 사회를 변혁하는 힘으로서 교육의 역할이었다.

그래서 사하라 이남의 아프리카 식민지에서는 상대적으로 고등 교육 기관을 찾아보기가 쉽지 않다. 카이로대학이나 하르툼에 있는 고든메모리얼대학, 캄팔라의 마케레레대학, 남아프리카의 러브데일대학, 라고스의 야바고등대학 같은 기관이 있다고 하지만, 이런 대학들이 가지고 있는 커리큘럼을 보면 관료의 역할을 감당할 수 있는 행정 엘리트를 키우기 위한 프로그램만을 운영하고 있음을 알 수 있다. 그러나 시간이 흘러 1930년대와 1940년대를 지나면서 식민 행정 당국은 새로운 의미의 교육에 좀 더 집중하면서 학교에 보조금도 제공하고 새로운 커리큘럼 개발하는 일에도 좀 더 깊은 관심을 보이게 된다. 프랑스는 '아프리카인의 조건'에 알맞은 교육을 구상하고 그것을 방방곡곡으로 퍼트리고자 했다.

한편 영국령에서는 1940년대 후반과 1950년대 초반에 새로운 대학이 여럿 창설되었다. 골드코스트의 쿠마시대학과 나이지리아의 이바단대학, 케냐의 나이로비대학, 남로디지아의 살리스베리대학이 대표적이다. 어떤 의미에서는 제국이 좀 더 직접적으로 간섭하겠다는 뜻이 담겨 있었다. 특별히 이러한 고등 교육기관을 통해 배출된 엘리트와 그들이 대변하는 사회변혁의 양태를 모두 관장하겠다는 뜻을 품고 있었다. 그럼에도 식민 기간 내내 보편적인 교육을 등한시한 결과, 유럽의 제국들은 아프리카에서 근대적 의미의 국민국가를 만들어 내는 데 실패했다. 탈식민 시기에 참여정치를 불가능하게 만든 가장 주요한 원인 가운데 하나는 바로 문맹이었다. 거기에 식민 교육이 본질적으로 내장하고 있던 엘리트주의도 한몫 단단히 거들었다. 엘리트주의 성향의 식민 교육으로 계급 갈등이 조장되었을 뿐 아니라 아프리카 사회가 좀 더 심각하게 분열되는 조짐을 보였다. 그러나 한 가지 고무적인 것은 새로운 교육을 받은 엘리트들이 유럽의 헌법과 법률의 역사를 알게 되면서 '민주주의'나 '민권' 같은 개념도 인지하게 되었다는 점이다. 동시에 이들은 이러한 개념들이 아프리카인들에게는 유독 통용되지 않고 있다는 사실도 깨닫게 되었다. 결국 교육이 불만의 씨앗을 뿌린 셈이 되고 말았다. 아프리카인들의 자기 인식은 엘리트주의적인 면이 강했음에도 유럽인들이 주창하던 '문명화 사업'의 중심에서 묘한 역설을 불러일으키게 되었다. 이는 궁극적으로 유럽인들이 그토록 오랜 세월 두려워했던 식민 질서를 파괴하는 방향으로 이어졌다.

사회 변화와 연속성이라는 관점에서 볼 때, 가족생활과 여성의 지위도 사하라 이남 아프리카 전역에서 거의 바뀐 것이 없었다. 새로이 출현하던 도시들이 여성들에게 남성의 지배를 벗어날 수 있는 일말의 '도피처'를 제공해 준 것은 사실이지만, 시골을 떠난 대다수의 여성들이 할 수 있는 일이라고는 고작해야 밀주를 빚거나 매춘을 하는 일 따위였다. 상품작물을 재배하던 지역도 예외가 아니었다. 상품작물 경제가 남성과 여성에게 공히 상업적인 기회를 제공했다고 알려져 있지만, 기실 그런 기회를 장악한 것은 주로 남성들이었다. 여자들은 주로 식량을 생산하거나 아이를 키우는 일과 같은 비정규적인 가사노동에만 종속되어 있었다. 남자들이 이주 노동자로 빠져나간 지역의 여자들은 더욱 심했다. 일부다처제는 여러 지역에서 식민 통치와 갈등을 빚었다. 식민 통치 기간 이전까지만 해도 일부다처제는 아프리카 전역에 널리 퍼져 있었다.

일부다처제는 남성이 여성의 노동력을 관장하는 일을 묵과했다. 기독교식 결혼은 좀처럼 힘을 발휘하지 못했다. 유럽 교회가 가지고 있던 지나치게 많은 금지 원칙들 때문이었다. 그러나 지역에 따라 여러 변종들이 생겨나기 시작했다. 서아프리카에서 일부다처제는 20세기 중반까지도 지속되었지만, 사하라의 북부와 동부 및 중앙아프리카 지역에서는 그 제도가 빠르게 사라졌다. 서아프리카의 여성들은 그 어느 지역의 여성들보다도 더 적극적으로 무역에도 참여했다. 그것은 19세기부터 그들에게 이어져 내려온 전통이었다.

그럼에도 기본적인 가족 구조는 식민 통치 기간 내내 보수적인 기조를 유지했다. 19세기의 아프리카인들은 일부다처제를 인정했다. 대부분의 결혼이 전략적으로 일부다처제를 바탕에 깔고 있었다. 이것이 발전하여 20세기에는 신부를 부의 척도로 활용하기도 했다. 그러나 이러한 분위기 속에서도 가족 간의 관계는 변화를 맞기도 했다. 이 변화가 장기적인 측면에서는 사회정치적인 발전을 이끌기도 했다. 부유한 부모들은 유산의 힘 덕분에 자식들에게 권력을 행사할 수가 있었다. 젊은이들 또한 자신들이 지닌 사회정치적 에너지와 재능을 이용해 나름의 돌파구를 모색할 수가 있었다. 아프리카의 국가와 사회를 새롭게 조직해 가던 역동적인 힘은 언제나 젊은이들한테서 나왔다. 식민 통치 시기의 젊은이들은 늘 문화·정치 조직에 가담하고 있었다. 이 문제는 차후에 좀 더 본격적으로 다룰 것이다. 젊은이들에게는 이주 노동 형식으로 교육의 기회는 물론이고 경제적 기회도 열려 있었는데, 이를 통해 부모 세대와는 질적으로 다른 세계를 접할 수 있었다. 이 때문에 여러 지역에서 세대 간 갈등이 불거지기도 했다. 젊은이들 간에 신부를 얻기 위한 경쟁도 치열해졌다. 앞 장에서도 언급했던 것처럼, 아프리카 사회의 역사를 이해하기 위해서는 바로 이 점을 주목해야만 한다. 신세대들은 이러한 과정을 통해 가족과 친족, 권위와 권력, 그리고 공동체의 의미를 다시 개념화하기 시작했다.

요약하자면 이렇다. 19세기에 탄자니아의 전통적인 가족 관계를 해체한 것은 상업적인 기회였다. 젊은 남자들은 젊은 여자들보다 정도가 덜하긴 하지만, 부모의 세계를 부정하거나 적어도 수정하도록 만들었다. 또는 부모로 하여금 급변해 가던 시대의 사회정치적인 환경에 적응하라고 요구했다. 이러한 행태는 급속한 도시화와 더불어 더욱 가속화되었다.

환경과 의학의 영향

19세기 말부터 20세기 초에 벌어진 경제적 변화와 더불어 좀 더 넓은 세계를 경험한 환경 또한 충격에서 벗어나지 못했다. 분명한 것은 대륙 전체가 거의 같은 방식으로 영향을 받았다는 사실이다. 환경의 변화와 생태학적 변화를 주목하게 되면 식민주의가 제공한 경험의 중요한 일단을 엿볼 수가 있다. 뿐만 아니라 '식민 통치의 모호성'이라는 개념을 좀 더 명확하게 이해할 수가 있다. 19세기 중반부터 1920년대까지 동부와 중부 아프리카는 환경 위기에 봉착했다. 질병이 만연하고 인구가 줄었다. 인간과 자연적 요인이 합작한 파괴의 결과였다. 이 문제를 좀 더 명확하게 이해하기 위해서는 이 책의 들머리에서 언급한 주제를 잠시 환기해 볼 필요가 있다. 바로 대륙을 '식민화'하기 위한 아프리카인들의 지속적인 투쟁이 그것이다. 아프리카인들은 거친 환경을 길들이고 순화하기 위해, 그리고 인간의 정착에 적대적인 풍광과 생태 시스템을 가다듬어 풍요롭고 복잡다단한 문명을 창달하기 위해 끊임없는 투쟁을 벌였다. 몇 세기, 아니 몇 천 년을 거슬러 올라가는 이 투쟁은 그야말로 장구한 인간의 역사 속에서 아프리카인들이 이룩한 가장 위대한 업적 가운데 하나이다. 물론 이 투쟁은 여러 지역에서 19세기 중반까지도 끝나지 않았는데, 특히 동부와 중부 아프리카가 악명이 높다. 동부와 중부의 아프리카 농부들과 목축업자들은 여러 가지 도전에 직면해 있었다. 부박하고 피폐한 토양과 양이 얼마 되지 않고 주기도 일정치 않은 강우가 가장 큰 골칫거리였다. 작물에 피해를 입히는 야생동물들의 잠재적 위협도 큰 문제였다. 말라리아나 '수면병' 같은 전염병의 심각성은 두말할 필요도 없다. 수면병을 옮기는 체체파리는 숲이나 초지에 살며 야생동물들을 따라다녔다. 수면병은 가축에게 치명적이었으며 인간에게 병을 옮기는 변종도 생겨났다. 이로 인해 20세기까지도 황폐화된 지역이 적지 않았다. 이 문제는 뒤에 다시 살펴보도록 하자.

 이 같은 열악한 상황에도 불구하고, 이 지역에 분포되어 있던 여러 아프리카 국가와 사회는 주기적으로 찾아오는 위기를 극복하며 19세기까지 환경을 어느 정도까지 지배하는 데 성공을 거두었다. 땅을 잘 알고 있었던 관계로 농업 기술이 비약적으로 발전했기 때문이다. 환경과 관련된 풍토병이 어느 정도 억제되고 면역 체계도 나름 생성되었다. 이를 통해 인간과 환경 사이에 미묘한 균형이 생겨났다. 물론 이 균형이 깨지는 데는 그리 오랜 시간이 걸리지 않았다. 20세기 초에 들어서자마자 여러 지역에서 현실로 나타났다. 전부라고는 할 수 없겠지만, 대체로는 체체파리 지역이 확장되었기 때문이다.

 동부 아프리카 전역에 걸쳐 19세기 이후가 되면 인간과 환경의 균형에 균열이 생겨난다. 그 최초의 징후는 노예무역으로 정치가 안정감을 잃어 가던 시기에 찾아왔다. 이 시기에는 군대가 노예들을 찾아 나섰고 범죄가 앙등했으며, 이로 인해 새로운 형태의 정착 체계가 형성되었다. 이전까지만 해도 사람들은 흩어져 사는 것을 선호했다. 그래서 숲이 보호되고 유지될 수 있었으며, 수면병도 특정 지역에서만 발병했다. 그러나 정치적으로 불안정한 상황이 지속되자 사람들은 살던 곳을 버리고 안전을 고려해 여러 사람들이 모여 사는 곳으로 흘러들었다. 자위의 측면에서만 본다면 이는 당연한 선택이었다. 특히 미람보와 니웅구-야-마웨의 시대에는 더욱 그랬다. 그러나 환경을 통제하는 측면을 고려해서 본다면 치명적인 실수를 낳았다. 사람들이 특정 지역을 버리고 떠나자 숲이 원시적 모습을 회복하면서 야생동물들도 다시 등장했기 때문이다. 이로 인해 체체파리가 다시 극성을 부렸고, 체체파리의 전선이 확장되는 결과를 초래했다. 동물과 인간을 가리지 않고 전염병을 옮기는 수면병은 결국 동부와 중부 아프리카를 초토화시켰다. 수면병의 피해가 가장 극심했던 지역은 빅토리아 호수의 북쪽 연안이었다. 그곳에서만 19세기 말과 20세기 초에 약 2십만 명이나 되는 인구가 죽어 나갔다. 적도아프리카에서도 약 90퍼센트에 달하는 인구가 비명횡사했다. 수면병은 1890년대에 저지대 콩고에서도 창궐해 1901년에 이르러 강 상류를 거쳐 탕가니카 호수까지 퍼져 나갔다. 그러다가 이내 남쪽으로 방향을 틀더니, 1907년에는 오늘날의 잠비아 지역으로까지 전파되어 참혹한 결과를 초래했다.

  19세기 말에 이르면 수면병은 또 다른 가축병과 결합하면서 파괴력을 더해 갔다. 이른바 우역(牛疫)이라는 돌림병이 1880년대 말에 아프리카의 뿔 지역으로 전파되어 나갔다. 이 병은 이탈리아인들이 가져온 소들이 옮긴 병으로 추정이 되는데, 1880년대 말 이후 남하하기 시작해서 1890년대 초에 이르면 탄자니아와 케냐, 말라위, 잠비아까지 퍼졌다. 심지어 1897년에는 케이프 주에도 출현했다. 이 병은 아프리카 대륙에 나타난 신종 질병이었기에 그 파괴력이 더욱 강력했다. 동부와 중부 아프리카에서는 90퍼센트 가까운 가축들이 죽어 나갔다. 케냐와 탄자니아의 마사이 같은 유목민들에게 이 질병은 더욱 치명적이었다. 우역이 초기에 떨친 파괴력은 기실 그다지 크지 않았다. 체체파리를 달고 다니는 야생동물까지도 함께 죽였기 때문에 체체파리가 옮기는 질병의 확산을 막거나 적어도 늦출 수가 있었다. 그러나 야생동물의 회복 속도는 마을에서 기르는 가축들보다 훨씬 빨랐다. 야생동물의 수는 금방 회복세를 보였고, 더불어 체체파리도 다시 극성을 부렸다. 그 결과는 다시 원래의 우역을 더욱 악화시키는 방향으로 전개되었다. 수면병과 우역이 생각했던 것보다도 훨씬 더 끔찍한 재난을 낳은 까닭은 발병한 시기와도 관련이 깊다. 수면병과 우역의 발병 시점은 묘하게도 유럽인들이 공격적으로 침투하기 시작하던 시점과 일치했다. 이런 여러 가지 악재들 탓에 아프리카인들은 곳곳에서 속절없이 무너졌다.

너무도 끔찍한 전염병에 이어 더 큰 재앙이 기다리고 있었다. 식민주의자들의 침식이 직접적으로 불러일으킨 결과였다. 군인과 무역업자, 선교사들과 이주 인구가 새로운 질병을 가지고 들어온 것이다. 이들이 가지고 들어온 새로운 질병이 기존의 수면병과 우역의 자리를 대신했다. 중앙아메리카와 오스트레일리아에 비하면, 그나마 사하라 이남의 아프리카와 사막 이북의 아프리카는 유럽의 팽창과 더불어 나타난 외래 전염병에 영향을 받은 정도가 상대적으로 적은 편이었다. 중앙아메리카와 오스트레일리아의 원주민들은 백인들과 그들이 동반한 세균에 노출되기 훨씬 전부터 유라시아 대륙에서 멀리 '고립'되어 있었다. 그에 비하면, 아프리카는 쟁탈전이 벌어지기 수백 년 전부터 이미 세계와 접촉하고 있었다. 그래서 적어도 해안 지대의 주민들만큼은 유럽인이 가지고 온 세균에 어느 정도 면역력을 가지고 있었다. 그럼에도 불구하고, 사방으로 퍼져 나간 새로운 전염병은 식민주의의 팽창에 도움을 주었다. 아프리카인들을 또다시 긴장하게 만든 천연두 같은 전염병이 대표적인 사례였다. 모래 벼룩이 옮긴 전염병도 마찬가지였다. 라틴아메리카에서 건너온 모래 벼룩은 사람과 가축의 발 속으로 들어가 죽음으로써 커다란 고통을 안기는 병이었다. 심한 경우에는 다리를 절단해야만 했다. 치명적인 경우가 아니더라도 적어도 걸어 다니는 일이 불가능했다. 그 결과 대서양에서 인도양에 이르기까지 노동 패턴은 물론이고 지역 경제까지 완전히 파괴되었다.

천연두와 모래 벼룩 외에도 콜레라와 황열병, 뇌막염 같은 전염병의 파괴력도 만만치 않았다. 어떤 이는 이런 질병들을 유럽인들이 의도적으로 퍼트렸다고 믿기도 했다. 충분히 이해할 수 있는 발상이다. 그런가 하면 신이 자기들의 마을을 버렸다고 믿는 사람들도 있었다. 아랍 상인들이 퍼트린 성병을 탓하는 사람들도 있었다. 우간다에서는 아랍인들이 신종 생식기 질병인 매독을 퍼트려 20세기 초까지도 수많은 간다인들이 이 전염병의 고통에서 벗어날 수 없었다는 비난이 일었다. 물론 그 전에도 전염병인 매독은 유행하고 있었다. 그렇지만 19세기 후반에 임질의 형태로 등장한 새로운 성병이 적도아프리카 일대를 초토화시키면서 수많은 여성들이 피해를 입었다. 임신을 할 수가 없게 되었기 때문이다. 20세기 초까지도 이 지역의 신생아 출생률이 낮은 까닭도 바로 성병 때문이었다.

식민 통치는 환경에 또 다른 악영향을 끼쳤다. 1880~1890년대에 벌어진 식민화 전쟁과 반식민주의 투쟁을 진압하기 위해서 수행한 전쟁으로 곳곳의 환경이 파괴되었다. 독일이 지배한 동아프리카에서는 인구의 3분의 1이 마지막 봉기를 진압하는 전투에서 사망했다. 여성들의 가임 가능성도 청야 작전과 기근으로 인해 장기적으로 나쁜 영향을 끼쳤다. 이런 사실은 모두 1930년대에 실시된 조사를 보면 잘 나타나 있다. 식민주의자들이 일으킨 전쟁은 기근과 환경 파괴를 수반하는 경우가 많았다. '달래기' 과정도 예외가 아니었다. 특정 마을과 경작할 땅을 초토화시킨 것은 물론이고 해당 지역 주민들을 삶의 터전으로부터 내쫓는 일이 비일비재했다. 리비아를 정복한 이탈리아는 약 20년 동안 지역 인구의 3분의 1을 죽음으로 몰아넣었다. 1904년에 서남아프리카에서 벌어진 헤레로인들의 반란을 무자비하게 진압한 독일도 만만치 않았다. 1911년에 시행된 인구조사에 따르면, 약 8만 명에 이르던 인구가 1만 5천 명으로 줄었다는 기록이 나온다.

기근은 환경 파괴를 단적으로 보여 주는 사례였다. 하지만 유럽인들은 기근을 '게으른 원주민들'의 나태와 후진성, 무식함 탓으로 돌렸다. 19세기 유럽인들은 러시아와 아일랜드도 마찬가지 시각으로 바라보았다. 유럽이 아프리카를 분할한 시기가 사바나 지역에 비가 내리지 않은 시기(1880~1890년대)와 묘하게 일치한다는 점은 주목할 필요가 있다. 이 지역은 1920년대가 되어서야 강우량이 평년 수준을 회복하게 된다. 1880년대 후반과 1890년대 초반에는 에티오피아와 수단에 심각한 기근이 들었다. 에티오피아인들은 이 때를 '끔찍한 나날'이라고 불렀다. 동부 아프리카의 키쿠유인들이 '대기근'이라고 명명한 사태도 1898~1900년에 벌어졌다. 이 기근으로 수많은 인구가 목숨을 잃었다. 1896년에는 재앙에 가까운 식량 부족 사태가 트란스발을 강타했다. 당시의 기근은 질병 탓도 컸지만 기후변화와도 깊은 관련이 있었다. 물론 식민 정책의 실패로 인한 토착 경제제도의 붕괴도 한몫 거들었다. 앞에서도 살펴보았듯이, 노동과 세금에 대한 과중한 부담 때문에 원주민들은 일거리를 찾아 이리저리 떠돌아 다녀야만 했고, 고향의 경제적 토대는 심한 타격을 입을 수밖에 없었다. 이미 기근에 심하게 노출이 된 지역에서는 값싼 노동력을 확보하기 위한 방편으로 '먹여만 주기' 정책을 전략적으로 활용했다. 상업적인 압력도 거셌다. 농부들은 자신들이 정상적으로 할 수 있는 일보다 더 많은 일을 해야만 했다. 말하자면 자급자족을 위한 식량이 아닌 상품작물을 재배해야 했음을 의미한다. 1913년과 1914년 서부 사바나 지역에서는 가뭄과 세금, 상품작물과 노동자 이주 문제가 겹쳐 치명적인 결과가 벌어졌다. 1918년부터 1926년까지 프랑스령 적도아프리카에서 나타난 연속적인 기근은 세금과 노동력에 대한 과중한 부담이 결합된 결과였다. 그럼에도 유럽인들이 질병과 기근으로부터 '원시인들'을 구제하는 일을 '문명화 사업'의 일환으로 삼았던 것은 역설적이다. 러디어드 키플링은 이렇게 썼다.

> 백인의 짐을 져라
> 야만적인 평화의 전쟁을
> 굶주림으로 고통 받는 입을 가득 채우라
> 그리고 아픈 곳이 사라지기를 간구하라.[28]

기근과 질병은 식민주의의 전형이자 비유럽인들을 연상시키는 조건이 되었다. 초기의 유럽인들은 기근과 질병을 제대로 이해하기 못했고 이는 수십 년 동안 지속되었다. 어떤 측면에서 보면, 이러한 몰이해로 인해 유럽인들이 아프리카인들의 정치적·경제적·문화적 환경을 왜곡하게 되는 근거가 마련되기도 했다. 만약 식민주의가 기근이나 질병 같은 전형들을 통해 정당화될 수가 있었다면, 오늘날의 식량 원조와 같은 행위도 그 의도가 충분히 정치적이고 '이데올로기적'이라고 말할 수 있을지 모른다.

---

28) Rudyard Kipling, "The White Man's Burden"(1899), in E. Boehmer(ed.), *Empire Writing: An Anthology of Colonial Literature, 1870-1918*(Oxford, 1998), p. 273.

식민주의 정책은 다른 방식으로도 아프리카인들의 환경 통제력을 약화시켰다. 사냥을 금지한 것이 대표적인 사례이다. 아프리카인들은 사냥 금지 조치 때문에 야생동물들이 작물과 가정에 끼치는 피해를 막을 수가 없었다. 식민 행정 당국은 좀 더 넓은 지역을 통제할 목적으로 인구를 한 곳에 집중시키는 정책을 폈다. 식민 관료들은 아프리카인들이 세금과 노동에 대한 부담을 피할 요량으로 흩어져 사는 것을 선호한다고 생각했다. 그래서 그들은 일정한 규모의 마을을 직접 만들어 내고자 했다. 이 때문에 어쩔 수 없이 고향을 등져야 하는 원주민들도 많았다. 19세기에 이는 엄청난 결과를 불러일으켰다. 원주민들이 떠난 땅이 다시 숲으로 바뀌면서 한때는 경작지였던 그곳에 수면병이 퍼지기 시작했다. 새로 인구가 밀집한 곳도 박테리아의 온상이 되고 말았다. 남부 아프리카의 인구 밀집 지역에 살던 광산 노동자들 가운데 폐렴에 걸린 인구의 비율이 제1차 세계대전 중에 서부전선에 투입된 군인들 비율보다 훨씬 높았을 정도이다. 이 모든 양상은 농촌 공동체를 약화시켰던 이주 노동 문제와 연계하여 파악할 필요가 있다. 물론 젊은 남자들이 오래 자리를 비움에 따라 같은 마을에 살던 여자들의 권리가 신장된 측면도 없지는 않다. 그러나 이즈음 들어 아프리카의 특징 중의 하나로 심심치 않게 언급이 되던 아프리카 농촌의 빈곤함은 그 뿌리가 상당 부분 바로 이때, 식민주의 초기에 착근하고 있음은 부정하기 어렵다.

이런 현상은 제1차 세계대전의 폐해로 인해 동부와 중부 아프리카 전역으로 퍼져 나갔다. 청야 작전과 기근, 에스파냐 인플루엔자는 앞서 언급한 위기에서 조금씩 회복 기미를 보이던 아프리카 공동체를 다시 강타했다. 그 결과 사하라 이남의 아프리카 일대에서는 1890년대부터 1920년대에 이르기까지 인구수가 큰 폭으로 떨어졌다. 한참 지나서야 아프리카의 인구는 조금씩 회복세를 보이기 시작했다. 사실 식민주의 초기의 인구통계는 그대로 믿기 어렵다. 19세기 후반까지도 마찬가지다. 그럼에도 아주 널리 인정되는 '가상의 추정'에 따르자면, 벨기에가 지배하던 콩고의 인구는 1880년대부터 1920년대 사이에 약 30~50퍼센트 정도나 줄었다고 한다. 이는 전쟁과 질병, 수면병과 기근이 겹쳐 나타난 결과였다. 프랑스령 적도아프리카의 경우에도 비슷한 정도로 인구수가 줄어들었다는 추정이 나오고 있다. 이 지역이 특별히 주목을 받는 까닭이 있다. 그것은 이 지역 여성들의 임신 가능성이 20세기 중반까지도 현저하게 낮았다는 점 때문이다. 특별한 사태의 전개 없이 순수하게 인구를 상실한 지역으로는 북부와 서부의 대호수 지역과 서부 에티오피아, 남부 수단, 북부 앙골라 등이 있다.

의약 문제도 주목해 볼 필요가 있다. 19세기 중반 이전까지만 해도 북회귀선과 남회귀선이 지나는 아프리카 일대는 기후나 질병 관련 환경 때문에 유럽인들의 접근을 허락하지 않았다. 말라리아 때문에 '백인들의 무덤'이라고 불리던 서아프리카의 해안 지대 또한 백인들의 접근을 불허했다. 이런 지역에 살던 백인들의 생존 확률은 극히 낮았다. 그러나 의약의 발달로 이러한 상황은 크게 바뀌었다. 특히 키니네 예방약은 압권이었다. 이 약 덕택에 유럽인들이 적도 지역에 머무는 시간은 상당히 길어지고 사망률은 크게 감소했다. 이 약은 유럽인들의 여행 거리와 활동 영역도 크게 확장시켰다. 그러나 의약의 진정한 힘은 식민 통치 시절에 더욱 빛났다. 제국주의 사업의 모호성을 좀 더 효과적으로 제거했기 때문이다.

유럽의 식민주의를 옹호하는 온갖 주장들이 있었다. 특히 1950~1960년대의 역사가들은 제국의 '대차대조표'를 작성하고자 하는 경향이 강했다. 이들이 이구동성으로 지적하는 대목 가운데 하나는, 식민주의 덕분에 비유럽 지역 사람들의 건강 상태가 눈에 띄게 좋아졌다는 주장이다. 이 해석을 따를 경우, 식민주의 체제는 건강을 관리하고 증진하는 면에서 '순기능'을 담당했다는 논리가 된다. 식민주의 덕분에 특정 질병이 사라지고 공중보건과 위생 상태가 호전되었다는 말이다. 특히 여러 진료소와 병원을 건설하고 갖가지 필수 의약품을 널리 공급함으로써 비로소 도시 생활이 가능해졌다는 것이다. 하지만 현실은 이러한 주장과는 상당한 거리감을 보였다. 식민주의는 수인성 전염병을 창궐케 했고, 여러 지역의 생태계를 회복 불가능한 지경으로 교란했으며, 감염 체계와 면역 체계를 완전히 바꾸어 버렸다. 게다가 건강한 환경에서 살아가던 아프리카의 많은 인구들을 건강하지 못한 환경 속으로 강제로 밀어 넣었다. 무엇보다 특히 식민 행정 당국은 질병을 관리하는 과정에서 의료 전문 인력을 제멋대로 활용했다.

19세기 중엽에 이르러 유럽의 의학 지식이 발전을 거듭하자, 유럽인들은 아프리카인들이 시행하던 의술을 부정적이고 미신적인 것으로 치부해 버렸다. 그들은 아프리카인들의 인체에 대한 이해도가, 과학과 이성으로 무장하고 있는 유럽인들에 견주어 대단히 야만적이라고 판단했다. 유럽인들은 동시에 '열대'에 대한 편견이 심했는데, 그 때문에 온갖 왜곡이 생겨나기도 했다. 기후가 온화한 지역의 질병은 안전하고 치료가 가능한데, 열대의 질병은 익숙하지 않은 요소를 너무 많이 포함하고 있어 위험천만할 뿐 아니라 완치가 불가능하다고 주장했다. 열대 아프리카를 본디 질병이 만연한 지역으로 보았던 것이다. 한편 유럽은 콜레라와 말라리아, 흑사병, 천연두 같은 질병을 정복한 상태였다. 아프리카와 아시아에 살던 유럽인들은 이를 확신했다. 따라서 이러한 질병을 극복하지 못한 아프리카와 아시아는 어쩔 수 없이 후진적인 지역이라는 선입견을 작동하게 만들었다.

아프리카를 떠돌던 질병과 전염병들을 보며 유럽인들은 중세 유럽을 떠올렸다. 그런 의미에서 19세기 후반까지 아프리카와 아시아는 의학 연구의 실험실 같은 구실을 했다. 다시 말해, 유럽에서는 더 이상 볼 수 없는 질병을 연구하는 의학의 최전선이었던 셈이다. 의학은 이런 방식으로 유럽인 지배의 정당성과 그들의 우월성을 비춰 주는 잠재적 거울과도 같았다. 이렇게 의학과 관련된 것은 소중하고 보호되어야 하는 것이라는 인식이 생겨나게 되었다. 아프리카인들은 의학 연구, 나아가 넓은 의미에서 과학 연구의 '오브제'가 되었다. 그 결과로 유럽에서는 더 이상 통용되지 않던 한 통제 형식이 아프리카인들을 통제하는 메커니즘으로 출현하게 되었다.

의학은 하나의 권력이었다. 의학의 다양한 쓰임새를 이용해 식민주의는 명백한 일종의 호의와 우월성을 과시할 수가 있었다. 식민 통치를 시행하던 초기에 의술을 담당하던 선교의들은 병을 치료하며 영혼을 얻는다고 생각했다. 유럽인들은 자신들의 의학 지식을 원주민 치료사들의 '마술'과 견주면서 서양 문명의 본질적 우월성을 확신했고, 이를 통해 유럽의 권위를 정당화했다. 결국 토착 의술 행위는 지하로 잠적하거나 공동체의 주변부로 밀려나는 운명을 맞게 되었다. 좀 더 넓은 의미의 경제 제도와 더불어 의학 지식은 문화적·정치적 헤게모니를 장악하는 강력한 메커니즘으로 작동하게 되었다. 의술의 힘은 특정 질병을 뿌리 뽑기 위해 대대적으로 벌인 운동 따위를 통해 가장 명료하게 드러났다. 영국이 수면병을 퇴치하기 위해 우간다에서 벌인 운동이 대표적이다. 이러한 운동들은 대체로 큰 성공을 거두었다. 하지만 곧 가혹한 입법이 그 뒤를 따랐고, 국가의 개입과 사회적 조정 과정이 이어졌다. 의술을 통해 식민 행정부는 식민지 백성들의 건강, 나아가 신체에 대한 전무후무한 권한을 행사할 수 있었다.

식민지 초기의 의술은 식민지 주둔 병사와 장교, 행정 관료들의 건강을 돌보는 일에 집중했다. 그러나 날이 갈수록 아프리카인들의 몸이 문제가 되었다. 특히 유럽인들에게 노출된 아프리카인들의 몸은 큰 문제거리였다. 식민 행정 당국은 이러한 아프리카인들의 몸에 크게 의존하고 있었다. 행정 일을 보는 피고용자나 광부, 날품팔이, 창녀들의 몸이 대표적이다. 이와 더불어 위생에 대한 관심도 높아지고 있었다. 위생 문제는 사회공학적인 해결책을 필요로 했다. 유럽인들은 아프리카인들 사이에 질병이 만연하고 사망률이 높은 이유를 건강하지 못한 생활환경과 노동 환경, 열악한 음식 탓으로 돌렸다. 이러한 이유를 토대로 하여 도시 환경을 '개선하려는' 대대적인 노력이 펼쳐졌다. 그런가 하면, '세균 이론'이 득세하면서 백인과 '원주민들'을 떨어져 살게 해야 한다는 주장이 여러 지역에서 힘을 얻게 되었다. 이러한 주장은 인종 이데올로기가 공격적으로 작동되고 있던 지역에서 더욱 힘을 발휘했다. 인종분리 정책과 아파르트헤이트 정책을 동시에 추진하고 있던 남아프리카공화국이 대표적인 경우였다. 이탈리아가 통치하던 1930년대의 에리트레아도 마찬가지였다. 인구가 증가하자 도시는 세균뿐 아니라 사회적 긴장의 온상이 되기도 했다. 그러나 두 차례의 세계대전 사이, 특히 제1차 세계대전 이후에 사망률이 큰 폭으로 떨어지기 시작했다. 위생 상태가 호전되고 공중 보건이 확장되었기 때문이다.

 수면병이 확산되자 니아살란드와 탕가니카의 식민 행정 관료들은 피해 지역의 주민들을 무더기로 강제 이주시켰다. 주민들이 떠나자 그들이 남기고 간 드넓고 텅 빈 땅은 오늘날 이 지역 관광 산업의 핵심이 된 야생동물 공원으로 바뀌게 되었다. 이것이 바로 식민 통치의 모호성이었다. 그 모호성의 밑바닥에는 위기가 쌓여 가고 있었다. 조금씩 아프리카 땅을 잠식해 들어오던 식민 통치와 글로벌 자본주의는 의심의 여지없이 환경 위기를 더욱 악화시켰고 온갖 질병을 창궐하게 만들었다.

그러나 식민 행정 당국은 시간이 한참 지난 후에야 상업적 농업을 통해 다시 숲을 장악하고, 야생동물을 통제하며, 체체파리를 물리침으로써 이 상황을 역전시킬 수가 있었다.

유럽인들은 새로운 의학을 도입하여 고질적인 질병을 치료했을 뿐 아니라 유럽인들 스스로가 아프리카로 가져온 질병들도 퇴치할 수가 있었다. 식민 통치로 인해 새로운 교통망이 확충되기도 했다. 이는 이론상으로는 과거 그 어느 때보다도 더 빠른 속도로 기근에 빠진 지역에 원조를 제공해 줄 수 있는 체계를 갖추었음을 뜻했다. 아프리카 대륙의 곳곳에서 아프리카인들은 식민 통치의 본질적인 특성으로 인해 불구가 된 자기 경영 능력을 재발견하기 시작했다. 한편 식민 통치 제도는 아프리카인들에게 새로운 상업적 기회, 나아가 정치적 기회를 가져다주기도 했다. 아프리카인들은 결국에 19세기 후반과 20세기 초반에 닥친 여러 위기들을 돌파해 낼 수가 있었다. 그 과정에서 아직 완전한 회복세를 보이지 못한 지역도 있지만, 몇몇 지역은 상대적으로 빠른 회복세를 보이기도 했다. 그러나 분명한 것은 1920~1930년대 이후로 줄곧 아프리카 대륙의 인구가 상승 곡선을 타고 있다는 점이다. 재생산 능력이 향상되었고 강우량도 안정화되었음을 뜻한다. 아프리카인들은 이른바 팍스 콜로니아의 두 가지 사태, 즉 '팍스 콜로니아 때문에'와 '팍스 콜로니아임에도 불구하고'를 모두 극복한 셈이다.

14장

시련의 시대
저항, 정체성, 경제공황

부족 만들기

'정체성'을 규정하는 일이란 결코 쉬운 과제가 아니다. 역사가와 정치학자, 인류학자들은 정체성 개념을 아프리카의 맥락에서 파악해 보려는 시도를 멈추지 않았다. 이렇게 해서 크게 두 가지 개념을 도출해 냈다. 첫째는 정체성이란 지속적으로 움직인다는 것이다. 즉, 시간에 따라 변한다는 것이다. 때로는 그 변화를 감지할 수조차 없을 정도로 극적으로 변한다. 변화하는 환경 때문에 정체성은 바뀌기도 한다. 자기 이미지뿐 아니라 특정한 정체성의 뿌리가 때로는 시간의 차이에 따라 다르게 인식되기도 한다. 둘째는 '정체성'이 단독적인 현상이 아니라는 것이다. '정체성'이란 갖가지 자기 이미지들이 서로 겹치고 가로지르면서 만들어 낸 이미지라는 것이다. 동시에 특정 장소와 집단, 특수한 역사적 경험에 따라 정체성의 층위가 달라지기도 한다고 본다. 식민지 이전 시기만 하더라도 아프리카인들에게는 여러 가지 정체성이 동시에 공존했다. 그들은 한 가문, 씨족, 마을, 부족, 어군에 속했다. 여기서 하나의 특정한 정체성이라는 것은 특정 시간 또는 환경 아래서 특정한 방식으로 주어진 어떤 것을 강조한 것이었다. 하지만 정체성이라는 것은 궁극적으로 고도로 복잡다단한 사회정치적·문화적 체계 속에서 서로 교합된 그 무언가를 의미했다.

19세기 초의 관점에서 아프리카를 볼 때, 이 두 가지 관점은 모두 타당하다. 어떤 정체성은 식민화 경험을 통해 직접 도출되기도 했고, 또 어떤 것은 19세기 또는 그 이전에 뿌리를 대고 있기도 했다. 여기서 주목해야 할 것은 정복 사업과 식민 통치 구조의 구축, 그리고 그로 인한 정치적·사회경제적 변화가 정체성의 변화에 어떤 영향을 끼쳤는지를 파악하는 일이다. 일련의 사건을 겪으면서 아프리카인의 정체성은 크게 요동치게 되었고, 동시에 아프리카인들은 복수의 정체성을 계발하게 되었다. 그 복수의 정체성은 지역성과 지방, '부족', 직업 등과 연관을 맺고 있었다. 나중에 민족주의가 뿌리를 내리면서 '아프리카만의 특성'이 강화되자, 좀 더 새로운 의미의 정체성이 여러 식민지에 출현하게 되었다. 여기서 특별히 주목해야 하는 대상이 '부족'이라는 개념이다.

'부족'이라는 개념은 넓은 의미에서 유럽의 발명품이다. 이 개념의 배경에는 아프리카인들은 '국민국가'처럼 섬세한 공간 안에서 살고 있지 않다는 생각이 깔려 있다. 식민 행정부는 '부족'이라는 개념을 엄격하게 아프리카인들에게만 범주적으로 적용했다. 10장에서 살펴보았듯이, 이런 적용은 간접 통치 방식을 통해 효율적으로 활용되었다. 이러한 방식으로 부족적 정체성이라는 것이 공식화되었고, 그 결과 아프리카인들은 부족적 정체성에 따라 분류되기 시작했다. 살아갈 땅도 부족 집단에 따라 영토로 분리되었다. 식민 당국에게는 행정적 편의를 위해서 확실하고 고정된 정체성이 필요했다. 정체성에서 특징과 개성을 추출해 냈다.

19세기에는 다음과 같은 정체성이 일반적이었다. 유목민인가 농경민인가, 종속적인가 지배적인가, 호전적인가 온순한가, 지적인가 순종적인가 같은 구분이 정체성을 구분하는 기준이었다. 여하튼 이와 같은 방식으로 부족을 집단화하는 일이 20세기에 들어서까지 진행이 되면서, 다양한 형태의 '부족주의'가 더욱 강화된 개념으로 뿌리를 내리게 되었다. 아프리카인들도 덩달아 이 같은 부족 개념을 수용하는 것이 '집단' 개념을 강화하고 식민 체제에 좀 더 적극적으로 저항하는 데 도움이 된다고 판단했다. 아프리카인들에게 부족 내부의 연대는 정치적·경제적 권력의 잠재적 원천처럼 보였다. 한편, 엘리트들은 부존자원과 정치권력을 획득하기 위한 수단으로 부족의 정체성을 강화하는 일에 흥미를 보였다. 말하자면, '부족'을 건설하는 일이 '이익 동맹'을 결성하는 일과 같은 대표성을 지니고 있던 셈이었다. 식민 행정 당국이 부족이라는 단위의 발명을 통해 수월하게 통치하고자 하는 욕망을 가지고 있었다면, 아프리카인들은 부족 개념을 통해 소속감과 함께 공유할 수 있는 정체성을 창조하고자 했던 것이다. 그 증거는 20세기가 시작되고 10년 새에 벌어진 상황을 보면 여실히 드러난다.[29] 이 시기에 아프리카인들이 세계를 바라보는 시각은 본질적으로 지역화된다. 이를 통해 지역주의가 종족주의의 한 형식으로 둔갑하게 되는 것이다.

물론 부족과 관련된 창조물이 모두 인위적인 것만은 아니다. 요루바, 풀라니, 줄루, 간다, 아샨티 할 것 없이, 이들의 부족적 정체성은 대체로 저마다 상이한 방식으로 식민지 이전 시기에 뿌리를 두고 있다. 물론

---

29) J. Iliffe, *A Modern History of Tanganyika*(Cambridge, 1979), p. 324.

이들이 발굴해 낸 부족은 식민 행정 당국이 고안해 낸 '부족'과는 사뭇 다르다. 그럼에도 20세기에 국가와 사회를 세운 집단들이 대체로 식민주의 문맥과 대동소이한 엄격한 실체로서 정체성 개념을 지니고 있다는 점은 부인하기 어렵다. 물론 이 집단들은 상대적으로 포괄적이고 유연하며, 다른 의미로 규정될 가능성을 언제나 열어 두고 있는 국가 개념을 지니고 있기는 하다.

5장에서 보았듯이, 19세기에 서아프리카의 사바나 지역에 널리 흩어져 살던 집단인 풀라니는 폭이 넓지만 특정한 형식을 취하고 있었다. 나이지리아와 카메룬, 니제르의 국경을 넘나들던 이 집단이 20세기 초에 영국과 프랑스, 독일에 의해 '부족'으로 개념화되는 과정에서 '풀라니'라는 용어는 여러 군소 종족을 포괄하는 의미를 띠게 되었다. 문제는 그 군소 종족들이 스스로를 풀라니라고 여긴 적이 과거에는 단 한 번도 없었다는 사실이다. 심지어는 그들에게 정복을 당한 종족들까지도 '풀라니'라고 불렀다.

줄루의 예를 들어 보자. 19세기 초까지만 해도 줄루는 자그마한 규모의 하위 집단이었다. 그러나 국가를 건설하는 혁명을 치르는 와중에 그들은 주변의 다른 종족들을 흡수하게 되었다. 시간이 지나자 정복자와 피정복자 모두를 '줄루'라고 부르게 되었다. '줄루가 된다는 것'의 의미는 20세기 내내 백인이 지배하던 남아프리카에서 억압에 대한 저항의 뜻으로 심화되고 있었다.

니암웨지의 경우는 좀 더 신비롭다. 니암웨지라는 용어는 19세기 이전까지만 해도 별다른 의미를 지니고 있지 않았다. 동아프리카 해안에 살고 있던 사람들의 관점에서 볼 때 '새로운 달에서 온 사람들'이라는, 말하자면 그저 내륙에 살고 있는 사람들을 가리킬 뿐이었다. 그러다 무역이 확장되자 니암웨지는 2장에서 살펴본 바대로 탁월한 무역업자들이 되었다. 시간이 지나자 다시 니얌웨지는 식민 통치와 더불어 새로운 부족적 정체성을 지닌 개념으로 전환되었다. 독일은 이 새로운 '부족'을 수월하게 통치하기 위해 우두머리 제도를 도입했다. 1920년대에는 영국이 이 제도를 그대로 답습했다.

'부족의 규모'에도 큰 변화가 생겼다. 규모가 커진 것이다. 현대적 의미로 요루바라는 개념은 19세기에 선교사들이 성경을 토착어로 번역하는 과정에서 생겨났다. 그 전까지만 해도 요루바는 과거의 오요 제국을 지칭했다. 그런 의미에서 요루바는 공유할 수 있게 된 언어를 통해 '만들어진' 셈이다. 골드코스트의 아칸은 19세기 초까지만 해도 편의상 '큰 집단'을 나누는 단위일 뿐이었다. 그러나 현실 속의 아칸은 아킴(Akim)과 판테(Fante), 아샨티 같은 몇 개의 집단으로 구성되어 있었다. 물론 이들은 오랜 과거 속에 깊이 뿌리를 내리고 있던 집단으로 '아칸'이라는 명칭을 들어본 적도 없었다.

이 같은 개념들의 경계가 확장되고 동시에 강화되면서 신화와 과거 같은 개념들도 발명되기 시작했다. 부족 의식과 정체성을 정당화하기 위해서였다. 이 문제는 10장에서 이미 자세히 살펴본 바 있다. 식민 행정 관리들과 '부족' 내부의 엘리트들은 공히 이러한 신화를 창조하고 싶어 했다. 우간다의 영국인들은 부간다인들을, 역사적으로 그 지역을 지배할 뿐 아니라 영국의 보호 속에서 '발전'을 견인할 세력으로 간주했다. 부간다인들은 점진적으로 성공회를 받아들이며 기독교식 정치 체제를 구축하기 시작했던 것이다. 간다인들은 영국의 보호를 받고 있던 지위를 이용해 1920~1930년대에 자신들의 영향력을 우간다의 중부와 남부 지역으로까지 확장했다. 부간다의 영향이 거세던 시기에는 한 번도 이런 일이 벌어진 적이 없었다. 간다의 지배 엘리트들은 스스로를 문명화 사업의 첨병이라고 여겼다. 간다는 역사적 라이벌인 뇨로

(Nyoro)에 비해 상대적으로 우월한 지위를 차지하고 있었다. 간다는 영국과 손을 잡고 있었던 반면에 뇨로는 영국과 싸움을 벌이고 있었기 때문이다. 따라서 영국인들은 간다인들을 지적이고 진취적인 집단으로 전형화한 반면에 뇨로인들은 후진적이고 미개한 집단으로 간주했다. 두 집단을 대상으로 각기 다른 식민주의적 전형화를 만들어 낸 것이다. 1900년에 이루어진 우간다 합의에 따라 부간다는 부뇨로를 희생양으로 만들며 식민지 이전의 영토를 회복했다. '사라진 영토' 문제가 식민 기간 내내 부뇨로인들에게 깊은 분노를 자아낸 이유도 이 때문이었다.

1912년에 남부 나이지리아에서는 루가드 행정부가 18세기의 오요 제국을 부활시키려는 시도를 감행했다. 그 일환으로 루가드 행정부는 왕과 법정을 내세워 넓은 영토를 통치하게 했다. 이 조치는 조작된 과거에 바탕을 두고 있었다. 그러나 시간적으로도 가장 길고 비극적인 결과를 불러온 사태는 르완다를 재발명하는 과정에서 벌어졌다. 2장에서 이미 살펴보았듯이, 식민지 시기 이전에 농사를 주로 짓던 다수 집단 후투와 주로 가축을 기르던 투치의 관계는 대단히 복잡하고 유동적이었다. 이 두 집단 사이에는 당연히 경쟁심이 있긴 했지만, 상당한 정도로 상호 결혼과 경제적·문화적 의존 관계도 형성되어 있었다. 식민통치가 시작되기 전날까지도 이 두 집단은 같은 언어를 사용했고 같은 문화와 종교를 공유했다. 차이를 굳이 들라면 계급적인 차이 밖에 없었다. 그러나 이 계급적 차이 또는 구별은 식민 기간 동안 비약적으로 확대되었다. 독일과 벨기에 행정부가 사회적·정치적 지배권을 후투가 아닌 투치에게 넘겼기 때문이다. 그 결과로 1900년대 초부터 투치를 중심으로 한 역사적 헤게모니와 우월성의 신화가 창조되었다. 그 신화를 만들어 낸 주인공은 식민 행정부와 투치인들이었다. 신화의 토대는 키와 행동거지 같은 신체적 특징에서부터 유목주의의 고결함 같은 경제적 특수성, 나아가 투치는 북쪽에서 내려온 문명의 전수자라는 인종적 특징에 이르기까지 거의 모든 것에 기초하고 있었다. 따라서 1900년 이전까지는 결코 존재하지 않았던 위계적인 단독 투치 왕조가 탄생하게 되었으며, 이를 통해 다수 집단인 후투를 통제하게 되었다.

간다와 투치, 요루바의 사례에서 잘 나타나듯, 20세기 초는 '부족의 역사'를 만들어 쓰던 시대였다. 역사를 쓴 주체는 물론 '전통적인' 권위를 지닌 자들이었다. 이를 통해 위대한 전통을 가진 '부족의 관습'을 공식화할 수 있었다. 토착어를 표준어로 바꾸는 작업도 동시에 이루어졌다. 식민지 이전 시기까지만 해도 유동적이고 실용적이며 끊임없이 변화하던 정체성이 식민 통치와 더불어 엄격해지고 규범화되기에 이른 것이다. 동시에 문자도 항구적인 것이라는 인상을 풍기게 되었다. 이 모든 것이 '부족적' 정체성을 강화하는 데 공헌했다. 지배 서사를 출현시키는 데도 일조했다. 이는 역사적인 복잡성과 좀 더 커다란 정체성 속으로 휘말려 들어간 소수집단이나 주변부인들의 희생을 대가로 이룩한 성과였다.

이 모든 것은 또 작은 정체성보다는 큰 정체성을 선호한 지식인들의 작업을 통해 이루어진 것이었다. 지식인들은 소말리의 사례에서 볼 수 있듯이 '부족의 단합'을 내세우기도 했다. 그렇다고 이 모든 것을 지식인들의 소관으로만 돌려서는 곤란하다. 또 다른 삶의 영역을 예로 들 경우, 사회경제적인 환경이 이러한 정체성을 육성한 측면도 많다. 역사가 존 론스데일(John Lonsdale)이 이렇게 지적한 바 있다. "현대의 부족은 만들어지기 위해 태어났다."[30] 그 밖에도 이주와 노동 인구를 확보하

---

30) J. Lonsdale, "The European Scramble and Conquest in African History," in G. N. Sanderson, *Cambridge History of Africa*: Vol 6, 1870-1905(Cambridge, 1985), p. 758.

는 문제로 인해 좀 더 다양한 정체성, 좀 더 다양한 형식의 집단의식이 출현하게 되었다.

이슬람 세계의 저항

앞에서도 보았듯이, 지중해 지역에서 변화하는 정치적 실재에 대한 이슬람의 저항은 뿌리 깊은 것이었다. 이는 과거의 역사로까지 거슬러 올라가는 문제인데, 궁극적으로는 유럽의 지배에 대한 저항이었다. 19세기 후반과 20세기 초반의 이슬람 개혁주의는 새로운 형태를 띠고 있었다. 무슬림 지도자들이 한편으로는 유럽인들의 지배에 도전하고 다른 한편으로는 그것을 감당할 만한 새로운 정체성을 구축하는 혁명적인 방법을 동시에 고민하면서 생긴 변화였다. 근대적 의미의 민족주의가 막 발흥하기 시작되던 시기였다.

넓은 의미에서 유럽에 대한 저항은 '이슬람주의' 운동을 대변했다. 근대적 의미의 세속 국민국가 내에 '샤리아'를 어떻게 구축할 것인가를 고민하고 있었기 때문이다. 이집트의 이슬람주의는 살라피야(Salafiyya)와 깊은 관계를 맺고 있었다. 살라피야는 지식인 운동으로 자말 알-딘 알-아프가니(Jamal al-Din al-Afghani)와 무함마드 아브두(Muhannad 'Abduh), 라시드 리다(Rashid Rida)가 이끌고 있었다. 살라피야가 강조한 것은 코란과 순나를 충실하게 따르는 공동체를 창조하는 일이었다. 순나는 선지자가 기록한 행동 규범과 관습을 담은 책이다. 살라피야 운동을 이끌던 이들은 이슬람을 회복하고 서구의 제국주의에 좀 더 효과적으로 맞서고자 했다. 그러나 18세기와 19세기 초에 벌어진 이슬람 부흥운동과 달리, 살라피야는 유럽식 모델을 무조건 거부하지는 않았다. 근대적인 국민국가를 건설하는 일도 부정하지 않았다. 오히려 이 운동의 목적은 이슬람 개혁주의와 유럽식 '근대성' 사이의 간극을 좁혀 보자는 데 있었다. 그러려면 공동체 전체가 정치과정에 적극적으로 참여해야만 가능한 일이었다. 아울러 과학을 추구하고 미신과 '전통'에 대한 맹신보다는 이성을 따르며, 이집트라는 국민국가의 틀 속에서 움직여야만 성공을 바라볼 수 있었다. 이러한 방식으로 운동을 주도하던 알-아프가니는 이슬람을 근대화하는 과정에서 무슬림 국가의 자치 가능성을 발견하게 되었다. 그러나 그의 제자였던 무함마드 아브두는 좀 다른 의견을 가지고 있었다. 그는 정신의 부활을 운동의 핵심으로 인식하고 있었다. 알-아프가니가 무슬림이 직면하고 있던 문제를 정치적인 것으로 독해하고 있었다면, 아브두는 그것을 종교적인 것으로 인식하고 있었다. 이 점이 둘의 차이였다.

1880~1890년대에 들어서면서 살라피야는 이집트에서 정치적 부활의 촉매제 역할을 수행했다. 우라비 파샤(Urabi Pasha)가 패배를 당한 직후였다. 이는 '청년튀르크당'이 과거 오스만제국에서 벌였던 일과 매한가지였다. 살라피야 운동의 핵심은 새로운 세대의 정치 운동가를 육성하는 일이었다. 따라서 살라피야는 1928년에 무슬림형제단의 설립을 고무했다. 형제단은 이슬람 개혁운동의 취지를 받들어 코란이 국민국가 이집트의 '헌법'이 되어야 한다고 강변했다. 그 목적은 물론 정치적이었다. 유럽의 정치적·문화적 지배에 저항하기 위해서는 이집트 국민들의 애국심을 고취할 필요가 있었다. 형제단은 점진적인 개혁을 지지하는 온건파의 태도를 취하고 있었다. 그럼에도 서구의 모든 문화적 영향을 거부했다. 이집트의 지배 엘리트들이 그 영향을 받았다. 형제단의 기세와 인기는 날로 높아 갔고, 1940년대에는 지지자 수가 100만 명을 웃돌 정도였다. 형제단은 이 힘으로 뒷날 이집트 민족주의 세력과 동맹

을 결성할 수 있었다.

살라피야는 알제리에도 영향을 주었다. 울라마협회가 앞장서서 이 운동의 핵심 사상을 전파했다. 알제리의 울라마들은 식민 행정 당국과 '제휴'를 거부했을 뿐 아니라 수피 이단자 세력과의 공모도 지지하지 않았다. 그러나 알제리의 수피 세력들이 지닌 위력은 대단했다. 그 역사는 19세기까지 거슬러 올라간다. 1930~1940년대 무렵 라흐마니야(Rahmaniyya)를 비롯한 일군의 수피 세력들은 당시 새롭게 출현한 민족주의 정당과 손을 잡기도 했다. 수피 세력과 살라피야 세력의 갈등으로 폭넓은 통일전선을 형성하려던 시도는 번번이 좌절이 되었고, 이는 프랑스와의 싸움에서 악재로 작용했다.

지난 수 세기 동안은 말할 것도 없고, 20세기 초까지만 해도 카이로는 이슬람 학문과 정치사상의 중심지였다. 그 밖의 다른 곳에서는 유럽의 지배에 대항한 무장투쟁이 제1차 세계대전과 제2차 세계대전 사이에 벌어졌다. 1930년대 초까지 이탈리아와 맞서 싸운 사누시야가 암약하던 리비아가 대표적이다. 이탈리아 정부는 사누시야를 극심하게 탄압했고 집단 포로수용소를 만들어 유목 인구를 대거 가두기도 했다. 나아가 핵심 주도자 몇 명을 체포해 처형하기도 했다. 이 같은 극약 처방을 내리고 나서야 사누시야를 통제할 수가 있었다. 1920년대의 모로코에서는 앞에서도 보았듯이 아브드 알-카림이 치고 빠지는 저항운동을 펼쳤다. 그렇지만 마그레브 지역에서는 이집트와 마찬가지로 이슬람 개혁주의자들과 근대화에 찬성하는 집단들 그리고 민족주의자들이 결합하여 새로운 민족 정체성과 무슬림 집단 건설을 목적으로 하는 정치운동을 이끌었다. 튀니지와 알제리에서 진행된 저항운동은 그 어느 지역보다 더 치열하고 날카로웠다. 이 문제는 17장에서 좀 더 살펴보도록 하자.

구원과 저항, 아프리카의 교회

유럽인들의 눈에는 잘 보이지 않았지만, 저항의 초기 형태 가운데 하나는 사하라 이남의 아프리카 일대에 걸친 기독교의 성장과 관계를 맺고 있었다. 1870년대부터 제1차 세계대전까지 이 지역에서 무장투쟁이 벌어졌는데, 이 투쟁이 실패로 돌아가자 아프리카인들의 정치적인 권위가 땅에 떨어지게 되었다. 이는 곧 아프리카인들의 정신적인 공황 상태로 이어졌다. 19세기의 국가와 사회에서는 정치권력과 종교 권력이 서로 연결되어 있었기 때문이다. 파괴되고 재건되는 과정에서 기독교가 전파되었다. 기독교로 개종하는 것은 구태의연한 과거의 문제를 새로운 방식으로 푸는 방법을 모색하는 일과도 같았다. 다시 말해 19세기식 권위를 비롯하여 그 시대와 이런저런 형태로 연동되어 있던 가치들을 조심스럽게 부정하는 일이었다. 그럼에도 불구하고 새로운 개종자들은 유럽식 교회의 지배를 달가워하지 않았다. 이들은 유럽의 문화나 식민 행정 당국이 만든 조직과 밀접하게 연결되어 있지 않은 신앙 체계를 재창조하고 싶어 했다. 아프리카를 묘사하는 성경의 용어로 '에티오피아'라는 단어를 사용하기 시작한 뒤로, 이른바 '에티오피아 교회' 운동은 중부와 남부 아프리카에서 활기를 띠게 되었다. 제1차 세계대전을 전후하여 이 지역에는 수많은 독립교회들이 새로 생겨났다. 그들은 성경을 정의와 평등을 언급한 혁명적인 책으로 이해했다. 성경이 언급한 내용 가운데에서도 특히 '재림'에 관한 내용을 주목하고, '재림'을 식민 통치의 몰락과 백인 지배의 종식으로 즉각 바꿔 읽었다. 이러한 교회들은 의사 민족주의 노선의 초기 형식들을 대변하면서 반식민주의 투쟁의 첨병임을 자처했다.

아프리카식 기독교는 급진적인 형태를 띤 기독교로 바뀌는 경우가 많았다. 정복과 그에 따른 사회경제적 변화의 상처로부터 태어난 정치적인 문제를 주로 다루었기 때문이다. 초기 교회들은 일부다처제를 지지하면서 유럽식 전통을 부정했다. 아프리카교회연합이 1901년에 성공회에서 갈라져 나온 이유도 그 때문이었다. 여러 지역에서 아프리카 여성들은 빅토리아식 일부일처제 때문에 질식할 지경이었다. 경제적인 이유 때문만은 아니었다. 따라서 이들이 그저 정신적인 것만을 역설하지 않는 교회에 끌리는 것은 당연한 일이었다. 시간이 지날수록 종교운동은 정치색을 뚜렷하게 드러내게 되었다.

중남부 아프리카 일대에 퍼졌던 감시탑(Watchtower) 운동은 여러 면에서 '여호와의 증인' 운동에서 영감을 받았다. 여호와의 증인 운동은 식민 통치의 종식과 '선민'의 구원을 기치로 내걸고 시작된 운동이었다. 1908년에 엘리엇 캄와나(Elliot Kamwana)가 이끌던 니아살란드의 사례가 대표적이다. 이 운동은 예수의 재림이 아프리카에 해방을 가져다 줄 것이라고 역설했다. 캄와나는 체포되어 망명길에 올랐지만, 감시탑 운동은 그 세를 니아살란드는 물론 로디지아로까지 더욱 확장했다. 감시탑 운동의 지리적 확장은 결코 우연한 일이 아니었다. 남부 아프리카의 광산 경제를 살찌운 이주 노동자 제도가 꽃을 피운 곳이 바로 감시탑 운동이 번성한 지역들이었다. 이주 노동자 제도는 이 지역에 상당한 사회적 변화를 몰고 오면서 새로운 형태의 저항적 정체성을 탄생시켰다. 니아살란드에서는 후에 존 칠렘브웨(John Chilembwe)라는 목사가 등장하여 교회를 세우고 1915년부터 전면적인 저항운동을 이끌었다. 이는 오랫동안 독일과 이어 온 지리멸렬한 전쟁과 부당한 식민주의 때문에 촉발된 저항운동이었다. 칠렘브웨는 영국군이 포위망을 좁혀 오자 피신하려다가 사살되고 말았다. 그렇지만 그의 순교는 뒷날 말라위의 민족주의 진영을 이끌게 되는 차세대에 깊은 영감을 주었다. 이 시대의 많은 이들과 마찬가지로 칠렘브웨 또한 초기 반식민주의 투쟁의 상징이 되었다.

벨기에가 지배하던 콩고의 시몬 킴방구(Simon Kimbangu)도 반식민주의 투쟁의 상징이었다. 킴방구는 1921년에 스스로를 선지자라고 칭하며 교회를 세우고는 신이 곧 식민 치하에서 고통 받는 백성들을 구제하러 오실 것이라며 설교하고 다녔다. 이른바 '킴방구주의'이다. 카리스마가 넘치는 지도자가 체포된 후에도 '킴방구주의'의 열기는 식을 줄을 몰랐다. 킴방구주의를 신봉하던 사람들은 납세를 거부하거나 상품작물의 재배를 거부하는 방식으로 식민 행정 당국에 맞서 주기적으로 싸웠다. 이 운동이 각별한 힘을 발휘하던 때는 지방에 가뭄이 들거나 해서 어려움이 닥쳤던 때였다. 가뭄으로 인해 이 운동의 새로운 구성원들이 날로 늘어났다. 가난하고 가진 것 없는 사람들은 재난을 당하거나 인간이 만든 억압에 직면하게 될 경우 정신적인 구원자를 찾게 마련이었다.

독립교회 운동은 성장을 이어 갔다. 1930년대 들어 대공황이 시작되면서 선교 교육과 그 교육을 떠받치고 있던 이데올로기에 대한 불만이 점차 늘어나기 시작했다. 남아프리카가 대표적이다. 19세기 후반까지도 백인의 뿌리를 자랑하던 남아프리카의 시온 교회는 두 차례의 세계대전 사이에 급성장을 이룩하면서 토착 신앙과 기독교를 결합하는 모험을 감행했다. 그 의도는 기독교도에게 아프리카인들이 필요로 하는 것이 무엇인지를 좀 더 효과적으로 느끼게 하는 것이었다. 시온주의자들은 일부다처제를 거부하지 않으면서도 여성들이 할 수 있는 탁월한 역할을 제시했다. 경제 사정이 어려워지자 선교 학교는 더 이상 아프리카인들의 문제에 올바른 해답을 줄 수 없었다. 원주민들을 개종시키기 위해 시행한 교육이 담고 있는 내용이 갈수록 아프리카인들의 경험과 괴리되었기 때문이다. 가령 '백인 예수'와 같은 이미지는 물론이고, 구원과 평등이 제한적이라는 둥, 식민 행정 당국에 대한 무조건적 충성을 교회를 통해서 보여야 한다는 둥, 아프리카인들은 이런 이야기를 쉽게 받아들일 수가 없었다. 그런 의미에서 1930년대 이루어진 독립교회의 팽창은 사회경제적인 침체와 좀 더 면밀하게 결부되어 있었다.

비슷한 사례를 남로디지아에서도 찾아볼 수가 있다. 1934년에 남로디지아에서는 한 무리의 실업자들이 독립교회를 세우기도 했다. 이들은 강력한 정치적 메시지를 영적인 수사를 통해 전달했다. 감시탑 운동은 남부 아프리카의 광산 노동자들을 하나로 묶게 되고 뒷날 '노동자 의식'을 탄생시키는 데 견인차 노릇을 하게 된다. 노동자들은 이 운동을 통해 단일 대오를 이루게 되었을 뿐 아니라 어둡고 초라한 삶에 대한 영적 해결책을 찾기도 했다. 이들은 예수가 재림하는 때가 오게 되면 '가장 먼저' 구원을 받게 될 것이라고 믿었다.

부족과 계급, 산업화

감시탑 운동은 막 출현하던 산업 노동자 세력을 쉽게 조직할 수 있었다. 경제적 변화는 저항의 형식을 새로운 형태로 변화시키기도 했다. 가장 극적인 형식이 남아프리카에서 출현했다. 그곳에서는 노동을 통제하고 아프리카인들을 특수한 지역에 가두어 둘 필요성이 대두되고 있었다. 대단히 사악하면서도 억압적인 '통행증' 제도가 남아프리카에 나타났다. 아프리카 대륙 북부 이슬람 지역 바깥에서 저항 조직이 출현하기로는 남아프리카가 거의 최초였다. 남아프리카에서는 제1차 세계대전을 전후하여 정치 엘리트들을 중심으로 저항 조직이 꾸려졌다. 엘리트들은 아프리카민족회의(ANC)의 전신인 남아프리카원주민민족회의를

1912년에 창립했다. 영향력이 그리 오래가지 않았지만, 이 조직은 좀 더 넓은 정치 활동의 토대를 놓았다. 인도인이나 '컬러드'(coloured, 남아프리카공화국에서만 통용되는 개념. 백인과 흑인 사이에 태어난 2세, 또는 넓은 의미에서 '유색인 일반'을 가리킨다 — 옮긴이)와의 연대도 중요한 과제였다. 인종차별주의 헌법이 만들어 낸 개념인 '컬러드'는 '혼혈 인종'을 지칭했다.

물론 다른 형태의 대중적 저항도 많았다. 1919년에 남아프리카에서 대대적으로 벌어진 통행법 반대 투쟁으로 대중 집단의 정치 참여가 본격화되기에 이르렀다. 그 결과 이듬해에 일어난 파업에는 약 4만 명의 광부들이 참여했다. 이 파업은 1919년에 산업상업노동자조합(ICU, Industrial and Commercial Workers' Union)을 탄생시키는 데 혁혁한 공헌을 했다. 이 조직은 1920년대 중반에 이미 조합원 수가 10만 명을 넘어섰다. 1920년대가 채 끝나기도 전에 구조적인 문제와 내부의 갈등으로 조직이 와해되기는 했지만, 산업상업노동자조합은 대중들이 참여하는 집단 투쟁의 가능성을 제시했고 노동자 의식의 실체를 드러냈다.

노동자 의식은 서서히 발전해 갔다. 일반적으로는 노동자 의식의 출현과 관련하여 세 가지 국면을 거론한다. 1890년대부터 1920년대까지의 첫 번째 국면은 '비공식적인 싸움'을 벌이던 때였다. 그다음으로 1920년대부터 1940년대까지의 국면은 '준프롤레타리아들'이 싸움을 펼쳐 나가던 시기였다. 그리고 마지막으로 1940년대 이후 국면은 완전한 형태를 갖춘 노동조합이 출현한 시기이다. 이 시기에 무시할 수 없는 세력으로 성장한 노동계급은 자신들의 집단적 힘의 위력과 집단적 결합의 파괴력을 익히 잘 알고 있었다. 물론 이와 같은 구분 방식은 다소 형식적인 면이 있다. 이 공식에 들어맞지 않는 조합의 역사를 가진 지역도 많을 것이다. 그럼에도 이 구분 방식이 나름대로 의미 있는 지침이 되는 것은 사실이다.

조합의 출현 시기와 관련하여 초창기에는 노동자들이 집단으로 행동했다는 증거가 거의 남아 있지 않다. 노동조합이 있었던 것도 아니고, 노동자들을 움직일 수 있는 지도자가 있었던 것도 아니기 때문이다. 따라서 총파업 같은 집단행동은 상상할 수도 없었다. 물론 1920년에 남아프리카에서 벌어진 파업은 예외라고 볼 수 있다. 그렇지만 특정 형식의 노동자 의식을 딱히 노조나 파업 등과 기계적으로 연결시킬 필요는 없다. 노동자들 스스로가 비공식적인 싸움에 참여한 경우가 많았기 때문이다. 무자비하고 착취가 심한 제도를 경험한 노동자들은 복잡한 정보망을 구축하기 시작했다. 노동자들은 이 정보망을 통해 착취 제도를 좀 더 선명하게 이해하고자 했다. 이런 과정을 통해 노동자들은 새로운 경제 질서에 맞서 싸우기 위한 방편을 내부에서 모색하는 법을 배웠다. 다소 극단적인 측면이 없었던 것은 아니지만, 거부도 한 가지 방법이었다. 좀 더 일반적으로는 통행증을 위조하고, 감독관이 등지고 돌아서 있을 때면 태업에 가까운 태도를 보이거나 작업 속도를 늦추기도 했다. 경험의 공유는 집단적 정체성이 성장하는 데 큰 역할을 했고, 비공식 소통 체계와 상호 보호를 증진시키는 데 효과적이었다.

1920년대 말, 아니 1930년대 초입에 들어서면 거의 확실하게 집단의식이 파업 행위로 이행된다. 집단적이고 조직적인 행동을 가능케 한 안정적인 '프롤레타리아'의 출현 덕분이다. 프롤레타리아들이 잠정적인 이주를 멈추고 도시의 공업지대로 흘러 들어가 그곳에 영구적인 터전을 잡게 되었다. 1927년에 남로디지아의 샴바 광산에서 일어난 파업이 대표적인 사례이다. 샴바 광산의 파업을 주도한 집단은 니아사 출신의 노동자들이었다. 이 지역에서 오랫동안 터를 잡고 살던 노동자들은 파업의 의미와 기능, 본질을 꿰뚫고 있었다. 노동자 집단은 지리적으로 한 곳에 모여 있을 필요가 있었지만, 남로디지아의 광산들은 서로 멀리 떨어져 있었다. 그 때문에 대규모 조직 운동이 쉽지 않았다. 하지만 북로디지아의 상황은 달랐다. 이 지역의 구리 광산들은 서로 가까이 모여 있었기 때문에 노동자들의 활동 영역이 훨씬 넓었고, 이쪽 광산에서 저쪽 광산으로 정보를 전달하기도 훨씬 수월했다.

결국 1935년과 1940년에 구리 광산 지대에서 대규모 파업이 발발했다. 특히 1940년에 일어난 파업은 영국에게 치명적이었다. 영국 공군(RAF)의 자리를 독일 공군인 루프트바페(Luftwaffe)가 대신하던 시기와 겹쳤기 때문이다. 광부들은 영국이 치르는 전쟁에 대해서 아는 바가 거의 없었지만, 영국이 구리를 필요로 한다는 것만큼은 잘 알고 있었다. 따라서 그들은 자신들이 힘을 하나로 합치기만 한다면 원하는 바를 얼마든지 쟁취할 수 있고, 자신들의 경제적 근력도 키울 수 있다는 점을 깨닫게 되었다. 중요한 점은 이들이 벌인 파업이 노동조합이 주도한 것이 아니라는 사실이다. 광산과 집단 거주지 내에서 자발적으로 조직된 혁신적이면서 역동적인 단체가 나타났다는 점이다. 노동조합이 주도하는 좀 더 조직적인 파업은 차후에 나타나게 된다. 다시 한 번 강조하지만, 감시탑 운동은 노동자를 움직이는 데 중요한 역할을 수행했다. 그것은 음베니(Mbeni)무용협회 같은 문화 단체가 수행한 역할과 대동소이했다. 음베니무용협회는 처음에는 볼거리를 제공할 목적으로 조직되었으나 차차 억압된 에너지를 분출할 돌파구로 활용되었다. 광부들 또한 팀을 여럿으로 나누어 저마다 다른 제복과 직함을 선택하고는 관료들을 조롱했다. 이러한 행위는 노동자들에게 단결심을 고취시켰다. 구리광산이 파업을 벌일 때, 중간에서 다리 역할을 훌륭하게 수행한 이들은 대개가 음베니 구성원들이었다. 남자들은 물론이고 여자들도 무용수나 기획자로 참여했다.

그렇지만, 자원을 점유하는 문제와 직업 시장, 확장된 경제 영토를 장악하는 문제를 놓고 부족 간 갈등이 고조되었다. 집단 간 결속은 소속감과 보호막을 제공하기는 했지만, 어쩔 수 없이 타자를 범주화하고 희화하기도 했다. 그런 의미에서 식민지 경제 환경은 '부족 간' 갈등에 불을 붙이기도 한 셈이다. 다시 한 번 강조하지만, 광산 경제를 일으킨 것은 이주 노동자들이었다. 시골 출신인 노동자들은 단기 계약을 맺고 일을 하다가 3~6개월 정도 지나면 집으로 돌아가야만 했다. 이들은 일종의 '도시에 사는 부족민들'로 돈을 벌기 위해 산업화된 도시의 경제를 급습했지만 계약 기간이 끝나면 다시 진짜 '부족'이 살고 있는 고향으로 내려가야 하는 신세였다. 그렇지만 1920년대가 지나면서 장기 계약자와 광산 지역에 가족과 함께 정착한 노동자의 수가 늘어나게 되자 도시 노동계급의 기반이 마련되기 시작했다. 황금 위에 건설된 요하네스버그가 대표적인 도시였다. 아프리카의 도시들은 거개가 1920~1930년대에 형성되었는데, 이곳에는 일을 찾아 시골에서 상경한 사람들이 인산인해를 이루었다. 라고스와 레오폴드빌, 나이로비, 살리스베리 같은 도시는 꾸준한 성장세를 보였다.

아프리카 현대 사회사를 연구할 때 가장 중요한 주제 가운데 하나가 시골에서 도시로 이주한 사람들임은 두 말할 필요가 없다. 도시인들의 정체성 또한 결코 단선적이지 않았다. 초기의 이주자들은 대체로 시골에 뿌리를 두고 있던 잠정적 거주자들이었다. 그들은 도시에 머무르고 있는 동안 '부족'이나 고향 문화와 관련된 몇 가지 특징들을 재창조했다. '부족주의'가 자원을 놓고 극심한 경쟁이 벌어지던 도시에서 특별히 강력한 지렛대 역할을 하고 있었기 때문이다. 그럼에도 도시는 문화적 용광로 같은 곳이었고, 여러 부족 집단이 서로 어깨를 비비는 글로벌 환경을 가지고 있는 곳이었다. 종족 또는 부족 간 결혼은 물론이고, 경험의 공유와 사상, 언어, 관습의 교환을 통해 독특한 '도시 문화'가 형성되었다. 도시 공간에서는 풍습과 생활양식이 달라졌다. 도시 생활이 선사한 새로운 형식의 행동 양식 가운데 하나가 성 문제였다. 여자들은 도시를 고향 마을에서 행해지던 가부장적 억압의 돌파구로 간주했다. 나아가 남성의 지배에서 벗어나는 데 긴요한 경제적 자유의 해방구로 바라보았다.

1930년대에 접어들면서 아프리카 대륙에서는 임금노동 시스템이 붕괴했다. 이로 인해 광산 경제가 큰 타격을 입었다. 백인이 소유한 대농장도 마찬가지였다. 일자리를 찾아 이곳저곳을 헤매고 다니던 아프리카인들이 몰려 있던 시내 중심가도 예외가 아니었다. 남아프리카에서 아프리카인 실직자의 수가 처음으로 눈에 띄게 늘어났다. 산업 경제가 급속도로 팽창하던 19세기 말 이래로 처음 겪는 일이었다. 임금 하락의 효과는 생활비의 추락으로 이어졌다. 그렇지만 정작 중요한 문제는 다른 곳에 있었다. 사실 1930년대는 수백만 명의 아프리카인들뿐 아니라 수많은 백인 기층민들에게도 어려운 시대였다. 추락한 생활수준이 1940년대 후반까지도 회복될 기미가 보이지 않았기 때문이다. 게다가 곳곳에서 나타난 인플레이션도 심각했다. 인플레이션의 타격을 가장 심하게 받은 집단이 바로 도시 노동자들이었다. 이들의 임금은 1940년대 후반까지도 현실화되지 않았다.

여기서 반드시 주목을 해야 하는 점은 이 시기에 백인 노동자들 또한 어려움을 겪고 있었다는 사실이다. 남아프리카는 국가적 차원에서 20세기 초에 계급과 인종의 문제를 조심스럽게 관리하고 있었는데, 이를 실질적으로 위협한 것이 바로 백인들의 호전성이었다. 19세기 후반에 나타난 '광물 혁명'의 결과로 토지의 상업화가 이루어졌는데, 바로 이 때문에 수많은 백인들이 땅을 빼앗기고 말았다. 땅을 잃은 백인들도 예외 없이 일거리를 찾아 도시로 몰려들었다. 바로 이 백인 이주자들이 호전적인 하층계급을 형성하고 있었다. 이들은 직업 시장에서 아프리카인과 극심한 경쟁을 벌여야만 했다. 앞 장에서 언급한 유색인 차단막은 이들 때문에 생겨났다. 시골에 남아 있던 백인들도 어렵기는 매한가지였다. 물론 이들은 정부가 지급하는 보조금을 받기는 했다. 정부는 이들을 정치적으로 안정시키기 위해서 보조금을 지급했다. 가난한 백인 농부들은 이윤이 많이 남는 상품작물을 재배하지 않았고, 다만 신도시에 옥수수를 납품하는 일을 했다. 이는 19세기에 개척지의 삶을 이어가던 선조들과 하나도 다를 바가 없었다. 림포포 강 북부와 케냐에 살던 백인 농부들도 마찬가지였다. 시골에 살든 도시에 살든 가난한 백인 인구 집단은 1930~1940년대에 아슬아슬하게 사회정치적 균형을 이루고 있던 남아프리카에 적지 않은 위협을 주었다. 역사상 전무후무하게 급진적인 노선을 펼쳤던 아프리카너 민족주의자들이 세를 불릴 때 활용한 세력도 바로 이 가난한 백인 집단이었다.

상품작물, 농촌의 위기와 농민반란

농업의 상업화가 반드시 농촌의 번영을 가져온 것은 아니었다. 이는 1930년대의 환경의 변화를 보면 잘 알 수 있다. 아프리카인들은 수출용 작물뿐 아니라 자급자족용 작물도 재배해야 했다. 한편, 의복을 비롯한 유럽산 수입품은 아프리카의 경제 발전의 토대를 약화시켰다. 아프리카의 소작농은 자신들이 수출하는 작물의 가격은 물론이고 수입품의 가격을 통제할 권한이 없었다. 유럽인들이 시장을 독점함으로써 아프리카인 생산자들은 잠재적인 가난의 늪에서 헤어날 수가 없었다. 국제 상품 가격이 상승하자 아프리카인 생산자들은 큰 어려움에 봉착했다. 양차 세계대전 사이에는 더욱 곤혹스러운 일이 벌어졌다. 수입품은 가장 비싼 가격으로 그리고 생산품은 가장 낮은 가격으로 거래가 되었던 것이다. 세금을 내고, 나아가 추락한 가격을 보상할 만한 대책을 찾아야 했기 때문에 이런 상황은 1930년대 들어 더욱 악화되었다. 아프리카인들이 선택한 것은 자급자족용 식량 작물의 생산을 줄이더라도 상품작물을 재배할 땅을 더 많이 확보하는 일이었다. 그래서 토지 남용이 심해졌고 결국 심한 기근에 직면하고 말았다. 1931년에 니제르에서 벌어진 사건이 대표적이다. 경제공황은 여러 가지 방식으로 아프리카의 촌락을 강타했다. 국제무역 상황이 아프리카의 소작농들에게 불리하게 돌아가자 수출 생산품의 가격이 일거에 붕괴되고 말았다. 백인 정착민들도 공황에 따른 궁핍함을 피해갈 수는 없었다.

아프리카인들이 농촌에서 벌인 저항은 공업지대에서 벌어진 저항과 성격이 판이했다. 1920년대처럼 경기가 좋았던 호시절에는 상품작물 경제가 대체로 많은 이들에게 만족감을 가져다주었다. 그렇지만 국제적인 경제 시스템이 근본적으로 공정하지 않은 특성을 가지고 있다는 것을 깨닫게 되면서 아프리카인들 사이에 정치의식이 싹트기 시작했고, 결국은 새로운 형태의 저항운동으로 이어지게 되었다. 1920년대가 끝나갈 즈음 극소수의 유럽 회사들이 서아프리카의 수출입 무역을 장악하게 되었다. 수세에 몰린 아프리카인 생산자들은 지역 단위의 조합을 만들어 스스로의 이익을 보호하고자 했다.

1929년 나이지리아에서는 이보 출신의 여성들이 수출 생산품 가격의 몰락에 항의하며 폭동을 일으키고 무역회사 사무실을 급습했다. 이른바 '여자들의 전쟁'으로 수많은 여성들이 죽었다. 골드코스트에서도 비슷한 사태가 벌어졌다. 상업의 독과점 권력에 대한 저항의 방식으로 코코아를 뿌리째 뽑아 '손으로 높이 치켜드는'(hold up) 운동을 벌였다.

코코아 가격을 제멋대로 좌우지한 독과점에 대한 불만을 이런 식으로 표출한 것이다. 농부들은 자신들이 요구한 가격 조건이 관철될 때까지 코코아를 출하하지 않았다. 그러나 독과점 업체들이 지역 주민들의 요구를 무시하고 코코아를 다른 곳에서 수입함으로써 그 저항은 실패로 돌아갔다. 그런 와중에도 농부들은 먹고 살아야 했고, 세금을 내야 했다. 골드코스트의 사례는 간접 통치 제도가 불러일으키던 긴장이 어느 정도였는지를 잘 드러내 준다. 식민 행정 당국으로부터 급료를 지급받고 있던 터라 어느 정도 책임을 질 수밖에 없던 이른바 '전통적인' 추장들은, 코코아를 뿌리째 뽑아 높이 치켜드는 운동이나 농부들의 조합을 건설하는 일에 소극적인 태도를 보였다. 간접 통치 제도를 활성화하는 데 가장 긴요한 대규모 회사들의 입장을 고려하지 않을 수 없었기 때문이다. 이렇게 되자 시간이 갈수록 추장들과 소작농들 사이에 극복하기 힘든 간극이 벌어지기 시작했고, 두 입장이 서로 양립할 수 없는 지경에까지 이르렀다. 뒷날 서양식 교육을 받은 젊은 세대 정치집단이 출현하게 되는데, 이들은 농촌에 기반을 둔 대중운동을 조직해 내는 과정에서 간접 통치를 지지하던 추장들을 아프리카의 독립과 현대화를 이룩하는 데 장애물로 인식하기에 이른다.

우간다의 경우에는 정치화된 소작농 의식이 아주 첨예하게 드러났다. 1900년대 초부터 1920년대까지 우간다의 남부 지역에서는 면화 생산이 주를 이루었다. 당시 남부의 소작농들은 땅을 빌려주고 고액의 임대료를 챙기던 추장 계급에 대해 극도로 적개심을 드러내고 있었다. 이는 결국 식민 행정 당국의 개입을 이끌어 냈다. 식민 행정 당국은 1928년에 임대료의 상한가를 제한하여 추장들이 소작농들을 지나치게 착취하지 못하게 했다. 하지만 문제는 여기서 그치지 않았다. 아프리카인 면화 생산자들은 시장에서 점점 더 밀려나고 있었다. 시장이 인도 상인과 그들을 배후에서 물심양면으로 돕던 소수 대기업을 선호했기 때문이다. 우간다는 물론이고 케냐에서도 아시아인 사업 공동체가 막 싹을 틔우기 시작하던 무렵이었다. 아시아인 사업가들은 유럽 상인들이 서아프리카에서 했던 것과 똑같은 역할을 이 지역에서 수행하고 있었다. 우간다의 농부들은 날이 갈수록 면화 시장에서 점점 더 소외되어 골머리를 앓게 되었다. 그러자 1930년대에 접어들면서 노동조합의 형태를 띤 포퓰리스트 집단이 등장해 소작농과 지주의 관계를 좀 더 원활히 하고 시장에서 세력을 키우는 일을 주요 사업으로 운동을 펼쳤다. 이 같은 경제적 욕망을 둘러싼 동기가 뒷날 정치적 저항의 토대가 되는 것은 어쩌면 당연한 일이었다. 인도인 집단은 경제적인 권력을 줄곧 유지하다가 이디 아민(Idi Amin)의 등장과 함께 우간다에서 축출되었다. 1970년대 초에 이디 아민은 우간다 '문제를 해결한다'는 명분으로 우간다에 있던 아시아인들을 축출했다. 우간다에서 정치 행위는 우간다와 케냐, 탕가니카의 연합으로 구성된 동아프리카연방의 회담을 계기로 양차 세계대전 사이에 뜨겁게 벌어졌다. 그 무렵 우간다인들이 가장 두려워한 것은 영토가 케냐의 일부가 될 지도 모른다는 점이었다.

세계적 규모의 공황으로 아프리카인들이 느낀 환멸의 수위가 한층 올라갔고, 좀 더 첨예한 형태의 저항으로 이어졌다. 아프리카 농부들이 식민 경제의 부당함과 잔인함을 몸소 깨닫게 되었기 때문이다. 경제적·종교적·이념적 동기를 지닌 '자활' 단체들이 대륙 전체에 퍼지기 시작했다. 숙련공들이 벌인 소규모 조직 운동도 꼴을 갖추기 시작했다. 일부 장인들도 돈을 받고 고용되어 일하는 시스템에 저항했다. 이러한 종류의 조합들이 지역 수준에서 반식민주의 투쟁을 조율했다. 식민 행정 당국에게 이들 조합은 눈엣가시 같은 존재였다. 좀 더 넓은 차원에서 이 현상을 바라보면, 식민주의 질서가 여태껏 지녀 온 자신감이 위기에 봉착했음을 알 수 있었다. 그 위기가 대중적이고 집단적인 형태로 나타나지 않았을 뿐이지 경제적·문화적·종교적 조합을 통해서 표출되고 있었다.

지역 경제와 시장 문제를 둘러싸고 정부가 개입을 해야 하는가 말아야 하는가를 놓고 식민 행정 당국의 고민은 깊어 갔다. 삶의 기본 조건을 제공해 줄 것이라던 시장에 대한 믿음은, 1930년대가 저물어 갈 무렵 식민 행정 당국이 수출 시장에 좀 더 적극적으로 개입하여 요동치는 가격을 통제함으로써 사회적 갈등을 조정해야 한다는 확신으로 바뀌게 되었다. 이렇게 해야만 사회 불안과 정치적 저항을 잠재울 수 있을 것이라는 공론이 확산되었다. 특히 수출 가격의 하락은 식민 행정 당국에게 가장 큰 골칫거리였다. 농부들이 일거에 시장을 거부할 수도 있었기 때문이다. 그렇게 되면 수출 경제는 물론이고 세금 체계까지도 문제에 봉착할 수 있었다. 지구적 규모의 공황은 이런 방식으로 식민 체계의 전체 질서를 위협했다. 이러한 새로운 고민 때문에 시장조사 팀이 새로 꾸려지기도 했다. 농부들에게 지불하는 가격을 고정시키고 수출 시장에 대한 책임을 정부가 지겠다는 의사 표현이었다. 특히 농촌 지역에서는 생산 자체를 정부가 주도해야 한다는 움직임도 일었다. 식민 행정부의 농림부는 농업 기술의 비효율성을 찾아내고 특정 지역에 닥친 환경 재앙의 위협을 염려했다. 경제와 사회가 위기를 맞은 가운데에서도 인구는 계속 늘어서 과잉 방목과 과다 경작이 오히려 문제가 되기에 이르렀다. 토지를 지속 가능하지 않은 방식으로 오용함으로써 식량이 부족한 사태를 초래했기 때문이다.

니제르 정부는 토지를 보호하고 생산력을 극대화시키기 위해서라도 직접적인 개입을 피할 수 없는 지경에 이르렀다. 지역의 농업 기술을 발전시켜 생산력을 극대화할 필요가 있었기 때문이다. 그렇지 않으면 아프리카인 생산자들을 소외시키고 대자본의 후원을 받는 백인 정착민들을 독려하여 미국식 모델을 따라 플랜테이션 시스템을 도입할 수밖에 없었다. 1930년대 말부터 본격화된 정부의 공격적인 개입 정책으로 시골 지역의 미래는 좀 더 심각한 지경에 이르렀다. 이런 정책의 배후에는 정치적인 함의가 도사리고 있었다. 여러 측면에서 이미 아프리카인들의 삶과 무관한 것으로 여겨지던 간접 통치 지지자였던 추장 세력들을 제거하고자 함이었다.

다른 목소리들

아프리카인들은 20세기 초에 들어 다양한 방식으로 자신들의 어려움을 호소했다. 식민지 시기의 아프리카 예술을 보는 관점 가운데 하나는 유럽인들의 통치가 문화적 타락을 수반했다는 시각이다. 일면 타당한 견해이다. 누가 봐도 아프리카인들이 지닌 예술 정신의 '독창성'이 파괴되었다. 또 다른 관점은 아프리카의 예술 형식은 대단히 수구적이고 적응력이 강하다는 시각이다. 아프리카 예술의 적응력은 피카소의 사례를 통해서 충분히 짐작할 수 있다. 1930년대 아프리카의 예술가와 장인들은 유럽인들은 물론이고 그들을 고상한 척 떠받들던 통치 체제를 조형물을 통해 가볍게 조롱했다. 수입 종교와 마찬가지로 예술 형식의 아프리카화는 유럽인들에게 저항의 형식 또는 문화적 탄력성을 대변했다.

일부 지역에서 신문은 핵심적인 역할을 했다. 1900년대 초에 남아프리카에서 신문이 처음 출현했다. '아프리카인의 목소리'는 곧 서아프리카로도 퍼져 나갔다. 서아프리카에서 신문은 양차 세계대전 사이에 급성장한 매체로서 토론을 주도하고 반식민주의 주장을 표명하는 대표적인 마당으로 자리 잡아 갔다. 문맹률이 높아 주로 교육을 많이 받은 엘리트 계층을 중심으로 회람되긴 했지만, 제2차 세계대전이 발발할 무렵에는 마을에서 글을 읽을 줄 아는 사람이 나서서 사람들을 모아놓고 큰 소리로 신문을 읽어 주는 광경을 심심찮게 볼 수 있었다. 새로운 교육을 받은 이 엘리트 계층은 식민 사회와 경제의 부당함을 잘 알고 있었고, 이 체제로부터 자신들이 소외되고 있다는 점 때문에 절치부심하고 있었다. 그렇지만, 1940년대 초까지만 해도 아프리카의 즉각적인 독립과 부당한 식민 제도를 전면적으로 전복하는 문제를 고민한 사람은 드물었다. 기껏해야 체제 내에서 개혁하는 정도를 바랐을 뿐이다. 그러나 제2차 세계대전이 격화되면서 이런 생각은 본격적인 전환점을 맞게 된다.

아프리카인의 정체성을 확장하는 데 이바지한 외부의 영향이 몇 가지 있다. 식민주의와 인종차별주의 경험이 바로 그것이다. 아프리카를 하나로 통일하자는 범아프리카주의 운동은 북아메리카와 카리브 해에서 1920~1930년대에 활발하게 논의되었다. 마커스 가비(Marcus Garvey)가 가장 큰 영향력을 떨친 인물이었는데, 본인은 정작 아프리카 땅을 한 번도 디뎌 본 적이 없었다. 그럼에도 그는 세계흑인지위향상협회(Universal Negro Improvement Association)라는 기구를 창립하여 '아프리카인을 위한 아프리카'를 만들자는 메시지를 내걸고 유럽인들을 아프리카 땅에서 축출하자는 주장을 폈다. '가비주의'라고 불리는 이 운동은 다소 억지스런 면이 있었음에도, 1940~1950년대에 민족주의 운동을 이끌던 젊은 아프리카인들에게 깊은 영감을 주었다. 이는 반식민주의 투쟁을 고양시켰을 뿐 아니라, 프랑스령 아프리카에서 나타난 '네그리튀드'[1930년대 프랑스에 유학한 아프리카 출신의 유학생들이 처음 사용

그림 19 식민 통치를 조롱하는 아프리카인의 조각 작품(1920년대)

한 용어로 아프리카인과 아프리카 대륙, 아프리카의 전통과 역사에 대한 자부심을 이끌어 내는 역할을 했다. 카리브 해 출신의 시인 에메 세제르가 《귀향수첩》(이석호 옮김, 그린비, 2011)이라는 시집에서 처음으로 이 용어를 사용했다―옮긴이]라는 개념의 출현을 통해서 보듯 '아프리카인에 대한 자부심'을 북돋우는 일로 자연스레 이행되었다. '네그리튀드'는 세네갈의 시인으로 뒷날 독립국가 세네갈의 초대 대통령이 되는 레오폴 상고르가 강력하게 지지한 개념이기도 하다. 흑인들에게 자아를 존중하는 마음을 갖게 하고 아프리카인의 특성을 자랑스럽게 여기게 했으며, 오랜 아프리카의 문화와 문명을 높이 평가하게 만들었다.

지역에서 뿌리를 내리고 있던 토착 집단과 경쟁을 벌이며 새로운 교육을 받은 엘리트들이 주도해 나간 좀 더 넓은 영토적 의미의 정체성도 양차 세계대전 사이에 출현했다. 1920~1930년대 서아프리카에서는 도시 출신의 엘리트들이 활발하게 정치 논쟁을 벌였다. 식민 행정 당국은 이들이 시골 주민들을 동요시킬까 걱정했다. 포르투갈령 아프리카에서 이런 경향이 특히 심했다. 포르투갈령 아프리카에서도 네그리튀드는 아프리카인들을 하나로 묶는 아주 인기 높은 주제였다. 그렇다고 이 무렵 아프리카인들이 식민 체제를 무조건 부정하지는 않았다. 1914년에 세네갈 출신의 블레즈 디아뉴(Blaise Diagne)가 프랑스 의회에 진출하자 가난한 시골 주민들이 그를 열렬히 지지했다. 그렇지만 상업적인 이해관계로 프랑스와 충돌하게 된 디아뉴는 결국 프랑스 편이 되어 식민 질서를 옹호하는 태도를 취했다. 나아가 제1차 세계대전 기간에 식민 행정 당국이 발표한 여러 정책을 적극적으로 지지하기도 했다. 징집을 둘러싼 정책도 그중 하나였다. 영국령 서아프리카에서는 정치적 이념과 활동이 확장되면서 적어도 수사적으로는 '부족을 뛰어넘는' 모양새를 띠었다. 사업가 출신의 엘리트와 전문직 엘리트들이 영국령 서아프리카 의회를 창설하고는 나이지리아와 골드코스트, 시에라리온, 감비아에 지부를 설치했다. 1920년대에 그 의회에서는 해당 지역을 대표하는 의원을 선출했다. 새로운 정치 계급이 빠르게 성장해 가던 해양 도시가 의회 활동에 특히 적극적이었다. 이 의회의 존재로 인해 정치적인 시각을 확장한 또 다른 조직들도 활발하게 결성되기 시작했다. 서아프리카학생연합(West African Students' Union) 같은 조직이 대표적이다. 이 조직은 급진적인 토론을 주도하며 영국에서 공부하던 서아프리카 출신의 젊은 유학생들에게 범아프리카주의 관련 사상을 소개했다. 이러한 운동을 주도한 세력들은 하나의 독립국가만으로는 영국에 맞서 싸울 수 없다고 생각했기에 대체로 아프리카 지역 전체를 중심에 놓고 사고했다. 바로 범아프리카주의가 끼친 영향력의 한 단면이었다. 범아프리카주의는 지역 전체를 아우르는 공동의 목적을 설정하도록 독려했다. 그런 공

그림 20 1960년대 시에라리온의 도시 프리타운의 풍경

동의 목적을 제시한 인물이 바로 나이지리아 출신의 은남디 아지키웨(Nnamdi Azikiwe)였다. 누가 봐도 특수한 지역만을 염두에 둔 정치 행위는 논리적으로 올바르지 않았다. 식민지 하나하나가 모두 인공적으로 만들어진 것이었기 때문이다. 영국 스스로도 그들이 통치하던 적도아프리카 지역에서 '민족주의'가 성장하던 일을 크게 걱정하지 않았다. 적도아프리카를 단순한 의미의 지리적 단위로 간주하고 있었기 때문이다.

그럼에도 불구하고 지역을 중심으로 한 운동은 계속 이어졌다. 지역을 중심으로 한 민족주의의 틀 내에서 정치적인 논쟁을 벌이는 일도 멈추지 않았다. 그러한 토대 위에 허버트 매콜리(Herbert Macaulay)가 결성한 것이 나이지리아민족민주당(Nigerian National Democratic Party)이다. 1936년에는 매콜리의 노선에 비판적이던 젊은이들이 나이지리아청년운동(NYM, Nigerian Youth Movement)이라는 단체를 만들어

나이지리아민족민주당에서 갈라져 나왔다. 이들 청년운동 조직은 '영국 제국 내에서의 완전한 자치'를 요구했다. 영국 제국으로부터 완전한 독립을 요구한 것은 아니었다. 아울러 나이지리아가 통일국가로 거듭나기를 기원했다. 이 운동 조직은 생명력이 그리 길지는 않았지만 민중 일반들로부터 상당한 지지를 받았다. 그럼에도 아프리카 대륙에서 민족주의 정치가 맞이할 운명은 뻔했고, 그 부정적인 운명은 곧 현실화되었다. 1941년에 결국 청년운동은 요루바와 이보, 두 종족 간의 내분으로 둘로 갈라졌고, 상대방이 권력을 독식하려 한다며 서로를 비난했다. 민족주의 운동의 문제는 명확해졌다. 민족주의 운동을 이끄는 지도자가 이 같은 '부족' 간의 분열을 극복할 수 있는가가 과제로 남았다. 하지만 더 큰 문제는 설사 그럴 의지가 있다손 치더라도, 부족 간 분열이 1930년대 이래 줄곧 민족주의 운동을 훼손했다는 점이다. 1920~1930년대에 우간다에서 벌어진 상황도 예외가 아니었다. 이곳에서 벌어진 반식민주의 투쟁은 간다인들의 지배적인 지위를 직접 겨냥하고 있었다. 간다인들을 영국인들의 대리인으로 간주했기 때문이다. 부간다와 그 수장인 카바카를 둘러싼 끝없는 논쟁은 우간다의 민족주의와 민족 통일을 위해서도 결코 바람직하지 않았다. 결국 가장 격렬한 형태로 이른바 '종족에 기초한 민족주의'가 부간다 내부에서 출현했다. 간다는 스스로를 독립적 실체라고 주장하면서 분리 독립할 것을 고려했다.

  이 같은 새로운 운동들은 파편적이기는 해도 정치 발전에서 젊은이들의 중요성을 다시 한 번 일깨웠다. 앞 장에서 살펴보았듯이, 새로운 교육을 받고 경제적으로도 이주가 자유로웠으며, 또는 그 둘의 장점을 모두 취할 수 있었던 아프리카 젊은이들은 다양한 형태의 정치 조직은 물론이고 새로운 기독교 단체와 문화 운동, 노동조합에도 가담할 수가 있었다. 그렇게 함으로써 젊은이들은 부모 세대에게 공식적으로 도전할 수가 있었다. 물론 여전히 부모에게 의존적인 태도를 보인 젊은이들이 많았고, 부모의 전통을 존중했던 것은 사실이다. 부모들도 자식의 결혼 비용을 지불해야 했다. 그럼에도 분명한 것은 수많은 사람들이 변화의 전선에 서서 새로운 정체성을 만들고 새로운 형식의 투쟁을 전개했다는 점이다. 이런 방식으로 젊은이들이 뒷날에 출현하는 여러 아프리카 민족주의 정당의 중추가 되었다. 19세기 후반까지 선조들이 사용했던 방식으로 폭력을 받아들일 수 없었던 젊은이들은 새로운 형태의 투쟁과 저항 전략을 계발해야만 했다. 아울러 이러한 전략에 생명력을 불어넣을 새 정체성도 창출해야만 했다. 이 모든 행위가 나타나게 된 동기는 주권의 상실 때문이었다. 그런가 하면 젊은이들은 선조들이 벌여 온 싸움을 이어받기도 했다. 이 문제는 독립을 쟁취하고 난 뒤에 다시 표면으로 떠오르게 되는데, 뒤에서 다시 살펴보도록 하자.

제2차 세계대전이 벌어질 무렵 아프리카인들에게는 다양한 정체성이 있었고 늘 새로운 정체성을 계발하고 있었다. 공간적 개념으로 나열하면 지역, '부족', 민족, 초민족적 정체성 정도로 구별할 수 있을 것이다. 이를 다시 사회경제적인 개념으로 바꾸어 보면 시골, 도시, 프롤레타리아 정체성으로 나눌 수 있을 것이다. 이 모든 정체성은 여러 형태를 빌려 서로 갈등을 빚고 있었다. 구세대 엘리트와 신세대 엘리트의 갈등을 비롯하여 '부족' 집단 간의 갈등이 심각했다. 자민족 중심주의와 세대 간의 경쟁 또한 새로운 정치적 논쟁과 자기표현 형식의 중심을 차지하고 있었다. 이런 갈등 양상은 아프리카의 민족주의가 발전하는 데 커다란 영향을 끼쳤다.

요약을 하자면 이렇다. 아프리카의 민족주의와 넓은 의미의 반식민주의 투쟁은 정체성들 사이의 충돌과 집단의식들 간의 경쟁적 표현을 전제로 하지 않고서는 올바로 이해할 수 없다는 사실이다.

15장

타자들의 전쟁
제2차 세계대전과 아프리카

아프리카 대륙에서 벌어진 전쟁

제1차 세계대전 때도 그랬지만, 제2차 세계대전 때도 아프리카의 식민지들은 유럽의 전쟁 속으로 끌려들어 갔다. 영국과 프랑스, 이탈리아 같은 식민 행정 당국이 보기에 아프리카 대륙이 인력과 자원의 핵심 공급처였기 때문이다. 영국은 특히 아프리카의 영토를 숙주 삼아 전쟁에 나갈 인력을 서부 및 동부 아프리카에서 동원했다. 나아가 다양한 식민지에서 생산되던 농산물에도 크게 의존하고 산업 영역에도 관여했다. 그중에서도 특히 이집트는 영국의 지정학적 전략이 성공을 거두기 위해 가장 중요한 지역이었다. 동맥과도 같은 수에즈운하 때문이었다. 따라서 이집트의 민족주의는 영국의 입장에서 볼 때 늘 골칫거리였다. 1942년에 독일군 탱크가 해안도로를 따라 서쪽 사막으로 진격해 들어오고 있었다. 그러자 영국은 곧 무장 차량들을 보내 카이로 정부 청사들을 포위했다. 당연히 그 건물들을 보호할 목적이 아니라 내부의 움직임을 주시하기 위해서였다. 이집트의 민족주의자들은 새로 주둔한 영국군에 대해 상당한 적개심을 가지고 있었다. 그들의 충성도 또한 전면적인 것은 아니었다.

일반적으로 영국은 식민지 관련 정책을 집행하는 과정에서 아프리카인들의 충성도나 적어도 암묵적 동의를 중시했다. 남아프리카만은 좀 예외적이었다. 1931년에 공표된 웨스트민스터 의회의 결정에 따르면, 남아프리카는 독일과 전쟁을 치러야 할 어떤 법적 의무도 없었다. 따라서 아프리카너들이 이끌던 정치 조직 내부의 몇몇 소수파는 중립을 지키거나 최소한 호전적인 태도를 보이지 않으려고 애썼다. 어떤 조직은 나치즘 강령에 대해 다소 암묵적으로 공감하기도 했다. 그러나 문제는 제국주의적 의미에서 충성도나 지배자의 지위에 걸맞은 도덕적·문화적 책임감을 강조하던 동맹 관계에 있었다. 결국 남아프리카의 스머츠(Jan Christiaan Smuts) 정부는 국회에서 참전을 선포했다. 제2차 세계대전이 터지자 스머츠는 동맹국 지휘부의 중요한 멤버가 되었고, 처칠의 '배후'를 자처하며 전쟁 기간 내내 남아프리카 밖에서 시간을 보냈다.

프랑스의 입장은 다소 달랐다. 1940년 6월에 독일과 합의한 잠정적 휴전으로 인해 프랑스령 아프리카 제국은 다소 모호하고 난처한 입장에 처하게 되었다. 독일의 처신에 목을 메야하는 꼴이 되고 말았던 것이다. 한편 처칠은, 필요하다면 프랑스령 아프리카 영토라도 공격을 감행할 생각을 하고 있었다. 어차피 그 영토의 통수권자는 프랑스 비시 정권에 충성을 맹세한 자였기 때문이다. 하지만 식민지 쪽 입장은 달랐다. 식민지에서는 드골이 주도하던 자유프랑스(Free French)를 지지했다. 드골의 자유프랑스는 먼저 '주변부 지역들'을 해방시킨 다음에 세네갈과 알제리 등을 해방시키는 순서로 계획하고 있었다. 그렇게 해야만 전쟁을 수행하는 과정에서 전략적으로 물질적으로 우위에 설 수 있었기 때문이다. 지중해와 중동 지역을 중심으로 성공적인 작전을 펼치기 위해서 이 순서는 필수적이었다. 아프리카 대륙 안에서 유일하게 영토적 권력을 보유하고 있던 이탈리아는 그 이점을 최대한 이용하여 에리트레아에서 군인들을 모병한 다음 1935년에 에티오피아를 침공했다. 에리트레아와 에티오피아, 이탈리아령 소말릴란드로 구성된 '동아프리카 제국'을 새로이 편성한 무솔리니는 곧 수단과 케냐에 눈독을 들였다. 그리고 리비아에 주둔하고 있던 이탈리아 군인들을 움직여 이집트를 공격했다. 그러나 이 공격은 일종의 모험이었고 1940년 말에 영국에게 최초의 도덕적 승전이라는 영광을 안겼다. 동부와 북부 아프리카를 겨냥한 이탈리아의 침공은 그리 오래가지 못했다. 히틀러의 불만 때문이었는지 이탈리아 군대는 동북부 아프리카에서 상대적으로 오래 버티지 못했다. 기껏해야 1941년부터 1년 남짓한 기간이었다.

아프리카인들의 관점에서 볼 때, 제2차 세계대전은 사실상 1935년부터 시작된 것이나 마찬가지였다. 북아메리카의 아프리카계 미국인이나 카리브 해 사람들에게도 마찬가지였다. 1935년에 이탈리아 군대는 식민지 에리트레아 영토를 통해 에티오피아를 침공했다. 처음도 끝도 아닌 이 공격은 이 지역의 전선을 불안정하게 만든 단초가 되었다. 실제로 미국의 종속국에 가까웠던 라이베리아를 제외한다면, 에티오피아는 여러 가지 의미에서 사하라 남북을 통틀어 아프리카에서 가장 온전한 '독립' 국가였다. 그런데 무솔리니의 팽창주의 야심이 바로 이 에티오피아를 겨냥했던 것이다. '새로운 로마제국'을 건설하려던 파시스트의 오랜 꿈이 여기에 있었던 것이다. 그 꿈은 에리트레아를 발판으로 삼고 있었다. 이탈리아군은 1896년에 아드와 계곡 전투에서 메넬리크에게 통한의 패배를 당한 바 있는데, 이 패배에 대한 복수심도 어느 정도 작용하고 있었다. 아드와 전투는 이탈리아의 명예에 흠집을 남긴 일종의 옥에 티로 무솔리니에게는 이를 제거할 사명이 있었다. 그래서 무솔리니는 1930년대 초부터 호시탐탐 복수의 기회만을 노리고 있었다.

무솔리니는 1935년이 시작되기 직전에 이미 "에티오피아는 시대착오적이고 야만적이며 불안정한 국가로 문명 세계에 독이 된다"는 주장을 펴며 국제사회의 지지를 요청했다. 그 이유로 에티오피아가 여전히 노예제도를 실행하고 있기 때문이라고 주장했다. 그렇기 때문에 그 나라의 주권을 국제사회가 인정해 줄 필요가 없다는 논리를 폈다. 이런 논리의 연장선상에서 무솔리니는 에티오피아의 운명이 이탈리아인들의 손에 달렸다고까지 주장했다. 마침내 그는 에티오피아를 이탈리아의 보호령으로 선포했다. 영국, 프랑스와 일부 다른 지역에서는 이 주장을 반기는 분위기도 있었다. 그렇지만 무솔리니의 이 같은 공공연한 발언은 영국과 프랑스의 심기를 몹시 불편하게 만들었다. 초창기의 공격적인 제국주의를 연상시켰기 때문이다. 사실 일 두체(Il Duce, 무솔리니)의 연설은 1880년대 상황이라면 모르겠지만 1930년대의 것이 아니었다. 그런데 묘하게도 그 연설은 하일레 셀라시에가 아닌 이탈리아 제국주의의 시대착오적 특성을 잘 드러내고 있었다. 그 결과 에티오피아는 좋든 싫든 우려 섞인 시선에도 불구하고 국제연맹의 온전한 구성원이 되었다.

그럼에도 에티오피아는 결국 국제연맹의 지지를 거의 받지 못했다. 국력이 약한 유럽의 작은 나라들조차 좀 더 보편적인 인류의 안전이라는 미명 아래 희생을 강요당하던 시절이었다. 사실은 영국과 프랑스가 비밀리에 혹은 어느 정도 드러내 놓고 이탈리아가 에티오피아를 복속하는 것을 인정했다. 이탈리아는 마침내 에티오피아가 소말리 국경 근처의 수도관을 공격했다는 주장을 펴며 1935년 10월에 에티오피아를 침공했다. 더 이상 1896년의 상황은 되풀이되지 않았다. 당시 이탈리아와 에티오피아는 군사 기술이나 조직에서 큰 차이를 보였다. 항공기는 물론이고 불법적이긴 하지만 간헐적으로 사용되던 독가스의 지원을 받은 이탈리아의 무장 병력은 눈앞에 보이는 모든 것을 쑥대밭으로 만들었다. 하일레 셀라시에의 군대는 40년 전의 메넬리크가 이끌던 군대와 병력의 차이가 없었던 만큼 애절한 영웅주의적 분투에도 불구하고 유럽의 신식 군대를 물리치기에는 역부족이었다.

결국 1936년 초에 에티오피아 군은 완전히 괴멸되고, 무솔리니 군대가 아디스아바바에 입성하는 데 성공했다. 하일레 셀라시에는 끝내 영국과 프랑스가 지원해 줄 것이라는 희망을 버리고 멀리 망명을 떠났다. 한편 영국과 프랑스는 부분적으로 동조한 터라 이탈리아 때문에 벌어진 상대적으로 작은 '위기'를 문제 삼지 않을 태세였다. 셀라시에 황제는 제네바에서 열린 국제연맹 총회에 참석하여 이렇게 경고했다. "이 나라가 지금은 에티오피아지만, 내일은 유럽의 어느 한 나라가 될 지도 모른다." 그리고 직접 영국으로 건너가 자신이 통제할 수 없는 어떤 커다란 사건이 일어나 그를 다시 왕좌로 복귀시킬 때까지 그곳에 머물렀다. 이탈리아는 사실 에티오피아를 온전히 지배한 적도 지배할 수도 없었다. 파시스트 점령 아래에서도 '애국자' 집단이 일으킨 게릴라 전투가 끊임없이 이어졌기 때문이다. 게다가 에티오피아 영토의 많은 부분이 이탈리아 헌법의 영향권 밖에 있었다.

에티오피아는 해외에서 극찬의 대명사가 되었다. 영국의 자유주의 진영은 분노했다. 에티오피아를 사랑하는 지식인들의 모임은 황제가 자신들을 필요로 한다면 어느 때고 쫓겨난 황제 주변에 모여들었다. 한편, 아프리카계 미국인 집단과 아프리카 내부에서 에티오피아는 각기 '범아프리카적' 저항과 초기의 민족주의를 상징하는 나라가 되었다. 자유로운 고대 '흑인' 문명의 구현체로서 에티오피아는 초기의 아프리카 민족주의자들과 아프리카계 미국인 정치 운동가들에게 공히 영감의 원천이었다. 아프리카계 미국인 정치 운동가들은 에티오피아에서 받은 영감을 통해 카리브 해에서 라스타파리(Rastafarian) 운동을 이끌어 냈다. 라스타파리라는 용어는 '왕자'를 의미하는 '라스'와 타파리의 합성어로 하일레 셀라시에가 보좌에 오르기 전에 불리던 이름이었다. 라스타파리언들은 열정적인 아프리카계 낭만주의자들로 하일레 셀라시에를 성서의 계보에 나오는 '유다의 사자'라고 믿었다. 이를 따를 경우, 셀라시에 황제는 이른바 솔로몬 가문에 속하게 된다. 황제 스스로도 솔로몬의 후손이라고 주장한 바 있었다. 이를 통해 유구하고 위대한 '진정한' 아프리카 문명을 둘러싼 신화가 직조되기에 이른다. 유럽이 아프리카를 분할하던 시기에 메넬리크는 에티오피아의 독립을 인정하고 수호하는 입장을 취했는데, 이로써 에티오피아는 아프리카에서 가장 '위대한 국가'라는 지위를 굳히게 되었다. 이런 에티오피아를 침략한 이탈리아가 공분을 사는 것은 당연했다. 이탈리아의 에티오피아 침공은 일종의 신성모독으로 간주되었다. 한편, 아프리카계 미국인 세대와 아프리카 민족주의자들 세대는 에티오피아를 식민주의와 인종차별주의에 맞선 투쟁의 상징이자 '검은 자부심'으로 생각했고, 세네갈의 시인이자 정치가 레오폴 상고르의 용어를 빌려 '네그리튀드'의 궁극적 원천으로 읽었다.

    에티오피아의 해방은 과거에도 그랬듯이 오래지 않아 찾아왔다. 1941년 초에 서부와 중부 아프리카에서 군인들을 모병한 영국은 중부와 적도 아프리카에서 가세한 프랑스와 벨기에 부대의 지원을 등에 업고 동맹군들을 이끌어 이탈리아령 에리트레아와 에티오피아로 동시에 진격했다. 에리트레아의 아스마라 서북쪽에 위치한 카렌에서 벌어진 피비린내 나는 전투를 제외하고 이탈리아는 변변한 저항 한번 제대로 해

보지도 못했다. 1941년 5월에 에티오피아와 에리트레아는 동시에 '해방'을 맞았고, 하일레 셀라시에는 다시 복권되었다. 물론 이 해방은 영국의 군사와 정치 '고문단'의 개입에 의한 타협의 산물이었다. 한편, 에리트레아에서 영국은 자원도 인력도 턱없이 부족했던 터라 힘이 약한 행정부인 군정을 내세울 수밖에 없었다. 이탈리아 인력의 도움으로 하루하루 식민지를 어렵게 경영하던 영국군 행정부는 그럼에도 이 지역을 '마침내 점령한 적지'로 규정했다. 1940년대 초까지도 에리트레아인들을 분노하게 만든 영국군 행정부는 당시에도 여전히 두각을 나타내던 파시스트 행정부의 초기 구성원들이었다. 그래서 일부 에리트레아인조차 남쪽의 에티오피아를 외세의 지배로부터 최후의 '해방'을 쟁취한 진정한 승리자로 바라보기도 했다. 그러나 하일레 셀라시에와 암하라 정치 조직은 장차 드러나게 되지만 주어진 역할을 충실히 수행하지 못했다. 따라서 이탈리아가 항복을 선언한 지 몇 달 만에 에티오피아인들은 에리트레아를 '본토'로 '반환'하라고 요구하기 시작했다. 물론 다수 에리트레아인은 에티오피아와의 통일을 원하지 않았다. 그럼에도 에티오피아인들의 반환 요구는 수그러들지 않았다. 정치투쟁은 날로 심해져 결국 폭력적인 양상이 전개되기에 이르렀다.

  아프리카 대륙에서 실제로 벌어진 또 다른 전투 가운데 하나는 지중해 연안의 해안도로를 타고 발발했다. 1940년도 늦여름에 이탈리아는 리비아를 통해 이집트를 공격했는데, 곧 수세에 몰리고 말았다. 상대적으로 소수였던 영국 군대가 리비아로 직접 진격을 해왔기 때문이다. 전세는 독일의 아프리카 군단이 출현하면서 달라졌다. 전선에서 벌어진 밀고 밀리는 전투 끝에 독일 군단은 거침없는 기세로 이집트의 수에즈 운하까지 진격했다. 이집트의 민족주의자들은 좌불안석이 되었고 영국을 거부하는 정서도 끓어올랐다. 카이로에도 긴장감이 감돌았다. 그렇지만 영국이 1942년 10월에 엘 알라마인(El Alamein)에서 독일군을 저지하면서 다시 전세가 바뀌기 시작했다. 대영제국 덕분에 수에즈가 안전하게 되었던 것이다. 영국의 눈에 독일군 야전 사령관 로멜 장군보다 더 위험한 세력은 지속력이 훨씬 강한 이집트의 민족주의자들이었다. 영국과 오스트레일리아 연합군이 독일군을 다시 리비아와 튀니지로 몰리치자, 지중해 반대편에서는 미국이 모로코와 알제리에 상륙해 비시 정권 때문에 생긴 불편하고 모호한 정치적 상황에 종지부를 찍었다. 동부와 서부를 협공하던 연합군은 튀니지에서 합류하여 1943년 5월에 결국 이탈리아 군대를 아프리카에서 축출하는 데 성공했다.

아프리카 군인들은 대륙 바깥에서도 활동했다. 1943~1945년에 프랑스령과 영국령 아프리카 땅에서 소집된 군인들은 이탈리아 전선에서 싸웠다. 영국은 아프리카 곳곳에서 모병한 병사들을 버마의 '잊혀진 전쟁'에도 투입했다. 전쟁이 끝나갈 무렵 영국군에서 활동을 하던 아프리카 병사의 수는 무려 37만 명에 이를 정도였다. 이 가운데 많은 이들이 전시의 경험을 통해 정치적으로 각성할 기회를 얻었다. 이들은 식민지 제도와 그것을 가능케 한 세계가 크게 잘못되었다는 점을 깨닫게 되었다. 군대 분위기 자체와 '군 전통'을 선호하던 일부 직업군인들은 전역한 뒤 고향으로 돌아가 편안한 말년을 보내기도 했다. 그런가 하면 일부 군인들은 전후 급진적인 정치에 뛰어들거나 스스로 그러한 정치의 주도자가 되어 지역사회에 커다란 영향력을 끼치기도 했다. 이들은 스스로 정치 집회를 조직하기도 했다. 금의환향하던 참전 용사들은 세계에 대해 좀 더 폭넓은 시각을 확보하고 있었고, 유럽에 대해서도 좀 더 많은 지식을 갖고 있었다.

1914년부터 1918년까지 벌어진 세계대전을 비롯하여 몇몇 전쟁에서 아프리카인들은 다양한 계급적 배경을 가진 유럽인들과 함께 전투

그림 21 머나먼 버마 전쟁에 파견된 서아프리카 병사들(1943년 무렵)

를 치렀다. 그중에서도 아프리카인들에게 각별한 내용을 제공한 경험은 노동자계급 출신 백인들과의 교류였다. 아프리카인들은 전쟁터에서 유럽인들을 죽이는 경험도 했다. 유럽인들에게도 약점이 있고 그들도 실패를 한다는 점을 아주 가까운 거리에서 목격하게 되었다. 유럽인의 우월성을 둘러싼 도덕적 신화가 결국 헛된 것으로 폭로되고 말았다. 식민 지배자에 대한 아프리카인들의 이러한 인식 변화는 장차 지속적으로 큰 영향을 끼치게 된다.

정치사회적 변화

전쟁이 끝나갈 무렵의 카이로와 카사블랑카에서는 미국, 프랑스, 영국의 국기가 나란히 펄럭거리고 있었다. 이들 세 나라 가운데 누가 북아프리카의 헤게모니를 장악하게 될지는 미지수였다. 모로코와 알제리, 튀니지, 리비아, 이집트의 민족주의자들이 동맹군들의 지원을 받으며 축적해 놓은 정치적 자산을 활용할 계획을 열심히 짜고 있었기 때문이다. 북아프리카 출신의 구세대 엘리트들은 젊은 세대 민족주의자들로부터 위협을 받고 있었다. 젊은이들이 그들을 유럽에 협력한 '부역자로 여기고 있었기 때문이다. 이런 인식은 19세기에 뿌리를 내리고 있던 정치적·정신적 적대감과 연관성이 깊다. 모로코인들은 연합국의 승전을 통해 온전한 주권 회복을 기대했다. 실제로 미국 대통령 루스벨트가 그렇게 하겠다고 약속을 했다. 술탄인 시디 모하메드가 전쟁 기간 내내 배신을 하지 않은 이유도 그 때문이었다. 그러나 전쟁이 끝나자 프랑스는 민족주의 정당인 '이스티크랄'(Istiqlal)을 탄압하기 시작했다. 1940년대 후반에 민족주의 운동을 이끌었던 핵심 인물이 바로 술탄 모하메드였다.

이웃한 알제리에서는 두 차례의 세계대전 사이에 명분을 확보하기 시작한 민족주의 운동이 1943년 미국의 알제리 침공으로 좀 더 확고해지게 되었다. 같은 해 페르하트 아바스(Ferhat Abbas)를 비롯하여 프랑스 교육을 받은 민족주의자들은 '알제리 민중 선언'을 통해 정치적·경제적 개혁을 요구했다. 알제리 엘리트들에게 완전한 시민권을 주겠다는 드골의 약속을 믿었던 아바스는 해방선언동맹(AML, Amis du Manifesté et de la Liberté)를 창립하고 프랑스와 연방 관계를 맺을 수 있는 공화국을 건설하고자 했다. 그렇지만 이 운동은 두 방향에서 공격을 받았다. 한쪽은 백인 정착민들이었고, 다른 한쪽은 아메드 메살리(Ahmed Messali)가 이끌던 알제리민중당(PPN, Parti du Peuple Algerien)처럼 아바스를 정치적으로 너무 온건하다고 본 급진파들의 공격이었다. 1945년에 결국 저항이 일어났고 격렬한 반응을 불러일으켰다. 아바

그림 22 군대의 전통. 우간다 왕의 아프리카인 소총부대에 소속된 장교와 사병들

스는 물론 메살리도 구속되었다. 두 사람은 이듬해 석방되어 곧 서로 다른 정당을 만들어 긴장 관계를 다시 이어 갔다. 프랑스는 일부 알제리 의원들에게 의석을 할당하여 의회를 대표할 권한을 부여했다. 그러나 1940년대 내내 알제리의 민족주의자들은 백인 정착민들에 대한 프랑스 정부의 지속적인 지원과 선거 부정으로 좌절을 맛보아야만 했다. 튀니지의 민족주의 지도자인 하비브 이븐 알리 부르기바(Habib ibn Ali Bourguiba)도 전시에 자유프랑스(Free French)를 도왔다. 그러나 몬세프 베이(Monsef Bey) 왕조가 정치적 개혁을 달가워하지 않았기에 그는 이내 망명길에 올라야 했다. 그러고는 좀 더 '온건한' 인물로 교체되었다. 그럼에도 신데스투르당(Neo-Destour Party)은 대중에 대한 장악력을 점점 더 확보해 나갔다. 그래서 전쟁 직후 부르기바는 오랫동안 해외에서 보내며 튀니지의 독립을 위한 지지를 끌어내는 일에 집중해야만 했다.

리비아의 상황은 좀 더 복잡했다. 리비아는 사실상 점령을 마친 적의 영토였다. 이곳을 지배하고 있던 과거의 식민 종주국 이탈리아의 운명은 전쟁을 승리로 이끈 네 나라, 즉 영국과 미국, 프랑스, 소련의 손에 달려 있었다. 이탈리아의 운명은 쉽사리 결정되지 않았다. 이탈리아인들이 직접 평화조약에 서명할 때까지 기다려야만 했다. 애초부터 리비아의 독립은 선택 항목에 포함되어 있지 않았다. 전시의 영국은 사누시의 지도자 사이드 모하메드 이드리스의 지원 덕분에 어느 정도 기득권을 누리고 있었다. 영국은 키레나이카 지역을 키워 주고 보호해 주는 대가로 이득을 챙기고 있었다. 키레나이카의 지위는 어떤 면에서는 트리폴리와 맞먹을 정도였다. 이탈리아가 지배하던 때까지만 해도 트리폴리는 키레나이카보다 사회경제적으로 더 '발전된' 도시였다. 그러나 그 도시는 심각한 내분에 휩싸이고 말았다. 리비아에 살던 이탈리아 정착민의 절대 다수는 기실 트리폴리에 터를 잡고 있었다.

한편 이집트의 민족주의자들은 좀 더 조직적으로 목소리를 키우고 있었다. 영국은 1939년에 이집트를 중동과 동부 지중해의 작전 기지로 전환시켰다. 1936년에 합의된 조약에 따른 것이었다. 영국은 이집트 국왕을 통제할 능력을 가지고 있었지만, 왕권의 승계 과정을 주의 깊게 관찰해야만 했다. 친이탈리아 노선이나 중립 노선을 지지하는 세력이 득세할 수도 있었기 때문이다. 1940년대의 무슬림형제단은 종교적 개혁운동의 성격을 바꾸어 민족주의 정당을 만들었다. 나중에 공산당과 아메드 후세인(Ahmed Hussein)이 만든 청년이집트당(Young Egypt Party)이 민족주의 정당에 합류했다. 물론 이렇게 이루어진 정당 연합은 좀 더 넓은 지지층을 이끌어 내는 데 꼭 성공적이었다고 보기는 힘들다. 대다수의 이집트인들은 전쟁에서 영국이 독일을 상대로 군사적 승리를 거둔 것에 대해 이중적인 태도를 보이고 있었다. 그런 차에 격심한 인플레이션과 식량 부족 사태로 사회경제적 상황이 악화되고, 영국이 왕궁 주변에 탱크를 배치하는 강수를 두면서 반영국 정서가 급속히 퍼지게 되었다. 여기에 무능하고 비효율적인 국왕 파루크와 와프드(Wafd)에 대한 적대감까지 더해졌다. 전쟁 직후의 이집트에서는 파업과 농성이 끊이질 않았다. 1940년대 후반의 이집트 정치는 이렇게 폭발 직전으로 치닫고 있었다. 이런 와중에도 영국은 수에즈운하에 쏟아 부은 전략적이고 재정적인 투자를 보호하기 위해 안간힘을 쓰고 있었다.

사하라 남부에서 프랑스령 아프리카 지역이 보인 드골에 대한 지지는 군 병력은 물론이고 전략적으로 중요한 기지와 공습 루트를 제공하는 측면에서 중차대한 역할을 감당했다. 이 같은 공헌으로 아프리카의 민족주의자들은 좀 더 높아진 지위를 실감하게 되었다. 전쟁이 전개되자 드골은 수용해야 할 요구 사항과 지켜야 할 약속이 많아지고 있다는 점을 깨달았다. 1944년에 콩고의 브라자빌에서 활동하던 자유프랑스군 지도자는 전쟁이 승리로 끝날 경우 식민지를 정치적으로 개혁하겠다는 '새로운 거래'를 할 수밖에 없었다. 이는 일종의 양보 안으로 식민지가 군사적으로 경제적으로 제공한몫에 대한 반대급부의 의미가 강했다. 하지만 이 거래는 프랑스가 전후 복구 과정에서 아프리카를 얼마나 필요로 하고 있는지도 잘 드러내고 있다. 앞으로 살펴보게 되겠지만, 민족주의 지도자들을 달래기 위해서는 식민지를 안정적으로 유지하는 것이 매우 중요했다. 영국과 마찬가지로 프랑스도 식민지를 완전히 종속시킬 여유가 없었다. 따라서 전략적 차원에서 정치 개혁을 약속했을 뿐이다. 정치적 독립을 둘러싼 대화가 사라지고 대신에 아프리카인들을 좀 더 높은 행정적 지위에 배치하자는 논의가 등장했다. 이제 민족주의 정치인들의 눈앞에서 자치에 대한 꿈이 물거품처럼 사라졌다. 결국 권력의 이양과 탈식민화의 토대를 제공하는 방향으로 정치적인 타협이 이루어졌다. 그러나 이는 원래 기획했던 개혁의 내용과는 완전히 다른 것이었다.

1930년대의 아프리카 민중들은 전쟁으로 인해 인플레이션과 무역 중지, 수출 가격 폭락 같은 사회경제적 곤경을 겪어야만 했다. 그렇지만 자신들이 지닌 경제적 위력을 잘 알고 있었다. 그들은 1940년대 초반까지도 파업을 일으키며 노동조합을 최대치까지 활용했다. 이런 현상은 남부와 중부 아프리카의 광산 경제 분야에서 특히 도드라졌다. 1940년에 북로디지아의 구리 광산 노동자들이 파업을 일으키자 영국은 루프트바페 노동조합에 맞서 싸움을 벌였다. 하지만 광산업이 생존과 직결되어 있던 터라 영국은 하는 수 없이 노조가 요구한 임금 인상과 노동조건 개선 요구를 수용할 수밖에 없었다. 이 사건은, 사회적 불안 정도가 얼마나 크고 제1차 세계대전 이전보다도 더 취약해진 사회 구조로 인해 식민 행정 당국이 얼마나 위태로운 지위를 유지하고 있었는지 잘 보여 주었다.

영국령과 프랑스령 아프리카에서 제2차 세계대전은, 점차 늘어나던 아프리카인들의 집단행동 때문에 식민주의 질서가 심각하게 도전받던 시기에 벌어졌다. 따라서 파시즘에 대항한 싸움에 아프리카인들을 끌어들이기 위해서는 좀 더 섬세한 '설득' 방법이 필요했다. 영국은 이 목적을 달성하기 위해서 선동 작전을 펼쳤다. 영화와 라디오 방송, 신문, 전단지 등을 활용하여 아프리카인들이 식민 행정 당국에 협조할 뿐 아니라 알아서 군 복무를 자원하고 '자신들에게 주어진 역할을 수행'하도록 '고무하고' '설득하는' 작전을 펼쳤다. 이 작전이 성공을 거두기 위해서 식민 당국은 본질적으로는 '좋은' 편이라는 생각을 주입할 필요가 있었다. 동시에 영국과 프랑스는 '악'에 맞서 싸우는 정의로운 국가라는 이데올로기가 필요했다. 과거 그 어느 때보다도 더 명확하게 아프리카인들에게 식민주의의 정당성을 설명할 필요가 있음을 뜻한다. 완전한 무력은 더 이상 통하지 않았다. 아프리카인들한테서 맹목적인 믿음과 복종은 더 이상 기대할 상황이 아니었다.

날이 갈수록 아프리카인들의 목소리를 무시하거나 달래기가 힘들어지고 있었다. 식민 통치에 대한 비판 또한 더욱 거세지고 있었다. 이는 좀 더 공적인 형태를 띠면서 신문이나 지역에서 벌어지는 집회를 통해서 표출되고 있었다. 아프리카인들의 소식지 문화는 1940년대에 급속히 발전하여 수많은 독자들을 거느리게 되었다. 그러나 소식지에 보도된 논쟁들은 입에서 입으로 전달되기 일쑤였다. 이런 의사소통을 통해 아프리카인들은 그 어느 때보다도 의식화되어 있었고, 그 시대의 문제를 잘 감지하고 있었다. 또 유럽인들의 전쟁에 나가 자신들이 무엇을 해야 하는지도 잘 인식하고 있었을 뿐 아니라 식민주의의 위선도 간파하고 있었다.

많은 이들이 유럽의 파시즘과 아프리카의 식민 통치가 지닌 차이를 고민해 보기 시작했다. 특히 1941년 8월에 대서양헌장이 발표된 직후 더더욱 그랬다. 대서양헌장의 내용이 속속들이 지역 신문에 보도되었을 뿐 아니라 연합군의 뉴스 방송을 통해 널리 전파되었기 때문이다. 대서양헌장을 만든 주체는 바로 처칠과 루스벨트였다. 그들은 만인의 기본권으로 자결권, 폭력과 박해로부터 보호받을 권리를 표 나게 내세웠다. 교육을 받은 아프리카인 집단에게 이 헌장이 끼친 파급력은 대단했다. 아프리카인들은 이 헌장이 자신들에게도 적용되기를 바랐다. 하지만 영국의 수상 처칠은 이런 기대를 일언지하에 거절했다. 대영제국이 이미 시민들을 그렇게 보호하기 있기 때문이라고 했다. 그러나 아프리카 대륙의 정치 활동가들이 식민 제도의 취약성과 그것을 뒷받침하고 있는 철학의 도덕적 파산을 지적하면서 폐해가 드러나기 시작했다.

처칠의 강경한 입장을 이해하지 못한 것은 루스벨트도 마찬가지였다. 본능적으로 반제국주의 정치 감각을 가지고 있던 루스벨트는 동맹국 영국을 압박하여 전후의 탈식민화 프로그램, 아니면 최소한 자치정부로의 이행 안을 만들도록 독려했다.

전쟁이 막바지에 접어들자 교육을 많이 받은 일군의 아프리카 젊은이들이 두각을 나타내기 시작했다. 대체로 유럽이나 미국에서 공부한 젊은이들은 전쟁과 식민주의를 아프리카 대륙 바깥에서 지켜본 경험을 활용해 자신들만의 세력을 구축하고 있었다. 이들 대부분은 범아프리카주의자들이기도 했다. 이는 아프리카 대륙이 탈식민화 노선을 드러내는 데 큰 영향을 끼쳤다. 바로 이 젊은이들이 장차 아프리카 민족주의의 1세대가 되고 뒷날 아프리카의 독립운동을 이끌게 되는 최초의 지도자가 되었다. 1945년에 영국의 맨체스터에서 열린 제5차 범아프리카회의에서 이들은 식민주의 제도를 수정하자는 따위의 이야기는 더 이상 입에 담지 않았다. 식민 지배자들에게 자신들이 원하는 바를 공손하게 청원하지도 않았다. 그 회의에서 다루어진 주제는 식민 제국을 무조건 해체하자는 것이었다. 물론 세부적인 계획과 전략이 마련되어 있던 것은 아니었지만, 아무튼 그들이 원하는 것은 완전한 독립이었다.

전쟁 경험이 가져다준 소중한 결과 가운데 하나가 바로 이것이었다. 그러나 한편으로는 식민 행정 당국이 부활했고, 그 힘이 더욱 강해지는 결과도 나타나게 되었다. 전후에도 아프리카를 떠나지 않고 계속 남아 있던 영국과 프랑스, 포르투갈, 벨기에 같은 주요 식민 세력에게 아프리카 영토는 과거보다 훨씬 더 중요한 의미로 다가왔다. 이들은 1945년 이후에 심기일전하여 간섭주의 정책을 내세웠다. 앞 장에서도 살펴보았듯이, 1930년대 초반까지만 해도 기본적으로 자유방임 경제가 지배적이었다. 그러나 경제 공황이 깊어지면서 영국과 프랑스 정부는 국가의 개입이 불가피하다고 판단하게 되었다. 제2차 세계대전은 이 같은 간섭주의 프로그램이 좀 더 지속적으로 심화되어야 한다는 점을 명확하게 해주는 계기가 되었다. 유럽이 전후 경제를 재건하는 데 아프리카인들의 기여는 꼭 필요했다. 바로 그러한 이유 때문에 유럽 정부들은 작물 생산의 확장을 비롯한 식민지 경제 문제에 깊숙이 개입하게 되었다. 어떤 역사가는 이를 두고 다음과 같이 말했다. 최소한 영국령 아프리카 지역만 보더라도, 정부의 개입 정도는 '제2의 식민 지배'를 방불케 하는 것으로 1945년부터 1950년대까지 줄곧 이어졌다. 전후의 전쟁 노선이 바로 여기에서 비롯되었다. 아프리카의 민족주의 운동이 무시할 수 없는 세력으로 성장하게 되자 식민 행정부는 그 어느 때보다 더 집요하게 자신들의 아프리카 소유물을 방어하는 일에 혈안이 되었다.

만약 독일과 일본이 항복을 하지 않았다면, 그 싸움이 얼마나 더 지속되었을지 그리고 그 결과가 어떤 식으로 귀결되었을지는 아무도 모른다. 그러나 한 가지 분명한 사실은 전쟁으로 인해 잠재되어 있던 변화의 힘이 솟구쳐 나오게 되었다는 점이다.

6부
제국의 와해

이른바 '식민지 시기'라 불리던 순간은 1945년부터 1960년대 후반 사이에 아프리카 전역에 걸쳐 대개 끝이 난다. 심지어 변화에 저항을 보이던 지역에서도 이는 마찬가지였다. 물론 식민 통치의 경험이 몇 세대를 더 이어져 내려간 지역도 있다. 그 결과는 여러 차원에서 깊은 영향을 끼쳤다. 그런가 하면 19세기에 아프리카가 유럽과 맺고 있던 관계의 모양새가 역전된 결과를 낳기도 했다. 이는 식민 행정 관료들이 궁극적으로 원하던 바일 수도 있고, 그렇지 않을 수도 있다. 로마와 런던, 파리, 리스본, 브뤼셀이 만든 '그 위대한 계획'을 얼마나 신뢰하느냐에 따라 다르기 때문이다. 그러나 분명한 것은 식민 통치가 이렇게 빠른 속도로 막을 내릴 것이라고는 누구도 예상하지 못했다는 사실이다. 1890~1900년대에 출현한 제국들은 기대했던 것보다 훨씬 오래가리라 믿어 의심치 않았다. 결국 이 제국들은 눈에 잘 드러나지 않는 외부의 사건이나 아프리카인들의 저항과 같은 유기적인 압력으로 종말을 맞게 되었다. 폭력적이건 그렇지 않건, 아프리카인의 정체성이 보인 전투적인 힘도 식민주의를 종식시키는 데 크게 이바지했다.

제국이 구체적으로 언제부터 붕괴의 조짐을 보였는지 개별적인 날짜를 들어 열거하는 것은 의미가 없다. 그런 방식이 너무 임의적이기 때문에 '전환점'이나 '출구' 같은 구체적인 날짜들을 환기하는 용어는 무의미할 때가 있다. 그러나 새로운 시기를 연 시점으로 1945년이 가지고 있는 지위는 막강하다. 1945년은 19세기의 제국주의가 막을 내리고 새로운 세계 질서가 시작된 시점임에 틀림없다. 1940년대는 식민 종주국과 아프리카의 민족주의자들에게 공히 심오한 변화의 계기를 마련해 준 시기였다. 영국과 프랑스도 바로 이 시기에 어떻게 하면 아프리카를 좀 더 효율적으로 착취할 수 있는가를 고민했다.

한편, 아프리카 민족주의자들에게는 두 가지 기회가 눈앞에 놓여 있었다. 하나는 반드시 잡아야 할 기회였고, 다른 하나는 반드시 극복해야 할 장애물이었다. 이 두 가지 기회는 대중운동과 정당을 건설하고 변화의 세력을 추동하기 위해서 반드시 해결해야 하는 과제이기도 했다. 1945년에 영국 맨체스터에서 범아프리카의회가 소집되어 식민 통치의 무조건적인 종식을 요구하자, 식민 종주국의 전략가들은 좀 더 예측 가능한 방식으로 식민지를 장악하는 방식을 고민하게 되었다. 포르투갈과 벨기에가 찾은 해답은 지나친 정치적 양보를 거부하는 것이었다. 자신들이 지배하고 있던 아프리카 식민지가 전후에 경제적으로 지정학적으로 자국의 생존에 없어서는 안 될 요소라는 점을 잘 알고 있었기 때문이다. 영국과 프랑스도 식민지가 전후의 경제 회복에 필수적이라는 점을 잘 알고 있었다. 그래서 그들은 1940년대 후반과 1950년대 초반에 상업적인 발전을 견인하는 데 필요한 정책을 계발했고, 이를 통해 아프리카인들을 행정부 안으로 흡수하자는 주장을 제출했다. 여기에는 민족주의자들을 달래려는 속셈이 있었다. 그렇지만 1950년대가 지나가면서 이전 정부의 바통을 이어 받은 영국과 프랑스는 두 가지 사실을 깨닫게 되었다. 하나는 민족주의 운동의 힘이 커지고 있다는 점이었고, 다른 하나는 민족주의자들이 정치적 행정 절차들을 무시하고 경제적·문화적 영향력을 계속 확대해 나갈지도 모른다는 두려움이었다. 아프리카인들에게 주권은 다양한 이해관계들의 행복한 융합으로 보였다.

모잠비크와 앙골라, 기니비사우에서 폭력 사태가 벌어지자 벨기에와 포르투갈은 상황을 통제할 힘을 완전히 잃고 말았다. 혼란은 콩고까지 위협하게 되었다. 영국과 프랑스도 케냐와 알제리에서 벌어진 폭력 사태로 흔들리고 있기는 마찬가지였다. 이러한 지역에서 벌어진 사건들은 사실 소수 유럽인 정착민들 때문에 벌어진 일이었고, 영국과 프랑스 정부에게 아프리카의 저항 세력이나 민족주의자들을 무력으로 제압하는 일이 얼마나 위험하고 해로운지를 잘 보여 주었다. 프랑스는 알제리 반군들을 직접 제압한 반면, 영국은 마우마우 반란군을 완전히 소탕한 후에야 권력을 좀 더 온건한 엘리트들에게 이양했다. 그 밖의 다른 곳, 즉 사하라 이남의 영국령 및 프랑스령 아프리카 지역에서도 아프리카인들에게 최종적으로 권력을 이양하는 문제를 헌법적으로 보장하는 일을 놓고 아프리카 정치인들과 평화협정이 진행되고 있었다.

19세기 후반에 제국주의가 보이던 관료주의적인 태도는 1956년에 이집트에서 종말을 맞았다. 가말 압델 나세르(Gamal Abdel Nasser)가 수에즈운하를 관리하던 회사를 국유화하자 거기에 반발하여 영국과 프랑스 군대가 수에즈운하를 침공하기에 이른다. 영국과 프랑스 군대는 국제적인 비난에 직면하자 결국 체면을 구기며 철수를 단행했다. 이렇게 제국의 시대는 1957년 새해가 되면서 막을 내릴 준비를 마치고 있었다. 그럼에도 백인 정착민들이 강력하게 터를 잡고 있던 지역에서는 그들의 세력이 오히려 커지는 분위기가 연출되기도 했다. 이들은 다른 지역에서 부는 '변화의 바람'을 철저하게 무시했다. 남아프리카와 로디지아가 대표적이다. '내부의' 탈식민화를 위해 싸우던 민족주의자들에게 이 두 나라 정부는 참으로 극복하기 어려운 장애물이었다. 백인 정착민들은 정치적·문화적 조직을 구축했고, 그로 인해 폭력 사태가 크게 증가했다.

그렇다면, 아프리카인들의 저항은 어떤 양태를 띠고 있었을까? 1940년대 이전까지 아프리카인들의 저항은 여러 지역에서 다양한 방식으로 나타났다. 1940년대 이후 민족주의자들은 정당을 만들어 정치 집회를 조직함은 물론 좀 더 넓은 차원에서 지역 의식을 고취시키기도 했다. 거기에는 수많은 장애물이 놓여 있었다. 언어와 종교의 차이뿐 아니라

'부족주의'와 지역주의도 심했다. 그럼에도 여러 지역에서 식민 행정 당국이 펼친 선거 덕분에 여러 정당이 국가적 의제를 설정할 수 있는 기반을 마련할 수 있었다. 대부분의 열대 아프리카 지역에서는 전쟁 직후에 나타난 순수한 형태의 민족주의 운동이 낯설었다. 북아프리카와 남아프리카연합에서만 유독 민족주의 운동의 뿌리가 점점 심화되고 있었다. 알제리와 튀니지, 이집트의 정치 운동가들은 과거의 전통과 새로운 영감을 모두 끌어안았다. 이슬람식 사고와 유럽의 민족주의, 아랍의 정체성 등이 그 전형이었다. 남아프리카에서는 교육을 많이 받은 한 엘리트가 정치 활동을 위한 조직으로 여러 지역을 아우르는 남아프리카 원주민민족회의를 창립했다. 물론 이 시대의 여러 정치운동이 취한 형식은 원주민들이 극복해야만 하는 여러 가지 요인에 영향을 받고 있었다. 골드코스트와 세네갈, 탄자니아가 대표적이다. 이 지역의 정치 운동가들은 모종의 이미지를 만들어 그것을 협상과 협박의 카드로 가지고 있다가 물러갈 준비를 하고 있던 식민 세력들을 처리하는 무기로 활용했다. 다양한 배경을 가지고 있던 우간다와 나이지리아의 민족주의자들은 1950년대 거의 대부분의 시간을 장래에 관해 논쟁을 벌이는 데 바쳤다. 식민주의라는 악과 싸우고 있었기 때문이다. 이 와중에 식민 행정 당국의 관료들은 거래와 협상을 성사시키는 거간꾼 노릇도 마다하지 않았다.

아프리카를 독립으로 이끈 세대들은 실제로 많은 것을 이룩했는데, 정치적 창의성이 그중 하나였다. 물론 문제도 많았다. 탈식민화 과정의 본질이라고 말할 수 있을지 모르겠지만, 안정적이고 지속적인 정치 질서를 건설하지 못한 것이 큰 문제였다. 애초에 유럽이 아프리카 대륙을 분할할 때처럼 다소 성급하고 무계획적으로 밀어붙인 측면도 있었다. 민족주의자들이 직면한 가장 커다란 문제는 두 가지였다. 첫째, 그들의 활동 영역이 매우 낯선 곳이라는 점이다. 그들은 엄밀히 말해 20세기만이 지니고 있던 독특한 풍경인 식민 통치 속으로 떨어진 인간들이었다. 둘째는, 식민지 이전 시기 때부터 이어져 오던 미완의 사업들 때문에 긴장감과 분리감을 동시에 느껴야만 했다. 직면한 문제는 새로운 것이었지만, 그들은 이미 기성세대였던 것이다.

그런 협상을 진지하게 받아들이려고 하지 않던 식민 종주국을 상대해야 하는 정치가들은 난감했을 것이다. 현 상태를 그대로 유지하려는 목적이 없었다면 말이다. 그 결과 1950~1960년대 남아프리카와 로디지아, 알제리, 모잠비크, 앙골라에서는 무장투쟁이 벌어졌다. 이러한 지역의 민족주의 운동이 채택한 정치적 전략은 폭력이었다. 민족주의자들은 폭력을 동원하여 자신들이 살고 있는 지역과 그곳 민중들을 가장 기본적인 방식으로 조직했다. 게릴라들에게 주어진 도전은 도발적인 인종주의와 외국자본을 척결하는 일이었다. 나아가 피비린내 나는 희생을 통해 건져 올린 새로운 질서를 구축하고, 풍비박산이 난 공동체의 죽음을 딛고 삶을 새롭게 창조해 내는 일이었다.

마침내 아프리카는 독립을 맞았다. 적어도 정치적으로는 그랬다. 한편으로는 타협과 전쟁을 통해서, 다른 한편으로는 협상과 폭력을 통해서 이룬 독립이었다. 어떤 때는 이 네 가지 사건이 순서대로 진행되기도 했지만 한꺼번에 터질 때도 있었다. 민족주의자들이 식민 지배자들을 물리치고 민중의 운명을 원하는 방식대로 실현한 것이다. 그들에게 다른 대안은 상상도 할 수 없었지만, 식민 종주국들의 생각은 달랐다. 그들은 자신들의 임무를 이미 완수했다고 생각했다. 그리고 아프리카 정부에 권력을 이양하는 최종 과제만 마무리 짓고 나면 제국의 의무를 충분히 다한 것이라고 믿었다. 하지만 민족주의자들의 생각이나 식민 종주국의 생각은 둘 다 온전한 것이 아니었다. 민족주의 운동은 이따금 오로지 무력으로 식민 종주국의 군대를 물리치기도 했다. 그러나 그렇게 이룩한 승리가 기존의 정치체제를 완벽하게 혁신하는 모습으로 귀결된 것은 아니었다. 그저 전 국민의 의지를 아주 일부만 반영하던 방식으로 나타났을 뿐이었다. 심지어는 '민족주의자들의 승리'라고 하는 것이 사실은 협상의 산물일 때가 많았다. 그런가 하면 뻔뻔스런 식민 행정 당국은 자신들에게 '우호적인' 정부를 뒤에 남겨 두고 떠나가는 경우가 많았다. 그들이 만든 제도 안에서 이데올로기나 문화적으로 이른바 '화해'를 이루도록 교육받은 사람들에게 정부의 운영을 맡긴 채로 말이다. 동시에 불평등과 불안정으로 악명이 높은 사회정치적 구조를 뒤에 남긴 경우도 많았다. 이는 장기적인 관점에서 볼 때 온전한 것이 아니었다.

궁극적으로 과거의 식민 통치자들과 새로운 아프리카 정부에게 탈식민화는 여전히 해결되지 않은 채로 이어 오던 정치적·경제적·문화적 투쟁의 최종 국면을 재현해 줄 뿐이었다.

16장

뭍으로 올라온 고래
전후 세계와 식민 전략

　영국·프랑스가 독일과 전쟁을 벌이고 있던 1939년 9월 무렵, 식민 통치는 난공불락의 요새처럼 보였다. 물론 전쟁 직전에 식민 행정 당국을 상대로 벌어진 도전이 여럿 있었다. 근대적 의미를 띤 민족주의의 출현을 암시하는 정치 운동도 나타났다. 상품작물을 재배하던 시골 농부들도 집회를 열었고, 도시 노동자들은 조직을 만들어 파업을 벌이기도 했다. 바야흐로 노동조합의 시대가 다가오고 있었다. 이슬람과 기독교 조직들은 서로 다른 여러 가지 이유를 제기하며 식민 통치를 떠받들던 가설들을 부정했다. 좀 더 강력해지고 공격적으로 변한 아프리카인들의 목소리가 장인들이 만든 협회를 비롯하여 신문에 이르기까지 여러 형태의 미디어를 통해 흘러나오던 때였다. 하지만 대단히 고압적인 식민 관료들 때문에 고민이 깊어졌음에도, 식민 제도 자체를 전복할 만큼 위력을 갖춘 조직은 거의 없었다. 게다가 유럽의 제국들도 아프리카 땅에서 철수하는 문제를 진지하게 생각하고 있지 않았다. 그들은 철수 문제를 아주 추상적이고 장기적인 차원에서 가볍게 생각하고 있었다.

그러나 이러한 상황은 채 20년도 지나지 않아 완벽하게 바뀌고 말았다. 1950년대가 막을 내리면서 여러 가지 심각한 정치적 변화가 나타났다. 영국과 프랑스는 더 이상 돌이킬 수 없다는 점을 인지하고 탈식민화 계획을 예정대로 진행했다. 다소 주춤거리기는 했지만 벨기에도 큰 틀에서는 영국과 프랑스를 따랐다. 문제는 포르투갈과 백인 정착민들이 강력한 힘을 발휘하던 남로디지아와 남아프리카였다. 이들은 철수 문제를 둘러싸고 대단히 반동적인 입장을 취했고, 결국 끔찍한 결과로 이어졌다. 유럽은 아프리카로 들어올 때도 쟁탈전을 벌였지만, 아프리카를 떠날 때도 쟁탈전을 벌여야 했다. 거의 같은 분위기에서 그런 일이 벌어졌다. 유럽이 아프리카 대륙을 분할했던 19세기 후반과 마찬가지로 탈식민화 과정도 두 가지 요소의 영향을 받고 있었다. 하나는 유럽이 대내외에 취하고 있던 정책적 고려의 문제였고, 다른 하나는 아프리카의 정치 운동들과 그것이 가져온 현실의 변화 같은 아프리카 내부의 동력이 문제였다.

그렇지만 이런 관점에 전부 동의할 필요는 없다. 1945년까지만 해도 아프리카의 탈식민화는 요원해 보였기 때문이다. 전쟁 직후의 시기는 아프리카의 탈식민화가 나아갈 방향을 정하고 다양한 지역에서 벌어질 독립운동의 특성을 결정하는 데 중차대한 의미를 담고 있었다. 널리 퍼져 있는 환멸과 반식민주의 투쟁을 계기로 출현한 다양한 단체와 조직들, 그리고 1930년대와 제2차 세계대전을 경험의 축으로 해서 높아진 정치의식은 1945년 직후에 좀 더 또렷하게 드러나게 된다. 이런 정치의식은 좀 더 기반이 넓고 조직력이 온전한 정당들의 발전으로 이어졌고, 좀 더 진지하고 유기적인 태도로 식민주의 제도와 맞서 싸울 수가 있었다. 그렇지만, 한편으로는 식민 행정부도 새로운 전략과 정책을 마련하느라 분주한 시간을 보내고 있었다. 물론, 식민 제국을 안정화시킴으로써 이익의 극대화를 꾀하던 기존의 정책을 좀 더 강화하는 데에도 여념이 없었다.

전후의 아프리카와 국제 정세

1945년의 세계는 6년 전과 완전히 달랐다. 국제 정세가 변했기 때문이다. 이 무렵의 아프리카를 좀 더 정확하게 이해하기 위해서는 몇 가지 요소를 면밀하게 분석해 보아야만 한다. 먼저 아시아에서 벌어진 사건들에 주목할 필요가 있다. 이 사건들이 아프리카와 비유럽 세계에 끼친 영향이 의미심장했다. 전쟁 직후에 인도의 민족주의 운동이 거둔 성과를 대표적인 사례로 들 수 있다. 이 운동으로 제국은 결국 철수를 해야 했고, 이 사건은 사하라 남북에 걸쳐 아프리카에 깊은 인상을 남겼다. 전쟁 와중에 일본이 남긴 사례도 주목할 만했다. 일본은 전쟁 초기에만 해도 많은 사람들에게 비유럽 국가이면서 반식민주의 투쟁의 선봉에서 유럽의 제국주의에 맞서 싸우던 성공적인 국가라는 인상을 심어 주었다. 1940년대 초까지만 해도 일본은 남아시아와 동남아시아 일대에서 네덜란드와 영국, 프랑스의 콧대를 납작하게 만들었기 때문이다. 일본 군대는 별다른 힘도 들이지 않고 영국 제국주의의 동남아시아 기지였던 싱가포르를 접수했다. 그러고는 곧 인도까지 위협했다. 앞에서 잠깐 나왔지만, 아프리카 군대는 이런 상황을 버마 전투에서 처음으로 목격했다. 일본은 그런 의미에서 영감의 원천이었을 뿐 아니라 에티오피아와 비교할 구석도 많은 나라였다. 물론 이런 생각은 검증이 필요했다. 실제로 일본의 영향력은 아프리카보다도 아시아와 태평양 연안 지대에서 더 강력했다. 그러나 반식민주의 전선을 이끄는 제국이라는 일본의 명성은 식민지 민중을 대하는 일본의 태도 탓에 많이 희석되었다.

진정한 지구 제국이라 할 만한 미국의 출현도 커다란 영향력을 끼쳤다. 앞으로 이 책의 나머지 부분은 이 대목을 분석하는 데 할애할 것이다. 전시에 루스벨트 대통령이 취한 개인적인 정치적 선택은 무척 중요했다. 그는 유럽의 제국주의에 대해 깊은 반감을 품고 있었다. 두 가지 이유 때문이었는데, 하나는 루스벨트의 배경이나 경험과 관련이 있고 다른 하나는 그의 신념과 관련이 있었다. 루스벨트는 두 차례의 세계대전이 바로 유럽의 제국주의 때문에 벌어진 일이라고 굳게 믿고 있었다. 영국의 정치집단에 끼친 루스벨트의 영향력은 실로 깊었다. 이는 원초적 제국주의자인 처칠에게도 마찬가지였다. 처칠은 미국에 대한 영국의 의존성이 전쟁 때문이라고 믿었고, 전쟁이 끝나고 나면 의존성이 사라질 것이라고 생각했다. 루스벨트는 이런 상황을 이용해 영국을 밀어붙여 탈식민화 프로그램을 세우거나 아니면 적어도 좀 더 '인간적이면서도' 대의적인 정부를 만들어 낼 수 있는 개혁안을 제시하라고 압박했다. 그럼에도 1945년 이후에 미국이 취한 대외 정책에서는 반제국주의 노선이 다소 수그러들었다. 루스벨트의 사망, 이탈리아와 독일 등의 패배 때문이었다.

트루먼과 아이젠하워 시절의 미국은 유럽 제국을 해체하는 일보다는 위험천만한 냉전의 출현에 촉각을 곤두세웠다. 아프리카와 아시아, 라틴아메리카를 비롯한 이른바 제3세계가 사회적 약자와 빈곤층을 숙주로 하는 공산주의의 덫에 걸릴지도 모른다는 불안감 때문이었다. 유럽 스스로가 마셜플랜을 통해 원조를 받았듯이, 이번에는 유럽의 제국주의가 앞장서서 원시적이고 개발이 덜 되어 급진 좌파의 먹잇감으로 전락할 위험이 다분한 민중들을 보호할 의무가 있었다. 물론 미국은 줄기차게 반식민주의 노선을 견지하고 있었지만, 공산주의에 대한 반감이 더욱 컸다. 따라서 언제라도 공산주의의 출현으로 다소 위축된 분위기를 유지하고 있던 식민 제국들을 지원할 태세가 되어 있었다. 1960년대에 앙골라와 모잠비크에서 마르크스주의 게릴라들과 일전을 벌이던 포르투갈의 파시스트 정권을 미국이 군사적으로 지원했던 이유도 그 때문이었다.

지구 전체를 무대로 이른바 '새로운' 역할을 수행하던 나라가 미국만은 아니었다. 소련 또한 1940년대 후반부터 여러 측면에서 두각을 나타냈다. 냉전의 개시와 더불어 소련은 자신들의 핵심 의제로 반제국주의 투쟁을 내걸었다. 미국이 주도한 반제국주의 투쟁의 계보가 18세기 후반까지 거슬러 올라가듯이, 소련도 레닌의 주장을 독트린으로 내걸고 반제국주의 투쟁을 주도했다. 제국주의를 자본주의 발전 단계의 최종 국면으로 파악한 레닌은 전 세계 피억압 민중의 해방운동을 지지했다. 그렇다고 아프리카에 끼친 소련의 영향을 너무 일찍 긍정적으로만 볼 필요는 없다. 탈식민화의 초기 단계가 진행되던 시점까지도 소련의 영향력은 보잘것없었다. 스탈린이 죽고 흐루쇼프가 반제국주의 투쟁을 지구촌의 다른 지역으로 전파하기 시작할 무렵에서야 아프리카는 소련의 영향력을 주목했다. 그때가 바로 1960년대였다. 소련은 아프리카의 독립운동을 외교적으로 군사적으로 지원할 준비가 되어 있었다. 나아가 서구의 침입으로부터 '보호'를 요청한 정부를 지원할 준비까지 해두고 있었다. 소련은 아프리카 정부들에게 이데올로기적 대안 세력이었을 뿐 아니라 군사 무기를 제공하는 곳이었다. 이 문제도 뒤에서 좀 더 자세하게 다룰 것이다.

경제정책과 전망

1945년 무렵의 유럽은 경제적으로 탈진 상태였다. 세계가 양극화되면서 유럽은 지난 400여 년 동안 누려 오던 기득권을 상실한 채 경제적으로 정치적으로 소외되고 있었다. 무엇보다 미국과 소련의 힘에 밀렸다. 유럽의 식민 세력과 아프리카의 여러 나라가 새로운 관계를 맺을 수밖에 없었던 것도 바로 이런 정황 때문이었다. 전쟁이 끝나자 아프리카의 식민지는 과거 어느 때보다도 경제적인 의미에서 중요성을 띠게 되었다. 특히 영국은 전쟁 직후에 아프리카 식민지에 크게 의존하고 있었다. 그 때문에 '제2차 식민 지배'라는 현상이 나타나게 되었던 것이다. '제2차 식민 지배'라는 말에는 무역과 투자, 생산 활동을 지속할 수 있는 새로운 지역을 개척하는 일이 포함되어 있었다. 나아가 당장은 저개발 상태이고 온전히 개발되기에는 요원하지만 상업적 활력이 넘치는 새로운 지역을 반드시 찾아내야 한다는 의지도 담겨 있었다.

자원이 부족한 영국에게 원자재의 새로운 공급처로 광대한 동부와 중부 아프리카가 떠올랐다. 이 지역이 영국에게 특별히 중요했던 또 한 가지 이유가 있다. 바로 '미국 화폐'가 통용되지 않는 지역이기 때문이었다. 이미 큰 빚을 지고 있었던 터라 이 문제는 영국의 경제 회복과 관련해 매우 중요한 의미를 담고 있었다. 그렇다고 장기적으로 식민 종주국의 경제적 취약성이 곧바로 붕괴로 이어질 가능성은 없었다. 오히려 그 반대였다. 예를 들면, 식민 제국들 가운데 경제적으로 가장 취약했던 포르투갈은 1970년대까지 최후의 그리고 최장기 제국으로 남았다. 바로 그런 경제적 취약성 탓에 해외 식민지에 더욱 집착할 수밖에 없었기 때문이다. 포르투갈은 해외 식민지를 상업이나 산업의 중요한 디딤돌로 삼았다. 포르투갈과 반대로 영국은 빠른 속도로 경제 회복을 이루어 낸 만큼 탈식민화 과정도 빠른 속도로 진행했다. 1950년대까지도 영국은 유럽에서 가장 강한 나라였다. 영국이 탈식민화 프로그램을 감행할 수 있었던 가장 강력한 바탕은 경제력과 정치적 영향력의 회복이었다. 물론 영국은 탈식민화 이후에도 여전히 영향력을 행사하고 싶어 했다.

전쟁이 끝나자 식민 종주국의 간섭주의가 더욱 기승을 부렸다. 간섭주의 정책의 뿌리는 1930년대까지 거슬러 올라가지만, 전후의 간섭주의는 좀 다른 절박함을 안고 있었다. 아프리카 상품에 대한 수요가 유럽에서 급증하자 식민 종주국들은 1945년 이후로 상품작물을 확대하는 일에 온 힘을 기울였다. 이는 주로 국가가 운영하는 마케팅보드(특정 지역의 특정 상품 매매를 규제하기 위해 정부가 설립하는 기구-옮긴이)를 통해 이루어졌다. 영국령 서아프리카에서는 서아프리카생산마케팅보드(West African Produce Marketing Board)가 생산량 관리와 극대화를 꾀하며 경제적 안정화를 가져왔다. 우간다에서도 비슷한 조치가 취해졌다. 1940년대 중반부터 실질적인 정부 자금이 식민지 개발사업 자금으로 투입되었다. 일부 지역에서는 처음으로 시행된 조치였다. 심지어는 상대적으로 독립적인 라이베리아에까지 파이어스톤 고무회사가 거대한 대농장 사업에 투자했다. 이는 외부 세력의 상업적 고민이 근대 아프리카의 주권과 만난 결과였다.

투자와 발전 과정은 국제무역 조건이 아프리카 생산자들에게 우호적으로 바뀌면서 탄력을 받았다. 대공황 이후로 처음 나타난 일이었다. 수출 작물의 가격 상승으로 특수 작물이 전후에 대단한 인기를 누리게 되었다. 하지만 동시에 자본 집약적인 계획도 도입되었다. 새로운 형태의 식민주의 경제를 대변하는 이 계획으로 아프리카 농부들은 다시 주변부로 밀려나게 되었다. 새로운 형태의 식민주의 경제가 기계화 설비를 대규모로 수입하는 일과 정착민 전문가들을 선호했기 때문이다. 비슷한 사례로 가장 주목할 만한 것은 탕가니카의 땅콩 사업이었다. 북아메리카식 대평원 농장에서 빌려 온 이 구상은 거대한 땅콩 농장을 운영하는 것을 목적으로 했다. 그렇게 하려면 기계가 더 필요할 뿐 아니라 더 넓은 땅을 개간해야만 했다. 그 일손을 아프리카가 아닌 유럽에서 조달할 생각이었다. 탕가니카의 땅콩은 자본과 국가가 협력하는 시대의 등장을 알리는 시금석이라 할 만하다.

땅콩 사업은 거대한 규모만큼이나 크나큰 재앙을 가져왔다. 탕가니카는 땅콩 농사를 짓기에는 땅이 너무 건조하고 토양도 너무 얕았다. 기계들 또한 탕가니카의 기후대에서는 힘을 쓰지 못했다. 이 사업이 실패로 돌아가자 영국 본토에서 정치적인 격변이 일어났다. 이 사업이 엄청난 주목을 받아 오던 상황을 배반하는 결과가 나왔을 뿐 아니라 시민들이 낸 수백만 파운드의 세금을 날려 버렸기 때문이다. 1950년대 초반이 지나가자 아프리카에서 이토록 자본 집약적인 사업을 시행하는 게 옳은 일인지를 놓고 회의적인 시각이 부상했다. 때를 같이하여 아프리카 생산자들도 마케팅보드가 자신들의 이익을 대변해 주지 않는다는 사실을 깨닫게 되었다. 마케팅보드의 역할은 사실 세계경제의 상황에 상관없이 상품작물의 가격을 확정하고 안정시키는 일을 하는 것이었다. 이 기관에 주어진 임무는 1930년대의 사회경제적 위기를 두 번 다시 반복하지 않는 것이어서 이론적으로는 상당한 의미를 지니고 있었다. 생산 가격보다 수출가가 높은 호시절에 잉여 가치를 축적해 두었다가 가격이 떨어질 때 그것을 생산자들과 나누는 것을 원칙으로 하고 있었던 것이다. 그러나 실제적인 효과는 그다지 크지 않았고, 아프리카 생산자들은 노동력의 일부만을 보상 받았을 뿐이었다. 게다가 정부는 호시절에 축적해 둔 잉여가치조차 원래의 목적대로 사용하지 않고 오히려 자본 규모가 큰 사업에 쏟아 부었다. 결국 마케팅 보드는 장기적 측면에서 경제 발전에 오히려 해로운 방향으로 작동했다고 볼 수 있다. 정부가 통제하는 시장 시스템을 더욱 강화시켜 정부를 위한 자금만 육성하는 역할을 했고, 반면에 농부들에게 돌아갈 이익은 철저하게 줄였기 때문이다. 뒷날 독립 정부가 들어서고 나서도 이 시장 시스템은 여전히 존속되어 정치적인 목적의 외화벌이에 이용되었다.

간섭주의 정책은 다른 지역에서도 농업 경제를 대체하고 생산성을 높인다는 명목으로 계속되었다. 그러나 아프리카 농부들은 이 정책을 달가워하지 않았다. '발전'을 둘러싼 생각들이 다시 한 번 고개를 들기 시작했다. '발전'을 둘러싼 생각은 양차 세계대전 사이의 시기에 뿌리를 두고 있었지만, 1940년대 후반에 접어들면서 이 생각은 새로운 행태로 펼쳐지고 있었다. 토양 침식을 막기 위한 계획이 실행되면서, 행정 당국으로부터 농부들에게 우기에 벌어지는 토양 유실을 막기 위한 도랑을 경작지 근처에 깊게 파라는 지침이 떨어졌다. 이 작업은 노동강도가 엄청났기에 농촌 지역 주민들의 원성을 샀다. 작물의 순환이 강화되었고 소의 숫자에 대한 통제도 심해졌다. 유럽인들은 소가 '너무 많다'고 생각했다. 유럽인들은 아프리카인들의 가축 경제를 제대로 이해하지 못했다. 이렇듯 아프리카의 문화나 경제에 대한 이해도가 낮았고, 이 모든 정책은 강제적일 뿐 아니라 무분별했다. 이런 상황에서 아프리카의 농부들은 정치적 성향을 내면화하면서 반식민주의 투쟁의 토대를 만들어 내게 되었다. 1940년대 후반 이래 민족주의 진영의 지도자들은 바로 이 토대를 바탕으로 출현하게 되었다. 식민 행정 당국이 식민지를 소유하거나 그 가치를 극대화할 요량으로 만든 정책들이 종국에는 제 발등을 찍는 도끼가 되었던 것이다.

포르투갈의 식민지도 다를 바 없었다. 제2차 세계대전이 끝난 직후에 기술과 자본이 태부족한 한 무리의 백인 노동자계급이 정착민 대열에 합류했다. 이들에게 식민지는 곧 포르투갈의 확장을 의미했다. 프랑스인들이 알제리를 바라보던 방식과 동일했다. 포르투갈의 살라자르 정부는 식민지를 과잉 인구 문제를 해결하는 중요한 돌파구로 간주했고, 나아가 원자재의 공급처이자 시장으로 인식했다. 이런 인식은 19세기 후반의 전통적인 관점에 따른 것이었다. 이탈리아의 파시스트 정부도 에리트레아와 에티오피아를 같은 방식으로 인식했다. 포르투갈은 자신들의 파시스트 체제를 앙골라와 모잠비크, 기니비사우에 수출했다. 반대 의견은 모두 묵살했고 아무런 개혁도 실행하지 않았다. 벨기에가 지배한 콩고도 마찬가지였다. 콩고는 제2차 세계대전을 전후하여 경제가 활성화되고 있었다. 콩고에서 나는 구리와 고무, 금, 주석 등은 전쟁을 치르던 시기 연합군에게 큰 힘을 보태고 있었다. 히로시마와 나가사키에 떨어진 폭탄을 만드는 데 필수 성분을 함유하고 있던 콩고의 우라늄도 중요한 자원이었다. 전쟁이 끝나자 이런 산업을 주축으로 경제가 활성화되기 시작했다. 이런 경제적 자극은 이제 막 성장의 맹아를 보이던 아프리카 중산층 계급의 이익에 큰 보탬이 되었다. 그러나 무엇보다도 콩고가 지닌 가장 큰 중요성은 벨기에가 전후에 경제적 회복세를 만들어 내는 데 도구 역할을 했다는 데 있다. 유럽 국가들 가운데 상대적으로 경제적 역량이 약했던 포르투갈과 벨기에에게는 선택의 폭이 그리 넓지 않았다. 영국과 프랑스가 궁극적으로는 아프리카에 경제적 영향력을 행사하는 쪽으로 방향을 잡아 간 반면에, 포르투갈은 벨기에보다 더 심하게 자국의 경제를 식민지에 의존해야만 했다. 그들은 탈식민화나 개혁 프로그램에 포르투갈령 아프리카가 노출되는 것을 무척 두려워했다. 행여 영국령이나 프랑스령 아프리카 식민지 꼴이 날지도 모르는 일이었다. 포르투갈의 처지에서 경제적 통제력은 정치적 통제력과 동일한 것이었던 반면에, 영국과 프랑스에게는 경제적 통제력이란 게 기실 정치적 통제력이 없이도 유지할 수 있는 것이었다. 이렇듯 제국들이 식민지를 바라보는 관점의 차이는 19세기 후반과 20세기 중반 사이에 자국이 처한 상황에 따라 다르게 나타났다.

정치적 계획들

식민지를 둘러싼 유럽의 정치적 생각은 큰 변화를 맞게 된다. 어느 정도 유럽 내부의 정치적 환경 변화 때문이었다. 넓은 의미에서 전쟁은 유럽의 주요 정부들을 사회적으로 각성시키고 정치적으로 민감하게 만들었다. 클레멘트 애틀리(Clement Attlee)가 이끌던 영국의 노동당 정부는 1920년대와 1930년대를 대표하는 갖가지 사회적·정치적 가치들을 청산했다. 제국을 바라보는 시각도 전쟁 이전의 정부와는 전혀 달랐다. 여기에는 매우 중요한 의미가 있었다. 그럼에도 식민지에 대한 생각의 변화는 1930년대 공황 시기와 얼마간 연동되어 있었다. 앞에서 살펴보았듯이, 공황 시대가 남긴 사회경제적 트라우마는 식민 통치의 본질을 재평가하게 만드는 데 기여했다. 전쟁의 종식과 더불어 새로운 사유가 출현하게 되었는데, 이는 전쟁을 치르면서 개혁하겠다고 한 약속과 깊은 관련이 있었다. 게다가 프랑스와 콩고의 경우처럼, 전쟁을 치르면서 식민지로부터 받은 정치적인 채무와도 연관이 깊었다. 프랑스와 마찬가지로 영국의 식민 행정부도 교육과 보건 개혁, 경제적 발전을 통해 식민주의를 정당화하고자 했다. 1945년 이후 이러한 분위기는 더욱 심화되었다.

1947년부터 영국 정부는 1890년대 이래 실시되던 간접 통치 방식을 대체할 만한 대상을 찾고 있었다. 이런 움직임은 새로운 세력으로 급부상하던 고학력 엘리트들을 흡수하는 모양새를 띠고 있었다. 엘리트들은 1930년대 이후로 줄곧 정치 조직의 문을 두드리고 있었다. 프랑스도 아프리카인들에게 점진적으로 권력과 책임을 이양하려는 생각을 가지고 있었다. 뒤에서 다시 살펴보겠지만, 이는 물론 식민 종주국과 과거 식민지의 관계를 새롭게 설정한다는 점을 염두에 두고 진행되던 일이었다. 백인 정착민들이 강세를 떨치던 지역의 정치적 사유는 많이 달랐다. 영국의 경우 케냐와 남로디지아가 이런 지역이었다. 이 두 지역에는 수는 적었지만 정치적으로 경제적으로는 권력을 장악하고 있던 백인 정착민들이 있었다. 프랑스의 경우에는 알제리가 이런 지역이었다. 알제리는 사하라 이남의 지역과 여러모로 달랐다. 영국의 식민 행정 당국은 자신들이 거느리고 있던 다양한 식민지의 장기 발전 계획으로 백인 정착민들의 권력을 강화하는 방안을 구상했다. 백인 정착민들에게 특권적 지위를 제공할 뿐 아니라 경제적인 지배력까지도 보장하는 방안이었다. 이런 구상은 케냐에서 독특한 형태의 '권력 이양'을 낳았다. 케냐에서 '권력 이양'이란 '1인 1표' 같은 투표권 확보로 이어지지 않았다. '1인 1표' 제도는 아프리카의 민족주의자들이 염원하던 것이었지만, 이를 따를 경우 소수 백인들의 권력이 붕괴될 게 뻔했다. 따라서 '권력 이양'을 둘러싼 영국 측의 생각은 기껏해야 어느 정도 수준에서 아프리카인과 유럽인들, 그리고 가능한 지역에서라면 아시아인이 권력을 나누어 갖는 것을 의미했다. 물론 가장 큰 권력은 유럽인의 몫이었다. 그러나 이런 정책을 알제리와 케냐, 남로디지아에서 실현하는 일은 생각보다 쉽지 않았고 상황이 훨씬 복잡했다.

영국과 프랑스가 구상하던 '탈식민화'의 진짜 의미는 무엇이었을

까? 1940년대 후반에 정치적 계획을 입안하던 사람들은 과거의 식민지가 종주국의 영향력 아래에 그대로 머물러 있을 것이라는 점을 조금도 의심하지 않았다. 식민 종주국과 식민지의 관계가 결국 갈라지게 될 것이라는 생각은 상상할 수도 없는 일이었다. 이런 생각은 아프리카인들에게도 마찬가지였다. 이 시기에는 점진적 권력 이양 방안이 일반인들의 지지를 받고 있었기 때문에 그런 생각은 그럴 듯한 측면이 있다. 물론 결과는 기대와 다르게 나타났다. 권력 이양이 급속도로 벌어졌기 때문이다. 식민지가 경제적으로 좀 더 중요해지면서 이러한 정치적 사유에 변화가 나타나기 시작했다. 어떤 측면에서는 대단히 모순적인 현상이었다. 식민지를 확보하는 문제를 놓고 장기적인 차원에서 정치적 사유와 경제적 고려가 동시에 작동했다. 유럽인들은 식민지를 경제적으로 이익이 되는 곳, 정치적으로는 안정적인 곳으로 인식하고 있었다. 포르투갈과 벨기에도 마찬가지였다. 큰 차이가 있다면 포르투갈과 벨기에는 정치적 개혁 같은 피상적인 생각 자체도 아예 하지 않고 있었다는 점이다. 이런 반동적인 태도는 장기적으로 포르투갈과 벨기에가 각각 지배하고 있던 식민지를 더 폭력적이고 불안정하게 만들었다.

  이탈리아의 처지는 좀 달랐다. 패전국의 지위에 있던 터라 이탈리아는 리비아와 소말릴란드, 에리트레아 같은 식민지를 상실했다. 게다가 잠시 정복했던 에티오피아마저도 잃었다. 에티오피아는 결국 잃어버린 주권국의 지위를 이내 회복했지만, 다른 나라들의 상황은 달랐다. 전쟁에서 승리한 연합국, 종국에는 유엔의 판단을 기다려야 했기 때문이다. 이탈리아 내부에서는 과거 식민지에 대해 영향력의 일부라도 유지하자는 움직임이 일었다. 식민 종주국으로서 이탈리아의 지위가 이미 끝났기 때문에 그렇게 될 리는 만무했다. 물론 소말리의 일부는 예외였다. 이탈리아가 10년 동안 보호국 권한을 보유하게 된다. 이 또한 1960년에 소말리가 독립을 쟁취하면서 막을 내렸다. 한편 에리트레아는 에티오피아와 연방을 결성했다. 리비아는 유엔의 비호 아래 1951년에 독립을 인정받았다. 이드리스가 왕위에 있던 사누시 왕조가 독립 정부를 이끌었지만, 1950~1960년대까지도 영국과 미국의 원조에 크게 기댈 수밖에 없었다.

결국 영국과 프랑스는 서로 다른 방식이기는 했지만 평화적이고 합법적인 변화를 따랐다. 헌법의 변화가 뒤따르는 온건한 방식이었고, 교육을 많이 받고 유연한 아프리카 지도자의 출현을 지지했다. 그들이야말로 타협할 줄 알고 떠나가는 식민 종주국의 이익을 지켜 줄 수 있으리라 믿었기 때문이다. 정치제도는 물론이고 시민사회조차도 종주국의 것을 날 것 그대로 모방했다. 거기에 극단주의자나 급진주의자가 설 땅은 없었다. 과거 그 어느 때보다도 더 냉랭해진 냉전 시기의 관점에서 볼 때, 공산주의자들이 활동할 공간은 더더욱 없었다. 냉전의 출현은 무시할 수 없었다. 점점 더 강고해지던 이데올로기의 양극화가 식민지의 미래를 결정하는 사유의 국제적인 배경으로 자리 잡고 있었기 때문이다. 이런 상황은 여러 면에서 아프리카의 정치적 과정들까지 침식하고 있었다.

1940년대 후반에 이런 양상이 가장 뚜렷하게 나타난 곳이 아프리카의 뿔 지역이다. 이 지역에서 에티오피아는 공산주의, 나아가 전투적 이슬람에 맞서 서양의 이익을 지키는 국가라는 선구자적 지위를 성공적으로 선점했다. 그 결과 미국의 압력을 받고 있던 과거 이탈리아의 식민지 에리트레아는 일찍이 찾아온 독립의 기회를 놓치고 말았다. 에리트레아는 에티오피아의 연방이 되어 1970년대까지 미국 영토 밖에 있는 미군기지 가운데 가장 거대한 기지 노릇을 해야만 했다.

결론적으로 말하자면, 식민 종주국들이 특정 지역에서 권력 이양을 조심스럽게 관장했다고는 하지만 아프리카의 민족주의가 변화의 중추 세력이 되었다. 아프리카의 민족주의는 특정 지역에서 변화의 속도를 소수 백인들의 손에만 맡겨두지 않고 스스로 주도해 나갔다. 그 과정에서 때로는 격렬한 투쟁을 이끌어 내기도 했다. 이제 독립을 이끌어 낸 아프리카의 민족주의 운동을 좀 더 자세하게 살펴보도록 하자.

17장

국가 구상과 건설
민족주의자와 백인 정착민들

'민족주의'와 '민족'은 아프리카의 맥락에서 볼 때 대단히 논쟁적인 용어이다. 대부분의 아프리카 국가들은 식민지에서 민족 또는 국민국가의 지위로 이행해 가는 과정에 몹시 난처하고 격렬한 싸움을 맞이해야만 했다. 그리고 탈식민화가 빠른 속도로 진행된 까닭에 놀라울 만큼 짧은 시간에 모든 이행의 내용을 완수해야만 했다. 그러나 대개 그 이행은 현실화되지 않았다. 식민 통치 시기에 벌어진 반식민주의 운동이 언제 '민족주의'로 변하는지 그 시점을 찾아내는 일이란 쉽지 않다. 그 결과 반식민주의 운동과 민족주의 운동을 혼동하는 일이 적지 않다. 어떤 이들은 '민족주의' 운동은 특정 지역과 집단의 이익을 옹호하는 운동이라고 강하게 주장하기도 한다. 식민 종주국이 철수한 이후 국가의 모양새를 고민하는 운동이라는 지적도 있다. 아프리카의 '민족주의'가 직면한 장애물은 한두 가지가 아니었다. 종족과 지역, 사회경제적인 환경이 대표적인 장애물이었다. 대개 인위적이면서도 지리적 단위에 불과한 식민지 영토는 종족과 언어의 논리는 물론이고 좀 더 심오한 역사적인 뿌리도 결핍되어 있었다. 그러나 여러 정치 단체와 노동조합, 호전적인 기독교와 이슬람, 네그리튀드와 범아프리카주의라는 이름을 걸고 펼쳐진 여러 형태의 반식민주의 투쟁은 민족주의적 욕망을 가진 정치가들이 견인해야 할 저항의 토대를 반영하고 있었다. 제2차 세계대전의 종식과 더불어 출현한 차세대 아프리카 지도자들은 탈식민화의 속도를 조절하고 국민국가 또는 민족국가의 출현을 앞당기기 위해 유연한 형태의 민족주의 운동을 벌일 필요가 있었다.

'발명'의 뿌리

'아프리카'라는 말은 '유럽'이나 '아시아'와 마찬가지로 추상적인 개념이다. 주로 서구의 상상력이 만들어 낸 '아프리카'는 서양의 여행기와 예술, 문학 그리고 정치적·문화적 담론을 통해 형성되었다. 유럽의 아프리카 분할이 막 진행되던 19세기에 이른바 '육체성'을 부여받게 된 '아프리카'라는 개념은 지적인 의미까지도 함축하고 있었다. 오늘날 우리가 '아프리카'라는 말을 통해 떠올리는 모든 이미지는 이때 이미 구성된 것들이다. 오늘날의 아프리카는 적어도 몇 가지 층위에서는 여전히 19세기에 뿌리를 대고 있다. 그런 의미에서 '발명'이라는 개념을 소박하게나마 살펴볼 필요가 있다. 발명은 유럽인들의 상상력 속에서 아프리카를 지속적으로 창조하고 또 재창조하는 일을 의미한다. 이 발명은 19세기 내내 이루어진 일이다. 나아가 이렇게 발명된 내용은 '정복'을 통해 실용적인 차원으로 변화된다. 이렇게 해야만 아프리카라는 대륙을 지도의 형태로 그려낼 수 있고, 이해할 수 있으며, 통치할 수 있기 때문이다. 그렇다고 이 과정이 일방적으로 이루어진 것은 아니었다. 아프리카인들 스스로도 유럽이 재현한 아프리카에 대한 자기만의 인식과 이해의 깊이를 가지고 있었다. 동시에 자기들만의 방식과 문화적·정치적인 독해력을 가지고 거기에 대응했다. 아프리카인들은 유럽인들에 대한 자기들만의 시각도 갖추고 있었다. 이런 사실을 유럽인들만 모르고 있었을 뿐이다.

하지만 무엇보다도 중요한 것은 아프리카가 20세기 초부터 아프리카인들 스스로 그리고 아프리카인들 스스로를 위해 '발명'되었다는 점이다. 새로운 정치 현실을 조성한 아프리카인들은 자신들을 통치하는 이들이 누구인지에 대해 좀 더 투명한 감각을 발전시켰을 뿐 아니라, 자신들이 유럽인들의 눈에 어떻게 '비치는지'에 대해서도 날카로운 감각을 계발했다. 시간이 지나면서 서구의 '근대성'에 노출 빈도가 높아진 아프리카인들은 새로운 형태의 정치 형식과 사상을 포섭하여 종국에는 좀 더 넓은 의미의 공간에 뿌리를 내리고 있던 '민족'과 '민족주의'를 이해하게 되었다. 이를 무기로 삼아 유럽의 지배에 대항하는 싸움을 벌일 수 있었다.

따라서 아프리카인의 내재적 정체성을 둘러싼 '유기적' 성숙을 이해하는 일이 중요하다. 물론 아프리카인의 정체성을 만들어 내는 과정에 개입된 외부의 발명 요인도 무시할 수는 없다. 이 외부적 요인이 가장 명료하게 드러난 것이 아프리카 대륙 밖에서 출현한 범아프리카주의 운동이다. 유럽인들의 아프리카 정복은 유럽인들만의 상상력을 자극했던 것이 아니었다. 고대 아프리카의 정체성을 좀 더 분명하게 이해하고자 했던 수많은 아프리카계 미국인들의 상상력도 불꽃을 댕겼다. 1900년에 처음으로 열린 범아프리카회의에 참석한 사람들 가운데 아프리카 본토 출신 대표자는 극소수였다. 이는 북아메리카인들의 '아프리카 의식'이 미국과 카리브 해 지역에 이미 깊숙이 뿌리내리고 있었음을 의미했다. 20세기 초에 수많은 지성인들과 그에 버금가는 인물들을 사로잡았던 범아프리카 운동은 백인의 지배와 잔혹함, 부당함을 역사적인 것으로 인식하던 경향에 맞선 저항이었다. 그러므로 범아프리카주의가 보인 초기의 관심사는 백인의 세계에 널리 퍼져 있던 인종차별주의와 사악한 노예제도 그리고 착취와 핍박으로 대변되던 식민주의 경험에 대한 것이었다.

말하자면 '아프리카'는 아프리카 대륙 안팎에 있던 사람들을 사로잡았던 것이다. 이들은 아프리카의 지리적·정치적·문화적 '실재'를 인정하고 발전시켰다. 앞에서도 보았듯이, 초기에는 많은 이들이 식민 제도에 적응한 채로 그 제도의 틀 안에서 그 제도가 남긴 떡고물을 받아 챙기며 나름의 역할을 수행했다. 1920년대만 해도 특정 지역의 특정 집단을 중심으로 '문명화 사업'의 정당성이 신앙처럼 퍼져 나갔다. 그런가 하면 같은 제도 안에서 '전통'을 발전시키고 저항의 형식을 만들어내며, 궁극적으로는 그 제도를 전복하려는 움직임도 있었다. 모든 것을 '아프리카화'하는 과정이 시작되었고, 이 모든 것의 총화로서 민족주의적 정체성이 출현했다. 이러한 과정을 거치면서 아프리카인들도 자유주의와 사회주의는 물론 기독교 신앙의 중심적인 내용을 둘러싸고 유럽인의 것이라고 해도 좋고, 아프리카인의 것이라고 해도 좋은, 또는 그 둘의 전통을 합친 것이라고 해도 좋은 자기만의 특정한 사상을 가지게 되었다. 이런 사정은 수백만의 아프리카인들을 포괄하고 있던 이슬람 신앙을 둘러싸고도 마찬가지였다. 아프리카인들은 이슬람을 통해 전복적인 태도를 갖추게 되었고, 마침내는 새로운 민족 공동체를 건설하게 되었다. 아프리카인들의 자기 발견 과정은 꾸준히 계속되었다.

정치의식과 정당

아프리카의 민족주의가 유기적으로 성장하는 데 가장 커다란 걸림돌로 작용했던 것은 계급과 종족 그리고 언어 및 문화와 같은 여러 가지 정체성의 공존이었다. 따라서 지역적 민족주의가 꽃 필 수가 없었다. 그럼에도 불구하고, 이른바 '민족주의' 운동이라고 부를만한 운동들이 제2차 세계대전 이전에 출현했다. 사하라 이남의 아프리카 지역은 북아프리카 지역에 비해 민족주의 운동의 출현이 늦었다. 북아프리카의 경우, 식민지 이전 시기부터 일부 선각자들이 명료한 영토 의식을 가지고 있었다. 근대적 또는 현대적 의미의 이집트 민족주의는 그런 의미에서 1870~1880년대로 거슬러 올라간다. 이집트를 근대화시키고자 한 인물들은 유럽 노선을 따라 이집트를 국민국가로 만들고자 했다. 그러나 다른 한편 서구의 영향력이 음흉한 형태로 전개될 것을 우려한 사람들은 이집트의 영토적 정체성을 이슬람 부흥운동과 결합시켰다. 그러나 이집트 내에서도 유기적인 민족적 정체성이 나름 터를 잡고 있던지라 이집트의 시간성과 역사성 그리고 문화적 성취도 및 통일성을 상찬하던 움직임이 있었다. 20세기 초에 민족주의적 성향을 보이던 활동가들은 바로 여기서 동력을 얻었다. 이러한 관점에서 볼 때 이집트에 필적할 만한 나라로는 에티오피아가 유일했다. 따라서 좀 더 커다란 규모의 신화 만들기 작업이 진행되었다.

앞에서 살펴보았듯이, 와프드라는 민족주의 성향의 정당은 1920년대에 출현했다. 1922년에 영국은 일방적으로 이집트에게 주권 국가의 지위를 돌려주었는데, 와프드는 이에 반대했다. 영국이 방위와 외교 관계 그리고 수단을 통제하는 문제를 일방적으로 처리했다는 판단 때문이었다. 와프드는 동시에 자유주의 헌법을 만들어 제국의 행정부를 직접 대체하자고 주장하던 사람들에게도 등을 돌렸다. 이로 인해 양차 세계대전 사이의 시기 내내 지배 왕조와 불편한 관계를 유지해야만 했다. 사드 자글룰(Sa'ad Zaghlul)이 주도하던 시기의 와프드는 정치적 동맹을 결성해 푸아드(Fuad) 왕과 적대적 관계를 유지하며 그의 헌법적 권력에 맞서 싸웠다. 그러나 이 싸움은 의회를 통해서 이루어졌다. 그러나 와프드가 1929년 선거에서 승리해 의회를 장악하게 되자 왕은 정부를 해산시켰다. 그 때문에 1930년대 초에 정치적 갈등은 극대화되었다. 1936년에 푸아드 왕이 죽고, 그의 뒤를 파루크(Faruq)가 계승하고 나서야 의회는 원래의 상태로 돌아올 수가 있었다. 그곳에서 와프드는 다시 한 번 다수당의 권리를 누릴 수 있었다. 같은 해에 공표된 영국과 이집트 조약으로 이집트 내에서 영국의 영향력은 좀 더 축소되었다. 물론 수에즈운하와 수단 문제는 아직 해결되지 않은 상태였다.

이집트에서는 의회가 민족주의 정치의 주된 전장이 되었다. 그럼에도 불구하고, 영국의 비호를 받던 왕조들은 민족의 단합과 안정감의 확보라는 명분을 내세워 권위주의라는 기득권을 활용하고자 했다. 결국 제2차 세계대전이 진행되던 와중에 와프드의 신뢰가 땅에 떨어지는 일이 벌어지고 말았다. 우유부단한 왕과 카이로에 주둔한 영국군의 면전에서 무능력한 의회에 기대어 싸움을 전개했기 때문이다. 이러한 때를 틈타 무슬림형제단이 젊은 이집트 정당 세력들과 힘을 합쳐 대중적인 정치 집회를 주도하는 세력으로 등극했다. 때는 전쟁 직후라 사회경제적인 궁핍이 민족주의 운동을 가속화하고 있었다. 결국, 무슬림형제단의 도움으로 1952년에 나세르는 군사 쿠데타를 일으켜 대중적 기반도 취약했고 부패로 만연했던 파루크 왕조를 몰아내고 일련의 사회적·경제적·정치적 개혁을 단행했다. 1950년대에 들어서 마침내 이집트의 민족주의가 출현하게 된 것이다. 그렇다고 수단과 수에즈운하를 둘러싸고 영국과의 갈등이 사라진 것은 아니었다.

　프랑스의 상황도 여의치 않았다. 시디 모하메드 술탄이 이끈 모로코 집회는 에스파냐가 지배하던 지역에서 벌어지던 격렬한 투쟁과 연동되면서 탄력을 받아 1956년에 이 지역에서 프랑스를 물리치는데 성공했다. 튀니지의 민족주의는 같은 시기에 불가항력적인 에너지를 발산하고 있었다. 물론, 1950년대 초에 상대적으로 온건한 부르기바와 좀 더 급진적인 벤 유수프(Ben Yusuf) 간에 벌어진 당파적 싸움으로 인해 신데스투르당이 제대로 힘을 발휘하지 못하는 상황을 맞기도 했다. 그 틈을 이용해 프랑스는 재빨리 집회를 진압하고 강철 같은 튀니지 정치인들을 좀 더 온건한 조직으로 바꾸어 버렸다. 결국, 부르기바 파당이 승기를 잡아 1956년에 신데스투르 깃발 아래 완전한 독립을 쟁취했다.

　북아프리카의 민족주의는 기존의 이슬람식 집회 전통과 정치사상을 통해 구심점을 확보했다. 따라서 좀 더 수월하게 역사적이고 영토적인 정체성을 구성할 수 있었다. 당시 막 꼴을 갖추기 시작해 가던 북아프리카 국가들은 아프리카 대륙을 넘어 중동으로 약진해 가던 범아랍주의의 주목을 끌었다. 반면에 남쪽의 민족주의자들에게는 커다란 장애물이 있었다. 사하라 이남에서 가장 오래된 '민족주의' 운동이라 불릴 법한 움직임을 보인 나라는 대륙 끝에 붙어 있던 남아프리카였다. 그곳에는 1912년에 창립한 남아프리카원주민민족회의라는 조직이 있었다. 그 기관은 1923년에 아프리카민족회의로 이름을 바꾸었다. 14장에서 보았듯이, 1920년에는 영국령서아프리카민족회의(National Congress of British West Africa)가 전문직 종사자와 상업 엘리트들에 의해 조직되었다. 이 조직은 나이지리아와 골드코스트 그리고 시에라리온과 감비아에 지부를 두고 있었다. 이 조직이 결성된 직후에 나이지리아민족민주당(Nigerian National Democratic Party)의 지도자 허버트 매콜리

(Herbert Macauley)는 나라 전체를 끌어안는 운동과 대중적 지지를 끌어내는 일이 가능하다는 사실을 만천하에 과시했다. 조직 내부의 종족 간 갈등으로 인해 생명력이 그리 길지 못했던 나이지리아청년운동(Nigerian Youth Movement)은 영토의 통일이라는 기치를 내걸고 1930년대 후반에 창립되었다. 영토를 중심으로 정치행위를 일삼는 일은 제2차 세계대전 이전까지만 해도 지극히 드물었던 때였다. 그러한 행위는 종족 간 갈등으로 분열의 골이 깊긴 했지만 르완다나 부룬디처럼 또는 바수톨란드(오늘날의 레소토를 가리킨다—옮긴이)처럼 식민지 이전의 국가 형태를 갖추고 있던 상대적으로 영토가 작은 지역에서라면 가능했을지도 모를 일이었다. 탕가니카의 경우, 스와힐리어가 폭넓게 사용되고 있었던지라 언어적 통일을 둘러싼 의제가 전 지역을 아우르는 정치행위의 기반을 제공했다. 1929년에 이 지역에 설립된 탕가니카아프리카협회(Tanganyikan African Association)는 전 지역에 지부를 두고 있었다.

영토를 중심으로 움직이던 민족주의 운동이 드물긴 했지만, '민족'을 염두에 두고 있던 운동들과 지도자들은 제2차 세계대전을 전후로 하여 등장했다. 앞에서도 언급을 했듯이, 전쟁 경험은 사회경제적 곤경과 좀 더 넓은 시각으로 세계를 바라보고자 하는 욕망으로 높아진 정치적 인식을 등에 업은 채 민족주의 운동을 전면으로 끌고 나왔다. 서구의 교육을 받은 새로운 정치 엘리트들은 아프리카에 유럽과 북아메리카를 모델로 한 국민국가를 건설하고자 했다. 그들은 자신들과 민중 일반 사이에 있는 드넓은 간극을 메워 보고자 했다. 이러한 지도자들이 당면한 핵심적인 과제는 도시와 시골 가릴 것 없이 전역에 퍼져 있던 대중적 불안을 잠재우고 좀 더 넓은 기반을 가진 정치적 토대를 구축하는 일이었다.

대다수의 민족주의 정당들은 그들의 사회적 기반을 확장하고 싶어 했다. 이러한 정당들은 여성들에게도 조직원 또는 활동가로서 나름의 역할을 부여했다. 따라서 여성들은 주어진 의제에 따라 '해방'과 사회적 개혁 등을 위해 일을 했다. 그러나 성 평등 문제를 둘러싸고 나왔던 장밋빛 약속들이 독립 이후에도 온전히 실현된 경우는 별로 없었다. 그럼에도 불구하고, 여성들은 아프리카의 해방투쟁에서 민족주의적이면서 개혁주의적인 의제를 남긴 주역들이었다. 장기적인 측면에서 민족주의는 유럽의 식민주의를 대상으로 한 단순한 의미의 저항을 넘어설 필요가 있었다. 주어진 영토 안에 다양한 세력들을 결집해 내야 할 필요성 때문이었다. 민족주의는 오로지 무엇인가에 대한 저항만을 조직해 내기 때문에 부정적인 힘인 동시에, 주어진 영토 내의 민중들에게 공동의 정체성을 만들어 주고 그에 기초한 통합을 이루어 주기 때문에 긍정적인 힘이기도 했다. 그러나 대개 민족주의는 단기적으로는 단순한 의미의 저항 이상의 수준을 넘어서지 못했다. 물론 식민주의에 대한 경험으로 인해 공동의 정체성이 일정 정도는 육성될 수 있었다. 민족주의자들에게 남겨진 과제는 이제 이러한 기회를 발전적으로 계승하는 일이었다. 유럽 제국에 저항할 만한 대중적이면서 기반이 넓은 운동을 전개하기 위해서 이는 필수적이었다.

민족주의를 자극한 것은 식민 행정 당국이 시행한 지방선거를 조직한 기관이었다. 영국령 서아프리카와 프랑스령 서아프리카에서도 예외가 아니었다. 전투적인 선거가 의미하는 바는 정당들이 좀 더 명료한 '국가적' 프로그램을 만들라는 것이었다. 그러한 운동을 전개하기 위해서는 민족주의 정당이 전국 규모의 수준에서 지역 주민들의 이익을 대변해 줄 것이라는 믿음을 줄 수 있어야 했다. 1944년의 코트디부아르에서 코코아와 커피 농장을 운영하던 농부들은 아프리카인농업조합(Syndicat Agricole Africain)을 결성했다. 이들이 설정한 최고의 목표는 강제 노동을 추방하는 일이었다. 그 이듬해에 총선이 열렸다. 총선에서 농업조합은 약진을 거듭해 대중적인 지지도를 높였던 펠릭스 우프에부아니(Felix Houphouet-Boigny) 조합장을 파리 의회에 진출시켰다. 그곳에서 그는 증오의 대상이었던 강제 노동을 폐지하는 데 성공했다. 파리에서 그는 일군의 서아프리카 대표자들과 동맹을 맺고 그들과 함께 아프리카민주연합(Rassemblement Democratique Africain)이라는 새로운 정당을 창당했다. 이 정당은 민족주의 진영을 조직하여 프랑스가 지배하던 아프리카 식민지의 근본적인 개혁을 추진했다.

 세네갈에서도 비슷한 일이 벌어졌다. 시인이자 활동가인 레오폴 상고르가 시골 지역 주민들의 열렬한 지지를 바탕으로 민족주의 정당을 창당했다. 상고르는 도시가 정치적 절차와 담론 일체를 독점하고 있다고 쓴소리를 했다. 콩고의 경우도 예외가 아니었다. 벨기에는 그토록 공을 들여 실용적인 정책들을 제출했음에도 불구하고 선거의 결과로 콩고에 대한 통제력을 상실했다. 벨기에는 초기에는 어떤 형태의 개혁 운동도 지지하지 않았다. 심지어는 민족주의자들을 대륙 내에서 벌어지던 모종의 발전 운동들과 분리시키려고 했다. 1957~1958년 사이에 지방선거를 치른 목적은 지역 주민들의 개혁에 대한 요구를 달래기 위함이었다. 그런데 결과는 반대로 나타났다. 일련의 민족주의 정당들이 빠르게 출현했던 것이다. 그중에서도 카리스마가 넘치고 이데올로기적 성향이 무척 강한 파트리스 루뭄바(Patrice Lumumba)가 가장 넓은 지지도를 얻고 있었다. 그는 여러 가지 면에서 진정으로 전국 규모의 정당을 만드는 일에 관심을 보였던 유일한 콩고의 지도자였다. 1958년부터 이듬해까지 이어지던 정치 집회가 폭력 양상을 보이자 전국이 빠르게 소용돌이에 빠지게 되었다.

 코코아를 둘러싸고 저항운동이 벌어지긴 했지만 상대적으로 골치 아픈 싸움들이 적어 '모범적인 식민지'라고 불리기도 했던 골드코스트의 민족주의자들 역시도 도시와 지방에서 번지고 있던 대중적 불안을 정치적으로 활용하고자 했다. 그러나 시간이 지나면서 그 지역 또한 정치적으로 급진적인 분위기를 띠게 되었다. 이 지역의 코코아 농부들은 마케팅보드에 대해 근원적인 불만을 품고 있었다. 그들이 생산하던 작물에 대해 가격 통제권을 장악하고 있었기 때문이다. 1946~1947년에 전염병이 번지자 행정 당국은 250만 그루의 나무를 소각하라고 명령했다. 농부들은 이러한 행정조치를 보면서 마케팅보드가 무자비하고 잔인한 기관임을 깨달았다. 동시에 이 기관이 지역의 일에까지 행정적 간섭을 할까봐 노심초사했다. 도시의 경우에는 전후의 공황 사태로 특정 수입 상품이 품귀 현상을 보였다. 게다가 상품의 가격도 매우 높았고, 상품에 대한 접근도도 매우 제한적이었다. 유럽인들은 물론 예외였다. 임금보다 물가가 빠르게 오르자 도시에서도 실업자가 급증했다. 그로 인해 학교를 일찍 중퇴한 자퇴 학생들과 귀향한 과거의 참전 용사들이 어울리지 않는 동맹을 맺어 이를 정치적으로 활용했다. 특히 참전 용사들은 전쟁 당시 자신들이 보인 충성도에 대한 보상이 전무하다는 생각에 분노하고 있었다. 상인과 농부는 물론이고 학교 자퇴생들과 참전 용사에 이르기까지 사회 전 영역에 걸쳐 불만이 팽배했다. 이들의 불만은 여러 가지 형태로 표출되었다.

1948년에 한 유럽 회사에 대한 대중들의 집단적 거부가 발생했다. 대중들은 유럽 회사에게 가격을 낮추고 접근 제한도를 완화하라고 요구했다. 이와 때를 맞춰 참전 용사들은 주요 도시에 있던 행정 청사 앞에서 시위를 벌였다. 1940년대 후반에 곳곳에서 폭동이 벌어지자 유럽의 상업 및 산업 관련 청사들이 군중들의 습격을 받게 되었다. 전반적으로 이러한 모든 사건들은 급진적인 정치의 시대가 새롭게 도래하고 있음을 알리는 신호탄이었다. 다른 지역에 비해 골드코스트에서 벌어진 일련의 사건들은 혼란의 정도가 상대적으로 크지 않았음에도 영국은 심한 충격에 휩싸여 민족주의 정치가들을 처리하는 문제를 다시 한 번 진중하게 고민하게 되었다.

골드코스트에서는 1942년과 1946년에 새로운 헌법이 출현했다. 직접선거를 통해 의원을 뽑을 수 있다는 내용이었다. 이를 통해 소수의 아프리카인들이 이 지역의 국제정세에 관여할 수 있게 되었다. 프랑스령 서아프리카에서와 마찬가지로 이러한 선거는 정당을 조직할 수 있는 기회를 제공했다. 급기야 1947년에 조지프 단콰(Joseph B. Danquah)가 앞장서서 통일골드코스트회의(UGCC, United Gold Coast Convention)을 결성했다. 단콰는 여느 지도자들과 마찬가지로 그리 대단치 않은 전문직에 종사하는 중산층 가문의 엘리트였다. 온건주의 노선을 표방한 관계로 법을 위반하지 않기를 원했던 협회는 영국이 선호하던 바로 그런 유형의 정당이었다. 따라서 영국은 단콰가 웅변적 수사를 사용하여 식민 행정 당국으로 하여금 개혁 조치들을 단행하게 만드는 전략을 상찬했다. 그러나 젊고 도발적이며 분노가 가득한 활동가들에게 이와 같은 전략은 호소력이 없었다.

1947년에 젊은 범아프리카주의자이자 급진주의자인 콰메 은크루마(Kwame Nkrumah)가 짧은 미국 체류 생활을 마치고 귀국하여 통일골드코스트회의의 보직을 맡았다. 폭력이 난무하고 사회적 긴장이 높아가는 가운데 그는 단콰가 이끌던 정당에서 활동을 하는 것에 대해 환멸을 느꼈다. 1949년에 그는 결국 탈당을 선언하고 단콰 정당으로부터 갈라져 나와 민중당(CPP, Convention People's Party)을 창당했다. 부분적으로 인도의 간디한테서 영향을 받은 이 정당은 '적극적인 활동'을 골자로 하는 정치를 하겠다고 선언했다. 비폭력을 기반으로 하여 군사적인 대결을 피하겠다고 했다. 하지만 법은 언제라도 무시할 것이며, 파업과 태업은 지속적으로 조직하겠다고 했다. 인내심을 잃은 영국은 결국 1950년에 은크루마를 주변의 몇몇 인사들과 함께 체포했다.

사실 민중당(CPP)은 아프리카 대륙의 여러 정당들에게 모범적인 측면을 많이 보였다. 그러나 지역 내부에서 들끓고 있던 긴장이 악재였다. 골드코스트에서는 유럽화되어 있던 다수의 기독교도들이 살고 있던 남부와 대서양 못지않게 사하라사막을 가로지르는 무역망을 중시하던 무슬림 출신들이 다수인 북부가 서로 긴장 관계를 유지하고 있었다. 그와 동일한 문제가 땅덩이도 더 크고 인구도 더 많은 나이지리아에서도 벌어지고 있었다. 남부와 북부는 각각 1946년까지 자치를 진행했다. 북부에는 압도적으로 무슬림들이 많았고 북아프리카와 역사적인 연대감을 유지하고 있었다. 반면에, 남부를 지배하던 세력은 기독교도들로 유럽과 오랜 교류의 역사를 자랑하고 있었다. 남부에는 서로 적대적인 두 경쟁 세력이 있었다. 서남쪽의 요루바와 동남쪽의 이보가 그들이었다. 북쪽의 경우에는 갈등의 핵심이 '귀족' 중심의 사회구조에 맞추어져 있었다. 나이지리아년운동(NYM)은 이러한 다양한 힘들을 하나로 통합하는 데 실패했다. 그러나 이 청년운동이 공공연하게 내세운 운동의 목적은 선구적인 본보기가 되기에 충분했다.

1944년 이후에 나타난 민족주의적 열망들은 나이지리아·카메룬국민의회(NCNC, National Council of Nigeria and Cameroons)를 통해서 표출되었다. 이 국민의회를 창립하는 데 혁혁한 공을 세운 인물 가운데 하나가 신문 편집장이었던 은남디 아지키웨였다. 그는 좀 더 넓은 지역을 대상으로 활동하던 인물로 국민의회를 진정으로 전국 규모의 정당으로 만들고자 했다. 그러나 그의 시도는 실패로 끝나고 말았다. 국민의회의 주요 지지층이 주로 이보인들이다 보니 나이지리아인들 모두를 민

그림 23 가나의 초대 대통령 콰메 은크루마

족주의의 깃발 아래 하나로 통합하기가 힘들었기 때문이다. 1950년대 초까지만 해도 이보인들은 영국이 주도한 선거에서 압도적인 승리를 거두었기에 그들을 두려워한 집단들이 많았다. 이 때문에 이들과 경쟁을 벌이던 상대들이 반대 운동을 전개하기도 했다. 이러한 반대 운동을 이끌던 대표적인 세력이 북부민중의회(NPC, Northern People's Congress)였다. 민중의회의 주축 세력들은 주로 북쪽 출신인 하우사와 풀라니였고, 요루바 출신의 활동 집단도 일부 끼어 있었다.

프랑스령 서아프리카에서는 민족주의 운동이 내부의 균열로 지지부진한 경우가 많았다. 코트디부아르의 경우, 비록 아프리카민주연합(RDA)이 전 지역에 걸쳐 아프리카인들을 대변하려 하긴 했지만, 영토적 긴장과 종파 간의 긴장으로 인해 통일 세력을 만들어 낼 수가 없었다. 세네갈도 예외가 아니었다. 1948년에 세네갈인들은 상고르를 박차고 나와 세네갈민주진영(BDS, Bloc Democratique Senegalais)이라는 정당을 창당했다. 코트디부아르와 가봉처럼 상대적으로 부유한 지역의 주민들은 미래를 위해 상대적으로 가난한 북쪽 지역을 도와야 하는 일에 대해 일말의 거부감을 가지고 있었다. 결과적으로 탈식민화의 방향을 놓고 어떤 노선을 따라야 하는지에 관해 그리고 프랑스와의 협상을 놓고 어떤 방식으로 이끌어야 하는지에 관해 민족주의자들 간의 논쟁이 첨예하게 대립했다. 이는 우간다도 마찬가지였다. 부간다 왕국의 특권적 지위를 두고 평소 여러 집단들이 설왕설래하던 우간다에서 분열은 극심했다. 간다가 기타 종족들에 비해 오랫동안 특권적 지위를 누린 것은 사실이었다. 그것은 식민 통치가 막 자리를 잡아갈 무렵에 간다인들이 나서 영국을 도와주었기 때문이다. 그 도움의 반대급부로 특권적 지위를 얻은 것이다. 그러나 1953년에 영국이 부간다 왕국을 우간다로 통합하려고 하자 부간다의 왕인 카바카가 나서 극렬하게 저항했다. 그러자 식민 행정 당국이 그를 추방했고 이 사건을 계기로 간다인들 사이에서 종족 중심의 민족주의 운동이 점화되었다. 사실 영국은 장기적인 관점에서는 부간다의 요청을 들어줄 요량이었다. 1961년에 제정한 헌법에서 그 왕국에 독립적인 자치권을 보장해 준 것도 그 때문이었다. 여기에 지리적인 구분이 한몫 거들었다. 북부 사람들은 대부분이 기독교도들로 남부 출신 민족주의자들에게 의심의 눈초리를 거두지 않았다.

한편, 남쪽에서는 신교도들이 구교도들을 상대로 정치권력을 놓고 19세기 후반부터 이어져 내려오던 일전을 벌이고 있었다. 식민지에서 벗어난 이후의 권력을 배분하는 문제를 놓고 다양한 집단들 간의 이해관계가 충돌하게 마련인데, 그런 의미에서 독립투쟁은 영국에 대한 저항뿐 아니라 내부 집단 간의 갈등 조정 과정까지도 포함하고 있었다. 주요 정당들은 이 점을 분명히 드러냈다. 1952년에 창당한 우간다민족회의(UNC, Uganda National Congress)는 1960년에 우간다민중회의(UPC, Uganda's People Congress)로 개명을 하는데, 북부는 물론이고 남부의 신교도들로부터도 일정한 지지를 이끌어 내는 데 성공했다. 한편, 1956년에 창당한 민주당(DP, Democratic Party)은 남부 구교도들의 지지를 받았다. 1953년에 맞이한 기회를 빌미로 간다인들은 카바카예카(KY, Kabaka Yekka)라는 자신들만의 정당을 창당했다.

소규모의 종족 집단을 먹이 삼아 수적으로는 소수이지만 대규모 지배 권력을 장악한 거대 종족 집단의 부재로 인해 정치 시장에서 경쟁이 비교적 자유로운 지역의 경우에는 좀 더 강력한 민족적 정체성이 출현하기도 했다. 탕가니카가 가장 대표적인 지역이었다. 탕가니카에서는 아프리카협회(AA, African Association)가 1929년부터 활동하고 있었다. 그러나 1950년대 초에 이르러서야 자체적으로 조직을 갖추면서 지역 경제의 부흥을 위해서 새롭게 제출된 정책 때문에 메루(Meru) 지역에서 백인 정착민들에게 밀리던 아프리카인들을 포섭할 수 있었다. 백인 정착민들에 대한 공포는 여러 가지 의제 가운데 하나로 이 지역을 정치적으로 각성케 하는 데 기여했으며, 나중에는 초기 형태의 민족주의 운동을 이끌어 내기도 했다. 아프리카협회(AA)는 역동적으로 대중적 기반을 구축해 나가다가 1954년에 카리스마 넘치는 지도자였던 줄리어스 니에레레(Julius Nyerere)의 주도로 탕가니카아프리카민족연합(TANU, Tanganyika African National Union)을 창당했다. 은크루마와 마찬가지로 니에레레도 해외에서 수년의 시간을 보냈다. 그는 골드코스트에서 은크루마와 민중당(CPP)이 펼친 활동에 깊은 감동을 받았다. 1950년대 중반에 이르자 니에레레는 민족연합(TANU)의 활동 영역을 넓히고 조직의 구조를 개선하여 명실상부하게 전국 규모의 운동으로 만드는 일에 착수했다. 민족연합은 두 가지 공포에서 비롯된 시골 주민들의 일반적인 불안을 정치적으로 활용했다. 하나는 백인 정착민에 대한 공포였고, 다른 하나는 식민 행정 당국이 아프리카인들의 농업 활동마저도 간섭할지 모른다는 공포였다. 급기야 1955년에 계단식 밭을 만들라는 정부의 강제력에 대한 반발로 폭동이 일어났다. 니에레레는 다시 한 번 은크루마처럼 눈에 보이지 않는 폭력적 위협을 주도면밀하게 활용하여 민족주의적인 목적을 이루고자 했다. 니에레레의 민족연합이 비교적 큰 성공을 거둘 수 있었던 이유는 그 지역이 이룩한 언어적 통일성 때문이었다. 스와힐리어는 19세기에 그 지역에 장거리 무역이 확장되면서 생긴 언어였다. 그리고 식민 통치 기간을 지나면서 교육과 행정적 편의를 목적으로 '국어'의 지위를 부여받게 되었다. 민족연합은 바로 이 스와힐리어를 통해 일종의 민족적 통일성을 육성할 수 있었다. 게다가 나이지리아나 우간다에 비해 종족 간 갈등과 분열이 그다지 심각한 수준이 아니었던 것도 한몫 거들었다.

압도적인 힘과 단호한 저항

백인 정착민 지역의 민족주의자들은 여러 가지 도전에 직면해 있었다. 그러나 그런 도전이 응집력 있는 정치적 프로그램을 만드는 따위의 일과는 거리가 멀었다. 이들은 자신들의 행정 영토에서 멀리 떨어져 있는 식민 행정부와 '단순히' 협상만 하면 되는 동료들과 처지가 달랐다. 물리적으로 철수할 의향이 아예 없거나, 대다수 아프리카인들과 권력을 나눌 의지가 전혀 없는 소수 백인들을 상대해야 했기 때문이다. 케냐와 남로디지아, 남아프리카, 알제리의 아프리카 민족주의자들은 반동적인 백인 정착민들과 사사건건 부딪쳤고 그 과정에서 폭력이 발생했다. 수많은 사람들이 토지로부터 소외되어 있던 케냐에서 사회적 위기는 땅 문제 때문에 발생했다. 이 문제는 집단 거주지와 도심에 살던 하층민 계급들을 급진적인 집단으로 만들었다. 뿐만 아니라 시골과 도시에 살던 가난한 이들과 아무런 공통점이 없던 민족주의 정치인들에게 여러 가지 기회를 제공했다.

여기에 대중적인 불만을 가속화시키는 일이 하나 더 발생했다. 탕가니카에서와 마찬가지로 아프리카인들의 비효율적인 농업 기술을 문제 삼으며 토양의 침식을 막는다는 이유로 실시한 간섭주의 농업정책이 그것이다. 계단식으로 밭을 갈거나, 댐을 건설하는 일, 산 중턱에 고랑을 파는 일 등 환경 재앙을 막기 위해 여러 조치가 취해졌다. 다른 곳에서도 그랬지만, 이러한 정책은 1940년대와 1950년대 초에 집중적으로 거센 반대에 부딪혔다. 결국 식민 행정부와 백인 정착촌 그리고 상대적으로 번창하고 있던 키쿠유인들이 직격탄을 맞았다. 한편, 일거리를 찾거나 과밀한 인구밀도를 피해 집단 거주지를 떠나 나이로비로 스며든 사람들은 계속 늘어만 가던 비정규직 노동자로 편입되거나 가난한 도시의 범죄 집단 또는 정치집단에 들어가게 되었다. 마우마우 저항운동은 바로 이런 폭발적인 분위기를 등에 업고 일어났다. 이 저항운동은 1940년대 말까지만 해도 농촌을 중심으로 벌어지고 있었다. 그러다가 1951년과 1952년을 기점으로 좀 더 심각하고 지속적인 폭력 양상을 띠게 되었다.

키쿠유의 중산층은 농업정책과 계획을 둘러싸고 날이 갈수록 백인 정착민들의 통제력이 강화되자 당혹감을 감추지 못했다. 1947년에 조모 케냐타 치세 때 창당된 케냐아프리카연합(KAU, Kenya African Union)은 좀 더 폭넓은 기반을 가진 조직으로 재빨리 확장되었다. 유복한 온건주의자들이 이끌던 이 조직은 상대적으로 가난하고 좀 더 급진적인 아프리카 집단의 고민들을 견인하여 스스로를 우산 조직으로 만든 다음에 좀 더 폭력적인 방식으로 목적을 달성하고자 했다. 케냐의 민족주의자들이 내건 명분은 나이로비와 몸바사에 있던 노동조합 등을 통해 이미 여러 곳으로 전파되고 있었다. 나이로비와 몸바사에서 벌어지고 있던 정치적 격변의 중심에는 노동조합이 있었다. 조모 케냐타는 영국에서 유학 생활을 하던 기간을 포함하여 오랜 세월을 해외에서 보낸 후 케냐로 돌아와 케냐아프리카연합을 이끌었다. 그는 아프리카 민족주의라는 온건한 날개 조직을 이끌고 있었음에도 폭력 운동을 부추기는 언사를 서슴지 않는 등 매우 이중적인 태도를 보였다. 마우마우가 극렬한 상황으로 치달아 가자 영국 정부는 케냐타를 구속하고 케냐아프리카연합의 활동을 불법화했다. 그러나 케냐타 본인은 정작 '백인들이 사는 고지대'를 대상으로 한 폭력 행위와 아무런 관련이 없었다. 1950년대 초에 이르러 민족주의 운동은 강력한 세력으로 등극하게 되었지만, 케냐타를 비롯한 온건파 키쿠유인들은 극심한 분열에 휩싸이게 되었다. 온건파들이 원했던 것은 '합법적이고' 평화로운 변화였다. 반면에 토지를 소유하지 못한 사람들을 이끌던 세력은 폭력이라도 사용하여 자신들이 평소에 그토록 목이 쉬도록 외치던 '땅과 자유'를 확보하고자 했다.

케냐의 백인 정착민들도 권력을 가지고 있었지만, 남로디지아의 백인들이 누리던 권력은 상상 이상이었다. 1923년 이후로 그들에게는 자치정부도 있었다. 남아프리카에서 어느 정도 영감을 얻은 일련의 백인 행정부는 1953년까지 정치적·사회적·경제적 분리를 추진했다. 그 결과 1953년에 상대적으로 적은 수의 유럽인 정착민들을 보유하고 있던 북로디지아와 니아살란드를 포괄하는 중앙아프리카연방(Central African Federation)이 탄생했다. 연방을 창설한 목적은 북로디지아의 구리 지대 같은 지역의 경제적 자원을 백인 통제 아래에 두는 것이었다. 민족주의자들은 물론 연방에 격렬하게 반대했다. 장차 정치권력과 경제적 권력을 상실하게 될 것을 우려했기 때문이다. 그리하여 아프리카 민족주의자들은 남로디지아를 중심으로 조직적인 저항을 벌였다. 1940년대 후반에는 노동자들을 중심으로 한 운동이 출현했다. 불완전하긴 했지만 1948년의 총파업을 조직하는 데 결정적인 공헌을 했고, 이를 계기로 노동운동이 정치적 투쟁의 선봉을 차지하게 되었다. 때를 같이하여 농촌에서는 급진적인 농민 의식이 고양되고 있었다. 1940년대 후반부터 백인 정착민들의 토지가 대규모로 확장되고 있었기 때문이다. 케냐와 마찬가지로, 대중적인 민족주의는 토지의 상실에서 비롯된 바가 컸고 이렇게 발생한 불만을 운동의 지도자들은 잘 활용했다. 1957년에는 노동조합 위원장인 조슈아 응코모(Joshua Nkomo)의 주도로 짐바브웨아프리카민족회의가 창당되었다. 이 조직은 뒷날 1962년에 짐바브웨아프리카민중연합(ZAPU, Zimbabwe African People's Union)으로 재탄생하게 된다. 백인 정착민 행정부가 더욱 강력해질수록 아프리카 민족주의 진영 내부의 균열 또한 극심해졌다. 응코모는 소란스런 전략을 선호하지 않았다. 그러자 1963년에 은다바닝기 시톨레(Ndabaningi Sithole)와 로버트 무가베(Robert Mugabe)를 중심으로 민중연합 인사들이 당을 박차고 나와 짐바브웨아프리카민족연합(ZANU, Zimbabwe African National Union)이라는 새로운 당을 창당했다. 이 균열은 어느 정도 종족 간의 분열을 의미했다. 응코모를 지지하던 세력은 주로 은데벨레인들이었던 반면, 민족연합의 지지 세력은 주로 쇼나인들이었다. 민족연합은 처음부터 좀 더 공격적인 태도를 취했다. 이런 움직임이 가능하게 된 것은 살리스베리에 있던 백인 행정부가 1965년에 영국 정부로부터의 독립을 만장일치로 선언한 때부터였다. 민족연합은 바로 그 이듬해부터 최초로 게릴라 전선을 펴기 시작했다.

그 밖의 다른 곳에서도 백인 정착민들의 존재는 예외 없이 폭력적인 상황을 유도했다. 포르투갈의 지배를 받던 앙골라와 모잠비크, 기니비사우의 민족주의자들은 반동적인 식민 행정 당국이 펼치던 인종차별주의 정책에 맞서 격렬하게 저항할 수밖에 없었다. 앙골라에서는 1956년에 앙골라해방민중운동(MPLA, Movimento Popular de Libertacao de Angola)이 창립되어 1960년대 초부터 전국적인 농민반란을 주도할 수 있었다. 이런 일이 가능했던 이유는 영국과 프랑스의 식민지에서는 오래전에 사라진 강제 노동과 면화 재배 등을 포르투갈 식민 행정 당국이 여전히 강요하고 있었기 때문이다. 앙골라해방민중운동은 도심을 중심으로 투쟁을 전개한 후 이내 전쟁을 선포했고, 이 전쟁은 몇 년 동안 지속되었다. 모잠비크에서는 1962년에 모잠비크해방전선(FRELIMO, Frente de Libertacao de Mocambique)이 결성되었다. 다양한 운동 세력들을 결합한 이 조직은 지속적이면서도 파괴적인 해방전쟁을 수행했다.

그러나 알제리에서 벌어진 민족해방 전쟁만큼 피를 많이 본 전쟁은 없었다. 알제리의 백인 정착민들은 사하라 이남에 주둔하던 정착민들 못지않게 강력한 권력을 행사하고 있었다. 한편 프랑스 본토에서는 알제리는 '식민지'가 아니라 프랑스의 한 지방, 즉 프랑스가 확장한 해외 영토라는 주장도 일었다. 그래서 알제리를 정치적으로는 프랑스 본토에 포함시키고 경제적으로 내수 경제에 포함시켜야 한다는 주장이 힘을 얻고 있었다. 그러나 헌법 개혁을 둘러싼 이러한 알제리 계획은 불완전한 형태를 띠고 있었던 터라 1950년대 내내 식민 행정 당국의 거부권을 넘어서지 못했다. 결국 알제리의 민족주의자들도 그 계획을 실효성이 없다고 파악했다. 심지어는 헌법을 수호할 마음을 가지고 있던 정치인들조차도 자신들의 목적을 달성하기 위해 폭력을 사용할 수밖에 없는 상황이 도래하고 있다는 사실에 대해 환멸을 느끼고 있었다. 1950년대 초에 프랑스로 망명을 가 있던 메살리와 아바스 같은 지도자들의 영향력은 이미 시들해져 있었다. 대신에 1948년에 메살리가 만든 정당에서 갈라져 나온 젊은 민족주의자들은 비밀 조직을 결성하여 반동적인 백인 정착민 집단과 그 집단을 막후에서 지원하는 종주국을 대상으로 무장투쟁을 준비하고 있었다. 그 조직은 1950년대 초에 붕괴되었지만, 소수가 남아 1954년에 다시 통일행동혁명위원회(Comite Revolutionnaire de l'Unite et de l'Action)를 조직했다. 곧 다른 조직과 연합하여 민족해방전선(FLN, Front de Liberation Nationale)으로 거듭나게 된다. 1954년 11월에 알제리 독립전쟁을 이끈 게 바로 이 조직이었다. 알제리 독립전쟁은 두 개의 전선에서 벌어졌다. 한 곳은 알제리 내부였는데, 여기서는 프랑스 군대에 맞서 게릴라 전술이 사용되었다. 다른 곳은 알제리 바깥이었다. 민족해방전선은 나라 밖에서도 국제적인 외교전을 통해 알제리의 대의를 지지하는 세력들을 규합하고자 했다. 민족해방전선은 알제리 문제를 유엔에 회부했고, 비동맹 운동을 지지하면서 북아프리카와 중동의 형제 국가들이 범아랍 민족주의의 시각으로 이 문제를 지켜보게 했다.

그런가 하면 남아프리카의 민족주의자들만큼 극단적인 경험을 한 집단은 없었다. 그들은 자본의 후원은 물론이고 이데올로기적으로 동기화되어 있던 소수 백인들에 대항하는 전선을 폈다. 남아프리카의 소수 백인들은 1910년 이래 제국의 지배를 관철시키기 위해 남아프리카연합을 통제하고 있었다. 남아프리카연합은 적대적인 두 백인 집단의 결합으로 생겨난 타협의 산물이었다. 이름 하여 영국계 백인 정착민들과 네덜란드계인 아프리카너(보어인)들은 여러 분야에서 서로 경합을 벌이고 있었다. 그렇지만 근본적으로 백인들은 자신들이 지니고 있던 정치적·경제적 특권을 수호하는 일에 관해서라면 서로 협력할 준비가 되어 있었다. 제1차 세계대전과 1940년대 사이에 집권했던 정부들은 인종분리에 바탕을 둔 법을 계발했다. 주류 백인 정당들은 물론이고 성공회선교회를 비롯한 영향력 있는 로비 단체들까지도 인종분리를 지지했다. 상대적으로 극단적인 성향을 보이던 아프리카너들에게 인종분리 정책은, 한편으로는 백인 고유의 우월성을 유지하고 다른 한편으로는 아프리카인들의 노동력을 통제하고 착취하는 데 필수적이었다. 인종분리는 '흑인들의 발전'은 물론이고 인종 간 혼합의 위험으로부터 아프리카 토착민, 나아가 백인들 스스로를 보호하는 수단으로도 반드시 필요했다. 뿐만 아니라 아프리카인들이 경제적·문화적·정치적 '근대성' 앞에 무방비로 노출되는 것을 막는 데도 인종분리만큼 좋은 정책은 없었다. 그 목적이 무엇이든 인종분리는 '훌륭한' 정책이고 경제적으로도 도덕적으로도 중요하다는 인식이 퍼져 있었다.

제2차 세계대전을 전후하여 남아프리카의 경제가 급속도로 팽창했다. 이런 상황은 인구 면에서도 급속도로 팽창하고 있던 아프리카인들에게 새로운 일자리를 제공했다. 많은 아프리카인들이 일거리를 찾아 도시로 이주하던 때였다. 아프리카 인구의 성장 외에도 도시와 시골을 오가던 이주 인구는 아프리카너들이 민족주의 정당을 창당하도록 촉진시켰다. 1900년대 초부터 극단적인 인종차별주의 정치를 일삼던 이 집단은 백인들의 공포를 이용하여 장래의 계획을 짰다. 그들의 계획에 따르면, 흑인들을 제대로 통제하지 않을 경우 도심을 집어 삼키는 것은 물론이고 곧 산업경제를 장악할 것이라고 보았다. 1940년대 후반에 백인들이 주도하던 정치 논쟁의 핵심은 주로 경제 문제와 인구의 변화를 둘러싼 것들이었다. 아울러 '흑인들이 가져올 위험'에 대한 공포도 논쟁의 대상에 포함되어 있었다. 이 공포 때문에 백인들은 1948년에 치른 총선에서 다니엘 말란(Daniel F. Malan)이 이끌던 국민당(NP, National Party)을 전폭적으로 지지했다. 국민당은 아프리카너들이 사용하던 용어로 '분리'를 뜻하는 아파르트헤이트를 기반으로 삼고 선거를 치렀다. 아파르트헤이트는 과거의 인종분리 정책을 좀 더 새롭고 극단적인 형식으로 다듬은 것이었다. 건장한 다수파의 피를 수혈한 국민당은 마침내 정부를 수립하고 1994년까지 권력을 유지했다.

14장에서 살펴본 것처럼 저항의 형태는 다양했다. 공식적인 형식도 있었고 비공식적인 형식도 있었다. 이런 저항의 형식은 시간이 지남에 따라 주로 노동 현장에서 여러 형태로 발전했지만 오래가지는 못했다. 민족주의가 출현하여 변화를 주도했기 때문이다. 산업경제와 아프리카의 노동력을 전투적으로 조직한 기관은 아프리카인 정체성의 외연이 확장되는 것을 원하지 않았다. '민족주의' 정체성의 성장 또한 바라지 않았다. 창당 초기만 해도 아프리카민족회의(ANC)는 극소수 계층의 이익만을 대변했다. 주로 중산층의 온건주의자들로서 거리 투쟁보다는 법적 투쟁을 선호하던 소수의 아프리카 전문직 종사자들의 이익을 대변했다. 1940년대가 지나갈 무렵까지만 해도 민족회의는 결단코 급진적인 운동을 펼친 적이 없다. '불법적인' 활동을 피하고 조심스런 전략을 채택했다. 영향력이 크지 않았던 정당이었던 만큼, 인종분리법의 진행을 막지도 못했다. 그럼에도 민족회의의 활동은 좀 더 폭넓은 정치활동의 밑바탕이 되었다. 이런 성격은 인도인이나 혼혈인 '컬러드'가 중심이 되어 벌인 정치 운동과 연대했을 때 뚜렷하게 나타났다. 좀 더 규모가 크고 잠재력이 아주 높은 정치투쟁의 가능성도 선보였다.

동시에 노동조합과의 연대를 통해서도 새로운 가능성을 보였다. 1920년대에 출현한 산업상업노동자조합(ICU, Industrial and Commercial Workers' Union)과의 연대가 대표적인 사례이다. 노동조합과의 연대를 통한 투쟁은 백인 정치인과 사업가들이 막으려고 안간힘을 쓰고 있던 노동자 의식의 잠재력을 확인시켜 주었다. 인종분리는 '부족적' 정체성을 강화하는 데 목적을 두고 있었는데, 근본적으로는 아프리카인들을 분리시키는 일과 관련을 맺고 있었다. 1948년 이전에도 아프리카인들을 특정 경제 지역과 주거 지역, 활동 지역에 묶어 두는 인종분리 제도가 이미 시행되고 있었다. 이 제도를 만든 주체는 바로 국민당(NP)이었다. 국민당은 집권 후 이 제도를 국가 이데올로기로 확정하고자 했다. 원래 아파르트헤이트의 목적은 아프리카인들을 '백인' 지역과 멀리 떨어진 곳에 있던 집단 거주지에 묶어 두는 것이었다. 물론 백인이 고용한 아프리카인들은 예외였다. 결국 아파르트헤이트의 궁극적인 목적은 변질되어 광산 경제에 편입되지 않은 모든 아프리카인들을 백인 공동체의 변방에 위치한 자치 공화국으로 보내 버리는 것으로 바뀌었다. 다시 말해 남아프리카를 인종적으로 '청소'하고자 하는 것이었다. 이 정책이 백인들에게는 좀 더 이득이 되기는 했지만 비극적인 결과를 가져오기도 했다. 1960년대부터 아프리카 인구를 집단적으로 수용하게 된 곳은 자의적 '고향' 또는 반투스탄이 되었다. 이른바 '원주민 문제'를 해결할 목적으로 고안된 대단히 악랄한 '탈식민화'의 한 방책이었다. 그 결과로 자의적 '고향'과 반투스탄은 머지않아 부패와 폭력, 부실 행정의 전형으로 떠올랐다.

아파르트헤이트는 사람들을 저마다 다른 인종적 범주로 구분했다. 1950년에 시행된 '인구등록법'(Population Registration Act)에 따르면, 인구는 크게 백인과 비백인 이렇게 두 종류로 나뉘었다. 비백인 계열에는 '컬러드'와 인도인, '반투' 또는 아프리카인이 속했다. 이렇듯 '반투'라는 용어는 언어학적인 용어임에도 남용되고 있었다. 반투의 범주는 '부족별'로도 세분화되어 줄루와 코사, 수투 등으로 나뉘어져 있었다. 이 법은 그해 시행된 '집단거주법'(Group Areas Act)과도 밀접한 관련이 있었다. 집단거주법은 '원주민' 인구를 서로 분리하고 구분하기 위한 목적으로 특정 '부족들'을 특정한 지역에만 거주하게 하는 법이었다. 다른 목적도 있었는데, 그것은 민족주의 정서가 무르익는 것을 방해하고 아프리카인들의 단결을 저지하기 위한 것이었다.

그 밖에도 특수 인종의 이동을 제한하고 사회적 활동을 규제하는 법들이 있었다. 심지어는 공공장소와 교통, 교육을 분리하고 흑백 두 '인종'간의 성관계를 불법화한 법도 있었다. 여러 가지로 아파르트헤이트라는 제도는 아프리카인들을 종속적인 비숙련 노동자계급으로 영구화하는 면에서는 탁월한 효과를 발휘했다. 이 제도 아래에서 아프리카인들로 구성된 노동조합은 활동을 할 수가 없었고 그 덕에 낮은 임금 시스템이 유지될 수 있었다. 게다가 1953년부터 시행된 '반투교육법'(Bantu Education Act)으로 아프리카인들은 정부가 지정한 특정 학교에서 인종 차이를 강화하는 교육과 기본적인 기술만 가르치는 교육을 받아야만 했다. 아파르트헤이트 제도의 특성 가운데 가장 끔찍한 것은 사회를 특정한 방식으로 통제하고, 또 특정한 방식으로 유지하는 것이었다.

이런 와중에도 그토록 악랄한 제도를 뚫고 나와 대중적인 집회를 조직하고 이끌었던 운 좋은 엘리트들이 있었다. 1950년대의 아프리카 민족주의자들은 새로운 형태의 공격적인 행정부를 맞이하여 좀 더 강력하게 저항을 주도해야 할 필요성을 느꼈다. 새로운 법을 제정하는 문제를 둘러싸고 남아프리카에서는 대중 집회가 빈번하게 열렸다. 전통적으로 온건하고 조심성이 많던 아프리카민족회의의 지도부도 넬슨 만델라(Nelson Mandela)와 올리버 탐보(Oliver Tambo), 월터 시술루(Walter Sisulu) 같은 젊고 능력 있는 지도자들로 물갈이가 되었다. 이들이 주도하여 1952년과 1953년에 이른바 '거부 운동'이라 불리는 전국적인 집회가 벌어졌다. '통행법'(Pass Law)에 반대하는 집단행동으로 많은 사람들이 구금되었다. 1950년대 중반에는 다양한 '비백인' 집단이 합세하여 민주적이면서 인종차별적이지 않은 남아프리카공화국을 만들자는 시위를 벌였다. 그러나 아프리카인들과 아시아인들 사이의 적대감 때문에 이들의 동맹은 취약할 수밖에 없었다. 이 두 집단의 적대감이 가장 극적으로 발현된 사건이 1949년에 더반에서 벌어졌다. 더반의 줄루인들이 인도인들을 대상으로 폭동을 일으킨 사건이었다. 아프리카민족회의 지도부 안에서도 모종의 긴장감이 형성되어 있었다. 지도부의 일부는 백인 자유주의자들과 공산주의 운동에 가담했던 비아프리카인들이 영향력을 끼치는 것을 못마땅해 했다. 결국 1950년대 말에 당이 갈라지면서 범아프리카회의(Pan-Africanist Congress)가 새로 탄생했다. 그렇지만 민족주의 투쟁은 새로운 계기를 맞이하고 있었고 갈등의 양상은 좀 더 심각해지고 있었다.

18장

갈등과 화해

독립과 탈식민화의 길

    1945년부터 1950년대 초까지 유럽의 식민 제국들 간에는 경제적 지위와 정치적 영향력 그리고 이 둘의 결합으로 나타난 종주국과 식민지의 이념적·법적인 관계를 둘러싸고 다양한 차이들이 드러났다. 이런 차이는 곧 아프리카인들이 전쟁 직후에 다양한 종류의 경험을 하게 됨을 뜻했다. 그 경험의 대상이 아프리카인들을 어렵게 만드는 것이건 그들에게 좋은 기회를 제공하는 것이건 그것은 문제가 되지 않았다. 여기서 다양성이란 것은 여러 지역에서 '해방'을 쟁취하는 과정의 복잡함을 의미한다. 이 다양성의 한쪽 끝에는 철수를 준비하는 식민 행정 당국과 긴밀하게 협조하면서 주어진 여건에서 법을 어기지 않고 평화롭게 독립을 준비하는 정당이 있었다. 이러한 양상은 영국과 프랑스의 식민지에서 볼 수 있는 일상적인 풍경이었다. 그런가 하면 반대쪽 구석에는 식민 통지를 종식시키기 위해서 폭력을 사용하던 무장 게릴라들이 벌이는 투쟁이 있었다. 이런 것은 포르투갈 식민지가 연출하던 풍경이었다.

그런 의미에서 아프리카인들이 이끌던 반식민 투쟁이나 민족주의 정당의 활동 방식, 해방 이데올로기의 성격을 규정하는 데 가장 중요한 시기는 바로 제2차 세계대전 직후였다.

논쟁과 붕괴: '헌법상의' 권력 이양

알제리 전쟁(1954~1962)은 프랑스에 긴 그림자를 드리워 사하라 이남 아프리카의 식민지를 관리하는 데 부정적인 영향을 끼쳤다. 알제리에서 목격한 폭력은 프랑스에게 사하라 이남의 식민지를 둘러싼 의사를 결정하는 데 참고할 만한 내용이 되었다. 1945년 직후에 프랑스는 여러 경로를 통해 식민지가 '프랑스 본토'의 일부임을 명확히 했다. 프랑스 문화에 동화된 프랑스 식민지 출신의 아프리카 엘리트들도 초기에는 원칙적인 수준에서 이 의견을 지지했다. 그러나 프랑스령 서아프리카인들에게는 완전한 시민권이 부여되지 않는다는 사실을 깨닫게 되자 환멸이 일기 시작했다. 1940년대 중반에 시행된 법 개정에 따라 프랑스의 서아프리카 및 적도 식민지들은 프랑스 의회에 대표를 파견할 권리를 얻게 되었다. 그러나 전체 의석의 고작 3퍼센트만이 아프리카인들에게 주어져 있었으므로 식민지인들의 의사를 제대로 대변할 수 없었다. 민족주의자들이 이 문제에 대한 해결책을 제시했다. 서아프리카와 적도, 이렇게 두 개의 독립적인 연방 진영을 만들자는 것이었다. 그리고 각각의 진영에 정치와 경제를 관장할 수 있는 총체적 권력을 따로 부여해 프랑스와 협상하게 하자는 것이었다. 그러나 이러한 생각에 반대 의사를 표현한 지역도 있었다. 코트디부아르의 민족주의자들은 코트디부아르에서 상품작물의 재배를 통해서 축적한 이득은 반드시 그 지역으로 다시 환원되어야 한다고 주장했다. 상대적으로 더 열악한 지역을 위해 예산이 쓰여야 한다는 주장이었다.

알제리에서 벌어진 폭력 상황으로 충격을 받은 프랑스는 1950년대 중반에 좀 더 과감한 개혁을 단행했다. 식민지에 자치를 허용하는 것이었다. 이 개혁은 1956년부터 가닥을 잡아 갔지만, 군사적·외교적 권한과 경제 계획을 세우는 권한은 양보하지 않았다. 이러한 권한은 종주국이 계속 유지하겠다고 했다. 알제리의 상황이 더 악화되어 가자 드골 대통령은 잠재적 갈등을 미연에 방지하기 위해서 1958년에 식민지인들에게 선택을 강요했다. 프랑스와 연대를 이어 가며 경제적 이득을 얻는 쪽을 선택할 것인가, 아니면 완전한 독립을 선택할 것인가가 그들에게 주어진 과제였다. 완전한 독립을 선택하면 종주국으로부터 모든 '원조'가 중단되는 것은 물론이고 어떤 보호도 받을 수 없었다. 그 무렵 아프리카의 지도자들은 거의 모두 프랑스와 연대하는 쪽을 선택했다. 그러면서도 프랑스가 앞으로 좀 더 진취적인 개혁을 단행해 주기를 기대했다.

그러나 세쿠 투레(Sekou Toure)가 이끌던 기니만큼은 예외였다. 기니는 타협의 여지가 없는 완전한 독립을 선택했다. 드골은 기니의 사례를 통해 아프리카의 식민지들이 왜 프랑스에게 의존하지 않으면 안 되는지를 드러내 보이고 싶었다. 드골은 기니로 향하던 모든 경제적 지원을 중단하고 프랑스의 모든 인력을 철수시켰으며, 모든 장비를 회수했다. 기니는 휘청거렸지만 쓰러지지는 않았다. 소련과 새로 독립한 가나의 지원 덕분이었다. 사태가 이렇게 진행되자 프랑스 식민지의 민족주의자들이 하나둘 생각을 고쳐먹기 시작했다. 기니의 길을 따르기로 한 것이다. 영국령 서아프리카에서 벌어지는 사태를 눈여겨보면서 완전한 독립을 주장하게 된 것이다. 식민지가 프랑스와 경제적 연대를 깨지 않을 것이라고 확신했던 드골은 결국 역설적인 상황을 인정하고 이른바 '아프리카의 해'라고도 불리는 1960년에 서아프리카와 적도 식민지의 독립을 허용했다. 영국의 서아프리카 식민지에서와 마찬가지로 프랑스의 일부 식민지에서도 탈식민화는 종주국과 민족주의 지도자들 간의 지속적인 대화와 타협, 상호 이익에 대한 인정을 통해 이루어졌다. 카메룬만은 예외였다. 공산주의가 요동칠 조짐을 보이자 1956년에 프랑스의 지원을 등에 업은 온건파 정당이 출현했다. 이 정당은 좌파의 부활에 불을 퉁겼다. 폭동은 카메룬이 독립을 쟁취한 1960년 이후로도 몇 년 동안 계속되다가 프랑스 장교가 이끈 군대가 유혈 진압을 한 다음에야 진정되었다.

르완다의 경우도 마찬가지였다. 독립으로 가는 길목이 투치와 후투 간의 긴장으로 점철되었다. 1959년에 후투가 투치 왕정을 대상으로 일으킨 폭동으로 수많은 사람들이 피를 흘려야만 했다. 이 폭동도 벨기에 당국이 개입한 이후에야 진정되었다. 벨기에 당국은 인구가 많은 후투인들에게 권력을 이양할 생각을 하고 있었다. 1960년에 치러진 지방선거에서 후투의 주요 정당인 파르메후투(Parmehutu)가 압도적인 승리를 거두었다. 그러자 이듬해 투치 왕조는 붕괴되었다. 결국 파르메후투가 1962년에 르완다의 독립을 이끌었다. 그러나 종족 간 긴장은 그 뒤로도 끊이지 않았다. 투치가 정권을 다시 잡으려 한다는 소문이 결국 도화선이 되어 1994년에 대학살이 벌어졌다. 후투가 투치는 물론 투치를 정서적으로 옹호하던 후투 '동료들'을 무차별 학살한 것이다. 이웃 나라 부룬디에서는 투치가 독립 이후 1993년까지 정권을 잡고 있었다.

영국도 민족주의자들과 소통을 통해 여러 사건을 통제하고자 했다. 물론 그 전략은 상황에 따라 달랐다. 1940년대 말 골드코스트의 사회적 상황과 정치적 여건이 악화되어 가자 영국은 쿠시위원회(Coussey

지도 20 신생 독립국들

Commission)라는 특별 감시기구를 설치하여 자신들이 '모범적인 식민지'라고 불렀던 지역의 사정이 왜 그렇게 나빠지게 되었는지 조사했다. 쿠시위원회가 제출한 보고서에 따르면, 아프리카 정치인들을 대변하는 일에 너무 소홀했고 개혁을 너무 형식적으로만 추구했다는 지적이 나왔다. 보고서는 이러한 개혁을 통해 통일골드코스트회의(UGCC)의 지도자인 조지프 단콰 같은 온건한 정치 엘리트들을 통합해야 한다고 역설했다. 결과적으로 민중당(CPP) 지도자인 콰메 은크루마를 낙마시키려는 움직임이 일었고, 은크루마는 1950년에 체포되어 구금되었다. 보고서는 은크루마를 '극렬 좌파'이자 급진주의자로 묘사했다. 그러면서 단콰는 골드코스트의 미래 정치를 이끌어갈 믿을 만한 인물이라고 높이 평가했다. 그러나 1951년에 치러진 선거에서 결과가 영국이 원하는 대로 나오지 않았다. 은크루마와 그가 이끌던 민중당이 압도적인 승리를 거두어 중요한 정치적 돌파구를 찾아냈다. 행정 당국으로서는 은크루마를 풀어 주고 민중당과 손잡는 일 말고 다른 대안이 없었다. 정부가 주도하던 사업을 이끌던 은크루마는 정부 측과 원만한 관계를 유지해 가면서 서서히 탈식민화의 보폭을 조절해 갔다. 동시에 그는 외교적인 수완까지 발휘하여 집단적인 내부 분란이 벌어질 때를 대비해 정치적인 자산을 축적해 두었다. 1954년에 자치정부의 지위를 보유하고 있던 골드코스트는 마침내 1957년에 '가나'라는 이름으로 완전한 독립을 이루었다. 사하라 이남의 아프리카 국가 가운데에서 최초로 독립을 쟁취한 것이다.

   가나는 두 가지 주요 동력을 결합한 결과로 독립을 이루어 낼 수 있었다. 첫째로는 대중적인 민족주의였다. 폭동이나 집회, 파업과 태업의 형태로 표현된 대중적 민족주의는 영국 정부로 하여금 법 제도의 변화와 정치적 양보를 고민하게 만들었다. 식민 질서에 저항하면서도 직접적인 폭력을 피하고, 동시에 '긍정적인 행위'를 하도록 독려한 단체는 민중당이었다. 이것은 매우 현명한 전략이었다. 케냐에서 벌어진 마우마우뿐 아니라 말라야 정글의 게릴라들을 1950년대에 영국이 폭력으로 진압하는 모습을 보았기 때문이다. 민중당은 영국 정부와 군사적인 대결을 피하면서도 상당한 정치적 압박을 가함으로써 식민 행정부를 난처하게 만들었다. 동시에 대중적 지지를 이끌어 내는 데 성공하여 1950년대에 치러진 선거를 모두 승리로 장식했다. 통일골드코스트회의(UGCC)가 실패한 대목이 바로 이 지점이었다. 민중당이 없었다면 아마도 가나가 독립을 쟁취하기는 어려웠을 것이다.

은크루마는 각별한 인물이었다. 뛰어난 웅변가이기도 했던 그는 대중들 앞에서는 급진적 표현을 사용하면서도 사적으로는 식민 관료들을 달래 주었다. 감옥에 앉아 쿠시위원회를 비난하면서도 이어진 선거에서 그것을 쟁점화하지 않았다. 법적인 변화를 통해 독립을 둘러싼 담론들을 민중당이 주도하게 되는 시점이 오기를 기다렸다. 1951년부터 1957년까지 그는 영국 정부와 대화를 할 준비가 되어 있었고 그 일을 훌륭하게 해냈다. 가나의 독립을 이루자마자 과거에 자신이 지니고 있던 영국에 대한 저항적인 입장을 버리고 재빨리 영연방에 가입함으로써 장차 사하라 이남의 국가들이 걸어가야 할 진로를 몸소 선보였다. 은크루마를 전반적으로 규정하자면 이렇다. 그는 급진적이면서도 대중적인 지도자였고, 타협에 능한 실용적인 외교관이었다. 그가 가나의 독립에 끼친 공헌은 실로 막대했다. 1950~1960년대에 아프리카의 해방을 둘러싸고 벌어지던 여러 이야기를 관통하던 주제 가운데 하나가 바로 이것이었다. 말하자면 여러 층위에서 독립운동을 이끌던 카리스마 넘치는 지도자들이 아프리카 역사의 한 국면에 남긴 이야기였다. 그 이야기의 주인공인 이른바 '거물'들은 아프리카의 독립을 이끌어 낸 1세대 지도자들이었다. 이들은 독립국가의 정치 구조를 결정하는 데 큰 역할을 했다. 지속적으로 법제를 바꾸어 나가던 영국의 전략도 독립을 가능케 하는 데 어느 정도 기여했다. 영국은 이런 방식으로 일정한 영향력을 계속 행사할 수 있었다. 1951년의 선거 결과에 승복하지 않고 은크루마를 감옥에 계속 가두어 두기보다, 영국 정부는 그와 손잡는 쪽을 선택했다. 오래전에 제정한 제도를 보완해 나가기도 했다. 영국은 기존의 제도를 통해 이익을 챙기던 개인들을 설득해 함께 일하자고 권유했다. 물론 초기에는 이들이 심하게 반발했지만, 영국 정부는 의지를 꺾지 않았다.

탕가니카의 상황도 유사했다. 1950년대 후반과 1960년대 초반 식민 행정부의 신뢰를 얻는 데 시간을 보냈던 줄리어스 니에레레는 탕가니카아프리카민족연합(TANU)을 창당하여 민중주의 특성을 강화하며 전국 규모의 조직으로 키워 나갔다. 식민 행정부는 권력 이양을 아프리카인들의 욕망을 좀 더 적극적으로 반영할 수 있는 다인종 조직을 만들어 내는 일과 연동시켰다. 그러나 그 조직은 근본적으로 소수 유럽인과 아시아인들만의 목소리를 키우고 말았다. 그 정책은 케냐에서 빌려온 것이었다. 니에레레는 수많은 백인 정착민 대표들을 기술적으로 설득해 민족연합을 지지하게 만들었다. 그 결과 1958년에 치러진 선거에서 다수당의 지위를 차지할 수 있었다. 탕가니카는 1961년에 독립했지만 영국이 잔지바르를 1963년까지 내주지 않았다. 독립 직후 몇 주 만에 잔지바르는 격렬한 혁명의 열기에 휩싸였다. '아랍' 정부를 아프리카 반군들이 접수한 것이다. 이 사건은 19세기까지 거슬러 올라가는 인종 간의 긴장이 복수심과 적대감의 형태로 표출된 혁명이었다. 1964년 초에 니에레레는 탕가니카와 잔지바르를 탄자니아라는 이름의 공화국으로 통합하는 문제를 대수롭지 않게 보았다. 잔지바르는 그 이후 수십 년 동안 어떤 방식으로 본토와 관계를 설정할 것인가 하는 문제를 놓고 낮은 수준의 정치적 격변만을 경험하게 되었다.

다른 지역의 경우에 탈식민화는 붕괴 직전에 있었다. 가나의 민중당(CPP)은 기껏해야 민족적 통일성의 이미지만 유지할 수가 있었다. 오히려 독립을 이루고 난 이후에 균열이 일파만파 커져 갔다. 우간다의 경우는 좀 달랐다. 영국 국기가 하강하고 우간다 국기가 게양되기 직전에 유사한 균열이 이미 명료하게 드러났다. 북쪽의 신교도들을 중심으로 한 우간다민중회의(UPC)와 구교도들이 중심이 된 민주당(DP), 간다인들을 중심으로 한 카바카예카(KY) 운동 진영은 독립을 앞두고 서로 경쟁 관계를 형성하고 있었다. 이들 사이의 주된 차이는 전혀 해소되지 않았다. 영국의 주도로 잠시나마 동맹을 이룬 민중회의와 카바카예카는 1962년에 북부인인 밀턴 오보테(Milton Obote)의 지원에 힘입어 독립을 이끌어 냈다. 이듬해 새로운 정부를 이끌어 갈 대통령으로 카바카가 거론되면서 부간다가 특권적 지위를 차지하게 되었다. 그러나 독립 이후에 지지하는 세력이 늘어나자 오보테는 간다와 동맹이 불필요하다고 생각했다. 이 생각은 결국 뒷날에 악재로 작용하게 된다. 그는 1966년에 힘으로 밀어붙여 새 헌법을 통과시켰다. 헌법의 내용은 자신을 대통령 자리에 오르게 한다는 것이었다. 이 헌법을 근거로 오보테는 군대를 동원하여 카바카의 왕궁을 공격했다. 간다 왕조는 모두 달아났고 부간다의 특별한 지위는 폐지되었다. 그럼에도 오보테는 그 균열을 봉합하지 못했고, 우간다 사회의 긴장과 분열은 날이 갈수록 심해졌다. 마침내는 비극적 결과로 이어졌다.

그와 비슷한 사회정치적 균열이 나이지리아에서도 드러났다. 나이지리아의 탈식민화 과정은 북부민중의회(NPC, Northern Peoples' Congress)와 요루바행동그룹, 나이지리아·카메룬국민의회(NCNC)의 무능 탓에 계속 미루어지고 있었다. 나이지리아의 민족주의자들에게는 몇 가지 선택할 대상이 있었다. 첫째 고도로 중앙집권화된 정부를 가진 하나의 통일 국가를 건설하는 것이었다. 둘째 나이지리아의 영토 안에 여러 개의 자치국가를 두고, 이들을 서로 묶어 연방으로 만드는 것이었다. 셋째로 나이지리아를 서너 개의 독립 주권국가로 분할하는 것이었다. 영국은 세 번째 선택 사항을 전혀 염두에 두지 않았다. 기존의 식민지들이 완전히 풍비박산 나는 나쁜 선례를 남길 수도 있다는 판단 때문이었다. 이는 후에 아프리카통일기구(Organization of African Unity)도 인정한 바였다. 영국이 보기에 가장 심각한 문제는 북부의 무슬림과 남부의 기독교 사이에 존재하는 갈등과 긴장을 해소하는 일이었다. 북부인들은 '유럽화된' 남부인들이 탈식민 시기의 상황을 주도할까 두려워하고 있었다. 한편, 남쪽에서는 요루바와 이보가 비슷한 긴장감을 유발하고 있었다. '부족주의'가 나아지리아의 탈식민화를 좀먹고 있었다. 결국 연방제가 채택이 되고 나이지리아는 1960년에 독립국가가 되었다. 아부바카르 타파와 발레와(Abubakar Tafawa Balewa)가 총리에 취임했다. 그러다가 1960년대 들어 다시 긴장이 높아졌다. 북부가 첫 연방의회를 장악했기 때문이다. 북부와 서남부, 동남부 세 곳에서는 자치가 허용되었다. 이는 특정 지역에서 다수가 소수를 지배하는 상황으로 이어졌다.

대다수의 프랑스 및 영국령 열대 아프리카는 최소한의 폭력 상황만을 연출하며 독립을 맞았다. 물론 케냐는 예외였다. 1950년 초에 온갖 사회 문제가 한꺼번에 분출되면서 정치적 환경이 급속도로 예민해졌다. 특히 1945~1952년에 벌어진 일련의 위기로 계엄까지 선포된 상황은 최악이었다. 그 뒤를 이어 마우마우의 주요 갈등이 1952년부터 1956년까지 이어졌다. 물론 반란이 진압되었지만, 영국은 이 사건을 통해 영국의 지위와 백인 정착민들의 상황에 대해 여러 가지 새로운 판단을 하게 되었다. 결국 1950년대 중반부터 1960년대 초까지 케냐는 재건 사업에 착수하여 정착민 중심의 국가 체제를 해체하고 독립을 쟁취해 가는 과정을 착실히 밟게 되었다. 그 와중에 1959년에는 계엄령도 해제되었다.

아프리카인들에게 유리한 방향으로 법적인 상황이 변화를 보이던 서아프리카와 달리, 케냐에서는 1940년대 말과 1950년대 초까지만 해도 백인 정착민들을 지역의 미래를 담보할 정치적·경제적 핵심 세력으로 보았다. 1947년에 마련된 합의안에 보면, 아프리카인 온건주의자들과 백인 정착민들을 모두 아우를 수 있는 다인종 의회를 설립하자는 의견이 피력되어 있다. 물론 백인 정착민들을 다수로 하는 의회를 구성하자는 의견이다. 1940년대 후반에 지방에서 벌어진 온갖 폭력 사태는 뚜렷한 한계를 보인 바로 이 헌법적 개혁에 대한 저항의 의미를 담고 있었다. 1950년대 초가 되자 폭력 사태는 전국으로 번져 나갔다. 백인 정착민들은 물론이고 잘 나가던 키쿠유인에 대한 암살이 꼬리에 꼬리를 물었다. 마우마우 전사들 대부분은 기실 키쿠유인들이었지만 엠바인(Emba)과 메루인(Meru)들도 소수 포함되어 있었다. 서로 피의 맹세를 한 전사들은 과거 집단 거주지나 도시 빈민 출신들이었다. 이들은 주로 숲이나 중남부 케냐의 구릉 등지에서 전투를 벌였다. '마우마우'라는 용어의 기원은 사실 분명하지 않다. 전사들이 그 말을 직접 사용한 것은 아니기 때문이다. 키쿠유 말 가운데 '꺼져라'라는 뜻을 가진 '우마'(uma)라는 단어가 있는데, 아마도 그것을 유럽인들이 잘못 발음한 것이 아닐까 하는 주장도 있다. 백인 정착민들을 향해 '우마 우마', 즉 '꺼져라, 꺼져라!'라고 전사들이 외쳤다는 것이다. 그런가 하면 '맹세'를 의미하는 '무마'(muma)라는 단어의 오용이 아닐까 하고 주장하는 쪽도 있다.

 1952년에 영국은 계엄령을 선포하고 조모 케냐타를 비롯한 케냐아프리카연합(KAU)의 지도부를 모조리 체포한 뒤에 군대를 불러들였다. 마을을 공격할 생각이었다. 무차별 수색과 체포 전략으로 수많은 키쿠유인들이 포로수용소 신세를 져야 했다. 반란군들을 대하던 영국 군대의 무자비함과 폭력성을 목격한 젊은이들은 자진해서 마우마우의 일원이 되었다. 한편 영국은 충성도가 높은 키쿠유인들을 중심으로 '수비대'를 조직했고, 나아가 일종의 대항 조직을 결성해 마우마우 세력들과 맞서 싸우게 했다. 제2차 세계대전 이후 쇠락해 가던 대영제국이 치러야 했던 전쟁 가운데 가장 참혹하고 폭력적인 전쟁이 바로 마우마우를 상대로 한 전쟁이었다. 1955~1956년에 폭동이 진압이 될 무렵의 케냐는 이미 돌이킬 수 없는 변화의 강을 건너고 있었다.

 마우마우를 진압하는 데 어느 정도 중요한 역할을 수행한 것이 영국의 우세한 화력이었다. 폭동이 실패할 수밖에 없었던 이유는 대중적 지지 기반이 넓지 않았기 때문이다. 주로 케냐의 고원지대를 무대로 암약하던 마우마우 운동은 케냐 안팎을 통합할 수 있는 유기적인 이데올로기가 부재했고 대중적 호소력도 결핍되어 있었다. 대중적 호소력을 지역 너머로 확장시켜 북아프리카와 중동 지역의 아랍 민족주의자들에게까지 영향을 미치던 알제리의 민족해방전선(FLN)과는 사뭇 운동의 방식이 달랐던 것이다. 마우마우는 케냐 너머로 외교적 연대를 확장한 적이 없었다. 그렇기 때문에 세계가 마우마우를 영국의 시각으로 바라보는 것은 당연했다. 세계는 영국의 눈으로 이 운동을 보고 폭동으로 규정했다. 부족 간의 피비린내 나는 유혈 참극이라고 보았던 것이다. 원시적이고 야만적인 맹세와 아무 잘못도 없는 무고한 시민들을 희생시키는 것 말고는 그 어떤 준비된 계획도 없는 폭동이라고 여겼다. 하지만 기실 마우마우는 실제의 전투 기간을 훨씬 넘어서는 의미를 띠고 있었다. 영국도 이 전쟁을 통해 식민지와 그 미래에 대한 태도를 전면적으로 수정하게 된다. 1950년대 중반에 식민 행정 관료들은 케냐의 정치와 경제의 핵심에 백인 정착민들을 배치시키는 문제를 두고 회의적인 태도를 보이기 시작했다. 특별히 마우마우 운동과 그 사회적 토대를 좀 더 명확하게 이해하고자 했던 사람들을 중심으로 이런 회의주의는 크게 확산되고 있었다. 전쟁 때만 해도 행정 관료들은 마우마우를 일종의 질병으로 간주했다. 그러나 많은 사람들이 이 운동을 대규모로 벌어진 사회적 박탈감에 대한 불만의 표현이라고 이해하기 시작했다. 이렇게 되자 군사적인 해결책만이 능사가 아님을 알게 되었다. 왜냐하면 폭동의 근원을 근원적으로 해소하지 않는 한 같은 문제가 언제라도 다시 발발할 수 있었기 때문이다.

이러한 인식의 전환을 발판으로 삼아 1955년에 안전을 담보하기 위한 사회경제적 변화가 추동되었다. 그리고 마침내 '재건' 작업이 진행되었다. 아프리카인들에게도 땅을 소유할 수 있는 권한을 부여하는 내용을 중심으로 한 개혁이 시작되었던 것이다. 엄청난 규모의 착수 비용이 들어갔지만 키쿠유인들을 새로운 지역에 정착시키는 기획이 착착 진행되었다. 그럼에도 영국은 마우마우 운동의 가장 큰 문제를 제대로 파악하지 못했다. 문제는 땅을 소유하지 못한 빈곤층을 어떻게 해결해야 하는가가 문제였다. 키쿠유인들의 재정착 과정에서 수많은 케냐인들이 오히려 땅을 잃었다. 특히 과거에 마우마우 운동을 하다 감옥에 잡혀간 사람들의 피해가 컸다. 이들의 땅을 이른바 식민 행정부에 '충성도'가 높았던 사람들에게 분양해 주었기 때문이다. 단기적인 차원에서만 본다면, '재건' 작업이 성공적인 것처럼 보일 수도 있었다. 농업 생산량이 늘어났고 아프리카 농업의 가치가 인정을 받으면서 정부의 지지도 이끌어 낼 수 있었기 때문이다. 그러나 토지를 소유하지 못한 사람들의 불만은 여전히 해소될 기미가 보이지 않았다. 때를 같이하여 수출 경제의 지배는 물론이고 '백인들만의 고지대'라고 불리던 기름진 땅을 유럽인들이 독점하고 있던 상황에 지역 주민들의 불만이 끓어오르고 있었다. 결국 식민 행정부는 수익이 많이 남는 수출 시장의 제한 규정을 부분적으로 완화할 수밖에 없었고, 이를 통해 아프리카인들은 정착민 경제를 위협하는 수준에 이르게 되었다.

1950년대가 저물어 갈 무렵에 백인 정착민 공동체에 균열이 생겼다. 많은 사람들이 아프리카인들과 거래하기를 거부하고 누대에 걸쳐 익숙해진 특권을 유지하고 싶어 했던 것이다. 물론 신케냐그룹(New Kenya Group) 같은 예외도 있었다. 이런저런 사업에 종사하던 사람과 대농장 지주들로 구성되어 있던 이 집단은 마우마우와 같은 저항이 다시 일어날 것을 우려해 경제적으로 정치적으로 부분적인 양보를 할 준비를 하고 있었다. 변화는 그렇게 시작되었다. 백인의 특권을 폐지하려는 법적인 개혁도 그렇게 도입되고 있었다. 이런 움직임이 시작되던 시점도 절묘했다. 그 무렵 영국 정부는 당시 홀라 포로수용소(Hola Camp)에서 자행되던 자국 군대의 잔혹 행위를 조사하고 있었다. 마우마우를 병리학적인 질병이라고 선언한 식민 행정부의 지침에 따라 홀라에 수용되어 있던 포로들은 이른바 그 '질병'으로부터 몸과 마음을 씻어 낸다는 목적으로 세뇌와 강제 노동을 포함한 잔혹 행위를 당하고 있었다. 일하기를 거부한 포로들은 신체적 폭력을 당했고 일부는 사망하기도 했다.

1950년대 후반에 홀라 수용소의 참상이 보고되기 시작했다. 해럴드 맥밀런(Harold Macmillan)이 영국 정부의 수반으로 있던 때였다. 참상의 내용을 전해 들은 사람들은 분노에 휩싸였고, 식민지 '문제'를 해결한다는 명목으로 자행한 폭력 행위는 비난받았다. 이렇게 케냐에서 벌어진 사건은 많은 사람들에게 제국 그 자체에 의문을 던지게 만드는 계기를 마련했다. 맥밀런 수상은 식민지가 경제적 이득을 가져다준다는 생각에 대해서도 회의적인 입장을 보였다. 그는 식민 통치가 정치적으로 골칫거리만 가져다줄 뿐이고 선거상의 책임 소재만 복잡하게 할 뿐임을 명확히 했다. 마우마우가 영국이라는 제국의 무릎을 꿇게 만들었다는 진술은 누가 봐도 과장된 측면이 있다. 그러나 수에즈운하를 둘러싸고 벌어진 폭력 행사뿐 아니라 뿌리 깊은 사회적 문제를 처리하는 과정에서 영국이 보인 폭력적 대응을 포함하여, 1950년대에 자행된 온갖 폭력이 많은 사람들에게 도덕성과 제국이 감당해야 할 의무의 본질에 대해 다시 생각하게 만든 것은 분명한 사실이었다.

인구 면에서 다수인 아프리카인들이 통치 주체가 된 체제가 다인종주의를 대체했다. 계엄이 해제되자 민족주의 정당들이 난립했다. 케냐아프리카민주연합(KADU, Kenya African Democratic Union)과 케냐아프리카민족연합(KANU, Kenya African National Union)이 창당되었다. 감옥에서 풀려난 조모 케냐타가 민족연합을 이끌었고 이듬해인 1963년에 치러진 선거에서 케냐의 독립을 견인했다. 식민 통치의 마지막 시기에 영국은 '토지구매안'(Land Purchase Scheme)을 제정해 귀향을 결정한 유럽 농부들한테서 대량으로 토지를 매입했다. 그것을 아프리카 농부들에게 재분배하기 위함이었다. 본디 이 조치는 땅을 소유하지 못한 가난한 농부들에게 토지를 제공함으로써 새로 들어설 정부를 지원하려는 목적을 가지고 있었다. 그러나 이 조치가 땅을 기꺼이 사고팔 의향이 있는 '구매자'와 '판매자'를 중심 축으로 놓고 진행되다 보니 경제력이 없는 아프리카인들은 땅을 사고 싶어도 살 수가 없었다. 따라서 이 조치의 수혜는 땅이 없는 가난한 농부가 아니라 이미 그럴듯한 기반을 구축해 놓고 있던 잘 나가던 토지 소유자들에게 돌아가고 말왔다. 철수를 준비하던 영국으로서도 안정적인 중산층 계급을 형성하여 자신들의 부동산 권리를 유지하는 일이 무엇보다도 중요했다. 영국인들이 보기에 사회질서와 안정을 유지하는 데 이보다 더 좋은 조치는 없었다. 아프리카의 독립 정부를 만들어 내는 과정에서도 영국은 자국의 이익을 기꺼이 최대한 보호해 줄 중산층에게 권력을 이양하고자 했다. 따라서 영국의 의지를 '탈식민화'로 보는 것은 문제가 있다. 새로운 형태의 간접통치 방식을 어떻게 구축할 것인지가 영국의 주요 관심사였기 때문이다. 프랑스령 서아프리카와 적도 아프리카에서도 비슷한 상황이 벌어졌다. 1960년대 초에 벌어진 이와 같은 정치적인 현실은 과거 제국들의 '신식민주의'를 향한 의지를 적나라하게 드러내 주었다.

갈등과 대립, 폭력

탈식민화는 여러 지역에서 비교적 평화롭게 진행되었다. 권력의 이양도 마찬가지였다. 한동안 격심한 폭력이 발생했던 케냐에서도 그랬다. 이와 같은 지역에서 나타난 탈식민화의 본질은 타협을 통해 미래의 정치적 관계를 구성해 냈다는 점이다. 이는 과거 식민 제국의 경제적·문화적 영향력이 독립 이후까지도 지속될 수 있음을 의미했다. 케냐와 가나에서 특히 이런 전망은 명백했다. 과거 프랑스 식민지도 마찬가지였다. 프랑스는 탈식민화 과정에서 상업적인 영역과 특정 인물에 대해 투자를 아끼지 않았다. 유럽인들의 '간섭'은 여기서 끝나지 않았고 군사적 간섭도 멈추지 않았다. 사람들은 이를 '신식민주의'라고 명명했다. 이 문제는 뒤에서 다시 살펴보기로 하자. 여기서 주목해야 하는 것은 평화로운 탈식민화가 국민국가의 탄생과 모종의 관계를 맺고 있는 것은 분명

그림 24 반란에 대응하고 있는 케냐인들

하나 국민국가의 모습이란 것이 과거 식민지의 모습과 크게 다르지 않았다는 점이다.

폭력을 통해 독립을 성취한 지역들도 있다. 1954년부터 1962년까지 알제리에서 벌어진 피비린내 나는 전쟁으로 수많은 알제리인은 물론 백인 정착민들까지도 목숨을 잃었다. 결국 드골은 철수 명령을 내렸고, 한 무리의 정착민들도 프랑스 군대를 따라 함께 철수했다. 포르투갈의 식민지에서도 1960년대 초부터 1970년대 중반까지 해방전쟁이 벌어졌다. 모잠비크와 앙골라, 기니비사우가 포르투갈 국내에서 벌어진 쿠데타를 틈타 1974년에 독립을 이루어 냈다. 하지만 이들 지역에서는 그 뒤로도 오랫동안 내전이 끊이지 않았다. 이 지역의 내부 사정이 사악한 냉전 세력들과 교묘하게 연결되어 있었기 때문이다.

수단에서도 내전이 몇 십 년 동안 이어졌다. 치명적인 남북 분단이 극적이게도 이 거대한 영토를 어이없는 함정에 빠트린 주범이었다. 남로디지아도 그랬다. 1965년 이래 그냥 '로디지아'로 불리게 된 이곳에서는 소수 백인 통치에 반대하는 해방전쟁, 즉 내부를 탈식민화하는 전쟁이 1966년부터 벌어지기 시작하여 다수를 점하고 있던 아프리카인들이 새로운 통치 주체로 떠오르게 된 1979~1980년대에 끝이 났다. 1960년대 초부터 1990년대 초까지 아파르트헤이트 정권에 대항하여 정치투쟁과 군사적 투쟁을 격렬하게 벌인 남아프리카공화국도 물론 예외가 아니었다. 그 밖에도 다양한 사례들이 많지만 그중에 에리트레아에서 벌어진 게릴라전을 주목할 필요가 있다. 이곳에서는 근 30년 동안 에티오피아의 통치에 반대하는 게릴라전이 벌어졌다. 그 전쟁은 에티오피아가 연방을 해체하고 강제로 에리트레아를 왕국으로 합병시킨 1960년대 초부터 1991년까지 끊이지 않았다. 나미비아에서도 반군들이 남아프리카인들의 지배에 대항해 전쟁을 벌인 끝에 1990년에 어렵게 승

그림 25 알제리 필리페빌에서 벌어진 대학살 피해자들의 장례식(1955년)

리를 쟁취했다.

 이 모든 전쟁들은 형식과 기원이 모두 달랐고 해방 전쟁을 수행하는 수단도 달랐다. 무장투쟁의 사회적 특성도 달랐다. 게다가 그 전쟁이 사회와 공동체에 끼친 영향도 달랐다. 여기서 공개적으로 묻고 싶은 질문이 있다. 폭력을 통해 태어난 국민국가가 평화로운 타협을 통해 출현한 국민국가보다 과연 '더 독립적일까' 하는 질문이다. 물론 어리석은 질문일 가능성이 높다. 하지만 분명한 것은 폭력을 수반한 탈식민화 과정과 질서를 깨지 않고 법적인 방식으로 권력을 이양한 탈식민화 과정은 그 두 과정이 모두 극적일 정도로 서로 많이 달랐다는 점이다. 폭력을 수반한 경우 순수하게 정치적 수준을 넘어서는 죽음이 여기저기 만연해 있었다.

 북아프리카의 독립은 다양한 방식으로 성취되었다. 대체로 평화적인 수단을 통해 이루어졌다. 이따금 폭력을 동반한 경우가 있었으나 대규모 유혈 사태는 없었다. 이집트는 단계적으로 주권을 회복했다. 1922년에는 독립선언을 통해, 1936년에는 영국과 조약을 맺어 독립의 조건을 마련했다. 그러나 실제적인 독립은 1952년에 나세르가 쿠데타를 일으키고 나서야 제대로 성취될 수 있었다. 그는 집권 후 수에즈운하를 둘러싸고 1956년부터 1957년까지 영국과 프랑스를 이른바 갖고 놀았고, 그렇게 해서 이집트의 국권을 제대로 확보할 수가 있었다. 튀니지와 모로코에서도 평화적인 방식으로 프랑스인들을 축출시키자는 국민적 공분이 일었다.

물론 알제리의 경우는 달랐다. 알제리 전쟁은 1950년대 초에 발발했다. 1956년 들어 민족해방전선(FLN)이 수도 알제에 폭탄들을 투하하면서 전쟁은 새로운 국면으로 접어들었다. 그해 프랑스 정부는 알제리 주둔군의 규모를 두 배로 늘려 그 수는 무려 50만에 육박했다. 민족해방전선은 해외에서 성공적으로 조직을 꾸렸다. 아메드 벤 벨라(Ahmed Ben Bella)의 적극적인 지원 덕분이었다. 그는 탈옥에 성공한 뒤 전쟁을 벌일 만큼 무기 공급이 충분히 이루어질 때까지 때를 기다렸다. 민족해방전선은 해외에 중요한 동맹을 여럿 거느리고 있었다. 나세르가 이끌던 이집트가 대표적인 동맹국이었다. 알제리 전쟁이 가장 극심했던 때는 1956년부터 1957년까지였다. 전쟁은 프랑스와 민족해방전선의 협상이 실패로 끝나면서 더욱 격렬해졌다. 그러자 프랑스 정착민들이 나서 식민 행정부의 권력을 장악한 후에 스스로 문제를 해결해 보고자 했다. 물론 이 시도는 실패로 돌아갔다. 1950년대 후반에 드골은 결국 민족해방전선에 대해 공세를 취했다. 대단히 소모적일뿐 아니라 재산상의 손해는 물론이고 인명 손실도 많이 끼친 공세였다.

결과는 물론 실패로 끝났다. 한편 이와 때를 같이하여 프랑스 내부에서는 전쟁을 비난하는 목소리가 높아지기 시작했다. 급기야 1960년에 유엔은 공식적으로 알제리에 자결권을 부여했다. 프랑스의 시대가 바야

호로 끝나 가고 있었다. 물론 그 뒤로도 모두 실패로 끝나긴 했지만 협상이나 전쟁의 형식을 빌린 사기극이 몇 차례 더 진행되었다. 1962년 7월에 프랑스는 결국 철수를 단행했고 알제리는 독립을 이루었다. 거의 100만 명에 이르는 콜롱(colons)들이 식민 행정부를 따라 철수했다. 부상을 당한 콜롱이 1만 명 정도였으나 알제리인 사망자 수는 100만이 넘었다. 알제리 해방전쟁은 아프리카에서 벌어진 가장 참혹한 전쟁 가운데 하나였다.

1960년대 초에 앙골라에서도 대중봉기가 일어났다. 포르투갈은 이 봉기를 잔인하게 진압했다. 해방투쟁은 이따금 외부 세력의 개입을 불러오기도 했다. 포르투갈은 미국의 지원을 요청했고, 공공연하게 마르크스주의 노선을 밝힌 앙골라해방민중운동(MPLA)은 소련의 지원을 받았다. 그런가 하면 또 다른 저항운동들이 밀림 속에서 외부의 도움을 받으며 진행되고 있었다. 앙골라해방전선(UNITA)은 남아프리카공화국의 지원을 받았고, 앙골라해방국민전선(FNLA, Frente Nacional para a Libertaçao de Angola)은 미국의 지원을 받았다. 미국은 앙골라를 자신의 뜻대로 요리하려면 포르투갈을 직접 지원하기보다는 또 하나의 대항 전선을 만들어 내는 것이 좀 더 효과적이라고 판단했다. 끝내 앙골라는 독립을 쟁취했지만 내전으로 인한 피해는 상상을 초월했다. 소련의 지원을 받은 앙골라해방민중운동이 1976년 초에 부분적인 '승리'를 거두었다. 그러나 앙골라해방전선은 여전히 동남부 지역의 맹주로 세력을 떨치고 있었다.

모잠비크에서는 모잠비크해방전선(FRELIMO)이 지역적 통합을 이루어 내는 데 꽤 성공을 거둔 뒤에 사회주의혁명을 통해 독립을 이룰 준비를 하고 있었다. 그러나 후반기에 모잠비크국민저항(RENAMO)이라는 새로운 정당이 출현하면서 내전에 돌입하게 되었다. 남아프리카공화국

그림 26 무정부 상태의 콩고, 체포된 파트리스 루뭄바(1960년)

은 모잠비크국민저항을 지원했다. 내전에 빠진 정국은 혼란의 소용돌이로 휩쓸려 들어갔다. 이따금 분열적 폭동이 책동되었다. 이런 상황은 19세기에 식민주의가 만든 발명품이 얼마나 터무니없는 것인지를 명확하게 드러내 주었다.

이 점을 명료하게 보여 준 지역이 벨기에의 지배를 받던 콩고였다. 법과 질서가 완벽하게 붕괴되어 '제2의 알제리' 사태가 재현될 것을 두려워한 벨기에인들은 몇 년 동안이나 불안정한 정세를 겪은 뒤 1960년에 재빨리 콩고를 탈출했다. 이렇듯 그 무렵의 알제리는 여러 식민 종주국들에게 언제 자신들에게 닥칠지 모를 공포의 표본으로 비치고 있었다. 벨기에인들이 탈출한 이후로도 혼란은 멈추지 않았다. 민족주의자들도 놀랄 정도였다. 몇 달 사이에 창당한 정당의 수가 부지기수였고, 많은 이들이 지역주의를 정치적 수단으로 이용했다. 콩고는 제대로 주권을 회복하기도 전에 수렁 속으로 빠져들고 있었다. 이때 파트리스 루뭄바가 등장하여 최초로 민족연합을 구성했다. 그러나 이미 국가는 그 옆에서 붕괴되고 있었다. 결국 군사반란이 일어났고, 구리가 풍부하게 묻혀 있던 남부의 카탕가 지역이 콩고에서 분리되었다. 카사이(Kasai) 지역에서는 종족 간 갈등이 극심하게 벌어졌다. 다시 한 번 미국과 러시아, 중국, 심지어는 벨기에 같은 외세의 이해관계가 노골적으로 또는 은밀하게 충돌하면서 내전은 더욱 극렬해져만 갔다.

마침내 콩고는 아프리카 국가로는 처음으로 유엔에 모험거리를 제공했다. 유엔은 이 모험을 수용했고, 작전이 수행되던 도중에 사무총장이던 다그 함마르셸드(Dag Hammarskjold)가 비행기 사고로 사망하는 사건이 일어났다. 그는 몇 차례 협상을 진행하기 위해 당시 잠비아 상공을 날고 있었다. 결국 유엔의 평화유지군이 1962년까지 카탕가 지역을 통제했다. 그 사이 루뭄바는 납치되어 살해당하고 말았다. 미국 중앙정보부는 루뭄바의 납치·살해 관련 정보를 미리 알고 있었다. 그리고 안도했다. 루뭄바의 좌파 성향과 카리스마를 두려워하고 있었기 때문이다. 결국 미국의 지원을 받은 콩고의 군 장교 조지프 모부투(Joseph Mobutu)가 정권을 찬탈하고 1965년에 최고의 자리에 올랐다. 집권하자마자 군을 개혁한 모부투는 대단히 중앙집권적이고 폭력적인 정부를 만들고는 자신을 아프리카 지도자들 가운데 서방의 편에서 냉전에 맞서 싸운 유일한 동맹자라고 선전했다. 뒤에 그는 나라 이름도 고쳐 콩고가 아니라 '자이레'라고 불렀다. 자신의 이름도 '모부투 세세 세코'라고 바꾸었다. 모부투는 이렇듯 다소 기이한 방식으로 아프리카화를 진행해 나갔다. 결국 그가 통치하던 국가는 1900년대 초 벨기에 국왕 레오폴 2세의 치세와 마찬가지로 만연한 부패와 만성적인 실정의 대명사가 되었다. 말 그대로 모든 면에서 '실패한 아프리카'의 본보기로 남게 되었다. 그럼에도 모부투는 냉전이 종식될 때까지 서방세계의 지원을 즐기고 있었다.

콩고가 혼란의 시기를 보내는 동안, 그보다 조금 남쪽에 있던 영국령 중앙아프리카에서는 또 다른 위기가 전개되고 있었다. 이 위기는 포르투갈 식민지에서 벌어지고 있던 갈등과 유사하게 오래 지속될 기미를 보이고 있었다. 영국은 중앙아프리카연방에 대해 오랫동안 불편한 감정을 가지고 있었다. 남아프리카에서처럼 백인 정착민들이 독자적인 세력을 결성할까 두려웠기 때문이다. 영국으로서는 그 즈음에 겨우 케냐의 사태를 '해결'한 상태였다. 게다가 영국은 정책적으로 정착민 정부를 지지하지 않는 쪽을 선택하고 있었다. 오히려 수적으로 다수인 흑인들에게 통치권을 이양할 준비를 하고 있었다. 불과 몇 년 전에 해럴드 맥밀런은 전혀 효과가 없긴 했지만 남아프리카의 의회에 경고성 발언을 하기도 했다. 아프리카 전역에 '변화의 바람'이 불기 시작했다는 내용이었다. 그 연장선상에서 로디지아와 니아살란드도 예외가 될 수 없다는 지적이었다. 영국은 연방이 점차 아프리카인들을 정치적으로 흡수하게 될 것이라는 기대를 가지고 있었지만, 시간이 흐를수록 희망은 실현될 가능성이 요원해지고 있었다. 연방정부가 이미 남로디지아의 통치와 관련하여 아프리카인들과 권력을 공유할 의지가 없다는 뜻을 내비쳤기 때문이다. 1963~1964년에 영국 정부의 강제적 개입과 아프리카인들의 저항으로 연방은 결국 붕괴되었다. 아프리카인들의 저항을 이끈 이들은 카리스마 넘치던 인물들이었다. 니아살란드의 헤이스팅스 반다(Hastings Banda)와 북로디지아의 케네스 카운다(Kenneth Kaunda)가 그런 인물이었다. 이 두 지역에서는 권력의 이양이 비교적 빨리 이루어졌다. 북로디지아는 카운다가 이끈 통일국민독립당(United Nations Independence Party)의 지도 아래 잠비아라는 이름으로 독립을 했고, 니아살란드는 반다가 이끌던 말라위회의당(Malawi Congress Party)의 주도 아래 말라위라는 이름으로 독립을 쟁취했다. 하지만 남로디지아의 독립은 시간이 갈수록 반동적 성격을 더해 가던 소수 백인들 때문

그림 27 말라위의 초대 통치자 헤이스팅스 반다

에 점점 지체되었다.

1960년대 초 이래로 남로디지아의 백인 정착민 정당을 주도한 세력은 로디지아전선(Rhodesia Front)이었다. 남아프리카의 아프리카너국민당(Afrikaner National Party)을 모델로 한 이 정당은 극단적인 형태의 운동 조직이었다. 1950년대 내내 좀 더 온건한 정책을 수행하던 정착민 정당들과 여러 면에서 많은 차이를 보였다. '인종' 문제를 둘러싸고

강경 노선을 펼쳤으며 백인의 특권적 지위에 대해 흔들리지 않는 신념을 보였다. 로디지아전선은 마치 대규모 사업 단체인 양 백인 농부들은 물론이고 도시 출신의 백인 노동자들을 대변했다. 백인 정착민 사회를 외곽에서 확장하던 주체들이었던 도시 출신의 백인 노동자들은 수적으로 다수인 아프리카인들이 정권을 잡는 것을 가장 두려워했다. 아프리카인들이 정권을 잡으면 가장 큰 타격을 입는 계급이 바로 자신들임을 잘 알고 있었기 때문이다. 그리하여 이들이 가장 극렬한 우익 정착민 집단을 선도했다. 그 어떤 형태의 타협은 물론 헌법상의 변화도 수용하지 않았으며, 종국에는 영국 정부 자체를 의심하고 적대시하기까지 했다. 영국 정부가 그들을 제물 삼아 '흑인 민족주의'를 독려하게 될 것이라고 믿었기 때문이다. 결국 로디지아전선을 이끌던 이언 스미스(Ian Smith)가 1964년에 남로디지아의 총리가 되었다. 이듬해에는 나라의 미래를 결정할 협상을 하자는 영국 측의 압력을 거부한 스미스 정부가 일방적으로 독립을 선포하는 지경에까지 이르렀다. 그 뒤로 '로디지아 문제'는 해럴드 윌슨부터 마거릿 대처에 이르기까지 영국 행정부의 골칫거리로 등극하게 되었다. 무력을 사용하지 않고서는 무릎을 꿇릴 재간이 없었기에 스미스 정부를 처리하는 문제는 정치적으로 매우 민감한 사안이었다. 로디지아의 백인들은 스스로를 '일가친척'이라고 생각했다. 이는 결코 현실적인 전략이 될 수 없었다.

한편 콩고에 평화유지군을 파견한 바 있는 유엔이 로디지아에는 법적인 제재를 가했다. '불법적인' 스미스 정부를 굴복시키기 위한 것이었지만 초기에는 역효과가 났다. 스미스가 앙골라와 모잠비크를 통제하고 있던 포르투갈 정부나 지역의 맹주였던 남아프리카와 상업적·전략적 동맹을 성공적으로 맺으면서 지역 경제가 오히려 활성화되고 있었기 때문이다. 스미스 정부의 초기 성적은 무척 좋았다. 백인은 물론 아프리카인들의 생활수준도 함께 상승했기 때문이다. 스미스의 치안 부대와 여러 전선에서 충돌하던 짐바브웨아프리카민족연합의 게릴라들이 1966년부터 대중적인 지지를 이끌어 내는 데 곤혹감을 느낀 까닭도 그 때문이었다. 이런 사정은 농촌 지역에서 더욱 심했다. 상대적으로 경제 상황이 좋은 시절에는 대중들에게 무장투쟁의 명분을 설득하기가 쉽지 않았기 때문이다. 민족주의자들의 노선도 순탄하지 않기는 마찬가지였다. 짐바브웨아프리카민족연합과 짐바브웨아프리카민중연합의 분열 때문이었다. 민중연합만이 1970년대 후반부터 이어지는 무장투쟁을 간신히 이끌어 낼 수 있었다.

그럼에도 1970년대 초기에 상황은 다소 바뀌고 있었다. 게릴라 전술을 펴던 민족연합의 지위와 경험이 쌓여 감에 따라 군사적·정치적 조직화가 좀 더 수월해졌다. 아울러 조직이 좀 더 전문화되어 감에 따라 이데올로기를 만들어 내는 일도 수월해졌다. 민족연합의 구성원들은 때때로 겁박과 농담, '민중 전쟁'이라는 수사를 동원하여 시골 구석구석까지 침투해 들어갔다. 병사 모집뿐 아니라 여러 형태로 지원을 이끌어 내는 데도 성공했다. 더욱이 민족연합은 이웃 모잠비크의 모잠비크해방전선과 긴밀한 협력관계를 맺고 있었다. 따라서 민족연합의 반군들은 국경 너머에 있는 모잠비크해방전선의 군사기지를 1972년부터 식량 공급처나 휴식처로 사용할 수 있었다. 게다가 1974~1975년에 벌어진 전투에서 모잠비크해방전선이 자국의 전선에서 승리를 거두자, 민족연합에 대한 좀 더 강화된 물질적·정신적 지원으로 되돌아왔다.

한편 1960년대 후반까지만 해도 승승장구하던 로디지아의 경제는 고립 기간이 길어짐에 따라 급속도로 추락하는 국면을 맞이했다. 수출시장이 막히자 실업과 가난이 아프리카 젊은이들을 중심으로 만연하면서 이들을 게릴라 진영에 넘겨주는 형국이 되고 말았다. 백인 농부들은 더 이상 자신들이 재배한 담배를 해외시장에 내다팔 수가 없었다. 그렇게 되자 내수 시장을 겨냥해 다시 옥수수를 재배하게 되었고, 그 때문에 아프리카인들은 점점 더 궁지로 몰리게 되었다. 아프리카인들이 집단적으로 거주하던 지역의 경제는 훨씬 더 급속도로 악화되었다. 민족연합은 이러한 상황을 활용하여 대중적인 기반을 이전보다 훨씬 더 폭넓게 확보할 수 있었다. 1970년대 중반에는 과거에 든든한 후원자를 자처했던 남아프리카마저 더 이상의 후의를 보이지 않았다. 스미스 정권이 싸워서 이길 수 있는 전쟁이 아니라고 판단했기 때문이다. 그래서 남아프리카공화국 정부조차도 스미스를 압박하여 민족연합과 협상하라고 압박했다. 민족연합의 급진적인 지도자 로버트 무가베를 두려워하던 영국과 미국은 좀 더 온건한 정부를 세우고자 했다. 이들 두 나라는 로디지아전선과 아프리카인들로 구성된 정당 하나를 결합하여 온건한 정책을 펴던 아벨 무조레와(Abel Muzorewa) 밑에 두고 '공동 정부'를 구성할 계획을 짰다. 하지만 이 구상은 실패로 돌아갔다.

1980년대에 접어들면서 정착민 정부가 군사적으로 밀리고 게릴라들이 나라 전역을 통제하게 되는 시점에 이르자 스미스는 어쩔 수 없이 아프리카인들을 통치 주체로 인정하게 되었다. 그다음에 치러진 선거에서 무가베는 마침내 압도적인 승리를 거두고는 나라 이름을 짐바브웨로 개명했다. 그럼에도 토지 분배와 종족 간 갈등을 둘러싼 내부의 긴장은 쉽사리 해소되지 않았다. 이 문제는 오늘날까지도 여전히 골칫거리로 남아 있다. 집권 후 채 20년도 지나지 않아 무가베는 토지 문제를 둘러싸고 아주 끔찍한 결정을 내리게 된다. 짐바브웨에서 백인 농부들을 추방하자는 결정이었다.

제국주의의 종말, 수에즈에서 샤프빌까지

이집트의 나세르 정부는 국가의 주권을 위협하는 모든 서구적 영향을 철저하게 뿌리 뽑고자 했다. 1869년 개통한 이래 늘 갈등의 중심에 서 있던 수에즈운하는 이집트의 민족주의자들에게 가장 시급하게 해결해야 할 문제였다. 1954년 말 영국은 수에즈운하에서 철수한다고 결정했다. 그러나 2년 남짓 지나 운하는 국제적으로 고립되고 말았고, 이는 커다란 정치적 변동을 가져왔다. 여러 가지 복합적인 이유를 들어 영국과 프랑스는 수에즈운하에 군대를 파견했다. 이스라엘이 이를 도왔다. 영국은 나세르를 중동 지역에서 자국의 이익을 위협하는 인물이라고 판단했다. 특히 과거 제국의 화려한 영화를 다시 회복하고 싶어 하던 영국의 보수당 정부의 시각은 그랬다. 나세르가 알제리 민족해방전선을 지원했기 때문에 프랑스도 그를 제거하고 싶어 했다. 영국과 프랑스가 수에즈운하를 침공한 것은 겉보기에 나세르가 운하를 국유화했기 때문이다. 영국과 미국, 세계은행은 아스완 댐 남쪽에 수력발전소를 건설하기로 하고 자금을 지원하다가 갑자기 중단했다. 나세르는 이 조치에 반발하여 수에즈운하를 국유화시켜 버렸다. 영국과 프랑스의 침공은 끔찍했고 세계는 그 공격을 비난했다. 미국이 앞장서서 비난의 강도를 높였다. 예상치 못한 반응에 깜짝 놀란 영국과 프랑스 정부는 결국 군사작전을 철회할 수밖에 없었다. 이스라엘 정부는 곧바로 소송을 걸었다. 영국의 수상 앤서니 이든은 건강상의 이유를 들어 즉각 사임했다. 나세르의 승리는 범아랍주의의 승리였다. 아프리카인들에게도 이 승리를 기뻐해야 할 이유가 있었다. 이 승리가 과거의 제국이 사라지고 새로운 탈식민 국가가 탄생했음을 알리는 신호탄이었기 때문이다. 앞에서도 보았듯이, 몇 년 뒤에 영국과 프랑스는 결국 아프리카 대륙에서 완전한 철수를 단행해야만 했다. 1896년의 아드와 전투 이전까지만 해도 유럽 열강이 아프리카 땅에서 이토록 처참한 상황을 맞이하리라고 예상한 이는 아무도 없었다. 결과는 실로 참혹했다.

수에즈가 유럽 제국주의의 종말을 맞이하는 데 물꼬를 텄다면, 대륙의 남쪽 끝에 있던 남아프리카에서는 수에즈만큼이나 중요하고 치열한 투쟁이 전개되고 있었다. 아프리카의 해방전쟁을 새로운 국면으로 이끌 정도로 중요한 투쟁이었다. 1950년대의 아프리카는 탈식민화 시대였다. 그렇지만 아파르트헤이트 정권은 더 강경하게 억압을 정당화했고, 아프리카민족회의(ANC)와 범아프리카회의(PAC)로 상징되던 아프리카인들의 정치활동을 탄압했으며, 격렬한 저항운동을 원천 봉쇄했다. 반아파르트헤이트 투쟁의 전기가 처음 마련된 때는 1960년이었다. 샤프빌이 그 본거지였다. 경찰들은 이곳에서 전혀 무장을 하지 않고 집회에 참석한 사람들에게 발포했다. 수많은 사람들이 달아나다가 등에 총알을 맞았다. 대량학살이 막 시작되던 무렵이었고, 남아프리카는 국제적인 비난에 봉착했다. 그럼에도 남아프리카 정부는 아랑곳하지 않고 아프리카민족회의와 범아프리카회의의 정치활동을 금지했다. 그래서 투쟁은 지하로 잠적하게 되었다. 그런가 하면 새로 독립한 여러 아프리카와 아시아 국가들이 유엔을 압박하여 남아프리카를 제재하게 했다. 이 움직임은 1980년대까지 이어졌지만, 영국과 미국에 의해 번번이 거부당했다. 남아프리카와의 이해관계 때문이었다. 영국과 미국은 제재를 가하면 "아프리카인들만 피해를 입게 된다"는 궁색한 논리를 공식 입장으로 내세웠다. 이때만 해도 로디지아는 다소 관심 밖에 있었다. 그러나 국제적인 압력에 밀려 어정쩡한 태도를 보이던 영국과 미국에게 분개한 남아프리카는 1961년에 영연방을 탈퇴하고 스스로 공화국을 선포했다.

한편 반아파르트헤이트 운동은 새로운 국면으로 접어들고 있었다.

아프리카민족회의는 지도부가 대거 망명을 떠나 있었음에도 불구하고 '국가의 창'이라는 뜻을 가진 움콘토 웨 시즈웨(Umkhonto we Sizwe)라는 군사 조직을 새로운 편대로 편성했다. 민족회의의 지도부는 해외에서 이 조직을 무척 효과적으로 운영하고 있었다. 민족회의가 가장 큰 타격을 입은 것은 1963년이다. 그해 넬슨 만델라를 비롯한 주요 인사들이 검거되었다. 만델라는 재판정에서 대단히 인상적인 변호를 했으나 다른 인사들과 함께 종신형을 선고받고 말았다.

민족회의는 큰 타격을 입었지만 1970년대에 접어들면서 상황이 바뀌기 시작했다. 저항 방식이 좀 더 다양해지고 폭넓어졌다. 노동자들의 집회는 특히 압권이었다. 아프리카인들의 자아 존중을 염두에 둔 '흑인의식'(Black Consciousness) 운동도 출현했다. 흑인의식 운동을 주도한 대표적 인물이 스티브 비코(Steve Biko)였다. 반아파르트헤이트 투쟁은 포르투갈 제국이 붕괴된 1970년대 중반부터 탄력을 받기 시작했다. 아프리카민족회의 게릴라들은 모잠비크는 물론 잠비아와 짐바브웨아프리카민족연합이 장악하고 있던 로디지아에 기지를 건설했다. 남아프리카공화국의 치안군은 국경을 넘어와 민족회의를 집중 공격했고 내부적으로도 탄압을 강화했다. 치안군의 대응은 대단히 잔인했다.

1976년에는 흑인들에게 열등한 교육을 시키던 정부에 맞서 요하네스버그 외곽 소웨토에서 평화행진을 하던 학생들 1만5천 명에게 경찰이 발포하는 사건이 벌어졌다. 이 사건으로 나라 전체가 격렬한 폭동 분위기에 휩싸였다. 어떤 지역에서는 거의 내란에 가까운 수준으로 사태가 확대되기도 했다. 수많은 사람들이 체포되고 살해되었으며, 경찰들과 충돌하는 과정에서 부상을 당했다. 스티브 비코는 경찰 조사를 받는 과정에서 살해당했다. 그는 이 투쟁의 순교자로 남게 되었다. 이런 혼란 상태는 1970년대 말부터 1980년대 내내 이어졌다. 어떤 지역에서는 불

그림 28 내란 혐의로 재판에 출석하는 넬슨 만델라(왼쪽에서 세 번째)와 관련자들(1956년)

안한 상황이 영구적인 형태로 존속되고 있었다. 또 정치적 투쟁과 무장 투쟁이 별개의 행태로 진행되고 있었다. 민족회의는 흑인의식 운동 쪽과 마찰을 빚고 있었다. 정치적·사회적 혼란을 틈타 잇속을 챙기려는 집단들이 경쟁적으로 흑인들이 밀집해 있는 교외 지역을 접수하기도 했다. 이들은 자기들 방식대로 '혁명'의 의미를 해석했다.

그야말로 무정부 상태에 가까운 혼란이 이어졌고 사회 자체가 완전히 붕괴될 조짐도 보였다. 사태가 이렇게 전개되자 정부는 어쩔 수 없이 제한적인 개혁 조치나마 취하지 않을 수 없었다. 결국 1984년에 새로운 헌법이 탄생했다. 이 법에 따라 형식적이나마 인도인들과 '컬러드들'

에게 의회에 대표를 보낼 수 있는 권리가 주어졌다. 그렇지만 이것은 어쩔 수 없이 내린 미봉책에 불과했다. 수적으로 다수인 아프리카인들은 여전히 주변부로 밀려나 있었고, 의회를 대리할 권리도 가지고 있지 못했다. 아프리카인들은 백인들이 주도하던 사업에 참여하고 정부가 지원하는 학교에 다니는 것을 집단적으로 거부했다. 아파르트헤이트 정권은 하는 수 없이 아프리카인들이 집단적으로 거주하는 '타운십'(township)이라는 곳을 만들어 이 지역을 자발적으로 운영할 권리를 허용했다. 그런데 이 지역이 빠르게 혼란의 중심으로 바뀌어 갔다. 도시 빈민들과 정치적으로 의식이 깨어 있던 이들의 지지를 전혀 받지 못하던 부패한 지역의 지도자들 때문이었다. 이 때문에 많은 수의 타운십은 통제가 불가능한 지역으로 변모하게 되었다. 상황이 이 지경에 이르자 1985년에 피터 보타 대통령은 계엄령을 선포하고 모든 형태의 집회를 금지함은 물론, 그 집회를 보도하던 국제 언론들까지 탄압했다. 대량 구금 사태가 벌어지고 정부가 사주한 학살이 자행되자, 온 사회가 새로운 충격에 빠지게 되었다. 국제적인 비난은 점점 높아만 갔고, 과거 영국과 미국처럼 경제적 또는 이념적인 이유로 아파르트헤이트에 대해 침묵을 지키거나 방조하던 나라들조차 더 이상 그 상황을 정당화할 수가 없었다. 이제 아프리카너 집단은 물론이고 국민당조차도 신뢰를 상실했다. 물론 많은 아프리카너 지도자들은 이 사태를 부정했다. 사태가 통제 불가능한 상황으로 치달아 가자 이번에는 긴급조치가 선포되었다.

1989년에 새로운 대통령으로 선출된 프레데리크 데클레르크는 아파르트헤이트의 의미를 전면 재검토했다. 과거에는 강경파로 분류되곤 했지만 그는 본질적으로 실용주의자에 가까웠다. 데클레르크는 인구등록법과 집단거주법을 폐지하는 과감한 개혁을 단행했다. 1990년대 초에는 아프리카민족회의와 범아프리카회의의 활동금지법도 폐지했다. 마침내 만델라도 석방했다. 바야흐로 아파르트헤이트가 종식되어 가고 있었다. 이처럼 극적인 상황 전개는 나라의 미래를 두고 심도 있는 논의를 거친 끝에 나온 것이었다. 타운십 내의 경쟁 집단들이 벌이는 폭력 행위를 근절하자는 주장이 나왔다. 시위대와 군의 적대, 민족회의와 기타 경쟁 집단 간의 갈등도 지양해야 한다는 주장도 제기되었다. 그러나 극우 집단인 아프리카너들은 여전히 폭동을 강제 진압해야 한다는 주장을 폈다. 한편 나탈 줄루 지역에서 새로이 진용을 갖춘 잉카타자유당(Inkatha Freedom Party)이 몽고수투 부텔레지(Mongsuthu Buthelezi)를 내세워 민족회의의 지지 기반을 약화시키고 있었다.

넬슨 만델라는 사멸해 가던 정권을 껴안는 통 큰 정치를 선보였다. 만약 그가 그런 입장을 취하지 않았다면 사태는 한 치 앞도 분간하기 어려웠을 것이다. 그는 노련한 정치가로서 지혜를 발휘하여 사분오열되어 있던 수많은 아프리카인 집단들을 어렵지 않게 하나로 통합할 수 있었다. 결국 지지부진하던 협상이 완결되면서 1994년에 남아프리카의 현대사에서 처음으로 인종차별 없는 자유로운 선거가 치러졌다. 이 선거를 통해 만델라는 대통령에 선출되었고, 민족회의는 압도적인 표차로 집권당이 되었다. 그럼에도 이런저런 폭력은 끊이지 않았다. 만연한 폭력은 사회적·정치적 발전을 가로막았을 뿐 아니라 나라의 장래를 위협하기도 했다. 절대다수의 아프리카인들은 민족회의 정부가 자신들을 대변하여 많은 일을 해주리라 기대했다. 그 기대와 희망은 놀라울 정도였다. 기대가 높았던 만큼 실망감도 단기적으로는 빨랐다. 그러나 '무지개 국가'에 대한 만델라의 포부와 실용적이고 유능한 민족회의 행정부는 사회를 안정시키는 일을 최우선 과제로 설정했고, 과거와 비교해 볼 때 놀라운 성과를 창출했다. 많은 이들이 예견했던 바와 달리 내전도 일어나지 않았고, 백인들을 상대로 한 복수도 벌어지지 않았다. 진실과

화해위원회(Truth and Reconciliation Commission)를 설치해 아파르트헤이트로 상처 입은 사람들을 치유하기도 했다.

물론 진실과화해위원회가 원래 의도한 바대로 효과적으로 실현되었는지 여부는 좀 더 찬찬히 살펴볼 필요가 있다. 그럼에도 그토록 사악한 백인 식민주의는 결국 종말을 맞게 되었다. 탁월한 경제적 능력과 국제적 지위 그리고 민주주의를 안정적으로 창조할 능력을 가지고 있는 나라인 만큼, 남아프리카공화국은 아프리카 대륙의 발전을 선도함은 물론이고 아프리카에서 벌어지는 운동을 새로운 국면으로 이끄는 데 결정적인 역할을 할 수 있을 것이다.

7부
제국주의의 유산과 미완의 과제

식민 통치가 종식되면서 온갖 새로운 문제가 불거져 나왔다. 과거의 문제들이 형태를 달리해 다시 출현했다. 외세의 지배가 아프리카 국가들에게 남긴 유산은 정치와 경제는 물론 문화와 사회구조를 비롯한 여러 영역에 걸쳐 있었다. 식민 통치가 시작되면서 완전히 사라졌거나 지하로 잠복했다고 생각했던 사회·경제·정치적 관계의 양태들이 다시 모습을 드러냈다. 당대의 아프리카인들이 직면한 문제의 기원은 모두 식민지 이전 시기와 연동되어 있다는 점을 부정하는 사람들은 별로 없었다. 그 뿌리는 19세기까지 거슬러 올라가지만 식민지 경험 때문에 악화된 문제가 적지 않았다. 새로운 국가가 출범하면서 새 출발을 기대하는 사람들도 많았다. 대다수 민족주의자들의 수사 또한 재탄생이라는 개념에 초점을 맞추고 있었다. 그렇지만, 새로운 국가의 출현과 관련된 기획들은 과거로부터 물려받은 문제 많은 유산들 탓에 더욱 복잡한 모양새를 띠게 되었다.

　아프리카는 세계 환경의 변화가 가져온 불행의 희생양이었다. 냉전으로 인한 이데올로기의 양극화 또한 수많은 아프리카인들의 처지를 전혀 고려하지 않았다. 그저 몇몇 정부만이 냉전 상황을 이용하여 입지를 굳히는 일에 혈안이 되어 있었을 뿐이다. 냉전은 여러 가지 면에서 불완전했다. 기존의 갈등을 악화시키거나 새로운 갈등을 만들어 내기도 했는데, 그중 수많은 갈등이 수년 동안 지속되었다. 서유럽은 이 기간 동안 지구상에서 가장 추악한 정권을 지지하기도 했다. 현존하던 식민 지배의 유산은 냉전의 출현으로 더 복잡한 상황 속으로 빠져들게 되었다. 저개발 경제는 식민 시대의 유산이었다. 아프리카의 통치 엘리트들은 정책의 방향을 결정하는 데 항상 최선을 선택할 수만은 없었다. 그들이 유산으로 물려받은 제도가 취약하고 균형이 잡혀 있지 않았기 때문이다. 뿐만 아니라 좀 더 넓은 세계와 상업적인 관계를 맺기에 좋은 여건을 가지고 있지도 않았다. 정치적인 측면에서 볼 때도 식민주의는 명시적이건 암시적이건 아프리카의 제도를 군사주의와 폭력, 억압과 불신에 기초하게 만들었다. 아프리카의 통치자들은 후견인 제도나 사적인 통치 같은 의제들을 독자적인 방식으로 변주했다. 그들은 이 과정에서 식민지 이전 시기의 경험과 문제 틀을 도입했다.

최근에는 억압적인 정권에 맞서 좀 더 집중도가 높고 격렬한 도전이 펼쳐지기도 했다. 몇몇 사례를 제외하면, 이러한 도전들은 탈식민화 이후에 아프리카의 정치 문화를 규정하는 데 큰 도움을 주었다. 그런 의미에서 아프리카 대륙의 개인과 집단이 이제는 다른 사람들을 희생시키지 않고도 자원과 권력을 좀 더 안정적으로 확보할 가능성이 높아진 점에 희망을 가질 이유는 충분하다. 순전히 대중의 압력에 따른 것이건 총칼의 위협에 따른 것이건, 과거의 제도는 완전히 붕괴되었거나 새로운 형태로 꼴을 바꾸고 있다. 정치의식이 성장하면서 억압에 대한 불관용도 커지고 있다. 그렇지만 그런 의식이 무장을 하게 되면 결과는 피를 불러올 수밖에 없게 된다. 남아프리카공화국에서 나타난 무장투쟁은 극적인 변화를 수반했다. 케냐 대중들의 봉기 또한 효과적인 변화를 이끌어 냈다. 하지만 분노에 가까운 편견이 폭발하여 정치화를 낳을 수도 있다. 르완다가 그랬다.

어떤 의미에서 보면 아프리카와 세계의 관계는 지속적으로 발전해 왔다. 냉전이 끝나는 1990년대 초에 이르면 태도상의 변화도 확연하게 감지된다. 한편으로는 거대한 연속성을 느낄 수도 있다. 아프리카 대륙은 여전히 이른바 '선진국' 정부와 '이익' 단체, 중개자들에 의해 대상화되어 있다. 게다가 '문제가 산적한 지역들'로 가득한 지구에서 아프리카는 인간의 문제가 가장 참혹한 방식으로 드러난 곳으로 간주되고 있다. 18세기 후반과 19세기 초반에 노예무역 폐지론자들은 아프리카를 나름의 방식으로 기술했다. 제국주의가 한창 절정을 향해 치닫고 있던 그 시기에, 리빙스턴과 여러 선교사들도 한 무리의 인간 집단을 보면서 느낀 절망 상태를 그들 나름의 언어로 표현했다. 지금도 여전히 아프리카는 시차를 뛰어넘어 위의 두 집단이 바라보던 방식과 동일한 방식으로 관찰당하고 있다. 아프리카는 여전히 이해의 대상이 아니라 보고나 관찰의 대상이다. 그래서 '향상되었다'느니 '구원받았다'느니 따위의 말들이 범람하고 있는 것이다.

행인지 불행인지 20세기 후반에 들어서면서, 18세기 후반의 가치와 접근법을 새롭게 보자는 시도가 이어지고 있다. 경제적인 재건을 염두에 둔 '윤리적인' 서구의 개입에 대한 논의도 활발해지고 있다. 이런 현상은 19세기 초 이래로 변함없는 경제 환경 속에 있던 아프리카 대륙을 '근대화'하려는 취지가 현대적으로 재현된 것이다. 정치적 변화를 둘러싸고도 20세기 중반의 상황보다 더 효과적으로 자유주의 원칙을 전파하자는 움직임도 있다. 말하자면 아프리카는 '정권 바꾸기'의 의제에서 제외되어 온 것이 사실이다. 2001년 9월 11일 뉴욕이 공격을 당한 이후로 '정권 바꾸기'는 아프리카를 제외한 여러 지역에서 강제적으로 시행되었다. 아프리카가 그 의제에서 면제된 이유는 상대적으로 아프리카 대륙이 미국의 대외정책과 관련해 우선순위에 포함되어 있지 않았기 때문이다. 그러나 리비아와 수단, 소말리아는 달랐다. 이들 국가는 1980년대 이후로 시기를 달리하면서 미국으로부터 폭탄 세례를 받았다. 그러나 알카에다가 이끄는 이슬람주의가 확산되면서 이러한 정황은 바뀌고 있다.

갈등을 해소하기 위한 갖가지 조치가 취해졌다. 수단에서는 휴전이 선포되었다. 정치적인 분단과 남북 문제는 일단 미완의 과제로 남겨두었다. 그러나 수단의 다르푸르에서는 여전히 분쟁이 지속되고 있다. 세계는 여전히 끔찍한 '대량학살' 앞에 아연실색하고 있다. 그러나 평화 유지군을 파견하는 문제는 난항을 겪고 있다. 에리트레아와 에티오피아도 휴전을 선포했다. 그럼에도 이 둘 사이의 긴장을 자아 낸 문제의 뿌리는 여전히 해소되지 않고 있다. 소말리아의 상황은 좀 더 복잡해지고 있다. 콩고의 기반도 갈수록 취약해지고 있고, 이따금 전쟁에 휘말리기도 한다. 코트디부아르 북부와 우간다 북부에서는 아직도 반군이 암약하고 있다. 다르푸르, 나아가 수단 같은 지역은 전 세계인의 주목을 받으며 다양한 중재자들의 활약과 재정적 지원을 통해 휴전을 선포하기까지 했지만, 세계인의 관심에서 완벽하게 잊힌 서사하라 같은 나라도 있다. 이곳에서 사라위(Sahrawi) 사람들은 모로코의 지배에 맞서 여전히 투쟁을 벌이고 있다. 어째서 어떤 전쟁은 세계인의 이목을 끌 만한 가치가 있고, 또 어떤 전쟁은 왜 잊힐 수밖에 없는지 그 이유를 분별하기는 쉽지 않은 경우가 많다. 어떤 군부는 엄청난 관심의 대상이 되는데 반해, 왜 어떤 군부는 그렇지 않은지의 문제도 마찬가지다. 어떤 정권은 국제적인 비난을 당하는데 반해, 어떤 정권은 일상적인 폭력을 행사하면서도 왜 그 하찮은 일간지나 국제뉴스의 단신거리로도 처리되지 않는지 의문이 가시지 않는다. 이와 같은 선별성의 문제를 극복하기는 쉽지 않다. 이는 필연적으로 유엔과 서구의 정부, 비정부기구의 이중성에 대한 비난으로 이어지기 십상이다.

어쩌면 인간의 문제가 가지고 있는 특성상 갈등은 불가피하다. 아프리카의 경우 폭력이 가뭄과 외채, 저개발 문제 때문에 더욱 악화되었다는 사실을 의심하는 사람은 없다. 물론 이러한 문제들이 갈등을 새로운 국면으로 이끌었을 수도 있다. 여러 아프리카 행정부는 1960년대 이후로 눈덩이처럼 불어난 빚을 떠안고 있다. 따라서 사회적·경제적 토대을 발전시키는 일과 관련해 아프리카 정부에게 주어진 선택의 여지는 거의 없다. 해외 원조 역시 임시방편 이상의 역할은 할 수 없다. 어떤 지역에서는 해외 원조가 오히려 역효과를 내기도 했다. 대개 갈등은 주어진 자원을 제대로 활용할 수 없을 때 발생했다. 집단과 집단 사이 또는 국가와 국가 사이의 문제를 제대로 해결하기 위해서는 경제 발전과 역사적 맥락을 이해하는 일이 반드시 선행되어야 한다는 사실을 잘 보여 준다.

아프리카인들은 최근에 수많은 미완의 사업에 관여하고 있다. 이는 충분히 예상할 수 있는 형태로 앞으로도 지속될 것이다. 물론 역사가들도 미완의 사업을 다루고 있다. 이들의 과제가 난해한 이유도 그 때문이다. 무릇 역사가는 미래를 다루어서는 안 된다. 섬세한 역사 연구를 통해 미래에 어떤 일이 어떻게 전개되어 나갈 것인지가 투명하게 보이고 그래서 미래 인간관계의 양태에 대해 미리 대책을 제출할 수 있다 해도, 미래를 이야기하는 일은 다른 사람들의 과제이다. 1990년대 초 이래로 발발한 일련의 사건과 경향을 보면 '아프리카의 상태'를 둘러싸고 낙관주의와 비관주의를 모두 만족시킬 수 있는 상황이 연출되고 있음을 알 수 있다. 이러한 양면성을 가장 잘 드러내 주는 사건이 1994년에 벌어진 사건이다. 아프리카 대륙에서 가장 억압적이고 인종차별적인 정권이 민주적으로 전복된 해이자 남아프리카공화국이 '무지개 국가'로 다시 태어난 해이다. 하지만 동시에 채 한 달도 되기도 전에 르완다에서 백만을 헤아리는 목숨을 앗아간 대량학살이 일어난 해이기도 하다. 이처럼 1994년에 벌어진 일련의 사건은 점진적인 변화 대신에 '전환점' 또는 '새로운 시작'을 무작정 선택하는 일이 얼마나 끔찍한 결과를 초래하는지 경고하고 있다.

2005년에는 이른바 '선진국' 정부들이 아프리카 정부의 채무를 청산해 주자는 주장과 새로운 방식의 아프리카 지원책을 시끌벅적하게 발표했다. 그러나 이 책을 쓰는 지금 돌이켜보면 실제적인 내용은 제대로 시행되지도 않았다. 아프리카 감시단들조차도 몇 년을 주기로 계속 되풀이해서 나오는 '새로운 시작'이라는 수사에 진절머리가 날 것이다. 기실 이룬 것이 아무 것도 없기에 그런 수사는 빛 좋은 개살구일 뿐이다. 외려 아프리카 역사의 역동적 발전 또는 아프리카가 외부 세계와 맺고 있던 역사적 관계 같은 좀 더 본질적인 의제들을 은폐하는 기능을 했을 뿐이다. 아프리카의 과거에 다가가거나 이해하는 과정에서 '선진국들'은 본질적으로 피상적인 모습을 보이고 있는 것이 사실이다. 다시 말해, 좀 더 현대화되었을 뿐인 전통적 관습을 활용하고 있는 것이다. 결국 오늘날의 위기를 타개할 유일한 주체는 바로 아프리카인들이다. 그 밖에 누구도 그 일을 담당할 수 없다. 이를 좀 더 또렷한 방식으로 실현하기 위해서는 좀 더 자신감을 가질 필요가 있다.

21세기 초에 아프리카가 당면한 문제를 역사화하는 데 실패할 경우, 역사가들은 아프리카의 미래를 상대적으로 음울하게 진단할 가능성이 크다. 하지만 그런 진단은 주어진 자료를 깊이 있게 해석해 내지 않은 결과일 뿐이다. 이 책을 쓰면서 내내 지적했듯이, 아프리카의 역사는 민중적 관점에서 볼 때 지난 두 세기 동안 범상치 않은 역동성과 창의성을 충분히 보여 주었다. 우리는 아프리카인들이 앞으로도 혁신과 발전을 꾸준히 선도해 나갈 것임을 확신할 수 있었다. 이 과제는 그렇게 해야만 하는 일이 아니라 그럴 수밖에 없는 일이다.

19장
시끌벅적한 집
냉전과 이데올로기 대립

　탈식민화 과정을 비롯하여 독립 직후 몇 십 년 동안 아프리카 대륙에서 벌어진 정치적·경제적 발전은 냉전이 규정한 국제 질서를 배경으로 살펴보아야 올바르게 이해할 수 있다. 이 장에서는 아프리카를 그런 맥락에서 살펴볼 것이다. 아울러 냉전이 정치적으로 그리고 갈등의 측면에서 아프리카에 어떤 영향을 끼쳤고, 또 아프리카 내부에서 어떻게 재현되었는지도 살펴볼 것이다. 이렇게 본다면 아프리카는 동남아시아나 중앙아메리카와도 어느 정도 경험을 공유하고 있다고 볼 수도 있다. 여러 강대국들 사이에 끼여 '첨예한 갈등'의 본거지 역할을 했기 때문이다. 아프리카는 냉전의 '변두리'였음에도, 온갖 이데올로기와 전략이 서로 충돌하고 화합하는 최전선이었다. 나아가 미국과 소련의 세계 전략이 집중적으로 주목한 곳이기도 했다. 그런 차원에서 아프리카의 여러 행정부와 정치 운동가들은 냉전의 경쟁자들을 활용할 수밖에 없었다. 하지만 안타깝게도 그들 스스로가 경쟁의 희생자가 되고 말았다.

아프리카와 국제정치

아프리카는 몇 가지 면에서 냉전이 '본격적으로' 시작되기 오래전부터 혁명적 마르크스주의자들의 관심을 한 몸에 받았다. 레닌은 제국주의를 자본주의의 '마지막 단계'라고 규정했다. 그리고 그것의 약한 고리로 식민주의를 지적하면서, 자본주의 국가와 제국주의 국가 간에 서로가 서로를 파괴하는 죽음의 투쟁이 전개될 것이라고 지적했다. 1920년대의 초창기 코민테른 활동을 통해 조금씩 여물어 가던 소련은 비유럽 국가들의 마르크스주의 혁명운동을 지원했다. 이는 혁명을 세계화하기 위한 수단에 지나지 않았다. 물론 그 무렵 소련의 관심은 아프리카보다는 아시아 쪽에 쏠려 있었다. 그런데 스탈린이 집권하게 되면서 소련의 대외 정책은 분리주의 쪽으로 바뀌었고 코민테른을 무시했다. 공산주의에 영향을 받아 반제국주의 투쟁을 전개하거나 민족주의의 연장선에서 반식민 투쟁을 벌이는 경향을 무시했던 것이다. 이 정책은 1953년 스탈린이 사망할 때까지 지속되었다. 물론 소련은 장기적인 차원에서 반제국주의 투쟁을 지원했고 피억압 민중들에게 민족 자결권을 부여하자고도 주장했다. 그럼에도 그 무렵 막 부상하기 시작한 아프리카의 저항운동 주체들에게 서유럽의 이데올로기를 대체할 만한 대안으로서 공산주의는 1940년대 후반 이전까지만 해도 영향력이 보잘것없었다. 사하라 이남에서는 유일하게 남아프리카에서만 공산주의 운동이 활발했다. 아프리카 대륙에서 공산당을 최초로 창당한 지역이 남아프리카공화국이었다. 남아프리카의 공산당은 두 차례의 세계대전 사이에 중남부 아프리카의 광산 도시들을 중심으로 활동했다. 공산주의 사상은 북아프리카에도 어느 정도 영향력을 행사했다. 1920년대의 이집트가 대표적이다. 1950년대 중반 이후 소련에서 흐루쇼프와 브레즈네프가 집권하면서 아시아와 라틴아메리카는 물론이고 아프리카 대륙에도 좀 더 큰 관심을 보이기 시작했다. 이 지역에 공산주의나 좌파 운동을 독려하고 고무하기 위해 물질적 지원도 아끼지 않았다. 1960~1970년대에는 물리적 개입도 서슴지 않았다. 미국은 물론 과거의 식민 종주국들의 반응은 각양각색이었다.

냉전이 아프리카에 끼친 영향은 무척 다양하다. 무엇보다 냉전은 역설적이게도 초기 단계에서는 식민 종주국의 입지를 약화시키는 것이 아니라 강화시키거나 정당화했다. 유럽의 식민주의에 대해 강한 거부감을 드러냈던 미국의 입장에서 볼 때 이런 태도는 매우 역설적이었다. 혁명적인 반제국주의 운동을 전개하며 세계의 새로운 강자로 등극하던 소련의 입장에서 볼 때도 이치에 맞지 않았다. 1945년 이후에 새롭게 형성된 세계 질서 속에서 영국은 암묵적인 미국의 지원에 힘입어 스스로가 공산주의의 확산을 막는 지구의 첨병이 되겠다고 자청했다. 그러고는 이데올로기적으로 서로 엇비슷한 제국들이 하나의 진영을 형성해 소련의 확장을 막자고 주장했다. 게다가 한술 더 떠 성급한 탈식민화는 소련에게 도움을 줄 뿐이라고 강변했다. 영국은 1945년 이후 아프리카 식민지에 대해 새로운 관심을 쏟기 시작했다. '제2의 식민 지배'라고 부를 정도로 영국은 대규모 자금을 아프리카에 투자했다. 이는 흡사 미국이 서유럽을 살리기 위해 자금을 쏟아 부은 마셜플랜과도 비슷했다. 목적은 식민지를 경제적으로 안정시켜 아프리카가 공산주의의 먹잇감으로 전락하는 것을 막는 것이었다. 공산주의는 가난과 불행을 원천으로 하고 있다는 믿음 때문이었다.

그렇지만 아프리카의 민족주의자들은 냉전의 정치적 함의를 빠르게 깨닫고 있었다. 동서 갈등이 불러올 전략적·전술적 기회가 무엇인지도 잘 알고 있었다. 어떤 지도자들은 1950년대를 보내면서 대중 선동과 혁명적 정치 활동을 펼치는 과정에 공산주의 이데올로기가 제공하는 기회에 순수하게 이끌리기도 했다. 그들은 민족주의 운동을 전개하는 과정에서 자연스럽게 좌파 쪽으로 기울 수밖에 없었다. 민중 혁명이라는 위협적 수사를 교묘하게 활용하여 집단 봉기를 환기시키는 지도자들도 있었다. 골드코스트의 콰메 은크루마는 그 둘을 절묘하게 결합한 인물이다. 그는 좌파 이데올로기에서 영감을 얻었지만, '대중 혁명'의 실현 불가능성을 잘 알고 있었다. 그럼에도 그는 좌파의 언어로 대중을 선동하는 시도를 멈추지 않았다. 이렇게 하면 영국이 자신을 매우 위험한 급진주의자로 낙인찍을 것이라는 사실도 잘 알고 있었다. 그러나 독립을 쟁취한 후 은크루마는 영국과 비교적 '친하게' 지냈다. 영연방에도 가입했고, 동시에 소련과의 관계도 중시했다. 소련으로부터는 1950년대 후반에 물질적인 원조까지도 이끌어 냈다. 같은 시기에 프랑스는 탈식민화라는 의제를 놓고 사하라 이남의 식민지들과 복잡한 협상을 벌이고 있었다. 기니는 즉각적인 독립을 선포했다. 프랑스는 모든 지원을 철회하여 기니 같은 과거의 식민지를 굴복시키고자 했다. 그러나 때맞추어 도착한 소련의 지원으로 기니는 겨우 생존할 수 있었다.

　소련의 존재가 가장 큰 영향력을 끼친 지역은 북아프리카였다. 소련은 아메드 벤 벨라 같은 민족주의자들을 후원하고 물질적으로도 지원했다. 아메드 벤 벨라는 알제리 민족해방전선을 조직한 인물로 알제리 국경 바깥에서 활동하고 있었다. 소련은 이집트의 나세르도 지원했다. 특정 세대의 아프리카 민족주의자들은 알제리 전쟁을 힘의 집결지로 보았고, 어떤 이들은 서구로부터의 소외가 시작된 곳으로도 보았다. 해방전선에 대한 소련의 지원은 아프리카 대륙의 자기 결정권을 둘러싸고 동과 서의 태도가 확연하게 다름을 명시적으로 보여 주었다. 소련은 나세르의 수에즈운하 국유화를 발 빠르게 지지하며, 1956년에 영국과

그림 29 새로운 동맹, 은크루마와 나세르

프랑스가 힘을 합쳐 이집트를 공격한 것을 강력하게 비난했다. 물론 미국도 영국과 프랑스가 취한 강도 높은 제국주의를 비난하기는 했다. 사실 나세르와 흐루쇼프가 맺고 있던 '우정'은 표면적인 수준에 머무르고 있었다. 사실 나세르로서는 사회주의에 기댈 의지가 전혀 없었다. 심지어 나세르의 후계자로 등장한 안와르 사다트(Anwar Sadat)는 소련의 군사고문단을 축출하기까지 했다. 그렇지만 이집트와 소련은 반제국주의, 나아가 반서구주의 수사를 깊이 공유했다. 알제리를 통해서도 알 수 있듯이, 소련은 서구의 그 어떤 정부보다도 아프리카 민족주의에 대해 깊은 공감을 보이고 있었다.

넓은 의미에서 '아프리카 사회주의'라고 불릴 법한 이데올로기를 수용하고자 한 독립 정부도 있었다. 이는 서방세계의 재정 지원을 거부하는 것과 아울러 사회적·경제적·정치적 발전을 둘러싸고 서구적 가치가 일방적으로 동원되는 것을 거부함을 의미했다. 이들은 '사회주의'라는 용어를 아프리카식으로 전유하고자 했다. 이 과정에서 특정한 문화적

19장 시끌벅적한 집 569

가치들이 낭만화되기도 했다. 그중 가장 대표적인 것이 과거에 잘못 규정된 공동체주의라는 가치였다. 1960~1970년대의 탄자니아에서 니에레레는 사회주의에서 내세운 자급자족의 수단을 '마을화'라는 이름으로 강력하게 추진했지만 파국적인 결과를 낳았다. 동시에 그는 중국과도 우방의 관계를 유지하고 있었고 중국을 활용해 탄자니아에서 잠비아까지 연결되는 철도를 놓았다. 1970년대 중반 이후 멩기스투 하일레 마리암(Mengistu Haile Mariam)이 이끄는 마르크스주의 군사독재에 노출된 에티오피아는 오랫동안 우방 관계를 유지하고 있던 미국과 외교를 단절하고 소련을 선택했다. 마리암 정부는 사회주의 프로그램을 공격적으로 끌어들여 공동체 전체를 다른 형태로 재구성하기도 했다. 이러한 지도자들이 원했던 것은 특정한 이데올로기적 입장을 활용하여 외국의 지원과 원조를 끌어오는 것이었다. 같은 이유로 서방세계를 동맹으로 선택한 이들도 있었다. 이들은 부지런히 영국과 미국, 프랑스의 지원을 이끌어 냈다. 서방세계는 경제 지원과 군사기지의 설치 등을 매개로 이들의 인권 침해를 눈감아 주는 더러운 거래를 하기도 했다. 자이레의 모부투는 고질적인 부패와 부실 행정에도 불구하고 1960년대 중반부터 1990년대 초반까지 서방세계로부터 지원을 받았다. 권위주의와 사악한 제도로 유명한 케냐도 냉전 기간 내내 강건한 영국의 동맹으로 남아 있었다.

폭동과 개입

냉전은 그 존재감을 내전과 무장투쟁을 통해 드러냈다. 앞에서도 지적했듯이, 제2차 세계대전 직후에 영국과 프랑스는 저마다 스스로를 공산주의의 확장을 저지하는 교두보라고 자칭했다. 그런데 1950년대 중반 이후 소련 또한 아프리카를 '제2의 전선'이라 규정하며 관심을 확장했다. 1960년대부터는 한편에서는 미국과 그 동맹국들, 다른 한편에서는 소련과 위성국가들 또는 중국 등이 아프리카에서 벌어진 온갖 유형의 전쟁에서 서로 충돌했다. 냉전의 정치학과 이런저런 방식으로 엮이지 않은 전쟁은 거의 없었다. 케네디 대통령이 1960년대 초에 제3세계에서 벌어지는 분쟁을 잠재울 전략을 펴기 시작한 이후로 특히 그랬다. 바로 그런 사례가 콩고에서 벌어졌다. 벨기에가 철수하자 콩고는 거의 무정부 상태에 빠졌고 여러 열강들이 콩고 문제에 개입했다. 미국의 중앙정보부는 앞장서서 모부투를 친서방 진영의 대표 주자로 떠받들었다. 이렇게 해서 중앙아프리카 지역에 초강대국들 간의 긴장 관계가 형성되었다. 1973년에 벌어진 전 세계 에너지 파동에 이어 나타난 위기였다. 콩고는 엄청난 천연자원을 보상으로 제공했다. 앙골라와 모잠비크에서는 적대 관계에 있던 게릴라들이 득세하기 시작했는데, 모두 외부 세력의 지원을 받고 있었다.

지역의 맹주를 자처하던 남아프리카공화국도 앙골라와 모잠비크의 갈등에 개입했다. 포르투갈 식민지를 둘러싸고 벌어지는 사건의 직접적인 영향을 받는 지역이 남아프리카공화국이었기 때문이다. 국제적인 동맹 관계가 그다지 좋지는 않았음에도, 반공주의 노선을 채택하고 있다는 이유만으로 남아프리카공화국은 서방으로부터 갖가지 군사적 지원을 받고 있었다. 남아프리카공화국 정부의 우경화는 아프리카민족회의가 좌익 성향을 보이면서 시작되었다. 아프리카에서 게릴라와 반군들이 주도하던 움직임은 때때로 사회주의 성향의 프로그램을 수용했다. 순수하게 사회주의가 지향하던 원칙에 매료되었던 경우도 있고, 소련과 동맹을 맺으면 군사적 지원을 받을 수 있기 때문이기도 했다. 또한 사회주의는 운동 조직 내부나 좀 더 다양한 인구를 정치적으로 통제하는 데 강력한 힘을 발휘하기도 했다. 이는 무장한 지도자들이 이구동성으로 내세운 주장이었다. 냉전으로 인한 개입은 대체로 내분을 장기화하고 심화했으며, 좀 더 복잡한 형국으로 이끌었다.

냉전적 개입으로 사태가 미궁에 빠지게 된 좀 더 강력한 본보기는 아프리카의 뿔 지역에서 찾아볼 수 있다. 셀라시에 황제가 통치하던 시기 에티오피아는 서방의 든든한 동맹국으로 반공주의와 반이슬람 노선을 채택하고 있었다. 홍해 지역에서 에티오피아가 차지하고 있던 지정학적인 중요성 때문에 이 노선은 미국 측에 큰 이득이 되고 있었다. 에티오피아는 아프리카와 중동을 연결하는 교량과도 같았다. 1950년대 들어 미국은 셀라시에 정부와 여러 유형의 군사조약을 맺었다. 이에 감읍한 황제는 한국전쟁에 군대를 파병하기도 했다. 미국은 유엔을 동원하여 과거 이탈리아의 식민지였던 에티오피아에게 에리트레아를 넘기는 선물을 선사하기도 했다. 이는 에리트레아의 수도인 아스마라에 카그뉴(Kagnew) 군사기지를 설치해도 좋다는 허락의 대가였다. 절정기에 수천 명의 군인이 주둔했던 카그뉴 기지는 꽤 오랫동안 미국 본토 밖에 있는 기지 가운데에서 가장 큰 기지 역할을 수행했다. 이 기지는 인도양을 비롯하여 북아프리카와 중동 지역의 동정을 살피는 전진기지로 이용되었다. 그러나 1974년에 한 마르크스주의 집단이 봉기하여 노쇠한 셀라시에 정권을 전복하면서 에티오피아와 미국의 호혜적인 관계는 종말을 맞았다. 1970년대 중반 이후 소련과 손을 잡은 에티오피아는 미국인들을 축출했다. 한때 소련은 에티오피아와 간헐적으로 전쟁을 벌이던 소말리아의 후원국이었다. 그런 소련이 이번에는 에티오피아와 동맹을 맺으면서 엄청난 군사적 지원을 쏟아 부었다. 군사 '고문단'을 파견하는 일과 군수물자를 지원하는 일까지 포함되어 있었다. 이에 고무된 에티오피아는 1977년에 시아드 바레(Siad Barre)의 소말리아와 전쟁에 돌입했다. 1964년에 두 나라가 벌인 전쟁에 대한 복수전의 성격을 띠고 있었다.

조직 정비의 주요 목적은 에리트레아와 티그레이에서 벌어진 폭동을 진압하는 것이었다. 에리트레아민중해방전선(EPLF, Eritrean People's Liberation Movement)과 티그레이민중해방전선(TPLF, Tigray People's Liberation Movement) 같은 북부 게릴라 조직은 마르크스주의를 강령으로 채택하고 있었다. 그러나 소련의 지원은 요원했고 미국은 멀찌감치 떨어져 상황을 즐기고 있었다. 티그레이민중해방전선은 다른 대안 모델을 모색했고 마침내 찾아낸 것이 알바니아였다. 알바니아는 비동맹을 원칙으로 한 채 마르크스주의를 실천하고 있었다. 하지만 기실은 스탈린의 통제를 받고 있었다. 에리트레아는 전통적으로 중국에서 게릴라 훈련을 받았다. 무장투쟁이 초기 국면에 접어들던 1960년대 초에는 시리아에서 그 훈련을 대신하기도 했다. 그러나 1970년대에 접어들어 에리트레아는 분리주의 전략을 고수하며 소련 또한 '제국주의' 국가라고 비난했다. 뿐만 아니라 '종복'처럼 외세의 이익을 대변하던 아프리카인들의 여러 운동을 강력하게 힐난했다. 한편 1976과 1977년의 에리트레아민중해방전선은 승리를 눈앞에 두는 듯했다. 주요 도시를 제외한 거의 모든 지역을 장악했기 때문이다. 그러나 소련이 에티오피아 쪽으로 기울면서 졸경에 상황이 어긋나기 시작했다. 에리트레아민중해방전선은 수차례 이어지는 에티오피아 쪽의 공세를 피해 어쩔 수 없이 북쪽으로 철수를 해야만 했다. 군사적으로 정치적으로 대단히 실용적인 노선이었음에도 불구하고, 에리트레아민중해방전선은 결국 시간이 지나면서 마르크스주의 노선을 수정해야만 했다. 그러고는 개혁적이고 민족주의적인 동기를 혼합한 주체적인 노선을 만들어 냈다. 1980년대 내내 이 주체적인 노선은 소련의 군사 무기로 무장한 채 전력을 다해 공세를 가해 오던 에티오피아에 맞서 성공적인 전투를 수행했다. 이들은 적군의 무기를 탈취해 적을 공격하는 데 사용하기도 했다. 1980년에 후반에 접어들면서 상황은 또다시 바뀌기 시작했다. 글라스노스트와 페레스트로이카를 내세우던 미하일 고르바초프의 등장 때문이었다. 그는 군사적 원조를 크게 줄일 것이라고 에티오피아 정부를 압박했다. 에리트레아민중해방전선은 승기를 잡고 있었지만, 소련이 철수하면 에티오피아의 위력이 약화되리라는 것은 불 보듯 뻔한 일이었다. 1991년에 에리트레아는 마침내 독립을 달성했다. 에리트레아와 티그레이 무장 반군이 동맹을 통해 아디스아바바에 있던 마르크스주의 독재를 종식시켰던 것이다.

뿔 지역의 상황은 다소 복잡했다. 1970년대의 아프리카를 얼핏 보면 대륙이 크게 두 진영으로 나뉘어 있음을 알 수 있다. 물론 어떤 정부들은 아시아 국가들과 제휴하여 '비동맹' 운동을 펼치기도 했고, 또 어떤 정부들은 앞에서 말한 두 진영에 한 발씩을 담그고 상황을 예의주시하기도 했다. 미국은 케냐와 자이레, 가나, 라이베리아, 세네갈과 안보조약을 맺었다. 또 에티오피아와는 1970년대 중반까지 오랜 군사적 우방 관계를 유지했다. 영국은 몇몇 서아프리카 국가들을 상대로 군사적 임무를 수행하고 있었다. 탄자니아를 제외한 거의 모든 과거의 식민지에 군사 훈련과 무기를 제공하는 일이었다. 프랑스도 중앙아프리카공화국과 가봉, 1970년대 초까지 오트볼타(Haute-Volta)라고 불리던 부르키나파소, 코트디부아르, 세네갈, 카메룬, 지부티 등과 방위 및 상호협력 조약을 체결했다. 소련은 기니와 말리, 나이지리아, 우간다 등을 지원했다. 1970년대 말에는 새로 마르크스주의 노선을 채택한 에티오피아와 앙골라, 모잠비크 등과 군사 지원 조항을 포함한 '우호조약'을 체결했다.

중국은 카메룬과 기니, 말리, 탄자니아에 군사 원조를 제공했다. 쿠바는 콩고-브라자빌과 기니, 앙골라, 모잠비크, 에티오피아와 군사조약을 체결했다. 이 모든 조약들 탓에 무기 경쟁이 심화되었고, 엄청난 무기가 조약 당사국과의 관계에 따라 직간접으로 아프리카로 밀반입되었다.

냉전 탓에 외부의 강대국들은 철면피한 아프리카의 국민국가가 불러일으킨 온갖 문제점을 제대로 살펴볼 수가 없었다. 전략과 이념 경쟁이 지구적 차원에서 전개되고 있었기 때문이다. 이런 상황은 권위주의 또는 잔악무도한 독재 정권을 아프리카 정치의 본질 가운데 하나로 인정하게 했을 뿐 아니라, 원조와 지원이라는 이름으로 이러한 상황을 오히려 유지하게 한 측면도 있다. 이러한 관행은 동서 양진영에서 동시에 이루어졌다. 아프리카 국가들은 정치적으로 민활하지 못했다. 1950년대 말부터 1990년대 초까지 외세가 아프리카를 좌지우지한 이유도 여기에 있었다. 이 시기에 벌어진 수많은 정치적·인륜적 행악들은 적어도 간접적으로는 외세의 개입과 무관하지 않다. 물론 상황을 그렇게 끌고 갈 수밖에 없었던 환경의 탓도 무시할 수는 없지만 냉전의 책임에 견줄 수 없었다. 많은 아프리카 지도자들은 냉전을 이용해 자신의 목적을 달성하고자 했다. 그 결과로 부패한 정권과 국내의 반대 여론을 탄압하는 정권이 버젓이 활개를 치기도 했다. 어떤 정부는 마르크스주의 혁명의 수사를 빌려와 사회적·경제적 변화의 강령을 만들기도 했다. 이는 '문제를 해결하기' 위한 것이라기보다는 정치적인 통제를 강화하기 위한 것에 가까웠다. 진정성의 정도가 다양하긴 하지만 게릴라 운동도 사회주의 수사를 이용해 군중들을 선동하고 '인민전쟁'을 이끌어내기도 했다.

어찌 되었건 1989년부터 1990년까지 냉전이 종식됨에 따라 자국민들에게 오랫동안 신뢰를 받지 못한 정권을 지지하던 외부 세력이 철수하게 되었다. 분명 냉전은 아프리카가 스스로 개발해 나갈 수 있는 정치적·경제적 발전 노선을 부분적으로나마 '탈취'해 갔거나 왜곡시켰다는 혐의를 받고 있다. 나아가 피하거나 해결할 수 있었던 갈등에 불을 지폈다는 혐의도 없지 않다. 문제는 그게 어느 정도인지를 파악하는 일일 텐데, 이는 1990년대 이후 아프리카에서 벌어진 사건을 깊이 파고들어야만 알 수가 있다. 이 문제는 마지막 장에서 살펴볼 것이다.

20장

불안정한 기반
독립 후의 산적한 문제들

경제와 사회

식민 통치가 남긴 유산이 무엇인지를 가장 명확하게 보려면 1960년대 이후에 절대 다수의 아프리카 국가들이 처한 경제 상황을 살펴보면 된다. 아프리카 국가들이 처했던 근대 또는 현대의 정치사회적 위기는 그 뿌리가 경제와 맞닿아 있다. 자원의 부족 또는 그 자원을 공평하게 분배하거나 사용하는 데 실패함에 따라 발생한 위기도 궁극적으로는 경제 문제로부터 자유롭지 못하다. 가난과 저개발은 시민사회를 불안하게 했고, 민주주의 정치를 실패하게 만들었으며, 종족 간의 긴장을 악화시켰다. 아프리카의 독립국들은 식민 종주국들이 인위적으로 만든 생산 체계인 상품작물 경제의 부담을 고스란히 떠안게 되었다. 상품작물 경제란 몇 가지 주요 작물을 재배하여, 그것을 내수 시장에서 소비하는 것이 아니라 주로 수출하여 이익을 꾀하는 경제를 말한다. 상품작물 경제의 붕괴로 말미암아 아프리카 국가들은 몹시 불리한 조건으로 국제무역을 해야 했다. 가격을 통제할 권한을 가지고 있지 못했기 때문이다.

식민주의는 본디 아프리카 경제의 근간이 튼튼해지는 일에는 별반 관심이 없었다. 생산력을 자급자족 수준으로 높이는 일에도 하등 관심이 없었다. 식민주의는 오로지 식민지 영토를 개척하는 일에만 관심을 쏟았다. 수출과 농산물에 부과되는 세금을 통해 이익을 추구할 수 있었기 때문이다. 1950년대의 아프리카는 내부 소비를 목적으로 식량을 생산하는 능력이 과거보다 약화되고 있었다. 반면에 해외시장을 염두에 둔 상품작물의 생산량은 늘어나고 있었다. 시골 지역을 중심으로 가난의 덫이 확산되고 있었다. 수출 작물의 재배로 인해 자급자족 농업이 크게 피해를 입은 지역의 경우는 사태가 더욱 심각했다. 아프리카의 생산자들은 과도한 세금 때문에도 극심한 고통을 당했다. 이러한 사정은 독립 이후에도 크게 나아지지 않았다.

여기에 농산물 마케팅보드가 가세했다. 1930~1940년대에 식민 행정부가 만들었지만 독립 후에 아프리카 정부가 떠맡은 기구였다. 이 기구는 아프리카 농민의 생산물을 낮은 가격으로 책정한 후에 높은 가격으로 해외시장에 내다 팔았고, 여기서 남는 차액은 국가의 발전을 위해 쓰겠다고 했다. 이는 물론 식민주의자들이 애용하던 논리였고 발생한 차액은 결국 정부의 수입으로 환원되었다. 1950년대 후반 가나에도 이런 사례가 등장했고 곧이어 아프리카 대륙 전역으로 퍼져 나갔다. 본질적으로 이것은 저개발의 문제였다. 농산물 생산자들은 세계시장의 핵심이었지만, 그 시장 안에서 하등의 이익도 배당받지 못한 채 소외되고 있었다. 수송과 통신 체계도 아프리카의 내부 발전과 어울리지 않았다. 아프리카의 농산물과 원자재를 수탈하는 게 원래의 목적이었기 때문이다. 모든 시스템이 수출을 중심으로 작동되고 있었고 도로와 철도는 생산 지역을 해안과 연결했다. 19세기 초까지 거슬러 올라가는 경제적 관계에 머물러 있던 아프리카는 외부의 소비만을 촉진시켰고, 외부의 경제만을 성장시켰다. 이는 '1차 생산물'의 수출을 통해 가능해진 일이었다. 19세기에는 노예와 상아, 야자유가 그랬고 20세기에는 면화와 코코아, 황금이 그랬다.

그러나 1950~1960년대에 접어들면서 새로 독립을 달성한 국가들이 상당한 수준의 경제성장을 이룩하리라는 기대감이 높아졌다. 제2차 세계대전 이후 세계경제가 전반적으로 호전되고 있었기 때문이다. 1940년대 중반 이후 수많은 상품작물의 가격이 상승하기도 했다. 그럼에도 아프리카의 생산자들은 여전히 가난에서 벗어나지 못했다. 물론 이는 유럽 사람들의 관점에서 본 것이다. 그렇다고 아프리카 생산자들이 세계에서 가장 가난한 축에 속하는 것은 아니었다. 서아프리카 출신의 토착 상인계급은 1950년대에 크게 번창했는데, 이들의 지위는 그 시절 남아시아 사람들보다 훨씬 나았다. 농촌 경제도 덩달아 살아나고 있었고 전후 광산업도 다시 활기를 찾아 있었다. 이런 긍정적인 징후들이 가장 안정적으로 나타나던 곳이 남부 아프리카였다. 다른 지역에서도 1940년대 후반 이후 석유와 가스는 물론 갖가지 광물이 성공적으로 채굴되고 있었다. 덕분에 제조업도 활력을 띠기 시작했다. 따라서 1950년대에 적어도 일부 지역에서는 산업적인 '도약'도 가능할 것이라고 내다보는 의견도 나왔다. 이런 예측은 조금도 과장이 아닌 것처럼 보였다.

그렇지만 1970년대 들어 아프리카 대륙은 경제적인 위기를 맞았다. 경제가 붕괴한 가장 중요한 이유는 이런저런 사건을 통제할 능력이 없었고 아프리카 정부가 채택한 정책 결정이 잘못되었기 때문만은 아니었다. 1950년대 이후에 나타난 빠른 인구 증가가 위기를 부추긴 측면이

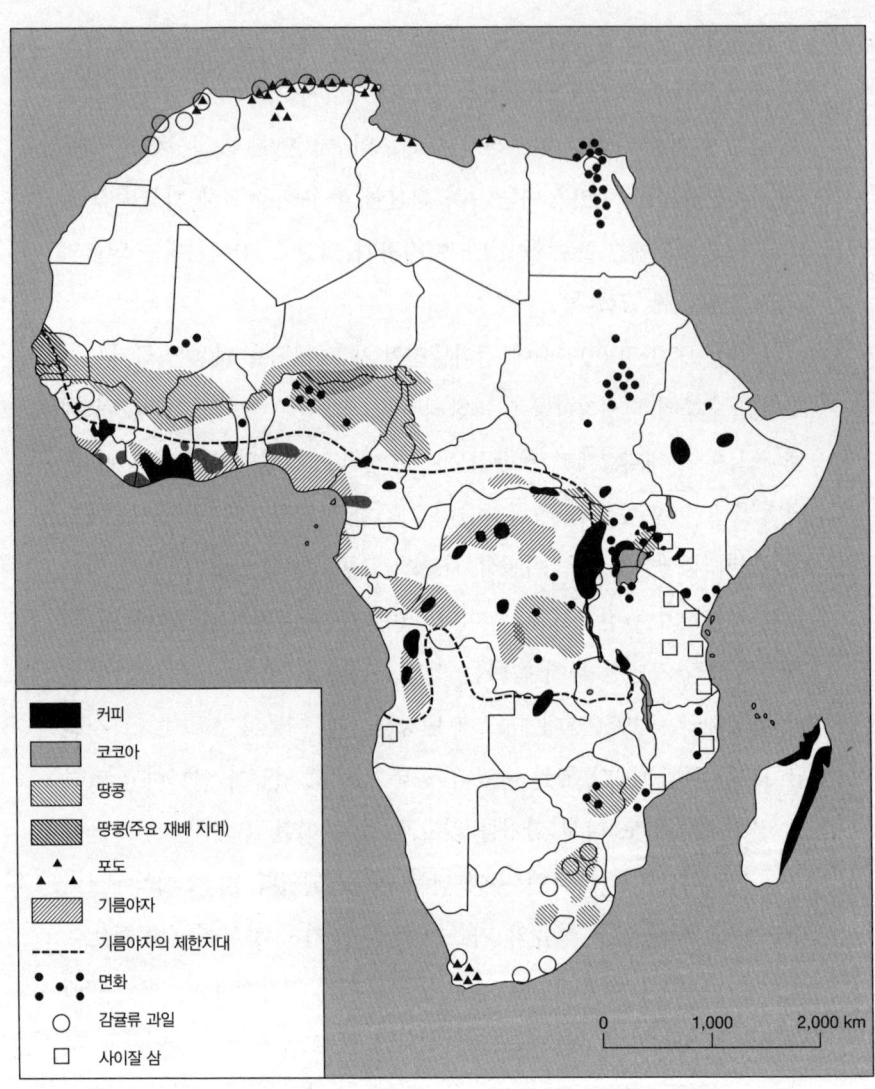

지도 21 탈식민지 시기의 상품작물 경제

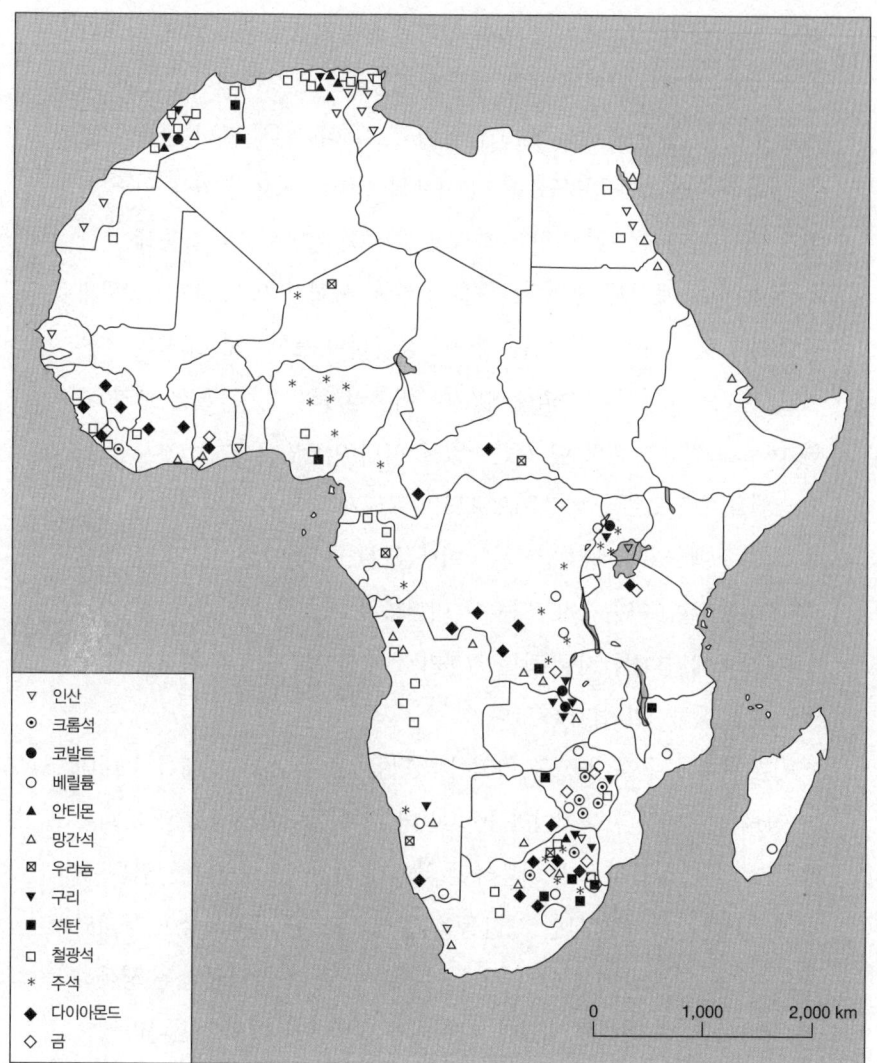

지도 22 탈식민 시기의 광물 채굴

있다. 인구 증가는 기존의 자원과 사회경제적 기반을 흔들었다. 아프리카 정부는 경제적 잉여를 개발 계획에 집중적으로 투자했다. 그런데 그 비율이 인구 성장 추세와 맞지 않았다. 그런 의미에서 지난 반세기 동안 변화된 아프리카 인구를 좀 더 자세히 살펴볼 필요가 있다. 인구 변화가 경제 발전에 끼친 영향은 막대했다. 사회 기반시설을 확충해야 함은 물론이고, 보건과 교육, 토지 분배 같은 사회적 서비스도 적절하게 공급해야 했기 때문이다. 이를 제대로 공급하지 못할 경우 도시는 물론이고 시골도 피폐해질 수밖에 없었다. 아프리카의 정치가들이 보지 못한 내부의 변화가 바로 이 부분이었다. 아니 어쩌면 보는 것 자체가 불가능했을지도 모른다. 외부적으로도 아프리카 대륙은 세계시장의 변화에 속수무책으로 당하기만 하는 희생물이었다. 취약한 아프리카 시장의 뿌리는 식민주의 시기 또는 그 이전까지 거슬러 올라간다. 몇 가지 수출 작물에 경제를 저당 잡힌 정부가 세계시장의 수요와 가격을 능동적으로 조절하기란 쉽지 않았다.

 1970년대에 수출 농산물 가격이 바닥을 친 후 1980년대까지 내내 그 상태를 유지했다. 그러다가 1990년대 초에 들어가서야 조금씩 회복세를 보였다. 상품작물에 의존하던 국가가 가장 큰 치명타를 입을 수밖에 없었다. 특정한 산업 생산물을 중심으로 한 세계시장이 붕괴되기도 했다. 그 때문에 식민지 시기 이후로 한두 가지 작물만을 생산하던 국가들은 큰 피해를 입었다. 자이레와 잠비아가 대표적인 나라였다. 1970년대 중반부터 1980년대 중반까지 구리 가격이 급격하게 떨어졌다. 그 때문에 주요 구리 생산국이던 자이레와 잠비아의 경제는 쑥대밭이 되고 말았다. 근시안적인 행정을 펼치던 아프리카 지도자들도 문제였다. 이들은 아프리카 경제를 다변화시킬 생각을 전혀 하지 않았다. 따라서 아프리카 경제가 고질적인 세계경제의 유동성에 발목을 잡히는 것은 어쩌면 당연한 일이었다. 이들은 또한 수출 시장이 붕괴될 때를 대비해 보험을 들 듯 내수용으로 식량을 생산하는 일에도 관심을 보이지 않았다. 물론 많은 아프리카 국가들이 제한된 몇몇 수출 작물에만 의존할 수밖에 없었던 상황은 식민주의가 남긴 부정적 유산 탓이 크다. 게다가 강력한 내수 시장이 없었던 탓에 상황이 악화된 면도 없지 않다. 그와 유사한 위기가 수입 품목의 가격이 폭등하면서 나타나기도 했다. 1970년대 초중반에 원유 가격이 폭등하자 대체 수단을 찾지 못한 아프리카의 수입국들은 곤경에 빠질 수밖에 없었다. 바로 이 시기에 아프리카의 교통 체계가 무너진 것은 결코 우연이 아니다. 특히 도로망이 이 시기에 집중적으로 붕괴되었다. 도로 사용을 하지 않아서 발생한 비극이었다. 사하라 이남의 아프리카 국가들이 특히 유가의 변화에 취약함을 보였다. 1970년대까지 수로나 철로를 이용한 운송 수단보다 자동차를 이용한 운송 수단에 일방적으로 의존하고 있었기 때문이다.

아프리카의 독립국가들이 유산으로 받은 현실과 상황은 대체로 이러했다. 때때로 아프리카 정부의 통제 능력을 벗어난 것들도 많았다. 여기에 정치가들이 선택한 경제정책들이 부정적인 몫을 더했다. 그나마 남아 있던 경제성장의 가능성을 저해하고 상업적으로 중요한 지역을 피폐하게 만드는 정책을 선택했기 때문이다. 독립 직후의 아프리카를 경제적으로 하루빨리 발전시키기 위해서는 유럽과 북아메리카 모델을 따라 도시화와 산업화를 이룩해야 한다고 보았다. 이들은 특히 북아메리카 모델을 타의 추종을 불허하는 '발전'과 부, 힘을 갖춘 모델로 주목했다. 그리고 경제적으로 자급자족하는 수준이 되기 위해서는 급속한 산업화가 필요하다고 생각했다. 산업화를 빨리 이룩해야만 세계적인 경쟁에서 뒤쳐지지 않는다고 생각했던 것이다. 그러나 이 전략에는 이따금 경제적인 고려를 넘어 어느 정도 문화적인 선택이 담겨 있었다. 대개 국가를 건설하던 엘리트들은 주로 도시 출신으로 교육을 많이 받은 중산층이었다. 과거 식민 행정부와 마찬가지로 엘리트들은 농부와 시골 환경을 아프리카의 후진성을 보여 주는 상징으로 인식했다. 시골 생활은 아프리카의 과거와 동일시되었다. 그리고 농부들은 무지하고 보수적이고 비생산적이고, 게다가 태생적으로 '발전'을 거부하는 인구로 여겼다. 물론 그런 생각이 옳지 않았음이 곧 증명되었다. 아프리카 대륙을 20세기의 글로벌 경제 속으로 끌어낸 주체가 바로 농민들이었기 때문이다. 그럼에도 농업에 대한 투자는 여러 지역에서 실패로 끝났다. 실로 끔찍한 정책 때문이었다. 초기에 추진한 산업화 계획은 야망이 대단했지만, 이용할 수 있는 자원과 국가적 수요를 예측하는 과정에서 계산이 빗나갔다. 대표적으로 가나 정부는 비용이 많이 드는 '영광스런' 산업 계획을 시작했다. 볼타 호수의 남쪽 끝에 수력발전 댐을 건설하는 기획은 주로 유럽의 고문관들이 맡아서 추진했다. 기획을 실행하는 과정에서 가나의 정책 집행자들은 한 가지 중요한 사실을 그냥 지나치고 말았다. 가나의 경제를 떠받들고 있던 주요 산업인 코코아 농장을 위한 경제 부흥책은 단 하나도 제출되어 있지 않은 상태였다. 물론 투자도 하지 않았다. 은크루마 정권이 시행한 이 정책으로 1970년대에 가나의 코코아 생산은 붕괴하고 말았다. 때를 같이하여 은크루마는 실각되고 말았다. 부분적으로는 경제정책의 실패로 일어난 쿠데타 때문이었다.

  더욱이 이러한 정책을 추구하는 데는 비용이 많이 들었다. 아프리카 대륙이 오늘날까지도 빚더미에서 헤어나지 못하는 까닭도 여기에 있다. 규모가 큰 산업에는 외국의 기술과 전문가, 자금 융자가 불가피했기에 빚이 산더미처럼 불어나게 된 것이다. 잔인한 역설이 되겠지만, 아프리카 정부들은 과거보다 더 절실하게 상품작물과 광물 수출에 의존하게 되었다. 빚을 갚을 수 있는 유일한 수단이라고는 현금을 확보하는 것 외에 달리 방도가 없었기 때문이다. 인구는 계속 늘어나는데 사회경제적 발전에 투자할 돈은 점점 더 모자라는 형국으로 이어지게 된 것이다. 결국 국가 전반의 빈곤을 낳았고 무역 조건도 아프리카 국가들에게 더욱 불리한 상태가 되었다. 1970년대 말 아프리카 경제는 그야말로 최악이었다. 1960~1970년대에 대중적으로 통용되던 '신식민주의'라는 용어가 이런 현실을 잘 드러낸다. 이 용어는 정치적으로 독립한 아프리카를 이제 경제적으로 통제하려고 하는 서구의 욕망을 의미했다. 아프리카통일기구(Organization of African Unity)는 '신식민주의'라는 용어에 무척 민감하게 반응했다. 그럼에도 이 기구에 소속되어 있던 여러 회원국은 이미 자포자기 상태에 빠져 있었다. 자국 경제가 이미 신식민주의 상황에 나포되어 있다고 보았던 것이다. 신식민주의적 관계는 곳곳에 널려 있었다. 그중에도 과거 프랑스 식민지 지역이 가장 첨예하게 나타났다. 프랑스 정부가 광산업에 집중적으로 투자를 한 터라 상당한 정도의 경제적·재정적 통제력을 유지할 수 있었기 때문이다.

따라서 몇몇 아프리카 국가들은 대외 의존도를 낮추기 위해 '토착적인' 방식으로 자신들만의 경제적인 전망을 정당화했다. 은크루마는 농업을 간과함으로써 그 가능성을 저해한 원죄를 짓고 있었던데 비해, 탄자니아의 줄리어스 니에레레는 그 대척점에 서 있었다. 그럼에도 결과는 동일했다. 외국에서 들어오는 자본과 사악한 자본주의의 차별화가 유입되는 것을 차단하기 위해 니에레레의 탄자니아 정부는 사회주의 의제를 선택했다. 마을을 하나로 결집시켜 생산성 증대와 사회경제적 기반시설을 확충하는 문제를 해결하고자 했다. 니에레레는 장기적으로 외국자본의 유입은 탄자니아의 발전에 도움이 되지 않을 것이라고 판단했다. 니에레에의 이 선택은 '아프리카 문제는 아프리카식으로 푼다'는 놀라운 전례를 남겼다. 아프리카인들이 스스로의 힘으로 상황을 타개해 보겠다는 의지의 표현이었던 것이다. 그렇지만 그가 대안으로 선택한 마을 중심주의는 종종 집단 전체를 총구 앞에 노출을 시키는 결과를 불러왔다. 결국 이 정책은 에티오피아나 모잠비크의 사례와 마찬가지로 비슷한 파국을 맞게 된다. 1970년대 들어 지속적으로 생산성이 붕괴되자 탄자니아는 빠른 도시화의 길을 걷게 되었다. 할 일을 잃은 농부들이 일자리와 꿈을 찾아 도시로 밀려들었다.

1970~1980년대 들어 환경 재앙과 기후 재앙이 가세하면서 아프리카에서 경제위기는 가속화되었다. 1970년대 초부터 시작해서 1980년대 내내 지속되던 사헬 지대의 가뭄으로 서쪽의 모리타니아와 말리, 동쪽의 수단과 에티오피아가 큰 피해를 입었다. 가뭄과 기근은 수단과 모잠비크에서 내전을 부추겼고, 멩기스투 하일레 마리암이 이끌던 1980년대 초중반의 에티오피아를 내분으로 몰아갔다. 그리고 멩기스투로 하여금 강제력을 동원해 마을 중심주의 정책을 채택하게 만들었다. 사실 1980년대 아프리카가 맞이한 경제위기의 본질은 농업의 붕괴에 있었다. 농업이 붕괴됨에 따라 몇몇 아프리카 국가는 해외 원조에 기대야 하는 식량 수입 국가로 전락했다. 이런 국가들은 과거 식민 종주국이 남긴 메커니즘을 그대로 유지하고 있었다. 생산자의 가격을 탄압하던 대표적 기구인 마케팅보드도 그대로 유지하고 있었다. 식민지 시대가 남긴 가장 거대한 유산은 무엇보다 국가가 경제에 매우 깊숙이 관여하는 관례였다. 이런 행태는 아프리카에서는 일반적인 현상이었다. 그러나 아프리카의 공공 영역은 규모가 대단히 컸다.

인구도 지속적으로 늘어나고는 있었으나 제대로 분산되지는 않았다. 경작 가능한 토지의 확장 속도보다 인구 증가율이 훨씬 더 빨랐던 것이다. 인구 증가가 끼치는 압력과 경작할 땅의 부재는 사회적 갈등과 긴장을 높였다. 가뭄으로 타격을 입은 농촌은 목초지로 편입되거나 불

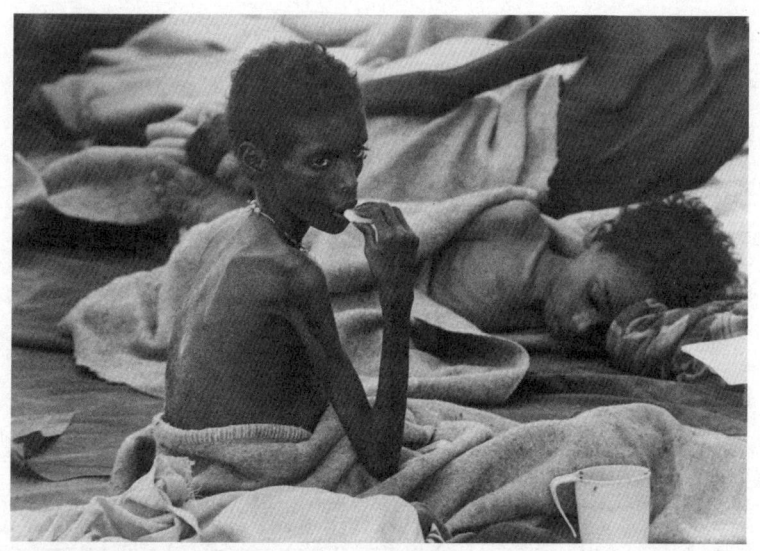

그림 30 북부 에티오피아에서 발생한 기근(1980년대 중반)

량한 지역으로 용도가 변경되었다. 살아남기 위해 식량을 더 많이 생산해야만 했기 때문이다. 한편 도시는 빠르게 성장하고 있었다. 수많은 아프리카의 젊은이들에게는 시골에 남아 있어야 할 이유가 없어졌다. 경작할 땅이 없는 것은 물론이고 인간다운 삶에 대한 전망도 갈수록 어두워졌다. 젊은이들이 도시로 떠나는 상황은 이 글을 쓰고 있는 시점까지도 변함이 없다. 젊은이들이 유출됨에 따라 농촌의 위기는 더욱 가중되었다. 도시가 농촌의 노동력을 계속 수탈해 갔던 것이다. 하지만 도시는 이렇게 빠르게 유입되는 인구를 수용할 준비가 되어 있지 않았다. 그 결과로 과거 식민 행정부가 있던 도심을 중심으로 빈민가가 빠르게 형성되었다. 실업률과 범죄율이 눈에 띄게 높아졌고, 이른바 '검은 경제'라고 불리던 지하경제가 빠른 속도로 확장되었다. 라고스와 아디스아바바, 나이로비와 다르에스살람 같은 도시가 이러한 과정들을 단적으로 보여 준다.

여러 가지 의미에서 아프리카의 경제적 독립은 아직 미완이라고 할 수 있다. 정치적 주권의 확보가 경제적 주권의 확보로 이어지지 않은 탓이 가장 크다. 1950년대 이래로 아프리카 대륙의 경제사는 종속과 의존의 지위를 벗어나지 못했다. 식민지 시대가 남긴 불완전한 유산 탓이기도 하고 토착민들 스스로 야기한 실패 탓이기도 하다. 그런 차원에서 초기의 반식민주의 투쟁은 경제적 기원을 갖고 있었다는 점을 명심해야 한다. 여러 경제정책이 좌초됨에 따라 저항에 나서게 된 농민과 도시 노동자들이 1920년대 이후로 정치적 저항의 최전선에 섰다. 이 말은 경제적으로 소외되고 억압받는 사람들이 20세기 내내 풍성하게 진행된 정치투쟁의 전통을 중심에서 이끌어 간 주체임을 의미한다. 독립에 거는 일반 민중들의 기대감은 참으로 높았다. 하지만 그 결과가 환멸로 돌아오기까지는 오랜 시간이 걸리지 않았다. 이러한 요인들 말고 수많은 아프리카 기층 민중들은 정부를 이끌던 통치 엘리트들의 총체적 운영 부실과 부패, 무능을 지켜보아야만 했다. 민간인 통치자를 권력에서 축출하는 쿠데타를 민중들이 지지했던 까닭도 여기에 있었다. 쿠데타는 1960~1970년대의 아프리카를 무작위로 휩쓸었다. 그러나 가나 같은 한두 나라를 제외하면 군사정권도 성공적인 사례를 남기지 못했다. 아프리카인들은 이제 스스로 나서서 국가가 당면한 좀 더 강력하고 격렬한 도전을 떠맡을 준비를 하게 되었다. 가나의 군사정권이 성공한 이유는 1980년대에 국제통화기금(IMF)의 지도 아래 군 관료들이 엄격한 경제적 통제를 효과적으로 주도했기 때문이다.

식민지 시기에도 마찬가지였지만, 경제적 실패는 여러 지역에서 저항운동에 불을 지폈다. 1970~1980년대 남아프리카공화국에서는 산업 노동자들이 반아파르트헤이트 투쟁의 선봉에 섰다. 1980년대 이후로 경제 실패는 여러 나라에서 '민중 권력'을 일으키는 뿌리로 작동했다.

자국민은 물론이고, 더 나아가 국제통화기금과 세계은행으로부터 압박을 받던 정부들은 1990년대 초부터 총체적인 경제 개혁을 단행할 수밖에 없는 처지에 놓이게 되었다. 구조조정이라는 행태를 띠는 경우가 많았는데, 그 기구들은 국가의 개입을 최소화하고 현존하는 국가 제도 등을 효율적으로 재정비하라고 강요했다. 동시에 무역과 자본, 국내 시장에 대한 중앙정부의 통제를 완화하라는 지침도 내놓았다. 이 같은 프로그램이 얼마나 성공적이었는지 여부는 마지막 장에서 살펴보게 될 것이다.

국가의 건설과 정치 조직

새로운 국민국가가 직면한 다양한 정치적 도전은 서로 연결된 채로 서로가 서로를 숙주 삼아 기생하고 있었다. 이런 도전에는 내부를 통합하고 안정시키는 문제와 민주주의가 실패하지 않도록 하는 일, 그리고 국가의 신뢰성을 높이는 일 등이 포함되어 있었다. 아울러 정계와 행정부 내에 군사적 분위기가 지나치게 팽배한 것을 조절하는 문제도 있었다. 여기서도 또다시 식민 통치가 남긴 유산이 문제가 되었다. 새로 독립한 아프리카의 행정부가 직면한 문제 가운데 식민 통치의 경험과 연결되어 있지 않은 것이 없었다. 앞에서는 이 문제를 경제적인 관점에서 살펴보았다. 식민 종주국은 통제하고 행정 수단을 장악하는 과정에서도 종족이나 '부족주의' 또는 지역이나 종교를 활용하여 지역 간에 경쟁과 지배를 부추기는 방식을 취했다. 그리고 이따금 상대를 믿을 수 없다고 전제하고 무력을 사용하기도 했다. 이 모든 방식을 독립된 정부도 그대로 이어받은 것이다. 뿐만 아니라 탈식민화를 이루어 내는 과정과 모양새도 20세기에 출현하는 독립국가의 특성을 규정하는 데 깊은 영향을 끼쳤다.

나이지리아와 우간다를 한 번 살펴보자. 이 지역에서는 1950년대에 권력을 이양하는 과정에서 고질적으로 제기되던 내부의 문제가 다시 불거져 나왔다. 이는 정치 엘리트들뿐 아니라 사회 전체의 심각한 균열로 이어졌다. 탈식민화가 진행되던 시기의 논쟁은 주로 권력균형을 어떻게 맞출 것이고, 독립을 성취한 이후에 국가의 성격을 어떻게 규정할 것이며, '민족해방'을 어떤 식으로 달성할 것인지를 중심으로 이루어졌다. 철수하던 식민 종주국들은 의도했건 안 했건 식민지 내부에 긴장과 분열을 조장했던 것이 사실이다. 그렇기 때문에 20세기 들어 아프리카 대륙에서 식민 종주국의 깃발이 더 이상 휘날리지 않는다고 해서 이를 실제로 과거와의 '단절' 또는 새로운 역사의 '시작'으로 볼 수 없는 것이다. 물론 식민 종주국의 철수가 새로운 의미의 현대사를 열어젖힌 계기로 작동한 예외적인 지역도 있다. 그러나 정치적인 권력투쟁과 종족·지역·종교 갈등의 재현 양상 그리고 자원의 분배나 활용 등을 둘러싸고 식민 종주국의 철수 이전과 이후가 명확히 구분되지 않는 점을 주목해야 한다.

그렇다고 식민 통치의 유산을 둘러싼 논쟁에서, 아프리카 대륙이 독립을 성취한 후 발생한 '문제들'을 유럽 탓으로만 돌려서도 안 된다. 그렇게 될 경우, 아프리카가 지금껏 성취한 것과 현재 직면하고 있는 독특한 도전의 내용들을 이해하는 게 곤란해지기 때문이다. 1950~1960년대에 '아프리카 역사'가 제도권 학문의 영역 안으로 들어오자 학자나 정치가들은 논의의 중심을 식민 통치를 둘러싼 '찬반 논쟁'으로 채웠다. 어떤 쪽은 식민주의가 아프리카인들에게 '나쁜' 점보다는 '좋은' 점을 더 많이 남겼다고 주장하며 식민주의를 학술적으로 변호했다. 좀 더 급진적인 태도를 견지하고 있던 쪽은 식민주의의 신화를 해체하고 그 체제가 은폐하고 있던 잔혹성과 파괴성, 인종적·문화적 자만을 질타했다. 1970년대 들어 아프리카 대륙이 내전과 기근, 쿠데타로 정치적 혼돈과 경제적 파국을 향해 치닫게 되자, 많은 이들이 나서 과거를 회상하며 식민 통치가 그간 아프리카처럼 야만적인 대륙에 얼마나 '훌륭한' 공헌을 했는지 강변하기도 했다. 이들에게는 19세기의 사유, 즉 아프리카인들은 스스로를 통제할 능력이 없다는 사고방식이 정당했던 것이다.

그러나 절대다수의 논객들이 볼 때, 아프리카의 문제는 식민 통치 시대의 유산과 깊은 관련이 있었다. 잘못된 식민 통치 탓에 아프리카 대륙이 독립을 성취한 지 몇 해 지나지 않아 또다시 앞을 내다볼 수 없는 미궁 속으로 빠지게 되었다는 것이다. 여기서 중요한 것은 사태를 보는 균형 잡힌 시각이다. 그런 의미에서 독립 이후 식민 통치가 남긴 유산의 본질과 통치의 양태를 제대로 평가하는 일이 무엇보다 중요하다. 이 경우 아프리카 대륙에서 현재 진행되고 있는 위기의 뿌리가 상당 부분 식민 통치 시기와 연동되어 있다는 사실을 부인하기 어렵다. 그럼에도 아프리카 토착 엘리트들의 부패와 위악적인 부실 행정, 무능 또한 실패의 원인으로 꼽는 데 주저해서는 안 될 것이다.

아프리카 국가들이 당면하고 있는 좀 더 근본적인 정치적 문제들 가운데에는 영토가 인위적으로 분리되어 있다는 점도 무시할 수 없다. 오늘날의 아프리카 대륙을 가르는 인공적인 국경선은 1880년대부터 1900년대 사이에 그어졌다. 이는 식민지 이전 시기의 국가 형태와 사회적 특성, 종족적 다양성을 완전히 무시한 강제성의 산물이다. 역사와 문화, 언어와 상호 교류 등을 기반으로 지역과 인구 집단을 묶어 인위적으로 국경을 나누었던 것이다. 유럽인들의 편의를 위해 지역을 나누고 거기에 인구를 끼어 맞춘 셈이다. 이렇게 인위적인 방식으로 인공적인 국가에 편입된 사람들은 독립이 되자마자 기존의 지리적 단위를 혁신했다. 그리고 유럽식 모델을 빌려와 좀 더 유기적이고 기능적인 국민국가의 형태를 만들어 보고자 했다. 이들은 정치적·경제적·학문적 열정을 다 바쳐 그 일을 수행했다.

유럽에서도 국민국가의 모델은 수정과 재수정을 거치며 17~19세기에 근대적인 형태로 탄생했다. 그 와중에 정치적 격변과 폭동, 혁명 등을 거쳤다. 뿐만 아니라 국민국가가 좀 더 '안정된' 형태의 국가 형식으로 거듭나기까지 대서양과 우랄산맥 사이에 많은 피를 뿌려야만 했다. 아프리카인들도 마찬가지 과정을 거쳐야만 했다. 그러나 아프리카인들은 그 과정을 '단기간 안에' 거칠 수밖에 없었다. 아프리카의 영토나 국경은 형성된 시기가 채 두 세대도 지나지 않았을 정도로 짧았고, 게다가 아주 조잡한 형태로 만들어졌기 때문이다. 그러므로 독립 이후에 아프리카의 정치가 전개되는 과정에서 어쩔 수 없이 불러온 폭력은 어쩌면 충분히 예상할 수 있는 일이었다.

민족 통합 또는 국가적 통일이라는 의제 역시 이 문제와 직접 관련이 있다. 마찬가지로 아프리카 '민족주의'의 출현 문제도 이 문제를 피해갈 수가 없다. 좀 더 섬세한 관찰이 필요하긴 하지만, 독립 이전의 아프리카를 통합하는 가장 중요한 메커니즘은 대개 반식민주의였다. 그러나 '국가적인 것' 또는 '민족적인 것'을 어떻게 만들어 낼 것인가 하는 문제는 여전히 과제로 남아 있다. 장차 국가를 건설할 새로운 세대들이 짊어지고 나가야 할 가장 중요한 과제가 바로 이 문제였다. 아프리카에서 식민 통치가 시작되고 좀 더 지구적인 규모의 도시 정체성이 출현한 지 반세기 가까운 세월이 흐른 뒤에도 여전히 변하지 않은 것이 있다. 아프리카인들은 '국가'나 '민족'보다는 종족, 종족보다 더 미시적인 단위 집단과 마을, 또는 그것보다 더 즉흥적으로 만들어진 지역 중심으로 정서적 연대감과 정체성을 형성하는 경향이 강하다는 사실이다. 따라서 1960년대까지만 해도 '나이지리아인' 또는 '콩고인'이라는 관념은 실체가 없는 개념이나 마찬가지였다.

물론 부분적이긴 하나 예외가 있었다. 카리스마가 넘치는 지도자가 일당독재를 유지하던 나라의 경우에는 좀 더 순수한 의미의 '민족적' 또는 '국가적' 정체성이 형성되기도 했다. 니에레레의 탄자니아와 상고르의 세네갈이 그런 경우이다. 세네갈을 통합하는 데는 언어와 이슬람이라는 신앙이었다. 상고르가 공직에서 은퇴한 1980년대 이후 확산된 민주주의도 세네갈의 통합을 한몫 거들었다. 북아프리카의 정치·종교 엘리트들은 이슬람과 영토적 통일성이라는 역사성을 본질적 측면에서 강조하면서 근대적 형태의 민족 정체성을 함양할 수 있었다. 이집트가 대표적인 나라였다. 하지만 대다수의 아프리카 국가들은 지역과 인종, 종교에 기반을 둔 정당을 장려하고 있었다. 따라서 그 정당의 지도자들이 총체적 의미의 '국가' 또는 '민족'보다는 종파주의적 이익을 극대화하는 일에 더 관심을 쏟을 수밖에 없었던 것이 현실이다.

일찍이 이러한 사례의 본보기가 된 국가가 가나였다. 1950년대 후반에 치른 선거에서 가나의 다수 유권자들은 민중당(CPP)에 반대하는 표를 던졌다. 이는 무슬림들이 압도적으로 많은 북부 지역에서 더 심했다. 민중당이 인종과 지역의 차이에 따른 배려를 하지 않고 무조건 중앙집권화를 추구하고 있었기 때문이다. 이러한 정당들은 비록 독립운동을 주도하는 과정에서 정치적인 책략을 통해 국가적으로 유일무이한 지위를 장악할 수는 있었지만, 자신들의 지역 기반을 넘어서는 좀 더 넓은 의미의 국가적 기반을 건설할 능력이나 의지를 가지고 있지 않았다. 그래서 민족 또는 국가적 통합의 실패는 이미 윗선에서 진행되고 있었다. 이는 정치적 변화를 최전선에서 이끄는 집단이 좀 더 보편적인 국가 또는 민족 집단을 제대로 대변하지 못하는 모양새를 띠게 되었다. 그렇지만 정치체제가 좀 더 안정된 곳에서는 이러한 경향이 지극히 당연한 것처럼 보이기도 했다. 심지어는 정부와 건강한 반대 세력을 만들어 내기 위해 이를 오히려 장려하기까지 했다.

아프리카의 경우 종파주의는 역효과를 냈다. 특정 종족이나 지역을 편애하는 경향을 낳았고, 특정 집단과 장소를 중심으로 삼는 폐해도 낳았다. 이런 경향은 타자의 희생을 강요했다. 그래서 특정 정당이 '장악하거나' 독점한 국가를 격렬하게 비판하고 반대하고 저항하는 집단들이 들불처럼 일어났다. 이러한 저항 집단들이 보인 적대감은 즉각적인 폭력과 내전 그리고 아주 드문 경우이긴 하지만 나이지리아와 콩고처럼 지역 간 분리로 이어지기도 했다. 에티오피아 영토 내의 소말리 사람들에게 이는 미회수지(민족적으로는 같으나 다른 종족의 지배를 받는 영토—옮긴이)의 형태로 나타나기도 했다. 이 같은 투쟁들은 독립국가의 유형을 다양화하는 데 깊은 의미를 남기기도 했다. 국가란 다양한 경쟁 집단이 서로 경쟁을 통해서 획득하는 그 무언가가 되었다. 말하자면 경쟁에서 승리한 집단이 타자를 배제하고 지배를 독점하는 것처럼 보이게 된 것이다. 따라서 국가는 모든 국민에게 법적으로 평등한 제 몫을 할당하는 실체가 아니라 대단히 비중립적인 정치적 실체로 보이게 된 것이다.

무장투쟁을 경험한 지역의 경우도 마찬가지였다. 게릴라 투쟁은 종족 간 또는 지역 간 균형이 깨진 곳에서 발발했다. 이는 전후 아프리카의 국가와 사회에 지대한 영향을 끼쳤다. 참전 용사들끼리, 함께 싸우던 전우들끼리 공유하고 있는 배타적 유대감은 정치적으로 다양한 가능성을 가로막았다. 승리를 쟁취한 게릴라 지도자들은 힘겹게 싸워 얻은 국가의 형태를 결정하고 그 국가를 지배할 권리가 자신들에게만 오롯이 존재한다고 생각했다. 자신들만이 직접 피를 흘리고 희생당했다는 생각 때문이었다. 역설적이게도 이처럼 정치적으로 반동적인 생각은 '합법적인' 수단을 통해 평화적으로 독립을 쟁취한 지역에서 더욱 심했다. 군사적인 자만심과 때로는 '사회주의' 형태를 띤 교조주의 이데올로기로 정치적 자기 정당화의 문화가 위기에 빠졌기 때문이다. 이는 재정적 부패와 맹목적인 종족 중심주의, 타락한 족벌주의를 낳았다. 가장 전형적인 나라가 짐바브웨였다. 에리트레아도 마찬가지였지만 최소한 경제적 의미에서 제도적 부패만은 피해 갔다.

독립 정부들은 특정한 형태의 정치제도까지 유산으로 상속 받았다. 대다수의 아프리카 국가들은 서구식 제도를 본보기로 삼아 의회 제도를 만들었다. 독립국가의 수장으로 새롭게 임명된 이들에게 이 제도는 무척 낯설었다. 철수를 감행하던 식민 종주국들로부터 접수한 제도는 영국의 의회 제도와 프랑스의 국회 제도를 모방한 것이었다. 이런 제도는 유럽에서도 수백 년에 걸친 정치적·사회적 변화의 결과로 유럽의 특색에 맞게 발전한 것이었다. 따라서 이 제도가 다양한 정치사와 문화사를 가지고 있는 아프리카에 딱 들어맞을 리는 없었다. 게다가 아프리카인들에게는 이 제도가 현실적으로 어떻게 작동하는지 경험할 기회가 없었다. 식민 통치는 군사적인 정복과 끝없는 무력 사용 또는 협박을 통해 정초되었고 유지되었기 때문이다. 그러므로 일반적인 의미에서 아프리카의 지도자들은 다양하고, 민주적이고, 상대를 끌어안는 형태의 논의 제도보다는 독재적이고, 정치적인 탄압을 일삼으며, 나라 안팎으로 군사 통치의 분위기를 풍기는 대의제를 상속했다고 볼 수 있었다. 그 결과 반대 의견은 탄압을 받거나 통제되었다. 1940년대에 접어들어서야 특성 시역을 중심으로 교육받은 엘리트들이 행정 조직에 편입이 되어 법적으로 아프리카인들을 대표하게 되었다. 그러나 아프리카 대부분의 나라에는 경험이 많은 정치 계급은 물론이고 의회 제도를 유지할 만한 행정 요원들이 없었다. 바로 이 점이 아프리카와 인도의 차이였다. 이집트와 튀니지 같은 사하라 이북의 국가들만이 서구의 의회 제도에 견줄 만한 토착적인 제도를 가지고 있었다. 토착적인 이 제도는 그 뿌리가 19세기에 착근되어 있었다. 사하라 이남의 경우에는 남아프리카공화국 같은 정착민 국가 내에서만 이집트나 튀니지의 토착 제도와 견줄 수 있는 오래된 전통을 가진 제도가 상존하고 있었다. 식민 통치가 남긴 유산은 이렇듯 정치적 절차상의 배제와 억압, 헤게모니 투쟁 같은 내용을 담고 있었다.

이 모든 문제들이 상호 연동되면 고질적인 불안정이 생겨난다. 그리고 이 불안정은 종종 격렬한 지역주의 형태로 나타나거나 즉각적인 분리주의 운동으로 전환되기도 한다. 지역주의와 분리주의는 특정 지역을 중심으로 한 중앙정부의 박해를 피할 수가 없다. 대표적인 사례로 카탕가 주는 1960년대부터 1962년까지 콩고로부터 분리를 시도했다. 나이지리아의 경우에는 비아프라 전쟁을 예로 들 수 있다. 1967년부터 1970년까지 이어진 '비아프라 전쟁'은 나이지리아의 동남부에 있던 이보 주를 '비아프라' 공화국으로 분리시키려던 움직임이었다. 다소 명쾌한 사례라고 보기는 어렵지만, 1960년대 이래로 남과 북이 지속적으로 갈등을 보이던 수단도 예외가 아니다. 여기에 재미있는 역설이 숨어 있다. 아프리카의 국경선과 국민국가가 인위적으로 만들어진 것임에도 불구하고, 게다가 그렇게 탄생한 국가들이 제 역할을 제대로 하지 못하고 있음에도 불구하고, 아프리카의 많은 행정부들은 분리주의 문제를 대단히 껄끄러워하여 국경을 분리하려는 시도를 적극적으로 회피한다는 사실이다.

20세기 초에 출현한 범아프리카주의의 후신인 아프리카통일기구는

1963년에 창설되었다. 당시 회원국들은 식민지 시대에 만들어진 국경선을 절대적으로 인정하고 그 원칙을 거스르지 않겠다는 조항을 헌장에 기입했다. 어떤 이들은 이 조항을 내부적으로 이용했다. 에티오피아가 그랬다. 하일레 셀라시에는 심각한 지역 불안 문제를 안고 있었다. 북쪽에서는 에리트레아가, 동쪽에서는 오가덴의 소말리 사람들이 준동하고 있었다. 에티오피아가 보기에 이 두 지역은 이른바 '분리주의 운동'을 벌이고 있었다. 이 무렵 셀라시에 황제에게 초미의 관심사는 이웃한 국가수반들 한테서 기존에 있던 자국의 국경선을 인정받는 일이었다. 일반적인 의미로 식민지 이전의 종족주의 기준을 가지고 국경선을 다시 긋기 위해 협상을 벌이는 일은 끔찍한 전쟁을 부르는 일이나 마찬가지였다. 한 세대 이상이 정치적인 혼란 상태에 빠질 각오를 해야만 결정할 수 있는 일이었다. 결국 아프리카통일기구는 다음과 같이 결정을 내렸다. 식민 통치가 남긴 유산이 불만족스러운 것은 사실이지만, 국경선 문제에 관해서라면 아프리카 국가들은 주어진 현실을 받아들여야만 한다. 다른 대안이 없기 때문이다.

뿐만 아니라 아프리카의 지도자들은 다당제도 거부했다. 당시 아프리카의 처지에서는 그 제도가 도움이 되지 않는다고 판단했기 때문이다. 서구의 많은 전문가들도 이 견해에 동의를 표했다. 아프리카 대륙이 다당제를 수용하기에는 아직 정치적 성숙도가 미치지 못한다고 생각했다. 이들은 아프리카 대륙이 전반적인 안정감을 확보하기 위해서는 '강력한 리더십'이 무엇보다도 필요하다고 역설했다. 그런데 이 '강력한 리더십'은 종종 피비린내 나는 독재로 이어지곤 했다. 강력한 리더십 없이도 안정감을 확보한 나라의 표본은 보츠와나였다. 상대적으로 종족 간에 동질성이 높은 보츠와나는 다이아몬드 덕분에 경제적인 안정감마저 확보할 수 있었다. 그 결과로 이 나라는 정기적으로 민주적인 선거를 치를 수 있었다. 그러나 1970년대 들어서면서 일당독재가 국가의 규준으로 작동하기 시작했다.

물론 일당독재가 반드시 절대 독재로 이어지라는 법은 없다. 일당독재를 국가의 규범으로 삼았음에도 민주주의가 어느 정도 번창한 지역도 있다. 탄자니아와 잠비아가 그런 나라들이다. 이 나라들에서는 언론도 건강하게 비판적 구실을 담당했고, 정치 지도자들도 책임감을 다했다. 탄자니아의 민족연합(TANU)은 전국적인 기반을 바탕으로 시골 지역의 민초들 속으로 침투해 들어가 그들에게 단일감과 참여 정신을 심어 주었다. 이는 지역의 저항을 미리 차단하기 위한 정략에서 나온 것이었다. 물론 잔지바르 문제는 해결이 되지 않은 채 두고두고 가시 같은 존재로 남아 있었다. 그렇지만 탄자니아와 같은 사례는 사실 예외적인 경우였다. 대부분 일당독재는 권력 남용과 억압, 사악하고 족벌적인 권위주의의 출현으로 귀결되었다. 이러한 정부는 폭력이 아니고서는 제거하기 쉽지 않았다. 아프리카 정치에 군이 개입하는 일이 바로 이때부터 시작되었다. 무능한 민간 정부를 제거하는 데 군이 앞장섰던 것이다. 이 시기의 군은 지저분한 민간인 정치꾼들과 달리 깨끗하고 고상한 명분을 가지고 있는 집단으로 인식되었다. 또 시민사회의 뿌리가 깊숙이 착근하고 있지 않았던 때라 더더욱 가능했다. 다시 말해, 정치권력을 견제할 수 있는 대안적인 형태의 제도나 공공 집단이 자리를 잡지 않았기 때문에 군이 고상한 이미지를 환기시킬 수 있었던 것이다.

탈식민 시대의 정치체제가 전염병 같은 불안정한 기운에 노출되면서 아프리카의 지도자들은 그야말로 권력을 무자비하게 남용했다. 권력은 친족은 물론이고 특정한 지역과 종족 또는 종교 집단만을 위해 독점적으로 활용되기까지 했다. 이들은 반대 의견을 묵살했을 뿐 아니라 다양성에 대한 증오를 내면화했다. '민중'과 법적인 제도들을 무시

그림 31 자이레(콩고) 대통령 조지프 모부투(1984년)

하는 '거물들'이 정치를 지배했다. 권력자들은 자기 둘레에 후견 조직을 강화하고 법적인 권력과 행정 권력을 독점했다. 1960년대부터 1980년대까지 등장한 이들의 이름을 나열하자면 끝도 없을 정도이다. 자이레의 조지프 모부투와 우간다의 이디 아민, 그리고 중앙아프리카공화국의 이름을 중앙아프리카제국으로 바꾼 장-베델 보카사(Jean-Bedel Bokassa)를 '거물들'로 꼽을 수 있을 것이다. 케냐의 조모 케냐타와 그의 뒤를 이은 대니얼 아랍 모이(Daniel arap Moi), 가나의 제리 롤링스(Jerry Rawlings), 그리고 말라위의 헤이스팅스 반다도 '거물들' 축에 속한다.

이들 대다수는 외세로부터 이런저런 형태의 지원을 받았다. 영국과 프랑스는 초기에 이디 아민과 장-베델 보카사를 각각 안정적인 정권으로 파악하고 우호적인 태도를 보였다. 영국이 보기에 아민은 좌파 성향이 강한 밀턴 오보테를 대체할 만한 매력적인 인물이었다. 결국 아민은 1971년에 오보테를 밀어냈다. 스코틀랜드에서 의사 생활을 하며 종교적으로 경도된 바 있던 말라위의 헤이스팅스 반다는 엄격한 장로교 원칙들을 사회적·문화적·정치적 현실에 적용했다. 앞에서도 보았듯이, 이데올로기와 사회정치적인 '혁명'은 때때로 정치적 독재나 선의의 독재를 정당화하는 데 활용되곤 했다. 1974년에 셀라시에가 주도하던 구체제를 무너뜨리고 멩기스투 하일레 마리암의 지도 아래 마르크스주의 혁명 노선을 선택한 에티오피아가 대표적인 경우였다. 다소 뜻밖이지만 이른바 '검은 스탈린'이라고 불리던 멩기스투는 정치 테러를 일상적으로 자행한 인물로 아프리카에서 가장 잔인한 사회정책을 이끌었다. 그 결과 멩기스투가 이끌던 암하라어로 '위원회'라고 불리던 데르그(Dergue) 정권은 내부의 반란이 더욱 심해졌다. 에리트레아에서 벌어진 반란도 그중에 하나였다. 게다가 20세기의 가장 참혹한 가뭄이 멩기스투가 집권하던 시기에 닥쳤다.

  1980년대 이후, 좀 더 정확하게 말하자면 냉전의 종식과 더불어 '민중의 힘'이 팽창하기 시작했다. 뿐만 아니라 독립 이후 아프리카가 늘 꼬리표처럼 달고 있던 독재에 맞서 여러 유형의 정열적인 도전들이 출현하기 시작했다. 이런 도전들은 물론 내부에서 터져 나왔다. 아프리카 민중들이 과거보다 정치적으로 의식화되면서 국가 차원의 권력 남용이 더 이상 허용되지 않았다. 게다가 아프리카 국가들은 경제적으로 위기를 맞게 되자 절대 권력을 행사할 수 없게 되었다. 여기에 지배 체제에 저항하는 무장 세력이 정치권력에 맞서 싸우는 데 필수적인 현대식 무기를 좀 더 손쉽게 손에 넣을 수 있게 되었다. 외부에서 터져 나온 도전들도 있었다. 1990년대 초 이후 증강되기 시작한 국제적인 차원의 정치적·경제적, 인도주의적 압력 덕분에 가능한 도전들이었다.

정치적 안정과 이슬람

  이슬람이 아프리카에 전파된 역사가 유구하다는 점은 이 책 곳곳에서 강조한 바 있다. 마그레브 지역은 물론이고, 서아프리카의 사바나 지대와 나일 강 유역 그리고 뿔 지역 아프리카 일대에 퍼진 이슬람은 아프리카의 토착 종교나 콥트교 같은 기독교 정교와 갈등을 빚기도 했고 협력하기도 했다. 그 뒤에는 유럽 및 미국 기독교와도 비슷한 관계를 이어 갔다. 오랫동안 무역을 하던 무슬림들은 수많은 국가와 사회를 서로 연결하는 다양한 무역로를 따라 물건과 신앙을 함께 전파했다. 이슬람은 이런 방식으로 에티오피아의 고원지대를 제외한 나머지 지역에 서서히 스며들었다. 이슬람을 가장 먼저 수용한 주체는 왕궁이었다.

그 후 도시로 스며든 이슬람은 천천히 시간을 두고 시골 주민 속으로도 전파되었다. 무슬림들은 정치적·종교적 혁명의 지도자들일뿐 아니라 국가의 건설자이기도 했다. 이런 면모는 무슬림들이 정치 영역과 정신 영역 사이에 구분을 두지 않는 신앙을 현실적으로 실천하는 사람들임을 입증했다.

18~19세기 서아프리카에서는 순수한 형식의 이슬람을 부활시키자는 지하드 운동이 여러 차례 일어났다. 또 메디나 시절 무함마드가 이끈 공동체를 닮은 정치체제를 다시 만들자는 움직임도 있었다. 1880년대 수단에서는 당시의 여러 이슬람 세계에서와 마찬가지로 새로운 세계의 정신적 질서가 시작되었음을 알리는 의미에서 순결한 이슬람 공동체 '움마'를 재건하자는 마디스트 운동이 일어났다. 이집트의 경우에는 19세기 후반부터 무슬림형제단이 출현해 근대 국민국가를 포용하는 문제를 비롯하여 이슬람을 혁신할 필요성을 제기했다. 이를 실현시키기 위해 무슬림들은 세속화되어 가던 정부를 장악하려는 시도를 멈추지 않았다. 그런 의미에서 무슬림들은 스스로 국가 장치의 일부가 되거나 국가가 제 기능을 못하고 정의로운 길에서 멀리 벗어났을 때, 그 장치를 부정하는 오랜 역사적 관행을 가지고 있었다.

이런 관행은 탈식민지 시기에도 지속되었다. 이슬람과 그 역할을 세속 정부에 그대로 적용시키는 문제를 둘러싸고 격한 논쟁과 대립이 1950~1960년대 이후로 독립국가 내부에서 끊임없이 제기되었다. 그러나 엄격한 이슬람주의는 사하라사막 이북과 달리 사하라 이남에서는 그리 보편적으로 통용되지 않았다. 사하라사막 이남의 아프리카 지역에서는 특정 지역을 중심으로 식민지 시기 이전부터 지하드가 역사적인 존재감을 드러내고 있었다. 그럼에도 독립 이후 지역 인구가 기독교도와 무슬림이 반반으로 공평하게 갈리는 지역에 살던 무슬림들은 자

그림 32 다친 딸을 병원으로 이송하는 아버지(1980년대 초, 에리트레아)

신들의 '권한'이 위축될까 노심초사하기도 했다. 이러한 상황을 잘 드러낸 지역이 나이지리아였다. 나이지리아에서는 샤리아 법이 북부에서만 통용되었다. 북부를 제외한 지역에서는 무슬림과 기독교도들이 탈식민 시대 정치의 장에 있는 권력과 자원을 공평하게 분배했다. 이는 사하라 이남으로 전파된 이슬람이 지역 환경에 맞게 스스로를 적응시키면서 토착화되었음을 의미한다. 이러한 지역의 무슬림들은 지역의 의제와 정체성 등을 깊이 고민했다. 전통적인 수피즘도 서아프리카와 동아프리카 전역에 걸쳐 압도적인 영향을 끼쳤다. 절충적이고 비정통적인 데다가 지역의 종교적 관습과 규범을 결합한 수피즘은 '순수한' 형식의 정통 이슬람을 복원하려고 했던 사람들의 눈에는 이단으로 비쳤다. 그런가 하면 사하라 이남의 무슬림들은 종족에 따라 편이 갈리기도 했다. 이들의 분열은 오늘날까지 이어져 내려오는 범이슬람주의 정체성의 성장을 저해했다. 이 문제는 마지막 장에서 살펴보게 될 것이다.

무슬림들이 소수자로 살던 지역도 있었다. 이런 지역의 무슬림들은 자발적으로 정치 로비스트가 되거나 정당을 설립해 정부를 장악한 기독교도들과 온건한 무슬림 세력들을 상대로 일대 전쟁을 벌이기도 했다. 이러한 현상이 가장 극적으로 드러난 지역이 케냐였다. 케냐의 무슬림 인구는 10퍼센트가 넘지 않았다. 케냐의 북쪽 지역과 해안 지대에 살던 무슬림들은 상대적으로 정치가 민주화된 1990년대 초에 들어 단일 조직을 만들고는 케냐아프리카민족연합(KANU) 정권 아래에서 자신들이 경제적으로 소외되어 왔다고 강변했다. 이들은 비무슬림 인구 집단이 자신들의 희생을 거름 삼아 온갖 이득을 얻었다고 주장했다. 탄자니아에서도 비슷한 형태로 조직화된 무슬림 집단이 출현했다. 이들 또한 경제적 소외 문제를 집중적으로 성토했다. 탄자니아에서는 무슬림 인구가 압도적으로 많은 잔지바르의 지위와 권한 문제를 둘러싸고 정치적 긴장이 팽팽했다. 그럼에도 전반적으로 종교 간의 조화가 잘 이루어지고 있는 편이었다. 이는 줄리어스 니에레레가 남긴 단합의 유산 덕이 컸다. 국가와 종교가 서로 격렬하게 부딪친 부르키나파소는 인구의 30퍼센트가 무슬림이었다. 이곳의 무슬림들은 1980년대에 정부의 억압에 맞서 격렬한 저항운동을 펼쳤다.

북아프리카의 경험은 좀 달랐다. 이 지역의 무슬림들은 샤리아 법을 일괄 적용하라고 정부를 압박했다. 정통 이슬람을 회복시키라는 요구도 거셌고, 정치와 종교를 가르는 정교분리에 저항하기도 했다. 이들은 좀 더 세속적이거나 온건한 노선을 취한 정부와는 상당한 갈등을 겪었다. 모로코와 튀니지의 이슬람주의자들은 선거제도를 수용하여 정치적이고 정신적인 싸움을 벌였다. 그런가 하면 이집트와 알제리의 이슬람주의자들은 격렬한 투쟁을 통해 변화를 모색했다. 모로코 국왕 하산 2세는 1970~1980년대에 철권통치를 행사하며 미국과 든든한 우방 관계를 맺고 있었다. 국왕의 권위에 지속적으로 도전해 온 세력도 다름 아닌 이슬람주의자들이었다. 이들은 이슬람교에는 왕조가 들어설 자리가 없다고 주장하며 도전을 이어 갔다. 그럼에도 하산 2세는 서방으로부터 폭넓은 지지를 받고 있었고 심지어 이스라엘도 그를 지지했다. 그가 실각을 할 경우, 모로코에 극단주의자들이 등극하면서 무정부 상태가 초래되지 않을까 우려했기 때문이다. 세속주의자인 튀니지의 부르기바 대통령은 근대화를 부르짖으며 이슬람과 유럽의 전통을 제휴한 노선을 선택했다. 이를 통해 부르기바는 1998년에 군부에 의해 밀려날 때까지 약 30년 동안 권좌를 지킬 수 있었다. 그는 자국의 영토 안에서는 이슬람주의자들의 활동을 탄압하면서도 팔레스타인해방기구에게는 1980년대 초부터 자국의 수도를 활동 기지로 사용하도록 허락했다.

이집트는 달랐다. 이집트의 이슬람 근본주의자들은 나세르의 후계자

안와르 사다트와 호스니 무바라크(Hosni Mubarak)가 취한 세속적인 혼합경제 체제를 비난하며 전복의 위협을 멈추지 않았다. 사다트는 이스라엘과 평화조약을 맺고 이집트를 아랍연맹에서 탈퇴시킨 인물이다. 그러자 1981년에 군부의 이슬람주의자들이 그를 암살했다. 사다트의 뒤를 이어 집권한 무바라크를 압박한 주체는 그가 취한 자유주의와 세속주의 노선, 산아제한 정책을 혐오한 무슬림형제단이었다. 그들은 무바라크 정권이 지나치게 민주적이라 정적이 나타나 그를 대체하기를 기대했다. 1980년대 이래 무슬림형제단이 저지른 폭력 행위가 널리 확산되었다. 이집트의 무슬림형제단에게 영향을 받아 사무실과 접선 장소를 카이로에 두고 있던 알제리의 이슬람구원전선(Islamic Salvation Front)은 온건 노선을 표방하고 있던 민족해방전선(FLN)을 비난하며 1990년대 초에 피비린내 나는 내전을 일으켰다. 그리하여 1990년대 10년 동안 수많은 사람들이 목숨을 잃었다. 1999년에 군부의 지원을 받은 압델라지즈 부테플리카(Abdelaziz Bouteflika)가 등장하고 나서야 내전은 종식될 수 있었다.

한편, 1969년에 국왕 이드리스가 이끌던 노쇠하고 친서방적인 사누시 왕조를 전복한 무아마르 가다피(Muammar Qaddafi)의 리비아는 놀라운 사회적·정치적·종교적 실험을 감행했다. 이 기획의 성공 여부는 아무도 장담할 수 없었다. 가다피의 천재적인 정치 감각이 여지없이 발휘된 지점이 바로 이 대목이었다. 가다피는 이슬람을 리비아 민중들을 통합하는 힘으로 활용했다. 동시에 종교적인 열정과 순수한 민족주의를 결합함으로써 동과 서에서 모두 실패한 이데올로기를 대체했다. 그는 이 전략을 이집트의 나세르한테서 배웠다. 하지만 가다피는 나세르보다 한걸음 더 나아가 무신론을 배척하고 코란에 근거를 둔 변형된 사회주의를 계발했다. 이름 하여 '코란을 따르는 사회주의'를 통해 기성

세대의 엘리트들을 권력에서 제거했다. 그러나 그가 바라던 '혁명'은 절대적인 중앙집권 권력을 행사해야 할 집단의 비효율성 탓에 1980년대 말 리비아 경제가 파탄 나면서 끔찍한 결과를 불러왔다. 가다피는 곧바로 과거의 메커니즘을 버리고 다른 방식을 발명했다. 사적인 통제력을 확대함으로써 정치적 권위주의를 강화하는 것이었다. 원유를 판매해서 얻은 수입도 국가의 재건을 도왔다. 서방세계와 미국은 이런 가다피를 불구대천의 원수로 여겼다. 그러자 그는 아랍 국가들을 이용하고자 했다. 이집트를 비롯하여 튀니지와 수단 등과 다양한 형태의 연합을 시도했으나 모두 실패로 돌아갔다. 그는 다시 한 번 변신을 시도했다. 범아프리카주의자를 자처하고 나선 것이다. 그는 1990년대부터 사하라사막 이남의 아프리카 지역 문제에 좀 더 깊이 관여하기 시작했다.

수단의 남북 분단은 북쪽에 위치한 공격적인 이슬람 세력 때문에 악화되었다. 이들은 수단의 이슬람을 아랍화하고 남쪽에까지 전파하고자 했다. 그 결과는 끔찍했다. 1955년부터 1972년까지 내전이 벌어졌다. 내전은 잠시 휴지기를 가진 다음 1983년에 다시 발발했다. 1989년에 하르툼의 권력을 이슬람민족전선(National Islamic Front)이 장악하면서 내전은 더욱 심화되었다. 내전은 공식적으로 2002년에 끝이 났지만 약 150만 명이 목숨을 잃은 것으로 보고되고 있다. 수단과 이웃한 차드에서도 남북 분열로 인해 1960년대 중반부터 1980년대 중반까지 살벌한 내전이 이어졌다. 차드의 경우 남쪽에는 기독교도, 북쪽에는 아랍인과 무슬림들이 주로 살고 있었다. 이렇게 인구 진영과 종교 진영 사이의 긴장이 여러 지역에서 끊이지 않았다. 수단의 이슬람주의는 미국의 주목을 받을 수밖에 없었다. 미국은 수단 대통령 오마르 알-바시르(Omar Hasan Ahmad al-Bashir)를 지역을 불안정하게 만들 뿐 아니라 '테러리즘'을 수출하는 인물로 간주했다. 이와 같은 이슬람주의는 같은 지역의 나라들한테도 경계의 대상이 되었다. 에티오피아와 에리트레아가 특히 민감했다. 이 두 나라는 1990년대 초에 벌어진 혁명을 전후하여 기독교도들의 통치를 받고 있었는데, 소수의 무슬림 인구 때문에 골머리를 앓고 있었다. 이 지역의 기독교도와 무슬림은 일반적인 공간 안에서 평화롭게 공존하고 있기는 했지만, 종교 영역에서는 심한 갈등을 드러내고 있었다. 에리트레아의 경우, 서쪽의 저지대에 살고 있는 무슬림들이 에리트레아해방전선(ELF, Eritrean Liberation Front)이라는 이름으로 해방 투쟁의 초기 과정을 독점적으로 주도했다. 이들은 알제리의 민족해방전선과 경쟁이라도 하듯 아랍 세계를 향해 지원을 요청했다. 시간이 한참 흐른 뒤에 출현한 에리트레아기독교도민중해방전선(Christian Eritrean People's Liberation Front)은 내전을 치르면서 전장에서 에리트레아해방전선을 축출한 후 민족주의 투쟁을 주도했다. 그럼에도 세속적인 노선을 취하던 기독교도민중해방전선은 오늘날까지 무슬림들과도 조화로운 관계를 이어 가고 있다. 에리트레아와 에티오피아는 탄자니아에 비해 상당한 정도의 안정감을 확보한 편이다.

아프리카의 정치와 군부

정치적 불안정은 군부의 개입으로 이어졌다. 아프리카에서 민주주의가 실패로 돌아가자, 민주주의는 어떤 곳이라도 같은 방식으로 적용될 수 있다고 믿던 정치학자와 관련 연구자들이 시민사회를 구성하는 제도와 양식의 부재를 원인으로 지적했다. 가령 사법과 행정의 분리, 당과 국가의 분리 같은 제도적 장치의 부재로 민주주의가 실패했다고 진단한 것이다. 동시에 민주주의가 실패함에 따라 불편부당하게 공무를 집행하는 일과 비정치적으로 관료주의를 발동시키는 일 또한 실패로 돌아갔다고 주장했다. 뿐만 아니라 사법부의 독립도 불가능해졌다고 강변했다. 철수를 감행하던 식민 행정 당국이 시민사회를 만들긴 했지만, 너무 표면적이었고 시기적으로도 늦은 감이 없지 않았다. 게다가 시민사회의 특성이 아프리카인들의 신앙이나 경험과 일치하지 않은 측면도 있었다.

시민사회를 대체할 만한 집단으로 안정적이면서도 비정치적인 집단이 유일하게 하나 있었는데, 그것이 바로 군부였다. 군부는 민간인 엘리트들의 정치적 실패를 틈타 재빠르게 등극했다. 1970년대 초에 수많은 아프리카 국가들은 군인들의 통치를 받아야만 했다. 이때부터 군부의 개입이 아프리카 정치의 전형으로 자리 잡게 되었다. 군부 쿠데타가 물론 아프리카만의 정치적 산물은 아니다. 군부 쿠데타는 오히려 라틴아메리카에서 더 잦았을 뿐 아니라 유럽의 근현대사에도 심심찮게 등장했다. 그럼에도 지난 40년 동안 정치군인을 가장 적나라하게 목격한 지역은 단연 아프리카였다. 아프리카에서는 가나가 독립을 쟁취한 1957년 이래 70여 차례나 쿠데타가 성공을 거두었고 그에 버금가는 쿠데타가 실패로 끝났다. 쿠데타에 특별하게 취약한 지역이 있었다. 강력하고 야심만만한 군사 체제를 갈구하던 지역과 종족이나 지역 간 갈등이 심한 지역 그리고 참여 정치의 문화가 아직 성숙되지 않은 지역이 쿠데타에 취약했다. 쿠데타의 발발 빈도에 관해서라면 서아프리카의 기록을 깰만한 지역은 없다. 나이지리아와 가나, 시에라리온, 오늘날 베냉으로 불리는 다호메이 공화국에서 쿠데타가 빈발했다. 다호메이는 1960년대에만 쿠데타가 네 차례나 발생했다. 1963년부터 1969년까지는 무려 열두 차례 정부가 바뀌었고 여섯 차례 헌법이 개정될 정도였다.

전 세계를 가장 놀라게 한 쿠데타는 1966년 가나에서 벌어졌다. 아프리카 민족주의의 아버지이자 대륙의 상징인 콰메 은크루마를 제거한 쿠데타였다. 지금 이 책을 쓰는 시점에서 54개국에 이르는 아프리카 국가들 가운데 쿠데타로 정부가 전복되는 경험을 하지 않은 국가는 별로 없다. 탄자니아와 케냐가 대표적인 국가이다. 가장 최근에 쿠데타를 경험한 국가는 토고와 코트디부아르이다. 최근까지도 민간 정부가 상대적으로 안정된 정국을 10여 년 동안 유지해 오고 있었기 때문에 코트디부아르의 경우는 충격이 컸다.

아프리카에서 군부가 감당한 역사적인 역할을 세 가지 주제로 나누어 보면 다음과 같다. 첫째, 일반화가 가능한지 모르겠지만 식민지 이전의 아프리카 국가와 사회는 군과 군사주의 정신을 중요하게 여겼다. 서유럽의 경우, 군은 시간이 지나면서 비정치적이고 여러 가지 측면에서 전문적인 집단으로 바뀌었다. 따라서 이들은 자연스럽게 정책 결정이나 국가 운영 과정에서 제외되었다. 그러나 식민지 이전의 아프리카 사회는 대개 군사와 정치를 결합하고 있었고 둘은 서로 구분이 불가능했다. 대부분 정치 지도자들이 군인들이었다. 또는 그래야만 했다. 정치와 군을 운영하는 일이 동시에 진행되었다. 성공적인 통치자가 되기 위해서는 몸소 훌륭한 전투를 치러야만 했다. 그리하여 전쟁터를 함께 누빈 참모가 그에 관한 영웅담을 주변에 널리 퍼뜨려야만 했다. 유럽인들의 관점에서 볼 때 아프리카의 군은 결코 '전문적'이지 않았다. 줄루의 경우 엄격하게 나이별로 군대를 편성했음에도 군은 '전문적이지' 않았다. 마사이나 오로모의 경우에도 마찬가지였다.

대다수의 아프리카 사회가 정규군 또는 영구적인 군대를 가지고 있기는 했지만, 보통 군인들은 대다수가 시간제 민병대원이었다. 특정 지도자와 씨족의 족장, 유복한 특정인을 따른다는 측면에서만 보면, '공공의' 목적을 위해 싸우는 군인이라기보다는 '사적인' 목적으로 동원된 집단에 가까웠다. 정치를 하지 않고 오로지 '국가'를 보호하기 위해서만 존재하는 군이라는 개념이 아프리카인들에게는 아주 낯선 것이었다. 따라서 식민주의가 도입한 전문적이고 독립적인 집단으로서 군이 가지고 있던 지위는 대다수의 아프리카인들에게 완전히 새로운 개념이었다. 역설적이게도 식민지 군대는 내부를 통제하는 수단이었다. 그만큼 빠르게 정치화될 개연성이 늘 존재하고 있었다. 아프리카에서는 군이 정치에 개입하는 전통이 오랜 관행이었다. 이런 관행은 식민 통치기 이전으로 거슬러 올라간다. 19세기 후반에 이런 현상이 특히 두드러졌다. 무기를 통제하거나 보급하는 일이 정치권력의 핵심을 장악하는 데 아주 중요한 수단으로 작용하던 때가 바로 19세기 후반이었다. 이러한 상황은 정부가 총기를 보유하고 있던 집단과 갈등을 벌이던 20세기에 들어서까지도 이어졌다.

다른 두 주제는 식민지 경험이 군에 끼친 문화 및 기풍과 관련이 있다. 독립을 전후하여 아프리카 국가 내부에 존속하고 있던 군은 대체로 식민지 군대에서 출원했다. 따라서 군의 뿌리는 근본적으로 1890년대부터 1900년대 초까지 활동하던 정복군의 성격을 벗어 버릴 수가 없었다. 정복군은 같은 아프리카인 동족들을 정복했고 통제하던 집단이었다. 군이 내포한 이러한 요소가 식민 국가의 기둥이 되었음은 두말할 필요가 없다. 게다가 이들은 역사적으로 국내 용도를 가지고 있었다. 물론 두 차례의 세계대전은 예외였지만, 일반적으로 이들은 주로 내부에 대한 통제를 담당했다. 이들은 국토방위와 같은 '외부' 문제는 전혀 신경 쓰지 않았다. 말하자면 아프리카의 군인들은 정치적 간섭을 위해 준비된 집단이었다. 이런 연유로 독립 직후의 아프리카의 군은 전문적이고 독립적이며 훈련이 잘 된 집단의 틀을 유지하고 있었다. 이들 가운데 많은 이들이 1960년대 내내 유럽 군대의 장교로 복무하고 있었다. 동시에 권력 이행기인 이 시기에 고문관이나 훈련 교관으로도 역할을 수행했다. 1960~1970년대 들어 줄곧 군은 비효율적이고 부패한 민간 정부를 겨냥해 움직임을 드러냈다. 군사 쿠데타는 초기에는 환영을 받았다. 전문성이라는 명성을 등에 업은 군은 청렴하고 탈권위적인 이미지를 내세워 국가와 시민사회의 수호자를 자처하고 나섰다.

군 장교들은 정치적인 혼란을 잠재우는 구세주처럼 보였다. 나약하기 짝이 없고 폭발 직전에 놓인 국가를 '강력하게 이끌 지도자'처럼 보이기도 했다. 1964년과 1965년 콩고에서 모부투 장군은 수많은 사람들에게 영웅 대접을 받았다. 종족 갈등과 반란으로 점철되고 있던 정국을 안정시키고 중앙정부의 권력을 회복시켰기 때문이다. 실로 그가 이룬 업적은 엄청난 것이었다. 불과 몇 년 전만 해도 콩고의 군대는 사분오열되어 있었다. 1967년부터 1970년 사이의 나이지리아도 마찬가지였다. 야쿠부 고원(Yakubu Gowon) 장군이 이끌던 나이지리아 군대는 한 무리의 이보 출신 장교들이 일으킨 비아프라 반란을 앞두고 나라를 하나로 결집시켰다. 나이지리아는 군이 국가를 정상화하여 권력을 민간에 이양한 1979년까지 군부 통치를 겪었다. 그렇지만 권력을 이양받은 민간 정부는 만연한 부패로 권력을 오래 유지하지 못했다. 그러자 1983년에 군이 다시 돌아왔다. 1960~1970년대에 군부의 개입을 경험한 바 있는 가나와 마찬가지로, 나이지리아 또한 민간 정치인들보다 훌륭한 모범을 보인 군부를 탄생시킨 쿠데타를 경험했다. 쿠데타를 일으킨 군 장교들은 기본적인 경제와 사회 문제를 해결하려고 애썼다. 가나의 경우에는 제리 롤링스가 일으킨 군부 통치가 일종의 이행기 성격을 띤다는 점에 일반 민중들이 추호의 의심도 하지 않았다. 곧 정국이 안정되면 군이 정권을 민간 정부에 이양할 것이라고 믿었다.

하지만 군의 그런 순수한 이미지가 증발해 버리는 데는 그리 오랜 시간이 걸리지 않았다. 군은 여러 가지 이유를 대며 정권을 가로챘다. 대의를 위해 부패한 민간 정치인들을 일소하겠다는 게 이유 중 하나였다. 군인들은 국가 정책을 결정하는 과정에도 개입했다. 형식적으로는 월급이나 근무 환경 같은 조건을 놓고 군의 소외를 막겠다는 명분을 내세웠지만, 그들도 일반 정당과 마찬가지로 종족 갈등의 영향을 받았다. 이따금 사사로운 야망으로 군을 동원하여 정부를 장악하는 장교들도 있었다. 대부분의 식민지에서 군은 그 사회의 '소수' 종족 출신으로 구성되는 경우가 많았다. 절대다수가 시골 출신이라 식민 통치의 변방에 있던 군인들은 그다지 까다롭지도 않았고 게다가 다루기도 쉬웠다. 일반 민중들은 그들을 유럽인만큼이나 외계인 보듯 했고 때때로 '호전적인' 사람들로 인식되기도 했다. 그들은 군 복무를 출세의 발판으로 생각하고 사회적 지위 상승이나 상대적인 안정감의 확보와 연결시키기도 했다. 따라서 아프리카 국가들이 독립을 성취한 뒤에 특정 종족이 독점하고 있는 군을 개혁하려고 하자, 엄청나게 민감한 정치적 문제로 비화되었다. 군을 장악한 특정 종족은 정치적 개입을, 좁은 의미로 규정되어 있던 종족 또는 지역의 이해관계에서 좀 더 넓은 의미로 확장시키는 수단으로 간주했다. 우간다의 이디 아민이 대표적인 인물이다. 비교적 규모가 작은 종족인 북쪽의 카크와(Kakwa) 집단을 대표하던 그는 권력을 장악하기 위해 다른 소수 인종을 무자비하게 숙청했다. 그들을 잠재적인 경쟁자로 판단했기 때문이다. 숙청 대상 가운데에는 자신이 이끌던 군을 대표하는 인물들도 있었다.

우간다는 잔인한 군부독재의 전형을 보여 주는 나라이기도 했다. 우간다의 군부독재는 군이 정권을 잡자마자 시작되었다. 중앙아프리카공화국(중앙아프리카제국)의 보카사도 예외가 아니다. 1970년대를 대표하던 이런 통치자들은 부패와 권력욕의 화신으로 간주되었고, 심지어는 정신적으로 문제가 있는 독재자로 비치기도 했다. 19세기의 여행담을 추억하던 서구의 관객들은 이런 독재자들을 보며 식인 행위를 연상하기도 했다. 특히 보카사는 정적들을 잡아먹었다는 소문이 나돌기도 했다. 심지어는 성적인 방종을 연상하기도 했다. 한때 이디 아민 행정부의 외무부 장관이었던 토로의 엘리자베스 공주(Princess Elizabeth of Toro)가 대표적이다. 내각의 관료들을 무자비하게 살해하는 장면을 연상하기도 했다. 그들은 아민과 보카사를 모두 살인마로 간주했다. 물론 아민과 보카사 같은 독재자들이 정적을 대상으로 잔악무도한 폭력성을 드러낸 것은 사실이지만, 그런 소문은 지나친 감이 없지 않다. 특수한 것을 일반화했을 가능성도 높다.

전반적으로 군사정권은 그들이 축출한 민간 정부보다는 훨씬 덜 부패했고 덜 잔인했으며 좀 더 유능했다. 그러나 그들은 법을 은밀하게 통제했고, 사법부의 독립을 방해했으며, 체포와 구금의 권한을 일방적으로 확대했다. 이런 정권을 무너뜨리기 위해서는 지옥 같은 경험과 피비린내가 동반될 수밖에 없었다. 권력을 남용한 결과로 '도덕성'을 상실한 군은 때때로 더욱 파격적인 폭력을 사용하기도 했다. 1980년대 초의 라이베리아에서 쿠데타를 통해 권력을 장악한 군은 무자비하게 국정을 펼쳤다. 그 때문에 내전이 발발했고 사회 전체가 붕괴되고 말았다. 장기간 독재를 펼친 정권은 사회정치적으로 또는 종족 간에 발생하는 갈등을 강력하게 탄압했다. 따라서 그런 정권이 붕괴되거나 전복되었을 경우, 사회가 무정부 상태에 빠지는 일이 허다했다. 시아드 바레가 축출된 1990년대 초 그런 상황이 연출된 소말리아가 대표적인 사례이다.

하지만 질병처럼 번진 종족 간의 분화와 종교 갈등, 정치적 불안정을 군사 통치만의 유산이라고 보고, 이 때문에 아프리카 사회가 붕괴되었다고 보는 시각에는 문제가 있다. 사회경제적 변화에 따른 붕괴도 염두에 두어야 한다. 라이베리아와 소말리아가 대표적인 경우이다. 최근에 들어와 정치의 군사화가 새로운 형태를 띠기 시작했다. 지금 이 시점에서 볼 때, 이런 모습은 정치적 안정을 꾀하는 것과 관련해 중요한 의미가 있다. 1960~1970년대의 정치군인들은 넓은 의미에서 식민 통치에 부역한 토착민의 직계 후손들이다. 장교들은 식민 행정 당국을 돕는 일을 했고, 식민지 군대가 국민국가의 군대로 권력을 이양할 때 분명한 태도를 보이지 않았다. 이들은 유럽인 전임자들과 근본적으로는 같은 구석이 많았다. 그중 가장 중요한 공통점이 군을 물리적으로 장악하고 있었다는 사실이다. 이들은 자신들에게 주어진 영역 내에서 사용 가능한 모든 무기를 완벽하게 통제했고, 도덕적 청렴성의 측면에서도 타의 추종을 불허했다. 그러나 그런 도덕성은 오래가지 않았다.

  1960~1970년대의 군 병영은 도덕적 질서와 물리적 질서가 온존하고 있던 거의 유일한 곳이었다. 그러나 이런 분위기는 1980년대 이후로 크게 바뀌었다. 식민지 군대를 계승한 직업군인들이 좀 더 무장이 잘된 게릴라들의 도전을 받게 되었기 때문이다. 어찌 보면 군이 아프리카의 정치에 물리적으로 개입하는 '두 번째 국면'이 시작되던 시점이었다. 따라서 직업군인들이 이끌던 병영국가들은 자신들을 반대하는 무장 세력이나 또 다른 잠재적 병영국가의 공격에 노출되어 있었다. 특히 잠재적 병영국가는 피억압 민중을 대변하고 있었다. 이들의 목표는 현존하는 제도를 단순히 포획하는 것이 아니라 기존의 제도를 완벽하게 무너뜨리고 새로운 제도를 건설하는 것이었다. 최소한 선언적으로는 그랬다. 이러한 움직임에는 1970~1980년대에 진행된 냉전의 영향력 또는 전파력이 어느 정도 반영되었다. 이런 상황이 가장 극적으로 구현된 것이 자동화기의 대규모 유입이었다. 특히 AK-47은 아프리카 전 대륙에 널리 퍼졌다. 이러한 무기의 유입으로 포퓰리스트 집단들이 과거보다 훨

씬 수월하고 효과적으로 국가에 반기를 들 수 있었다. 냉전이 끝나자 소형 화기의 아프리카 유입이 좀 더 본격화되었다. 과거의 동유럽 국가들이 제3세계를 새로운 시장으로 낙점하여 자국에 남아도는 화기를 헐값으로 떠넘겼기 때문이다. 1960년대까지만 해도 반국가 투쟁을 벌일 때 제2차 세계대전 때 사용하던 화기를 들고 싸운 주변부 집단이 많았다. 심지어 궁벽한 시골에 있는 어떤 집단은 창을 들고 싸우기도 했다. 무기에서 소외되어 있던 이들 집단조차 1980년대에 접어들면 자동화기와 로켓포로 무장할 수 있게 되었다. 식민 행정부와 탈식민 행정부는 1890년대 이후로 군사적 권력을 독점하면서 자신들이 원하는 체제를 강력하게 성공적으로 유지할 수 있었다. 바야흐로 그런 시대가 지나가고 있었던 것이다.

　소말리아와 라이베리아, 시에라리온 같은 나라에서는 이러한 상황이 유혈사태로 이어졌다. 무장 집단이 이데올로기로 추동된 혁명주의자들이 아니라, 무자비하고 잔인하며 염세적인 젊은이들이었기 때문이다. 최근에 라이베리아와 시에라리온에서 벌어진 사태는 공포 그 자체였다. 이 두 지역에서는 AK-47 말고도, 공포를 유발하는 효과적인 무기로 과거 세대가 사용하던 손도끼까지 활용되었다. 1994년의 르완다 학살 당시에도 집단 살상의 상징적 무기로 AK-47이 아닌 손도끼가 사용되었다. 여기서 주목할 점은, 이처럼 극단적인 행태를 보이던 집단이 군사적으로뿐 아니라 정치적으로도 권력을 장악하기 시작했다는 사실이다.

　게릴라 투쟁을 통해 국가에 도전할 만한 화력을 확보한 집단도 있었다. 이들 역시 도덕적으로 높은 지지를 받았기에 대중을 대상으로 이데올로기 혁명을 수행할 수 있었다. 그리고 끝내는 정치권력을 획득할 수 있었다. 짐바브웨의 '애국전선'이 그 수인공이었다. 무가베의 짐바브웨아프리카민족연합(ZANU)과 응코모의 짐바브웨아프리카민중연합(ZAPU)

을 결합한 애국전선은 처음에 백인 소수자의 통치에 저항하는 군사작전을 통해 정권을 장악하려는 시도를 장기적으로 펼쳤다. 그리고 그 뒤를 이어 1980년에 치른 선거에서 합법적으로 권력을 쟁취했다. 우간다의 민족저항군(National Resistance Army)도 마찬가지였다. 요웨리 무세베니(Yoweri Museveni)가 이끈 민족저항군은 1980년대 초에 다시 권력을 잡은 밀턴 오보테의 폭정에 맞서 싸웠고 1986년에는 마침내 캄팔라까지 진군했다. 좀 더 오랜 기간을 싸워야 했던 집단들도 있었다. 서남아프리카민중기구(SWAPO, South West African People's Organization)는 1960년대 중반부터 점령군 남아프리카를 대상으로 싸움을 펼쳤다. 그리고 30년이 지난 1990년에야 마침내 독립을 쟁취했다. 에리트레아도 1961년부터 에티오피아에 맞서 지난한 독립전쟁을 벌여야만 했다. 그러고는 1991년에 에리트레아민중해방전선(EPLF)의 주도로 승리를 거머쥐었다. 그 와중에 진행된 무장투쟁이 1970년대 초에는 심각한 내전으로 왜곡되는 경험을 하기도 했다.

이와 같은 '대중적인 무장투쟁'은 주로 아마추어 군인들이 주도했다. 이들은 물론 나중에 직업군인으로 성공을 거두게 되지만, 그들이 전개한 '대중적인 무장투쟁'이 다원주의적이었고 포용적이었는지 여부는 아직 미지수다. 불행하게도 초창기의 징후가 그다지 낙관적이지는 않지만 다른 평가 또한 가능하다. 탈식민화 과정의 역사가 끔찍했음에도, 우간다는 '무정당' 정치를 향해 긍정적인 걸음을 내딛었다. 민족저항운동(NRM)이 쾌거를 이끌었다. 이 과정에서 치른 여러 차례 선거에서 무세베니는 연전연승을 거두었다. 선거는 다소 깔끔하지 않은 얼룩도 남겼지만 대개는 자유롭고 공정했다. 모잠비크해방전선(FRELIMO)과 모잠비크국민저항(RENAMO)이 지리멸렬한 내전을 벌인 모잠비크도 1990년대 중반이 되어서야 선거를 통해 내전을 종식시켰다. 그 뒤로 취약하긴 하지만 평화가 이어졌다. 모잠비크는 기실 남부 아프리카 지역의 성공적인 사례로 높이 평가되고 있다.

짐바브웨와 에리트레아는 사뭇 다른 결과를 초래했다. 이 두 지역은 서로 다른 방식으로 병영 체제와 강력한 통제 체제를 달성했다. 두 지역 모두 게릴라 집단이 정부를 접수한 경우였다. 동시에 과거의 전사들이 군사적인 외관을 좀 더 전문화하고 제도화한 경우였다. 이 두 지역이 특수한 이유는 게릴라 투쟁을 전개한 이들이 어떤 다른 경쟁자도 없이 정치권력을 장악했기 때문이다. 뿐만 아니라 이 두 지역에서 벌어진 게릴라 운동은 정치적인 과제와 도덕적 정당성을 모두 갖추고 있었다. 과거의 희생이 너무 참혹하고 컸기 때문이다. 이를 바탕으로 이들은 전임자들과 달리 정치적으로 좀 더 강력한 토대를 구축할 수 있었다. 이들이 과연 언제 권력을 내려놓고 그 권력을 무장투쟁에 참여하지 않은 이들에게도 나누어 줄지는 알 수 없다.

20세기 아프리카의 군은 다른 지역의 군과 달리 대단히 고립적인 특성을 가지고 있다. 끝으로 이 특성이 어떻게 바뀌어 가고 있는지를 살펴볼 가치가 있다. 탈식민 시기에 아프리카에서 벌어진 전쟁은 대체로 내전이 많았고 국가 간 전쟁은 의외로 많지 않았다. 에티오피아와 소말리아는 1964년과 1977년, 두 차례에 걸쳐 오가덴을 놓고 전쟁을 벌였다. 같은 시기에 이디 아민이 국경분쟁을 일으키자 탄자니아 군은 우간다를 침공했다. 이 전쟁으로 1979년에 우간다의 독재 정권이 전복되기에 이르렀다. 알제리와 모로코도 서사하라 문제를 둘러싸고 갈등을 겪었다. 서사하라는 과거에 에스파냐 영토였으나 모로코가 침략하여 실효적인 지배권을 행사했다. 그러나 알제리는 폴리사리오(Polisario)라는 서사하라의 무장투쟁을 지원했다.

그 밖에도 숱한 국경분쟁이 1990년대 이전까지 벌어졌다. 냉전 이후 외국의 군사적 모험주의와 국가 간 분쟁이 날이 갈수록 증가했다. 그래서 아프리카가 19세기 때처럼 국가 정책의 일환으로 전쟁을 일으키는 것이 아니냐는 오해도 불러일으켰다. 유럽도 수백 년 동안 전쟁을 정책적으로 활용한 역사를 가지고 있다. 앙골라와 콩고는 아프리카의 거의 모든 나라가 개입한 전쟁을 치렀다. 이 전쟁에서는 각 지역의 맹주들이 자국의 이익을 보호하기 위해 격렬하게 싸웠다. 1990년대 후반에 벌어진 에티오피아와 에리트레아의 국가 간 전쟁은 기존의 전쟁과는 다른 특성을 보였다. 20세기에 유럽에서 벌어진 전쟁을 연상시킬 정도로 대규모 인력과 국가 자원이 총동원되었기 때문이다. 시에라리온의 경우에는 서아프리카의 평화유지군이 주둔군으로 파견이 되었는데, 이 또한 아프리카 전쟁사에 새로운 현상을 불러왔다. 처음으로 아프리카연합이 직접 소속 병사들을 아프리카 대륙에 있는 지역 가운데 전쟁 가능성이 가장 높은 지역에 파견했기 때문이다. 평화유지군의 파견은 아주 새로운 시도였지만, 외세의 모험주의는 아프리카 정치에서 전혀 새로운 현상이 아니었다. 식민지 이전 시기에 벌어진 국가 간 전쟁은 대개 정치적·경제적 상황 때문에 일어났다. 이웃한 국가와 사회에 군사적으로 개입을 하는 일은 일종의 전략으로 간주되었다. 자신들에게 우호적인 정권이나 친족 체제 또는 왕조를 세우거나 확장하기 위해서였다.

그러나 최근에 들어 좀 더 창의적이고 위험천만한 전략이 대두되고 있다. 이는 냉전 이후로 아프리카 정부가 스스로 대외 정책을 총괄하면서 그에 관한 책임을 지겠다고 하자 가속화되었다. 아프리카에서 군사 조직과 정치 조직은 역사적으로 친밀도가 높다. 군이 국경선 너머를 보게 되면서 이 둘의 관계가 새로운 형태로 바뀌기 시작했다. 군을 내부 통제는 물론이고 대외 정책의 수단으로 활용하기 시작한 것이다.

21장

변화의 길목에서
오늘날의 아프리카

탈냉전과 아프리카

아주 넓은 의미에서 냉전은 무척 다양한 방식으로 아프리카에 중요한 충격을 주었다. 베를린 장벽의 붕괴 이래로 이른바 '선진국'은 아프리카 대륙을 조금은 다른 각도에서 바라보기 시작했다. 표면적으로만 보면 서양은 인권과 정치 구조, '선정'(善政), 민주주의에 주목하기 시작했다. 건전한 경제적·상업적 제도와 실천에도 관심을 가지고 보는 듯했다. 1990년대 초 이후는 그야말로 위기이자 기회의 시기였다. 아프리카 정부 스스로는 물론 다양한 주체들이 앞장서서 근대화 문제를 해결하고자 했기 때문이다. 이들은 이를 통해 외채의 문제를 해소하고 발전을 이룩하고자 했다. 유럽과 미국은 비정부기구와 자선 및 원조 단체 그리고 세계은행과 국제통화기금 등을 통해 동서 냉전 시기 때보다도 훨씬 더 적극적으로 간섭주의 정책을 펼쳤다. 최소한 새로운 영역에서는 그랬다. 유럽과 미국은 과거 그 어느 때보다도 더 강력하게 아프리카 정부를 압박하여 정치적·경제적 관행을 바꾸게 만들었다. 이들은 아프리카의 경제 '근대화'와 아프리카인들의 사회적·경제적 삶의 질 향상 문제에 깊숙이 관여할 준비가 되어 있었다. 19세기 초의 상황에서 보면 이는 일종의 '투쟁'에 가까운 행위였다.

한편, 아프리카 행정부들은 독립 이후 국민들로부터 그 어느 때보다 더 엄중한 감시를 받고 있었다. 이른바 '제2의 해방전선'이라 불리던 '민중의 힘'이 널리 인식되던 때였다. '민중의 힘'은 1990년대와 2000년대의 아프리카 대륙을 완전히 휩쓸었다. 수많은 '정치적 공룡들'이 빠르게 자취를 감추었다. '정치적 공룡들'이라는 용어는 이른바 '제1의 해방전선' 때 활개를 쳤던 민족주의 정치인 세대를 일컫는 말이다. '정치적 공룡들'의 퇴진은 어느 정도는 고령의 나이 때문이기도 했지만 대중적 저항을 버틸 힘이 더 이상 남아 있지 않은 탓도 컸다. 뿐만 아니라 이들은 사회정치적 붕괴를 더 이상 막아 낼 재간도 없었다. 물론 예외도 있었다. 1967년 이래로 가봉을 통치한 오마르 봉고와 1969년 이래 리비아를 통치한 무아마르 가다피 그리고 1980년 이래 짐바브웨를 이끈 로버트 무가베가 그 주인공들이다. 이들은 고령의 나이에도 변화를 거부하면서 여전히 권좌를 지키고 있었다. 하지만 이 책을 쓰는 시점을 기준으로 보면 아프리카에서 노령의 통치자가 아직까지 권좌를 차지하고 있는 국가는 얼마 되지 않는다. 수많은 아프리카 국가들이 선거 절차를 밟고 있거나 제한적이나마 민주주의를 집행하고 있다.

이렇게 서양이 태도의 변화를 보인 배경에는 여러 가지 이유가 있다. 먼저 죄의식과 관련이 깊다. 서양의 죄의식은 대단히 미묘한 방식으로 아프리카 대륙에 대한 대중적 인식을 높이고 모종의 정책을 결정하는 과정에 중요한 영향을 끼쳤다. 물론 이런 죄의식은 언론이 조장한 측

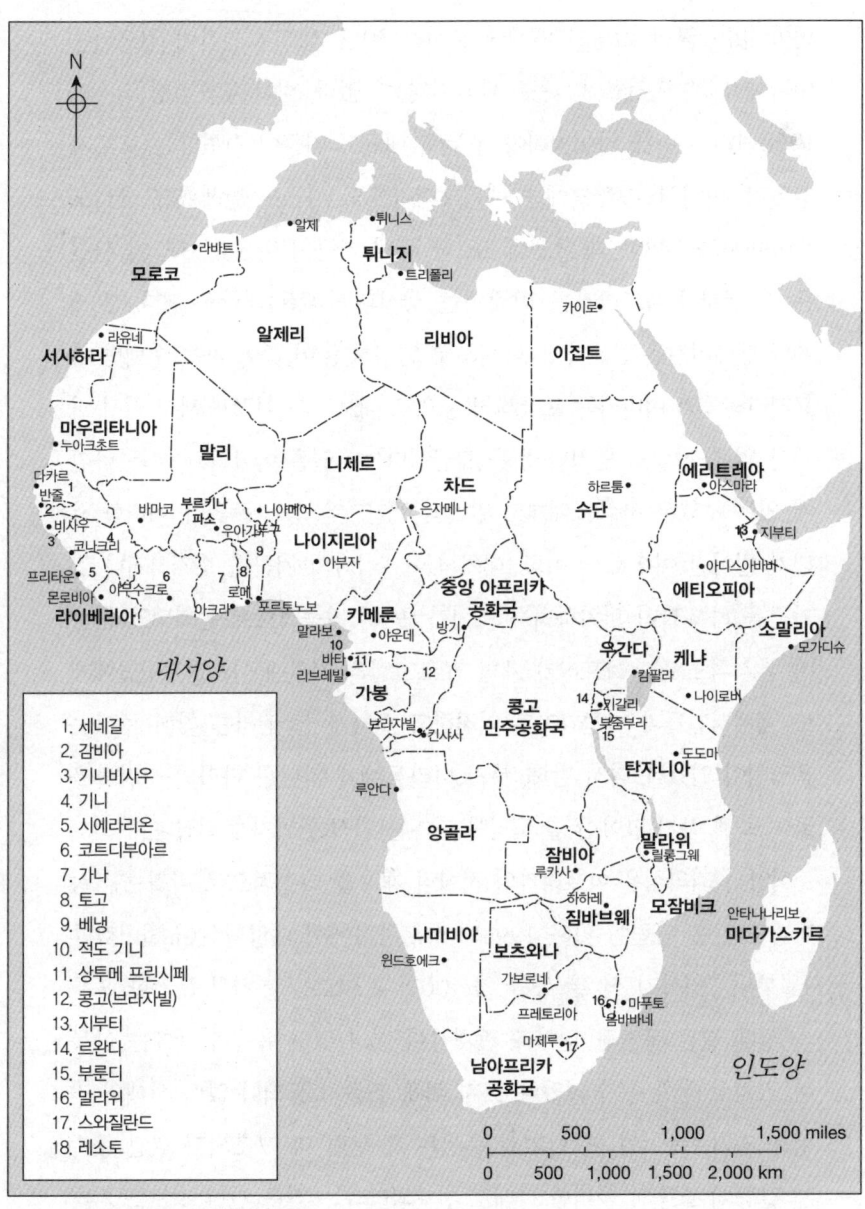

지도 23 오늘날 아프리카의 국민국가들

면이 없지 않다. 그렇기 때문에 오히려 30년 전보다 인간이 일으키는 비극에 대해 촉각을 더 곤두세울 수밖에 없다. 비아프라 전쟁 직후인 1960년대 후반에 나이지리아 동부에 대규모 기근이 덮쳤다는 보도가 있었다. 이어서 1973년에는 에티오피아에도 기근이 발생했다. 에티오피아에서는 1980년대 초반에 또 한 차례 기근이 발생했는데, 이 사건은 전 세계가 아프리카를 '이해'하는 상징과도 같은 역할을 했다. 전 세계의 텔레비전은 전례가 없을 정도로 열심히 굶어 죽어 가는 수백만 아프리카인들의 이미지를 포착해 방송으로 내보냈다. 이렇게 해서 역시 전례가 없을 정도로 엄청난 돈을 모금했다. 이 일은 아프리카 대륙 바깥에 있는 수많은 사람들에게도 일말의 책임감을 심어 주었다. 이러한 사태가 벌어진 이후로 '공여국' 내에서 아프리카의 기근을 방지하거나 그 기근을 하루빨리 퇴치하려는 조치가 좀 더 집중적으로 논의되었다. 좀 더 본격적으로는 아프리카 개발 프로그램을 지원해 아프리카인들에게도 세계시민들과 마찬가지로 안전하고 편하게 살 권리를 찾아 주자는 움직임이 일었다. 다시 말해, 부자 나라들에게 가난한 나라의 사람들을 굶어 죽게 하지 말아야 할 책임이 있다는 인식이 퍼지게 되었다.

서양의 죄의식은 아프리카의 정치적 재앙을 타성적으로 바라보던 상황과도 깊은 관련이 있다. 1994년에 르완다에서 대량학살이 벌어졌다. 4월부터 7월까지 석 달 동안 약 100만에 이르는 투치와 온건한 후투가 생떼 같은 목숨을 잃었다. 존재감이 거의 없던 유엔과 세계는 아무런 조치도 취할 수가 없었다. 그저 뒤에 조용히 물러나 앉아 사태의 진행을 지켜보아야만 했다. 기실 유엔은 그 무렵 막 고조되고 있던 종족 간 갈등이 모종의 끔찍한 사태로 전개되리라는 믿을 만한 정보를 가지고 있었다. 사후의 이야기지만, 사태에 대한 조사가 본격적으로 시작되면서 이른바 '선진국들'은 다시 한 번 통한의 죄책감에 시달려야만 했다. 많은 사람들이 르완다 사태와 발칸반도 사태를 비슷한 사건으로 보고 비교 분석했다. 르완다 사태가 벌어졌을 때는 침묵으로 일관한 데 반해, 발칸 사태 때는 전 세계가 엄청난 수준으로 인도주의적 개입을 시도했다는 게 이들의 분석 결과였다. 이 두 사태 사이에는 뚜렷한 차이가 있었다. 바로 피부색의 차이였다. 피부색의 차이가 전 세계의 대외 정책에서 나타나는 차이로 그대로 이어졌다. 차츰 시간이 지나면서 세계가 아프리카 문제에 좀 더 깊숙이 관여할 필요가 있다는 주장이 제기되었다. 이는 특정한 정치 노선과 관계없이 여러 진영에서 공통적으로 제기되었다. 물론 진영의 차이에 따라 명분은 달랐다. 냉전이 종식되자 상당한 후유증이 세계 곳곳을 덮쳤다. 아프리카와 동남아시아, 중앙아메리카에서 그 후유증이 가장 적나라하게 드러났다. 좌파들이 보기에 이는 부끄러운 광경이었다. 이제 탈식민 세대의 실패는 전 세계 모든 인류의 책임이라는 인식이 공유되기 시작했다.

　서양의 태도 변화는 이런 인식에서 발원했지만 저마다 다양한 방식으로 나타났다. 무엇보다 냉전의 종식과 더불어 아프리카 대륙은 더 이상 이데올로기나 전략의 싸움터가 되어야 할 이유가 사라졌던 것이다. 1960년대부터 1980년대까지는 서양에서 군사적 반공주의와 정치적 억압이 횡횡했던 시기였다. 1990년대에 들어서야 서양은 민주주의와 인도주의 차원에서 원조를 제대로 이행하기 시작했다. 그러나 이는 아주 우연히 실수 연발로 이어진 변화의 과정일 뿐이었다. 소련이 붕괴되자 곧 에티오피아나 앙골라 같은 여러 아프리카 지역에 대한 개입이 자동적으로 중단되었다. 그러자 서양도 덩달아 한때는 반공산주의 노선의 '첨병' 역할을 수행했던 자이레의 모부투 같은 독재자들을 시효가 끝났다고 판단해 지원을 중단했다. 그러고는 갑자기 태도를 바꾸어 그들에게 변화를 요구했다. 선거를 치르고, 그들이 통치하던 국가의 경제

시스템을 자유무역이나 해외 투자에 어울리는 형태로 개방하고, 국가를 정상적으로 운영하라고 요구했다. 서양은 민주주의와 경제 발전, 빈곤의 감소가 서로 유기적으로 연결되어 있다고 확신했다. 따라서 아프리카에 개입하는 방식도 좀 더 다원주의적인 방식이어야 할 필요가 있다고 생각했다.

아프리카 정부가 요청받은 거래의 내용은 구조조정 프로그램을 수용하는 것이었다. 동시에 정치적·경제적 자유화를 이룩하는 것이었다. 이를 수용하면 대규모 국내 투자와 세계은행이 기금을 지원하는 개발 프로젝트를 보상으로 제공받을 수 있었다. 농업 생산과 공업 생산을 장려하는 새로운 시도들도 선보였다. 지역의 원자재와 노동력을 잘 활용함으로써 아프리카의 해외 수입품에 대한 의존도를 축소해 보자는 의견도 제시되었다. 누가 봐도 과거와는 너무도 다른 '새로운' 경제정책들이 쏟아졌다. 이는 제3세계에 대한 정책으로 오늘날까지도 지속되고 있다. 이러한 전략을 밑받침하는 원칙은 '근대화'를 명분으로 내건 간섭주의인데, 이는 불행하게도 전혀 새로운 것이 아니다. 노예무역의 철폐를 강요하던 19세기 초에도 이미 이 전략은 똑같은 목적과 방식으로 작동하고 있었다. 그럼에도 새로운 경제정책은 여러 나라에서 성공 사례를 만들어 냈다. 고무된 미국 대통령 빌 클린턴은 1998년에 사하라사막 이남의 아프리카를 순방하는 기념비적인 일정을 통해 '아프리카 르네상스'를 언급했다. 새로운 선정의 시대와 경제성장의 시대가 아프리카에도 다가오고 있다는 내용의 발언이었다.

세계 정치의 환경이 바뀌면서 아프리카 국가를 대하는 태도도 최근 들어 다시 변화하고 있다. 1998년에는 나이로비와 다르에스살람에 주둔한 미국 대사관이 공격을 받았다. 하지만 그것은 새 발의 피였다. 훨씬 심각한 일이 2001년 9월 11일 미국 본토에서 벌어지고 말았다. 좋건 싫건 9·11 사건은 그 뒤로 국제 문제를 논의할 때 항상 거론되는 표준적인 참고 대상이 되었다. 이 사태로 아프리카를 대하는 태도가 또 한 차례 바뀌게 되었다. 이 사태를 계기로 미국은 다시 한 번 변화의 요구에 못 미친 아프리카 국가들마저 끌어안게 되었다. 이른바 '테러와의 전쟁'이라는 대외 정책을 수행하는 과정에서 아프리카 국가들의 지지를 끌어내는 일이 중요했기 때문이다. 반공산주의 투쟁을 전개하던 시절의 미국은 불만이 많았음에도 아프리카 국가들의 내부 문제에 간섭할 수가 없었다. 이슬람 극단주의자들과 전쟁을 벌이던 시점에서도 미국은 지구적 차원의 동맹을 이끌어 내기 위해 실용주의적인 노선을 채택할 수밖에 없었다. 미국은 2002년과 2003년에 이라크에 반대하는 동맹을 주도했는데, 에리트레아와 에티오피아를 비롯한 몇몇 아프리카 국가들이 이 동맹에 동참했다. 이러한 상황은 우연이 아니었다. 에리트레아와 에티오피아 또한 이슬람 극단주의를 경계하고 있었기 때문이다. 이 두 국가의 동맹 참여를 구실로 동부 아프리카 국가들이 너도나도 동맹에 가담하게 된다.

최근에는 소말리아가 미국의 표적이 되었다. 소말리아는 미국이 1990년대 초에 군사 개입을 하려다가 처참하게 실패한 곳이다. 2006년 후반에 미국은 에티오피아와 협력하여 소말리아의 이슬람 정권을 무너뜨리고 이곳에서 활동하던 알카에다를 모두 제거하고자 했다. 이 책을 쓰고 있는 시점에서 보면, 아프리카의 뿔 지역과 중동에서 벌어지는 사건으로 인해 장차 좀 더 호전적인 범이슬람주의가 탄생하지 않을까 싶다. 서양에 대한 증오가 날이 갈수록 노골화되고 있기 때문이다. 이에 발 맞춰 알카에다도 지하드라는 이름으로 소말리아와 케냐를 중심으로 한 변방 활동을 다른 지역으로 확장해 나갈 것이 틀림없다.

'선정'과 '민중의 힘' 그리고 갈등

외부의 간섭과 흥미, 즉 아프리카에서 벌어지는 일에 서양이 얼마나 큰 관심을 가지고 있는지를 지나치게 강조해서는 곤란하다. 아프리카 대륙에 있는 대부분의 국가는 기실 대외 정책에 대한 기대감이 아직 낮은 수준이다. '테러와의 전쟁'이 최근 들어 동부 아프리카의 고민을 환기시키고 있는 것은 사실이다. 동부 아프리카가 이슬람 테러리즘의 온상이기 때문이다. 1990년대에 벌어진 수많은 변화들은 사실상 내부에서 출현한 것이 많았다. 대중 집회가 좀 더 공격적으로 변하거나 이른바 '전선' 운동들이 일반 대중들의 지지층을 널리 확보하면서 변화가 불가피한 측면이 있었다. 조직 정비가 잘 되어 있고 법적인 보호와 활동을 보장받은 야당의 출현도 변화를 촉진했다. 게다가 시민의 자유도 대륙 전체에 걸쳐 폭넓게 뿌리를 내려 가고 언론과 종교, 신앙의 자유도 확대되고 있었다. 독립적이고 비판적인 언론이 통제받지 않을 권리와 자의적인 체포를 당하지 않을 권리 그리고 공정한 재판을 받을 권리도 성숙되고 있었다.

이 모든 권리들이 1980년대 말 이후로 아프리카에서 눈에 띄게 신장되고 있었다. 이러한 변화들을 모두 지구적인 시각으로 볼 필요가 있다. 유사한 민주화 과정이 라틴아메리카를 비롯해 베를린 장벽 붕괴 이후의 동유럽에서도 1990년대 초부터 벌어졌기 때문이다. 라틴아메리카와 동유럽의 사례는 탈식민화 이후로 줄곧 권좌를 차지하고 있던 노쇠한 정부에 염증을 느끼던 아프리카의 정치 활동가들에게 큰 영감을 제공했다. 이를 계기로 아프리카에서도 일종의 '제2의 독립운동'이 진행되었다. 베냉에서 가장 먼저 나타났다. 베냉을 통치하고 있던 인물은 오랫동안 마르크스주의 독재를 펼치고 있던 마티우 케레쿠(Mathieu

Kerekou)였다. 그는 1991년에 치른 선거에서 패배하여 권력을 잃었다. 위기는 곧 새로운 기회를 가져다주었다. 이 위기로 베냉의 민주주의가 좀 더 성숙해졌다. 베냉은 1996년에 또 한 차례 선거를 치렀는데, 케레쿠가 다시 선거를 통해 집권했다. 국가의 수반이 된 그는 과거의 정적이던 니세포레 소글로(Nicephore Soglo)를 총리로 선택했다. 한편, 말리에서도 대중 저항이 일어나 무사 트라오레(Moussa Traore)가 이끌던 군부 독재를 무너뜨리고 선거를 치렀다. 말리에서도 이런 방식으로 1990년대를 거치면서 민주주의와 건설적인 논쟁의 문화가 성공적으로 정착되었다. 물론 가난 문제는 여전히 큰 과제로 남아 있다. 안정된 민주주의로 가는 길이 다소 험난했던 지역은 잠비아였다. 국부인 케네스 카운다가 1990년대 초까지 다당제로의 이행을 거부했기 때문이다. 그의 후계자 프레더릭 칠루바(Frederick Chiluba)도 전임자와 마찬가지로 권위주의적 전략에 의존해 야당을 탄압하고 자신의 지위를 공고히 했다.

1998년에 클린턴은 분명 깊은 영감을 받았다. 그에게 영향을 준 아프리카 지도자는 에티오피아의 멜레스 제나위(Meles Zenawi), 에리트레아의 이사이아스 아페워르키(Isaias Afeworki), 우간다의 요웨리 무세베니, 그리고 르완다의 폴 카가메(Paul Kagame)였다. 이들은 모두 과거에 게릴라 전사들이었다. 앞에서도 보았듯이, 시간이 흐를수록 훌륭한 무장력과 조직력을 갖춘 세력들이 아프리카 전역에서 국가에 반기를 들었다. 외부 세계 또한 이러한 변화를 고려해야만 했다. 소련의 붕괴로 가장 큰 이득을 본 집단은 뿔 지역의 게릴라들이었다. 이들은 오랜 세월 동안 정치적으로 좀 더 강력한 지위를 확보하기 위한 싸움을 멈추지 않았다. 그런 와중에 소련이 철수를 결정하자 마침내 오랜 야망을 성취할 수 있었다. 에티오피아도 마찬가지였다. 멩기스투의 든든한 후원자였던 소련이 철수했기 때문이다. 1990년까지 멩기스투 정권은 북쪽에 있던 티그레이와 에리트레아 게릴라들로부터 거센 도전을 받고 있었다. 그러나 마지막 순간에 미국이 개입하여 멩기스투를 1991년에 에티오피아에서 짐바브웨로 탈출시켰다. 에리트레아가 에티오피아로부터 독립하는 것을 막기 위한 고육지책이었다. 에리트레아의 민중해방전선이 군사적으로 성공을 거두고 있었음에도 미국은 이 작전을 밀어붙였다. 미국에 대한 에리트레아의 반응은 겸허하지만 단호했다. 마침내 에리트레아는 주권을 회복했다. 외교적인 압박을 아무리 강화해도 이미 물리적으로 현실화된 군사적·정치적 실재를 되돌릴 수는 없었다.

비슷한 사태가 다른 지역에서도 벌어졌다. 남아프리카공화국의 아파르트헤이트 체제는 외부의 강력한 압박으로 약화되고 있었다. 하지만 데클레르크로 하여금 만델라를 석방하게 만들고 아프리카민족회의를 합법화하게 한 것은 무엇보다도 내부 민중들의 끊임없는 저항과 그로 인한 사회정치적 혼란 탓이 컸다. 이렇게 정치적인 변화가 작동되면서 급기야 남아프리카공화국 역사상 가장 민주적인 선거를 치르기에 이르렀다. 우간다의 민족저항군을 이끌던 무세베니는 '야전'에서 오랜 게릴라 전투를 벌인 뒤 1986년에 집권에 성공했다. 집권을 하자마자 그는 정치적·경제적 변화에 시동을 걸었다. 다양한 형태로 나타나던 '민중의 힘'은 아프리카 대륙 전역에 걸쳐 자태를 드러내기 시작했다. 탈식민 시기의 '공룡들'에 맞서 민중의 저항이 들불처럼 일어났다. 소말리아의 시아드 바레와 자이레의 모부투가 이 과정에서 축출되었다.

케냐에서도 거센 내부 압력으로 2003년에 대니얼 아랍 모이가 하야하고 음와이 키바키(Mwai Kibaki)가 선거를 통해 집권했다. 흥미로운 점은 키바키가 모이와 거의 같은 세대라는 사실이다. 나이지리아에서도 '민중의 힘'을 확인할 만한 일이 이따금 일어났다. 물론 선거 부정과 정적 탄압이 벌어졌고, 야당의 입장에서 볼 때 정치의 발전 과정에 대

그림 33 만델라와 데클레르크

한 신뢰가 약하기도 했다. 더구나 나이지리아와 케냐는 부패 문제로 골머리를 썩이기도 했다. 그럼에도 선거는 치러졌다. 인권 탄압을 둘러싼 나라 안팎의 감시도 과거와는 비교가 되지 않을 정도로 강화되었다. 아프리카통일기구가 '아프리카인권헌장'을 채택한 것이 오래전인 1981년이었다. 근자에 들어서면서 이러한 권리에 대한 좀 더 전문적인 관심이 좀 더 실제적인 의미로 전화되고 있다.

물론 이러한 경향을 거부하는 인물도 있다. 짐바브웨의 무가베는 다소 분열되어 있긴 하지만 전면적인 저항에 직면하고 있다. 하지만 그는 이런 저항을 무자비하게 탄압했다. 이 책을 쓰고 있는 시점까지도 변함없이 과거의 식민 통치가 남긴 부정적 악행들을 맹렬하게 비난하면서 여전히 권좌를 차지하고 있다. 에리트레아도 예외가 아니다. 좀 더 자유수의적인 헌법이 1990년대 중반에 민족주의자들에 의해 비준되었지만 여전히 제대로 실행되지 않고 있다. 최근에는 막강한 정치권력과 후

견인이 대통령 집무실에 집중이 되면서 정치적인 자유까지도 축소되는 경향을 보이고 있다. 짐바브웨의 무가베는 조금의 가책도 없이 정치 민주화를 거부하고 있다. 에티오피아에서도 비슷한 일이 벌어지고 있다. 에티오피아는 아프리카 대륙에서 상대적으로 안정된 의회 민주주의를 구현하고 있는 나라였다. 그럼에도 멜레스 제나위 정부는 반대 의견을 묵살했다. 특히 중남부 지역의 종족들이 주도한 의견에 대해서는 관용적인 태도를 보이지 않았다. 게다가 에티오피아의 수비대는 대중들의 저항을 짐바브웨의 무가베와 비슷한 방식으로 탄압하고 있다.

또 다른 문제도 있다. 인권과 민주주의의 수준과 관련해 과연 어느 정도까지를 '보편적'이라고 부를 수 있는가 하는 문제가 여전히 골칫거리이다. 게다가 인권과 민주주의라는 개념은 서구가 발명한 개념으로 아프리카의 문화적·정치적 제도와는 완전히 다르다. 앞에서도 지적했듯이, 식민 통치 국가들은 아프리카 식민지에 민주주의 유산과 관련하여 그 어떤 의미 있는 유산도 남기지 못했다. 바로 이 점이 역설적인 사례이다. 그럼에도 이른바 '선진국'이라는 나라들은 최근까지도 아프리카의 민주적인 구조와 인권의 부재를 개탄하고 있다. 어떤 이들은 그 이유가 서구의 인권 개념을 기본적으로 규정하고 있는 개인주의가 아프리카 문화에는 '전통적으로' 부재하기 때문이라고 주장했다.

아프리카 문화는 다양하다. 아프리카에서는 대체로 개인보다는 집단의 문화를 중시한다. 이슬람이 강세인 북아프리카 지역만을 고려 대상으로 할 경우, 이 분석은 나름 타당성이 있다. 이슬람은 개인의 권리보다 집단의 권리를 더 중시한다. 따라서 권리나 자유 같은 서구식 개념이 이슬람의 공동체인 움마에서 말하는 집단의 의무나 책임감이라는 개념과 공존하기는 쉽지 않다. 게다가 서구가 발명한 이 개념들을 사하라 이남의 아프리카 지역에 무차별 적용하는 일은 매우 위험하고 일반화의 오류를 범할 가능성이 높다. 식민지 이전의 '아프리카 정치문화'는 결코 단선적이지 않다. '공동체주의'와 책임감, 대중의 정치 참여 등을 특징으로 하는 제도들이 전제적이고 폭력적인 권력의 수직적 행사 등으로 규정 가능한 제도들과 공존하고 있기 때문이다. 또 한 가지 염두에 두어야 할 것이 있다. 역사적으로 인구가 조밀하지 않았던 지역의 경우, 개인의 중요성과 그 개인이 현존하던 질서 속에서 느끼던 '만족도'가 무척 높았다는 점이다. 이는 다소 느슨하게 정의된 감이 없지 않지만, '인권'이라는 개념이 대다수 아프리카 지역에서도 대단히 유기적으로 적용되고 있었음을 방증한다. 인구밀도가 낮은 아프리카의 경우 땅을 통제하는 일보다 사람을 관리하는 일이 좀 더 중요했기 때문이다. 이 논리는 물론 거꾸로도 적용할 수 있다. 낮은 인구밀도 탓에 폭력적인 전제주의가 국가 형태로 발전했을 수도 있다. 그럼에도 한 가지 명백한 것이 있다. 20세기 후반에 들어서야 아프리카인들은 '인권'과 민주주의적 개인주의라는 개념을 좀 더 적극적으로 껴안을 수 있게 되었다는 점이다. 이는 탈식민 정권의 정치적 실패와 어느 정도는 관련이 있다.

이러한 변화가 어느 정도까지 나아갈지 전반적으로 가늠하는 일은 쉽지 않다. 1990년대와 2000년대 초의 아프리카를 규정할 수 있는 한 가지 커다란 변화가 있다. 아프리카 지도자들의 책임감이 좀 더 강해졌다는 점이다. 아프리카 행정부들도 과거와 달리 국민들을 무자비하게 착취하지 않고 성실하게 일하고 있다는 점이다. 아프리카인들의 정치의식도 상당히 높아졌다. 물론 문맹과 지긋지긋한 가난이 여전히 맹위를 떨치고 있는 터라 완벽한 정치적 참여가 불가능하기는 하다. 그러나 아프리카인들은 과거 어느 때보다 시민의 권리와 기회를 주도면밀하게 의식하고 있다. 1990년내의 아프리카 대륙은 성공과 실패를 점철하고 있다. 서방세계는 우간다의 무세베니를 '새로운 유형'의 아프리카 국가수반이라고 상찬했다. 무세베니는 정교하고 거칠게, 때로는 실용적으로 외국의 투자를 이끌어 냈다. 뿐만 아니라 시장 개방을 통해 세계은행으로부터 수익의 확대도 보장받았다. 그리고 서서히 정치제도를 개혁해 민주적인 선거를 치렀다. 물론 생각했던 것보다 개혁의 속도가 너무 더뎌서 일부는 불만을 제기하기도 했다. 지난 20년 동안 대통령직을 지킬 만큼 권력에 대한 고집스러운 집착을 보이긴 했지만, 무세베니는 건강하고 비판적인 언론을 통제하지 않았다. 이 나라가 1960년대 이후로 가장 민주화되었음을 나타내는 증표였다. 하지만 무엇보다 무세베니의 과감성을 드러내는 의제는 그가 선보인 에이즈 관련 대책이다. 아프리카 수반들 가운데 에이즈 관련 대책을 내놓은 것은 그가 처음이다. 그는 에이즈 문제를 만천하에 완벽하게 공개하고 철저한 조사를 당부했다. 에이즈 감소와 예방 관련 대책을 쉼 없이 내놓음으로써 마침내 긍정적인 소득을 얻기도 했다. 1990년대 중반 이후 처음으로 보균자 수가 줄어들게 되었던 것이다.

무세베니는 클린턴이 높이 평가한 인물이기도 했다. 1990년대 중후반을 대표하면서 아프리카의 미래를 밝혀 줄 인물이 무세베니만은 아니다. 에리트레아민중해방전선의 지도자였고 지금은 에리트레아 독립국의 대통령인 아이사이아스 아페워르키, 멩기스투 정권을 전복하는 데 산파 역할을 수행했던 전 게릴라 지도자였으며 현직 에티오피아 총리인 멜레스 제나위가 있다. 이들 역시 과감하고 지적이며, 정교하고, 실용적인 인물들이다. 서구는 이들을 진심으로 국민을 마음속에 담고 있는 인물들이라 사업하기 좋은 상대로 인식하고 있다. 그러나 꽤 오랜 세월이 흐르는 동안 이들이 여전히 권좌를 차지하고 있음에도 초기의 약속은 제대로 이행되지 않고 있다. 1998년 5월에 에리트레아와 에티오피아가 전쟁에 돌입했다. 1998년부터 2000년까지 벌어진 이 전쟁은

1980년대에 이란과 이라크가 벌인 전쟁 이후로 이 시기에 벌어진 전쟁 가운데 전 세계에서 가장 큰 전쟁이었다. 겉으로는 국경분쟁과 과거 역사 때문에 벌어진 전쟁이라는 모양새를 띠고 있었으나 본질은 정체성 문제였다. 이 전쟁을 빌미로 에리트레아와 에티오피아 두 나라는 반대 여론과 의견을 탄압했다. 에리트레아가 상대적으로 더욱 심했다. 에리트레아 정부는 민주화에는 별다른 관심을 보이지 않고 국내 통제와 대외 안보에만 모든 공력을 집중했다. 에티오피아의 멜레스 정부도 진지한 비판에 대해 관용적인 태도를 보이지 않았다. 한편, 르완다의 폴 카가메는 대량학살 직후의 취약하기 그지없고 상처투성이인 사회를 인수받았다. 그 후 상당한 정도의 진보를 이룩해 낸 것은 사실이지만, 장기적인 관점에서 볼 때 이 나라가 과거의 상처를 완전히 회복하기까지는 여전히 많은 시간이 필요해 보인다.

1990년대의 남아프리카공화국은 아프리카 대륙 전체의 희망이 되었다. 넬슨 만델라는 세계적인 인물로 부상했다. 충분한 이유가 있어 보인다. 화해와 관용, 다인종과 다문화가 중심이 되는 '무지개 국가'를 건설하자는 그의 메시지는 파급력이 컸다. 이 메시지로 남아프리카공화국으로서는 위험천만한 시기였던 1990년대 중반을 안정적으로 넘어갈 수 있었다. 하지만 연로한 상태로 대통령직을 수행한 만델라의 이미지는 여러 가지 측면에서 뿌리 깊은 남아프리카공화국 문제를 은폐하고 있는 것처럼 보인다. 남아프리카공화국 인구의 절대다수를 구성하고 있는 흑인들의 만연한 빈곤 문제와 여러 도시에 퍼져 있는 폭력 문제가 대표적이다. 가령 요하네스버그는 나이로비, 라고스와 더불어 전 세계에서 치안이 가장 열악한 도시로 손꼽힌다. 게다가 고질적인 에이즈 문제도 심각한 상태로 방치되어 있다. 만델라의 후계자 타보 음베키(Thabo Mbeki)는 에이즈 문제를 더 악화시키는 정책을 펴기도 했다. 1994년을

그림 34 소말리아의 미군 병사(모가디슈)

수놓았던 희망과 달리, 아프리카민족회의는 일반 민중들의 기대를 저버리고 말았다. 그럼에도 음베키는 자신이 민주주의자이고 실용주의자임을 명백하게 입증했다. 아프리카민족회의는 여전히 변함없이 진보를 견인해 나갈 남아프리카공화국의 희망으로 남아 있다.

르완다가 겪은 인종적 긴장이 이웃한 부룬디에서도 유사한 형태로 상존하고 있었다. 1988년에 벌어진 후투인 대량학살 이후로 이곳에서도 후투와 투치의 갈등이 계속되고 있었다. 그런 와중에 1993년에 치러진 선거에서 후투가 권력을 장악함으로써 종족 간 갈등은 더욱 극심해졌다. 에리트레아와 에티오피아는 새로운 전쟁에 돌입할 태세였고, 새천년이 시작되었어도 앙골라 내전은 그칠 기미가 보이지 않았다. 소말리아는 현실적인 의미에서 더 이상 존재하지 않는 국가나 마찬가지였다. 나라가 여러 군벌과 이슬람 연합으로 나뉘었기 때문이다. 앞에서도 언급했듯이, 미국과 에티오피아 동맹군은 끝내 이슬람 연합을 축출했다. 그럼에도 에티오피아와 에리트레아는 소말리아를 대리하여 전쟁을 계속해 나갔다. 전쟁을 치르는 와중에 에리트레아는 에티오피아 남쪽에서 반란을 일으킨 오로모를 지원했다. 수단 내전은 몇 년에 걸쳐 섬세한 협상을 통해 출현한 평화조약을 계기로 종식되었다. 하지만 언제 깨질지 모르는 평화였다. 게다가 남부가 진정으로 분리될 수 있을지 여부도 불투명했다. 그 결과도 예측이 불가능했다. 한편, 이와 동시에 수단 서쪽 다르푸르에서 반군이 일어나 자치를 요구하며 수단 정부의 지원을 받은 세력과 맞서 싸웠다. 그러자 수단 정부의 지원을 받은 세력이 다르푸르의 양민을 학살했다. 대량학살이라 할 만하다. 이 전쟁은 이웃한 차드까지 번질 위험성을 안고 있었다. 우간다 군은 1990년대 이래로 줄곧 북쪽에 있던 반군과 전투를 벌였지만, 무세베니에게는 그 갈등을 해결할 능력이 없어 보였다.

시에라리온과 라이베리아는 참혹한 전쟁을 겪은 뒤 회복의 조짐을 보이고 있었다. 특히 라이베리아는 2006년에 치른 선거에서 아프리카 국가 가운데에서는 처음으로 여성을 대통령으로 선출하는 쾌거를 이루기도 했다. 1990년대와 2000년대 초에 벌어진 대다수의 전쟁은 토착적인 성격이 강한 전쟁이었다. 냉전 때처럼 외세가 개입해 일으킨 전쟁이 아니었다. 아프리카 행정부들이 당시에 취한 대외 정책은 냉전 때와는 비교가 되지 않을 정도로 군사적이고 모험적이었다. 이런 면모를 가장 극명하게 보여 준 나라가 앙골라와 콩고였다. 1990년대 중반에 콩고에서 벌어진 전쟁에 수많은 아프리카 국가들이 개입했다. 르완다와 우간다가 중심이 된 중앙아프리카동맹은 모부투 대신에 로렌트 카빌라(Laurent Kabila)를 지지했다. 앙골라 전쟁에도 이웃한 여러 아프리카 국가들이 개입했다. 앙골라의 거대한 광물자원을 통제할 욕심으로 참전을 결심한 무가베의 짐바브웨가 대표적이었다. 유엔은 무능했고 때로는 무관심했다. 이를 지켜보는 일은 참으로 고통스러웠다. 그러나 르완다에서 학살이 일어나자 유엔은 비교적 많은 인력과 자원을 투자했다. 이는 전례가 없는 일이었다. 콩고에는 평화유지군이 파견되었다. 에리트레아와 에티오피아의 국경에도 마찬가지였다. 유엔은 르완다 학살을 주도한 전범들을 법정에 세우기 위해 탄자니아의 아루샤(Arusha)에 전범재판소를 설치했다. 점차 유엔군 파견이 가시화되었다. 때로는 아프리카 통일기구의 후신인 아프리카연합이 파견한 군대가 임무를 대신하기도 했다. 잊지 말아야 할 것은 냉전 시대의 싸구려 무기와 군 장비들이 대량으로 아프리카 대륙에 유입되었다는 점이다. 이데올로기 전쟁이 남긴 상흔이었다. 아프리카 정부들은 러시아와 구소련으로부터 과거 국가의 자산이던 갖가지 무기류를 싼 값에 사들였다. 아프리카의 뿔 지역에서 벌어진 전쟁은 동유럽의 무기 전문 제조사에서 사들인 소형 무기와 탱크, 화포, 지대공 소총으로 수행되었다.

식량 문제와 기근

아프리카의 민주주의는 전반적으로 취약했다. 1970년대 이후 일부 아프리카 국가에서 나타난 식량 공급과 기후 문제는 훨씬 더 심각했다. 기근은 고질적인 문제였다. 바깥 세계에 비친 근대 아프리카의 전형적인 이미지도 이와 관련이 있다. 앞에서도 살펴보았듯이, 1970년대까지 많은 아프리카 국가들은 기초적인 식량을 외부에서 수입했다. 최근 들어 사하라 이남의 아프리카 국가들은 이른바 제3세계라 불리는 지역 가운데 그 어느 곳보다도 높은 인구 증가율을 보이고 있다. 그러나 식량 생산율은 거의 제자리걸음을 하고 있다. 아프리카 대륙에 이렇게 기근이 반복되는 이유는 크게 세 가지 문제 때문이다. 첫째는 기후 문제이다. 가뭄과 홍수를 비롯하여 예상을 벗어난 초계절적 기후는 식량 공급에 지대한 영향을 끼친다. 1970~1980년대 사헬 지대에는 고질적으로 강우량이 낮았다. 이런 자연 현상 외에도 식량 생산의 주체인 인간 문제를 빼놓을 수 없다. 둘째로, 인구의 과잉 문제를 들 수 있다. 과잉 인구의 문제를 고전적으로 가장 단순하게 풀면 '인구는 많은데, 먹을 식량은 부족하다'는 사실이다. 19세기 초기를 대표하던 경제학자이자 인구학자인 토머스 맬서스가 제시한 이론이다. 이 이론이 최근 들어 많은 비판을 받고 있는 게 사실이지만, 여전히 특정한 환경 관련 집단 내에서는 맹위를 떨치고 있다. 여러 환경주의자들이 이구동성으로 주장하는 바가 있다. 특정 지역에 인구가 너무 많으면 토질이 열악해진다는 것이다. 이 주장에 따르면 1970~1980년대에 사헬 지대를 덮친 기근도 취약한 토지의 조건에 비해 인구가 지나치게 많았던 탓에 발발했다고 이해할 수 있다. 셋째로, 정치 문제를 꼽을 수 있다. 이는 앞선 두 가지 문제보다 훨씬 더 명료하다. 식량 공급과 가격, 시장 규제를 둘러싼 정치적인 결정은 기근 발생과 관련해서 살펴보아야 할 중요한 요소이다. 이러한 관점에서 '자격'과 '조건' 같은 정치적인 개념들을 면밀히 살펴볼 필요가 있다. 사람들은 저마다 다양한 방식으로 식량을 생산하고 구매할 권리와 능력을 가지고 있다. '자격'은 사회적 지위나 지리적 위치에 따라 천차만별이다. 기근이 벌어지는 상황을 잘 들여다보면, 식량의 실제 규모는 변함이 없는데 '조건'이 변하는 경우가 많다.

  이 세 가지 문제를 설명하는 방식이 기계적으로 같은 시기와 장소의 아프리카에 일률적으로 적용되어서는 곤란하다. 기근을 설명하는 또 다른 변수가 있다. 1980~1990년대의 기근은 주로 각 지역에서 벌어진 전쟁의 탓이 컸다. 과거에 무장투쟁이 벌어진 지역이 오늘날까지도 잦은 가뭄과 식량 부족으로 시달리는 모습을 자주 볼 수 있다. 이는 결코 우연이 아니다. 기근을 설명하는 또 다른 이유로 아프리카 정부의 무능을 탓하는 사람들도 있다. 이는 부의 분배를 둘러싼 정치적 결정의 문제로 해석되기도 한다. 시골 지역으로 부를 분산하지 않고 도시로 집중시킨 정책의 잘못을 지적한 것이다. 적절한 대중교통이나 통신 기반 시설의 부재를 거론하는 사람들도 있다. 또 외화벌이용 상품작물에 대한 지나친 의존과 그 때문에 빚어진 자급자족용 식량 생산의 실패를 꼽기도 한다. 이 두 가지 문제는 식민 통치의 유산으로 이해될 수도 있다. 그렇지만 식민 통치의 시기에도 기근은 행정 당국의 골칫거리였다. 기근은 사회적 불안을 야기했을 뿐 아니라 식민 행정 당국의 인본주의적 처사를 둘러싼 도덕적인 문제들도 환기시켰기 때문이다. 그런가 하면 기근은 엄청난 기회비용이 들어가게 만들었다. 바로 이러한 이유 때문에 기근은 반드시 피해야 하는 대상이었다. 따라서 아시아는 물론이고 아프리카의 식민 행정 당국은 엄격한 중앙 관리와 통제를 통해 경제를 관장하고자 했다. 식량의 흐름을 통제하고 가뭄에도 잘 견디는 '구제 식량'의 생산을 장려하기 위해서였다. 식민 행정 당국은 기실 식량 부족 사태를 막을 능력과 강력한 의지를 갖추고 있었다. 따라서 식민 통치기에는 오히려 기근이 그다지 빈번하게 일어나지 않았다. 물론 전쟁 시기는 예외였다.

탈식민 시기 아프리카의 기근은 다른 요소와도 관련을 맺고 있다. 지난 십여 년간 벌어진 사람의 이동도 중요한 변수로 작용했다. 지리멸렬한 전쟁 때문에 빚어진 강제 이주로 곳곳에서 농업 기반이 무너졌다. 전쟁이 불러온 박해와 폭력으로 수단과 에티오피아, 콩고, 모잠비크에서 대중 봉기가 일어나기도 했다. 이른바 분쟁이 끊이지 않는 지역에 수많은 난민촌이 무분별하게 형성되었다. 이 가운데 몇몇 난민촌은 영구적인 지위를 획득했는데, 이는 해당 지역의 경제 회복에 전혀 도움이 되지 않았다. 사람들이 온갖 문제로 찌든 시골을 떠나 도시로 이동하는 이주의 악순환은 끝없이 반복되었다. 도시는 이주민들로 인산인해를 이루었고, 주민들이 떠난 시골은 노동력의 부족으로 점점 더 곤경에 빠지게 되었다. 다시 한 번 강조하지만, 대다수 아프리카 국가들이 겪고 있던 경제적 취약성은 선택의 폭이 거의 없는 몇 가지 재화를 수출해 얻는 수입에 지나치게 의존하고 있었다는 점과 무관하지 않았다. 아프리카가 수출하던 재화의 대부분은 정치적 격변은 물론이고 기후변화에도 무척 취약한 농산물이었다. 이렇게 '이중으로 취약한' 농산물을 수출하는 경제구조와 '선진국'의 시장이나 경제적 결정에 의존할 수밖에 없는 구조 탓에 아프리카 국가들의 입지는 위축될 수밖에 없었다.

단기적인 식량 원조가 이 문제를 잘 보여 주었다. 그러나 새로운 아프리카 경제정책은 대단히 모호한 결과를 가져왔다. 짐바브웨가 대표적인 경우이다. 짐바브웨는 1980년대 내내 기근에 대비해 예비 식량 저장고를 준비해 두고 있었다. 유사시 국가에 기초적인 식량을 안정적으로 공급하고, 공급을 조정함으로써 지역 시장의 곡물 가격을 낮게 유지할 수 있었다. 그런데 1990년대 초에 구조조정 프로그램이 유입되면서 시장의 힘을 제한하던 모든 정책이 제3세계에서 자취를 감추게 되었다. 구조조정 프로그램을 도입한 것은 이른바 '선진국' 정부들과 세계은행, 국제통화기금이었다. 따라서 식량 저장고를 미리 갖추고 있던 짐바브웨는 아프리카 국가의 과잉 권력을 대변한다는 비난을 받았다. 과잉 권력을 이용해 시장을 억압하고, 농부들이 농산물의 가격을 자율적으로 책정하지 못하게 함으로써 공정무역을 방해하고 있다고 비판한 것이다. 또 서구는 짐바브웨 정부에게 개방된 시장에 곡물 가게를 팔아 외화를 확보하라고 주문했다. 이는 외환 보유고가 높을수록 곡물 시장에 유리하다는 믿음을 반영한 것이었다. 예기치 않은 기근이 닥치면, 정부는 외화를 팔아 국제시장에서 필요한 만큼 곡물을 수입하면 된다는 것이다. 이 논리는 이론적으로는 하자가 없었지만 현실은 달랐다. 짐바브웨는 이 논리 때문에 기근에 더욱 취약한 경제구조를 가지게 되었다. 그 결과로 1990년대에 엄청난 식량 공급의 위기를 맞게 되었다. 식량 공급의 위기는 부족한 강우량과도 관계가 깊다. 위기가 닥치자 사람들은 먹을 것을 찾아 시골에서 도시로 무작정 이주하기 시작했다. 시장에 방출할 예비 곡물을 전혀 확보하고 있지 못한 정부는 식량을 수입할 수밖에 없었지만, 그 과정은 긴 시간이 걸렸다. 그 사이에 상황은 더욱 악화되었고, 정부는 어쩔 수 없이 여러 기관을 통해 긴급구호를 요청했다. 하지만 반응은 늘 기대하던 것보다 오래 걸렸다.

구조조정에 실패한 본보기로 짐바브웨가 유일한 국가는 아니다. '공여국'도 정치적으로 무책임하고 문제가 많은 간섭주의로 온갖 갈등을 겪고 있었다. 구조조정은 새로운 형태의 지배 형식으로 외부의 압력 때문에 생겨났다. 한편 인도주의적 개입의 필요성도 꾸준히 제기되었다. 이는 아프리카 행정부들에게 자국 국민들의 복지를 알아서 책임지게 할 자유와 활동의 권리를 부여하자는 주장으로 연결되었다. 그러나 짐바브웨의 상황은 다소 복잡하게 돌아갔다. 무가베가 기근을 정치적 무기로 이용했기 때문이다. 그는 기근 지역을 정치적 반대 세력과 제도적으로 연동시키고는 자신에게 충성을 다하는 지역에 한해서 식량을 제공했다. 이는 식량 원조의 형식으로든 인도주의적 원조의 형식으로든 외부가 개입하는 것과 관련된 윤리 문제를 낳았다. 이와 비슷한 상황이 1980년대 초의 에티오피아, 좀 더 최근에는 수단에서도 벌어졌다. 니제르 같은 지역에서는 기근을 방지하는 조치가 항시 가동되고 있었다. 니제르 정부는 쌀을 비롯한 작물을 재배했다가 유사시에 이를 수확하여 분배했다. 니제르의 기근 방지책을 지원한 것은 중국 자본이었다. 궁극적으로 '선진국'이 식민 통치의 유산으로 책임을 돌리며 강제한 구조조정의 현실이 토착민들의 부실 행정과 만나 일으키는 문제는 아프리카가 21세기에 당면한 문제임에 틀림없다.

1980년대 후반 이후로 아프리카 국가들의 경제 사정이 전반적으로 호전된 것은 사실이다. 하지만 그 성공은 극히 제한적이었다. 장기적인 문제는 여전히 미해결 상태로 남아 있다. 구조조정의 실효성 여부도 확실히 알 수 없다. 인플레이션으로 많은 아프리카 지역의 경제가 휘청거렸고, 농업 생산물도 기대 이하의 수준에 머물렀다. 식량 공급의 불안과 밀접한 관계를 맺고 있던 가난도 여전하다. 이러한 문제들을 해결하기 위해 몇몇 정부는 사적인 경제 영역을 공적인 영역보다 발전시키기도 했다. 그러고는 지역을 중심으로 한 생산물에 좀 더 높은 가치를 부여했다. 가나와 말라위가 최근에 이런 정책을 채택한 대표적인 나라들이다. 그러나 발전은 거대한 외채 때문에 여전히 지지부진했다. 대다수 아프리카 행정부는 이 외채 때문에 골머리를 썩여야만 했다.

발전과 부채

외채 위기는 독립 직후부터 시작되었다. 아프리카 경제의 발목을 잡은 장본인이 바로 이 외채였다. 1960~1970년대부터 계획이 부실한 기획에 빌린 돈을 쏟아 부으면서 위기가 시작되기 시작했다. 그 때문에 기존의 빚을 갚기 위해 또다시 빚을 지는 구조로 빠져들게 되었다. 무역 조건은 날이 갈수록 나빠져 수출 가격은 계속 떨어졌다. 아프리카 정부로서는 세수를 늘려 점점 확대되던 경제적 위기를 막을 재간이 없었다. 1970년까지 아프리카 대륙이 서방세계의 정부와 은행, 세계은행,

국제통화기금에 진 빚은 모두 90억 달러였고 1997년에는 3,210억 달러로 늘어났다. 연체금도 해를 거듭할수록 늘어났다. 이자율도 무척 높았다. 이는 날이 갈수록 외채의 덩치가 커질 수밖에 없었음을 의미한다. 제때 상환하지 못한 기존의 빚은 계속 곱절로 불어났다. 갈수록 높아지는 GDP가 국가경제가 아니라 외채를 갚는 데 사용될 수밖에 없는 실정이었다. 그 결과 아프리카 국가들을 돕기 위한 서구의 원조도 늘어날 수밖에 없었다. 서구가 1990년대에 아프리카 국가들을 지원하기 위해 지출한 평균 지원 액수는 1년에 약 120억 달러에 달했다. 하지만 서구의 재정 지원은 단기적인 처방책에 불과했다. 아프리카 수출품의 가격이 여전히 낮았기 때문이다. 해외 원조금은 사회사업이나 기반시설을 확충하는 데 쓰였다. 원조를 빌미로 공여국의 경제적·정치적 영향력은 날이 갈수록 확대되었다.

서구는 외채를 오랫동안 정치적 목적으로 활용했다. 냉전 시대에 서구는 동맹국이라 간주될 법한 국가의 재무부로 자금을 투입했다. 이를 통해 공산주의와 맞서 싸울 아군을 확보했다. 나이지리아와 자이레의 독재자들도 이 돈을 받았다. 아파르트헤이트의 남아프리카공화국도 든든한 후원자로부터 재정 지원을 받았다. 1980년대 이후, 특히 1990년대와 2000년대부터 서구의 공여국은 원조를 빌미로 내정간섭을 강화했다. 이들은 조건부로 돈을 풀었고 구조조정은 바로 그 조건 가운데 하나였다. 이는 경제 자유화와 사유화를 목적으로 하고 있었다. 반면에 위생이나 교육 분야에 대한 정부 투자는 철저히 제한했다. 경제는 갈수록 외부 투자에 의존해야만 했다. 그런가 하면 특정 영역을 중심으로 경제 성적표가 좋아지기도 했다. 1990년대 초반 이후로 여러 아프리카 지역에서 중산층이 출현한 것이 발전의 증표였다. 하지만 부의 편차가 날이 갈수록 심해졌고 게다가 경제 발전의 토대는 여전히 취약했다. 여전히 줄어들지 않고 있던 외채 때문이었다.

더딘 성장 탓에 문제는 더욱 복잡해져 갔다. 아프리카의 산업은 기대한 것과 달리 빠르게 성장하지 않았다. 상대적으로 선진화된 산업 기반 시설을 갖추고 있던 나라는 극소수였다. 이집트와 보츠와나, 남아프리카공화국 정도가 그런 나라였다. 석유 생산을 통해 상당한 정도로 산업적 성장을 이룰 가능성이 있는 나라도 있긴 했다. 앙골라와 나이지리아, 리비아, 가봉이 그런 나라였다. 광물 채취가 활발한 나라도 있었다. 니제르와 가봉은 우라늄을, 기니는 보크사이트를, 라이베리아와 모리타니아는 철광석을, 토고는 인산을 활발하게 채취했다. 그러나 대다수 아프리카 국가는 1970~1980년대까지도 농업 생산물에 크게 의존하고 있었다. 독립 직후에 시도한 초창기 산업 계획들이 실패로 돌아갔기 때문이다. 결국 아프리카는 산업과 제조 부문에서 투자를 끌어내는 데 실패했고 그 결과로 이 두 영역은 발전이 답보 상태를 벗어날 수 없었다. 이를 보상할 정부의 정책이라고는 세계은행으로부터 원조 패키지를 받거나 융자를 받는 일뿐이었다. 그 때문에 외채 위기는 한층 더 심화되었다. 그런가 하면 서구의 다국적 기업들이 토착 산업들을 흡수했다. 식민 통치 때와 마찬가지로 이들 기업은 아프리카 경제의 발전에 눈을 감았다.

아프리카의 빚을 청산해 주자는 운동이 최근 들어 공공단체들에 의해 진행되었다. 18세기 후반에 노예무역 폐지를 주창했던 집단도 공공단체였다. 어려움을 겪고 있는 아프리카 대륙을 혁신하고 구원하자는 취지에서 이루어진 운동이었다. 도덕적인 논쟁이 뜨겁게 달아올랐다. 기존의 차관에 담겨 있는 정치적 특성을 둘러싸고도 뜨거운 성토가 이어졌다. 도저히 갚을 수 없는 외채 때문에 가난에 찌든 아프리카 국가들에 대한 동정도 덩달아 피어올랐다. 1996년에 결국 세계은행과 국제통화기금은 세계에서 가장 가난한 나라들을 대상으로 채무액을 일부 변제해 주기로 했다. 대개 아프리카 국가들이 그 대상에 선정되었다. 이는 매우 의미심장한 결정이었다. 하지만 실행 과정이 너무 지지부진해 여러 가지 의미를 상실하게 되었다. 빚을 청산한 나라들은 사실 채무 반환 능력이 없었음에도 외채 청산 운동은 탄력을 받고 있었다. 이를 둘러싸고 많은 토론이 벌어졌다. 서구의 정치가들이 참여한 토론은 뜨거운 열기와 감정 격앙으로 이어지기도 했다. 서구의 정치가들은 문화적·정치적 틀이 과거와 좀 다르긴 해도 19세기의 선교사들과 마찬가지로 '아프리카'를 하나의 개념이자 해소해야 할 조건으로 여기고 있었다. 또 서구의 자유주의, 더 나아가 문명의 시혜가 투사되어야 할 일종의 장막으로 간주하기도 했다. 이를 대표하는 인물이 토니 블레어였다. 채무 변제와 '발전'을 둘러싸고 온갖 공치사가 난무했다. 공치사에 불과한 이러한 수사들이 아프리카의 과거에 대한 무지를 드러내고 있다는 점을 감지하고 있는 사람은 많지 않았다. 이 공치사를 언제, 어떻게 현실의 언어로 바꿀 것인지 여부는 여전히 미지의 상태로 남았다.

그럼에도 발전 계획은 공간을 확장해 갔다. 아프리카 대륙 내의 비정부기구들은 가난을 청산하기 위해 피억압 민중이나 소외된 사람들과 손잡고 일했다. 이들은 피해 지역에 긴급 구호를 제공하기도 했고, 기술을 가르치고 지원함으로써 특정 지역에 힘을 실어 주기도 했다. 비정부기구는 여러 지역에서 가장 잠재적으로 그리고 가장 가시적으로 이른바 '공여국'의 의지를 표현했다. 비정부기구가 가장 활발하게 활동한 시기는 지난 20년 동안인데, 이들은 국제적인 규모의 집단에서부터 소규모 집단에 이르기까지 다양한 집단적 특성을 띠고 있었다. 이들은 연구는 물론이고 종교적인 성격까지 띠고 있던 전문적인 집단이었다. 이 집단들은 예산의 상당 부분을 주로 서구의 정부나 유럽연합에서 충당했다. 기실 민초 집단이자 토착 조직인 이들은 외부로부터 재정적 지원과 기술적 지원을 받기도 했다.

가장 널리 알려진 집단으로는 옥스팜(Oxfam, Oxford Committee for Famine Relief), 세이브더칠드런(Save the Children), 케어(CARE, Cooperative for Assistance and Relief Everywhere), 구세군 등이 있다. 가톨릭구호서비스(Catholic Relief Service)와 월드비전(World Vision)도 물론 빼놓을 수 없다. 적십자와 국경없는의사회는 주로 인도주의적 지원을 조달하는 일을 한다. 한편 유엔은 주로 어린이를 대상으로 한 유니세프 활동을 통해 구조와 원조 사업을 벌인다. 동시에 국제난민기구(UNHCR)를 통해서는 난민들을 위한 사업을 벌이고 있다. 이러한 조직들은 주로 전쟁 지역이나 전쟁이 끝난 지 얼마 되지 않아 상처가 아직 아물지 않은 지역에서 사업을 펼친다. 물론 이 단체들을 제대로 평가하려면 좀 더 장기적인 관점이 필요하다. 이들이 수행하는 사업의 도덕적·문화적 의미도 하나하나 따져봐야 하기 때문이다. 그럼에도 단기적으로는 이들 조직이 여러 아프리카 지역에서 삶과 죽음의 차이를 손아귀에 쥐고 있음은 명백하다. 이들은 야전에서 일한 경험을 바탕으로 자국 정부의 정책이나 발전 의제 등을 만드는 일에도 관여하고 있다. 최근 들어 이들은 국가 차원의 활동이 줄어든 경제 영역에서 눈부신 활약을 보이고 있다. 비정부기구는 국가가 시행한 일들 가운데 비효율적인 사업으로 생긴 간극을 메우는 역할을 하고 있다. 한편, 지불한 돈이 얼마나 '효율적으로' 쓰이고 있는지 궁금해 하는 서구의 행정부는 비정부기구 같은 자발적인 조직을 더욱 선호하고 있다.

비정부기구의 효율성이나 문제점을 둘러싼 논쟁은 끝없이 이어지고 있다. 어떤 사람은 이들이 권리 강화와 대중 참여 면에서 놀라운 성과를 내고 있다고 상찬한다. 우간다의 경우 그런 평가는 사실이다. 민간의 작업이 아주 인상적으로 이루어지고 있기 때문이다. 1980년대 중반에 기근 구호 사업을 벌인 에티오피아의 비정부기구도 주목할 만하다. 그러나 이런 조직을 비판하는 사람들도 많다. 비정부기구를 비판하는 이들은 이 기구가 지나치게 과장되어 있고 비전문적이라고 비난한다. 변화의 필요성에 대한 요구도 잘 수용하지 않는다고 불평한다. 스스로 갈등의 정치 속에 나포되는 비정부기구도 있다. 남부 수단의 반군들에게 식량을 원조한 미국이 대표적인 사례이다. 미국은 기독교도 중심의 비정부기구와 미국국제개발처(USAID)를 통해 식량을 원조했다. 나아가 이따금 아프리카 행정부가 제 역할을 할 여지를 원천봉쇄함으로서 본의 아니게 또는 의도적으로 당사국 행정부의 역할 자체를 무시하는 비정부기구도 있다. 분명한 것은 비정부기구와 불편한 관계를 맺고 있는 아프리카 국가들이 적지 않다는 사실이다. 에리트레아가 대표적인 경우이다. 1990년대 후반에 에리트레아 정부는 대다수의 원조 조직을 자국에서 추방했다. 이미 했던 일을 또다시 반복함으로써 재정을 낭비하고 있다고 판단했기 때문이다.

사회의 변화, 교육과 보건

아프리카가 최근에 직면하고 있는 온갖 문제의 뿌리에 교육이 있다는 사실은 무척 의미심장하다. 다시 말해 교육만이 장차 이 문제를 해결할 수 있는 메커니즘이라는 뜻이다. 보건 또한 중요한 문제이다. 사실 여러 아프리카 국가들은 독립 이후에 국가 발전의 수단으로 교육에 집중적으로 투자했다. 그 결과 1960년대부터 1990년대까지 초등학교의 수가 급격하게 늘어났다. 특별히 초등학교 수준에서 여학생 비율을 높이려는 움직임도 있었다. 성공 여부는 지역에 따라 편차가 컸다. 관건은 문맹률을 어떻게 극복하는가 하는 문제였다. 최근에 들어서는 또 다른 문제가 나타났다. 노후화되어 가는 기반시설과 정부 예산의 감소, 교육의 질이 새로운 문제로 떠오르고 있다. 지역 간 불균형도 여전히 골칫거리이다. 도시와 그 주변 지역은 시골 지역에 비해 특권을 누렸다. 성비 불균형도 큰 문제였다. 전국에서 가장 불리한 집단이라면 단연 시골에 사는 여자아이들이었다. 여성의 문맹률이 남성의 문맹률보다 훨씬 높다. 세계에서 문맹률이 가장 높은 지역이 사하라 이남의 아프리카 지역이다. 아프리카 정부가 교육 예산을 줄인 것은 1970년대 이후 지속된 경제 위기 때문이었다. 초중등 교육 관련 예산이 상대적으로 많이 축소되었다. 대학 진학률은 꾸준히 늘어났지만, 예산의 증가는 물론이고 기반시설의 개선 따위는 찾아볼 수 없었다. 대학 관계자의 여건도 마찬가지였다. 이들은 하루하루 먹고 사는 데 급급해 의미 있는 연구 성과물들을 생산하지 못했다. 1960년대에 놀라운 성과를 내던 모습과는 사뭇 달랐다.

   교육이 이렇게 전반적으로 퇴조 분위기를 띤 이유는 1990년대 이후 '사립' 학교나 대학들의 팽창 때문이었다. 사립학교는 특히 사하라 이남의 아프리카 대도시를 중심으로 확장되면서 기득권 세력들에게 날개를 달아 주었다. 사하라 이북의 정부들도 교육과 대학에 투자를 아끼지 않았다. 이들은 유럽식 모델이나 문화 대신 이슬람과 아랍어를 정체성의 중심으로 내세워 새로운 커리큘럼을 만들었다. 그런데 여기서 문제는 성차별이었다. 북아프리카인들은 딸보다는 아들에게 교육비를 투자했다. 한편, 사하라 이남의 아프리카 국가들에게 경제 위기가 닥치면서 국가의 초등 및 고등 교육 관련 예산이 축소되었다. 북아프리카의 문맹률도 여전히 낮은 수준이었다. 그럼에도 이슬람의 교육 전통은 여러 탄력적인 대안을 제공했다. 무슬림 자선단체들이 초등학교를 열기도 했고, 몇몇 대학을 중심으로 무슬림 교육 조직들이 양성되기도 했다. 이러한 조직들 덕분에 새로운 세대의 북아프리카인들이 정치적으로 의식화되고 급진화되기도 했다. 그리고 신세대 북아프리카인들은 유럽의 문화와 그 문화가 지닌 기득권을 거부했다. 뿐만 아니라 독립 당시의 기대감을 제대로 충족시켜 주지 못한 탈식민 행정부도 유럽 문화를 거부했다.

넓은 의미에서 교육은 정치적인 무기였다. 문맹률을 조금만 낮추어도 신문을 읽고, 인터넷에 접속하고, 정치 논쟁에 참여를 할 수 있는 인구 수가 비약적으로 상승했다. 특히 인터넷은 정치적 표현을 하기에 더 없이 좋은 매체이다. 물론 글을 읽을 수 있는 능력이 정치적 각성으로 곧바로 연결되는 것은 아니다. 하지만 가능성을 확대시켜 주는 것만은 틀림없는 사실이다. 이를 통해 억압적인 정권에 대항하는 투쟁 능력을 강화시켜 나갈 수 있었다. 바로 이러한 이유 때문에 엘리트 집단을 제외한 계급의 여성이 남성들보다 독립에 따른 정치적 혜택을 덜 입었는지도 모른다. 그리고 바로 이러한 이유 때문에 여러 운동 집단들과 정부가 '정치적 각성을 선양'한다는 기치를 내걸고 서로 교육을 통제하려고 했는지도 모른다. 교육을 통제함으로써 특정 집단의 이데올로기가 투사된 세계관을 함양시킬 수 있기 때문이다. 특히 지배 엘리트들은 교육과 학습의 힘을 잘 알고 있었다. 우간다의 마케레레대학은 오랫동안 정치적인 논쟁과 저항의 산실 역할을 했다. 하지만 재정적 어려움과 좀 더 단순하게 '살고 싶은' 욕망이 서로 포개지면서 학생들은 점차 정치적 투쟁의 의지를 상실해 갔다. 이런 상황은 '선진국'에서도 마찬가지였다. 그러나 아디스아바바의 사정은 달랐다. 이 대학의 학생들은 적극적으로 정치 활동에 참여했고 에티오피아 정부도 이에 적극적으로 반응했다.

한 사회와 그 사회의 경제가 바람직하게 성장하려면 필수 조건이 갖추어져 있어야만 한다. 건강하고 질 높은 교육을 받은 인구 집단이 존재해야만 한다. 이 책 첫머리에서도 지적했듯이, 아프리카의 역사는 대단히 독특하고 거친 환경에 맞서 싸우며 이룩한 역사이다. 1800년의 아프리카인들은 온갖 참혹한 질병과 맞서 싸웠다. 그래서 21세기 초까지도 아프리카의 발전이 더딜 수밖에 없었다. 말라리아와 수면병은 여전히 파괴력을 발휘하고 있다. 에이즈 또한 콜레라나 폐렴 같은 지구적인 전염병과 경합을 벌이며 아프리카 대륙을 지금까지도 고통 속으로 몰아넣고 있다. 이러한 질병들 가운데에서 가장 끔찍한 전염병이 말라리아이다. 말라리아는 아프리카의 거의 모든 지역에 퍼져 있다. 말라리아에 전염이 된다고 해서 반드시 죽는 것은 아니지만, 문자 그대로 농촌 지역의 고혈을 빨아 그 지역 전체의 힘을 빼앗기도 한다. 노동력이 황폐화되기 때문이다. 수면병도 그에 버금가는 파괴력을 가지고 있다. 하지만 수면병은 다행스럽게도 식민 통치기부터 1960년대까지 꾸준히 시행된 프로그램 덕분에 특정 지역을 중심으로 안정 국면에 접어들고 있다. 그러나 1990년대 들어 수면병이 열대우림과 산림 지역의 체체파리 때문에 말라리아와 마찬가지로 더 넓은 지역으로 퍼져 나가고 있다는 증거도 있다. 수면병은 시골 지역에서 가축을 기르는 집단에게 특히 치명적이다.

이 모든 질병들은 아프리카의 토착병이고 다양한 환경의 산물이다. 가령 말라리아를 옮기는 모기는 열대 기후의 산물이다. 이러한 질병들이 여전히 맹위를 떨치고 있다는 사실은 독립 이후의 아프리카 정부가 국민 대다수의 건강과 직결이 되는 보건 정책을 제대로 펼치지 못하고 있음을 의미한다. 교육과 마찬가지로 보건 관련 예산이 대폭 축소되었기 때문이다. 보건 관련 설비 문제도 심각하다. 과거보다 훨씬 더 열악해졌다. 공급이 불균등한 것은 물론이고, 보건 인력 자체가 태부족이다. 의사들이 월급을 더 많이 주는 미국이나 유럽으로 떠나 버렸기 때문이다. 공중보건이나 예방 대책보다는 치료약에 의존하는 아프리카 정부들도 문제이다. 공여국들은 비정부기구 등을 통해 보건 관련 지원책을 제공해 왔다. 세계보건기구 같은 국제기구도 필요한 약물과 전문 인력을 제공하여 특정 질병을 뿌리 뽑으려 애썼다. 그렇지만 아프리카의 질병들은 쉽사리 근절되지 않고 있다. 가난과 부실한 영양 상태 그리고 도시를 중심으로 한 열악한 위생 환경과 오염된 수질 탓이 크다. 아프리카에서 가장 흔한 전염병 가운데 하나인 콜레라는 더러운 물과 상한 음식을 먹어서 발생하는 병이다. 이 병은 도시의 빈민촌을 중심으로 창궐하는 경우가 많다. 다시 한 번 강조하지만, 바깥 세계에서는 오늘날 거의 사라진 이 전염병이 유독 아프리카에만 남아 있는 까닭은 경제적인 실패의 탓이 크다.

전 세계 에이즈 인구의 3분의 2가 아프리카에 살고 있다. 최초로 환자가 발생한 1980년대 초반 이후 약 3,400만 명에 이르는 인구가 에이즈에 감염이 되었다. 이들 가운데 약 1,100만 명이나 되는 환자가 사망했다. 사망자 중에는 300만 명의 어린아이들이 포함되어 있다. 에이즈 고아들이 곳곳에 퍼져 있고, 사망자 수도 갈수록 늘어날 것이 뻔하다. 동부와 남부 아프리카가 특히 이 전염병에 심각하게 노출되어 있다. 에이즈는 인간의 목숨은 물론이고 사회경제적 안정마저도 해치고 있다. 에이즈의 피해는 명약관화하고 원인은 다양하다. 가난과 이주가 손꼽히는 원인이다. 에이즈에 걸려 면역체계가 약화된 사람들이 폐렴에도 쉽게 걸린다는 것은 잘 알려진 사실이다. 매독을 비롯한 다양한 성병도 에이즈 발병이 원인으로 시복되고 있다. 그러나 가장 일반적인 전염 경로는 이성 간의 성 접촉이라고 알려져 있다. 따라서 에이즈를 통제하는 일에 관여하고 있는 정부와 비정부기구는 성행위를 가장 핵심적인 원인으로 지목하고 있다.

에이즈에 대한 대중들의 인식을 환기시켜 발병률을 낮추는 데 성공을 한 국가들도 제법 있다. 앞에서도 언급했지만, 우간다가 모범적인 국가이다. 세네갈도 우간다 못지않은 성공을 거두었다. 그러나 나미비아와 짐바브웨, 보츠와나, 스와질란드 그리고 남아프리카공화국 같은 남부 아프리카 나라들은 높은 발병률을 제어하지 못하고 있다. 특히 남아프리카공화국 정부는 대단히 비효율적인 정책을 채택하고 있다. 발병률 규모를 인정하고 싶지 않기 때문일 것이다. 1990년대의 케냐도 이 질병을 통제하기 위한 적절한 처방약이 없어 국가의 장래가 위협받고 있다. 물론 에이즈 치료약을 좀 더 대중적으로 이용하게 하자는 문제는 여러 가지 논쟁적인 측면을 가지고 있다. 에이즈의 파괴력은 이미 충분히 입증되었다. 그러나 이 질병이 지닌 진정으로 무서운 파괴력은 아프리카 전역에서 앞으로 수십 년 뒤에 나타날 것이다.

아프리카의 경우 생존율과 기대수명, 위생과 보건 등이 다른 대륙에 비해 상당히 뒤쳐져 있는 것이 사실이다. 그러나 성차와 지역 차를 간과해서는 안 된다. 북아프리카 사람들은 사하라 이남의 아프리카인들에 견주어 좀 더 나은 보건 혜택을 누리고 있다. 남부 아프리카인들은 서부와 중부, 동부 아프리카인들에 비해 좀 더 낮은 기대수명을 기록하고 있다. 19세기 후반과 20세기에 뿌리를 내리고 있는 사회경제적인 환경 탓이 크다. 사회적 역할과 가난이라는 짐 때문에 여성과 아이들은 특히 질병에 가장 취약한 집단으로 노출되고 있다. 그리고 시골에 사는 사람들은 도시에 사는 사람들에 비해 보건 관련 복지에 취약하다.

그럼에도 희망은 있다. 해답을 찾아 가는 지속적인 노력을 멈추지 말아야 한다. 해외의 지원을 지역 정부의 프로그램과 효율적으로 결합하는 것도 방법이 될 것이다. 기초적인 의약품을 공급하고 면역 관련 프로그램을 가동시키는 것도 한 방법이다. 이렇게 하면 유아 사망률을 현저하게 낮출 수 있을 것이다. 사하라 이남의 아프리카는 1960년대 이후 이 방법을 채택하여 커다란 효과를 보았다. 유아 사망률이 크게 떨어지고 몇 년 지나지 않아 기대수명이 크게 올라갔다. 공중 보건의 경우, 지역 수준에서건 국가 차원에서건 조금만 투자해도 큰 효과를 볼 수 있다는 사실은 명백하다.

옮긴이 후기

여기 지구에서 두 번째로 큰 대륙이 있다. 그간 외부자의 시선으로 줄기차게 관찰과 탐험의 대상이 되어 온 대륙, 바로 아프리카다. 아프리카, 그중에서도 특히 사하라사막 이남의 근현대사는 서구의 시각으로 '발명'되었다. 그들은 인도양과 지중해, 대서양을 매개로 펼친 고대 아프리카는 물론이고 19세기 이래 오늘날까지의 역사조차도 자신들의 편의에 맞게 왜곡하고 조작했다. 현대 아프리카의 역사를 새로운 시각으로 추찰해야 할 필요가 여기에 있다. 이 작업은 작게는 아프리카 역사 자체를 바로잡는 일이면서 동시에, 에드워드 사이드의 용어를 빌리자면, 왜곡된 세계의 근현대사를 올곧게 "다시 기입"하는 일과 긴밀하게 연동되어 있다. 현대 아프리카의 역사를 새로운 시각으로 재구성하기 위해서는 아프리카가 지중해와 대서양 그리고 인도양과 구축한 부침의 역사를 좀 더 객관적인 눈으로 다시 살펴볼 필요가 있다.

그러나 안타깝게도 지금껏 국내에 출간된 아프리카 역사책은 손에 꼽을 정도다. 더구나 유럽 열강의 아프리카 진출부터 두 차례의 세계대전을 거쳐 21세기의 오늘날까지를 다루는 현대사는 거의 전무하다고 해도 과언이 아니다. 이 책이 국민국가나 민족을 뛰어넘어 세계사의 중심에서 역동적으로 전개되는 아프리카 사람들과 대륙 전체의 변화 과정을 한눈에 파악할 수 있는 계기가 될 수 있으면 좋겠다.

이번에 발간되는 《현대 아프리카의 역사》는 세 가지 측면에서 그간 한국에 소개된 아프리카 통사 책들과 다르다.

첫째, 근대 이후 지중해의 역사를 다소 균형 잡힌 시각에서 정리하고 있다. 오늘날 지중해의 여러 타자들 가운데 아프리카만큼 굴절된 지중해의 진면목을 올곧게 복원시켜 줄 수 있는 역사적 주체는 드물다. 아프리카는 실로 그 어떤 지역보다도 지중해의 역사에 깊숙이 관여해 왔고, 지금도 여전히 활발하게 역사를 일구고 있다. 멀게는 파라오 시대 이전의 고대 이집트로부터 가깝게는 대서양 노예무역이 창궐하던 시기, 나아가 두 차례의 세계대전에 이르기까지 여러 형태로 아프리카는 지중해와 질긴 부침의 역사를 이어 오고 있다. 이런 아프리카가 그동안 나라 안팎에 소개된 역사책에서는 주변부로 밀려나 있다. 물론 아프리카중심주의를 비롯한 몇몇 예외적인 시각으로 아프리카 역사를 개관한 책들도 있다. 《현대 아프리카의 역사》는 근대 이후 아프리카와 지중해의 관계를 비교적 객관적으로 서술하고 있는 책이다.

둘째, 대개 아프리카 역사를 연구하는 전문가들은 아프리카 전체 역사 가운데 근대 이후의 역사가 가장 극심하게 왜곡되어 있다는 점에 큰 이견을 보이지 않는다. 19~20세기는 아프리카 대륙 안에도 다양한 형태의 제국들이 명멸해 나간 시기이다. 서아프리카의 베냉 왕국을 비롯하여 오요 왕국, 하우사 왕국, 남부 아프리카의 줄루 왕국을 꼽을 수 있다. 그러나 서양식 근대와는 '다른' 근대국가로의 발전적 맹아를 품고 있던 이들 왕국은 보다 우세한 무기와 공세적인 서유럽의 '근대정신'과 만나면서 몰락의 길로 접어들고 만다.

이 시기 유럽은 아프리카를 크게 종과 횡으로 나누어 분할 지배하고 자 했다. 세네갈에서 카이로까지 동서를 횡단하는 식민지를 개척하고 자 한 프랑스어권과 이를 저지하기 위해 케이프타운에서 카이로까지 수직으로 식민지를 건설하고자 한 영어권, 케이프베르데를 비롯해 기니 비사우, 앙골라, 모잠비크를 산발적으로 점령한 포르투갈어권 등이 그 주역들이다. 이 구도는 서유럽 각국의 이해관계를 반영하는데, 프랑스 는 이집트와 알제리 등 북아프리카를 중심으로 한 마그레브 지역을 장 악함으로써 지중해의 패권을 잡고 나아가 아랍권까지 손에 넣고자 하 는 꿈심을 품고 있었다. 반면, 영국은 아랍권보다는 인도로 가는 자국 함선의 배타적 항해권을 확보하기 위해 아프리카를 세로축으로 지배하 고자 했다. 당시 영국은 동인도회사를 통해 많은 수익을 올리고 있던 터였다. 그런가 하면 포르투갈은 자신들이 개척한 라틴아메리카의 브 라질로 보낼 노동력을 차출하기 위해 포르투갈어를 사용하는 앙골라 와 모잠비크를 지배하고자 했다. 《현대 아프리카의 역사》는 '근대'를 저 마다 다른 방식으로 상상한 유럽과 아프리카의 비극적 충돌을 무척 생 생하고 구체적으로 다루고 있다.

셋째, 국내에 소개된 많은 아프리카 통사들이 아프리카와 아시아가 만나는 인도양을 유럽중심주의 시각으로 바라보고 있는데 반해, 이 책 은 그 공간을 아프리카와 아랍 그리고 인도와 유럽이 공히 시기를 서로 달리하며 회통한 혼효의 공간으로 바라보고 있다. 이런 시도는 무척 고 무적이고 바람직한 태도라고 볼 수 있다. 왜냐하면 유사 이래 아프리카 와 아랍 그리고 페르시아와 인도, 심지어는 중국 등이 문명과 문화를 상호 교류하던 이 '바다'를, 기존의 통사들처럼, 유럽의 출현이 가시화되 는 15세기 이후의 바다로만 특별하게 부각시키는 것은 역사를 객관적으로 바라보는 태도가 아니기 때문이다.

《현대 아프리카의 역사》는 그간의 통사들이 역사 서술의 대상으로 다소 소홀히 했던 인구 문제랄지 기후변화, 상업과 교역 등을 적극적으로 견인하여 아프리카의 근현대사를 통찰하는 메커니즘으로 제시하는 매우 독특하면서도 도전적인 면모를 보이고 있다. 그 밖에 상세한 지도와 그림, 사진을 실어 다양한 시공간 속에 나타나는 대륙의 변화상을 한눈에 보여준다.

이런 특징과 장점에도 불구하고 아쉬운 점 한 가지만 지적한다면, 이 책에서도 간간히 유럽중심주의 시각이 나타난다는 점이다. 이는 아프리카 역사를 '다른' 시각으로 바라보는 일이 현시점에서 얼마나 지난한 일인지를 실감케 한다. 이와 관련한 저자의 고백을 들어보자.

"이 책을 읽는 독자들은 아프리카에 대한 판단과 평가가 대체 얼마나 '외부자의 시각'에 따라 이루어지고 있는지를 한눈에 감식해 내야만 한다. 이 작업은 무척 중요한 일이다. 아프리카를 외부자의 시선으로 읽어 내는 일은 그동안 수없이 자행되어 왔고 지금도 다를 바가 없다. 다만 좀 더 승화된 형태를 띠거나 의식적인 형태를 띠고 있을 뿐이다."(14쪽)

이런 점까지 감안하며 찬찬히 이 책을 읽어 나간다면 보다 풍성한 단층들을 품은 아프리카가 그 신묘한 역사의 속살을 종요롭게 드러낼 것이다.

2013년 11월
이석호

그림과 지도 목록

| 그림 |

1. 전환기 왕국의 통치자: 바다훈 왕자와 함께 있는 다호메이의 게조 왕(1856년) © Roger-Viollet, Paris/The Bridgeman Art Library. **80**
2. 1820년대 아샨티의 수도 쿠마시 © The Bridgeman Art Library. **83**
3. 19세기 중반에 활동하던 동아프리카의 상아 운반자 © The Stapleton Collection/The Bridgeman Art Library. **97**
4. 상업의 개척자: 참모들과 함께한 잔지바르의 술탄(1870~1888) 세이드 바르가시 Courtesy of the Peabody Essex Museum. **99**
5. 노예 반란을 진압하는 장면: 동아프리카 니안그웨 지역에서 발생한 마녜마 여성 대학살(1870년) By permission of the British Library, B. 224 DSC. **101**
6. 니암웨지의 국가 건설자 미람보(1880년대 초) Reproduced from London Missionary Society/Council for World Mission Archives/photo Glenn Ratclife. **110**
7. 부간다의 카바카 무테사(1870년대 후반) The Bridgeman Art Library. **115**
8. 탁월한 아프리카인, 줄루의 왕 샤카(1816~1828년 무렵) British Library/HIP/Topfoto. **133**
9. 아프리카의 낭만화: 레온 코니에가 그린 〈헬리오폴리스 전투〉에 나오는 나폴레옹의 이집트 침공 장면(1850년 무렵) Photograph courtesy Mathaf Gallery, London. **167**
10. 19세기 중반의 카이로 By permission of the Syndics of Cambridge University Library, Tab. b. 13. **174**
11. 패배한 마디스트 전사들: 《그림으로 보는 런던 소식》에 실린 〈옴두르만의 최후〉(1898년) MARY EVANS/ILN PICTURES. **206**
12. 리빙스턴이 아프리카 대륙을 탐험한 루트를 보여 주는 지도. From the Wikimedia Commons. **212**
13. 코끼리를 팔려고 흥정하는 우간다인과 동아프리카회사 직원(1892년) *Punch*

103 From the Wikimedia Commons. 241
14. 에티오피아인이 그린 아드와 전투 장면(1896년) ⓒ The Trustees of the British Museum. 293
15. 우간다의 새 통치자: 캄팔라의 나미렘베 성당에서 찍은 어린 카바카, 다우디 츠와의 모습(1902년) By permission of the British Library, W24/2136 DSC. 330
16. 런던 동물원에서 찍은 프레더릭 루가드 경과 북부 나이지리아의 추장들(1925년 무렵) Hulton Archive/Getty Images. 332
17. 아샨티의 왕과 골드코스트의 통치자(1935년) The National Archives, ref. CO1069/44. 333
18. 타자들의 전쟁: 독일군 PoW 캠프의 프랑스령 북부 아프리카 군인들(1915년) Imperial War Museum, London. 373
19. 아프리카인의 눈에 비친 식민 통치의 모습: 콩고인의 목각(1920년대) Werner Forman Archive/ Musée Royal de l'Afrique Centrale, Tervuren. 445
20. 시에라리온의 도시 프리타운 풍경(1960년 무렵) Spectrum Colour Library/HIP/Topfoto. 447
21. 머나먼 버마 전쟁에 파견된 서아프리카 병사들(1943년 무렵) Imperial War Museum, London. 459
22. 군대의 전통: 우간다 왕의 아프리카인 소총부대에 소속된 장교와 사병들 Courtesy of the Council of the National Army Museum, London. 461
23. 독립국 가나의 초대 대통령 콰메 은크루마 akg-images/ullstein bild. 506
24. 반란에 대응하고 있는 케냐인들 Time & Life Pictures/Getty Images. 537
25. 폭력의 희생자들: 알제리의 필리페빌에서 벌어진 대학살 피해자들의 장례식(1955년) ⓒ Charles Courriere/Paris Match/Scoop. 539
26. 무정부 상태의 콩고: 모부투의 군인들에게 체포된 파트리스 루뭄바(1960년) ⓒ Bettmann/CORBIS. 542
27. 신생 독립국 말라위의 초대 통치자 헤이스팅스 반다 Central Press/Getty Images. 545
28. 내란 혐의로 재판에 출석하는 넬슨 만델라(1956년) Drum Social Histories /Baileys African History Archive/africanpictures.net. 552
29. 새로운 동맹: 가나의 콰메 은크루마와 이집트의 가말 압둘 나세르 Stan Wayman/Time & Life Pictures/Getty Images. 569
30. 북부 에티오피아에서 발생한 기근(1980년대 중반) ⓒ AFP/Getty Images. 587

31. 자이레(콩고) 대통령 조지프 모부투(1984년) ⓒ AFP/Getty Images.　**599**
32. 다친 딸을 병원으로 이송하는 에리트레아의 피해자(1980년대 초반) Photo by Mike Goldwater.　**603**
33. 역사적 순간: 남아프리카공화국의 넬슨 만델라와 프레데리크 데클레르크 RASHID LOMBARD/AFP/Getty Images.　**631**
34. 인도주의인가 신제국주의인가? 소말리아 모가디슈에 진주한 미군 병사 ⓒ Peter Turnley/CORBIS.　**636**

| 지도 |

1. 아프리카의 주요 식물 분포도 M. Crowder(ed.), *Cambridge History of Africa.* Vol. 8: c.1940-c.1975(Cambridge, 1984), Map 5; ⓒ 1984 by Cambridge University Press. Reprinted with permission from Cambridge University Press.　**26**
2. 아프리카의 지형 J. Illiffe, *Africans: The History of Continent*(Cambridge, 1995), p. 2, Map 1; ⓒ 1984 by Cambridge University Press. Reprinted with permission from Cambridge University Press.　**27**
3. 19세기 아프리카의 주요 민족과 도시들　**47**
4. 19세기의 대서양 쪽 아프리카　**56**
5. 19세기의 중앙아프리카 J. E. Flint(ed.), *Cambridge History of Africa.* Vol. 5: c.1790-c.1870(Cambridge, 1976), Map 9; ⓒ 1976 by Cambridge University Press. Reprinted with permission from Cambridge University Press.　**59**
6. 1865년 무렵의 서아프리카 J. E. Flint(ed.), *Cambridge History of Africa.* Vol. 5: c.1790-c.1870(Cambridge, 1976), Map 7; ⓒ 1976 by Cambridge University Press. Reprinted with permission from Cambridge University Press.　**76**
7. 19세기의 동부와 남부 아프리카　**91**
8. 1870년 무렵의 동아프리카 J. E. Flint(ed.), *Cambridge History of Africa.* Vol. 5: c.1790-c.1870(Cambridge, 1976), Map 10; ⓒ 1976 by Cambridge University Press. Reprinted with permission from Cambridge University Press.　**93**

9. 19세기의 뿔 지역 아프리카 J. E. Flint(ed.), *Cambridge History of Africa.* Vol. 5: c.1790-c.1870(Cambridge, 1976), Map 2; ⓒ 1976 by Cambridge University Press. Reprinted with permission from Cambridge University Press. **118**

10. 19세기의 남부 아프리카 J. E. Flint(ed.), *Cambridge History of Africa.* Vol. 5: c.1790-c.1870(Cambridge, 1976), p. 354; ⓒ 1976 by Cambridge University Press. Reprinted with permission from Cambridge University Press. **139**

11. 19세기의 북부 아프리카 J. E. Flint(ed.), *Cambridge History of Africa.* Vol. 5: c.1790-c.1870(Cambridge, 1976), p. 100, Map 6; ⓒ 1976 by Cambridge University Press. Reprinted with permission from Cambridge University Press. **161**

12. 1800년 무렵의 이집트와 나일 강 유역 J. E. Flint(ed.), *Cambridge History of Africa.* Vol. 5: c.1790-c.1870(Cambridge, 1976), p. 12, Map 1; ⓒ 1976 by Cambridge University Press. Reprinted with permission from Cambridge University Press. **171**

13. 1887년 무렵의 아프리카 분할 초기 국면 R. Oliver and N. G. Sanderson(ed.), *Cambridge History of Africa.* Vol. 6: c.1790-c.1870(Cambridge, 1985), p. 140, Map 4; ⓒ 1985 by Cambridge University Press. Reprinted with permission from Cambridge University Press. **296**

14. 1895년 무렵의 아프리카 분할 중기 국면 R. Oliver and N. G. Sanderson(ed.), *Cambridge History of Africa.* Vol. 6: c.1790-c.1870(Cambridge, 1985), p. 146, Map 5; ⓒ 1985 by Cambridge University Press. Reprinted with permission from Cambridge University Press. **306**

15. 1902년 무렵의 아프리카 분할 최종 국면 R. Oliver and N. G. Sanderson(ed.), *Cambridge History of Africa.* Vol. 6: c.1790-c.1870(Cambridge, 1985), p. 152, Map 6; ⓒ 1985 by Cambridge University Press. Reprinted with permission from Cambridge University Press. **316**

16. 식민 경제 ①: 유럽인들이 농사를 짓던 지역 B. Davidson, *Modern Africa: A Social and Political History*, 3rd edn(London and New York: Longman, 1994), p. 15, Map 2; ⓒ 1994 by Basil Davidson. Reprinted with permission from Pearson Education Ltd. **352**

17. 식민 경제 ②: 광물 채취와 철도 B. Davidson, *Modern Africa: A Social and*

Political History, 3rd edn(London and New York: Longman, 1994), p. 49, Map 5; ⓒ 1994 by Basil Davidson. Reprinted with permission from Pearson Education Ltd. **358**

18. 정치적 경계선 ①(1914년) A. D. Roberts(ed.), *Cambridge History of Africa*. Vol. 7: 1905-40(Cambridge, 1986), Map 1; ⓒ 1986 by Cambridge University Press. Reprinted with permission from Cambridge University Press. **386**

19. 정치적 경계선 ②(1939년) A. D. Roberts(ed.), *Cambridge History of Africa*. Vol. 7: 1905-40(Cambridge, 1986), Map 2; ⓒ 1986 by Cambridge University Press. Reprinted with permission from Cambridge University Press. **387**

20. 신생 독립국들 G. Arnold, *Africa: A Modern History*(London: Atlantic Books, 2005), p. x xii; ⓒ 2005 by Guy Arnold. Reprinted with permission from Atlantic Books Ltd. **525**

21. 탈식민 시기의 상품작물 경제 B. Davidson, *Modern Africa: A Social and Political History*, 3rd edn(London and New York: Longman, 1994), p. 222, Map 10; ⓒ 1994 by Basil Davidson. Reprinted with permission from Pearson Education Ltd. **580**

22. 탈식민 시기의 광물 채취 B. Davidson, *Modern Africa: A Social and Political History*, 3rd edn(London and New York: Longman, 1994), p. 235, Map 11; ⓒ 1994 by Basil Davidson. Reprinted with permission from Pearson Education Ltd. **581**

23. 오늘날 아프리카의 국민국가들. **623**

참고문헌

■ 개설서

Abun-Nasr, J., *A History of the Maghrib*(Cambridge, 1971).
Ajayi, J. F. A. and M. Crowder(eds.), *History of West Africa*, 2 vols.(Harlow, 1985-7).
Austen, R., *African Economic History: Internal Development and External Dependency*(London, 1987).
Bayart, J.-F., *The State in Africa*(London, 1993).
Birmingham, D. and P. Martin(eds.), *History of Central Africa*, 2 vols. (London, 1983).
Boehmer, E.(ed.), *Empire Writing: An Anthology of Colonial Literature 1870-1918*(Oxford, 1998).
Clapham, C.(ed.), *African Guerrillas*(Oxford, 1998).
Clayton, A., *Frontiersmen: Warfare in Africa since 1950*(London, 1998).
Curtin, P. D., *The Image of Africa: British Ideas and Action 1780-1850*, 2 vols.(Madison WI, 1964).
Curtin, P., S. Feierman, L. Thompson and J. Vansina, *African History* (London and New York, 1978).
Davidson, B., *The Black Man's Burden: Africa and the Curse of the Nation-State*(London, 1992).
Decalo, S., *Coups and Army Rule in Africa: Motivations and Constraints* (New Haven, CT, 1990).
Fisher, A. G. B. and H. J. Fisher, *Slavery and Muslim Society in Africa: The Institution in Saharan and Sudanic Africa, and the Trans-Saharan Trade*(London, 1970).
Gann, L. H. and lP. Duignan(eds.), *Colonialism in Africa, 1870-1960*, Vols. 1-2, 4-5(Cambridge and London, 1969-75).
Gifford, P. and W. R. Louis(eds.), *The Transfer of Power in Africa:*

Decolonisation, 1940-1960(London, 1982).

Goody, J., *Technology, Tradition and the State in Africa*(London, 1971).

Gray, R. and D. Birmingham(eds.), *Pre-Colonial African Trade*(London, 1970).

Gutteridge, W., *Military Regimes in Africa*(London, 1975).

Hargreaves, J. D., *Decolonisation in Africa*(London, 1996).

Harlow, V. and lE. M. Chiver(eds.), *History of East Africa*, Vol.III(Oxford, 1965).

Hastings, A., *The Church in Africa, 1450-1950*(Oxford, 1994).

Herbst, J., *States and Power in Africa: Comparative Lessons in Authority and Control*(Princeton, NJ, 2000).

Holland, R. F., *European Decolonization, 1918-1981: An Introductory Survey*(Basingstoke, 1985).

Hopkins, A. G., *An Economic History of West Africa*(Harlow, 1973).

Iliffe, J., *The Emergence of African* Capitalism(London, 1983).

Iliffe, J., *The African Poor: A History*(Cambridge, 1987).

Iliffe, J., *Africans: The History of a Continent*(Cambridge, 1995).

Isichei, E., *A History of African Societies to 1870*(Cambridge, 1997).

Ki-Zerbo, J., G. Mokhtar, I. Hrbek, et al., *UNESCO General History of Africa*, 8 vols.(London, 1981-93).

Lapidus, I., *A History of Islamic Societies*(Cambridge, 2002).

Laroui, A., *The History of the Maghrib*(Princeton, NJ, 1970).

Levtzion, N. and R. Pouwels(eds.), *The History of Islam in Africa*(Oxford, 2000).

Lovejoy, P., *Transformations in Slavery: A History of Slavery in Africa* (Cambridge, 1983).

Low, D. A. and A. Smith(eds.), *History of East Africa*, Vol. 3(Oxford, 1976).

Magali, M., *North Africa 1800-1900: A Survey from the Nile Valley to the Atlantic*(London and New York, 1984).

Manning, P., *Francophone Sub-Saharan Africa, 1880-1995*(Cambridge, 1998).

Munro, J. F., *Africa and the International Economy 1800-1960: An Introduction to the Economic History of Africa South of the Sahara*(London, 1976).

Neill, S., *Colonialism and Christian Missions*(London, 1966).
Nugent, P., *Africa since Independence: A Comparative History*(Basingstoke, 2004).
Oliver, R. and J. Fage, *lA Short History of Africa*(London, 1962)
Oliver, R. and J. Fage(eds.), *Cambridge History of Africa*, 8 vols.(Cambridge, 1975-86).
Oliver, R. and G. Mathew(eds.), *History of East Africa*, Vol. I(Oxford, 1963).
Robinson, D., *Muslim Societies in African History*(Cambridge, 2004).
Rotberg, R. I., *Africa and its Explorers: Motives, Methodes and Impact* (Cambridge MA, 1970).
Thompson, L. and M. Wilson(eds.), *The Oxford History of South Africa*, 2 vols.(Oxford, 1969-71).
Trimingham, J. S., *The Influence of Islam upon Africa*(London, 1980).
Turner, V.(ed.), *Colonialism in Africa*, Vol. 3(Cambridge, 1971).
Valensi, L., *On the Eve of Colonialism: North Africa before the French Conquest*(London, 1977).

서장 아프리카의 과거, 땅, 사람

Bernal, M., *Black Athena: The Afroasiatic Roots of Classical Civilisation*(New Brunswick, 1987).
Diop, C. A., *The African Original of Civilisation: Myth and Reality*(New York, 1974).
Falola, T.(ed.), *African Historiography: Essasys in Honour of J. F. Ade Ajayi*(London, 1993).
Miller, J. C.(ed.), *The African Past Speaks*(Folkestone, 1980).
Mudimbe, V. I., *The Invention of Africa: Gnosis, Philosophy and the Order of Knowledge*(Bloomington and London, 1988).
Ranger, T.(ed.), *Emerging Themes in African History*(Nairobi, 1968).
Said, E., *Culture and Imperialism*(London, 1993).
Temu, A. J. and B. Swai, *Historians and Africanist History: A Critique* (London, 1981).
Vansina, J., *Oral Tradition*(London, 1965).

1장 서쪽의 전환

Ajayi, J. F. A. and R. Smith, *Yoruba Warfare in the Nineteenth Century* (Cambridge, 1964).

Curtin, P. D., *Economic Change in Precolonial Africa: Senegambia in the Era of the Slave Trade*, 2 vols.(Madison, WI, 1975).

Dike, K. O., *Trade and Politics in the Niger Delta, 1830-1885*(London, 1956).

Latham, A. J. H., *Old Calabar 1600-1891: The Impact of the International Economy upon a Traditional Society*(Oxford, 1973).

Law, R., *The Oyo Empire, c. 1600-1836: A West African Imperialism in the Era of the Atlantic Slave Trade*(Oxford, 1977).

Law, R.(ed.), *From Slave Trade to "Legitimate" Commerce: The Commercial Transition in Nineteenth-Century West Africa*(Cambridge, 1995).

Lloyd, P. C., *The Political Development of the Yoruba Kingdoms*(London, 1971).

Martin, P., *The External Trade of the Loango Coast, 1576-1870*(Oxford, 1972).

Miller, J. C., *Way of Death: Merchant Capitalism and the Angolan Slave Trade 1730-1830*(Wisconsin, 1988)

Northrup, D., *Trade Without Rulers: Pre-Colonial Economic Development in South-Eastern Nigeria*(Oxford, 1978).

Oldfield, J. R., *Popular Politcis and British Anti-Slavery: The Mobilisation of Public Opinion Against the Slave the Slave Trade, 1783-1807*(Madison WI, 1966).

Smith, R. S., *Warfare and Diplomacy in Pre-colonial West Africa*(London, 1989).

Vansina, J., *Kingdoms of the Savannah*(Madison WI, 1966).

Wilks, I., *Asante in the Nineteenth Century*(Cambridge, 1975).

2장 동쪽의 침입

Abir, M., *Ethiopia, the Era of the Princes: The Challenge of Islam and the Reunification of the Christian Empire, 1769-1855*(London, 1968).

Alpers, E. A., *Ivory and Slaves in East Central Africa*(London, 1975)

Ambler, C. H., *Kenyan Communities in the Age of Imperialism*(New Haven, CT, 1988).
Bahru Zewde, *A History of Modern Ethiopia, 1855-1991*(Oxford, 2001).
Bennett, N. R., *Mirambo of Tanzania*(New York, 1971).
Bennett, N. R., *Arab versus European: Diplomacy and War in Nineteenth-Century East Central Africa*(New York, 1986).
Chretien, J.-P., *The Great Lakes of Africa: Two Thousand Years of History* (New York, 2003).
Cooper, F., *Plantation Slavery on the East Coast of Africa*(New Haven, 1977).
Doyle, S., *Crisis and Decline in Bunyoro: Population and Environment in Western Uganda, 1860-1955*(Oxford, 2006).
Marcus, H., *A History of Ethiopia*(Berkeley, CA, 2001).
Reid, R. J., *Political Power in Pre-Colonial Buganda: Economy, society and Warfare in the Nineteenth Century*(Oxford, 2002).
Reid, R. J., *Warfare in Pre-Colonial Eastern Africa: The Patterns and Meanings of State-Level Conflict in the Nineteenth Century*(Oxford, 2007).
Roberts, A. D.(ed.), *Tanzania Since 1900*(Nairobi, 1968).
Rubenson, S., *The Survival of Ethiopian Independence*(London, 1976).
Sheriff, A., *Slaves, Spices and Ivory in Zanzibar*(London, 1987).
Zewde Gabre-Selassie, *Yohannes IV of Ethiopia*(Oxford, 1975).

3장 남쪽 변경
Bundy, C., *The Rise and Fall of the South African Peasantry*(London, 1979).
Crais, C. C., *The Making of the Colonial Order: White Supremacy and Black Resistance in the Eastern Cape, 1770-1865*(Johannesburg, 1992).
Davenport, T. R. H., *South Africa: A Modern History*(London, 1991).
Du Toit, A. and H. Giliomee(eds.), *Afrikaner Political Thought: Analysis and Documents*. Vol. I:1780-1850(Cape Town, 1983).
Eldredge, E., *A South African Kingdom: The Pursuit of Security in Nineteenth-Century Lesotho*(Cambridge, 1993).
Elphick, R. and H. Giliomee(eds.), *The Shaping of South African Society,*

1652-1840(Cape Town, 1989).
Guy, J., *The Destruction of the Zulu Kingdom*(London, 1979).
Marks, S. and A. Atmore(eds.), *Economy and Society in Pre-Industrial South Africa*(London, 1980).
Mostert, N., *Frontiers: The Epic of South Africa's Creation and the Tragedy of the Xhosa People*(London, 1993).
Omer-Cooper, J. D., *The Zulu Aftermath: A Nineteenth-Century Revolution in Bantu Africa*(London, 1966).
Peires, J. B.(ed.), *Before and After Shake: Papers in Nguni History* (Grahamstown, South Africa, 1983).
Walker, E. A., *The Great Trek*(London, 1934).

4장 이슬람 부흥운동과 반작용

Ageron, C.-R., *Modern Algeria: A History from 1830 to the Present*(London, 1991).
Ahmidam, A. A., *The Making of Modern Libya*(New York, 1994).
Brown, L. C., *The Tunisia of Ahmad Bey*(Princeton, 1974).
Butler, A. J., *The Arab Conquest of Egypt*(Oxford, 1978).
Daly, M. W.(ed.), *The Cambridge History of Egypt*. Vol II: Modern Egypt, from 1517 to the End of the Twentieth Century(Cambridge, 1998).
Danziger, R., *Abd al-Qadir and the Algerians*(New York, 1977).
Evans-Pritchard, E. E., *The Sanusi of Cyrenaica*(Oxford, 1949).
Holt, P. M., *Egypt and the Fertile Crescent, 1516-1922: A Political History* (London, 1966).
Pennell, C. R., *Morocco since 1830: A History*(London, 1999).
Ruedy, J., *Modern Algeria: The Origins and Development of a Nation* (Bloomington, 1992).
al-Sayyid, A. L., *Egypt in the Reign of Muhammad Ali*(Combridge, 1984).
Vatikiotis, P. J., *The Modern History of Egypt*(London, 1980).

5장 지하드

Abun-Nasr, J., *The Tijaniyya: A Sufi Order in the Modern World* (Oxford, 1965).

Adeleye, R. A., *Power and Diplomacy in Northern Nigeria, 1804-1906* (London, 1971).
Brenner, L., *The Shehus of Kukawa: A History of the al-Kenemi Dynasty of Bornu*(London, 1973).
Clarke, P., *West Africa and Islam*(London, 1982).
Hiskett, M., *The Sword of Truth: The Life and Times of the Shehu Usuman dan Fodio*(New York, 1973).
Hiskett, M., *The Development of Islam in West Africa*(London, 1984).
Johnston, H. A. S., *The Fulani Empire of Sokoto*(London, 1967).
Last, M., *The Sokoto Caliphate*(London, 1967).
Martin, B. G., *Muslim Brotherhoods in 19th Century Africa*(Cambridge, 1976).
Robinson, D., *The Holy War of Umar Tal*(Oxford, 1985).
Smaldone, J. P., *Warfare in the Sokoto Caliphate*(London, 1977).
Trimingham, J. S., *A History of Islam in West Africa*(London, 1970).

6장 동쪽의 이슬람

Abir, M., *Ethiopia, the Era of the Princes: The Challenge of Islam and the Reunification of the Christian Empire, 1769-1855*(London, 1968).
Bahru Zewde, *A History of Modern Ethiopia, 1855-1991*(Oxford, 2001).
Caulk, R., "Religion and state in nineteenth-century Ethiopia," *Journal of Ethiopian Studies*, 10:1(1972).
Caulk, R., "Yohannes IV, the Mahdists and the Partition of North East Africa," *Transafrican Journal of History*, 1:2(1972).
Freeman-Grenville, G. S. P., *East African Coast: Select Documents*(Oxford, 1962).
Gray, R., *A History of the Southern Suddern 1839-1889*(London, 1961).
Holt, P. M., *The Mahdist State in the Sudan, 1881-1898: A Study of its Origins, Development and Overthrow*(Oxford, 1970).
Holt, P. M. and M. W. Daly, *A History of the Sudan*(London, 1988).
Marcus, H., *A History of Ethiopia*(Berkeley, CA, 2001).
Mazrui, A. M. and I. N. Shariff, *The Swahili: Idiom and Identity of an Africa People*(Trenton, NJ, 1993).

O'Fahey, R. S. and J. Spaulding, *Kingdoms of the Sudan*(London, 1974).
Oded, A., *Islam in Uganda: Islamisation through a Centralised State in Pre-Colonial Africa*(New York, 1974).
Pouwels, R. L., *Horn and Crescent: Cultural Change and Traditional Islam on the East African coast, 800-1900*(Cambridge, 1987).
Robinson, D., *Muslim Societies in African History*(Cambridge, 2004).
Rubenson, S., *The Survival of Ethiopian Independence*(London, 1976).
Sheriff, A., *Slaves, Spices and Ivory in Zanzibar*(London, 1987).
Trimingham, J. S., *Islam in East Africa*(Oxford, 1964).
Trimingham, J. S., *Islam in Ethiopia*(London, 1965).
Wright, M., *Buganda in the Heroic Age*(London, 1971).

7장 외로운 십자가

Ajayi, J. F. A., *Christian Missions in Nigeria, 1841-1891*(London, 1965).
Ayandele, E. A., *The Missionary Impact on Modern Nigeria, 1842-1914* (London, 1966).
Dachs, A. J.(ed.), *Christianity South of the Zambezi*(Gwelo, 1973).
Mackenzie, J. M., *David Livingstone and the Victorian Encounter with Africa*(London, 1996).
McCaskie, T. C., "Cultural encounters: Britain and Africa in the nineteenth century," in A. Porter(ed.), *The Oxford History of the British Empire*. Vol. III: The Nineteenth Century(Oxford, 1999).
McCracken, K. J., *Politics and Christianity in Malawi 1875-1940* (Cambridge, 1977).
Oliver, R., *The Missionary Factor in East Africa*(London, 1965).
Pachai, B.(ed.), *Livingstone, Man of Africa: Memorial Essays, 1873-1973* (Harlow, 1973).
Porter, A., "Religion, Missionary Enthusiasm, and Empire," in A. Porter(ed.), *The Oxford History of the British Empire*. Vol III: The Nineteenth Century(Oxford, 1999).
Pulford, C., *Eating Uganda: From Christianity to Conquest*(Banbury, 1999).
Rubenson, S., *The Survival of Ethiopian Independence*(London, 1976).
Stanley, B., *The Bible and the Flag: Protestant Missions and British*

Imperialism in the Nineteenth and Twentieth Centuries(Leicester, 1990).

Twaddle, M., "The emergence of politico-religious groupings in late nineteenth-century Buganda," *Journal of African History*, 29:1(1988).

8장 어슬렁거리는 백인들

Bierman, J., *Dark Safari: The Life behind the Legend of Henry Morton Stanley*(London, 1990).

Bovill, E. W., *The Niger Explored*(London, 1968).

Franey, L., *Victorian Travel Writing and Imperial Violence: British Writing on Africa, 1855-1902*(Basingstoke, 2003).

Hallett, R., *The Penetration of Africa: European Enterprise and Exploration Principally in Northern and Western Africa up to 1830*(London, 1965).

Hibbert, C., *Africa Explored: Europeans in the Dark Continent, 1769-1889*(Harmondsworth, 1984).

Mackenzie, J. M., *David Livingstone and the Victorian Encounter with Africa*(London, 1996).

Momrehead, A., *The White Nile*(London, 1960).

Sattin, A., *The Gates of Africa: Death, Discovery and the Search for Timbuktu*(London, 2004).

Stafford, R. A., *Scientist of Empire: Sir Roderick Murchison, Scientific Exploration and Victorian Imperialism*(Cambridge, 1989).

Stafford, R. A., "Scientific exploration and empire," in A. Porter(ed.), *The Oxford History of the British Empire*. Vol. Ⅲ: The Nineteenth Century(Oxford, 1999).

Youngs, T., *Travellers in Africa: British Travelogue, 1850-1900* (Manchester, 1994).

9장 문명화 사업의 실체

Daunton, M. and R. Halpern(eds.), *Empire and Others: British Encounters with Indigenous Peoples, 1600-1850*(London, 1999).

Hargreaves, J. D., *Prelude to the Partition of West Africa*(London, 1963).

Hopson, J. A., *Imperialism: A Study*(London, 1938).

Lorimer, D. A., *Colour, Class and the Victorians: English Attitudes to the*

Negro in the Mid-Nineteenth Century(Leicester, 1978).

Lynn. M., "British Policy. Trade, and Informal Empire in the Mid-Nineteenth Century," in A. Porter(ed.), *The Oxford History of the British Empire.* Vol Ⅲ: The Nineteenth Century(Oxford, 1999).

McCaskie, T. C., "Cultural Encounters: Britain and Africa in the Nineteenth Century," in A. Porter(ed.), *The Oxford History of the British Empire.* Vol Ⅲ: The Nineteenth Century(Oxford, 1999).

Mommsen, W. J., *Theories of Imperialism*(London, 1981).

Rich, P., *Race and Empire in British Politics*(Cambridge, 1986).

Robinson, R. and J. Gallagher, "The imperialism of free trade," *Economic History Review*, 6:1(1953).

Robinson, R. and J. Gallagher, "The Africa and the Victorians: The Official Mind of Imperialism(London, 1961).

Stocking, G. W., Victorian Anthropology(New York, 1987).

Taylor, A. J. P., *The Struggle for Mastery in Europe 1848-1918*(Oxford, 1954).

10장 적응하는 아프리카 사람들

Afigbo, A. E., *The Warrant Chiefs: Indirect Rule in Southeastern Nigeria, 1891-1929*(Harlaw, 1972).

Axelson, E. V., *Portugal and the Scramble for Africa, 1875-1891* (Johannesburg, 1965).

Beach, D. N., "Chimurenga: the Shona risings of 1896-1897," *Journal of African History*, 20:3(1979).

Chamberlain, M. E., *The Scramble for Africa*(London, 1999).

Hargreaves, J. D., *West Africa Partitioned*(London, 1974).

Iliffe, J., *Tanganyika under German Rule, 1905-1912*(Cambridge, 1969).

Iliffe, J., *A Modern History of Tanganyika*(Cambridge, 1979).

Isaacman, A. and B. Isaacman, "Resistance and callaboration in southern and central Africa," *International Journal of African Historical Studies*, 10:1(1977).

Lonsdale, J. and B. Berman, "Coping with the contradictions: the development of the colonial state in Kenya, 1895-1914," *Journal of*

African History, 20:4(1979)
Low, D. A. and R. Pratt, *Buganda and British Overrule, 1900-1955*(London, 1960).
Lugard, F. J. D., *The Dual Mandate in British Tropical African*(Edinburgh and London, 1923).
Newbury, C., "Great Britain and the partition of Africa, 1870-1914," in A. Porter(ed.), *The Oxford History of the British Empire*. Vol. Ⅲ: The Nineteenth Centure(Oxford, 1999).
Onselen, C. van, 'Worker consciousness in black miners: Southern Rhodesia, 1900-1920," *Journal of African History*, 14:2(1973).
Pakenham, T., *The Scramble for Africa, 1876-1912*(London, 1991).
Phillips, A., *The Enigma of Colonialism: British Policy in West Africa*(London, 1989).
Ranger, T., *Revolt in Southern Rhodesia, 1896-97*(London, 1967).
Ranger, T., "The invention of traditon in colonial Africa," E. Hobsbawm and T. Ranger(eds.), *The Invention of Traditon* (Cambridge, 1983).
Robinson, R. and J. Gallagher, *Africa and the Victorians: The Official Mind of Imperialism*(London, 1961).
Sanderson, G. N., *England, Europe and the Upper Nile, 1882-1899: A Study in the Partiton of Africa*(Edinburgh, 1965).
Schreuder, D. M., *The Scramble for Southern Africa 1877-1895: The Politics of Partition Reappraised*(Cambridge, 1980).
Spear, T., "Neo-traditionalism and the limits of invention in British colonial Africa," *Journal of African History*, 44:1(2003).
Tibenderana, P. K., "The role of the British administration in the appointment of the emirs of Northern Nigeria, 1903-1931," *Journal of African History*, 28:2(1987).
Vandervort, B., *Wars of Imperial Conquest in Africa, 1830-1914*(London, 1998).
Wesseling, H. L., *Divide and Rule: The Partiton of Africa, 1880-1914* (London, 1996).

11장 흙의 제국과 동원

Anderson, D. M. and D. Killingray(eds.), *Policing the Empire: Government, Authority and Control, 1830-1940*(Manchester and New York, 1991).

Bassett, T., "The development of cotton in Northern Ivory Coast, 1910-1965," *Journal of African History*, 29:2(1998).

Davenport, T. R. H., *South Africa: A Modern History*(London, 1991).

Hill, P., *The Migrant Cocoa Farmers of Southern Ghana: A Study in Rural Capitalism*(Cambridge, 1963).

Iliffe, J., *A Modern History of Tanganyika*(Cambridge, 1979).

Johnstone, F. A., *Class, Race and Gold*(London, 1976).

Jones, S. and A. Muller, *The South African Economy, 1910-1990* (Basingstoke, 1992).

Killingray, D. and D. Omissi(eds.), *Guardians of Empire: The Armed Forces of the Colonial Powers, c. 1700-1964*(Manchester, 1999).

Lugard, F. J. D., *The Dual Mandate in British Tropical Africa*(London, 1965).

McCracken, J., "Coercion and control in Nyasaland: aspects of the history of a colonial police force," *Journal of African History*. 27:1(1986).

Miers, S. and M. Klein(eds.), *Slavery and Colonial Rule in Africa*(London, 1999).

Mosley, P., *The Settler Economies: Studies in the Economic History of Kenya and Southern Rhodesia*(Cambridge, 1983).

Palmer, R., *Land and Racial Domination in Rhodesia*(London, 1977).

Parsons, T., *The African Rank-and-File: Social Implications of Colonial Military Service in the King's African Rifles, 1902-1964*(Oxford, 2000).

Phimister, I., *An Economic and Social History of Zimbabwe, 1890-1948: Capital Accumulation and Class Struggle*(London, 1988).

Roberts, A. D., *A History of Zambia*(London, 1976).

Tosh, J., "The cash crop revolution in tropical Africa: an agricultural reappraisal," *African Affairs*, 79(1980).

Wilson, F., *Labour in the South African Gold Mines, 1911-1969*(London, 1972).

Zwanenberg, R. M. van, with Anne King, *An Economic History of Kenya and Uganda, 1800-1970*(London, 1975).

12장 밀림 속 전투와 다가오는 그림자

Daly, M. W., *The Sirdar: Sir Reginald Wingate and the British Empire in the Middle East*(Philadelphia, 1997).
Echenberg, M., *Colonial Conscripts: The Tirailleurs Senegalais in French West Africa, 1857-1960*(London, 1991).
Evans-Pritchard, E. E., *The Sanusi of Cyrenaica*(Oxford, 1949).
Gardner, B., *German East: The Story of the First World War in East Africa*(London, 1963).
Journal of African History. Special Issue: World War I and Africa, 19:1(1978).
Morrow, J. H., *The Great War: An Imperial History*(London, 2004).
Page, M.(ed), *Africa and the First World War*(London, 1987).
Shepperson, G. and T. Price, *Independent African: John Chilembwe and the Nyasaland Native Rising*(Edinburgh, 1958).
Strachan, H., *The First World War in Africa*(Oxford, 2004).

13장 팍스 콜로니아

Anderson, D. and R. Grove(eds.), *Conservation in Africa: People, Policies and Practice*(Cambridge, 1987).
Arnold, D.(ed.), *Imperial Medicine and Indigenous Societies*(New Yorkk, 1988).
Austen, G., "The emergence of capitalist relations in south Asante cocoa-farming, c.1916-1933," *Journal of African History*, 28:2(1987).
Bassett, T., "The development of cotton in Northern Ivory Coast, 1910-1965," *Journal of African History*, 29:2(1988).
Berman, B. and J. Lonsdale, *Unhappy Valley: Conflict in Kenya and Africa*, 2 vols.(London, 1992).
Clark, A., "Environmental decline and ecological response in the Upper Senegal valley, West Africa, from the late nineteenth century to World War I," *Journal of African History*, 36:2(1995).

Feierman, S. and J. M. Hanzen(eds.), *The Social Basis of Health and Healing in Africa*(Berkeley, CA, 1992).

Foster, P., *Education and Social Change in Ghana*(London, 1965).

Gifford, P. and T. C. Weiskel, "African education in a colonial context: Ffrench and British styles," in P. Gifford and W. R. Louis(eds.), *France and Britain in Africa: Imperial Rivalry and Colonial Rule*(New Haven, CT, 1971).

Iliffe, J., *A Modern History of Tanganyika*(Cambridge, 1979).

Kjekshus, H., *Ecology Control and Economic Development in East African History: The Case of Tanganyika, 1850-1950*(London, 1995).

Onselen, C. van, "Reactions to rinderpest in southern Africa, 1896-97," *Journal of African History*, 13:3(1972).

Sivonen, S., *White-Collar or Hoe Handle? African Education under British Colonial Policy, 1920-1945*(Helsinki, 1995).

Vail, L., "Ecology and history: the example of eastern Zambia," *Journal of Southern African Studies*, 3:2(1977).

14장 시련의 시대

Barrett, D. B., *Schism and Renewal in Africa*(Nairobi, 1968).

Boahen, A. Adu, *African Perspectives on Colonialism*(London, 1987).

Brown, I.(ed.), *The Economies of Africa and Asia in the Inter-War Depression*(London, 1989).

Cheater, A. P., "Contradictions in 'modelling' consciousness: Zimbabwean proletarians in the making," *Journal of Southern African Studies*, 14:2(1988).

Chimhundu, H., "Early missionaries and the ethnolinguistic factor during the 'invention of tribalism' in Zimbabwe," *Journal of African History*, 33:1(1992).

Crowder, M., "Tshekedi Khama and opposition to the British administration of the Bechuanaland Protectorate, 1926-36," *Journal of African History* 26:2-3(1985).

Fields, K. E., *Revival and Rebellion in Colonial Central Africa*(Princeton, NJ, 1985).

Henderson, I., "Early African leadership: the Copperbelt disturbances of 1935 and 1940," *Journal of Southern African History*, 2(1975).

Hopkins, A. G., "Economic aspects of political movements in Nigeria and the Gold Coast, 1918-1939," *Journal of African History*, 7:1(1966).

Iliffe, J. *A Mordern History of Tanganyika*(Cambridge, 1988).

Martin, M. L., *Kimbangu*(Oxford, 1975).

Martin, S. M., *Palm Oil and Protest*(Cambridge, 1988).

Maxwell, D., "Historicising Christian independency: the southern African Pentecostal movement, c. 1908-1960," *Journal of African History*, 40:2(1999).

Meredith, D., "Government and the decline of the Nigerian palm-oil export industry, 1919-1939," *Journal of African History*, 25:3(1984).

Milburn, J., "The 1938 Gold Coast cocoa crisis," *African Historical Studies*, 3(1970).

Mosley, P., *The Settler Economies: Sudies in the Economic History of Kenya and Southern Rhodesia 1900-1963*(Cambridge, 1983).

Palmer, R. and N. Parsons(eds.), *The Roots of Rural Poverty in Central and Southern Africa*(London, 1977).

Palmer, R., "Working conditions and worker responses on Nyasaland tea estates, 1930-1953," *Journal of African History*, 27:1(1986).

Perrings, C., "Consciousness, conflict and proletarianisation: an assessment of the 1939 mineworkers strike on the Northern Rhodesian Copperbelt," *Journal of Southern African Studies*, 4:1(1977).

Ranger, T., *Dance and Society in Eastern Africa, 1890-1970*(London, 1975).

Sanneh, L., *West Africa Christianity*(London, 1983).

Vaughan, O., "Chieftaincy politics and communal identity in western Nigeria, 1893-1951," *Journal of African History*, 44:2(2003).

Welbourn, F. B., *East African Rebels*(London, 1961).

Youe, C. P., "Peasants, planters and cotton capitalists: the 'dual economy' of Uganda," *Canadian Journal of African Studies*, 12:2(1978).

15장 타자들의 전쟁

Jeffery, K., "The Second World War," in J. Brown and W. R. Louis(eds.),

The Oxford History of the British Empire, Vol. 4(Oxford, 1999).

Journal of African History. Special Issue: World War Ⅱ and Africa, 26:4(1985).

Killingray, D., "Military and labour recruitment n the Gold Coast during the Second World War," *Journal of African History*, 23:1(1982).

Meredith, D., "The Colonial Office, British business interests and the reform of cocoa marketing in West Africa, 1973-1945," *Journal of African History*, 29:2(1988).

Pearce, R. D., *The Turning Point in Africa: British Colonial Policy, 1938-48*(London, 1982).

Rathbone, R. and D. Killingray(eds.), *Africa and the Second World War*(London, 1986).

Spencer, I., "Settler dominance, agricultural production and the Second World War in Kenya," *Journal of African History*, 21:4(1980).

16장 뭍으로 올라온 고래

Apter, D., *Ghana in Transition*(Princeton, NJ, 1972).

Austin, D., *Politics in Ghana, 1946-1960*(London, 1970).

Berque, J., *French North Africa: The Maghrib between Two World Wars*(London, 1967).

Mamdani, M., *Citizen and Subject: Contemporary Africa and the Legacy of Late Colonialism*(London, 1996).

Pearce, R. D., *The Turning Point in Africa: British Colonial Policy, 1938-48*(London, 1982).

17장 국가 구상과 건설

Ageron, C.-R., *Modern Algeria: A History from 1830 to the Present*(London, 1991).

Ahmidam, A. A., *The Making of Modern Libya*(New York, 1994).

Allmann, J. M., "The Youngmen and the Porcupine: class, nationalism and Asante's struggle for self-determination, 1954-57," *Journal of African History*, 31:2(1990).

Austin, D., *Politics in Ghana, 1946-1960*(London, 1970).

Berman, B. and J. Lonsdale, *Unhappy Valley: Conflict in Kenya and Africa*, 2 vols.(London, 1992).

Coleman, J. S., *Nigeria: Background to Nationalism*(London, 1971).

Coleman, J. S. and C. G. Rosberg(eds.), *Political Parties and National Integration in Tropical Africa*(London, 1964).

Cooper, F., "'Our Strike': equality, anticolonial politics and the 1947-48 railway strike in French West Africa," *Journal of African History*, 37:1(1996).

Davenport, T. R. H., *South Africa: A Modern History*(London, 1991).

Davidson, B., *Black Star: A View of the Life and Times of Kwame Nkrumah*(London, 1973).

Dubow, S., *Racial Segregation and the Origins of Apartheid in South Africa, 1919-1936*(Basingstoke, 1989).

Gellner, E., *Nations and Nationalism*(Oxford, 1983).

Henderson, I., "The origins of nationalism in east and central Africa: the Zambaian case," *Journal of African History*, 11:4(1970).

Hobsbawm, E. J., *Nations and Nationalism Since 1780: Myth, Programme, Reality*(Cambridge, 1992).

Hodgkin, T., *Nationalism in Colonial Africa*(New York, 1957).

Iliffe, J., *A Modern History of Tanganyika*(Cambridge,1979).

Lemarchand, R., *Political Awakening in the Belgian Congo*(Berkeley, CA, 1964).

Lodge, T., *Black Politics in South Africa since 1945*(London, 1983).

Low, D. A., *Buganda in Modern History*(London, 1971).

Mamdani, M., *Citizen and Subject: Contemporary Africa and the Legacy of Late Colonialism*(London, 1996).

Marks, S. and IS. Trapido(eds.), *The Politics of Race, Class and Nationalism in Twentieth-Century South Africa*(Harlow, 1987).

Rosberg, C. G. and J. Nottingham, *The Myth of Mau Mau: Nationalism in Kenya*(New York, 1966).

Smith, A. D., *State and Nation in the Third World: The Western State and African Nationalism*(New York, 1983).

Terry, J. J., *The Wafd*(London, 1982).

Walshe, P., *The Rise of African Nationalism in South Africa: The African National Congress, 1912-1952*(Berkeley, CA, 1971).

18장 갈등의 봉합

Anderson, D. M., *Histories of the Hanged: Britain's Dirty War in Kenya and the End of Empire*(London, 2004).

Bahru Zewde, *A History of Modern Ethiopia, 1855-1991*(Oxford, 2001).

Birmingham, D., *Frontline Nationalism in Angola and Mozambique* (London, 1992).

Crook, R., "Decolonisation, the colonial state and chieftaincy in the Gold Coast," *African Affairs*, 85(1986).

Davenport, T. R. H., *South Africa: A Modern History*(London, 1991).

Fanon, F., *The Wretched of the Earth*(New York, 1963).

Isaacman, A., *Mozambique: From Colonialism to Revolution, 1900-1982*(Boulder, 1983).

Krieger, N., *Zimbabwe's Guerrilla War: Peasant Voices*(Cambridge, 1991).

Ling, D., *The Passing of French Algeria*(London, 1966).

Louis, W. R., "The dissolution of the British empire," in J. Brown and W. R. Louis(eds.), *Oxford History of the British Empire*, Vol. 4(Oxford, 1999).

Ottoway, D. and M. Ottoway, *Algeria: The Politics of a Socialist Revolution* (Berkeley, CA, 1970).

Price, R., *The Apartheid State in Crisis: Political Transformation in South Africa, 1975-1990*(Oxford, 1991).

Thompson, G., *Governing Uganda*(Kampala, 2003).

19장 시끌벅적한 집

Clapham, C., *Transformation and Continuity in Revolutionary Ethiopia* (Cambridge, 1988).

Coulson, A.(ed.), *African Socialism in Practice: The Tanzanian Experience* (Nottingham, 1979).

Gavshon, A., *Crisis in Africa: Battleground of East and West* (Harmondsworth, 1981).

Laidi, Z., *The Superpowers and Africa: The Constraints of a Rivalry,*

1960-1990(Chicago, 1990).
Mayall, J., Africa: *The Cold War and After*(London, 1971).
Ottaway, M., *Soviet and American Influence in the Horn of Africa*(New York, 1982).
Ottaway, M. and D. Ottaway, *Afrocommunism*(New York, 1986).
Porter, B. D., *The USSR in Third World Conflicts: Soviet Arms and Diplomacy in Local Wars, 1945-1980*(Cambridge, 1984).
Schraeder, P. J., *United States Foreign Policy toward Africa: Incrementalism, Crisis and Change*(Cambridge, 1994).

20장 불안정한 기반

Anber, P., "Modernisation and disintegration: Nigeria and the Ibos," *Journal of Modern African Studies*, 5:2(1967).
Bates, R. H., *Markets and States in Tropical Africa: The Political Basis of Agricultural Policies*(Berkeley, CA, 2005).
Cruise O'Brien, D. B., J. Dunn, and R. Rathbone(eds.), *Contemporary West African States*(Cambridge, 1989).
Entelis, J. P.(ed.), *Islam, Democracy and the States in North Africa* (Bloomington, 1997).
Fieldhouse, D. K., *Black Africa 1945-1980: Economic Decolonisation and Arrested Development*(London, 1986).
Kitching, G., *Develoment and Underdevelopment in Historical Perspective: Populism, Nationalism and Industrialisation*(London, 1989).
Krieger, N., "The Zimbabwean war of liberation: struggles within the struggle," *Journal of Southern African Studies*, 14:2(1988).
Roxborough, I., *Theories of Underdevelopment*(London, 1979).

21장 변화의 길목에서

Arnold, D., *Famine: Social Crisis and Historical Change*(Oxford, 1988).
Barnett, T. and P. Blaikie, *AIDS in Africa*(London, 1992).
Bayart, J.-F., S. Ellis, and B. Hibou, *The Criminalisation of the State in Africa*(Oxford, 1999).
Chabal, P. and J. P. Daloz, *Africa Works: Disorder as Political Instrument*

(Oxford, 1999).

Clapham, C., *Africa and the International System: The Politics of State Survival*(Cambridge,1996).

Dreze, J. and A. Sen, *The Political Economy of Hunger*, 3 vols.(Oxford, 1990-1).

Falola, T. and D. Ityavyar(eds.), *The Political Economy of Health in Africa*(Athens, OH, 1992).

Gibbon, P., "The World Bank and African poverty, 1973-1991," *Journal of Modern African Studies*, 30:2(1992).

Ihonvbere, J., "Are things falling apart? The military and the crisis of democratisation in Nigeria," *Journal of Modern African Studies*, 34:2(1996).

Iliffe, J., *The African AIDS Epidemic: A History*(Oxford, 2006).

Kennedy, P., "Political barriers to African capitalism," *Journal of Modern African Studies*, 32:2(1994).

Lofchie, M., "Political and economic origins of African hunger," *Journal of Modern African Studies*, 13:4(1975).

Makinda, S. M·, "Democracy and multi-party politics in Africa," *Journal of Modern African Studies*, 34:4(1996).

Monga, C., "Civil society and democratisation in Francophone Africa," *Journal of Modern African Studies*, 33:3(1995).

Omara-Utunnu, A., "The struggle for democracy in Uganda," *Journal of Modern African Studies*, 30:3(1992).

Plank, D., "Aid, debt and the end of sovereignty: Mozambique and its donors," *Journal of Modern African Studies*, 31:3(1993).

Riddell, J. B., "Things fall apart again: structural adjustment programmes in sub-Saharan Africa," *Journal of Modern African Studies*, 30:1(1992).

Shaw, T. M., "Reformism, revisionism and radicalism in African political economy during the 1990s," *Journal of Modern African Studies*, 29:2(1991).

Siddle, D. and K. Swindell, *Rural Change in Tropical Africa*(Oxford, 1990).

Volman, D., "Africa and the new world order," *Journal of Modern African Studies*, 31:1(1993).

Waal, A. de, *Famine Crimes: Politics and the Disaster Relief Industry in Africa*(London, 1997).
World Bank, *Education in Sub-Saharan Africa*(Washington, 1988).
Young, C., "The end of the post-colonial state in Africa? Reflections on changing African political dynamics," *African Affairs*, 103/410(2004).

찾아보기

ㄱ

가나 · 523, 526, 527, 529, 536, 574, 578, 584, 588, 593, 600, 609, 612, 643
가나대학 · 18
가나 왕국 · 178, 179
가다피, 무아마르 · 606, 607, 622
가렝간제 · 112
가봉 · 222, 260, 303, 507, 622, 645
가비, 마커스 · 444
가오 · 179
가톨릭 · 212, 221, 222, 236, 241
가톨릭구호서비스 · 647
간다 · 50, 114~116, 197, 236~238, 240, 307, 319~321, 331, 335, 336, 346, 349, 409, 421~425, 448, 507~529
간다 왕국(→부간다 왕국)
간디, 마하트마 · 504
간섭주의 · 466, 467, 483, 485, 510, 621, 626, 642
갈라 · 201
감리교선교회 · 401
감비아 · 68, 260, 360, 446, 499
감시탑 운동 · 430, 432
강제 노동 · 38, 343, 351, 367, 374, 377, 502, 513, 534
갤러거, 존 · 265
검은 스탈린(→멩기스투)
게조(다호메이 국왕) · 65, 66, 79, 80, 92
게지라 · 347, 348
계몽주의 · 247, 261, 270
고든, 찰스 · 175, 205, 207
고든메모리얼대학 · 402
고르바초프, 미하일 · 574
고무 · 63, 67, 68, 342, 344, 483, 486

고비르 · 184, 185, 186
고원, 야쿠부 · 612
곤다르 · 116, 119, 201
곤자 왕국 · 180
골드코스트 · 68, 82, 215, 216, 233, 260, 268, 295, 302, 333, 343~346, 366, 380, 385, 395, 402, 423, 439, 440, 446, 473, 499, 503~505, 509, 524, 526, 568
공산주의 · 480, 481, 490, 519, 524, 566~568, 571, 625, 627, 644
공중보건 · 285, 286, 414, 652
광물 혁명 · 308, 437
광산 · 308, 309, 339, 355~357, 412, 430, 432, 434~437, 464, 517, 566, 579, 585
구리 · 13, 355, 357, 435, 464, 486, 512, 542, 582
구세군 · 647
9·11 사건 · 627
구칼라바(Old Calabar) · 44
국경없는의사회 · 647
국민국가 · 18, 283, 402, 420, 426, 427, 493, 494, 497, 500, 536, 538, 539, 575, 589, 592, 596, 602, 615, 623
국민당(NP, 남아프리카) · 516, 517, 553 545
국제난민기구(UNHCR) · 647
국제연맹 · 378, 381, 454, 455
국제통화기금 · 588, 589, 621, 641, 643~646
군사주의 · 128, 168, 283, 360, 377, 559, 610
《귀향수첩》 · 445
그랜트, 제임스 · 252
그레이트짐바브웨 · 21, 126
그리스 · 16
그리콰 · 308, 309
근대화 · 66, 153, 156, 157, 160, 162, 164, 168, 173, 210, 336, 340, 427, 428, 497, 560, 605, 621, 622, 626

687

글라스노스트 · 574
글래드스턴, 윌리엄 · 266
금 · 13, 38, 81, 96, 98, 126, 146, 178, 193, 247, 264, 310, 312, 353, 436, 486, 579
금광 · 126, 311, 355, 356
금욕주의 · 150, 169
기니 · 29, 523, 568, 574, 575
기니비사우 · 471, 486, 513, 538
기독교 · 13, 23, 61, 89, 98, 116, 117, 120, 148, 149~152, 159, 160, 178, 196, 197, 199~203, 205, 208, 210~213, 219~245, 256, 269, 271, 319~321, 326, 346, 349, 376, 400, 401, 429, 431, 448, 477, 494, 496, 505, 508, 530, 601, 602, 604, 607, 608, 648
기후변화 · 48, 410
까만 영국인 · 326, 399

ㄴ

나마 · 313
나미비아(→서남아프리카)
나세르, 가말 압델 · 472, 498, 540, 549, 568, 569, 605, 606
나이로비 · 341, 349, 351, 398, 436, 510, 511, 587, 626, 635
나이로비대학 · 402
나이저 강 · 29, 72, 83, 213, 227, 250, 251, 297
나이저 삼각주 · 30, 44, 50, 68, 74, 78, 83, 84, 295, 302, 360
나이지리아 · 18, 30, 35, 55, 68, 78, 84, 182, 183, 185, 189, 222, 301, 302, 323, 324, 328, 331~335, 337, 343, 361, 362, 366, 374~376, 380, 384, 393, 395, 402, 422, 424, 439, 446~448, 473, 499, 500, 505, 509, 529, 530, 574, 590, 593, 594, 596, 604, 609, 612, 624, 630, 631, 644, 645

나이지리아민족민주당 · 447, 499
나이지리아청년운동(NYM) · 447, 500, 505
나이지리아·카메룬국민의회 · 505, 529
나일 강 · 13, 15, 16, 28~30, 33~35, 158, 171, 203~205, 207, 213, 241, 250, 251, 297, 347, 601
나일-사하라 어족 · 33
나탈 · 144, 554
나폴레옹 · 63, 151, 158, 261
낙타 · 28, 37
난디 · 114
남로디지아 · 312, 334, 348, 351, 353, 355, 402, 432, 434, 478, 488, 510, 512, 538, 544~546
남북전쟁(미국) · 68, 269
남아프리카공화국 · 21, 259, 283, 416, 519, 538, 541, 548, 551, 554, 555, 559, 562, 566, 571, 588, 596, 630, 635, 636, 644, 645, 653
남아프리카연합 · 312, 355, 359, 379, 381, 473, 515
남아프리카원주민민족회의 · 379, 432, 473, 499
냉전 · 480, 481, 490, 538, 543, 558, 559, 565~567, 570~572, 575, 576, 601, 615~619, 621, 625, 637, 638, 644
네그리튀드 · 444~446, 456, 494
네덜란드 · 15, 16, 136~138, 246, 263, 479
노동당 정부(영국) · 487
노동조합 · 372, 433~435, 441, 448, 464, 477, 494, 511, 512, 517, 518
노예무역 · 5, 13~16, 22, 23, 36, 39, 43~45, 50~55, 57, 58, 60~79, 81, 84, 87, 90, 92, 94, 96, 135, 166, 175, 182, 191, 201, 205, 210~212, 224, 228, 232, 234, 240, 242, 246~248, 253, 260, 261, 263, 265, 268~270, 273, 274, 313, 317, 361, 365, 367, 406, 559, 626, 645

688

노예 반란 · 62, 101
노예해안 · 55, 58
뇨로 · 307, 423, 424
누바산맥 · 170, 207
누비아 · 13, 158
누페 · 185
니아사 호 · 199, 240, 356, 434
니아살란드 · 313, 335, 355, 356, 362, 371, 376, 388, 416, 430, 512, 544
니안그웨 · 101
니안자 · 237
니암웨지 · 46, 88, 94, 95, 98, 101, 1061~108, 110~112, 115, 135, 422, 423
니에레레, 줄리어스 · 509, 528, 570, 585, 593, 605
니웅구-야-마웨 · 46, 112, 407
니제르 · 179, 182, 374, 375, 422, 439, 442, 642, 645
니제르-콩고 어족 · 33
닐로테 · 103, 106, 107

ㄷ
다곰바 왕국 · 180
다르에스살람 · 587, 626
다르에스살람대학 · 18
다르푸르 · 34, 204, 205, 208, 375, 560, 561, 637
다윈, 찰스 · 239, 270
다이아몬드 · 146, 264, 308, 309, 355, 597
다호메이 · 42, 46, 57, 64, 65, 74, 75, 78, 79, 80, 81, 82, 83, 92, 242, 274, 301, 302, 317, 374, 609
《다호메이의 역사》· 317
단쾨, 조지프 · 504, 526
달젤, 아키발드 · 317
대공황 · 71, 389, 431, 483, 487
대량학살 · 134, 163, 550, 561, 562, 624, 635~637
대서양 · 5, 14, 16, 22, 28~30, 36, 39,

44, 51~72, 79, 81, 84, 87~90, 92, 94, 95, 98, 105, 125, 159, 191, 210, 220, 245, 252, 261, 304, 345, 409, 465, 505, 592, 658
대영제국동아프리카회사(IBEAC) · 241, 307, 308, 342
대이주(Great Trek) · 142
대처, 마거릿 · 546
대호수(Great Lakes) · 31, 35, 92, 102, 131, 304, 318, 413
더럼대학 · 226
데넘, 딕슨 · 250
데르그 정권 · 600
데클레르크, 프레데리크 · 553, 630, 631
덴마크 · 16, 23, 64, 246, 263
독립교회 · 429, 431, 432
독일 · 263, 297, 304, 305, 310~314, 331, 361, 370~376, 380, 381, 409, 410, 422, 423, 424, 430, 451, 452, 457, 458, 462, 467, 477, 480
동인도회사(네덜란드) · 137
드 브라자 · 303, 304
드골, 샤를 · 452, 452, 460, 463, 523, 524, 538, 540
드비어스 · 309
디나르, 알리 · 375
디아뉴, 블레즈 · 446
디우디 츠와, 카바카 · 330
디올라인 · 180
디파콰네 · 129
딩가네 · 132, 135, 143, 144
딩기스와요 · 128, 130, 134
땅콩 · 16, 67~69, 343, 393, 484

ㄹ
라고스 · 46, 66, 75, 77, 228, 260, 273, 302, 402, 436, 587, 635
라무 섬 · 193, 194
라스 알룰라 · 122
라스 카사(→요한네스)
라스타파리 운동 · 456

라시드, 아브드 알-라흐만 알- · 166, 204
라이베리아 · 225, 259, 483, 574, 615, 616, 637, 645
라흐마니야 · 428
랜더, 리처드 · 251
랜더, 존 · 251
러브데일대학 · 402
러시아 · 90, 151, 162, 410
런던선교회 · 222, 401
레닌, 블라디미르 · 481, 566
레반트 · 172
레소토 · 131
레오폴 2세 · 214, 252, 263, 295, 298, 303, 342, 343, 364, 543
레와니카 · 315
레토브-포어베크, P. E. 폰 · 371
레판토 · 159
로디지아 · 299, 312, 353, 371, 430, 472, 474, 538, 544, 546, 547, 550, 551
로디지아전선(Rhodesia Front) · 545, 546, 548
로롱 · 143
로마제국 · 149
로멜 장군 · 458
로벵굴라 · 240, 312
로빈슨, 로널드 · 265
로즈, 세실 · 240, 312, 353
로즈베리 · 241
론스데일, 존 · 425
롤링스, 제리 · 600, 612
루가드, 프레더릭 · 307, 324, 328, 332, 334, 336, 340, 360, 362, 424
루가루가 · 49, 109, 111
루뭄바, 파트리스 · 502, 542
루뭄바 · 543
루베르튀르, 투생 · 62
루소, 장 자크 · 270
루스벨트, 프랭클린 · 460, 465, 466, 480
루안다 · 57, 252
루알라바 강 · 252
루오 · 349

루웬조리산맥 · 31
루프트바페 · 435, 464
룬다 · 55
르완다 · 31, 102, 103~105, 323, 331, 334, 335, 357, 372, 381, 424, 500, 524, 559, 562, 616, 624, 625, 629, 635~638
리다, 라시드 · 426
리브레빌 · 225
리비아 · 156, 159, 160, 166, 202, 208, 282, 314, 329, 375, 380, 400, 410, 428, 453, 457, 458, 460, 462, 489, 490, 560, 606, 607, 622, 645
리빙스턴, 데이비드 · 212, 213, 233~235, 239, 240, 243, 252, 560
리빙스토니아학교 · 388
리프 · 314, 380
리프트밸리 · 48, 349
림포포 강 · 21, 126, 130, 131, 143, 312, 438
링컨, 에이브러햄 · 269

■

마그달라 · 120
마그레브 · 15, 28, 34, 148, 159, 162, 166, 168, 177, 208, 388, 400, 428, 601
마다가스카르 · 299
마디(구세주) · 151, 157, 184, 207, 328
마디스트(운동) · 122, 157, 170, 176, 205~207, 328, 347, 362
마르크스주의 · 481, 541, 566, 570, 572~574, 600, 628
마사와 · 89, 96~98, 158, 170, 199, 201, 203
마사이 · 48, 107, 114, 305, 349, 610
마셜플랜 · 480, 567
마시나 · 186
마우마우 · 398, 399, 472, 511, 527, 530, 531, 532
마즈루이 혁명 · 308

690

마지마지 · 299, 305, 307, 312
마케레레대학 · 388, 402, 650
마케팅보드 · 483~485, 503, 578, 586
마코코 · 303
마피아 · 194
마흐두비야 · 204
마흐드후브, 무함마드 · 205
만델라, 넬슨 · 519, 551, 552, 554, 630, 631, 635
만딩케 제국 · 300
만사 무사 · 179
만수르, 아마드 · 159
말라리아 · 31, 84, 251, 414, 651
말라위 · 31, 36, 89, 130, 198, 240, 407, 430, 545, 600, 643
말라위 호 · 31, 102
말라위회의당 · 544
말란, 다니엘 F. · 516
말리 · 574, 575, 586
말리제국 · 179
말리크, 아브드 알- · 374
말린디 · 194
맘루크(왕조) · 158, 169, 170
매콜리, 허버트 · 447, 499, 500
맥밀런, 해럴드 · 534, 544
맥심, 히람 · 274
맥케이, 스콧 알렉산더 · 236, 237, 243
맬서스, 토머스 · 639
머스켓 소총 · 201, 221, 292
머치슨, 로더릭 · 249
메넬리크 · 49, 90, 98, 120~123, 201, 292, 453, 455
메루 · 508, 531
메살리, 아메드 · 460, 461, 514
메카 · 149, 179, 184, 186
멜레스 제나위 · 629, 632, 634, 635
멜릴라 · 166
멩기스투 하일레 마리암 · 570, 586, 600, 629, 630, 634
면화 · 68, 70, 170, 284, 305, 307, 341, 346, 347, 348, 393, 440, 441, 513, 579
모가디슈 · 99, 193, 194, 202, 636
모노지니스트 · 270, 271
모레스비 조약 · 92
모로코 · 28, 159, 160, 162, 166, 168, 282, 314, 374, 375, 380, 428, 458, 460, 499, 540, 561, 605, 618
모리타니아 · 168, 179, 586, 645
모부투 · 543, 570, 571, 599, 600, 612, 630, 637
모쇼에쇼에 · 131
모시족 · 179
모이, 대니얼 아랍 · 600, 630
모잠비크 · 89, 90, 98, 100, 193, 198, 215, 222, 260, 313, 343, 371, 374, 471, 474, 481, 513, 538, 541, 546, 571, 574, 575, 586, 617, 618, 640
모잠비크국민저항(RENAMO) · 541, 542, 617
모잠비크해방전선(FRELIMO) · 513, 541, 547, 617
모팻, 로버트 · 233, 252
모하메드, 시디 · 460, 499
목축 · 35, 39, 103, 105, 126, 132
몬세프 베이 왕조 · 461
몸바사 · 99, 194, 196, 341, 349, 511
무가베, 로버트 · 513, 548, 616, 622, 631, 632, 637, 642
무굴제국 · 150, 152
무바라크, 호스니 · 606
무세베네
무세베니, 요웨리 · 617, 617, 629, 633, 634, 637
무솔리니, 베니토 · 453, 454
무슬림형제단 · 202, 427, 462, 498, 602, 606
무조레와, 아벨 · 548
무지개 국가 · 554, 562
무타파 · 126, 127
무테사, 카바카 · 92, 98, 111, 112, 115, 114, 116, 197, 235, 236, 237, 256

찾아보기 691

무함마드(예언자) · 151, 152, 156, 179, 185, 199, 602
문명화 사업 · 214, 226, 242, 259, 269, 271, 276, 278, 325, 337, 360, 365, 399, 403, 411, 423, 496
문화제국주의 · 215
미국 · 63, 64, 68, 70, 225, 256, 263, 264, 269, 275, 342, 378, 401, 443, 453, 455, 456, 458~460, 462, 466, 480~482, 490, 495, 496, 504, 541, 543, 548, 549, 550, 553, 560, 565, 567, 569~574, 601, 605, 607, 621, 622, 626, 627, 630, 636, 648, 652
미국국제개발처(USAID) · 648
미람보 · 46, 49, 94, 98, 110, 111, 112, 113, 114, 407
미르가니야 · 202
미수라타 · 375
미카엘 왕자 · 119
민족저항운동(NRM, 우간다) · 617, 630
민족해방전선(FLN, 알제리) · 514, 532, 540, 549, 568, 608
민주당(DP, 우간다) · 508, 529
민중당(CPP) · 504, 505, 509, 526, 527, 529, 593

ㅂ

바누 술라임 · 34
바누 히랄 · 34
바다그리 · 251
바라와 · 193
바레, 시아드 · 573, 614, 630
바로체 · 356
바르가시, 사이드(잔지바르의 술탄) · 87, 92, 99, 111, 197, 198, 260, 304
바르알가잘 · 205
바르웨 · 374
바스, 하인리히 · 251
바시르, 아흐마드 알-타입 이븐 알- · 205
바시르, 오마르 알- · 607
바이키, 윌리엄 밸포어 · 251

바카라 · 207
박애주의 · 53, 60~62, 65, 67, 69, 70, 150, 223, 239, 277, 340
반공주의 · 571, 572, 625
반다, 헤이스팅스 · 197, 545, 600
반투어 · 33, 35, 36, 103, 127, 136, 194, 518
반투교육법 · 518
발 강 · 143
발레와, 아부바카르 타파와 · 530
발칸반도 · 625
밤바타 폭동 · 310
백나일 · 29, 170, 252
백인 정착민 · 21, 38, 48, 125, 135, 136, 140, 143, 295, 308, 334, 339, 348~351, 354, 355, 390, 396~400, 439, 443, 460, 461, 472, 478, 488, 493, 509~515, 528, 531, 533, 534, 538, 544~546
〈백인의 짐〉 · 275
뱅크스, 조지프 · 246
버턴, 리처드 · 252, 256, 327
벅스턴, 토머스 · 226, 227
범아랍주의 · 499, 515, 549
범아프리카주의 · 444, 446, 466, 494~496, 504, 596, 607
범아프리카회의(PAC) · 466, 471, 495, 519, 550, 553
베냉 · 302, 609, 628, 629
베냉 왕국 · 57, 58, 302
베냉 협곡 · 30, 74
베누에 강 · 30
베두인 · 34
베르베라(Berbera) · 202
베르베르 · 33, 34, 156, 177, 354
베르사유조약 · 381
베르사유 회의 · 378, 379, 380
베를린 장벽 붕괴 · 621, 628
베를린 회의 · 302, 303
베어링, 에블린 · 329
벤 벨라, 아메드 · 540, 568

벨기에 · 114, 214, 252, 263, 283, 295, 303, 304, 331, 334, 343, 364, 372, 381, 390, 395, 413, 431, 456, 466, 471, 478, 486, 489, 502, 524, 542, 543, 571
벨로, 무함마드 · 185
벨로크, 힐레르 · 274, 275
벰바 · 313
벵골아시아협회 · 246
보니 · 83, 84
보르누 · 165, 179, 186
보어인 · 48, 131, 136, 137, 140~144, 240, 259, 278, 309, 308, 310, 311, 372, 515
보츠와나 · 126, 252, 597, 645, 653
보카사, 장-베델 · 600, 613, 614
보타, 피터 · 553
복음주의 · 60, 61, 211, 223, 226, 234, 260, 399
본(Bone) · 163
볼타 강 · 180
봉고, 오마르 · 622
부간다 왕국 · 42, 45, 46, 49, 88, 92, 101, 102, 104~107, 111, 114~116, 197, 199, 232, 235~238, 242, 256, 307, 308, 318~320, 331, 323, 367, 346, 349, 365, 423, 424, 448, 507, 508, 529
《부간다의 왕들》 · 319, 320
부뇨로 · 102, 104~106, 115, 116, 307, 321, 424
부룬디 · 31, 102, 103, 104, 323, 331, 335, 357, 381, 500, 524, 636
부르기바, 하비브 이븐 알리 · 461, 499, 605
부르스, 제임스 · 250
부르키나파소 · 574, 605
부시먼(→코이산족)
부어트레커 · 142, 143
부족 · 39, 104, 208, 244, 317, 336, 359, 419~423, 425, 432, 436, 446, 448, 449, 473, 517, 518, 530, 532, 589
부테플리카, 압델아지즈 · 606
부텔레지, 몽고수투 · 554
북로디지아 · 313, 335~357, 376, 435, 464, 512, 544
북부민중의회(NPC, 나이지리아) · 507, 529
분리주의 · 573, 596, 597
불, 존 · 242
불로지 · 315
뷰포이, 헨리 · 249
브라자빌 · 463
브라질 · 58, 63, 90
브레즈네프, 레오니트 · 566, 567
브루스, 제임스 · 150, 254, 317
블러드 강 전투 · 143
비동맹 · 514, 573, 574
비스마르크 · 262, 297, 298, 304
비시 정권 · 452, 458
비아프라 내전 · 596, 612, 624
비정부기구 · 561, 621, 646~648, 652, 653
비코, 스티브 · 551
빅토리아 시대 · 231, 233~235, 239, 247, 249, 252, 256
빅토리아 호 · 29, 31, 48, 88, 100~102, 104, 107, 111, 114, 115, 252, 130, 307, 341, 346, 407
빈 회의 · 64
뿔 지역 · 15, 118, 202, 407, 490, 572, 574, 601, 627, 629, 638

ㅅ

사누시 왕조 · 329, 462, 490, 606
사누시, 무함마드 이븐 알리 · 156, 165, 166
사누시, 사이드 이드리스 알- · 375
사누시야 · 165, 166, 169, 208, 295, 314, 375, 380, 400, 428
사다트, 안와르 · 569, 606
사라위 · 561

찾아보기 693

사마니야 · 205, 207
사모리 투레 · 190, 300, 301
사우드, 무함마드 이븐 · 152, 173
사이드, 세이드 · 100
사제 왕 · 220
사치품 · 71
사파비드 · 150
사하라사막 · 15, 28, 29, 33, 39, 52, 148, 168, 177, 250, 368, 505
사헬 · 29, 156, 368, 586, 639
사회주의 · 496, 541, 569~572, 575, 585, 595, 606
산업상업노동자조합(ICU) · 433, 517
살라자르 정부 · 486
살라피야 · 426, 427, 428
살리스베리 · 436, 513
살리스베리대학 · 402
살리히야 · 202
3C · 224
상고르, 레오폴 · 445, 456, 502, 507, 593
상아 · 38, 87, 88, 90, 95~98, 111, 113, 114, 128, 132, 135, 145, 170, 193, 304, 346, 579
상아 무역 · 45, 68, 87, 170
샤 왈리 알라 · 152
샤드힐리야 · 204
샤리아 · 151, 180, 181, 184, 187, 204, 604, 605
샤바 고원 · 31
샤이어 강 · 252
샤카(줄루) · 113, 129~135
샤프, 그랑빌 · 61
샤프빌 · 549, 550
샴바 광산 파업 · 434
상칼라 · 96
서남아프리카(나미비아) · 136, 313, 370, 372, 381, 410, 653
서남아프리카민중기구(SWAPO) · 617
서사하라 · 561, 618
서아프리카연대 · 361
서아프리카학생연합 · 446

서아프리카회의 · 297
선교사 · 19, 78, 79, 81, 141, 200, 213~215, 219,~224, 228~244, 248, 250, 256, 267, 273, 285, 317~319, 321, 344, 360, 363, 399, 400, 408, 423, 560, 646
성경 · 214, 232, 235, 239, 244, 256, 319~321, 423, 429
성공회선교회(CMS) · 222, 237, 238, 241, 285
성전(→지하드)
세계은행 · 549, 589, 621, 626, 634, 641, 643, 645
세계흑인지위향상협회 · 444
세네갈 · 53, 58, 68, 182, 186, 189, 215, 222, 225, 260, 295, 300, 303, 326, 327, 343, 360, 446, 452, 473, 502, 507, 574, 593, 653
세네갈 강 · 30, 186
세네갈민주진영(BDS) · 507
세네감비아 · 179, 190
세우타 · 166
세이브더칠드런 · 647
세제르, 에메 · 445
세쿠, 아마두 · 300, 301
셀라시에, 하일레 · 200, 454~457, 572, 597
소가(Soga) · 105
소글로, 니세포레 · 629
소련 · 462, 481, 482, 523, 541, 565~574, 625, 629, 638
소말리아 · 148, 193, 199, 202, 208, 314, 560, 561, 572, 573, 615, 616, 618, 627, 630, 636
소말리아 평원 · 15, 30
소부자 · 128, 130
소웨토 평화행진 · 551
소코토 · 78, 165, 185, 186, 189, 190, 250, 302, 328
소토 왕국 · 136144, 145
소팔라 · 194

손니 알리 · 179
솔로몬 · 117, 119~121, 456
송가이 제국 · 159, 179
쇼나 왕국 · 126, 299, 312, 353, 513
쇼아 · 46, 98, 117, 119, 120, 122, 201, 292
수단 · 15, 29, 35, 96, 157, 158, 170, 172, 175, 176, 202~205, 208, 250, 291, 297, 347, 348, 361, 362, 365, 375, 410, 413, 453, 497, 538, 560, 561, 602, 607, 637, 640, 642, 648
수단 벨트(Sudanic belt) · 25, 29, 179
수면병 · 24, 25, 406~408, 415, 651
수아킨 · 170
수에즈운하 · 88, 95, 173, 175, 457, 463, 472, 498, 535, 540, 549, 568
수투 · 315, 356
수피(수피즘) · 150, 156, 157, 202, 204, 205, 208, 375, 428
수피형제단 · 204
순나, 카바카 · 114, 426
술라이만, 마울라이 · 166
슈츠부대(Schutztruppe) · 361
스머츠 정부 · 452
스미스, 이언 · 546~548
스와지 · 143, 356
스와질란드 · 335, 653
스와힐리 · 14, 15, 52, 87, 99, 100, 102, 114, 126, 148, 193~196, 198, 235, 304, 308, 313
스탈린, 요시프 · 566, 573
스태퍼드, 로버트 · 255
스탠리, 헨리 모턴 · 214, 235, 236, 252, 256, 303, 318
스피크, 존 · 235, 252, 256, 318
시라즈 왕조 · 194
시라지 · 194
시리아 · 172
시민사회 · 490, 577, 598, 608, 609, 612
시세, 모리-올레 · 190
시술루, 월터 · 519

시아파 · 151
시에라리온 · 68, 215, 224, 225, 233, 260, 267, 326, 327, 360, 388, 446, 447, 499, 609, 616, 619, 637
시온주의 · 431
시장경제 · 284, 285
시크교도 · 361
시톨레, 은다바딩기 · 513
신데스투르당(Neo-Destour Party) · 461, 499
17개조 원칙 · 378

ㅇ

아덴 만 · 46
아드와 전투 · 122, 292, 293, 453, 454, 550
아디스아바바 · 123, 455, 574, 587, 650
아라비아반도 · 15, 34, 87, 96, 199
아랍 민족주의 · 515, 532
아랍연맹 · 606
아루샤 · 638
아민, 이디 · 441, 600, 613, 614, 618
아바스 1세 · 173
아바스, 케디베 · 375
아바스, 페르하트 · 460, 514
아베오쿠타 · 75, 80, 81
아브두, 무함마드 · 426, 427
아비시니아 · 221
아사브 · 122
아샨티 · 57, 58, 74, 78, 81~83, 180, 268, 274, 278, 301, 302, 321, 322, 333, 421, 423
아스마라 · 572
아이르산맥 · 28
아이젠하워, 드와이트 · 480
아이티 · 62
아지키웨, 은남디 · 447, 505
아촐리 · 365
아칸 · 423
아콰핌 · 344~346
아크라 · 344

찾아보기 695

아킴 · 345, 423
아틀라스산맥 · 28, 168
아파르 · 201
아파르트헤이트 · 21, 129, 516, 518, 538, 550, 552~555, 630, 644
아페워르키, 아이사이아스 · 629, 634
아프가니, 자말 알-딘 알- · 426
아프리카 르네상스 · 626
아프리카 쟁탈전 · 52, 165, 207, 211, 217, 234, 259, 260, 263, 282, 290, 295, 314, 315, 370, 373, 408
아프리카교회연합 · 430
아프리카너 · 137, 142, 311, 350, 376, 438, 452, 515, 516, 553, 554
아프리카문명협회 · 227
아프리카민족회의(ANC) · 379, 432, 499, 512, 516~519, 550~554, 571, 630, 636
아프리카민주연합(RDA) · 507, 502
아프리카-아시아 어족 · 33
아프리카연합 · 619, 638
아프리카인권헌장 · 631
아프리카통일기구 · 530, 585, 596, 631, 638
아프리카협회(AA, 탕가니카) · 500, 508, 509
아프리카협회(영국) · 62, 246~250
아프가니, 자말 알-딘 알- · 426, 427
아흐마드, 무함마드 · 205, 207
아흐마디야 · 202
악숨 왕국 · 117
알레마유 · 121
알렉산드리아 · 175
알렌비, 에드먼드 · 380
알리, 무함마드 · 152, 169, 170, 172, 173
알모라비드 · 179
알바니아 · 169, 573
알버트 호 · 102
알제 · 162, 163, 354, 540
알제리 · 28, 159, 160, 163, 164, 166, 215, 260, 283, 314, 334, 354, 365, 372, 373, 375, 400, 428, 452, 458, 460, 461, 471~474, 486, 488, 510, 513, 514, 522, 523, 532, 538, 540~542, 549, 568, 605, 606, 608, 618
알제리민중당(PPN) · 460
알제리 전쟁 · 514, 540, 541
알카에다 · 560, 627
알퐁소 · 221
암하라 · 96, 117, 119, 123, 201
《암흑의 심장》 · 342
압달라, 무함마드 아마드 이븐 · 157
압달라히(칼리파) · 207
압둘라히(우트만의 동생) · 185
앙골라 · 36, 53, 55, 58, 64, 69, 215, 222, 260, 313, 314, 393, 413, 471, 474, 481, 513, 538, 541, 546, 571, 574, 575, 625, 636, 637, 645
앙골라해방국민전선(FNLA) · 541
앙골라해방민중운동(MPLA) · 513, 541
앙골라해방전선(UNITA) · 541
앙콜레 · 102, 103, 307
애국전선(짐바브웨) · 616, 617
애시, 로버트 · 319
애틀리, 클레멘트 · 487
야바고등대학 · 402
야오 · 89, 94, 197, 313
야자유 · 68, 69, 80, 83, 84, 343, 344, 393, 579
에그바 · 75, 77, 80, 81, 242
에드워드 호 · 102
에리트레아 · 30, 33, 117, 119, 120, 121, 122, 148, 158, 199, 202, 203, 314, 416, 453, 456, 457, 486, 489, 490, 538, 561, 572, 573, 574, 595, 597, 600, 603, 608, 617, 618, 619, 627, 629, 630, 631, 634, 635, 636, 637, 638, 648
에리트레아기독교도민중전선 · 608
에리트레아민중해방전선(EPLF) · 573, 574, 617, 630, 634

에리트레아해방전선(ELF) · 608
에민 파샤 · 252
에스파냐 · 159, 160, 162, 164, 166, 168, 245, 314, 354, 618
에이즈 · 634, 635, 651, 652, 653
에퀴아노, 올라우다 · 61, 62, 226
에티오피아 · 13, 19, 20, 29, 30, 33, 37, 45, 46, 49, 89, 96, 97, 116, 117, 119~123, 148, 172, 199~203, 207, 219~222, 250, 255, 259, 272, 292, 293, 317, 323, 363, 366, 410, 413, 429, 453~457, 479, 486, 489, 490, 497, 538, 561, 570, 572~575, 586, 594, 597, 600, 601, 608, 617~619, 624, 625, 627, 629, 630, 632, 634~638, 640, 642, 648, 650
엔동고 · 55
엘 알라마인 · 458
엘리트주의 · 12, 403
엠바인 · 531
여호와의 증인 · 430
영국 · 16, 23, 46, 48, 62~66, 68, 72, 77, 78, 79, 81, 82, 84, 92, 116, 120~122, 131, 137, 138, 140~146, 158, 160, 162, 164, 165, 168, 172, 175, 176, 189, 202, 203, 205, 207, 208, 215, 216, 222, 224~228, 232~235, 238, 239~243, 246, 247, 249, 251, 256, 259, 260, 262~266, 268, 271, 273~278, 283~285, 291, 293, 295, 297, 298, 301, 302, 304, 307~313, 320~322, 324, 325, 327~329, 331, 335~337, 340, 342, 343, 346~350, 353, 360~367, 370~372, 374~376, 379~381, 390, 395, 398, 400, 415, 422~424, 430, 435, 447, 448, 451~459, 462~466, 470~472, 477~480, 482~484, 486,~488, 490, 497~499, 504, 505, 507, 508, 511, 513, 521, 524, 526~536, 540, 544, 546, 548~550, 553, 567~570, 574, 595, 600
영국남아프리카회사(BSAC) · 312, 313, 342
《영국령 열대 아프리카에서의 두 가지 책무》 · 324, 360
영국령서아프리카민족회의 · 499
예루살렘 · 120
예수회 · 221
오가덴 · 15, 123, 202, 597, 618
오란 · 163, 354
오렌지 강 · 144, 146
오렌지자유공화국 · 144
오로모 · 89, 116, 117, 119, 123, 201, 202, 610, 637
오만 · 100, 101
오밤보 · 136
오보테, 밀턴 · 529, 600, 617
오빔분두족 · 68
오스만제국 · 97, 120, 149, 150, 156, 158, 159, 160, 162, 164, 165, 166, 168, 169, 170, 172, 203, 295, 374, 375
오요(제국) · 45, 57, 73~75, 78, 79, 81, 185, 423, 424
오우(Owu) · 75
오일 강 · 83, 361
오포보 · 83, 84
옥수수 · 16, 127, 353, 438, 548
옥스팜(Oxfam) · 647
옴두르만 · 206, 208
와다이 · 165
와프드 · 379, 380, 463, 497, 498
와하브, 무함마드 이븐 아브드 · 152
와하비 운동 · 152, 156, 169, 170
왕가라 · 180, 190
왕립나이저회사 · 302, 342
왕립지리학회 · 222, 246, 249, 250
왕자들의 시대 (─제메네 메사핀트) · 117
외채 · 561, 621, 643~646
요루바 · 45, 46, 58, 66, 74, 75, 77, 78, 79, 135, 185, 232, 242, 273, 320, 321, 323, 343, 421, 423, 425, 448, 505,

530
《요루바인의 역사》· 320
요루바행동그룹 · 529
요하네스버그 · 310, 355, 436, 551, 635
요한네스 · 49, 90, 97, 98, 121, 122, 172, 203
우간다 · 31, 116, 198, 235, 240, 242, 252, 284, 292, 308, 324, 330, 331, 334~336, 341, 346~349, 361, 365, 385, 388, 393, 397, 409, 415, 423, 424, 440, 441, 448, 473, 483, 507~509, 529, 561, 574, 590, 600, 613, 617, 618, 629, 630, 633, 637, 650, 653
우간다민족회의(UNC) · 508
우간다민중회의(UPC) · 508, 529
《우간다 연대기》· 319
우난옘베 · 101, 108, 111, 112, 114, 304
우드니, 월터 · 250
우라비 파샤 · 427
우라비, 아마드 · 175
우람보 · 111, 113
우마르 탈, 알-하지 · 186, 187, 190
우마이야드 · 152
우방기-차리 · 303
우지지 · 101, 109, 111, 198
우트만 단 포디오 · 153, 184~187
우프에부아니, 펠릭스 · 502
울라마 · 150, 160, 428
움마 · 602, 632
움마당 · 379
움콘토 웨 시즈웨 · 551
월드비전 · 647
월러, 호레이스 · 235
월로프인 · 190
월슬리, 가넷 · 268
웨브, 비어트리스 · 278
웨슬리언선교회 · 222, 401
웨지우드, 조사이어 · 61, 223
윈게이트, 레지날드 · 375
윌버포스, 윌리엄 · 61, 223

윌슨, 우드로 · 378
윌슨, 해럴드 · 546
유니세프 · 647
유럽연합 · 646
유럽중심주의 · 18, 150, 151, 263, 315
유목민 · 30, 34, 35, 39, 155, 181, 182, 187, 188, 201, 207, 408, 421
유색인 차단막 · 356, 438
유수프, 벤 · 499
유엔 · 489, 490, 514, 540, 543, 546, 550, 561, 572, 624, 637, 638, 647
은데벨레 · 130, 143, 240, 278, 299, 312, 353, 513
은드완드웨 · 128, 130, 132
은크루마, 콰메 · 504~506, 509, 526~528, 568, 569, 584, 585, 610
음베니무용협회 · 435
음베키, 타보 · 635
음시리 · 112
음왕가 · 116, 237, 307, 321
음질리카지 · 130
음테트와 · 128, 130, 132
음판데 · 135, 144
음판도샬로 · 112
음페카네 · 129~131, 134, 135, 140, 143, 145
응고니 · 48, 108, 109, 111, 127, 128, 129, 130, 131, 135, 137, 313
응과네 · 128, 130
응코모, 조슈아 · 512, 513, 616
이교도 · 163, 181, 185~187, 189~191, 200, 211, 219, 223, 227, 236, 328
이드리스, 사이드 모하메드 · 462, 490, 606
이든, 앤서니 · 549
이라크 · 627, 635
이란 · 635
이루 · 103
이바단 · 75, 77
이바단대학 · 18, 402
이보 · 55, 58, 301, 331, 439, 448, 505,

507, 530, 596, 612
이븐 파들 알라, 라빈 · 301
이스라엘 · 549, 605, 606
이스마일, 케디베 · 173, 175
이스탄불 · 158, 159, 162, 169, 170, 172, 375
이스티크랄 · 460
이슬람 · 13~16, 20, 34, 40, 74, 99, 102, 120, 147~157, 159, 160, 164, 165, 168~170, 173, 175, 177~205, 207, 208, 219, 222, 229~232, 236, 237, 241, 256, 269, 282, 295, 300, 301, 328, 329, 374, 376, 384, 400, 426~428, 432, 473, 477, 490, 494, 496, 499, 560, 593, 601, 602, 604~607, 627, 628, 632, 636, 649
이슬람 근본주의 · 156, 168, 184, 605
이슬람 부흥운동 · 151~153, 156, 181, 187, 191, 426, 497
이슬람구원전선 · 606
이슬람민족전선 · 607
이슬람법 · 150~152, 180, 183, 190, 196, 204, 207
이슬람의 혁신(rejuvenation) · 191
이자예 · 75, 77
이제부 · 75, 77
이주 노동자 · 285, 309, 355~357, 385, 403, 430, 436
이집트 · 13, 15, 16, 30, 120~122, 157, 158, 160, 162, 165, 169, 170, 172, 175, 202~205, 207, 208, 323, 347, 361, 375, 379, 384, 388, 400, 401, 427, 451~453, 457, 458, 460, 462, 463, 472, 473, 497, 498, 539, 540, 549, 566, 568, 569, 593, 596, 602, 605~607, 645
이탈리아 · 122, 160, 164~166, 202, 203, 263, 283, 292, 293, 295, 314, 329, 354, 375, 390, 400, 407, 410, 416, 428, 451, 453~458, 462, 480, 486, 489, 490, 572

이페 · 75
인구등록법 · 518, 553
인도 · 98, 100, 107, 149, 151, 170, 196, 226, 264, 269, 328, 341, 361, 362, 364, 433, 441, 479, 504, 517~519, 552, 596
인도네시아 · 138
인도양 · 15, 39, 87, 88, 90, 92, 98, 100, 125~127, 158, 193, 195, 252, 341, 409, 572
인종차별주의 · 18, 21, 22, 134, 138, 211, 273, 433, 444, 456, 496, 513, 516
인플레이션 · 437, 463, 464, 643
일로린 · 74, 75, 77, 78
일본 · 467, 479, 480
일부다처제 · 10, 38, 126, 223, 231, 403, 404, 430, 431
임금노동 · 63, 377, 394, 437
잉카타자유당(남아공) · 554

ㅈ
자굴, 사아드 · 380
자글룰, 사드 · 498
자메이카 · 269
자본주의 · 146, 395, 416, 481, 566, 585
자유무역 · 216, 263, 264, 297, 626
자유주의 · 162, 455, 496, 497, 519, 560, 606, 631, 646
자유프랑스 · 452, 463
자이레(콩고) · 543, 570, 574, 582, 599, 600, 625, 630, 644
잔지바르 · 87, 90, 92, 98, 100, 101, 102, 105, 107, 113, 114, 194, 196, 304, 345, 366, 528, 604
잔지바르의 술탄(→바르가시)
잠베지 강 · 36, 90, 98, 126, 213, 251, 252
잠비아 · 36, 407, 543, 544, 551, 570, 582, 629
장갈리 · 188

저개발 · 14, 72, 482, 558, 561, 577, 578
적도아프리카 · 362, 407, 409, 411, 413, 447
적십자 · 647
전사 엘리트 · 67, 70, 71, 88
전쟁 포로 · 45, 67, 73
정권 바꾸기 · 560
제1차 세계대전 · 282, 285, 286, 299, 313, 314, 343, 347, 350, 355, 362, 363, 369, 370, 377, 384, 385, 389, 397, 412, 428, 429, 432, 451, 464, 515
제2차 세계대전 · 286, 363, 370, 391, 428, 444, 449, 451~453, 467, 478, 486, 498, 500, 515, 522, 570, 579, 616
제2차 보어전쟁 · 277, 291, 356, 372
제3세계 · 480, 571, 626, 638, 641
제국주의 · 50, 81, 82, 149, 151, 153, 159, 162, 189, 216, 224, 234, 238, 239, 242, 249, 257, 261, 262, 265~267, 269, 272, 274~289, 291, 297, 300, 308, 312, 323, 324, 336, 350, 381, 391, 401, 413, 426, 452, 454, 470, 472, 479, 480, 549, 550, 560, 566, 569, 573
제머슨 기습 작전 · 311
제메네 메사핀트(왕자들의 시대) · 117
제일라 · 89, 199, 202
조지 5세 · 379
존스턴, 해리 · 313, 362
존슨, 새뮤얼 · 320, 321
종려나무 기름 · 44, 65
《종의 기원》 · 239, 270
주변부 이론 · 265
주어벨트 · 140
줄라 만 · 121
줄루(왕국) · 48, 50, 108, 113, 129~134, 136, 143, 144, 293, 299, 310, 421, 422, 519, 554
줄루 혁명 · 108

중국 · 356, 570, 571, 573, 575, 642
중상주의 · 45, 46, 50, 55, 104
중앙아프리카공화국 · 574, 600, 613
중앙아프리카연방 · 512
중앙아프리카를 위한 대학 선교회(UMCA) · 234
즈위데 · 128, 134
지베르티 · 202
지부티 · 30, 98, 199, 574
지중해 · 24, 25, 28, 29, 32, 52, 158, 160, 163, 164, 165, 168, 172, 245, 339, 354, 426, 453, 457, 458, 462
지하드 · 75, 78, 152, 157, 163, 179~181, 183, 185~188, 190, 191, 328, 374, 602, 627
진실과화해위원회 · 554, 555
짐바브웨 · 36, 126, 130, 312, 548, 595, 616, 618, 622, 630~632, 637, 641, 642, 653
짐바브웨아프리카민족연합(ZANU) · 513, 547, 548, 551, 616
짐바브웨아프리카민중연합(ZAPU) · 512, 513, 547, 616
집단거주법 · 518, 553

ㅊ

차가 · 346
차드 · 34, 607, 637
차드 호 · 30, 33, 185
처칠, 윈스턴 · 452, 465, 466, 480
천연두 · 137, 409, 414
철도 · 69, 96, 123, 173, 287, 295, 308, 341, 343, 344, 346, 349, 351, 358, 393, 570, 579
청나일 · 29, 170
청년이집트당 · 462
청년튀르크당 · 427
체와 · 130, 313
체임벌린, 조지프 · 276~278
체체파리 · 24, 25, 31, 37, 125, 407, 408, 417, 651

초크웨족 · 68
츠와나 · 136, 143, 240, 311, 315, 356
치무렝가 · 312
치바로 · 357
칠렘브웨, 존 · 376, 430, 431
칠루바, 프레더릭 · 629

ㅋ

카가메, 폴 · 629, 635
카그뉴 군사기지 · 572
카그와, 아폴로 · 319, 320
카노 · 185, 251
카디르, 아브드 · 156, 157, 163, 166
카디리야(교단) · 156, 163, 169, 189, 202, 204, 314
카디리야형제단 · 179
카라그웨 · 114
카라만리, 유수프 · 165
카라반 · 87, 88, 96, 100, 101, 107, 109, 113, 114, 254, 260
카리브 해 · 63, 269, 444, 453, 456, 496
카림, 아브드 알- · 314, 380, 428
카메룬 · 30, 35, 185, 297, 343, 380, 422, 524, 574, 575
카바레가 · 307
카바카예카(KY) · 508, 529
카빌라, 로렌트 · 637
카빌리아 · 163
카사 왕자(→테오드로스)
카사바 · 15
카사이 · 543
카운다, 케네스 · 544, 629
카이로 · 169, 173, 174, 176, 329, 428, 451, 459, 498
카이로대학 · 402
카이에, 르네 · 250
카치나 · 185
카크와 · 613
카탕가 · 107, 357, 543, 596
카트미야 · 205
카푸 · 11

칼라바 · 83
칼라하리사막 · 33
칼렌진 · 365
칼뱅주의 · 137
캄바 · 88, 94, 107, 114, 365
캄와나, 엘리엇 · 430
캄팔라 · 330, 336, 402
캐머런, 버니 로바트 · 252
커피 · 90, 346, 351, 353, 393, 501
컬러드 · 433, 517, 518, 552
케냐 · 31, 33, 87, 98, 100, 106, 114, 194, 202, 238, 252, 285, 308, 334, 341, 348, 349, 353, 361, 365, 371, 396~398, 402, 407, 408, 438, 441, 453, 471, 488, 510~512, 527, 528, 530, 531, 533~536, 544, 559, 570, 574, 600, 604, 610, 627, 630, 631, 653
케냐아프리카민족연합(KANU) · 535, 604
케냐아프리카민주연합(KADU) · 535
케냐아프리카연합(KAU) · 511, 532
케냐타, 조모 · 398, 511, 532, 535, 600
케네디, 존 F. · 571
케레쿠, 마티우 · 628, 629
케렌 · 203
케어(CARE) · 647
케이프 · 15, 48, 136, 137, 138, 140, 141, 144, 145, 216, 231, 233, 308, 359, 407
케이프타운 · 137
케츠와요 · 310
코끼리 사냥꾼 · 95
코란 · 152, 400
코란을 따르는 사회주의 · 606
코르도판 · 170, 207
코민테른 · 566
코사 · 129, 140, 142, 145, 231, 309, 310
코이산 · 32, 127, 136, 137, 141, 233
코이산어 · 33~35
코코아 · 68, 343~345, 366, 395, 439,

440, 501~503, 579, 584
코트디부아르 · 260, 301, 343, 376, 393, 395, 501, 507, 522, 561, 574, 610
콘래드, 조지프 · 342
콜레라 · 409, 414, 652
콜롱 · 354, 355, 541
콥트교 · 220, 601
콩고 · 36, 69, 73, 88, 92, 102, 113, 114, 198, 219~221, 250, 295, 298, 342, 343, 355, 357, 365, 381, 407, 413, 431, 463, 471, 486, 487, 502, 542, 543, 546, 561, 571, 593, 594, 596, 599, 612, 619, 637, 638, 640
콩고 강 · 31, 74, 213, 234, 251, 252, 297, 303, 407
콩고자유국 · 298, 303, 342, 364
콰라 · 119
콰줄루나탈 주 · 31
콰크, 필립 · 233
쿄가 호 · 31
쿠데타 · 498, 538, 540, 584, 588, 591, 609, 610, 612, 614
쿠마시 · 83, 180, 344
쿠마시대학 · 402
쿠바 · 575
쿠시어 · 201
쿠시위원회 · 524, 526, 527
쿡, 제임스 · 246
쿤타 가문 · 179
크로더, 새뮤얼 · 233, 243
크루거, 폴 · 311
크림전쟁 · 151
클래퍼턴, 휴 · 251, 250
클린턴, 빌 · 626, 634
키니네 · 84, 413
키레나이카 · 165, 166, 314, 375, 462
키바키, 음와이 · 630
키부 호 · 31
키수무 · 341, 349
키쿠유 · 107, 114, 349~351, 396, 398, 399, 410, 510, 511, 531, 532, 533

키타라 · 104
키플링, 러디어드 · 208, 214, 275, 411
킬리만자로 산 · 31, 346
킬와 · 194
킴방구, 시몬 · 431
킴벌리 · 309, 310
킴부 · 46, 106, 112
킹스아프리칸라이플 · 361
킹슬리, 메리 · 243

ㅌ

타누 · 194
타보라 · 108, 111, 198
타보레 · 101, 113
타우피크, 케디베 · 175, 329
타운십 · 553, 554
타크루르 · 203
탄자니아 · 18, 31, 33, 45, 87, 88, 89, 98, 100~102, 106~109, 130, 197, 198, 292, 298, 407, 408, 473, 570, 575, 585, 604, 608, 610, 618, 638
탈식민화 · 24, 40, 463, 466, 472, 473, 475, 478, 480, 481, 483, 486, 488, 493, 494, 507, 518, 521, 524, 526, 529, 530, 536, 538, 539, 550, 559, 565~590, 593, 617, 628
탐보, 올리버 · 519
탐험 문학 · 243
탐험가 · 19, 213~215, 230, 235, 246~248, 250, 253~255, 303
탕가니카 · 36, 88, 102, 104, 112, 113, 130, 284, 299, 304, 307, 308, 312, 331, 337, 393, 416, 441, 484, 500, 508, 510, 528
탕가니카아프리카민족연합(TANU) · 509, 528, 598
탕가니카 호 · 31, 100, 101, 198, 252, 407
테라코타 · 13
테러와의 전쟁 · 627, 628
테오드로스 · 49, 89, 90, 97, 119~121,

123, 172, 363
테이블베이 · 137
테일러, A. J. P. · 262
테텔라 · 113
토고 · 297, 380, 610, 645
토로 · 102, 307
토로의 엘리자베스 공주 · 614
토후국 · 189
톰슨, 조지프 · 252
통북투(팀북투) · 179, 180, 247, 250
통일골드코스트회의(UGCC) · 504, 526, 527
통일국민독립당(북로디지아) · 544
통일행동혁명위원회(알제리) · 514
통행증 · 359, 432, 434
투레, 무함마드 · 179
투레, 사모리 · 190
투레, 세쿠 · 523
투르카나 호 · 48, 201
투아레그 · 182, 374
투치 · 103, 104, 323, 334, 335, 424, 425, 524, 624, 636
투콜로르 · 181, 186, 188, 300
튀니스 · 162, 164
튀니지 · 28, 159, 160, 164, 165, 297, 329, 400, 428, 458, 460, 461, 473, 499, 540, 596, 605, 607
트라오레, 무사 · 629
트란스발 · 144, 291, 310, 311, 410
트루먼, 해리 · 480
트리폴리 · 162, 165, 166, 250, 251, 462
트리폴리타니아 · 314
티그레이 · 46, 96, 116, 117, 119~122, 573, 574
티그레이민중해방전선(TPLF) · 573
티라이어 세네갈라이 · 360, 362
티베스티산맥 · 28
티오 · 74, 303
티자니야 · 186, 187, 189
티푸 팁 · 101, 102, 113, 114, 304

ㅍ

파루크(왕조) · 463, 498
파르메후투 · 524
파머스턴 · 227, 228, 238, 242
파쇼다 · 297
파시즘 · 464, 465
파업 · 433~435, 463, 464, 477, 505, 512, 526
파이어스톤 고무회사 · 483
파크, 멍고 · 250
파키 · 204
팍스 브리타니카 · 275, 276
팍스 콜로니아 · 385, 393, 417
판테 · 81, 82, 423
팔레스타인해방기구(PLO) · 605
펀자브 · 361
페레스트로이카 · 574
페렌지 · 221
페르시아 · 149, 173
페르시아 만 · 87, 96, 193, 194
페이비언협회 · 278
페잔 · 165
페터스, 카를 · 298, 304
펨바 · 90, 92, 194
평화유지군 · 543, 546, 561, 619, 638
포르투갈 · 15, 16, 55, 57, 64, 99, 100, 126, 127, 134, 158, 159, 196, 200, 201, 215, 219~222, 240, 245, 246, 260, 263, 266, 283, 313, 366, 371, 374, 390, 400, 446, 466, 471, 478, 481, 482, 486, 487, 489, 513, 521, 538, 541, 544, 546, 551, 571
포스 푸블리크 · 364
포트지저스 성 · 196
폴리사리오 · 618
폴리지니스트 · 270, 271
푸라베이대학 · 226, 388
푸아드 왕 · 498
푸타 본두 · 300
푸타잘론 · 29, 30, 181, 183
푸타토로 · 181, 183

푼지(왕국) · 170, 201203, 204
풀라니 · 35, 74, 75, 77, 152, 181, 182, 183, 184, 186, 187, 188, 189, 328, 335, 421, 422, 507
풀베 · 182
프랑스 · 16, 64, 81, 138, 156, 158, 160, 162~169, 175, 186, 187, 189, 190, 215, 216, 222, 225, 232, 236, 246, 260, 262~264, 266, 274, 283, 285, 291, 295, 297, 300~304, 308, 314~327, 329, 334, 343, 354, 355, 360, 362, 364, 365, 367, 370~375, 380, 381, 390, 395, 400, 402, 422, 428, 444, 446, 451, 452, 454~456, 458~464, 466, 470~472, 477~479, 486~488, 490, 499, 502, 507, 513, 514, 521~524, 530, 536, 538, 540, 541, 549, 568, 569, 570, 574, 585, 595, 600
프레스터 존 · 200, 220, 221
프로인트, 빌 · 377
프리타운 · 225, 226, 447
플랜테이션 · 164, 339, 348, 353, 443
피에 누아르 · 354
필리핀 · 275

ㅎ

하라르 · 201, 202
하르툼 · 29, 170, 205, 207, 208, 252, 402, 607
하메드 빈 무함마드(→티푸 팁)
하베샤(왕국) · 46, 116, 117, 201, 202
하산, 마울라이 · 168
하산, 무함마드 압딜레 · 314
하우사 · 33, 74, 183, 185, 188, 328, 343, 507
하우살란드 · 179, 181, 183, 184, 185, 187, 188, 189
하지 · 149, 179
한국전쟁 · 572
함달라히 · 187, 190
함마르셸드, 다그 · 543
함족 · 318
해닝턴, 제임스 · 237, 238, 240
해방선언동맹(AML, 알제리) · 460
헤레로 · 136, 313, 410
헤헤 · 305
형제애 · 150, 153, 155, 156, 177, 181, 224
호가르산맥 · 28
호텐토트(→코이산)
혼혈 · 138
홉슨, J. A. · 278
홍해 · 15, 39, 46, 89, 97, 158, 169, 170, 172, 201, 245, 292, 572
황금(→금)
후세인, 아메드 · 462
후투 · 103, 104, 334, 424, 425, 524, 624, 636
흐루쇼프, 니키타 · 481, 566, 569
흑인 민족주의 · 546
흑해 · 151
《흥미로운 이야기》 · 61
희망봉 · 24, 125, 196
히마 · 103
히브리어 · 33
히자즈 · 170
히즈라 · 185
히틀러, 아돌프 · 453
힐미, 아바스 · 329

704